C R E A T E
Y O U T H

创青春

大学生科学研究与创业行动计划
优秀研究报告论文集
（2016）

北方工业大学教务处◎主编

图书在版编目（CIP）数据

创青春：大学生科学研究与创业行动计划优秀研究报告论文集（2016）/北方工业大学教务处主编．—北京：中国发展出版社，2017.12

ISBN 978-7-5177-0799-8

Ⅰ.①创…　Ⅱ.①北…　Ⅲ.①大学生—职业选择—文集　Ⅳ.①G647.38-53

中国版本图书馆CIP数据核字（2017）第291136号

书　　名：创青春：大学生科学研究与创业行动计划优秀研究报告论文集（2016）
著作责任者：北方工业大学教务处
出 版 发 行：中国发展出版社
（北京市西城区百万庄大街16号8层　100037）
标 准 书 号：ISBN 978-7-5177-0799-8
经　销　者：各地新华书店
印　刷　者：北京市密东印刷有限公司
开　　本：710mm×1000mm　1/16
印　　张：38
字　　数：702千字
版　　次：2017年12月第1版
印　　次：2017年12月第1次印刷
定　　价：99.00 元

联 系 电 话：（010）88919581　68990692
购 书 热 线：（010）68990682　68990686
网 络 订 购：http://zgfzcbs. tmall. com//
网 购 电 话：（010）88333349　68990639
本 社 网 址：http://www.develpress. com. cn
电 子 邮 件：370118561@qq. com

序　言
Preface

当前高等教育的目标已不再停留在“传道、授业、解惑”的层面，我们无数教育者一直致力于培养学生的综合能力、提升学生的整体素养，在倡导学生参与更多科学研究项目的同时，启发学生开启自我创新的源动力，创造自己的青春色彩。

创新是以新思维、新发明和新描述为特征的一种概念化过程，它起源于拉丁语，原意为创造新的东西、更新或改变。创新是一个民族进步的灵魂，是一个国家兴旺发达的不竭动力，而科技创新更是社会生产力发展的源泉。引导学生在创业计划中，通过科学项目的研究激发个人的创新能力，对于我们的科技、我们的社会、我们的民族发展，都有着深远的意义和重要的影响。

在这个收获的季节里，又一部凝结着大学生科学研究与创业成果的文集呈现在我们面前。自2009年“北京市大学生科学研究与创业行动”项目启动以来，我校完成立项和参与人数逐年提升，并结集出版多部优秀作品，传递着科技创新的热情和能量，也展现着北方工业大学学生的激情与能力。

本文集收录了结题项目中的作品，这些作者来自北方工业大学下属9

个学院的不同专业。伴随着学生的实践与探索，北方工业大学校、院、系三级共同支持的学生科研平台的规模越来越大，越来越多的具有创新意识与创造能力的学生参与进来，越来越多的实践教学和科研场所面向学生开放，越来越多的高水平指导教师在默默地支持着学生的科研活动。这一切是那么的喜人，我们正凭借着这个良好的平台朝着中国大学教育最需要培养的方向——培养学生创意、创造、创新、创业能力的目标不懈前进。

我希望读者能够对学生的成果给予支持和帮助，因为这些成果是学生在科学实践中总结的点滴体会——略显稚嫩却凝结汗水，偶有青涩却瑕不掩瑜。这对于学生未来的发展，有着不可估量的激励作用。我相信，我们的学生一定会在未来的科学研究里不断成长、再创佳绩。让我们一起期待！

目录
Contents

电子束焊机监控系统的研究与实现

北方工业大学：常笑宇　崔明亮　杨雨齐　武建国　吴卓群

指导教师：王泽庭　讲师

根据电子束焊机系统的要求，本系统采用ST公司的32位处理器STM32F103VCT6作为控制芯片，利用DA和AD对电子束焊机的栅偏、灯丝、高压电源进行给定与采样，能够实时监控焊接过程中的数据，并对数据进行分析，从而实现对整个电子束焊机系统的监控。电子束焊机监控系统具有工作可靠、结构简单、功能强等多种特点，可以满足电子束焊机的应用要求。

1. 选题背景

电子束焊机是20世纪50年代为满足原子能工业发展的需要，由德国物理学家斯太格瓦尔德提出的一种高能束焊接设备，随着焊接技术的发展，电子束焊接技术已应用到多种工业领域，如航天、兵器、汽车等。在电子束焊机的应用中需要精密的控制和监测，各制造公司对此发展有大量研究。电子束焊机在焊接过程中，尤其是对一些异形原件的焊接，需要利用电子束焊机监控系统对器件进行监控，以达到提高焊接质量和效率的要求，为此，一般均要求电子束焊机具有监控功能。

近年来，数据采集及其监测受到了人们越来越广泛的关注，数据监测系统也有了迅速的发展，它可以广泛地应用于各种领域。由于数据采集测试系统具有高速性和一定的灵活性，可以满足众多传统方法不能完成的数据采集和测试任务，因而得到了初步的认可。随着计算机的普及应用，数据采集系统得到了很大的发展，工业计算机、单片机和大规模集成电路的组合，用软件管理，使系统的成本减低、体积变小，功能成倍增加，数据处理能力大大加强。单片机具多功能、高效率、高性能、低电压、低功耗、低价格等优点，而双单片机又具有精度较高、转换速度快的特点，能够对多点同时进行采集，因此能够开发出能满足实际应用要求的、电路结构简单的、可靠性高的数据采集系统。这就使得以单片机为核心的数据采集系统在许多领域得到了广泛的应用。

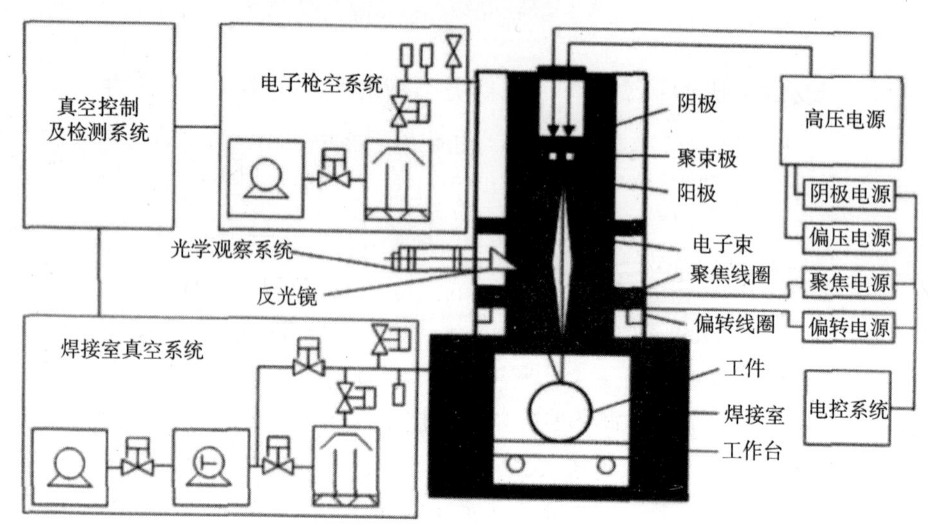

图 1　电子束焊机工作原理图

2. 系统总体方案

硬件采用 STM32 处理器、系统包、供电、通信、LCD 显示、数模转换、模数转换等模块。在屏幕上可输入栅偏、灯丝、高压的给定量数值，通过数模转换模块进行给定，并且通过采样和模数转换在屏幕上同时可以显示栅偏、灯丝、高压各电源的实际值。在本系统中，为了通信的方便和进一步的开发设置了 WiFi 模块、USB 接口、串口，同时加入了三种通信总线 232、485 以及 CAN 总线，在这三种总线中使用隔离电源供电，这样可以使系统更加的稳定，减少通信信号对系统的影响。在系统中采用 +5V 对系统供电，设置 2P 端子的供电接口，同时在 USB 接口中也加入电源，这样使用 USB 也可单独供电，可以方便地进行单独调试与程序的烧录。为方便程序的调试以及故障的显示，在 PCB 中加入 LED。整个系统上电后对 LCD 屏幕上的栅偏、灯丝、高压等量进行给定。同时检测反馈信号，将电源输出电压的实际值转化为数字量显示在屏幕上，并对反馈值进行判断，如果反馈量的值大于给定值，在屏幕上显示并报错；对设备进行检测和调整后再观察灯是否熄灭。

3. 系统各模块电路设计

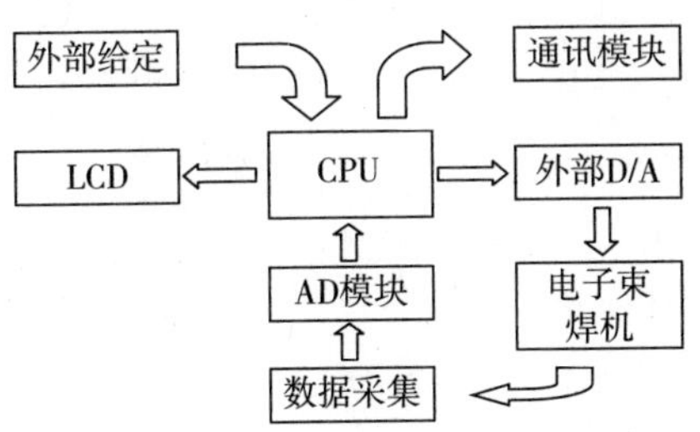

图 2　系统框图

3.1　处理器电路

STM32F103VCT6 是整个系统的处理器，其外围电路图如下图所示，由于其内部的晶振精度不够，所以采用外部的 12MHz 晶振为系统提供稳定的时钟信号，在此最小系统中采用按键复位。

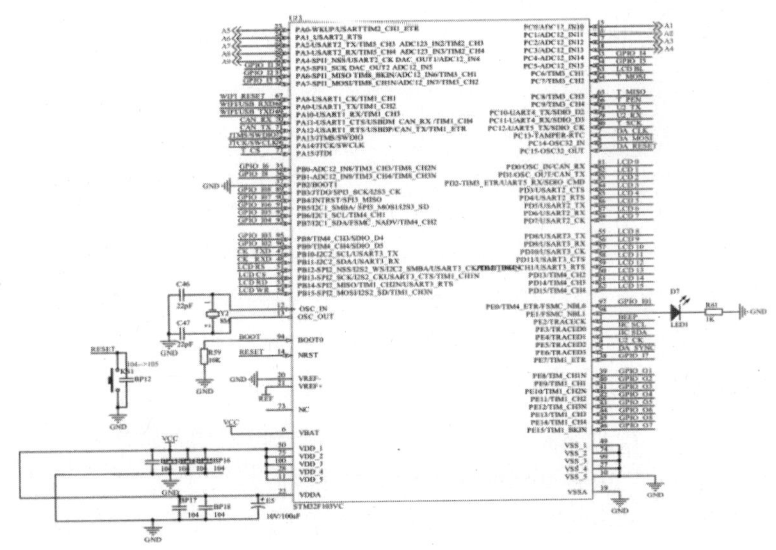

图 3　STM32103 最小系统

3.2 电源电路

电源是保持系统工作的最基础的组成部分，整个系统由外部的 +5V 供电，由外部的 2P 端子引入，在电路中利用 LM1117-3.3 为处理器提供稳定的电源，B0503s 为 3.3V 隔离电源，为总线部分做电源隔离。在没有外部提供 5V 的情况下也可用 USB 单独供电，系统同样可以正常工作，烧录程序。

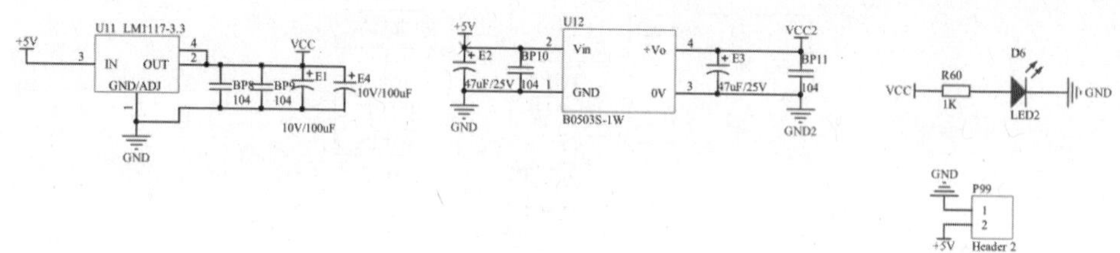

图 4 电源电路

3.3 通信模块电路

通信模块是系统与外部建立连接的重要环节。本系统在其中加入 485、232、CAN 三种通信总线，使系统有更强的与外部建立连接的能力，这样能够与电子束焊机的 PLC 或 DSP 控制器进行通信，将电子束焊机焊接参数实时显示在屏幕上；并且加入 USB 接口方便调试，在整个系统中还加入 WiFi 模块，方便以太网控制的开发。

3.3.1 CAN总线

CAN 是 Controller Area Network 的缩写（以下称为 CAN），是 ISO 国际标准化的串行通信协议。在当前的汽车产业中，出于对安全性、舒适性、方便性、低公害、低成本的要求，各种各样的电子控制系统被开发了出来。由于这些系统之间通信所用的数据类型及对可靠性的要求不尽相同，由多条总线构成的情况很多，线束的数量也随之增加。为适应“减少线束的数量”“通过多个 LAN 进行大量数据的高速通信”的需要，1986 年德国电气商博世公司开发出面向汽车的 CAN 通信协议。此后，CAN 通过 ISO11898 及 ISO11519 进行了标准化，现在，在欧洲已是汽车网络的标准协议。现在，CAN 的高性能和可靠性已被认同，并被广泛地应用于工业自动化、船舶、医疗设备、工业设备等方面。现场总线是当今自动化领域技术发展的热点之一，被誉为自动化领域的计算机局域网。它的出现为分布式控制系统实现各节点之间实时、可靠的数据通信提供了强有力的技术支持。CAN 控制器根据两根线上的电位差来判断总线电平。总线电平分为显性电平和隐性电平，二者必居其一。发送方通过使总线电平发生变化，将消息发送给接收方。CAN 协议具有以下特点：多主控制，系统的柔软性，通信速度较快，通信距离远，具有错误检测、错误通知和错误恢复功能，故障封闭功能，连接节点多。正是因为 CAN 协议的这些特点，使得 CAN 特别适合工业过程监控设备的互联，因此越来越受到工业界的重视，并已公认为最有前途的现场总线之一。CAN 协议经过 ISO 标准化后有两个标准：ISO11898 标准和 ISO11519-2 标准。其中 ISO11898 是针对通信速率为 125Kbps~1Mbps 的高速通信标准，而 ISO11519-2 是针对通信速率为 125Kbps 以下的低速通信标准。此设备采用的 CAN 通信的电路图如下图所示：

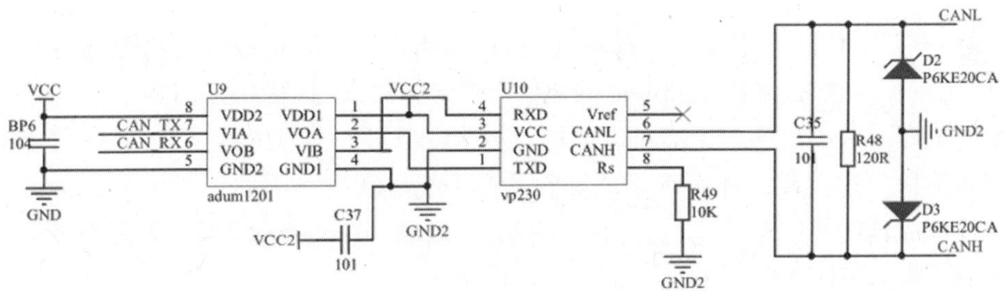

图 5　CAN 总线

3.3.2　RS485总线

485（一般称作 RS485/EIA-485）是隶属于 OSI 模型物理层的电气特性，规定为 2 线，半双工，多点通信的标准。它的电气特性和 RS-232 大不一样。用缆线两端的电压差值来表示传递信号。RS485 仅仅规定了接收端和发送端的电气特性。它没有规定或推荐任何数据协议。RS485 的特点包括：接口电平低、不易损坏芯片、传输速率高、抗干扰能力强、传输距离远、支持节点多。

RS485 推荐使用在点对点网络中，比如：线型、总线型网络等，而不能是星型、环型网络。理想情况下 RS485 需要 2 个终端匹配电阻，其阻值要求等于传输电缆的特性阻抗（一般为 120Ω）。没有特性阻抗的话，当所有的设备都静止或者没有能量的时候就会产生噪声，而且线移需要双端的电压差。没有终接电阻的话，会使得较快速的发送端产生多个数据信号的边缘，导致数据传输出错。本装置采用 SP3485 作为收发器，该芯片支持 3.3V 供电，最大传输速度可达 10Mbps，支持多达 32 个节点，并且有输出短路保护。电路图如下：

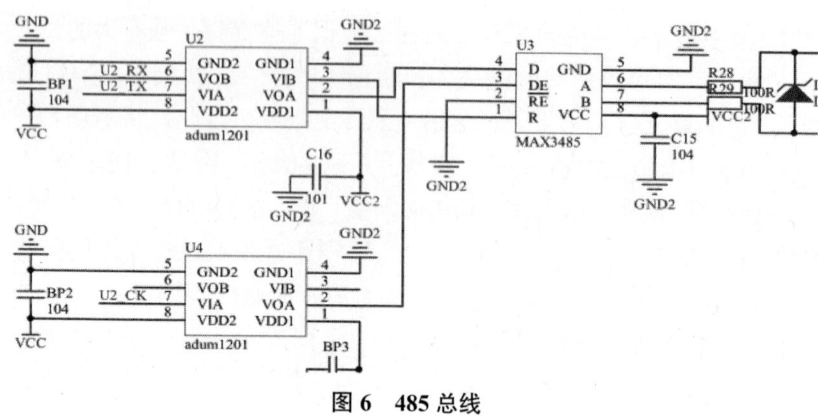

图 6　485 总线

3.3.3　RS232总线

RS-232-C 标准规定，驱动器允许有 2500pF 的电容负载，通信距离将受此电容限制，例如，采用 150pF/m 的通信电缆时，最大通信距离为 15m；若每米电缆的电容量减小，通信距离可以增加。传输距离短的另一原因是 RS-232 属单端信号传送，存在共地噪声和不能抑制共模干扰等问题，因此一般用于 20m 以内的通信。具体通信距离还与通信速率有关，例如，在 9600pbs 时，普通双绞屏蔽线时，距离可达 30~35 米。

EIA-RS-232C 对电气特性、逻辑电平和各种信号线功能都作了规定。

在 TXD 和 RXD 上：

逻辑 1（MARK）=-3V ～ -15V

逻辑 0（SPACE）=+3 ～ +15V

在 RTS、CTS、DSR、DTR 和 DCD 等控制线上：

信号有效（接通，ON 状态，正电压）=+3V ～ +15V

信号无效（断开，OFF 状态，负电压）=-3V ～ -15V

以上规定说明了 RS-232C 标准对逻辑电平的定义。对于数据（信息码）：逻辑“1”（传号）的电平低于 -3V，逻辑“0”（空号）的电平高于 +3V；对于控制信号；接通状态（ON）即信号有效的电平高于 +3V，断开状态（OFF）即信号无效的电平低于 -3V，也就是当传输电平的绝对值大于 3V 时，电路可以有效地检查出来，介于 -3 ～ +3V 之间的电压无意义，低于 -15V 或高于 +15V 的电压也认为无意义，因此，实际工作时应保证电平在 -3V ～ -15V 或 +3V ～ +15V 之间。电路图如下：

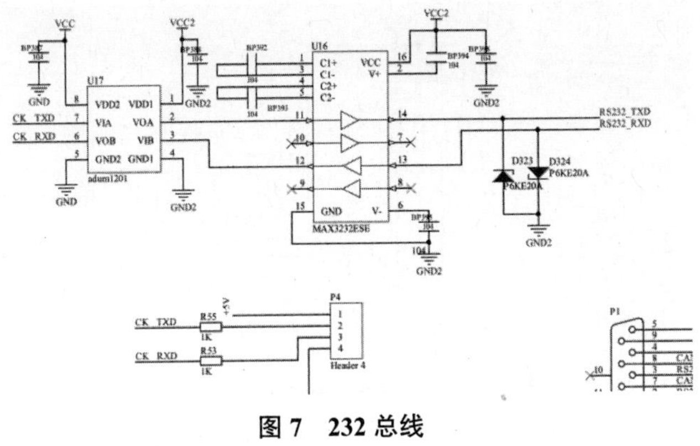

图 7　232 总线

3.3.4　USB接口

STM32F103 的 MCU 自带 USB 从控制器，符合 USB 规范的通信连接；PC 主机和微控制器之间的数据传输是通过共享一专用的数据缓冲区来完成的，该数据缓冲区能被 USB 外设直接访问。这块专用数据缓冲区的大小由所使用的端点数目和每个端点最大的数据分组大小所决定，每个端点最大可使用 512 字节缓冲区（专用的 512 字节，和 CAN 共用），最多可用于 16 个单向或 8 个双向端点。USB 模块同 PC 主机通信，根据 USB 规范实现令牌分组的检测，数据发送 / 接收的处理，和握手分组的处理。整个传输的格式由硬件完成，其中包括 CRC 的生成和校验。每个端点都有一个缓冲区描述块，描述该端点使用的缓冲区地址、大小和需要传输的字节数。当 USB 模块识别出一个有效的功能 / 端点的令牌分组时（如果需要传输数据并且端点已配置），随之发生相关的数据传输。USB 模块通过一个内部的 16 位寄存器实现端口与专用缓冲区的数据交换。在所有的数据传输完成后，如果需要，则根据传输的方向发送或接收适当的握手分组。在数据传输结束时，USB 模块将触发与端点相关的中断，通过读状态寄存器和 / 或者利用不同的中断来处理。本装置主要采用 USB 接口和串口进行所需程序的写入和修改。电路图如下图所示：

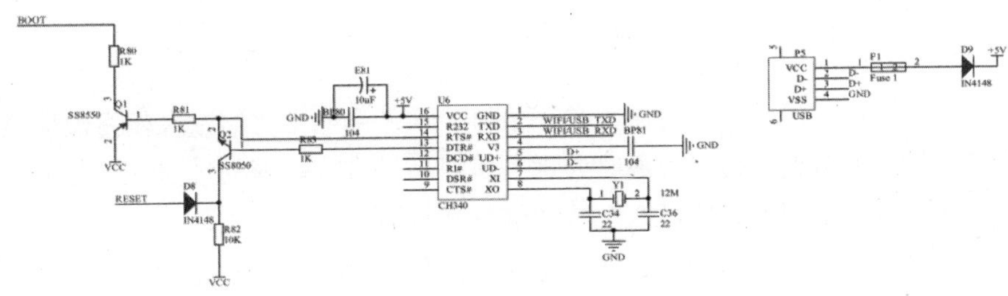

图 8　USB 接口

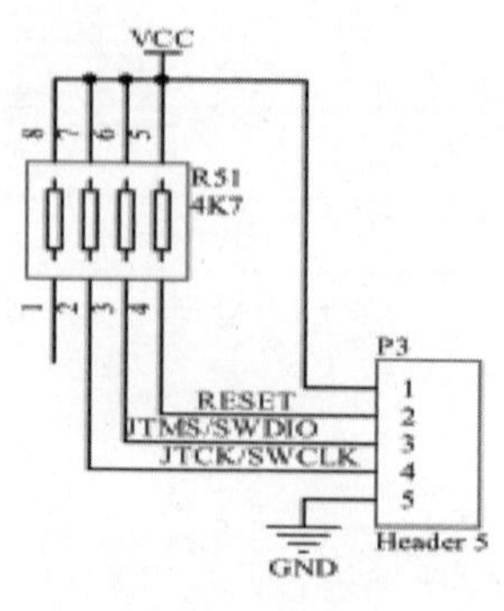

图 9　串口

3.3.5　WiFi模块

WiFi 模块又名串口 WiFi 模块，属于物联网传输层，功能是将串口或 TTL 电平转为符合 WiFi 无线网络通信标准的嵌入式模块，内置无线网络协议 IEEE802.11b.g.n 协议栈以及 TCP/IP 协议栈。传统的硬件设备嵌入 WiFi 模块可以直接利用 WiFi 联入互联网，是实现无线智能家居、M2M 等物联网应用的重要组成部分。电路图如下图所示：

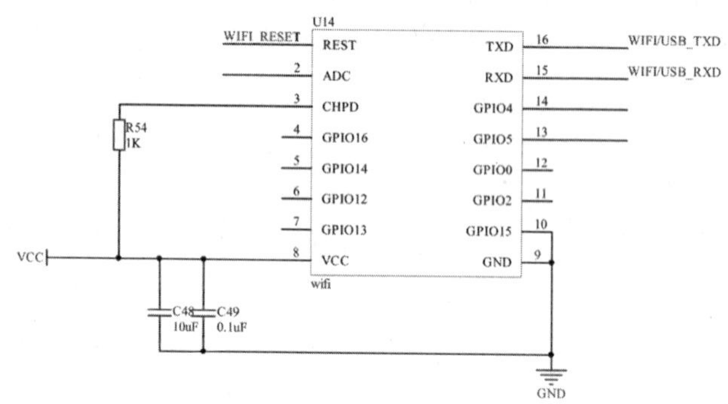

图 10　WiFi 模块

3.4　数模转换、模数转换

模数转换是将模拟信号转化为数字信号，从外部取得的信号大多为模拟量，作为控制信号也多是模拟量，数字处理技术对信号进行处理的过程一般是模拟量转化为数字量，这样处理器可以对数据信息进行运算。

数模转换是把输入的数字信号转换成模拟信号，模拟信号并不真正是能连续变化的模拟信号，而是以所用 DAC 的绝对分辨率为单位增减的有台阶模拟量，所以实际上 DAC 是准模拟量输出。

对于本控制系统使用屏幕给定电压值时，处理器中给出的数值为模拟量，在此，我们通过外部芯片 DAC8565 将数字量转化为模拟量，并且使用运算放大器使信号放大，对电源进行给定。为了在设备偏离给定值时及时做出反应，在系统中也加入了 AD 采样，在此我们使用单片内部的 ADC 将电源输出电压，采集并转化为数字信号，与参考数值进行比较，如果实际值比给定值大时则发出警报并且及时处理。

在采样信号输入单片机前需要对采样信号进行处理，电路如图 12 模拟信号处理电路所示，将模拟信号进行钳位并且将输入信号与地之间接入压敏电阻，以保护处理器的 ADC，并且对地接入电容滤除纹波。

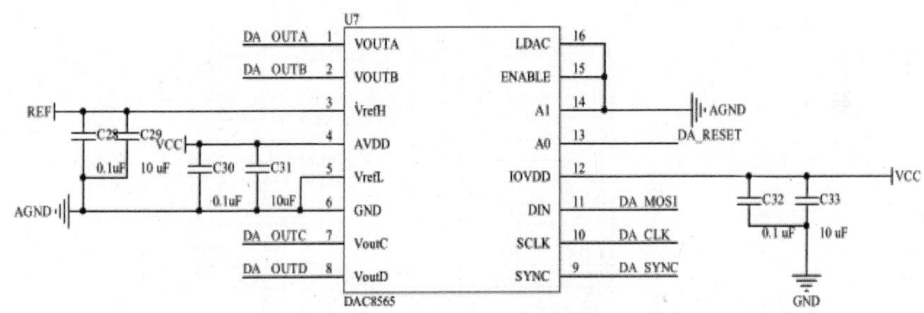

图 11　数模转换电路

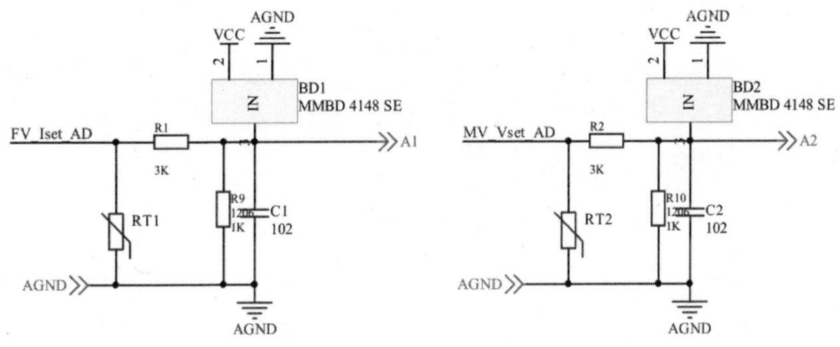

图 12　模拟信号处理电路

3.5　LCD 显示模块

在系统中，我们使用 LCD 模块进行模拟量的给定与采样、故障的显示。电路图如图 13 所示。

从下图中可以看出，TLCD 模块采用 16 位的方式与外部连接，之所以不采用

8 位的方式，是因为彩屏的数据量比较大，尤其在显示图片的时候，如果用 8 位数据线就会比 16 位方式慢一倍以上。我们当然希望速度越快越好，所以我们选择 16 位的接口。图中还列出了触摸屏芯片的接口，该模块的 80 并口有如下一些信号线：

CS：TFTLCD 片选信号

WR：向 TFTLCD 写入数据

RD：从 TFTLCD 读取数据

D[15：0]：16 位双向数据线

RST：硬复位 TFTLCD

RS：命令 / 数据标志（0，读写命令；1，读写数据）

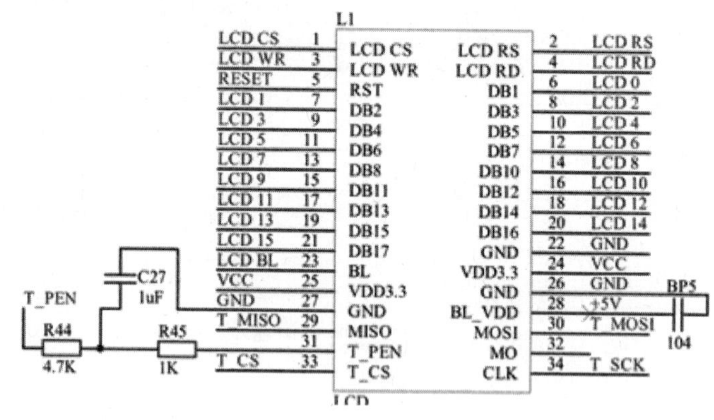

图 13　LCD 显示屏

4. 结束语

经过实验，使用 STM32 及其 AD 和 DA 模块可以很方便地对数据进行采集和处理。通过 RS485、IIC 等总线可以很好地实现与外部的通信。同时，本系统预留出很丰富的 I/O 口，可以很便利地对系统进行外部的扩充。这样，就使得此系统不仅可以应用在电子束焊机的监测上，还可以进行各种基于 STM32 芯片系统的开发。本系统还拥有独立的供电系统，不但可以通过外接 5V 电源进行供电，也可以通过 USB 进行单独供电。本系统为总线收发的芯片提供单独的供电系统，减少外部信号对此系统的干扰。本系统最大的优点就是功能强、体积小，可以方便地用于多种系统的控制面板，开发前景十分广阔，有很高的市场价值。

参考文献

[1] 刘军 . 例说 STM32[M]. 北京：航空航天大学出版社，2005

[2] 陈小兵 . 电子束焊机数字高压电源系统的研究 [J]. 兰州交通大学硕士学位论文，2015

[3] 张洋 . 原子教你玩 stm32[M]. 北京：航空航天大学出版社，2013

[4] 王泽庭，王鹏，樊生文等 . 基于 stm32 的电子束焊机灯丝电源的设计 [J] . 智库工厂，2013

致　谢

经过做大创项目的这段时间，我对电子束焊机的相关方面有了一些了解，而且通过老师和同学们的帮助完成了这个监控系统的设计与调试。在这期间，我学习了有关嵌入式系统和总线通信的使用，最重要的是学习了数电和模电的相关专业课后，在这个系统中运用了 AD 和 DA 进行数据的采集和数字给定。在编程方面，通过和同学们的讨论使系统能够正确地完成相关功能。在这个系统中还有预留部分的 WiFi 模块，了解了相关协议。

在这里，我想特别感谢我的指导教师王泽庭老师，在我遇到困难的时候，他耐心细致地给我解答有关问题，并且亲自指导修改，整个监控系统在他的帮助下更加完善。在学习和生活中每当遇到困惑时，他总会第一时间给我们帮助。还要感谢我的同学们，他们给了我许多帮助，让这个实验完成得更顺利。由于个人能力有限，本系统还有许多不足之处，敬请指正。

附录一：实物图与界面

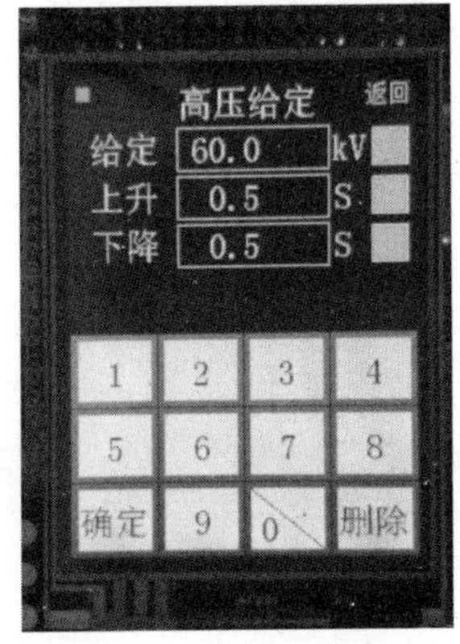

图 14　高压给定菜单

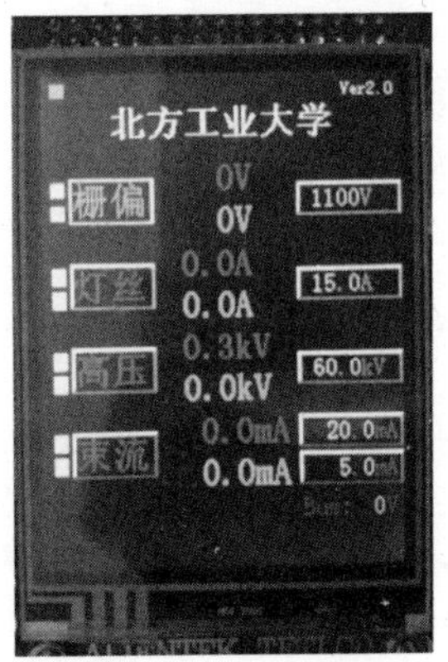

图 15　系统主界面菜单

图 16　系统主菜单

图 17　监控系统与电源

图 18　监控系统 PCB 背面

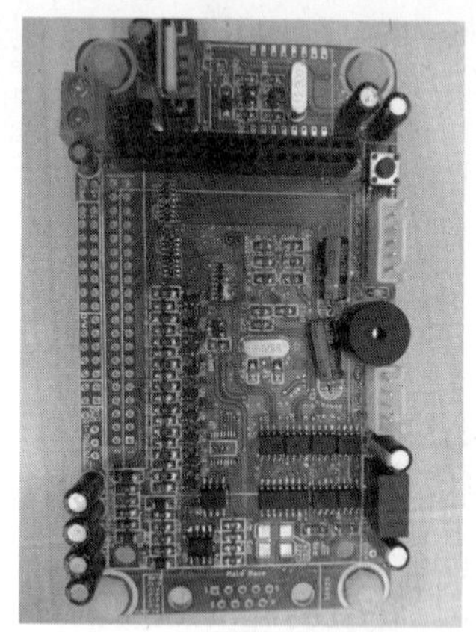

图 19　监控系统 PCB 正面

工业污水常规五项及COD参数在线测量装置设计

北方工业大学：胡海博　朱永璇　佟威正

指导教师：李月恒　实验师

Cortex-A9芯片Exynos4412用于处理水质传感器的数据，检测水环境中的pH、溶氧、温度、电导率、浊度参数，并且可以根据所测参数软测量出COD参数，也可以对测量数据进行存储。通过对样本水质以及样本数据的测试验证，该装置具有灵敏度好、效率高、信息存储量大、友好的人机界面等特点，具有一定的经济应用价值。

1. 引言

随着现代社会的快速发展，伴随着的是水污染问题越来越严重，水质保护已成为全世界关注的焦点问题。借鉴国外水资源监测的经验，我国在水污染的监测方面也取得了很快的发展，但是由于技术手段的落后，水质在线监测系统一直没有广泛应用；而且一些较难测量的参数其测量成本也价格不菲，成了对水质数据进行全面检测一大困难。本课题所研究的基于嵌入式Android与神经网络软测量算法的水质在线监测系统，对比于原始的人工监测手段或低处理能力的监测系统来说取得了很大进步，对正确评价污水水质的实时状况、研究污染程度、节约成本等方面具有重要的意义。整个装置测量精度高、灵敏度好，具有一定的经济应用价值。

2. 系统总体设计

该装置主要由核心板、功能底板、Android 系统三部分组成。其中核心板作为整个装置的主控单元，功能底板电路完成数据的采集、系统供电等工作，Android 系统是整个应用软件的运行环境。系统在工作过程中，首先通过挂载在底板上的常规五项水质传感器对水质中的常规五项参数进行实时在线测量，然后根据测量获得的五项参数数据软测量出 COD 参数，并对数据进行实时存储。

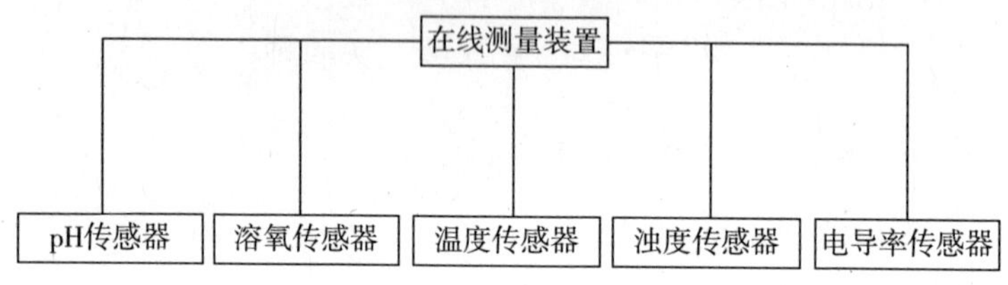

图 1　系统整体结构图

3. 系统硬件设计

系统的硬件设计主要是以负载核心版高效运行为目的，主控制器选用 Samsung 公司的 Exynos 4412，其主频达到 1.4 ~ 1.6 GHz，采用了最新的 32nm 的先进工艺制成，功耗方面有了明显降低。核心板外围加载电源模块、LCD 显示屏模块、USB-OTG 程序下载口、USB-HOST 接口、UART 232 调试串口、UART 485 传感器数据传输通信接口、SDCARD 存储器接口以及 RJ-45 网络等。该装置通过 485 通信口以标准 ModBus/RTU 协议实时采集水质传感器数据，而后通过应用层的数据分析与处理得到需要的参数。

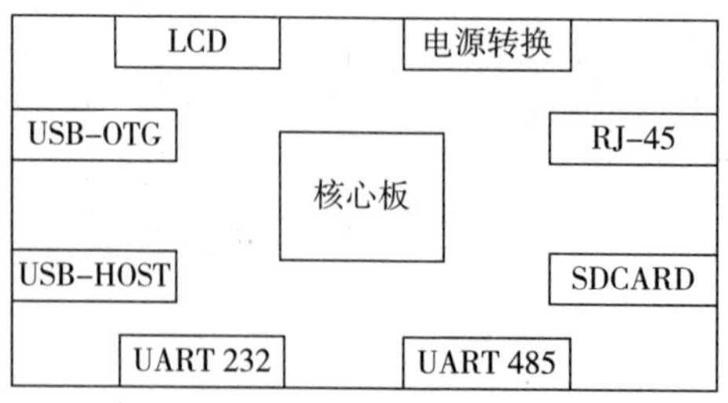

图 2　系统硬件结构图

传感器的选择集成了多家品牌的代表性产品，具有测量精度高、安装方便、宽范围电压输入等优点。

图3　系统硬件结构图

4. 系统软件设计

系统的软件设计主要分为Android下应用开发和神经网络的设计与训练两部分。

4.1　Android应用开发

系统软件设计以Android运行环境下的应用开发为主，应用中嵌入设计和用标准水质数据训练好的神经网络算法，对传感器数据的采集通过Android系统下的485通信驱动集成来完成，采用Google提供的NDK开发方式。图4为软件的整体架构图。由图可以看出，进入应用后UI线程作为主线程负责实时刷新在线测量数据，数据处理线程专门负责对传感器采集的数据的处理工作，数据处理线程则负责对处理后数据进行在线存储。传感器数据通信协议采用标准ModBus/RTU通信格式，数据处理线程程序首先对串口发送过来的数据帧进行校验，确认无误之后，然后再进行数据的提取与解析工作，依次读取各个传感器数据，采用轮询查阅的方式读取。

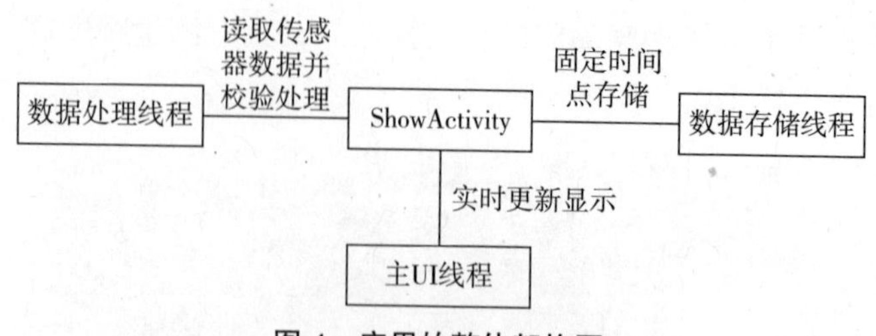

图 4　应用的整体架构图

例如 pH 数据处理程序：上位机发送读取数据指令后，传感器回复数据有一定的延时时间，然后对所得数据进行数组保存，判断数据长度以及 CRC 校验，最后从固定的数据中提取数据，并发送给主线程。

4.2　神经网络的设计和训练

神经网络采用 BP 神经网络，五输入、一输出。五个输入对应传感器监测到的常规五项数据，一输出对应预测出的 COD 参数。训练数据来源于工业污水水质监测出的 100 组标准数据，其中 80 组数据用来训练，10 组数据用来测试，最后的 10 组数据用来检验。系统软件设计以 Android 运行环境下的应用开发为主，应用中嵌入设计和用标准水质数据训练好的神经网络算法，对传感器数据的采集通过 Android 系统下的 485 通信驱动集成来完成，采用 Google 提供的 NDK 开发方式。由图 4 可以看出，进入应用后 UI 线程作为主线程负责实时刷新在线测量数据，数据处理线程专门负责对传感器采集的数据的处理工作，数据处理线程则负责对处理后数据进行在线存储。传感器数据通信协议采用标准 ModBus/RTU 通信格式，数据处理线程程序首先对串口发送过来的数据帧进行校验，确认无误之后，然后再进行数据的提取与解析工作，依次读取各个传感器数据，采用轮询查阅的方式读取。是以负载核心版高效运行为目的，主控制器选用 Samsung 公司的 Exynos 4412，其主频达到 1.4~1.6 GHz，采用了最新的 32nm 的先进工艺制成，功耗方面有了明显降低。核心板外围加载电源模块、LCD 显示屏模块、USB-OTG 程序下载口、USB-HOST 接口、UART 232 调试串口、UART 485 传感器数据传输通信接口、SDCARD 存储器接口以及 RJ-45 网络等。该装置通过 485 通信口以标准 ModBus/RTU 协议实时采集水质传感器数据，而后通过应用层的数据分析与处理得到需要的参数。

5. 系统测试

系统测试主要分为装置本身测量精度与准确性测试以及将所得测量结果对比标准数据的校验测试两部分。根据标准常规五项数据，测试表明该装置通过常规五项传感器测量所得的数据精度高，并且人为地改变水质中的某一项参数时，测量结果可以快速反应该项变化，具有高灵敏度的优点。最后结合样本水质以及样本数据训练后的神经网络软测量算法，本装置根据所采集的五项水质数据可以有效地预测出 COD 参数，并且当五项水质数据参数变化时能及时跟踪变化，并且相应地改变预测结果，具有实时准确的特点，并且和标准的五项参数测量结果相比精度高、误差小。测量结果满足精度要求，而且其软测量出的 COD 参数同样和样本水质标准参数的 COD 参数比较后所得误差也在可接受的范围内。实验的最终效果图如图 5 所示。所以整体上来说，该装置从功能上来说满足技术要求，从应用上来说，该装置具有硬件成本低、性能好等优点。

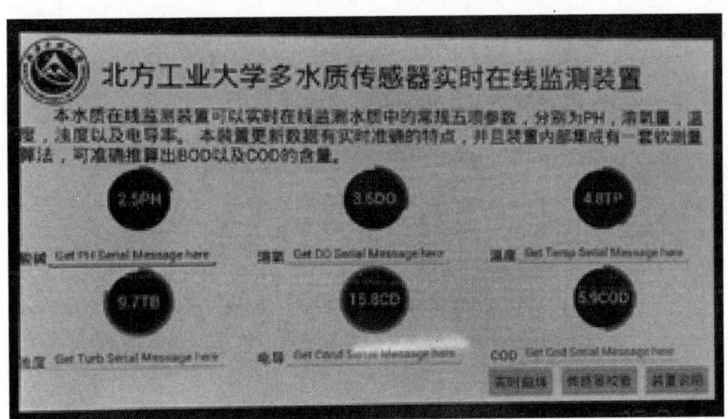

图 5　实验的最终效果图

6. 结论

本文基于嵌入式 Android 以及神经网络算法为基础，设计出了一套多水质参数实时在线测量装置，测量结果具有精度高、灵敏度好的特点，并且各项测量结果都满足所规定的误差。其实现了多水质测量装置的基本功能，而且具有测量成本低廉、性能良好的优点，可应用于各中水质在线监测领域，整个设计具有一定的经济应用价值。

参考文献

[1] 韩德强，冯云贺，王宗侠等 .Simics 环境下故障注入的研究与实现 [J]. 电子技术应用 .2015，41（1）：21–24

[2] 葛年明，殷彩萍，邵文学 . 基于 STM32 的室内有害气体检测系统设计 [J]. 微型机与应用，2015，34（23）：20–22，26

[3] DES MARAIS D J，STRAUSS H，SUMMONS R E，et al.Carbon isotope，evidence for the stepwise oxidation of the Proterozoic environment[J].Nature，1992，359：605-609

[4] 蒋有绪，郭泉水，马娟，等 . 中国森林群落分类及其群落学特征 [M]. 北京：科学出版社，1998.

基于 WSN 的城市空气质量监测系统设计

北方工业大学：兰馨蕊　方乐乐　邓小宝　林泽群　汪英祚

指导教师：李　超　实验师

本课题设计完成了一种基于 WSN 的城市空气质量监测系统，空气质量探测器使用 STM32 芯片作为 MCU，采集 PM2.5 和 PM10 数据并实时显示，实现了空气质量的声光报警功能。空气质量上位机监测软件实现了监测区域的 PM2.5 及 PM10 数据的显示、报警设置、数据的实时曲线和历史曲线显示等功能。

1. 选题背景

改革开放以来，我国经济飞速发展，钢铁、石油化工、汽车制造等行业都得了长足的进步。但是经济的高速发展也对我国的自然环境产生了较大影响。其中，空气污染在近几年变得越来越严重，PM2.5 和 PM10 指数居高不下，雾霾成为常见现象，橙色预警、红色预警频发，这些 PM2.5 和 PM10 颗粒物被吸入人体后直接进入支气管，干扰肺部的气体交换，引发包括哮喘、支气管炎和心血管病等疾病。因此，及时测得周围大气的 PM2.5 和 PM10 数据，让人们提早做好防护工作，可有效降低空气污染带来的损失，实时监测城市空气质量情况十分必要。

要测量较大范围内的 PM2.5 和 PM10 数据，需要多个采集点，且各个采集点与监测设备的距离间隔较远，故不适合通过布线的方式来连接整个系统，而 ZigBee 技术恰好可以解决这个问题，它的有效传输距离最远可达 4 ~ 6km，满足系统需求，可节省布线成本、简化系统结构，而且自组网的特性可方便进行系统扩容。

2. 方案论证

本课题的目的是研制一套基于 WSN 的城市空气质量监测系统，通过空气质量探测器采集城市各监测区域的 PM2.5 及 PM10 数据，组建 ZigBee 网状网来进行各空气质量探测器与空气质量上位机监测软件连接的协调器之间的通信，空气质量探测器在接收到查询命令数据帧后，将 PM2.5 及 PM10 数据传到上位机连接的协调器，并显示在空气质量上位机监测软件上。基于 ZigBee 的空气质量探测器采用 ARM Cortex-M3 内核的 STM32 作为 MCU，PM2.5 和 PM10 传感器的型号为 SDS011，ZigBee 选用 Digi 公司的 XBee 模块。

本课题的主要设计任务有：

（1）完成空气质量探测器的电路原理图和 PCB 设计；

（2）完成 PCB 板的制作及焊接；

（3）完成 PM2.5 和 PM10 数据的采集、显示和声光报警功能；

（4）实现 ZigBee 模块的自组网功能，并在接收到协调器的查询命令后，向上位机发送此时的 PM2.5 和 PM10 数据；

（5）设计完成空气质量上位机监测软件，实现监测区域的 PM2.5 及 PM10 数据的显示、管理员登录、空气质量报警设置、PM2.5 及 PM10 数据的实时曲线和历史曲线显示等功能，使用户能够方便得知空气质量状况，及时采取应对措施。

3. 研究方法

3.1　系统硬件设计

空气质量探测器按照功能可以分为六个模块，分别是：作为 MCU 的 STM32 系列芯片、系统的电源模块、实时显示 PM2.5 和 PM10 数据的 OLED 显示模块、实现无线传输和组网功能的 ZigBee 模块，还有检测 PM2.5 和 PM10 数据的传感器模块和声光报警模块。系统上电后，将自动检测 PM2.5 和 PM10 数值并显示在 OLED 屏上，在超过报警设定值后进行声光报警。图 1 所示为系统硬件结构框图。

通过原理图生成 PCB 后进行布局布线，设计出最终的 PCB 图如图 2 所示。在设计 PCB 图的过程中，需做到 PCB 板大小选择合适，器件布局合理整齐，对温度敏感的器件远离发热的电源芯片，信号线上不打过孔，走线不出现锐角。PCB 制作完成之后即进行元器件的焊接，先焊接 MCU，再焊接其他贴片芯片和电容电阻，最后焊接插针元器件，焊接过程注意焊点饱满、不能短接。焊接完成后的空气质量探测器硬件以主控芯片为中心，左上角为 JTAG 电路和 MAX232 电路，左下角为电源模块，右上角为 OLED 显示器接口、PM 传感器接口和声光报警电路，右下角为 ZigBee 模块。

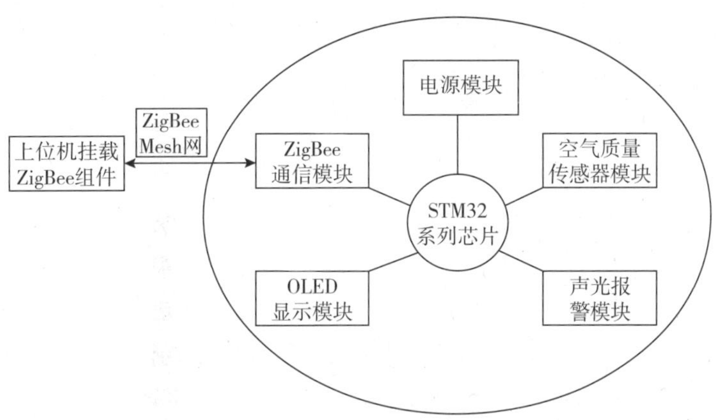

图 1　系统硬件结构框图

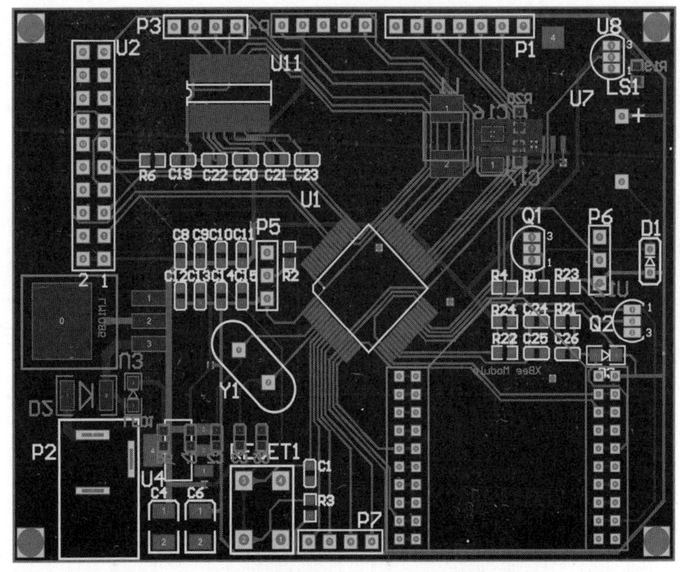

图 2　空气质量探测器硬件 PCB 图

3.2　系统下位机软件设计

本次下位机软件设计使用 C 语言进行编程，系统工作原理为：PM 传感器每个采样周期采集一次 PM2.5 和 PM10 数据，MCU 通过串口收到数据后由 OLED 屏显示出来，并判断 PM2.5 的值是否超过报警值，如果超过则进行声光报警。XBee 等待接收来自协调器的查询命令数据帧，确认查询命令数据帧的内容后，向协调器发送当前检测到的 PM2.5 和 PM10 数据。图 3 所示为下位机程序的主流程图。

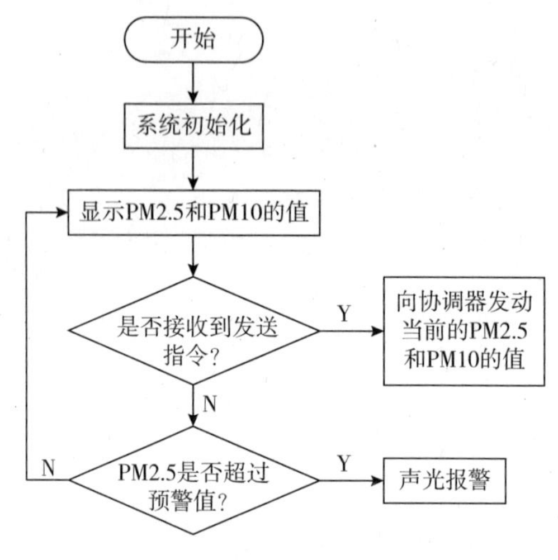

图 3　下位机程序主流程图

ZigBee 发送数据和接收数据是以数据帧的形式，因此，需要编程来完成数据帧解析。数据帧包含帧头、帧尾及数据部分，包括目标的物理地址和网络地址。数据帧的最后一位为校验位，如果校验位错误则数据帧无法发送和接收。本次共需设计两种数据帧，一种是由协调器发送给空气质量探测器的查询命令数据帧，另一种是由空气质量探测器发送给协调器的 PM2.5 和 PM10 数据帧。

表 1 所示为查询命令数据帧的格式。表 2 所示为空气质量探测器发送的数据帧格式。图 4 所示为查询命令数据帧确认以及 PM2.5 和 PM10 数据帧发送的程序流程图。

表 1　　查询命令数据帧格式

帧头	数据长度高位	数据长度低位	API ID	是否应答	目标 MAC 地址	目标网络地址	广播	Options	数据位	校验位
Byte1 7E	Byte2 00	Byte3 10	Byte4 10	Byte5 01	Byte6-13 0013A200 4052E06E	Byte14-15 86C3	Byte16 00	Byte17 00	Byte18-19 504D	Byte20 73

表 2　　路由器发送数据帧格式

帧头	数据长度高位	数据长度低位	API ID	是否应答	目标 MAC 地址	目标网络地址	广播	Options	数据位	校验位
Byte1 7E	Byte2 00	Byte3 16	Byte4 10	Byte5 01	Byte6–13 0013A200 40811694	Byte14–15 0000	Byte16 00	Byte17 00	Byte18–25 00000200 00000400	Byte26 C8

3.3　系统上位机软件设计

本课题设计的空气质量上位机监测软件可实现 PM2.5 和 PM10 数据的监测，帮助管理人员即时获得各个监测区域的空气质量信息，查看各个监测区域的 PM2.5 和 PM10 数据是否符合该环境的标准，还可设置空气质量报警值的上限和下限，以便管理人员及时采取相应措施。报警功能是指 PM2.5 和 PM10 数据达到报警设定值时弹出消息框显示报警时间及报警区域。空气质量探测器对所在区域的空气质量情况进行检测，并通过 ZigBee 网络的传输将 PM2.5 和 PM10 数据发送给上位机连接的 ZigBee 协调器模块，上位机通过串口通信获得各监测区域的 PM2.5 和 PM10 数据并显示在监测界面的相应区域内。上位机软件的总体设计流程如图 5 所示。

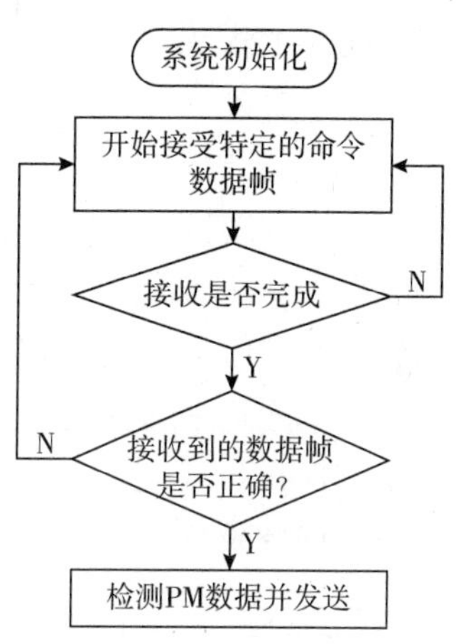

图 4　XBee 数据帧接收接发送程序流程图

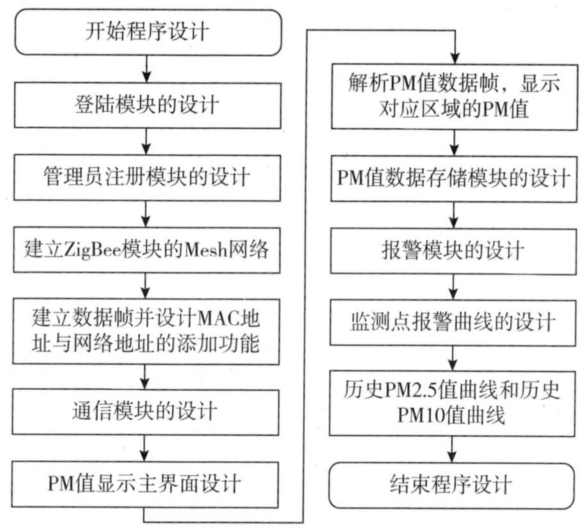

图 5　上位机程序设计流程图

3.3.1 登录权限模块设计

登录权限模块设计的目标包括两点：其一为登录软件，需要输入用户名和密码，经验证后方可登录；其二系统须拥有权限管理功能，包括添加、编辑和删除管理账户。

（1）登录验证

软件启动后，首先显示登录窗口。管理员输入正确的系统用户名和登录密码后才能显示软件主界面。如果用户名、密码不正确，则提示用户名、密码错误，回到登录窗口。

（2）管理员注册

进入管理员注册界面，输入新注册用户的用户名和密码，点击管理员注册，消息框显示注册成功。点击管理员查询按钮，可以显示所有的管理员信息，点击需要修改的信息编辑，编辑完成后点击“提交数据”，消息框显示“更新完成”，还可以删除选中的管理员。注册成功的管理员拥有对软件的最高操作权限，可进行所有操作。

根据登录权限模块的需要，在数据库中建立一个名为 Administrator 的表。如表 3 所示。

表 3　Administrator 管理员注册表

列名	数据类型	允许空	注释
Adm_name	varchar(15)	否	软件用户名称
Password	varchar(10)	否	软件用户密码

3.3.2 串口通信模块设计

串口通信模块设计主要包括串口初始化、打开串口、发送数据、接收数据等。NET Framework 2.0 类库包含了 SerialPort 类，方便地实现了所需串口通信的多种功能，在 VS2013 空间箱中拖入 Serial Port 通信控件，并添加命名空间 System.IO.Ports 下的 Serial Port 类，同时设置相应参数。Serial Port 提供了 Data Received 事件，DataReceived 事件在接收到了 [Received Bytes Threshold] 设置的字符个数或接收到了文件结束字符并将其放入输入缓冲区时被触发。该事件的触发由系统决定，当有数据到达时，该事件在辅助线程中被触发。在 Data Received 事件中接收数据时，把数据放在数组中或字符串中缓冲起来，当接收的数据帧包含帧头和帧尾等完整数据时，再进行处理。

当上位机串口收到 ZigBee 协调器发送的数据后，触发 DataReceived 事件接收数据，在 DataReceived 事件中先获取空气质量探测器的网络地址和 MAC 地址，再进行数据帧的判断，若符合数据帧的要求则对 PM 值信息进行处理。程序处理 PM 值信息的流程如图 6 所示。

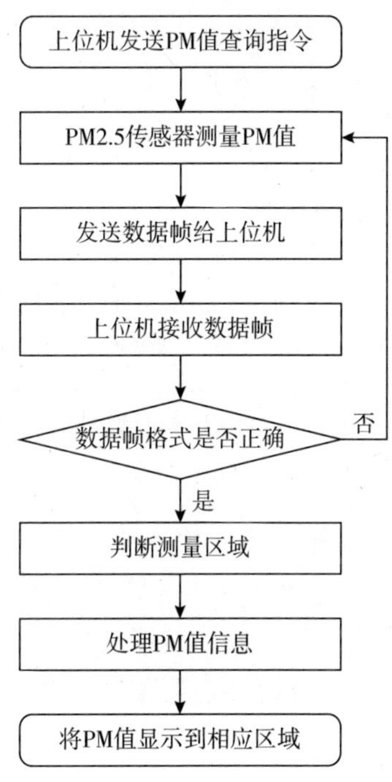

图 6　处理 PM 值信息流程图

3.3.3　PM值显示模块设计

（1）串口通信功能

当 ZigBee 协调器与上位机连接后，将串口号与协调器的串口号一致，波特率设为 9600，数据位为 8 位，停止位为 1，无校验位。能够从串口接收、发送 PM 值的数据帧，经过协议解析，验证后采集有效信息，在软件界面设定通信参数，如图 7 所示。

（2）网络地址添加

选择设置界面，可以添加空气质量探测器的 MAC 地址和网络地址，首先设置文本框内的字节长度，地址数据为 16 进制形式，将文本框的范围设置在 00 ~ FF 内，若输入这个范围之外的数据时就会显示“只能输入 0 ~ 9 和 A ~ F 字符”，点击插入地址，格式正确后显示“MAC 地址插入成功”“IP 地址插入成功”。

图 7　串口通信设置界面

（3）空气质量数据显示

该界面设计主要分五个模块：第一模块是管理员登录，它的主要功能就是管理员注册和通信设置，进入软件主界面；第二模块有 6 个按钮，第一个按钮为 PM 值监测，点击该按钮就能实现发送与接收数据，第二个到第四个为监测点的报警 PM 值曲线，分别点击后都能出现两条曲线，第五个和第六个分别为历史 PM2.5 曲线按钮和历史 PM10 曲线按钮；第三个模块为 PM 值数据显示模块，该模块主要实现的功能是将监测区域分成 ABC 三区，每个区域都有九个监测点，空气质量探测器通过某一区域的监测发送数据帧到上位机，上位机能在指定区域显示 PM 值；第四个模块，可显示和设置报警 PM2.5 的上限和下限及其报警 PM10 的上限和下限，能显示一共可连接的探测器数和已连接的探测器数，在界面上通过点击探测器的设置模块可以输入空气质量探测器的 MAC 地址和网络地址；第五个模块则是串口通信模块，它主要显示串口通信情况，以便于监测过程中能判断串口通信是否正常。

（4）PM 值报警模块设计

通过主界面设置 PM2.5 和 PM10 报警值，RS232 串口采集 ZigBee 网络传输的 PM 值信息，经过协议解析后判断 PM 值是否到达 PM 报警值的上下限，若到达 PM 报警值则显示消息框并显示报警区域和报警时间。PM 值报警模块主要实现的功能有：设置报警 PM 值上限与下限功能；完成实时报警功能。

首先在 SQL Server 2008 里新建一个报警数据存储的表格，命名为 Alarm_1，先将报警时间的格式写入程序，然后将实际 PM 值与设定的 PM 值做判断，若达到 PM 报警值，则将信息以表格的形式依次写入数据库，并通过消息框显示报警时的 PM 值、报警时间和报警区域。

（5）PM 值数据存储及状态曲线模块设计

本模块设计的目标是能够描绘出 PM 值数据的实时曲线和历史曲线。通过历史曲线能够了解所有区域的 PM 值变化趋势。绘制状态曲线流程如图 8 所示。

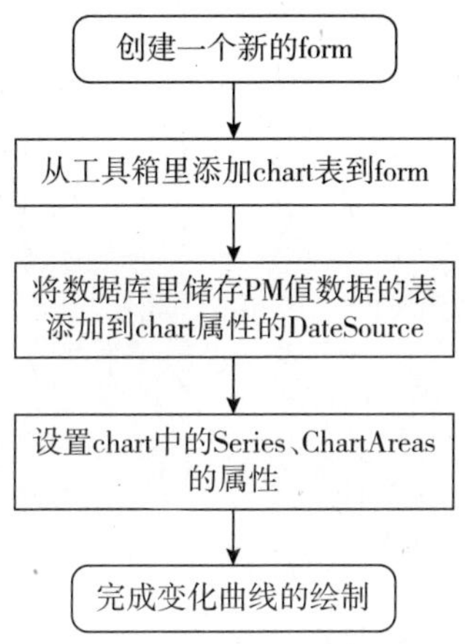

图 8　绘制状态曲线流程图

先将数据库里存储 PM 值数据的表添加到 DateSource 中，将 Series 属性（如图 9 所示）打开后填写曲线名为报警 PM10 值，设置曲线的表现形式。再打开 ChartArea 集合器改变 XY 轴的各个属性，可使图表拥有根据实际 PM 值数据自动改变 Y 轴的大小，并且让 X 轴拥有拖动的功能。

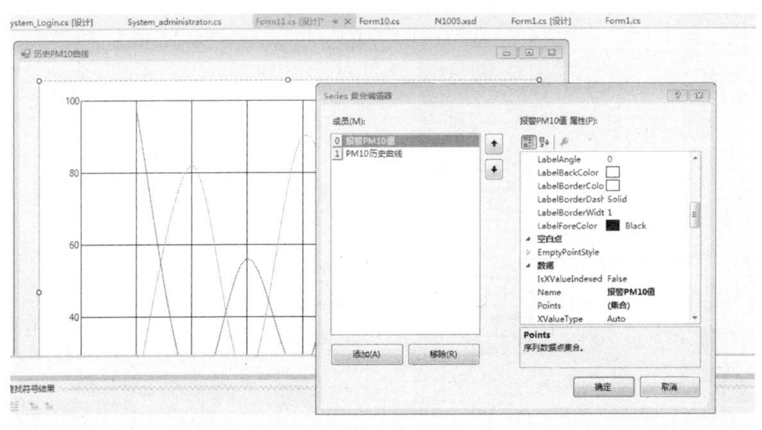

图 9　Series 属性设置图

4. 系统调试及性能分析

图 10 所示为系统的工作时的照片，在 OLED 屏上显示出当前的 PM2.5 的值为 144、PM10 的值为 207，系统设定为 PM2.5 超过 150 时进行声光报警，如图 11 所示，此时 PM2.5 的值为 177，系统进行了声光报警。总的来说，系统实现了 PM2.5 和 PM10 数据的采集显示和声光报警功能。

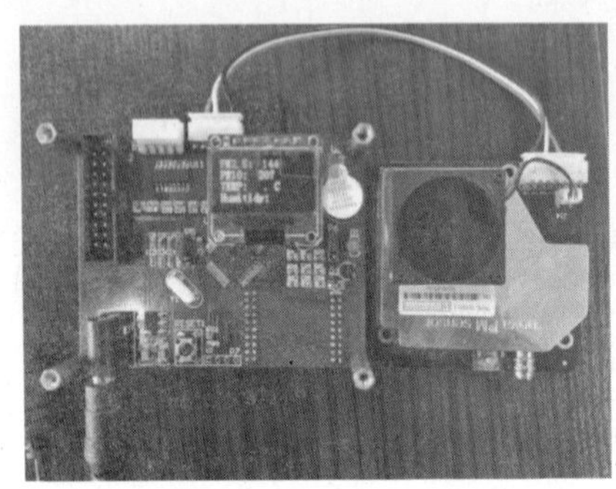

图 10　采集 PM2.5 和 PM10 数据界面

图 11　声光报警

进入空气质量上位机监测软件，首先输入用户名和密码进入软件主界面，登录界面如图 12 所示。点击管理员登录有两个下拉按钮分别是通信设置和管理设置，点击管理设置出现管理员注册、编辑和删除串口，在管理员注册下方输入用户名和密码，点击管理员注册（如图 13 所示），再点击管理员查询打开编辑双击编辑内容，则可以改变其他管理者的用户名和密码，如图 14 所示。

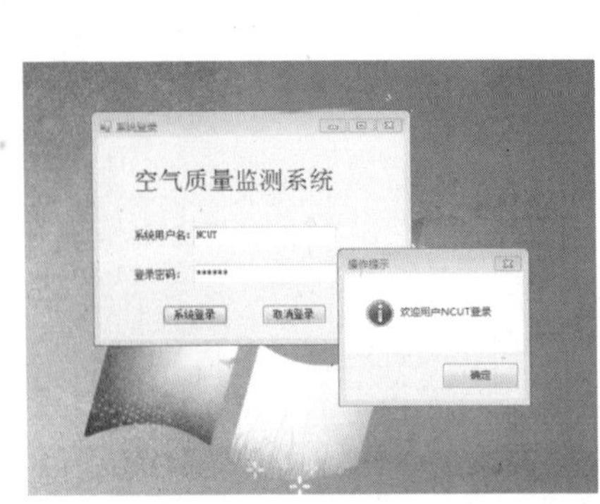

图 12　登录界面

图 13　管理员注册功能

点击通信设置，输入串口号、波特率、数据位、停止位和校验位准备打开串口，如图 15 所示。点击 PM 值监测，上位机发送查询指令给空气质量探测器，空气质量探测器接收到查询指令的数据帧，判断数据帧格式是否正确，若格式正确，则测量 PM 值然后以数据帧的形式发送给上位机，上位机接收到数据帧后判断数据帧格式是否正确，若正确则显示消息框为“触发成功”，否则重新发送查询指令。

图 14　管理员编辑功能

图 15　通信设置图

接收到的正确的 PM 值数据帧经过解析，将 PM 值数据传输到相应区域的监测点窗口中，数据显示如图 16 所示。再将 PM 值数据与报警 PM 值的上限与下限进行比较，凡是高于 PM 值报警值或低于 PM 值报警值的 PM 值数据将导入数据库表格中，并且显示消息框“注册成功”，点击确认后之后跳出消息框，分别显示报警区域、报警时间及当前的 PM 值。

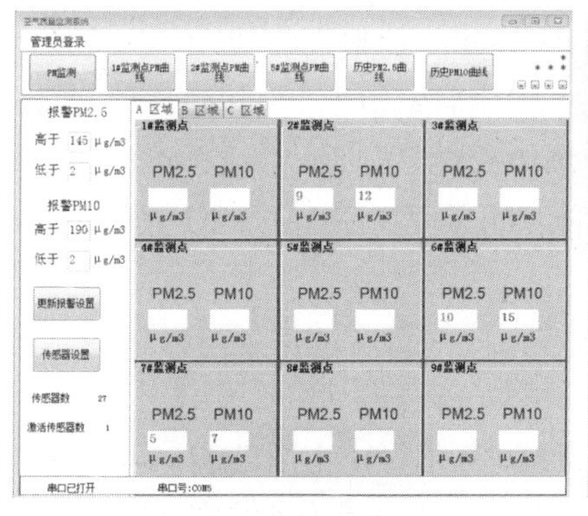

图 16　数据显示图

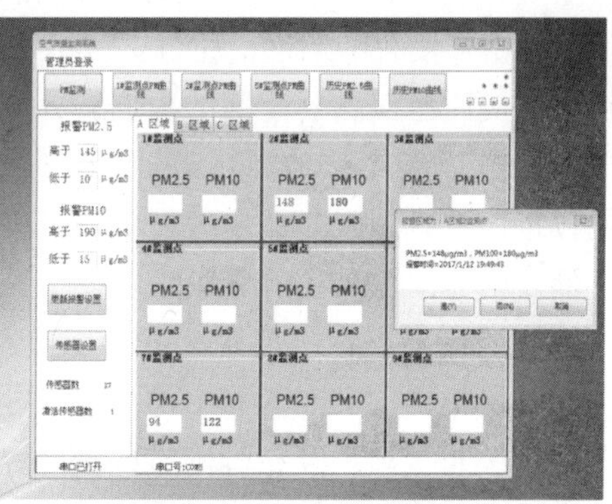

图 17　2# 监测点报警图

由于 2# 监测点的实际 PM 值都高于报警 PM 值，则显示报警消息框，如图 17 所示。查看所有监测点 PM 值数据的存储曲线，分别为历史 PM2.5 存储曲线（如

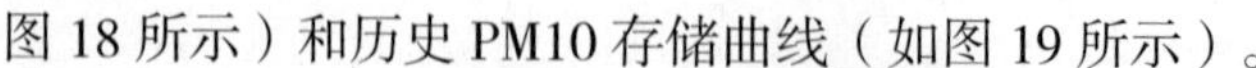
图 18 所示）和历史 PM10 存储曲线（如图 19 所示）。

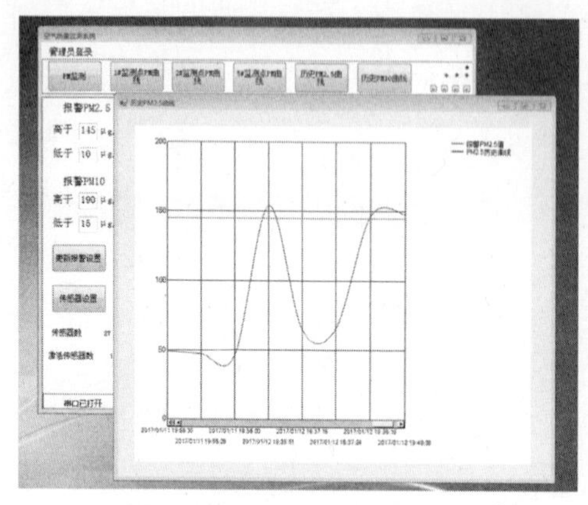

图 18　历史 PM2.5 曲线

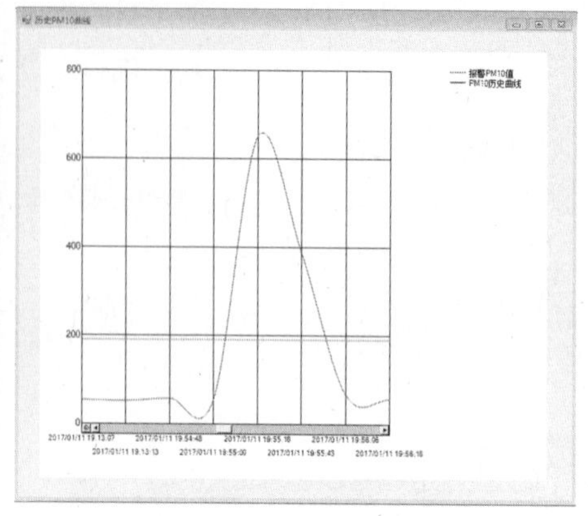

图 19　历史 PM10 曲线

5. 结论及创新点

本课题完成了基于 WSN 的城市空气质量探测器硬件的设计和制作，实现了 PM2.5 和 PM10 数据的采集、显示和超限声光报警功能；使用 C+ 编程语言设计了空气质量上位机监测软件，完成了与 ZigBee 协调器的串口通信，设计了 ZigBee 网状网间通信的数据帧；空气质量上位机监测软件经实际测试，成功地实现了登录权限模块的设计，并完成 ZigBee 协调器与各空气质量探测器包含的 ZigBee 路由器模块的组网；通过上位机挂载的 ZigBee 协调器模块发送查询指令，能接收空气质量探测器返回的数据帧，通过解析接收到的包含 PM2.5 和 PM10 数据的数据帧，完成了对应区域的 PM2.5 和 PM10 数据显示；实现了空气质量报警值的设定，并在超限时显示报警区域及报警时间，成功完成了 PM2.5 和 PM10 数据存储及历史曲线和实时曲线的设计。

系统的创新点在于使用 ZigBee 技术组建无线网状网，将各个区域的空气质量探测器采集到的 PM2.5 和 PM10 数据集中在空气质量上位机监测软件中，避免了普通系统布线烦琐及扩容困难的缺点；报警 PM 值设定上限功能，可根据环境的要求设定相应的空气质量报警值，这样可以广泛地应用于各种实际的环境中，还能运用监测点的 PM2.5 和 PM10 数据绘制实时曲线和历史曲线，帮助管理人员对各区域空气质量进行监测和数据分析。

参考文献

[1] 周杏鹏，孙永荣，仇国富 . 传感器与检测技术 [M]. 北京：清华大学出版社，2012

[2] 李金凤，刘沁，张治国，等 . 基于无线传感器网络的矿井瓦斯监测系统 [J]. 仪表技术与传感器，2013

[3] 李起伟，霍中刚，温良，等 . 基于无线 Mesh 网络的煤矿应急救援系统设计研究 [J]. 工矿自动化，2012（06）

[4] 丁凡，周永明 . 基于 STM32 和 ZigBee 的无线校园火灾报警系统设计 [J]. 网络与通信，2012

[5] 刘峰，张庆，夏宏飞 . 无线 Mesh 网络联合信道分配和路由协议研究 . 计算机技术与发展，2010（08）

[6] 张逢雪，王香婷 . 基于 STM32 单片机的无线智能家居控制系统 [J]. 行业应用与交流，2011

[7] 廖义奎 .Cortex-M3 之 STM32 嵌入式系统设计 [M]. 北京：中国电力出版社，2012

[8] 黄智伟，王兵，朱卫华 .STM32F32 位微控制器应用设计与时间 [M]. 北京：北京航空航天大学出版社，2014

基于反渗透技术的自来水净化装置

北方工业大学：王　硕　黄静威　于运逯　刘羽千　姜　力

指导教师：左　岐　副教授

本文在对工业发展导致的江河污染、人们对饮用水安全的关注、自来水生产工艺及二次供水现状分析基础上，提出了居民家用自来水净化设备的必要性与可行性。设计了四级过滤的家用小型 RO 纯水机及控制系统，并对该纯水机进行了性能测试及产水效率的研究。

1. 国内供水状况分析

随着经济生产的快速发展，国内越来越多的江河被污染，饮用水污染事件也频频发生。城市自来水生产工艺仍然采用“混凝—沉淀—过滤—加氯消毒”的常规方法，这种净化工艺对有机物、有害离子的去除不彻底，生产过程还必须按 0.3mg/L 的标准加入氯来抑制和杀灭水中的细菌。氯有强氧化性，它会破坏大米、蔬菜中的维生素。用含氯的水洗澡可使人的肌肤变干、头发分叉等。氯与水中有机植腐物反应生成三氯甲烷及中间衍生物，是非常有害的物质，有些甚至是三致物（致癌、致畸、致突变）。

在自来水的供应环节对管网建设的投入不足，管网陈旧，管道腐蚀、结垢、生锈现象严重，自来水在送往用户的途中再次被陈旧的管道污染。此外，高层建筑中多采用二次供水，楼顶的贮水箱材质无国家卫生标准，结构不密封，雨水、灰尘、蚊虫等极易侵入，加上长年得不到清洗，经常看到贮水池有藻类滋生甚至昆虫掉入的报道，二次供水储水箱卫生状况堪忧。

因水源、生产、供应环节诸多卫生不安全因素，城市居民家庭绝大多数不敢直接饮用自来水。解决的措施有：

（1）解决水源污染问题，减少不达标污水的排放；

（2）政府、自来水公司投入大量资金进行生产工艺升级，制造更高标准的自来水；

（3）进行管网改造，减少供应过程的污染；

（4）居民家庭在饮用前进行深度净化。

统计表明，城市居民烹调和饮用水仅仅占城市供水系统总体供水量的2%左右，因此要求自来水厂改进生产工艺、进行整体管网改造来提高供水质量既不现实也无必要。最有效、最直接的改善饮用水质量的办法就是在饮用之前进行深度净化，这样既不需要大规模的改造生产工艺和供水管网，又可以喝到健康、安全的饮用水，这是现阶段提高饮用水质量的唯一的行之有效的措施。

2. 膜过滤器及应用

近年来，提供优质饮用水的小区净化设备或家用小型净化设备得到了迅速发展。这些设备以较低的使用和维护成本对自来水进行深度净化，降低和除去水中的各种无机物、有机物、有害离子和余氯等，满足了居民对高质量饮用水的需求。

市场上家用净化设备种类繁多，有简单过滤型、树脂交换型和反渗透型等，其中净化效果最理想的是具有反渗透功能的纯水机，它的产出水纯净到几乎不含任何其他成分。当然有关专家也提出“好水”的标准是“除去对人体有害的杂质，保留有益的微量元素和矿物质”。

家用净水器通常经过预处理、膜过滤、后处理三个环节而得到高质量的产出水。预处理主要由PP棉和颗粒活性炭等过滤器构成，除去水中人眼可见的颗粒、铁锈、泥沙以及不可见的余氯等；膜过滤是将水和其他物质分开，实现净化提纯的目的；后处理通常用于改善产水的口感。

膜分离是20世纪60年代后迅速发展的一门新技术，是当今公认的深度水处理的先进技术，具有低能耗、高效率、不污染环境等优点。它以选择性透过膜为分离介质，当膜两侧存在某种推动力（如压力差、浓度差、电位差等）时，原料侧组分选择性地透过膜材料，达到分离、提纯的目的。

2.1 微滤膜 (MF)

微滤又称精密过滤，是基于筛网过滤实现分离的高效膜，它的制造工艺成熟、成本低，适应于管道压力为0.07~0.2MPa的供水系统。膜孔径范围为0.1~10.0um，主要用于对微米级的悬浮液和乳浊液的过滤截留，分离效果受到膜的物理结构、孔径大小和形状的影响。微滤膜可有效滤掉水中的泥沙、铁锈、悬浮物等大颗粒物质，能阻止微米级的“两虫”（贾第虫和隐孢子虫）和臭味严重的藻类、细菌等。但允许大量溶剂、小分子及少量大分子溶质通过，对于水中离子、有机物、病毒等小分子滤除效果差。此外，膜内残留物清洗困难，需要定期更换。

微滤膜在工业反渗透系统的预处理工艺中滤掉污水中大颗粒杂质或在制药行业进行液体－固体分离。微滤膜＋活性炭技术也可用于水质情况较好地区的水净化，如未受污染的山区地下水的过滤。

2.2 超滤膜

超滤膜的膜孔径范围为1~50nm，它以膜两侧压差（0.1~0.5MPa）为驱动力，以机械筛分原理为基础，根据高分子溶质之间或高分子与小分子之间的分子质量差异进行分离。超滤技术可以除去水中的悬浮颗粒、胶体及有机物等，将出水浊度降至0.1NTU以下，几乎完全去除“两虫”、藻类、细菌、大部分病毒，可减少消毒剂的用量及消毒副产物的生成，是水中微生物安全的最有效技术。

超滤膜对原水波动适应能力强、操作压力小、产水量大，水的回收率可达95%以上，可进行反冲洗，制水成本与常规工艺基本相同。

超滤膜的不足是：由于截留分子量大，使得去除溶解性有机物、重金属离子、溶解性盐的效果较差。水中的悬浮物、胶体、微生物等容易附着在超滤膜表面使其受到污染，因此超滤膜需要一定的前处理工序并保持膜滤芯湿润而防止干化。

2.3 纳滤膜

纳滤膜是一种具有纳米级微孔结构、带电的分离膜，利用外加压力实现筛分和溶解扩散并存的膜分离技术，在结构上属于非对称膜。主要特点如下：

（1）膜孔介于反渗透膜和超滤膜之间，约为1~2nm，截留直径1nm以上、分子量大于200的各类物质；

（2）有选择性地去除单价离子和分子量小于200的物质，能有效地去除2价和多价离子；

（3）对特定的溶质有高的脱除率，对NaCL的脱除效率在70%左右；

（4）在饮用水领域主要用于脱除细菌、病毒、重金属、消毒副产物、痕量的除草剂和杀虫剂残余物、合成洗涤剂、可溶性有机物、异味、Ca^{2+}、Mg^{2+}等硬度成分，水的回收率高达70%，产出水口感好，保留了人体所需的营养元素。

纳滤膜十分适合于自来水的深度处理，是目前制造直饮水的最佳选择。

2.4 反渗透膜 (Reverse Osmosis membrane)

以膜两侧压力差为推动力，实现低浓度往高浓度一侧进行渗透，对溶质和溶剂进行分离，因与膜的自然渗透方向相反，故称反渗透膜。

高浓度液体向低浓度液体渗透是一种自然的物理现象，反渗透则必须在外部压力作用下进行。反渗透膜的操作压差可达 1.0MPa 以上，截留直径 0.1nm 以上溶质分子。不对称结构膜由 0.1~2nm 的表面致密层和孔径较大的多孔支撑层构成。复合膜则增加了一层活化层，具有更高的脱盐率、更好耐压性、更大的透水性以及更低的操作压力。

透水性、脱盐率、回收率是反渗透膜的主要技术指标，其中脱盐率决定产出水的品质，透水性决定产出水的产量，产水量则与膜的孔径、操作压力、温度成正比，与溶液浓度成反比。

与纳滤膜比较，反渗透膜可滤除水分子外所有的物质，对分子量大于 100 的溶质去除率可达 90%。

3. 基于反渗透技术的净化系统

3.1 系统结构

图 1 是一种常用的四级过滤净化装置的基本结构。它由 PP 棉过滤器、前级活性炭预处理过滤器、RO 膜、后级椰壳活性炭组成。PP 棉能除掉自来水中的铁锈、胶体等大颗粒杂质；活性炭则除掉余氯；反渗透膜则去除有机物、重金属离子、细菌、病毒等。膜的孔径约为 0.1nm，且具有选择性能，经过膜分离过滤后几乎阻隔了所有 H_2O 以外的其他杂质，得到约 15%~20% 左右的纯净水，同时产生 80% 或更多的浓缩水。后置活性炭主要改善口感，去除储水罐产生的异味。

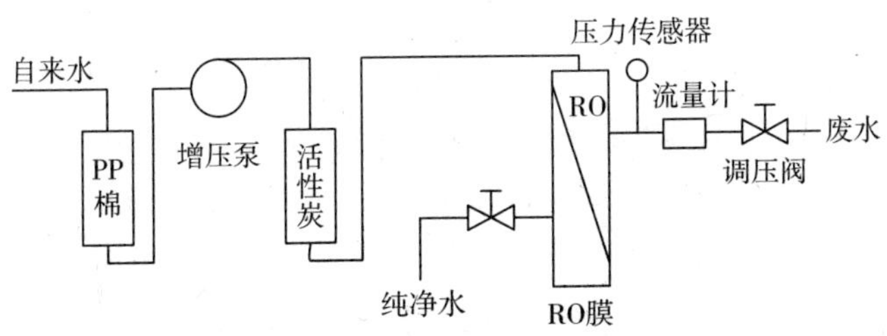

图 1　反渗透净化系统

3.2 控制系统

控制系统主要按逻辑设计要求显示系统的工作状态，按程序开关阀门，驱动水泵实现增压，计量产水、浓缩水量、数据存储以及报警等功能。

3.3 压力与净化效率分析

在装置设计、组装完毕后，需要对其性能及净化效果进行测试。本设计净水装置通过对反渗透水压的调节对产水量和水质进行测量，得到数据如下表所示。

表 1　　纯水浓水产水比及 TDS 数据测试

压力（Mpa）	0.45	0.46	0.47	0.48	0.49	0.5	0.52	0.54	0.56	0.58
纯水（ml）	100	100	100	100	100	100	100	100	100	100
浓水（ml）	395	365	309	243	186	137	91	53	33	24
浓水 / 纯水	3.95	3.65	3.09	2.43	1.86	1.37	0.91	0.53	0.33	0.24
纯水 TDS（ppm）	35	36	37	40	42	43	47	50	53	57
浓水 TDS（ppm）	631	691	727	736	818	906	1060	1120	1210	1270

此表数据是在设定纯水量为 100ml，通过调节 RO 膜压力，得到不同压力下的浓水量，同时对纯水及浓水的 TDS 值进行测量。绘制出曲线如图 2、图 3 所示。

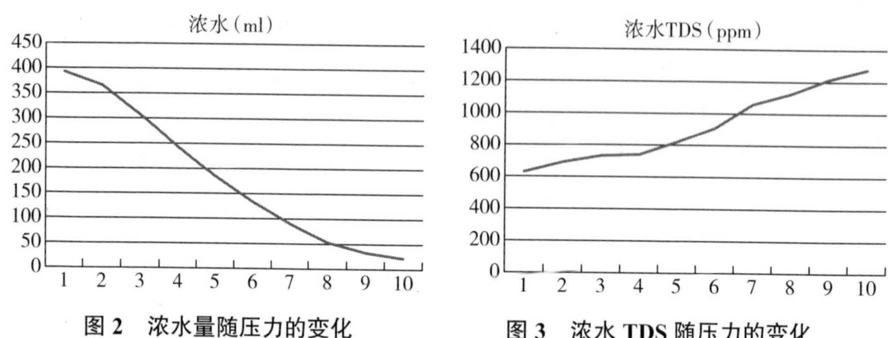

图 2　浓水量随压力的变化　　**图 3　浓水 TDS 随压力的变化**

通常，反渗透膜元件的标准产水率为 15% 左右，最大不超过 19%。实际使用中，为了减小膜元件的污染，延长膜元件的寿命，通常设计更低的产水率。

根据实验测试结果及表 1、图 2、图 3 可以得出如下结论：

（1）在其他条件不变时，给水压力越大，浓水量越小（即纯水产水量越高）；

（2）排放阀压力越高则浓缩水越少，且浓缩水的指标下降。

一些家用小型净化设备厂商在系统设计中为获得较高的产水率和较低的浓缩水排放，采用增大膜压力的方法，从表面看节约了部分自来水资源，但却影响了 RO 膜的寿命及过滤效果，反而增加了用户的维护成本。因此，在设计净化装置时，不能单一地追求过高产水率，要对系统进行统筹优化设计。

此外，在实际应用过程中，许多用户将浓缩水作为废水排掉，造成水资源的巨大浪费。实际上这里的浓缩水已经过三次过滤，除了含盐量、细菌比自来水略高以外，其他如浊度、色度、余氯、有机物、重金属、胶体等都比自来水要低，这样的水虽然不能饮用，但仍可以用来擦地、洗车、浇花等，要养成良好的节水习惯，充分利用好每一滴水。

4. 总结

如何使系统的设计最优化，既能得到健康的、高品质的饮用水，又充分利用水资源，在节约用水的同时最大限度地延长设备的寿命，是净水系统设计者的目标和努力方向。

净化效率受到自来水原水质量，增压泵压力、环境温度和排放阀的开度等参数的影响。净水器生产单位或销售商用某项或某几项指标来评价净化系统并不科学，用户更需要考虑设备使用寿命和配件更换周期，综合考虑系统运行成本。

参考文献

[1] 孙治荣，范延臻，王宝贞 . 国内外饮用水净化器的发展现状评述 [J]. 哈尔滨建筑大学学报，1999（8）：P61–64

[2] 于海琴 . 膜技术及其在水处理中的应用 [M]. 北京：中国水利水电出版社，2011

[3] 赵文峻 . 提高反渗透系统回收率的可行性分析 [J]. 科协论坛，2011（5）下：P83–84

[4] 佟西伟 . 小型反渗透纯水机设计及效率分析 [D]. 北方工业大学硕士论文，2014.6

[5] 施春茂 . 小型水净化控制系统设计与运行效率分析 [D]. 北方工业大学硕士论文，2016.12

基于视觉的移动机器人跟踪与瞄准系统

北方工业大学：张　潞　毛云峰　宋奎铮　马晗宇

指导教师：毕　松　副教授

近些年来机器人技术应用广泛，其中移动机器人更是被广泛应用于物流、探测、服务、军事等领域，而由计算机视觉技术为基础的移动机器人导航和追踪成为热点。本文以移动四轮机器人为平台和目标，搭载单目视觉系统，对追踪移动目标进行了初步研究。

1. 研究背景

自20世纪60年代末期斯坦福研究院（SRI）开始对移动机器人进行研究以来，移动机器人技术飞速发展，现在已经广泛应用于军事、医学、家庭服务等领域。而移动机器人研究中有两个非常重要的问题——导航和定位，移动机器人的导航方式可分为：基于地图模型匹配导航和基于各种导航信号的路标导航；视觉导航和味觉导航等。

仅就导航问题而言，视觉导航具有许多其他导航方式所没有的优点。从机器人研究的最初角度出发，我们需要的是一种可以替代人类劳动的机器，所以就将他们叫作机器人，因此，在机器人导航问题上我们可以借鉴人类获取周围环境信息的方法。人类最重要的感知方式就是视觉，百分之七十以上的外界信息是通过视觉获得，同时，机器视觉获取环境信息不同于雷达、激光、超声波等主动探测方式，机器视觉被动的测量方式使相同机器人之间的干扰问题得到解决。同时相比于精度不高的惯性导航和不适用于小区域的卫星导航，视觉导航是一个有效的解决方案。

2. 研究目标

本文是针对基于视觉系统的移动机器人对特定移动目标的追踪、瞄准的控制算法和其实现的研究，具体任务是在较简单的室内环境内跟踪装载有发光 LED 的移动目标，并能够根据 LED 的颜色识别敌我进行瞄准。

3. 研究方法

3.1 算法思路

因为目标的显著特征是发光的 LED，所以我们首先通过降低摄像机曝光时间和亮度的方式来降低周围环境的复杂程度，然后将得到的图像进行直方图均衡化处理，将其划分为 RGB 通道的三个图像，并根据需求进行处理（如敌方颜色为蓝色，则对 B 通道进行处理），为了提高稳定性和准确性，我们还将原图像进行 HSV 色彩分割，然后将生成的三幅色调、饱和度、亮度（尤其是亮度）图像用作阈值分割的素材，将所有得到的四幅阈值分割后的图像进行运算，这样我们就能获得大致的拥有很多噪点的目标图像；之后进行滤波和筛选，最终将得到准确的目标。

在整个算法中，我们始终贯彻一个标准，算法复杂程度一定不能太高，计算速度一定要快。运算时间是关键问题，在早期的算法设计中，我们尝试过匹配的方式，寻找目标特征点的方式，但是这些方式都不能满足我们的需求，他们的计算量过于庞大，所以我们最终采用了这一套算法。算法流程如图 1 所示，系统流程如图 2 所示。

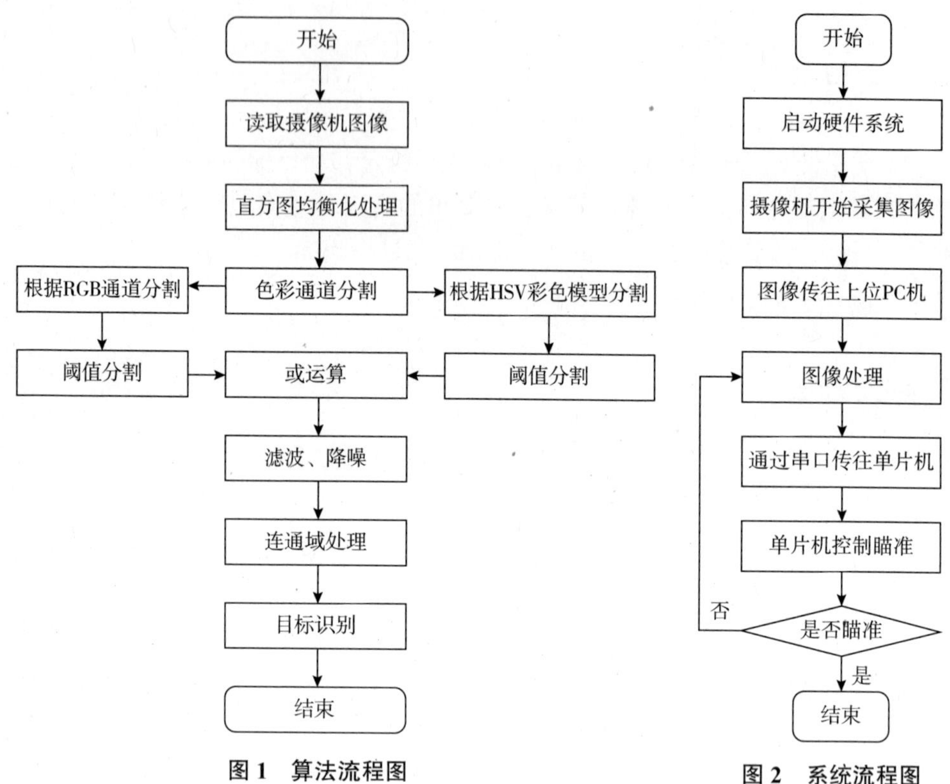

图 1　算法流程图　　**图 2　系统流程图**

4. 研究过程

4.1　摄像机参数

摄像机采用 Basler 的 daA1280–54uc 相机，具体参数如表 1 所示。

表 1　摄像机参数

产品型号	daA1280–54uc
分辨率	1280 × 960
感光芯片	Aptina ARO134
感光芯片类型	CMOS
像素尺寸（μm）	3.75 × 3.75
最大线速率	54fps
功率	1.3W

续表

黑白 / 彩色	彩色
接口	USB3.0
视频输出格式	YUV 4 ： 2 ： 2 Packed（YCbCr 422）、Bayer BG 8/12、BGB
像素深度	8bit 或 12bit（可选）
同步	通过外部触发器、自由运行
曝光控制	相机 API 编程或外部信号触发
I/O 控制	2 路
电源要求	通过 USB3.0 线缆供电
外壳尺寸（L × W × H）	S、CS 口相机型号：20mm × 29mm × 29mm 板级相机型号：8.5mm × 27mm × 27mm
认证	GenICam、USB3 Vision

4.2 直方图均衡化

对图像的预处理方面，我们采用了直方图均衡化算法，因为其在提高图像对比度和灰度色调变化方面有非常显著的效果，能够使我们获得的图像更加清晰。

在图像预处理方面，我们有两种算法可以选择，但是考虑了我们获得的图像的特点——目标局部高亮，并且因为 LED 发图像会在局部出现过曝的情况，这是非常不利于我们在之后进行阈值分割处理的，所以我们需要对其进行均衡化，并且为了提高计算速度和处理难度，我们降低了图像的整体亮度和摄像机的曝光时间，所以图像中的有用数据基本集中在目标四周，我们只需要处理图像的局部对比度，这样我们就可以使用直方图均衡化来扩展目标亮度来获得想要的图像。原始图像如图 3 所示。

图 3　目标装甲原示例原图

直方图均衡化的结果如图 4 所示。

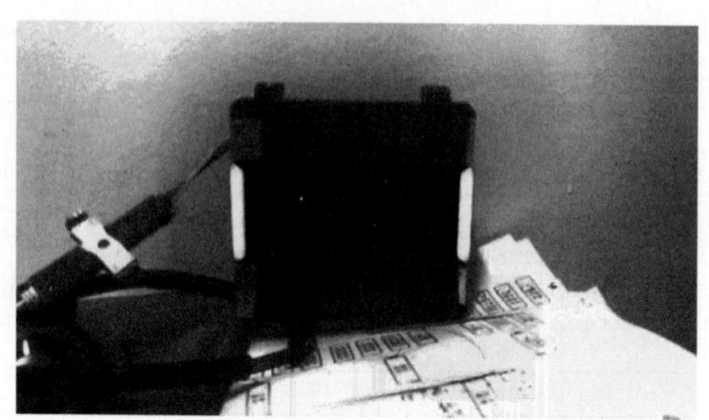

图 4　直方图均衡化后的图像

4.3　RGB 与 HSV 色彩空间

RGB 色彩空间还可以用一个三维的立方体来描述，如图 5 所示。当三基色分量都为 0（最弱）时混合为黑色光，当三基色分量都为 255（最强）时混合为白色光。任一色彩 F 是这个立方体坐标中的一点，调整三色系数 R、G、B 中的任一系数都会改变 F 的坐标值，也即改了 F 的色值。

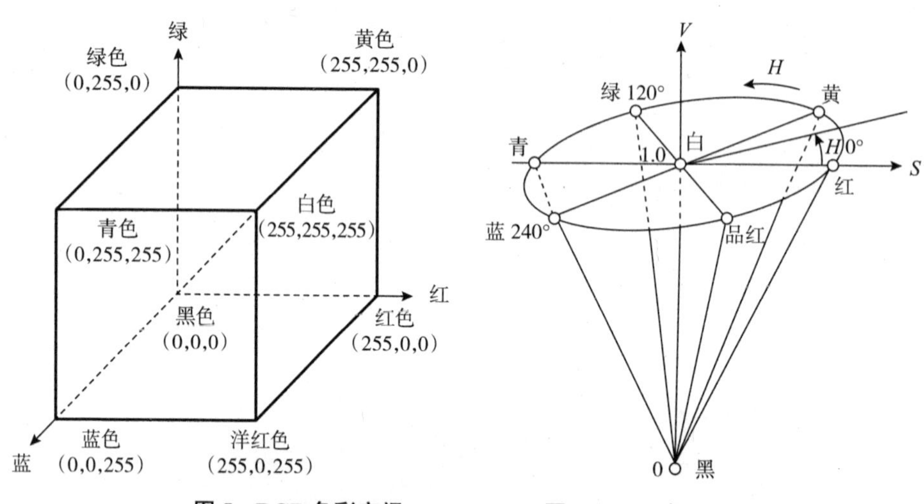

图 5　RGB 色彩空间　　　图 6　HSV 色彩空间

HSV 和 RGB 是色彩空间的不同表示方法。RGB 颜色模型是一种面向设备的颜色空间。R、G、B 的数值与色彩的三属性并没有直接的联系；HSV 用颜色的 3 个基本属性——色调、饱和度和亮度来表示色彩，是面向视觉感知的颜色模型。由于 HSV 能较好地反映人对色彩的感知和鉴别，所以非常适合于图像处理。

HSV 色彩模型对应于圆柱坐标系的一个圆锥形子集。在我们将图像根据色彩通道划分完毕后，彩色的图像会根据通道不同而生成不同的灰度图像。

4.4 阈值分割

在获得了各个色彩通道的图像后，下一步需要进行的就是阈值分割了，我们需要将目标从周围环境分割出来，而阈值分割的基础就是在各个通道中以灰度为基础按照我们定下的标准进行分类。

采用阈值分割的好处：作为一种传统的图像分割方法，阈值分割计算量小，实现简单，性能稳定且计算速度快，这对于我们缩短算法总体时间起了很大作用。同时，在之前图像经过直方图均衡化之后阈值分割变得更为简单，具体比较见图 7 和图 8。

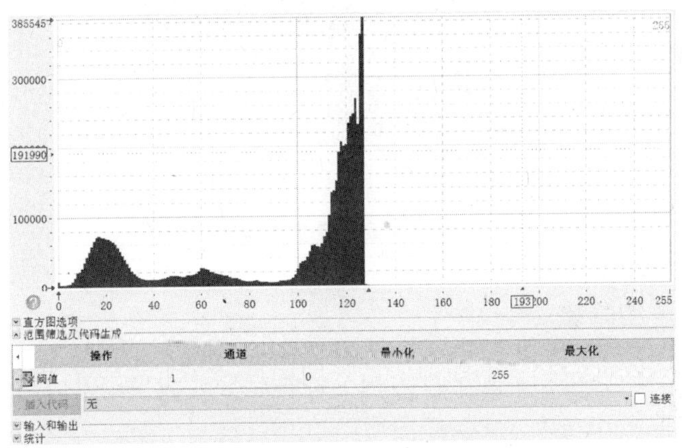

图 7　直方图均衡化前图像的灰度直方图

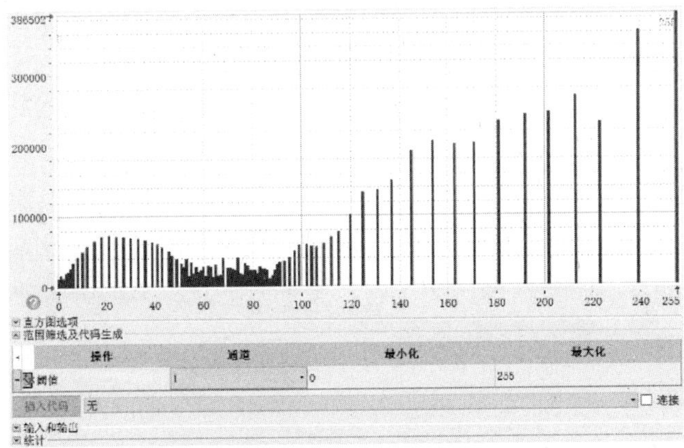

图 8　直方图均衡化后的灰度直方图

我们可以看到，直方图均衡化后的图像灰度分布变得十分均匀，这样我们可以更加精确且方便地使用阈值分割对图像进行处理。在图像中，我们可以清晰地观察到，目标 LED 已经被我们提取出来，为了增强图像的准确性和稳定性，我们还将不同通道的阈值划分之后的图像进行了或运算，但是就算是这样处理过后，我们还是能够在图像中看到有许多不属于目标的噪点和错误的选定区域。这是目标（LED）的发光特性造成的，光源照射到周围环境中产生了反射，对我们的观测产生了很大干扰。

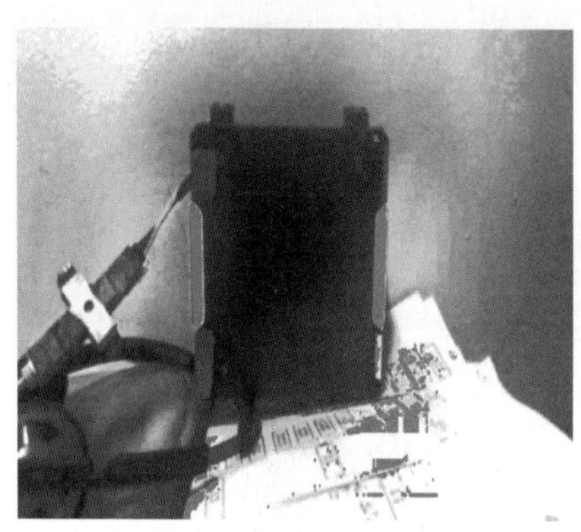

图 9　阈值化后图像

4.5　滤波和降噪

经过对图像的分析和查阅了许多相关资料后，我们采用了以腐蚀和膨胀为基础的开操作的形态学滤波方式，原因有以下几点：

（1）噪点和干扰项的分布相对集中，并且没有固定规律；

（2）噪点和干扰项相对于目标体积较小；

（3）目标有时会因为光源过曝而出现空心化的情况。

所以我们先使用腐蚀来消除图像中不相关的细节，然后使用膨胀来还原目标大小并使目标的轮廓更加光滑，方便进行下一步的处理。对于这种先腐蚀后膨胀的操作，称之为开操作。与之相对的还有闭操作，闭操作是先膨胀后腐蚀。开操作一般会平滑物体的轮廓、断开较窄的狭颈并消除细的突出物。闭操作同样也会平滑轮廓的一部分，但与开操作相反，它通常会弥合较窄的间断和细长的沟壑，消除小的孔洞，填补轮廓线中的断裂。

4.6　连通域

经过滤波处理后，我们仍然会在图像中发现一些干扰的细节（见图 10），但是我们可以看出，这些干扰项的大小明显比我们的目标小很多，所以我们通过使用连通域算法将相邻的像素做了划分，这样我们可以通过一些数学筛选来得到我们想要的目标。

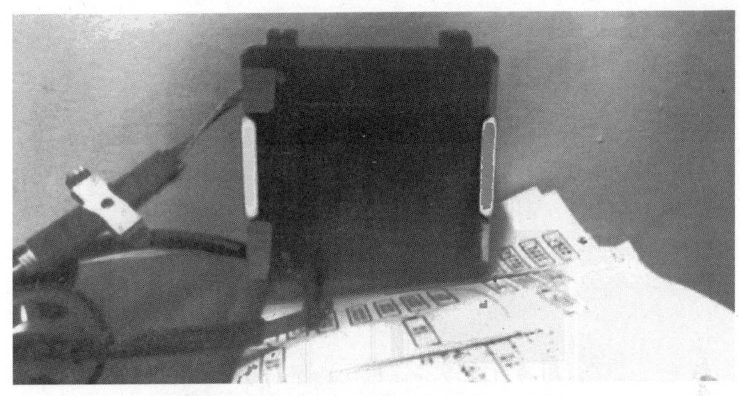

图 10　滤波并做连通域处理后的图像

4.7　算法的部分 C++ 实现

```
MirrorImage(ho_Image, &ho_MImage, "row");
if (HDevWindowStack::IsOpen())
  DispObj(ho_MImage, HDevWindowStack::GetActive());
Decompose3(ho_MImage, &ho_r, &ho_g, &ho_b);
TransFromRgb(ho_r, ho_g, ho_b, &ho_ImageResult1, &ho_ImageResult2, &ho_
    "hsv");
Threshold(ho_r, &ho_Regions0, hv_colormin, hv_colormax);
Threshold(ho_ImageResult1, &ho_h, hv_hcolormin, hv_hcolormax);
Threshold(ho_ImageResult2, &ho_s, hv_scolormin, hv_scolormax);
Threshold(ho_ImageResult3, &ho_v, hv_vcolormin, hv_vcolormax);
DilationCircle(ho_Regions0, &ho_Regions0, 5);
FillUp(ho_h, &ho_h);
Intersection(ho_Regions0, ho_h, &ho_RegionI1);
Intersection(ho_s, ho_v, &ho_RegionI2);
ErosionCircle(ho_RegionI2, &ho_RegionI2, 3.5);
ErosionCircle(ho_RegionI1, &ho_RegionI1, 3.5);
DilationCircle(ho_RegionI1, &ho_RegionDilation1, 12);
DilationCircle(ho_RegionI2, &ho_RegionDilation2, 5);
Intersection(ho_RegionDilation1, ho_RegionDilation2, &ho_RegionIntersec
    );
FillUp(ho_RegionIntersection, &ho_RegionFillUp);
Connection(ho_RegionFillUp, &ho_ConnectedRegions);
SmallestRectangle1(ho_ConnectedRegions, &hv_Row11, &hv_Column11, &hv_Ro
```

图 11　算法的 C++ 实现

5. 研究结果

该套系统可以精确地识别不同颜色的 LED 装甲板并瞄准，同时响应速度达到了 20~50ms，从摄像机捕捉到目标图像到对目标的位置计算完成平均值需要花费 30ms，大大提高了实用性。即使在较复杂的情况下，依然可以识别到目标，在装甲板被遮挡百分之二十以下时可以获得准确数据。实际使用结果如图 12 所示。

图 12　系统实际应用

6. 研究总结及创新点

6.1　遇到的问题

问题 1：LED 光源发光不规则导致目标轮廓多变

由于本次需要跟踪的目标物体是光源，而一般的采集设备对明暗的变化很敏感，而光源本身发出强光，使得光源中央并不能采集到颜色特征，因此在进行跟踪的时候，我们一般将摄像机光圈和曝光时间调至较小，同时对避免因光源过曝而出现空心化，否则容易丢失目标；同时采用开运算的方法平滑目标轮廓。

问题 2：周围环境反射造成干扰

本次识别的目标是彩色 LED，由于发光的特性，跟踪时会出现一些干扰的目标，如场地灯光、墙壁和地板的反射、对方车体的其他光效等。可能出现干扰目标采集的情况，所以我进行了一系列的去噪和滤波处理，并通过对阈值的调节尽可能地降低系统识别错误的情况。

问题 3：光照强弱变化导致算法调节失效

我们通过给摄像机加装遮光罩的方式避免了一部分问题，但是过于强烈的光照变化仍是影响识别准确度的最大问题。

问题 4：多个目标同时出现造成的识别错误

我们通过判断两个 LED 之间的平行度来判断这两个目标物是否是一对，并对多对目标的大小进行判断，判断出威胁较大（距离较近）的一对后将其作为第一对。当获得第一对目标后将其设为优先瞄准目标，直到其丢失。

6.2 我们的创新

整个系统的设计过程中我们都十分注重处理时间问题，所以我们从摄像机获取图像开始就进行了优化，摄像机采用异步采集方式，采用多个线程同时进行图像采集和处理，在算法选择上也尽量采用复杂度低、耗时较少的算法，所以相比于通用的通过匹配方法追踪目标的算法来说减少了很多时间消耗。

6.3 总结

此次实验基本实现了移动机器人针对特定目标的运动跟踪问题，通过识别在目标物体上加挂的特定颜色 LED 灯条做到了敌我识别和准确的跟踪。通过对本课题的研究，为之后研究视觉导航技术做出了积累，同时取得了许多团队配合的经验，大家在分工合作和具体算法实现方面取得了许多进步，在之后的研究中我们会针对课题中发现的问题进行更加深入的研究，并对这套系统进行测试和改进。最后，感谢校领导和老师、同学们对我们的支持，感谢他们在我们的研究遇到困难时对我们的鼓励和指导，向他们致以衷心的感谢。

参考文献

[1] 赵瑜 . 基于计算机视觉的移动机器人路径识别与跟踪 [D]. 西北大学，2008

[2] 李磊，叶涛，谭民，等 . 移动机器人技术研究现状与未来 [J]. 机器人，2002，24（5）：475–480.

[3] 李俊峰 . 基于 RGB 色彩空间自然场景统计的无参考图像质量评价 [J].Acta Automatica Sinica，2015，41（9）：1601–1615.

[4] 秦绪佳，王慧玲，杜轶诚，等 .HSV 色彩空间的 Retinex 结构光图像增强算法 [J]. 计算机辅助设计与图形学学报，2013，25（4）：488–493.

[5] Rafael C.Gonzalez，Richard E.Woods.Digital Image Processing[M].（美）Prentice Hall. 2007

行进中的车辆间信息测量系统研究报告

北方工业大学：刘子翰　关翰麒　丁金勇　程　前　邓　卓

指导教师：王占扩　实验师

本文讲述了一种行进中的车辆间信息测量系统。该系统将单片机的实时控制及数据处理功能与激光测距技术、传感器技术相结合，可检测汽车运行中前方车辆的距离，并根据自身车速实时计算出前车的速度，预测发生碰撞的时间。该系统可以应用于主动型汽车防碰撞系统中，为安全驾驶提供指导。

1. 选题背景

安全性是汽车最基本也是最重要的性能，对乘车人员人身安全的保护是汽车技术发展的永恒主题。随着经济的发展，交通运输业日益繁荣，但由于道路状态、交通管理等硬件难以跟上，加上驾驶超车、驾车开小差、错误估计车距等主观的原因，使相互碰撞的交通事故频频发生。解决这个问题的根本措施在于给行进中的汽车安装能自动跟踪测距、在危险距离内自动刹车的装置。随着电子技术的发展，许多智能化技术被广泛地应用到汽车安全装置上。其中，亟待改进的就是防追尾碰撞报警装置。防追尾报警装置是属于汽车主动安全装置，是当前国际汽车安全领域研究的热点之一。防追尾碰撞报警装置首先需要解决的是汽车之间的安全距离和车辆速度的测定问题。汽车与汽车之间的距离小于安全距离、车速过快，就应该能够自动报警，并采取相应措施。本文所研究的就是一种能实时测量与前方车辆之间距离，并根据自身速度计算出前方车辆速度，并根据距离实时预测发生碰撞时间的系统，可提高驾驶员操作的安全性，为驾驶员的生命安全提供更多的保护。

2. 设计思路

本课题总共分为硬件电路设计和软件设计两个部分。整体思路是通过单片机控制传感器测出距离后，通过液晶显示屏实时将测量结果显示出来，同时通过蓝牙模块将测量结果发送出去。整个系统的结构框图如下所示。

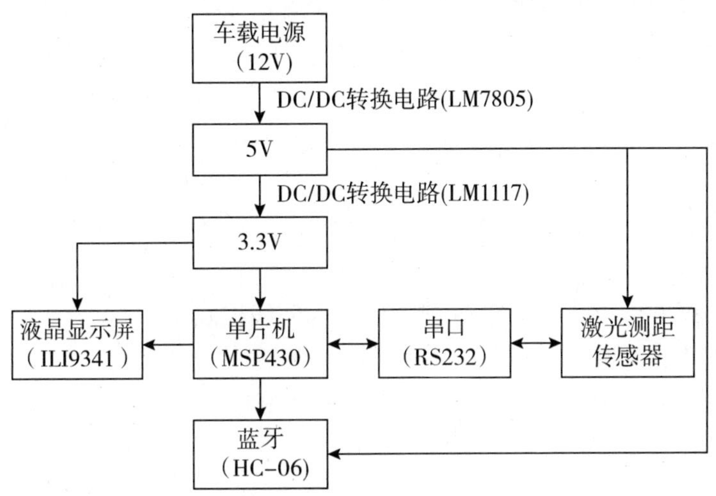

图 1　系统结构框图

系统结构总共分为四个部分：

（1）电源模块：电源模块主要负责各个模块的供电，根据各模块所需供电电源不同和车辆自身提供的 12V 车载电源，设计了 12V–5V、5V–3.3V 的 DC/DC 转换电路；

（2）传感器模块：传感器模块主要作用是测量前方车辆的距离；

（3）单片机模块：负责激光测距传感器的控制，计算前车的速度，预测碰撞的时间，并将传感器传回的数据发送显示屏；

（4）显示屏模块：主要是将单片机传来的结果如测定的距离等数据显示出来。

2.1　总控制器选择

选用的单片机微控制器是 Ti 公司生产的低功耗系列的单片机 MSP430F149，MSP430 系列是一个 16 位的、具有精简指令集的、超低功耗的混合型单片机，在 1996 年问世，由于它具有极低的功耗、丰富的片内外设和方便灵活的开发手段，已成为众多单片机系列中一颗耀眼的新星。超低功耗 MSP430 单片机之所以有超低的功耗，是因为其在降低芯片的电源电压及灵活而可控的运行时钟方面都有其独到之处。

2.2 激光传感器选择

为满足实际使用的要求，需要激光模块测量频率大于等于 50Hz，测量距离大于等于 100m，测量精度小于等于 0.1m，这样既能保证高速公路等车速较快的条件下能够测量到较大的车距，又能保证在车距变化较快时可以及时测出车距的变化，测距精度足够小则保证了测距的准确性。HJ-200A 型激光测距传感器各项特性数值如下所示：

激光波长：905nm

测距范围：1 ~ 200 米

控制方式：上电自行工作 / 按键控制 / 控制线控制

重复频率：200Hz

数据输出：UART（TTL 电平）/SPI/RS485/RS232

测距精度：±0.05m

工作电压：+5V 或者 +6~12V

HJ-200A 型激光测距传感器符合实用性的各项需求，故本课题选用 HJ-200A 型激光测距传感器。

2.3 液晶选择

ILI9341 型野火 3.2 寸液晶屏，是带电阻触摸屏，分辨率更高，可以更好地满足用户在实际操作中的需求，在美观性、实用性上要优于 LCD12864。

ILI9341 型野火液晶屏如下所示：

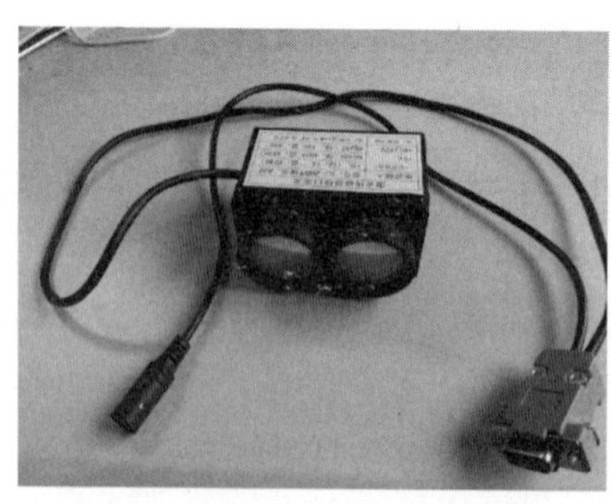

图 2　激光测距传感器实物图

图 3　液晶显示屏实物图

2.4 其他芯片

考虑到采样装置的采样数据在一些情况下需要通过通信传递给上位机进行处理，装置设计了 RS232 通信电路，通过 RS232 芯片将信号转换成 RS232 电气特性的信号，可以发送给上位机。上位机通过一些软件对数据进行进一步处理。

3. 电路设计

系统硬件设计主要分为控制模块、传感器模块、通信模块和电源模块。

3.1 单片机最小系统

能使单片机正常工作的最小硬件单元电路，就叫单片机最小系统，是由组成单片机系统必需的一些元件构成的，除了单片机之外，还需要包括电源供电电路、时钟电路、复位电路。

单片机最小系统原理图如下图所示：

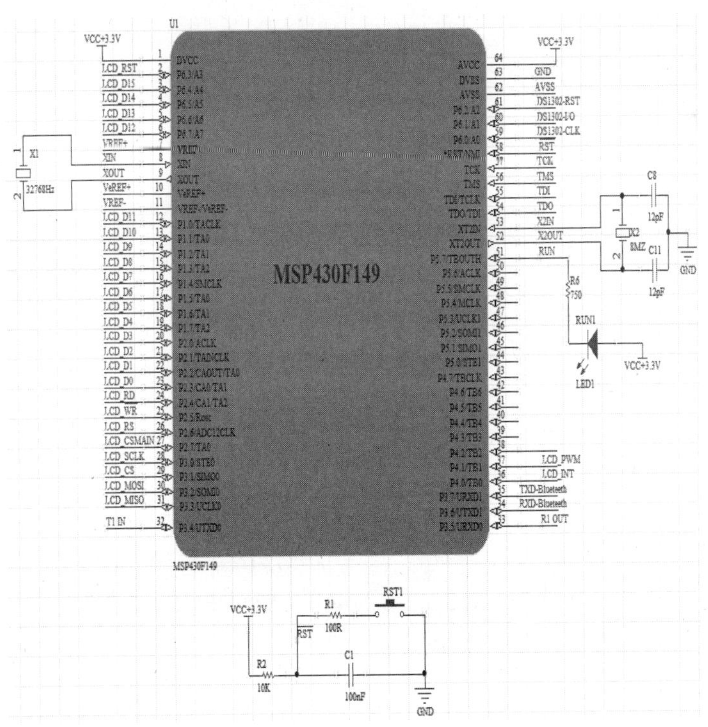

图 4 MSP430F149 最小系统原理图

3.2 实时时钟模块

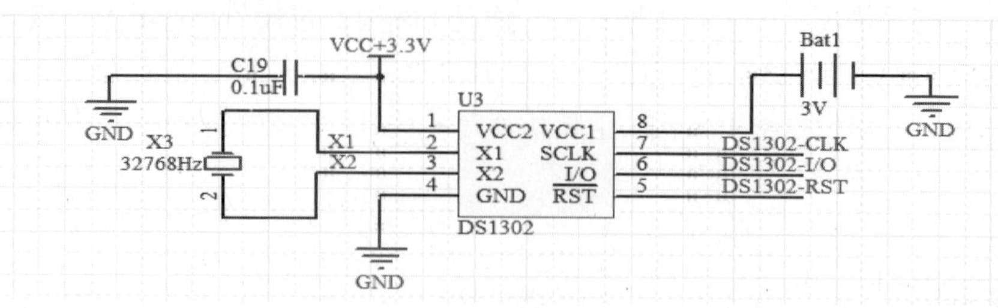

图 5　实时时钟模块

DS1302 是 DALLAS 公司推出的一种高性能、低功耗、带 RAM 的实时时钟电路，它可以对年、月、日、周、时、分、秒进行计时，具有闰年补偿功能，工作电压为 2.5V ~ 5.5V。采用三线接口与 CPU 进行同步通信，并可采用突发方式一次传送多个字节的时钟信号或 RAM 数据。DS1302 内部有一个 31 × 8 的用于临时性存放数据的 RAM 寄存器。时钟原理图如图 5。

3.3 电源模块

电源模块分为两部分：

（1）12V–5V 电路负责给激光测距传感器和蓝牙模块供电。采用的是 LM7805 芯片。

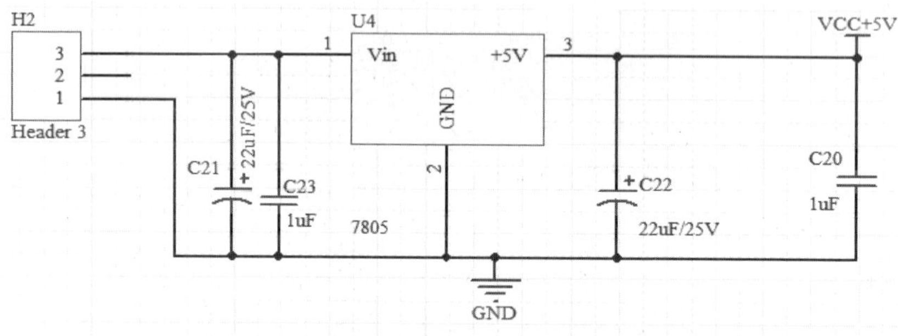

图 6　LM7805 降压电路

LM7805 为三端稳压器，具有稳压降压的作用，经稳压电容 C22、C20 输出滤波后，输出 +5V 的直流电压。同理，C21 和 C23 也分别起到滤波和稳压的作用。LM7805 降压电路原理图如图 6 所示。

（2）5V–3.3V 电路负责给单片机和显示屏模块供电。采用的是 LM1117 芯片。

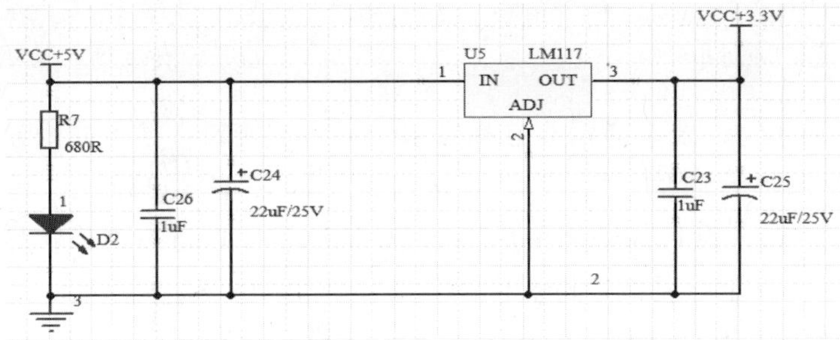

图 7　LM1117 降压电路

AMS1117 是一个正向低压降稳压器，在 1A 电流下压降为 1.2V。 AMS1117 有两个版本：固定输出版本和可调版本，固定输出电压为 1.5V、1.8V、2.5V、2.85V、3.0V、3.3V、5.0V，具有 1%的精度；固定输出电压为 1.2 V，精度为 2%。内部有集成过热保护和限流电路，是电池供电和便携式计算机的最佳选择。LM1117 转换电路原理图如图 7 所示。

3.4　显示模块

为了便于调试数据参数，下位机采用的一款可触摸式 3.2 寸大液晶屏幕，其通信协议 8080 的 Intel 总线，占据的 I/O 口较多，16 Bit 的数据总线，4 根 WR、RD、DC、CS 控制总线。还有 SPI 接口的触摸驱动。显示模块电路原理图如图 8 所示。

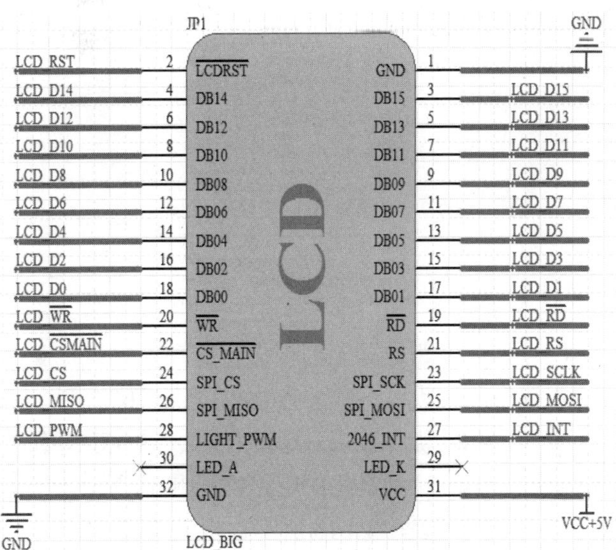

图 8　LCD 大液晶屏幕原理图

3.5 串口模块

在串行通信时，要求通信双方都采用一个标准接口，使不同的设备可以方便地连接起来进行通信。RS-232-C 接口（又称 EIARS-232-C）是目前最常用的一种串行通信接口。当用单片机和 PC 机通过串口进行通信，尽管单片机有串行通信的功能，但单片机提供的信号电平和 RS232 的标准不一样，因此要通过 MAX232 这种类似的芯片进行电平转换。串口模块电路原理图如图 9 所示。

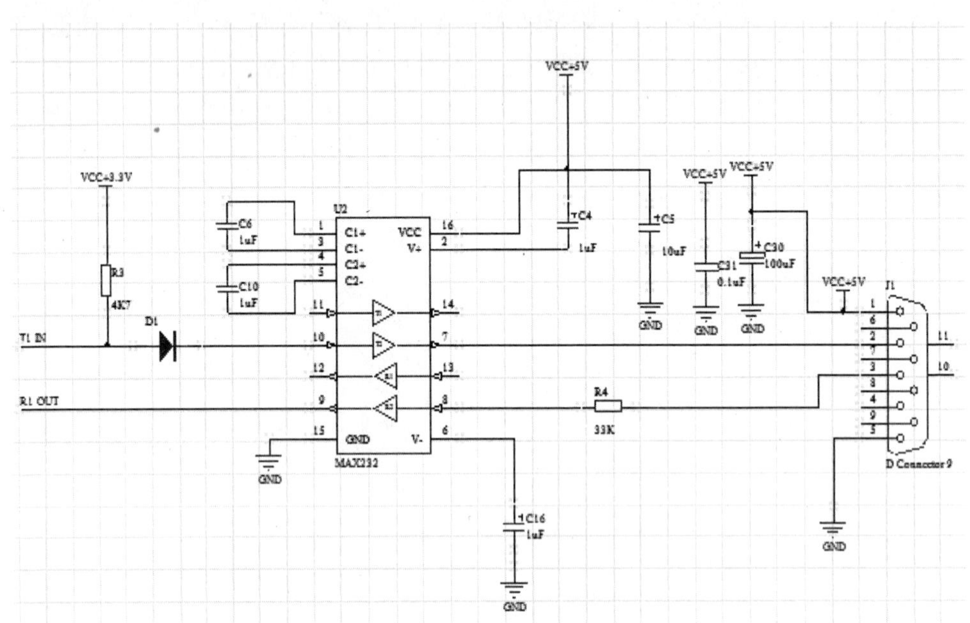

图 9　RS232 串口模块原理图

3.6 PCB 设计

印制电路板的设计是以电路原理图为根据，实现电路设计者所需要的功能。印刷电路板的设计主要指版图设计，需要考虑外部连接的布局、内部电子元件的优化布局、金属连线和通孔的优化布局、电磁保护、热耗散等各种因素。优秀的版图设计可以节约生产成本，达到良好的电路性能和散热性。

根据原理图设计出 PCB 电路如图 10 所示，根据 PCB 图制作出电路板实物图如图 11 所示。

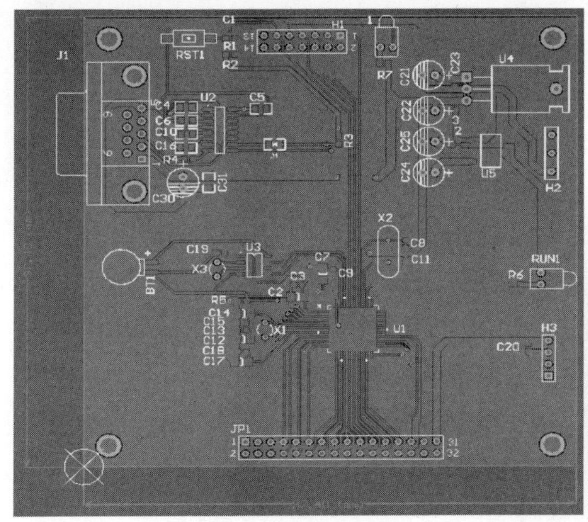

图 10　PCB 电路图

图 11　电路板实物图

4. 程序设计

程序的编写主要包括系统初始化程序、显示程序、总控制程序和通信程序等。系统总控制程序流程图如下图所示。

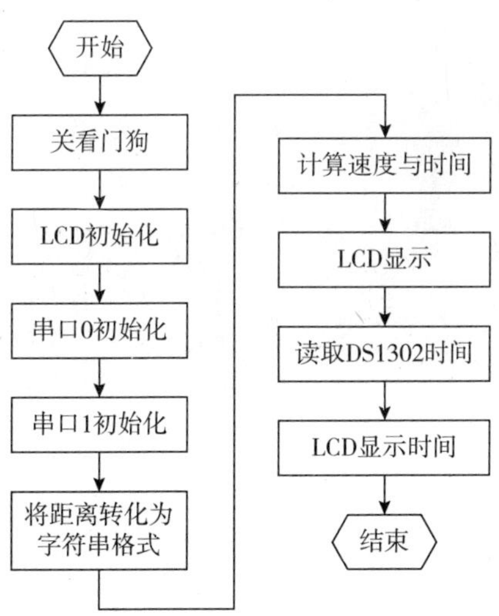

图 12　程序总体流程图

5. 实验结果及其分析

5.1　实验装置实物图

图 13　实验装置实物图

系统工作正常，根据测量结果显示测距结果，如图 14 所示。

图 14　系统测距结果图

5.2　问题分析

本次系统设计中也遇到了一些问题，处理的过程如下。

（1）未给 MAX232 接电源线，导致串口模块无法正常工作，检查发现后，通过在电路板上飞线，给 MAX232 供电解决；

（2） 由于设计 PCB 时没有激光测距传感器，导致串口的 RXD 和 TXD 管脚接反了，最终在老师的帮助下，在电路板上飞线解决问题。

6. 总结

系统实现了对距离的测定和利用单片机对数据的处理与显示，但由于经验不足也导致了一些错误，比如硬件电路的接线有错误、串口的管脚不匹配等问题；在软件调试时也遇到了一些问题，在老师的帮助之下，对电路进行了修改，保证了系统的正常工作。

本文在以上工作的基础上，仍有问题有待进一步探讨和解决，对本系统而言，将从以下几个方面展开：

（1）对硬件做进一步的优化，包括保证硬件的完整正确，对传感器供电电路的修改和完善；

（2）对软件程序的完善，保证系统的正常工作；

（3）设计数据传输系统，将测量信息输出到显示终端中，可以方便驾驶人员查看。

参考文献

[1] 谷树忠，姜航，李钰著 .Altium Designer 简明教程 . 北京：电子工业出版社 .2014

[2] 洪利，章扬，李世宝著 .MSP430 单片机原理与应用实例详解 . 北京：北京航空航天大学出版社，2010

[3] 章坚武，张数明 . TDC_GP2 在激光测距传感器中的应用 [J]. 仪表技术与传感器，2009，（8）：74–76

[4] 丁育萍，邱玲玲，基于 FreeRTOS 和 STM32 的手持激光测距仪系统设计 [J]. 现代计算机，2014，09（下）：56–60

[5] 陆洋，单海校，刘叶华等，基于单片机的船舶避碰预警系统设计与实现 [J]. 船电技术，2014，1（1）：70–73

[6] 王伟杰 . 基于单片机的汽车防撞激光预警系统设计 [J]. 机械管理开发，2010，25（6）：179–182

[7] 丁洪影 . 基于激光测距技术的船舶防撞系统的研究 [J]. 福建电脑，2010，（4）：144–145

[8] 刘岩川，王玲芬，栾慧等，基于激光测距技术的汽车防撞系统的研究 [J]. 仪表技术与

传感器，2008，（11）：96–98

[9] 殷秀梅，张仁杰，吴宁，基于时差法的高精度脉冲式激光测距系统 [J]. 信息技术，2013，（11）：161–166

[10] 韩春生，李看，军用激光测距机的改进与检测方案 [J]. 电子设计应用，2009，（6）：96–98

[11] 陈黎敏，朱江，手持激光测距仪的电路设计 [J]. 常州信息职业技术学院报，2009，8（3）

[12] 秦绪阳 . 相位式激光测距系统研究 [J]. 电子世界：81–82

[13] 周睿，孔东 . 一种高精度相位激光测距方法的实现 [J]. 化学技术与工程，2009，9（21）

[14] 张志勇，张靖，朱大勇 . 一种基于相位测量的激光测距方法 [J]. 光电工程，2006，33（8）：75–79

[15] 杨克成，李微等 . 用于相位式激光测距仪的全数字检相系统设计 [J]. 激光杂志，2009，30（6）：19–21

[16] 吕立波 . 激光测距技术在汽车防碰撞领域的应用 [J]. 警察技术，2005，（2）：52–54

[17] Huijing Zhao and RyosukeShibasaki，A Vehicle–Borne Urban 3–D Acquisition System Using Single–Row Laser Range Scanners.IEEE Transactions on Systems Man & Cybernetics Part B Cybernetics A Publication of the IEEE Systems Man & Cybernetics Society.，2003，33（4）：658–66.

[18] LG Bedwell，ME Zimmer，Universal laser range evaluation and verification system US，2010.

蓄电池充放电装置的设计与实现

北方工业大学：刘志孟　王子芊　黄　云　王　鑫　范振华

指导教师：张贵辰　实验师

本课题讲述了太阳能资源的丰富、无污染等诸多优点，运用变步长扰动观察法、跟踪法实现最大功率跟踪（MPPT），用 ADC 采集的输出电压测量值与给定值比较法进行控制恒压模式。以上两种模式通过太阳能电池板对蓄电池充电。

1. 选题背景

太阳能因其具有清洁无污染、资源丰富、可长久利用等诸多优点而得到了广泛关注。光伏发电就是太阳能应用于现代工业的一个重要体现，它利用太阳电池将太阳能转化为电能，为负载供给能量。但是目前商业化的太阳能电池的光电转换效率比较低且成本较高，为了提高太阳电池的利用率以及降低系统成本，需要使太阳能电池具有最大功率输出。

2. 基本原理

太阳能电池板输出直流电通过 buck 电路和控制电路使太阳能电池板达到最大功率跟踪（MPPT），从而给蓄电池充电。

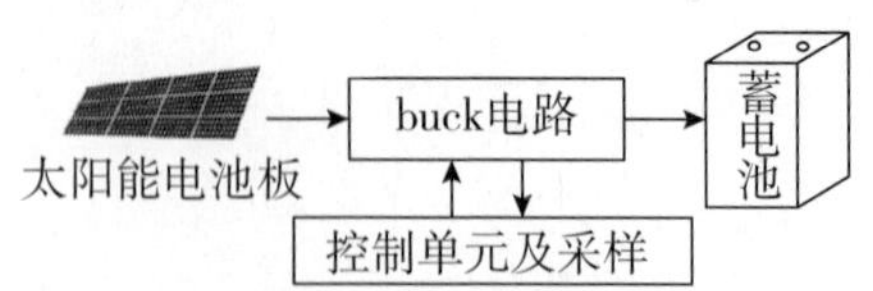

图 1　蓄电池充放电装置示意图

2.1　最大功率跟踪 (MPPT)

（1）引言

光伏电池板 I–V 特性曲线为非线性，且与外界光照、电池温度以及负载的变化有关。在一定的外界环境下，电池的输出功率有唯一的最大功点。为了使光伏电池输出最大功率，需要采用最大功率跟踪（MPPT）控制方法：能够在特定的环境温度和光照下自动地跟踪到太阳能电池的最大功率点并稳定在此处；当外界条件变化时能够快速地追踪到新的最大功率点；由于太阳能电池板部分遮光而出现多个局部 MPP 时，能够识别出真正的最大功率点。因此，我在传统扰动观察法基础上设计了一种变步长扰动观察法，即改变功率变化值时，选择对应的扰动步长跟踪最大功率点，先在 Matlab/simulink 中做仿真分析，再运用到实际的光伏系统中进行测试验证，结果表明该方法跟踪速度接近大步长扰动，稳态振荡略高于小步长扰动，从而验证了该方法的快速有效性。

（2）变步长扰动观察法

图 2 为某时刻 P–Z 曲线下采用不同步长的扰动观察法的跟踪示意图。根据图 2 可刻画爬坡时间 T_{mp} 与步长 Z 的关系为：

$$T_{mp}=\tau_{mppt}\,T_{mp}/Z \qquad (1)$$

式中，τ_{mppt} 为一次扰动所需时间。

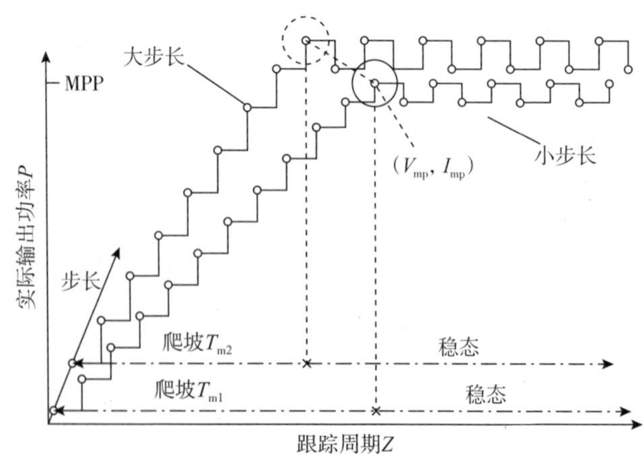

图 2　传统扰动观察法跟踪示意图

由式（1）可知，爬坡时间与步长成反比，说明跟踪速度受步长影响较明显，但却有以下缺点：①在稳态阶段运行时与步长无关，均会出现振荡现象；②跟踪速度受步长影响较明显，大步长在爬坡阶段的跟踪速度要快于小步长，但在稳态阶段的振荡损耗更大；小步长可减小稳态时的振荡，但会增加跟踪时间。为克服这两个缺点，本文将步长调为变步长修正（图 2），结果见图 3（图中，V_{ref}（0）、Z_0 分别为给定的初始电压基准值和扰动步长，初始扰动方向 S_0 为 1，即朝输出基准电压增大的方向扰动）。

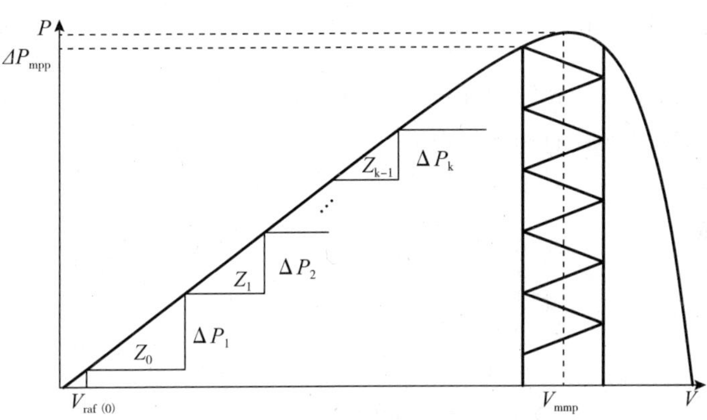

图 3　变步长扰动观察法跟踪示意图

输出 V_{ref}（0）后对光伏阵列输出电压 V、电流 I 进行采样，可得到初始的输出功率值 P_0=VI，之后的步长就可通过判断功率变化值 ΔP 来确定：

$$Z_K=\begin{cases}K_1\ |\Delta P_K|\in[0,\alpha_1]\\K_2\ |\Delta P_K|\in[\alpha_1,\alpha_2]\\\cdots\cdots\\K_n\ |\Delta P_K|\in[\alpha_{n-1},\alpha_n]\\\cdots\cdots\end{cases}\tag{2}$$

式中，Z_k 为第 k 个扰动周期的步长；α_1，α_2，…，α_n 为功率阈值；K_1，K_2，…，K_n 为对应阈值范围内的步长值；ΔP_k 为功率变化值，即第 k 个周期的功率值 P_k 减去第（K−1）个周期的功率值 P_{k-1}。第 k 个周期的输出电压基准值为：

$$V_{erf}(k)=V_{erf}(k-1)+S_kZ_k\tag{3}$$

式中，V_{ref}（k）、V_{ref}（k−1）分别为第 k、k−1 个周期的输出电压基准值；S_k、S_{k-1} 分别为第 k、k−1 个周期的扰动方向，即：

$$S_k=\frac{\Delta P_k/|\Delta P_k|}{S_{k-1}}\tag{4}$$

由图 3 及式（2）~（4）可知，当 ΔP 较大，即处于爬坡阶段或外界环境变化较大时，可通过增大步长来提高跟踪速度；当 ΔP 较小则处于稳态运行阶段时，如处于图 3 中的 ΔP_{mpp} 范围内时，可通过减小步长来减小功率振荡的能量损耗。

3. 仿真部分

3.1 光伏电池的输出特性

光伏电池就是利用光照引起的光电效应进行发电的元件，其基本特性和二极管类似，图 4 为光伏电池的等效电路图。

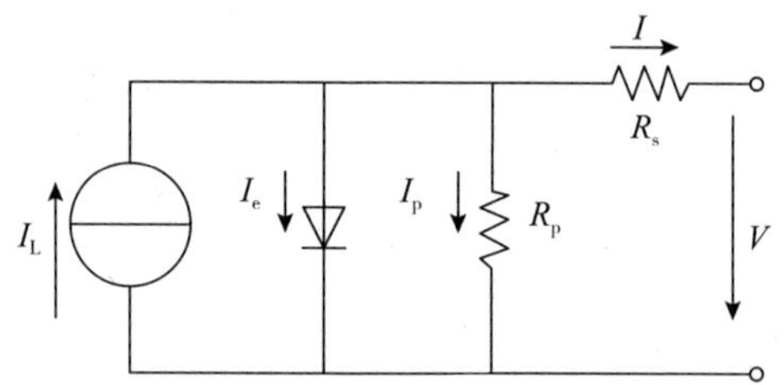

图 4　光伏电池的等效电路图

由图 4 可得光伏电池输出特性的一般公式为：

$$I = I_L - I_0\left\{\exp\left[\frac{q(v+IR_s)}{nkT}\right]-1\right\}-\frac{v+IR_s}{R_p} \tag{5}$$

式中，I 为光伏电池输出电流，A；I_L 为光生电流，A；I_0 为等效二极管反向饱和电流，A；q 为电荷量（1.6×10^{-19}C）；V 为光伏电池输出电压，V；Rs 为光伏电池等效串联电阻，Ω；n 为光伏电池二极管质量因子；k 为玻耳兹曼常数（1.38×10^{-23}J/K）；T 为光伏电池的温度，K；R_P 为光伏电池等效并联电阻，Ω。

光伏电池的短路电流 I_{SC}、开路电压 V_{OC} 分别为：

$$I_{sc}=I_{sc,ref}G/G_{ref} \tag{6}$$

$$V_{oc}=V_{oc,ref}[1-\beta(T-T_{ref})] \tag{7}$$

式中，$I_{sc,ref}$ 为标准测试条件下光伏电池的短路电流；G 为光照强度；G_{ref} 为光照强度，取 1000W/m^2；$V_{oc,ref}$ 为标准测试条件下光伏电池的开路电压；β 为光伏电池的开路电压温度系数；T_{ref} 为光伏电池的绝对温度，取 298K。

光伏电池在最大功率点处的电流 I_{mp}、电压 V_{mp} 分别与短路电流和开路电压基本成比例关系：

$$I_{mp}=K_{mp}I_{sc} \tag{8}$$

$$V_{mp}=K_{mp}V_{oc} \tag{9}$$

根据式（5）~（9）可建立光伏阵列的仿真模型。图 5 为光伏阵列在不同光照强度和不同温度下的输出特性曲线。

由图 5 可知，光伏电池组件的输出特性随外界环境的改变而变化，并且主要受光照强度和温度的影响。因此，实现光伏组件最大功率输出，需要不断地根据实际环境来改变光伏组件的电压，这就是 MPPT 算法的基本原理。

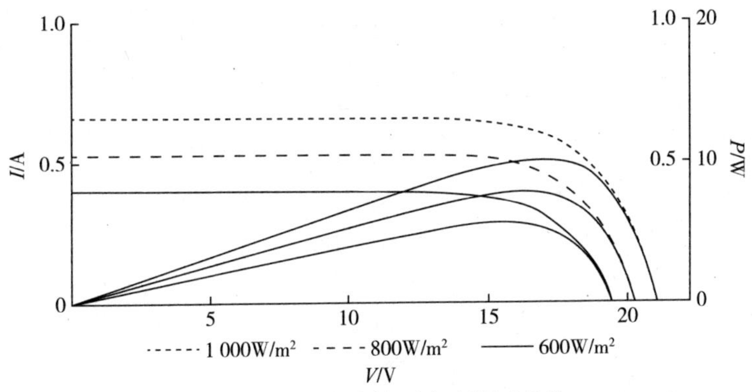

（a）相同温度时不同辐照度下的输出特性

（b）相同辐照度时不同温度下的输出特性

图 5 光伏阵列的输出特性

3.2 仿真结果

设置太阳能电池板的开路电压（Voc）15V，短路电流（Isc）1A，峰值电压（Vmp）

12V，峰值电流（Imp）0.9A。

结果显示太阳能电池板的峰值电压在12v附近波动，峰值电流在0.9A附近波动，输出功率在10W附近，系统基本符合了预期要求。

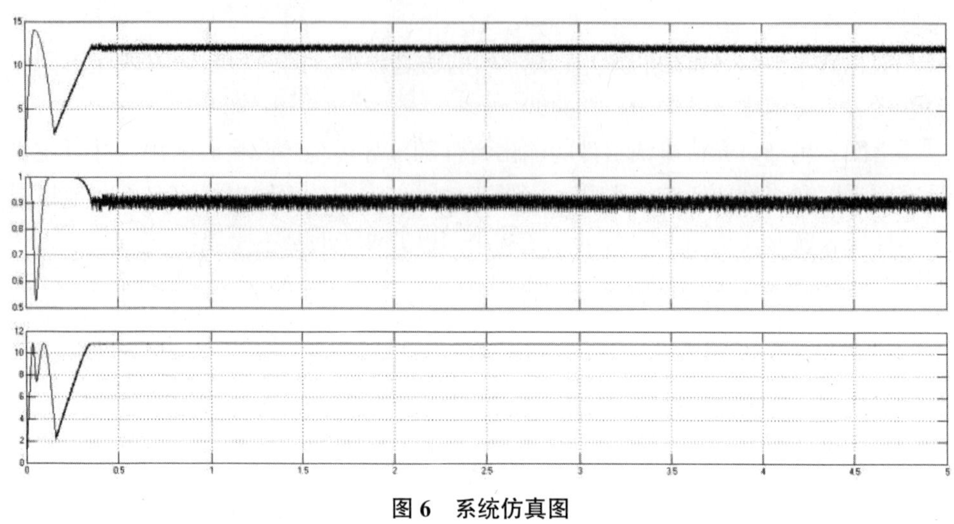

图6　系统仿真图

4. 硬件电路部分

在围绕蓄电池的充电管理的题目中，我们设计了一套基于STM32f407ZGT6为主控芯片的电路板，基本实现目标。现在把电路板分为电源模块、主回路部分、采样电路、通信部分以及最小系统分开介绍。

4.1　最小系统

STM32F4相对于STM32F1，主要优势如下：

（1）更先进的内核。STM32F4采用Cortex M4内核，带FPU和DSP指令集，而STM32F1采用的是Cortex M3内核，不带FPU和DSP指令集；

（2）更多的资源。STM32F4拥有多达192Kb的片内SRAM，带摄像头接口（DCMI）、加密处理器（CRYP）、USB高速OTG、真随机数发生器、OTP存储器等；

（3）增强的外设功能。对于相同的外设部分，STM32F4具有更快的模数转换速度、更低的ADC/DAC工作电压、32位定时器、带日历功能的实时时钟（RTC）、

IO 复用功能大大增强、4K 字节的电池备份 SRAM 以及更快的 USART 和 SPI 通信速度；

（4）更高的性能。STM32F4 最高运行频率可达 168MHz，而 STM32F1 只能到 72MHz；STM32F4 拥有 ART 自适应实时加速器，可以达到相当于 FLASH 零等待周期的性能，STM32F1 则需要等待周期；STM32F4 的 FSMC 采用 32 位多重 AHB 总线矩阵，相比 STM32F1 总线访问速度明显提高；

（5）更低的功耗。STM32F40x 的功耗为：238uA/MHz，其中低功耗版本的 STM32F401 更是低到 140uA/MHz，而 STM32F1 则高达 421uA/MHz。

4.2 主回路部分

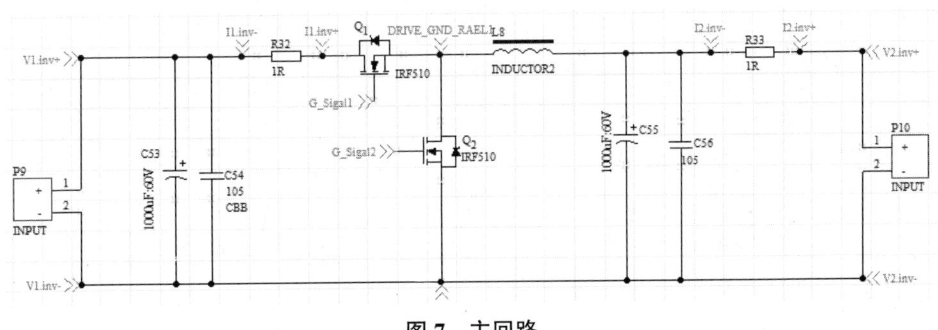

图 7 主回路

因为我们采用的是 6V 的蓄电池，光伏模拟器设置的 MPPT 电压为 12.6V，开路电压为 15V，所以我们采用的是 Buck 电路，通过给 Q1PWM 波信号，Q2 给定一个低电平信号使其关闭，就构成了一个经典的直流 / 直流降压变换器（Buck DC/DC 变换器）。

变压比：输出电压与输入电压的比值 M；

导通比：又称占空比，指功率器件在一个开关周期内导通时间 t_{on} 与整周期 t_s 时间的比值 $D=t_{on}/t_s$，$1 \geqslant D \geqslant 0$。

工作状态 1：Q1 导通，Q2 中二极管截止，输入电压对电感、电容和负载充电，此时有：

$$U_L=U_{in}-U_o \tag{10}$$

稳态时，一个周期内电感电压平均值为 0，得：

$$(U_{in}-U_o)\,t_{on}+(-U_o)\,(T_S-t_{on})=0 \tag{11}$$

则变压比为：

$$M=U_o/U_{in}=D \tag{12}$$

可见，由于 1 ≥ D ≥ 0，所以输出电压低于输入电压，且极性相同。

4.3　采样电路

采样电路有电压采样和电流采样，电压采样采用的是 NE5532 运放，NE5532 是高性能低噪声双运算放大器（双运放）集成电路。与很多标准运放相似，但它具有更好的噪声性能、优良的输出驱动能力及相当高的小信号带宽、电源电压范围大等特点。因此很适合应用在高品质和专业音响设备、仪器、控制电路及电话通道放大器。

参数	数值
通道数	2
推荐电源电压（V）	± 5–15
增益带宽（MHz）	10
功率带宽（KHz）	140
转换速率（V/us）	9
输入失调电压（mV）	5（Max）
输入噪声电压（nV/Hz）	5
共模抑制比（dB）	70（Min）
静态电流（mA）	8

图 8　NE5532 主要特性

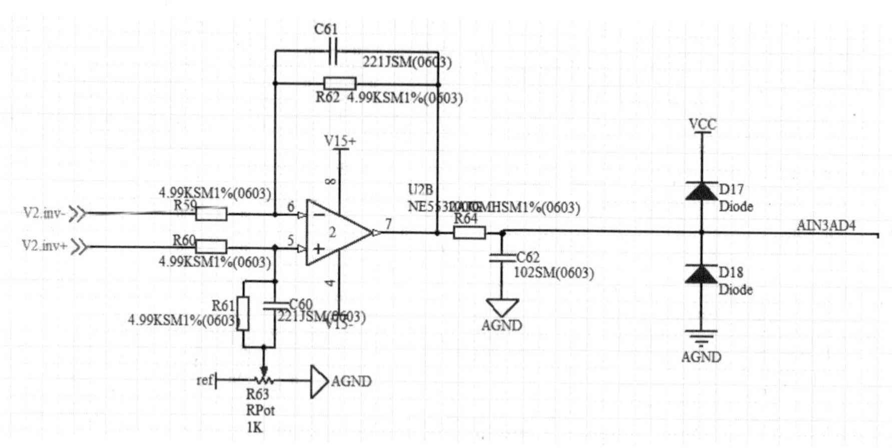

图 9　电压信号处理电路

利用 NE5532 运放芯片，将其设计为差分运放，抑制温漂，提高采样精度，改善滤波效果。在利用一个滑动变阻器，可以很好地调节电路的精度，在输出侧串联了 2 个二极管，将电压限制在了 0~3.3V，实现对主控芯片的保护。输出电

压 = $(V2.inv+-V2.inv-)*\frac{R62}{R59}$。

电流采样利用的是 INA146 芯片，是一款高精度的差分运放。

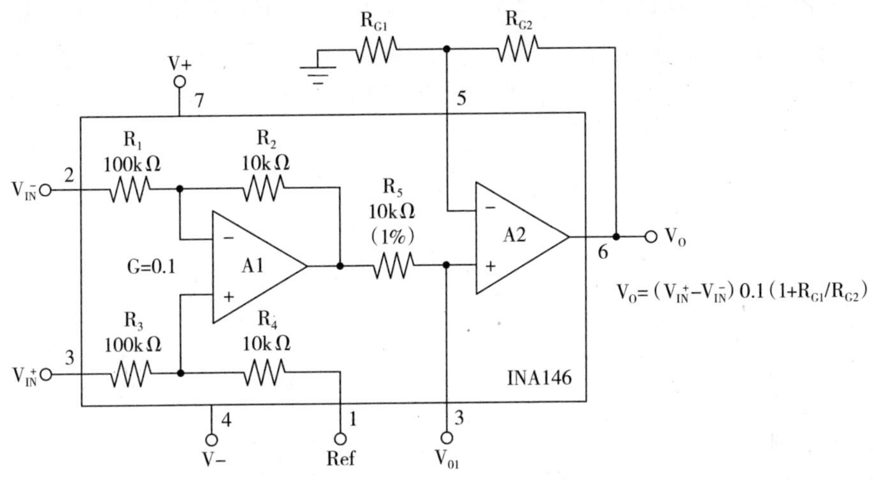

图 10　INA146 内部示意图

通过观察其内部示意图可发现，INA146 是一款标准的差分运放输入电路，可以很好地抑制共模信号，提高电路采样精度，然后在我们的电路板中，RG2 和 RG1 均为 10K 欧，可以得到对输入信号的放大倍数，后级加了一个跟随电路，提高输入阻抗，对信号进行另一步的滤波处理。

4.4　电源部分

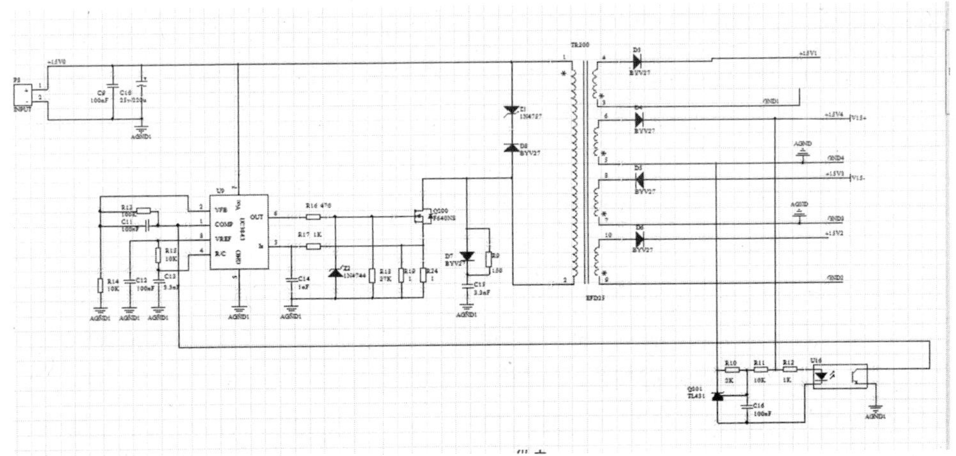

图 11　主电源模块图

在我们的电路板中，需要对运放进行双路供电，还有 MOSFET 的驱动隔离供电，故一共需要 3 路 +15V 和一路 -15V 进行供电，反激电源具有体积小、带载能力强等特点，所以在这我们采用以 UC3843 为核心控制的 4 路输出反激电源。由于 +15V 同时在为板子供电，所以对这一路的精度要求比较高，我们把反馈信号加在了这一路上，来保证其稳定性。然后利用 7805 和 LM117-3.3 芯片进行降压，实现对板子的供电。

4.5 通信部分

在电路板里一共加入了 CAN、485 和串口通信，但是由于时间关系我们现在只是通了串口，可以对电路板的输入输出电压、电流进行实时监测。

5. 软件部分

5.1 软件开发环境

我们平常所用的编译器是 MDK5。MDK 源自德国的 KEIL 公司，是 RealView MDK 的简称。在全球，MDK 被超过 10 万的嵌入式开发工程师使用。我们使用的版本为：MDK5.14，该版本使用 uVision5 IDE 集成开发环境，是目前针对 ARM 处理器，尤其是 Cortex M 内核处理器的最佳开发工具。MDK5 向后兼容 MDK4 和 MDK3 等，以前的项目同样可以在 MDK5 上进行开发（但是头文件方面得全部自己添加）。MDK5 同时加强了针对 Cortex-M 微控制器开发的支持，并且对传统的开发模式和界面进行升级。MDK5 由两个部分组成：MDK Core 和 Software Packs。其中，Software Packs 可以独立于工具链进行新芯片支持和中间库的升级。MDK Core 又分成四个部分：uVision IDE with Editor（编辑器）、ARM、C/C++ Compiler（编译器）、Pack Installer（包安装器）、uVision Debugger with Trace（调试跟踪器）。Software Packs（包安装器）又分为：Device（芯片支持）、CMSIS（ARM Cortex 微控制器软件接口标准）和 Mdidleware（中间库）三个小部分，我们通过包安装器安装了最新的组件，从而支持新的器件、提供新的设备驱动库以及最新例程等，加速产品开发进度。在 MDK5 安装完成后，我们还安装了 STM32F4 的器件支持包：Keil.STM32F4xx_DFP.1.0.8.pack（ STM32F4 的器件包）。从而让 MDK5 支持 STM32F407 的开发。

5.2 软件设计

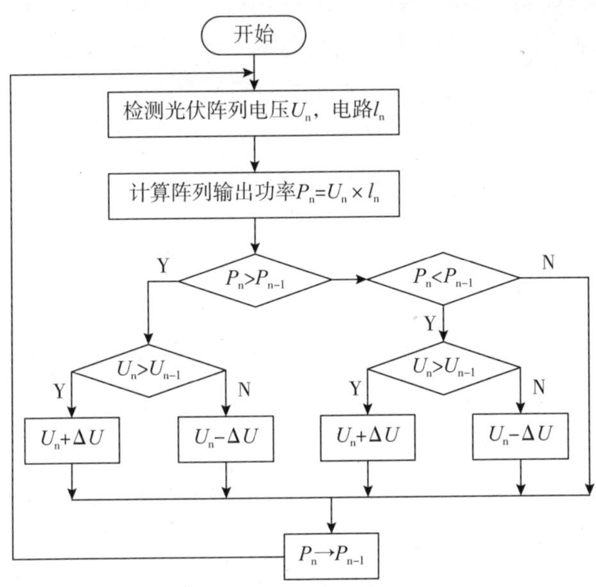

图 12 扰动观察法的程序流程图

（1）显示屏交互模块

我们通过正点原子的 TFT 显示屏，做了很充分的人机互动界面，总共有 6 个界面，分别为：主界面、产品介绍界面、恒压模式界面、MPPT 模式界面、键盘输入界面、制作人员照片界面。通过触摸屏幕实现各个界面之间的切换。此界面最大的特点就是简单明了，屏幕上有提示的汉字点击操作。

图 13 主界面

图 14 键盘界面

（2）双路 adc+dma 采集

STM32F407 有三个 ADC，我们需要其中两个。总共需要采集 4 路数据，数据精度为 12bit，所以每个 ADC 采集两路数据，分别为输入电压、电流和输出电压、电流，为了尽可能多地采集数据，并且不影响到算法和数据的处理，这里使用了双路 adc+dma 实现采样数据的直接搬运存储，就不用 CPU 去参与操作了。当各个通道每采集满 256 个数据时，就做平均，然后输出 ad 采样。这样最大化的利用了 STM32F407 的芯片性能。

STM32F4 DMA 简介：DMA，全称为：Direct Mrmory Access，即直接存储器访问。DMA 传输方式无须 CPU 直接控制传输，也没有中断处理方式那样保留现场和恢复现场的过程，通过硬件为 RAM 与 I/O 设备开辟一条直接传送数据的通路，能使 CPU 效率大为提高。

（3）恒压模式和 MPPT 模式

恒压模式和 MPPT 模式的算法都放入了 2ms 的中断中，通过在主界面的按钮选择不同的模式。

在恒压模式下，每进入两次中断（4ms）就通过给定值 $V_{ref}V_{ref}$ 和 ADC 采集的输出电压测量值相减求出偏差，若偏差值大于 0 则需要增大占空比，等于 0 保持占空比不变，小于 0 则减小占空比。为加快跟踪速度，在不同的偏差值给定了不同的步长，跟踪速度明显加快。恒压模式初始给定为 6.000V，可以通过键盘更改给定值。

在 MPPT 模式下，使用了变步长的扰动观察法，在第一次进入中断时，通过采集的输出电流和输出电压计算得到输出功率，之后增大占空比（仅一次），在第二次进入中断时，通过采集的数据再计算输出功率，把新得到的功率减去旧的功率得到偏差，当偏差大于零的情况下（在最大功率跟踪点的左侧），新的输出电压大于旧的输出电压则需要增大占空比，相等则保持占空比不变，小于则应减小占空比。当偏差小于零的情况下（在最大功率跟踪点的右侧），新的输出电压大于旧的输出电压则需要减小占空比，相等则保持不变，小于则应增大占空比。在不同的偏差下，使用不同步长，以增加系统的跟踪效率。

（4）汉字显示与图片显示

汉字显示通过 PCtoLCD2002 生成字膜，因汉字量较少，用取膜的方式显示在屏幕上。

图片显示通过把照片存放在 SD 卡中，在经过 JPEG/JPG 解码以及内存管理 malloc 显示在屏幕上。

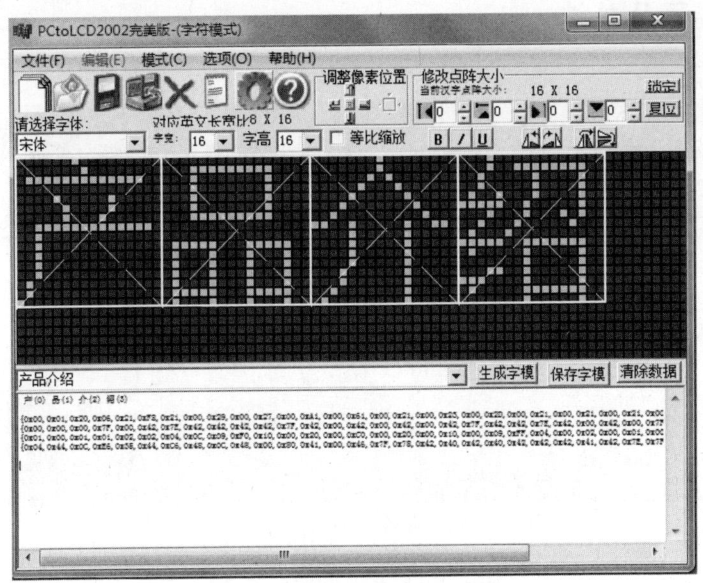

图 15　PCtoLCD2002 生成器

（5）基于蓝牙串口的无线监控

通过无线蓝牙串口可以实现数据的实时监控，可从电脑的串口助手上看到输入电流电压和输出电流电压以及 MPPT 模式下的功率情况。另外，在恒压模式下，可以从电脑发送给定电压给控制器。

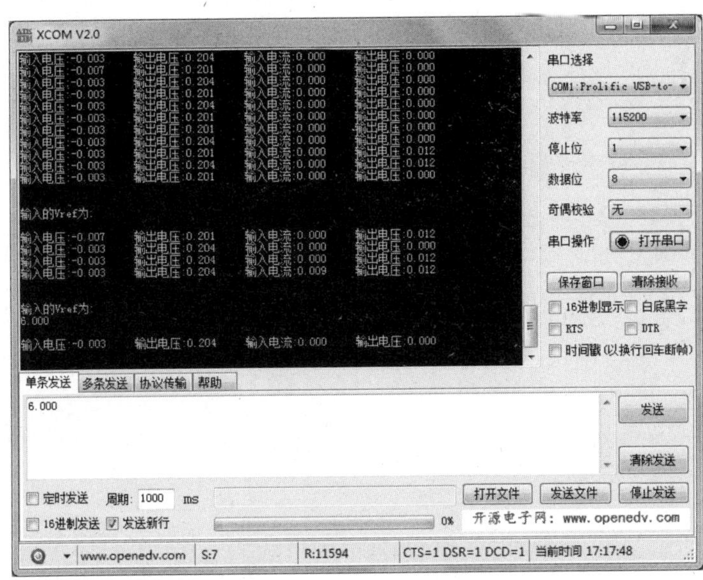

图 16　上位机测试结果

6. 成果展示及总结

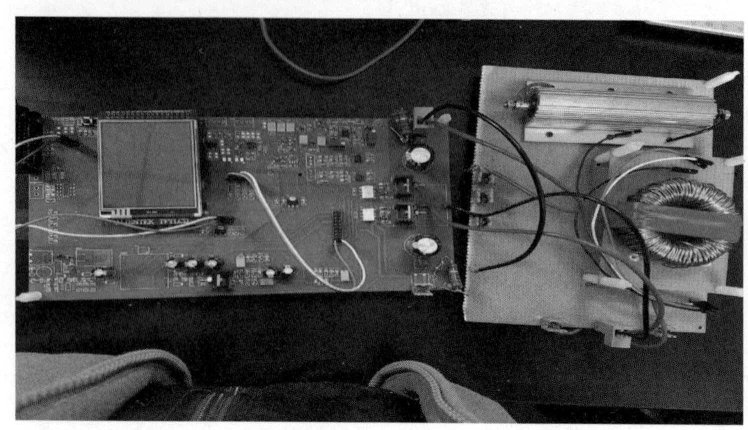

图 17　实物图

在仿真的过程中发现，功率和电流都在随着电压变化，故把电压当作控制量是最直接有效的方法。光伏模拟器设置参数的最大功率为 10.89W，开机启动后，系统可快速踪到最大功率点，最大功率点电压为 11.4V，电流为 0.91A，MPPT 最大功率为 10.37W，转化效率为 95.22%。经对比，基本和仿真结果一致，验证了变步长扰动观察法的思想。我们在设计实验所用的电路板和调试过程中，综合运用了大学四年的知识，在 Altium designer、keil 和 Matlab 等软件的帮助下，顺利地完成了设定的目标。

参考文献

[1] 朱圳，孙以泽，彭乐乐等 . 一种优化的最大功率点跟踪变步长扰动观察法 [J]. 水电能源科学，2014，23（6）：202-204

[2] 宋亮，王晓东，刘雯等 . 光伏电池 MPPT 扰动观察法的研究现状 [J]. 半导体光电，2012，33（4）：455-456

多功能安全婴儿车的研发

北方工业大学：高博闻　李利华　陈冠珠　熊　勇　葛　宇

指导教师：曹　靖

本项目是基于原智能婴儿车之上的改进，在实现预期安全功能的基础上，进一步提高婴儿车的安全性能和实用性能，如增设刹车系统、改进驱动功能、增设温湿度检测功能、增设彩屏显示控制等。这些功能的实现使婴儿获得了更安全的保护，婴儿的看护者也可以更加直观地了解婴儿车内部的实际情况。通过模拟实验，运行良好，基本目标实现。

1. 选题背景

在人口数量最多的中国，婴儿车的发展有良好的前景。 随着经济的发展和人们生活水平的提高，婴儿车作为新型代步工具进入人们的视野。但是，随着现代社会的发展，人类生存的环境面临着翻天覆地的变化，道路的复杂，环境的污染、治安的失衡都成为安全的威胁，传统的婴儿车的简单代步功能已经不能满足在当下复杂环境下对婴儿安全性能的要求了。

在当下的婴儿车市场，普遍的车辆通过结构、材料的不同来改变车体的安全性、实用性、新颖性。但是并没有将科技产品中的很多实际功能应用到婴儿车中，增强婴儿车的安全保护功能。本项目的设计方向是将现有的科技产品融合到婴儿车当中，使得婴儿车能够实现自动刹车、智能驱动、智能调控遮阳伞、多功能彩屏控制、温湿度监控、声控止哭、婴儿防抱走等功能。这些功能的实现可以使婴儿获得更安全的保护，婴儿的看护者也可以更加直观地了解婴儿车内部的实际情况。通过模拟实验，运行良好，基本目标实现。

2. 研究方法

本次项目采用增设辅助轮以提供助力，考虑到辅助轮提供的助力较小，并不能够适应各种不同的路面情况，在实际使用过程中受到很大限制。经过讨论，决定使用电机直接带动车轴代替辅助轮助力，使电机产生的力矩得到最大限度的利用，并采用屏幕控制的方式，使婴儿车使用者自主控制婴儿车的行驶速度。这个方案使得婴儿车使用者能够更加便捷地使用本婴儿车。

智能婴儿车项目的实现由以下几个模块构成：

（1）自动刹车模块：由电磁制动器、电容感应触摸开关组成；

（2）智能提供驱动力模块：由电机、链条、飞轮组成；

（3）智能调控遮阳伞模块：由舵机组成；

（4）温湿度监控模块：由温湿度传感器组成；

（5）声控止哭模块：由婴儿哭声检测模块组成；

（6）多功能彩屏控制模块：实现以上各功能在线显示和人为控制；

（7）主控器：整体进行智能控制的 STM32 和供电的电力模块。

3. 研究结果

3.1　总体架构设计

由于婴儿车设计需要使用到电机、蓄电池等一系列器件，如果这些器件随机就近放置在婴儿车上，则会造成婴儿车结构混乱，不利于集成设计，也不美观。因此需要从婴儿车上划分出一定空间来放置这些器件，经过讨论和多方面取舍，在婴儿车车座下设置一块托板，用于放置这些器件。由于电机电池托板是额外设置的，因此在婴儿车的前后车架上增设一根与地面平行的横杆，然后使用管夹将托板固定在这两根横杆上。具体设计图见图 1、图 2。

图 1 总体架构设计三维图

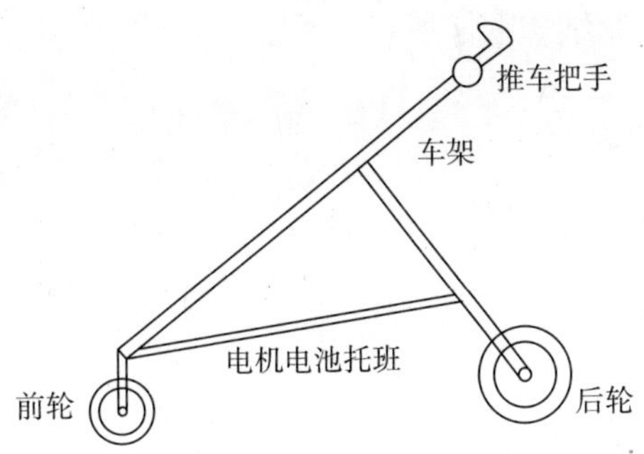

图 2 总体架构设计平面图

（1）车轴设计

由于本项目刹车系统和驱动系统的设计思想未在普通婴儿车上使用，因而很难找到与项目匹配的婴儿车原型，这需要重新设计婴儿车的车轴。该车轴应能够实现直接带动婴儿车左侧后轮使其转动，而右侧后轮同时从动转动。而车轴带动车轮转动这一设计方案，在刹车系统和驱动系统中起到非常重要的作用。车轴设计图如图 3 所示。在拿到设计正确的车轴后，我们开始进行安装。使用轴承将车轴和车架、车架和后车轮连接起来。

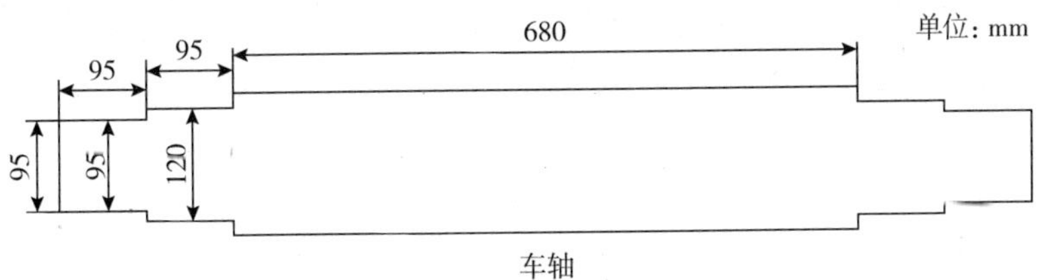

图 3 车轴设计图

（2）硬件组装

设计思想：本次项目的原设计为采用增设辅助轮以提供助力，我们考虑到辅助轮提供的助力较小，并不能够适应各种不同的路面情况，在实际使用过程中受到很大限制。经过讨论，我们决定使用电机直接带动车轴代替辅助轮助力，使电机产生的力矩得到最大程度的利用，并采用屏幕控制的方式，使婴儿车使用者自主控制婴儿车的行驶速度。这个方案使得婴儿车使用者能够更加便捷地使用本婴儿车。

我们设计的具体方案是：在车轴上固定一个飞轮，使用链条将其与电机连接起来。当婴儿车使用者在屏幕上选择助力并设定速度，主芯片接收到信号并处理后驱动电机，电机带动链条使得与飞轮相连接的车轴转动，实现助力功能。设计安装图纸如图 4 所示。图 5 为安装后实物图。

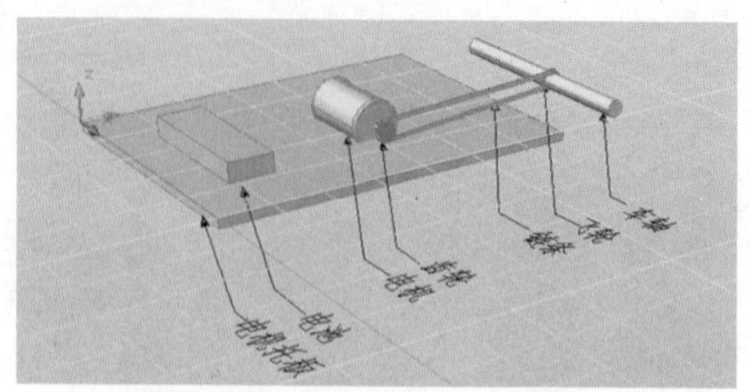

图 4　托板上电机与车轴上飞轮的连接设计图

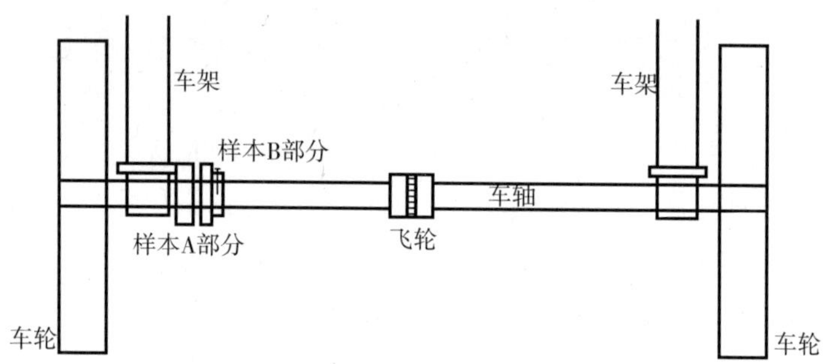

图 5　飞轮、电磁制动器安装位置设计图

3.2　控制系统软件设计

婴儿车总体设计方案如图 6 所示。系统功能包括：刹车系统、婴儿防丢系统、婴儿防晒系统等主要功能。

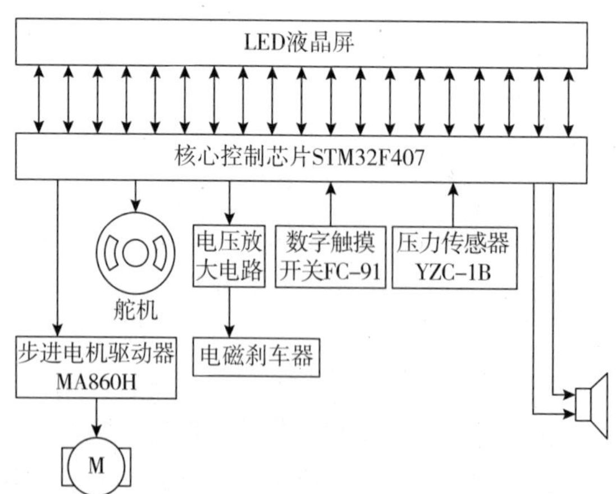

图 6　婴儿车总体设计方案

（1）刹车系统的设计

目前市面上销售的婴儿车大致有以下几种刹车方式：婴儿车手刹系统，即手刹安装在婴儿车推车把手上，使用时需手动去按压实现刹车；婴儿车脚刹系统，即脚刹一般安装在婴儿车后轮上（左右各有一个踏板），刹车时需用脚踩下这两个踏板；安全腕带刹车系统，即安全环一般安装在婴儿车右侧推车把手上，使用时将腕带套在手腕上，可以使推婴儿车时避免婴儿车脱手。以上几种婴儿车刹车系统都是最基本、简单的机械控制方法，均需婴儿车使用者人为主观操作实现，存在着很多不可控因素，使得婴儿车使用的安全性大大降低。而本项目刹车系统的设计思想是不论婴儿车是否行进，当人手离开婴儿车推车把手时，无须人为操作，立即自动启动刹车系统并持续维持刹车状态，直到人手重新握上婴儿车推车把手。

刹车系统主要功能如下：①当人手离开婴儿车推车把手时，安装在把手上的电容感应触摸开关检测得到信号并反馈给主控制器进行处理，再将处理的信号发送给电磁制动器。电磁制动器的磁轭线圈通电产生磁场，吸合衔铁产生摩擦扭矩使从动部分（车轴）制动，从而实现婴儿的制动；②当人手重新握上婴儿车推车把手，制动器由特殊成型弹簧片复位，婴儿车重新恢复使用（模拟现实生活中看护人不注意离开婴儿车且未进行手动制动情况）。

本项目刹车系统使用的电磁制动器采用 DZD5 系列 A 型制动器，实物图如图 7 所示（为方便描述，我们称图中左边部分为 A 部分，右边部分为 B 部分）。在制动器不通电的情况下，刹车 B 部分与刹车 A 部分为分开状态，当电磁制动器通电，通过刹车 A 部分的磁轭线圈产生磁场，吸合刹车 B 部分的衔铁产生摩擦扭矩使从动部分制动。

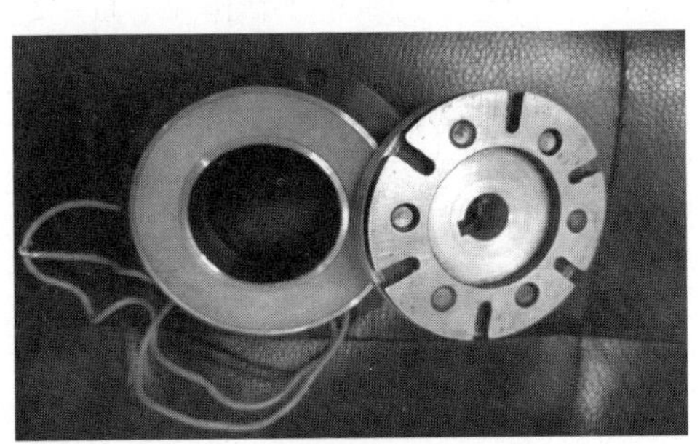

图 7　电磁制动器实物图

电磁制动器的安装：刹车 A 部分为通电部分（即产生磁场部分），应与车轴处于分离状态，因而增加设置一块材料（可选用木板等）为 A 部分底座，使用锁紧螺丝将底座固定在车架上，再将刹车 A 部分用锁紧螺丝固定在底座上。

而刹车 B 部分为电磁制动器从动部分，车轴应随着 B 部分的制动而随之停止转动，因此 B 部分直接使用锁紧螺丝固定在车轴上，使之与车轴实现同时转动和制动。

软件设计流程图如图 8 所示。设计相关参数为：传感器输入信号（Input）、刹车器控制信号（BRAKE）。

1）相关库函数：

#define Input GPIO_ReadInputDataBit（GPIOE，GPIO_Pin_7） // 定 义 Input 为 GE7 管脚

#define BRAKE GPIO_ReadOutputDataBit（GPIOE，GPIO_Pin_6）/ 定 义 BRAKE 为 GE6 管脚

2）IO 口设置

PE7// 传感器信号输入端

PE6// 刹车信号输出端

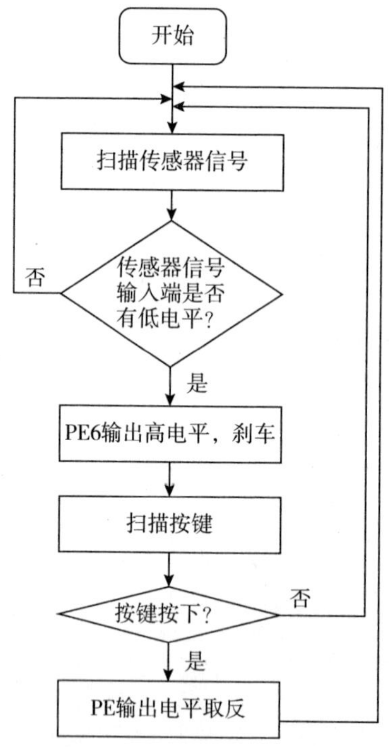

图 8 刹车系统程序流程图

3）刹车器控制函数

int brake（void）

```
{
    if（Input==0）
            BRAKE=1；// 当传感器输入低电平，GE6 输出高电平刹车
    else
            BRAKE=0;
            key=KEY_Scan（1）；// 扫描按键
            if（key）
            {
                    switch（key）
                    {
                        case KEY2_PRES：// 按键按下
                        BRAKE=!BRAKE；//GE6 取反，可打开刹车片，也可
手动刹车
                            break;
                    }
            }
}
```

（2）婴儿车动力系统设计

电机采用亿星科技的 86BYG250D 型伺服电机。额定电压 48v，额定电流 5.6，扭矩 8.5N。驱动器为普菲德的 MA860H 驱动器。本婴儿车所用步进电机控制器型号为 MA00805H，其中 PUL- 端接单片机电机控制信号输出端、PUL+ 端接 +5V 电压，再根据驱动器面板上的 DIP 开关实现功能选择，在这里将 5、6、7、8 号开关打开，其余关断，即将电机每转步数设置为 400，控制方式选择无伴流功能，输出相电流根据电机转矩设置为 7.8A，供电端选择 36V 直流供电，输出端与电机相应管脚相连。

软件实现相关参数设置：pwm 波占空比（led0pwmval），pwm 波占空比步进值（time）。

1）相关库函数：

TIM1_CH1_PWM_Init（500-1，84-1）；// 设置一个周期为 1us，计数值为 500 的 pwm 波

TIM_SetCompare1（TIM1，led0pwmval）；

2）IO 口：

PA8// 控制信号输出端

PE 3 // 按键信号输入端

PA 0 // 按键信号输入端

3）电机转速控制函数：

```
int MotorRspeed（void）
{
        key=KEY_Scan（1）；// 扫描按键
        if（dir）led0pwmval=led0pwmval+time；// 占空比递增
        else led0pwmval=led0pwmval-time；// 占空比递减
        if（led0pwmval>500）dir=0；// 规定占空比上限为 500，及最大值 1
        if（led0pwmval<50&&led0pwmval>0）// 将占空比下限确定在 1-50 范围内，以防其小于 0 而使计数器自动关断
        dir=1；// 改变占空比变化方向
        TIM_SetCompare1（TIM1，led0pwmval）；// 发 PWM 波
        if（time>32）
            time=31；
        if（time<0）
            time=1；        // 将步进值规定在 1-31 的范围内
        if（key）
        {
            switch（key）
            {
                case WKUP_PRES：     // 当按下“+”
                        timc=time+10；// 步进值 time+10，转速加快
                        break；
                case KEY1_PRES：     // 当按下“-”
                        time=time-10；// 步进值 time-10，转速加快
                        break；
            }
        }
}
```

（3）婴儿防丢系统

压力传感器采用电桥式传感器，婴儿坐在车座上，给的电桥信号通过单片机处理后，重量为0时，判定为婴儿被抱走，警示灯闪亮提示，同时蜂鸣器报警提示。

该功能通过使用1个20kg压力传感器及HX711AD模块、1块LCD1602显示屏、1个光线感应器等硬件完成。压力传感器是通过输出一个毫伏电压信号，通过电压信号大小来指示压力，满量程输出电压 = 激励电压 × 灵敏度 2.0mV/v。例如：供电电压是 5v × 灵敏度 2.0mV/v= 满量程 10mV。相当于有 20kg 重力产生时候产生 10mV 的电压。而通过 HX711AD 模块自带的 A 通道带有 128 倍信号增益，可以将 10mV 的电压放大 128 倍，然后采样输出 24bit AD 转换的值，单片机通过指定时序将 24bit 数据读出；并且通过 IO 口显示至 LCD1602 上从而实现显示压力大小。

该功能带有安全报警的附加功能。通过与放置在婴儿车把上的光线感应器配合。压力传感器的测量值会在单片机内进行与给定值（可自行设置）的比较，当大人的手离开车把（触控传感器不被触碰）时（此时触控传感器输出给单片机数字信号“1”），单片机输出给无缘蜂鸣器一个频率变换的信号，使蜂鸣器发出警报声；而当大人的手握住车把（触控传感器被触碰）时（此时触控传感器给单片机数字信号“0”），无论压力传感器测量值是不是小于给定值，蜂鸣器都不会发出警报，从而实现婴儿防抱走的安全功能。

软件设计相关参数为：采样电压值整数部分 adcx，采样电压小数部分 temp，比较值 comp，报警器信号 BEEP。

1）相关库函数：

```
#define BEEP PFout（8）    // 定义 BEEP 到 PF8 管脚
u16 Get_Adc（u8 ch）
{
// 需设置指定的 ADC 规则组通道，一个序列，采样时间
    ADC_RegularChannelConfig（ADC1，ch，1，ADC_SampleTime_480Cycles）；
//ADC1，ADC 通道，480 个周期，提高采样时间可提高精确度
    ADC_SoftwareStartConv（ADC1）；        // 指定 ADC1 的软件转换启动功能
    while（!ADC_GetFlagStatus（ADC1，ADC_FLAG_EOC））；  // 等待转换结果
    return ADC_GetConversionValue（ADC1）；   // 返回最后一次 ADC1 规则
组的转换结果
}
// 获取通道 ch 的转换值
```

```
//ch：通道编号
//times 获取次数
// 返回值：通道 ch 的 times 次转换结果平均值
u16 Get_Adc_Average（u8 ch，u8 times）
{
    u32 temp_val=0;
    u8 t;
    for（t=0；t<times；t++）
    {
            temp_val+=Get_Adc（ch）；
            delay_ms（5）；
    }
    return temp_val/times;
}
```

2）IO 口：PA5// 模拟信号输入端；PF8// 蜂鸣器信号输出端

（3）婴儿防晒功能

当家长觉得外界阳光或光线比较叫刺眼时，可以通过按婴儿车液晶屏上的遮阳棚按键，通过相应的 IO 口给舵机发送频率为 1000Hz，占空比为 50%PWM 波，待遮阳棚完全打开时，停止发送 PMW 波，之后再次按动液晶屏按键，遮阳棚收回，以此实现给婴儿遮阳的功能。舵机，正点原子液晶屏型号，ATK—7。

软件设计中相关参数设置为：循环次数：i// 因 pwm 波分频上限无法达到使其周期为 3ms 的数值，故设置循环来增大周期。波占空比 pwmval2。

1）相关库函数：

TIM1_CH2_PWM_Init（300-1，252000-1）；// 设置一个周期为 300us，计数值为 300 的 pwm 波

TIM_SetCompare1（TIM1，led0pwmval）；

2）IO 口：PA9// 控制信号输出端；PE4// 按键信号输入端

```
int SteeringEngine（void）
{
    int i;
    u16 pwmval2=0;
    for（i=0；i<=10；i++）
    {
```

```
                i++;
                if（i==1）
                {
                        pwmval2=100；// 第一次循环后设置占空比为 100，使低电平时间 300+200=500us
                }
                else if（i>1&&i<=10）
                {
                        pwmval2=300；// 之后的占空比为满值，即使高电平时间为 8*300+100=2500us
                }
                TIM_SetCompare1（TIM1，pwmval2）；
                if（i==10）
                {
                        pwmval2=0；// 循环 10 此后，时间达到 3ms，占空比置 0，使舵机停转
    return 0；// 返回主函数
                }
     }
    }
```

3.3　结论

为了提高婴儿车的舒适性和安全性，本文深入调查和研究了婴儿车的设计方案，通过成本选型确定安全型婴儿车的功能方案，实现了以下功能，并完成了整车的设计，如图 9 所示。

图 9　婴儿车整体图片

（1）实现婴儿车动力系统的设计；

（2）实现婴儿车重力感应系统，防丢系统的设计；

（3）实现婴儿车防晒系统的设计；

（4）实现婴儿车显示系统的设计；

4. 创新点

本文的创新之处在于对婴儿车的动力系统、显示系统进行设计实现，针对婴儿车的安全性和实用性，设计一款自动刹车、助力及智能型的安全可靠婴儿车。在设计过程中，通过对器件型号的选型、结构方案的设计，得到最好的设计方案。

参考文献

[1] 任全会，黄根岭 . 基于 STM32LED 书写点阵屏设计与实现 [J]. 郑州铁路职业技术学院学报，2012（1）：34-36

[2] 彭震 . 51 菜鸟到 ARM（STM32）高手进阶之旅 [M]. 北京：北京航空航天大学出版社，2014

[3] 马广韬，周铎 . 浅析婴儿车的人性化设计 [J]. 设计，2015（4）：26-27

[4] 杨军艺 . 新型智能婴儿车的原理及设计 [J]. 机械工程与自动化，2011（6）：183-184

[5] 孙慧敏 . 多功能整合式婴儿车的创新设计与研究 [J]. 设计，2015（15）：31-33

可折叠式安全床梯的设计与制作

北方工业大学：张铭远　李奇奇　朴金龙　陆宇翔　刘　宁

指导教师：谭晓兰　副教授

针对高校宿舍双层床床梯的现状及存在的问题，运用人体工程学理论和机械设计理论，进行安全床梯的结构设计，并加工制作完成样梯，通过安装测试，性能良好，使用方便，安全性和舒适性都有提高。

1. 概述

1.1　选题背景

近年来，双层床越来越多地应用于学生宿舍等场所，而大学生人身安全问题一直是家长们最为重视的问题。大学生在校生活的活动范围多集中于学生公寓，双层床作为学生宿舍生活的重要载体，其设计的安全性和稳定性尤为重要。本设计以大学生身材数据为基础，重点研究床梯设计方案，以期在保障大学生人身安全的同时满足使用方便的要求。研究的主要内容包括：床梯各部分材料选择及尺度设计、床梯整体结构规划设计、床梯结构安全性及市场经济性分析，最后提供安全可行的学生公寓床梯设计方案。

随着社会的信息化发展、校园内网的建设和电脑的普及，学生日常学习生活的活动范围也发生了变化。教室、图书馆不再是学生学习的唯一场所。学生可以在寝室上网查找资料，利用互联网学习。这样一来，学生在寝室的时间大大增加，简单舒适的寝室环境与学生对生活的客观需求之间的矛盾日益激烈，而双层床作为学生宿舍内最主要的家具也就更需要给学生带来安全且舒适的使用感受。

在如今的校园里，上下铺式和上床下桌式的床铺是大学宿舍内的主流床铺，极大地节约了宿舍内部空间，但是这些床铺为上铺学生上下床所设计的床梯使用感不舒适且存在极大的安全隐患。细长而又光滑的脚踏对于一些体型偏高、偏胖的学生来说是很不安全的。大学生的家长们对于学生在学校独立生活过程中的人身安全问题极为重视，学生公寓是学生在校生活中的重要场所，床作为学生日常生活的重要载体，其床梯的安全性能尤为重要。

双层床是以节省空间为主要目的而设计的产品，使用范围广。双层床的安全性一直倍受社会各界所关注，全国曾多次发生学生在宿舍内上下双层床时发生事故的案例，如梯子折断、从床梯跌落等。2007 年某高校一名大二女生的家长因女儿从宿舍上铺摔下而认为宿舍双层床设计不合理，存在安全隐患，学校应当担责；2013 年曾有一名大三男生从宿舍床梯上摔下，后脑着地导致死亡；另有网传某校一周就有 4 名学生摔下床等，类似的校园宿舍双层床摔伤事件屡有发生。一些高校宿舍床梯虽有一定的防护措施，例如安装防滑垫，但是学生脚上有水的时候还是容易发生意外。因此为了能让居住上铺的学生有一个安全的上下床环境，本研究将设计一款舒适安全且便捷又节约空间的可折叠式床梯。

1.2 本课题研究内容

本课题以制作实物为出发点，在保证不占用过多空间的前提下使学生有一个安全舒适的上下床环境为目的，针对高校宿舍双层床床梯的现状，分析其中弊端及目前新的需求，运用人体工程学理论设计人性化的新型学生公寓双层床床梯，运用机械系统的结构设计要求，对此床梯进行结构设计，最终提供满足当代大学生的生活和学习需求的双层床床梯可行的设计方案及实物。

2. 方案设计

2.1 总体方案设计

结合实际情况对生活中的梯子进行结构分析发现，若想要使梯子既固定在床上又便于折叠，还要经受住足够的重量，本设计需要考虑很多方面，如一定要控制梯子的成本、梯子与床身的贴合性要好、使用时要保证梯子在运动过程中的顺畅性、占用的空间要合理等。根据以上多种条件，本文设计出了一种可靠的方案如图 1 所示。

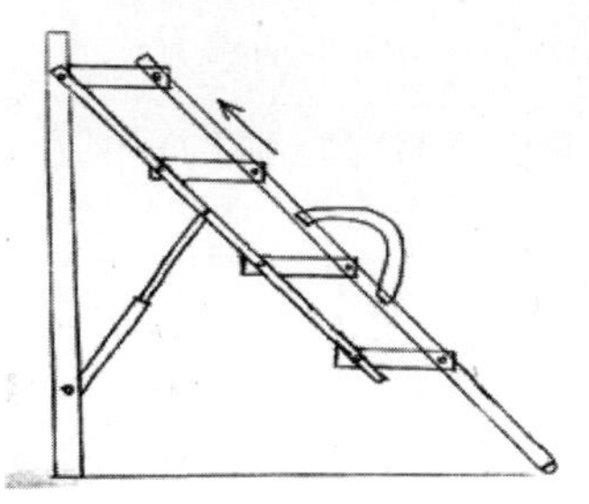

图 1　方案简图

2.2　床梯的基本技术要求

该梯子的特点是使用时安全可靠，不使用时占地面积小，结构紧凑，根据人体工程学设计以及实际需求提出以下技术参数：

本体质量：12.91KG，工作范围：60~851.02mm，运动范围：0~19.34°，材料：铝合金 6061，有效载荷：135kg。

3. 床梯的总体结构设计及方案论证

3.1　结构组成

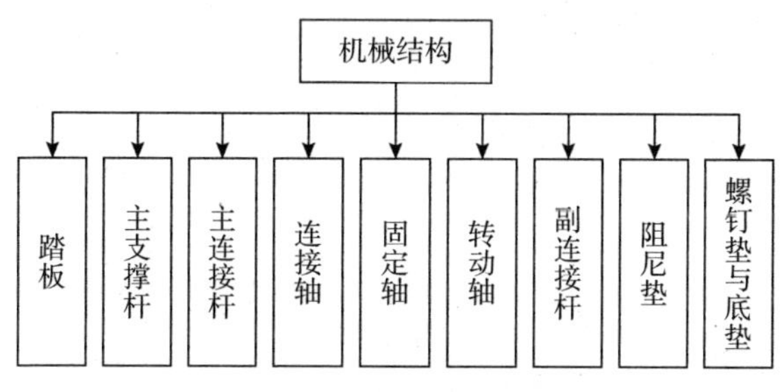

图 2　结构组成示意图

3.2　主要零部件的选择及其强度校核

3.2.1　踏板及其强度计算

本设计选择铝合金 6061 作为踏板的材料，踏板外表面经过抛光处理。

根据人体工学的计算，在二层床身高度为 1490mm 的情况下，使用五个踏板最合适，每一节踏板之间相距 264.54mm；最上一阶踏板与二层床板间距为 235mm，使得使用者易于从梯子上到床上；最下一阶踏板距离地面 292mm~293mm。

强度的校核：

铝合金 6061 许用应力

$$[\sigma]=55\text{MPa}$$

正应力

$$[\sigma]=F/A \leqslant [\sigma] \quad (1)$$

其中，F 为踏板受到的力，此处 F 取 1500N

A 为受力面积，A=380mm × 280mm

则正应力

$$[\sigma]=F/A=0.014\text{Mpa} \leqslant [\sigma]$$

由上式可知，即使人体重量取 150kg 时，正应力 σ 也远远小于其许用应力 $[\sigma]$，所以在人体正常使用的情况下，无法对踏板造成弯曲变形等破坏。

3.2.2 主支撑杆及其强度计算

主支撑杆选择的长度为 1595mm，为安全起见，本设计所选用的主支撑杆的杆壁厚度为 4mm，足以承受人的体重，杆的直径为 28mm。

主支撑杆整体的材料为铝合金 6061，表面经过抛光处理。

强度的校核：

铝合金 6061 弯曲极限强度

$$[\sigma_{wp}]=228\text{Mpa}$$

弯曲应力

$$\sigma_w=M_w/W_z \quad (2)$$

其中 M_W 为弯矩，取值为 300000N × mm

W_Z 为抗弯截面系数，

$$W_z=I_z \times 2/D \quad (3)$$

$$I_z=\pi（D_4-d_4）/64 \quad (3)$$

D 为外径，取 28mm

d 为内径，取 20mm

由此可得：

$$W_z=I_z \times 2/D=1593.326$$

则，弯曲应力

$$\sigma_w=M_w/W_z=188.285\text{Mpa} \leqslant [\sigma_{wp}]$$

由上式可知，强度符合要求。

3.2.3 主连接杆及其强度计算

主连接杆的长度为 1337mm，杆壁厚度为 4mm，杆的直径为 28mm。

主连接杆的材料为铝合金 6061，表面进行抛光处理。

强度的校核：

铝合金 6061 弯曲极限强度

$$[\sigma_{wp}]=228\text{MPa}$$

弯曲应力

$$\sigma_w=M_w/W_z$$

其中 M_W 为弯矩，取值为 300000N × mm

W_Z 为抗弯截面系数，

$$W_z=I_z\times 2/D$$

$$I_z=\pi（D_4-d_4）/64$$

D 为外径，取 28mm

d 为内径，取 20mm

由此可得：

$W_z=I_z\times 2/D=1593.326$

则，弯曲应力

$$\sigma_w=M_w/W_z=188.285\text{Mpa}\leqslant[\sigma_{wp}]$$

由上式可知，强度符合要求。

3.2.4 杆件的挠度计算

在梯子打开时，若人站在踏板上，则会对踏板四角所连接的四根杆施加力的作用，而这个力会对杆件造成或多或少的变形，当载荷集中在杆件中间时，造成变形最大。

所以需要计算杆件的挠度。单根杆的受力分析图如图 3 所示。

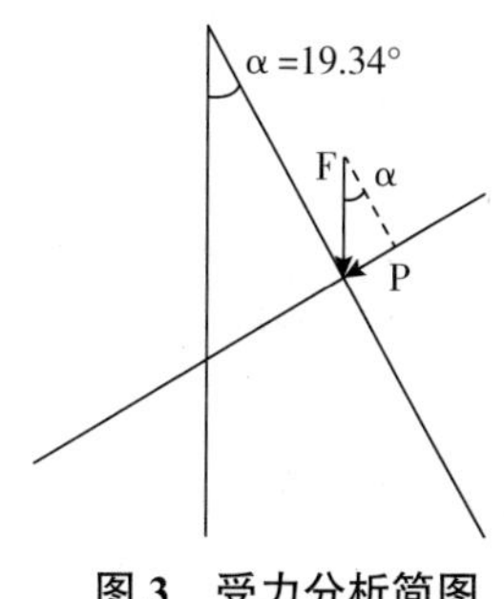

图 3 受力分析简图

单根杆件的挠度的计算：

跨中集中载荷下最大挠度

$$Y_{max}=8_{pl}^{3}/(384EI)$$

p 为载荷，取 0.12kN

l 为杆长，取 1337mm

E 为铝合金的弹性模量，取 69000N/mm^2

I 为铝合金的界面惯量，取 214410mm^4

由此可得：

$$Y_{max}=8_{pl}^{3}/(384EI)=0.004mm$$

由上式可知，每根杆的变化量是微小的，可忽略不计。

3.3 其他部件的选择

连接轴

连接轴的材料为铝合金 6061，表面进行抛光处理。

固定轴

固定轴的材料为铝合金 6061，表面进行抛光、喷漆处理。

转动轴

转动轴的材料为铝合金 6061，表面进行抛光处理。

副连接杆

副连接杆的材料为铝合金 6061，表面进行抛光处理。

阻尼垫、螺钉垫、底垫

底垫位于主支撑杆与地面接触的部位，起到防滑、减震、静音的作用。

阻尼垫的材料为 MC 尼龙。

螺钉垫的材料为铝 6061，表面进行抛光处理。

螺钉、螺母的选择

用于连接主要杆件（主支撑杆、主连接杆）、阻尼垫与踏板的螺钉不仅需要承受人体以及踏板的重量，还起到连接多个零件的作用，所以本设计选择了外径为 M8、螺杆长度为 68mm 的中碳钢材质螺钉，配合的螺母为自锁式中碳钢材质螺母。

用于连接固定轴与连接轴的螺钉本设计选择的是外径为 M6、螺杆长度为 34mm 的中碳钢材质螺钉。

用于连接转动轴与连接轴的螺钉本设计选择的是外径为 M6、螺杆长度为 28mm 的中碳钢材质螺钉。

3.4 研究方法

（1）文献综述法。为使本研究建立在翔实的文献资料研究基础上，本研究运用文献综述法，通过对相关文献资料的收集和分析，了解床梯相关问题的发展和现状，总结分析国内外关于大学宿舍安全床梯的研究成果，结合科学的研究方法，为安全的宿舍床梯的研究提供理论基础。

（2）问卷调查法。对于宿舍现有床梯的舒适性与安全性等指标进行问卷调查，并根据问卷调查结果对床梯进行设计。

（3）案例分析法。本研究是针对本校宿舍床梯现状进行分析，以设计可折叠式安全床梯。

（4）强度校核法。本设计经过强度校核，确保了床梯的安全可靠。

3.5 成品展示

床梯安装完成后收起与打开时的效果如图 4 所示。

a）收起时

b）展开时

图 4　样梯实物照片

4. 总结

如今，日常生活中家用折叠式梯子和普通工程梯及其他类型梯子种类繁多，相关研究和设计也较多。而就目前双层床及床梯发展状况来看，国内外研究及设计存在空白，床梯在安全及其他方面存在的诸多问题也受到忽视。在这种情况下，设计一款舒适安全、操作便捷的可折叠式床梯是当前校园学生宿舍的客观需要。

在开始决定着手这个双层床床梯的设计之前，我们查阅了很多资料，发现虽然有很多人都提出了目前双层床所用的床梯存在诸多不合理之处，也有人相应做过一些角度的改进，但是并没有人真正研究过能够用在双层床上的折叠梯子。即使有也仅仅是停留于理论之中，没有付诸实践。可见本文的研究内容正是现有关于床梯的研究文献中的不足之处。

本文中的这款床梯的创新点在于把折叠梯子与双层床相结合，为了使梯子的折叠合理且收起后节省空间，本设计又改变了梯子折叠的方向，而后又对踏板进行加宽，使体型偏高偏胖的同学可以更为安全地上下床。在通过软件完成了整个梯子的模型建立之后，在校方的大力支持下，我们完成了对床梯的实物制作且切实可行，至此实现了床梯设计的一大突破。

通过对双层床床梯的设计与研究，我们对材料的选择、尺寸的掌控以及床梯整体结构设计有了更加深入的了解，此设计方案使现有床梯的不合理性得到了妥善解决，解决了上铺学生上下床过程中的安全问题，使学生们的生活与学习的质量得到了很大的提升。本设计方案具有一定的科学性和实际应用价值。

参考文献

[1] 丁玉兰主编 .《人机工程学》[M]. 北京：北京理工大学出版社，2005

[2] 阮宝湘，邵祥华主编 .《工业设计人机工程》[M]. 北京：机械工业出版社，2005

[3] 濮良贵，陈国定，吴立信主编 .《机械设计（第 9 版）》[M]. 北京：高等教育出版社，2011

[4] 唐增宝，常建娥主编 .《机械设计课程设计（第 3 版）》[M]. 武汉：华中科技大学出版社，2006

[5] 方华灿主编 .《Machine Design》[M]. 北京：石油工业出版社，2007

[6] 聂毓琴、孟广伟主编 .《材料力学》[M]. 北京：机械工业出版社，2006

[7] 张春林主编 .《高等机构学》[M]，北京：北京理工大学出版社，2006

[8] 詹迪维主编 .《Solid Works 高级应用教程》[M]. 北京：机械工业出版社，2012

[9] 田树涛主编 .《人体工程学》[M]. 北京：北京大学出版社，2012

[10] 付广艳主编 .《机械工程材料》[M]. 北京：北京理工大学出版社，2014

[11] 闻邦椿主编 .《机械设计手册》[M]. 北京：机械工业出版社，2010

[12] 许云飞，杨巍巍主编 .《机械制图》[M]. 北京：电子工业出版社，2014

[13] 王文宁，张远群 . 论学生公寓家具设计的人性化 [J]. 包装工程，2010：22-24.

[14] 胡晔 . 学生公寓室内设计之细节处理 [J]. 中国校外教育（理论），2008，（6）：55

[15] 刘治永，宁燕，富锐等 . 国内外机械安全领域《梯子》系列标准对比分析 [J]. 机械工

业标准化与质量，2010，（447）：29–31

[16] 吕广生，陈望霜，张昌虎 . 梯子使用常见隐患 [J]. 隐患直击，2015：78–79

[17] Richards，Keith L. Design Engineer’s Reference Guide：Mathematics，Mechanics，and Thermodynamics. CRC Press，2014

[18] Ertas，Atila. Engineering Mechanics and Design. CRC Press，2011

[19] Peter Childs. Mechanical Design Engineering Handbook. Butterworth–Heinemann，2013

[20] James M. Gere；Barry J. Goodno；Gere. Mechanics of Materials. CL Engineering，2012

固体火箭发动机复合裙组合加工设备设计

北方工业大学：于占良　尹洪佩　王海宣　袁琦瑞　陆忠诚

指导教师：阳振峰

本文针对固体火箭发动机复合材料连接裙的加工需求，设计一种组合加工装备，该装备具备车外圆、铣槽、钻孔三种功能，创新性的结构设计使该装备可实现对复合材料连接裙一次装卡即可完成所有加工工序的功能，相对传统的加工工艺，效率得到极大提高。

1. 选题背景

复合裙是固体火箭发动机壳体的连接件，可以连接两个壳体或者其他零件，受到多种类型的载荷的作用，受力情况复杂。连接裙与火箭发动机壳体连接的结构如图1所示。固体发动机大都使用金属连接裙，质量大，对发动机的负重大，火箭运行时的阻力随之增加，消耗燃料多，使成本提升，而且强度也不高。复合材料在各方面的性能都很好，已经逐渐应用在固体火箭发动机上。

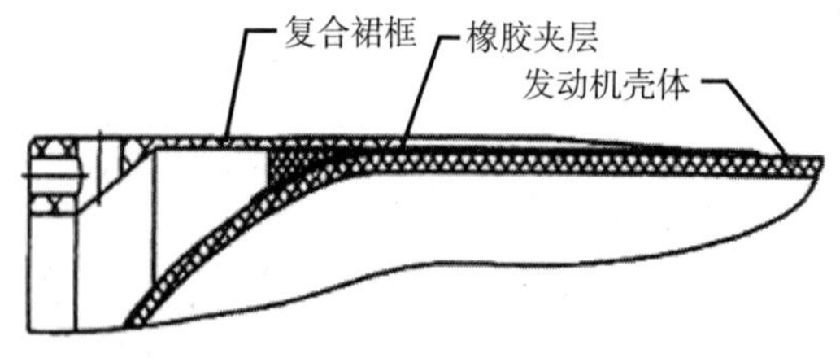

图1　连接裙与发动机壳体连接机构

因此，复合裙的制造加工是该领域的一项重大课题。而可以实现复合材料连接裙或航空铝合金材料连接裙的车削外圆、钻孔和铣槽三种加工任务的复合裙成型装备目前仍处于初步发展阶段。

1.1 设计要求

（1）生产出目标零件如图 2 所示；

（2）使复合裙能够减少发动机的质量，提高其质量比；能够防止连接裙同壳体相连处发生应力集中，从而增加其强度；缩短生产周期，减少材料损耗，降低成本；

（3）能够实现三种工位的一体化加工，能够实现自动化控制。

图 2 目标复合裙零件

1.2 设备构思

此台设备所加工的目标零件是圆形对称结构，所需加工部位的加工方法相同，可以使转盘固定在转台上，经转台每个加工周期旋转一定的角度（360/120=3 度），依次实现 120 个孔和铣槽的加工。设备结构分为四个部分：立柱、转台、外罩、底座。其中，三个立柱分隔 90 度设置，由伺服电机带动滚珠丝杠进行传动，从而控制刀具的运动，进而实现切削、钻孔等加工。转台负责工件的固定及旋转。底座负责整体设备的承重。

2. 设备的方案确定

2.1 转台组件

对于一台数控设备来说，被加工件的安装至关重要。首先，零件需要正确安装，提供加紧力以便于刀具加工；其次，需要精准确定每一个工位，这就要求夹具驱动电机可控角度旋转。因此我们选用华大数控机床附件有限公司生产 SKT62 Ø500 型号的数控直驱回转工作台。由于所生产零件直径过大（Ø1400），所以需要额外安装一个加大转盘配合。

图 3　数控直驱转台及复合连接裙安装结构图

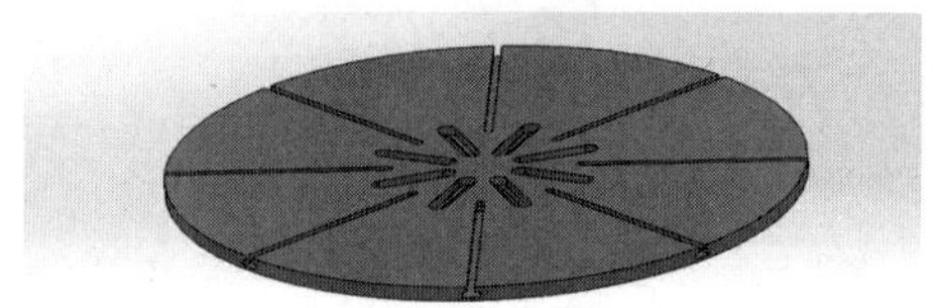

图 4　附加转盘

2.2　底座结构设计

底座（图 5 所示）是整个设备的支撑部分，所有零部件的重量都要通过立柱或转台传递到底座上（承重要求 5000kg）。因此，底座的设计尤为重要。

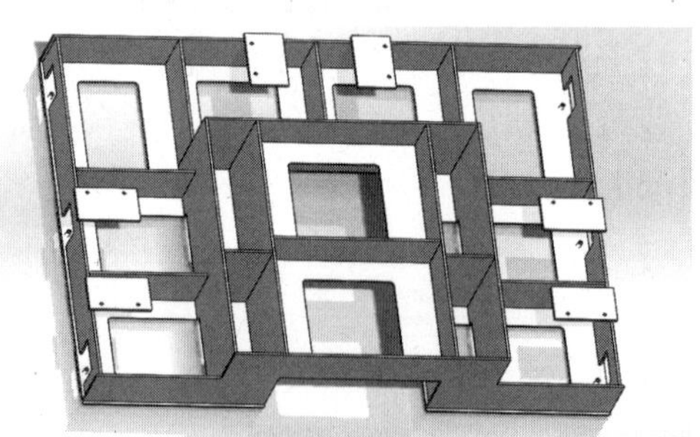

图 5　底座内部结构

底座的设计是项目的一大难点，因为考虑到三个立柱及转台的安装，其精准度要求很高。同时还要负责到整个设备的承重。

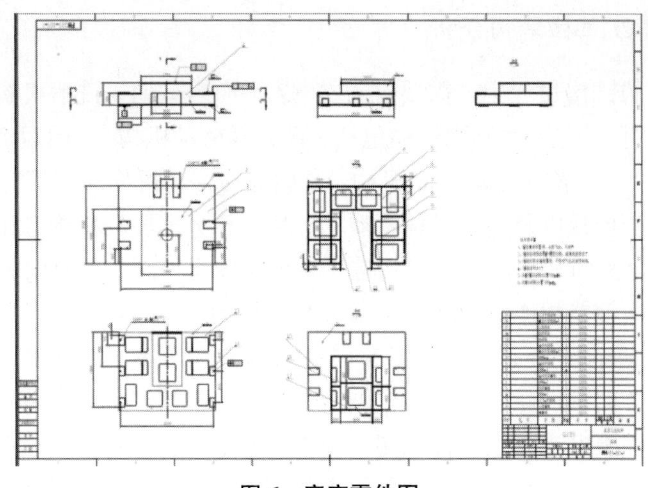

图 6　底座零件图

此设备的底座选用材料 Q235 的钢板（焊接性能较好）焊接而成，并进行力学性能分析。

2.3　立柱组件结构设计

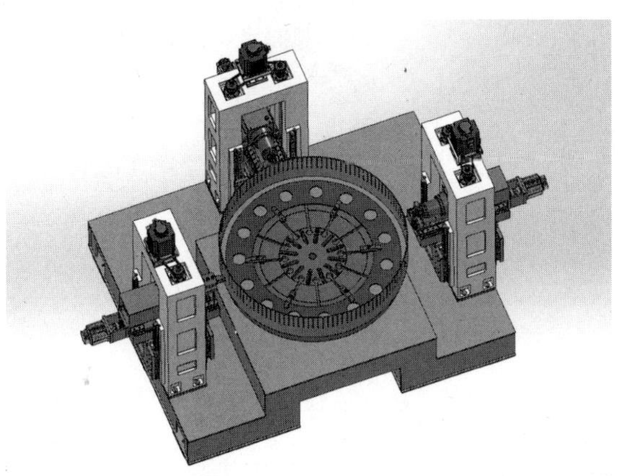

图 7　立柱分布结构

立柱部分是整个设备的核心部分。复合裙成型装备主要针对复合材料连接裙或航空铝材料连接裙依次完成三种加工任务：第一，对连接裙进行外圆车削加工；第二，对连接裙进行钻孔加工；第三，对连接裙进行铣槽加工。因此三个立柱采用围绕转台各分隔 90 度的安装方式，既节省了空间，又方便转台的定位旋转，从而便于零件的加工。

2.3.1 铣刀立柱结构分析

在对工件的铣槽过程中，需要铣刀在 XZ 平面内运动。铣槽机构实现了铣刀在 XZ 平面内的可控运动。铣槽机构包括 Z 向运动驱动机构、Z 向运动传动机构、Z 向移动座、立柱、X 向运动驱动机构、X 向运动传动机构和装配有的 X 向移动座等。经过初步校核以及为满足精度要求，X 向和 Z 向驱动机构选用伺服电机，未选用减速器。X 向和 Z 向传动机构选用精密滚珠丝杠副。X 向伺服电机与 X 向滚珠丝杠通过联轴器相连，X 向丝母座与 X 向移动座通过螺栓固定连接。这样，在 X 向伺服电机的驱动下，能够使 X 向移动座实现沿 X 轴的平移运动。Z 向伺服电机与两根 Z 向滚珠丝杠通过两根同步带相连，根同步带的一端通过同一个大皮带轮与 Z 向伺服电机相连，另一端分别与 Z 向滚珠丝杠副通过小皮带轮相连，Z 向丝母座与 Z 向移动座通过螺栓固定连接。如此，在 Z 向伺服电机的驱动下，两根同步带同时带动两根 Z 向滚珠丝杠转动，进而实现 Z 向移动座沿 Z 轴的平移运动。此外，X 向移动座通过 X 向导轨副与 Z 向移动座活动连接，使得 X 向移动座能够相对 Z 向移动座方向运动，并随 Z 向移动座沿 Z 轴方向运动。这样，在 X 向伺服电机和 Z 向伺服电机的驱动下，铣刀实现在 XZ 平面内的运动。

图 8　立柱组件结构

2.3.2 钻孔机构的结构、车削机构的结构

类似于铣槽结构，具体结构可见图纸。

2.4 外形及壳体的设计

机床外罩（图 9 所示）最大的作用是使得机床加工过程中飞溅的切削液以及铁屑，能够沿着外罩体内侧的坡度自上而下的滑落，最终落在机床的底部的排屑和排水装置中，保证了机床内部的清洁，使加工过程更加顺利。其次，机床外罩

便于其他附属设备的安装，如控制柜、指示灯。同时，外罩作为机床主体上最主要的部件之一，其造型的视觉冲击力和表现力直接影响人们对机床的第一印象乃至最终评判。

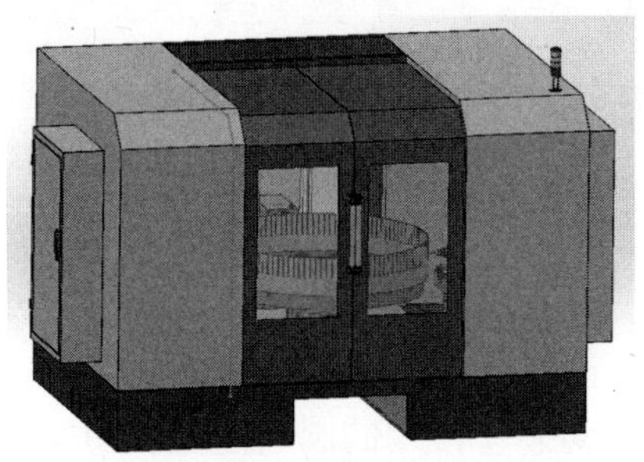

图 9　总装外形

此款外罩的整体外形设计参照了底座、立柱的设计及工件的加工特点，也参考了其他机床的外形设计。左右两侧分别是控制柜，外罩右上角设置一指示灯以显示设备的工作情况，机床门就如大部分机床一样，采用左右推拉的方式，节省空间，简洁高效，门上的透明板则保证了操作人员能随时观察工件的加工情况。

壳体选用 Q235 板件钢材进行加工制造。成型选用机械冷弯方式加工出所需形状，并用螺栓、焊接等方式进行拼接。

3. 主要问题与解决方案

3.1　传动系统的设计方案

最初对方案传动系统设计选型时遇到许多问题：电机型号、齿轮传动、带传动的选择及丝杠的轴承座的设计等。

3.1.1　电机型号选择

对大部分机床上的电机，普遍使用的是 Y3 系列。针对本组合装备的功能需求，传动机构原动件均选用交流伺服电机。首先计算机床正常工作下的所需效率

$$P_w = nT_w / \left(9500\eta_w\right)$$

及电机输出功率

$$P_0 = P_w / \eta$$

式中

T_w——工作装置阻力矩 N/m

$_n$—— 转速 r/min

η_w——工作装置效率

η——电机至传动装置的总效率

根据相关手册查阅传动装置中各级传动副（齿轮、带、蜗杆等）、轴承及每个联轴器的效率数据。最后根据 P_0 和电机工作转速 n_0 选择合适电机型号。

3.1.2 齿轮传动、带传动的设计

齿轮传动具有以下优点：①使用的圆周速度和功率范围广；②效率较高；③传动比稳定；④工作可靠性高；⑤可实现平行轴、任意角相交轴和任意角交错轴之间传动。但缺点也很明显：①要求较高的制造和安装精度，成本较高；②不适宜远距离两轴之间传动。皮带传的特点：①结构简单，适用于两轴中心距较大的传动场合；②传动平稳无噪声，能缓冲、吸振；③过载时带将会在带轮上打滑，可防止薄弱零部件损坏，起到安全保护作用。因为立柱发动机与丝杠距离较远，综合考虑下，选用带传动。

带设计：

（1）计算出设计功率 $P_d=K_AP$（K_A 为工况系数），根据 P_d 和小带轮转速 n_1 选定带型（普通 V 带或窄 V 带）；

（2）大小带轮基准直径：$d_{大}=id_{小}(1-\varepsilon)$，$d_{小}$查表，$\varepsilon=0.01\text{–}0.02$；

（3）计算带速：$V=\pi dp_1n_1/60000\leqslant V_{max}$，$dp_1$：小带轮节圆直径；普 V_{max}=25–30m/s，窄 V_{max}=35–40m/s；

（4）初定轴中心线间距：$0.7(d_{小}+d_{大})\leqslant a_0\leqslant 2(d_{小}+d_{大})$；

（5）小带轮包角 $\alpha_1=180°-57.3°\times(d_{大}-d_{小})/a$，a 为实际中心线间距；

（6）单根 V 带传递基本额定功率 P_1 根据带型、$d_{小}$和 n_1 查表得传动比 $i\neq 1$ 的额定功率增量$\triangle P_1$ 根据带型、n_1 和 i 查表得；

（7）V 带的根数 $z=P_d/(P_1+\triangle P_1)K_\alpha K_L$（$K_\alpha$：小带轮包角修正系数；$K_L$：带长修正系数）；

（8）单根 V 带预紧力 $F_0=500P_d(2.5/K_\alpha-1)/zv+mv^2$，m 为每米 V 带质量（kg）；

（9）作用在轴上力 $F_r=2F_0\,z\sin\alpha_1/2$。

3.1.3 丝杠的轴承座的设计

（1）根据机床工作条件和可靠性要求，参考轴承使用寿命的推荐值约为

20000~30000h。考虑到轴承所要承载的载荷大小、转速 n、轴向限位要求等初步选定轴承；

（2）计算轴承使用寿命和基本额定动载荷，其计算公式如下：

$$基本额定寿命\ L_{10h}=10^6\left(C_r/P\right)^{\varepsilon}/60n$$

$$基本额定动载荷\ C_r=f_h p/f_n$$

上式中，寿命系数 f_h、速度系数 f_n 均由工作转速 n 和预期使用寿命 L_{10h} 查表得。

根据以上所计算的额定载荷、极限转速，考虑安装轴的基本尺寸确定轴承代号，另外再根据额定静载荷 $C_{0r} \geqslant S_0P_0$（S_0：安全系数；P_0：当量静载荷）校核轴承尺寸。

3.2 滚珠丝杠选型

滚珠丝杠相比较滑动丝杠、静压丝杠，由于机床上普遍采用伺服电机传动，滚珠丝杠因为摩擦系数小而传动效率更高，传动扭矩也大幅减少；同时较小的滚动摩擦系数使得传动平稳，灵敏度高，也使得摩损减少，提高使用寿命。但是无法自锁需要另外设置自锁机构，制造成本较高。

对于一台需要以滚珠丝杠传动的设备来说，丝杠的支撑座设计、选型尤为重要，关系到整台设备的精度。我们查阅相关公司提供的资料软件确定了一个初步方案。

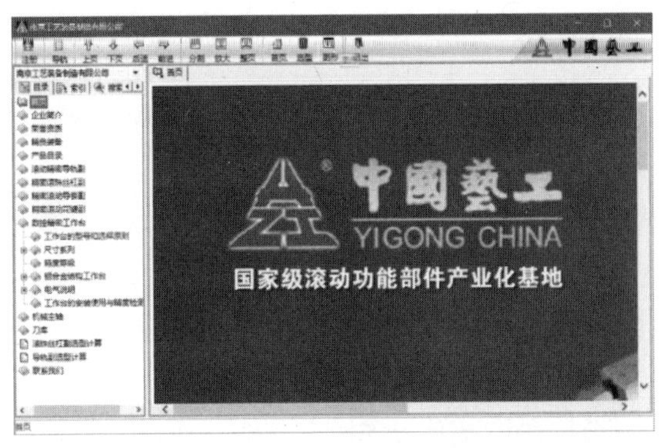

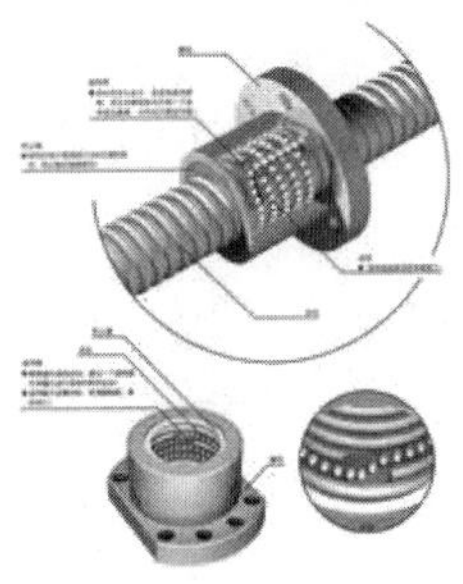

图 10 中国艺工滚珠丝杠选型

选定丝杠后，需要进行丝杠副的选择计算。该机床加工时需要对工件精确定位，应采用 p 类丝杠副。

（1）计算导程 $P_h \geqslant V_{max}/n_{max}$，$V_{max}$：丝杠副最大移动速度，$n_{max}$：最大相对转速；

（2）计算出丝杠副的载荷及转速，并确定额定动载荷 $C_{am}=\max\{C_{am}', C_{am}''\}$

其中 $C_{am}{}'=f_wF_m(L_s/P_h)^{1/3}/f_af_c$　$C_{am}{}''=f_eF_{max}f_a$：精度系数，f_c：可靠性系数，f_w：载荷性质系数，L_h：预期工作寿命，L_s：预期工作距离，f_e：预加载荷系数，F_{max}：最大轴向载荷；

（3）确定丝杠的最小螺纹底径 d_{2m}，进而选择丝杠副的螺母型号；

（4）确定丝杠副的预紧力 F_p，行程补偿值和预拉伸力；

（5）确定丝杠副支撑所用轴承的型号、规格；

（6）校验丝杠副压杆稳定性 F_c、极限转速 n_c、额定静载荷 C_{oa} 和丝杠轴拉压强度。

4. 创新点

这是一台可实现复合材料连接裙或航空铝合金材料连接裙的车削外圆、钻孔和铣槽 3 种加工任务的复合裙成型装备，将三个加工工序结合在一起，通过同一台机床实现，只用一次装夹即可完成加工，减少了装夹次数，降低了由定位引起的加工误差，在保证生产可靠性和产品质量的同时极大地提高生产效率，降低了加工成本。使用同步带轮由一个伺服电机带动两根传动轴来控制工作台的 X、Z 向运动，提高了控制精度，减少了控制系统对工作台控制精度的要求。

参考文献

[1] 刘建超，左仓，高克洲 . 固体火箭发动机复合裙成型工艺研究 [[J]. 固体火箭技术，2001，24（1）：64–67

[2] 李超，丘哲明，刘建超 . 固体火箭发动机复合材料裙技术研究发展 [[J]. 宇航材料工艺，2003（4）：16–19

[3] 杨爱玉 . 混杂复合材料工艺及在固体火箭发动机上的应用 [[J]. 固体火箭发动机复合材料工艺，1995，（2）：51

[4] 赵希 . 复合裙成形装备结构动力学分析 [D]，固体火箭技术，2016：1–8

[5] 机械设计手册实用手册编委会 . 机械设计手册实用手册 [M]. 北京：机械工业出版社，2009

[6] 张策 . 机械原理与机械设计 [M]. 北京：机械工业出版社，2011

[7] 杨家军 . 机械系统创新设计 [M]. 武汉：华中科技大学出版社，2000

ECT 系统软场分析及数据采集卡设计

北方工业大学：付　垦　戴健林　刘　聪　陈晓伟　刘　曦

指导教师：孙启国　教授

本项目运用 COMSOL 和 Matlab 对油气润滑系统水平管道环状流和中心流流型的 ECT 系统进行了联合仿真，分析了软场效应及其对图像成像精度的影响，研究了小管径管道内 ECT 系统微小电容测量电路和数据采集系统。结果表明：为提高成像精度需考虑软场效应，电容补偿功能可优化系统。

选题背景

电容层析成像（Electrical Capacitance Tomography，简称 ECT）技术是从 20 世纪 80 年代中期开始发展起来的一种多用于工业管道多相流参数的检测技术。目前，ECT 系统因其成本低廉、结构简单、非侵入等优点被国内外的学者广泛地应用在多个领域。

ECT 测量的成功主要取决于重建图像的精度，由于 ECT 系统中的“软场”效应等因素影响，使图像重建难度加大。本文基于油气润滑系统水平管道内油气两相流的成像背景，运用 COMSOL 和 Matlab 软件针对环状流及中心流型对油气润滑系统的水平管道灵敏度场的软场效应和图像的成像精度方面做了进一步的研究工作。

在 ECT 系统微小电容测量电路和数据采集系统的研究上，油气润滑系统小管径管道的检测电容值相较大管道更小。不同电极对之间的静态电容和电容的变化范围相差也较大（大管径的 8 极板系统测量范围相差 33 倍），这就需要电容测量系统除了要有足够的动态测量范围外，还必须保证测量微小电容时有足够的分辨率。本文利用电工电子学理论设计的测量电路具有抑制杂质电容和抗干扰性强等特点。

1. ECT 系统软场分析

1.1 研究方法及方案论证

电容层析成像系统的仿真模型在 COMSOL 的环境下，建立小管径管道模型并划分网格（图 1、图 2），该模型为油气润滑系统水平管道电容层析成像截面的二维管道模型，油气管道管径的尺寸为 R=5mm，8 个极板贴片电容阵列的分布在圆管道截面上，每个贴片间隔为 5；并进行仿真，添加求解模块 Electrostatics 后，设定物体的求解域属性和边界条件。分别研究当电极 1 ~ 5 为激励电极、其他极板为检测电极时，油气管道的电势云图及不同电极板的等势线图，如图 1、图 2 模型所示。

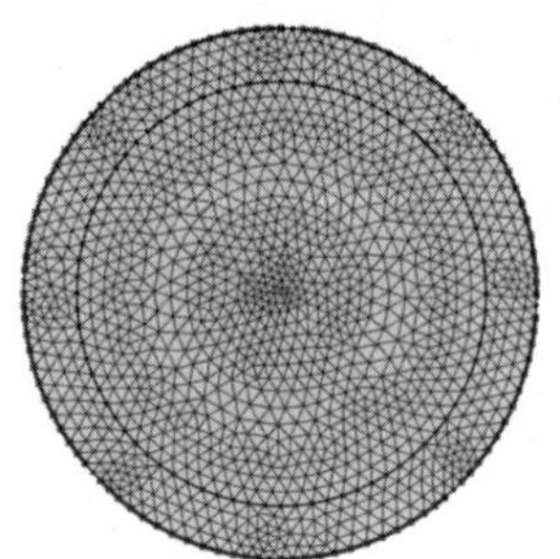

图 1　环状流简化的油气管道及网格划分模型

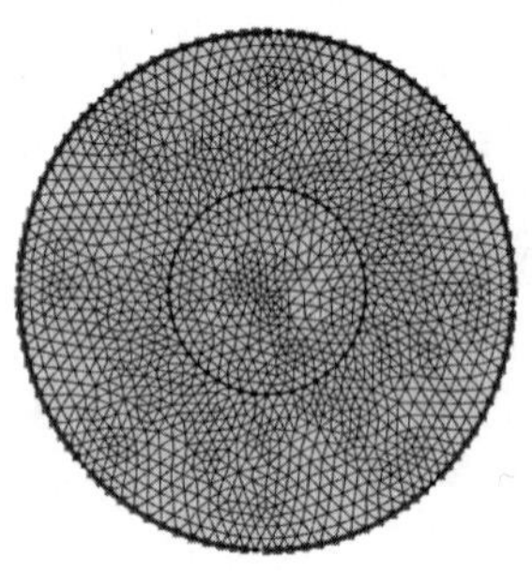

图 2　中心流简化的油气管道模型及网格划分

1.2 研究结果

计算求解出空管、层流、环状流、中心流 1 ~ 5 号电极的电势云图和等势线图，计算的结果如图 3 所示。

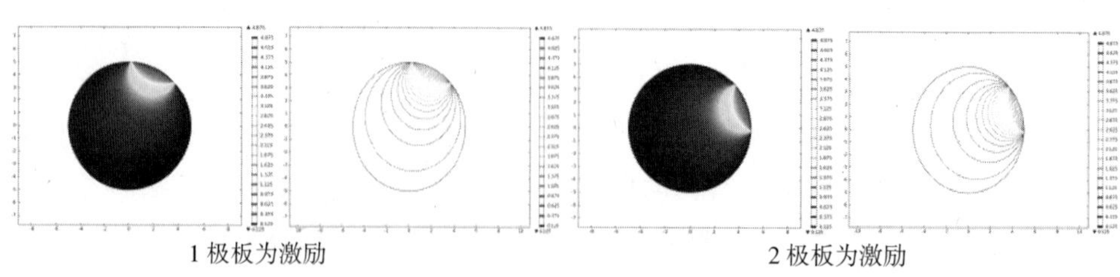

1 极板为激励　　　　2 极板为激励

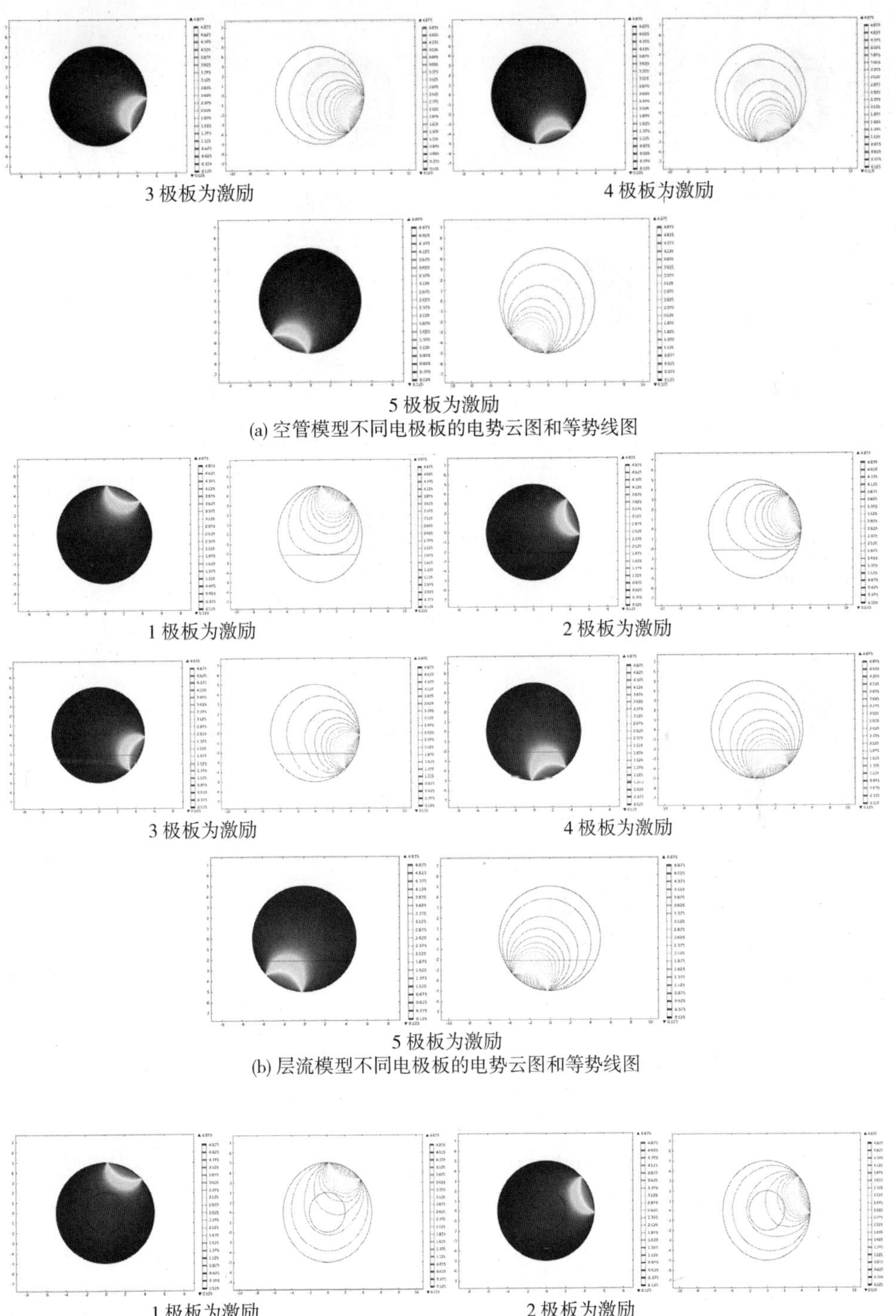

3 极板为激励

4 极板为激励

5 极板为激励

(a) 空管模型不同电极板的电势云图和等势线图

1 极板为激励

2 极板为激励

3 极板为激励

4 极板为激励

5 极板为激励

(b) 层流模型不同电极板的电势云图和等势线图

1 极板为激励

2 极板为激励

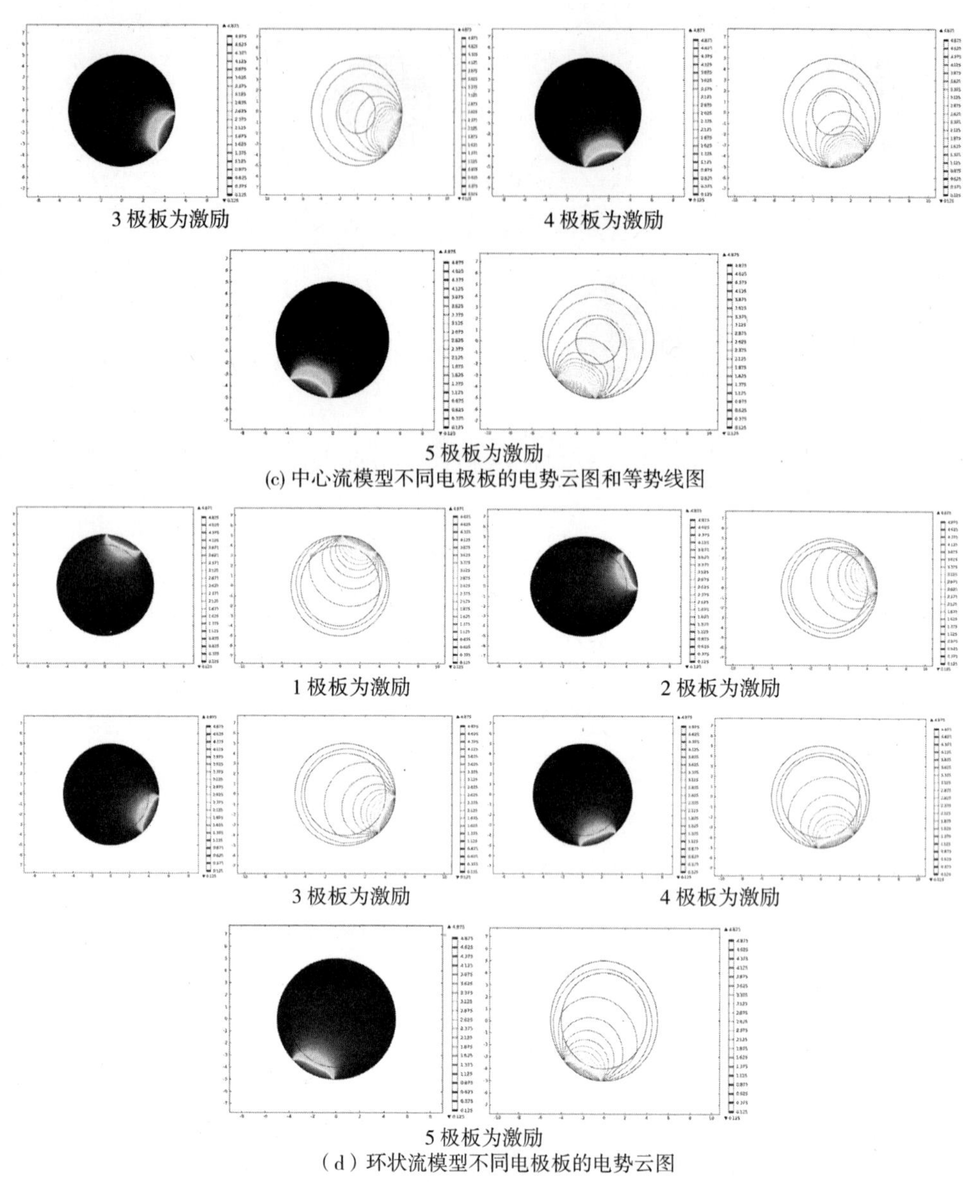

(c) 中心流模型不同电极板的电势云图和等势线图

（d）环状流模型不同电极板的电势云图

图 3　不同流型下不同电极板的电势云图

由图 3 可知，各个极板的电势分布随着激励电极的不同，其势线逐步向外发散，由密到疏变化。另外比较图 3 中 b、c、d 和 a 可以明显地看出，等势线在流型的截面处都存在一个明显的突变，而电势值是灵敏度矩阵的关键变量，可得出灵敏度值受介质分布的影响，证明了 ECT 系统软场效应的存在。

将各个极板计算得到的电势导入到 Matlab 中，通过快速灵敏度矩阵计算公式计算得到不同流型各个电极对的灵敏度矩阵及其分布情况，从而得到不同流型的灵敏度矩阵的分布情况。

将 COMSOL 中空管的电势分布值导入 Matlab 中，得到空管的灵敏度矩阵分布图，如图 4 所示。

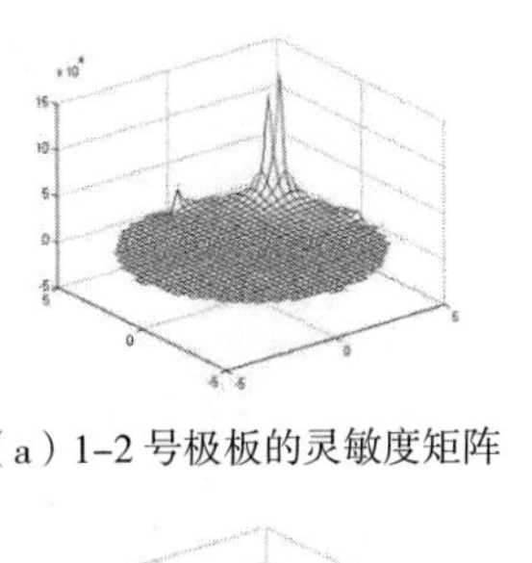

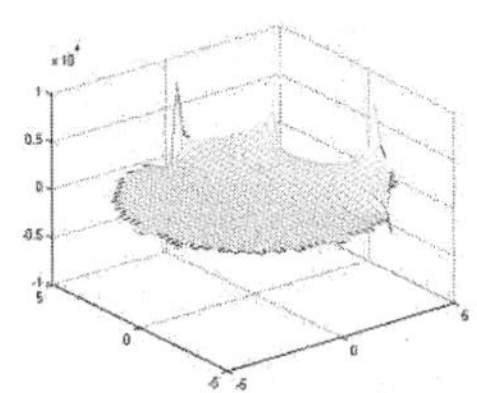

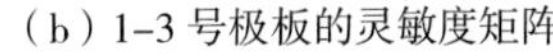

（a）1-2 号极板的灵敏度矩阵　（b）1-3 号极板的灵敏度矩阵

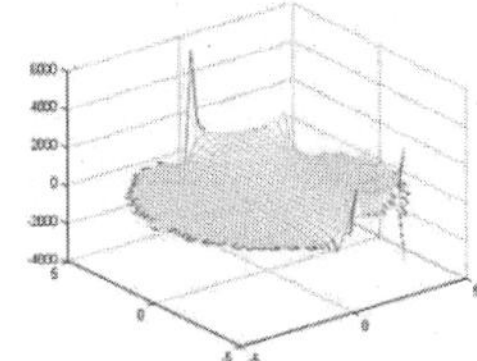

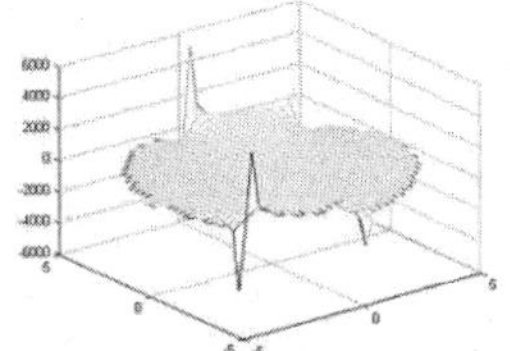

（c）1-4 号极板的灵敏度矩阵　（d）1-5 号极板的灵敏度矩阵

图 4　空场下 4 种电极对的灵敏度矩阵值

从图 4 可知，空管灵敏度场可知油气润滑系统水平管道（小管径管道）灵敏度场的值在电极板边沿处明显比中心处大，且空管中心介质均匀，其中心不产生灵敏度值的突变。

将 COMSOL 中环状流的电势分布值导入 Matlab 中，得到环状流的灵敏度矩阵分布图，如图 5 所示，

从图 5 可知，从环状流灵敏度场可知当环状流的介质突变带与管道模型相似时，随着激励极板的变化灵敏度矩阵值的突变较小，其灵敏度值在介质分界面处存在突变。

将 COMSOL 中中心流的电势分布值导入 Matlab 中，得到中心流的灵敏度矩阵分布图，如图 6 所示，并从图 6 可知，其灵敏度矩阵值在介质突变带处产生突变，且突变值较大。

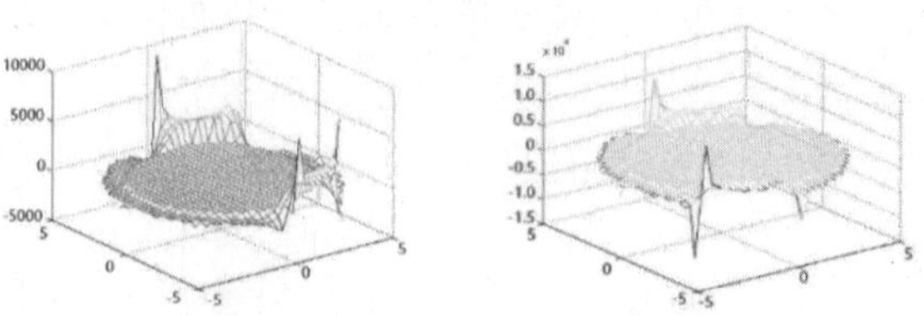

（a）1–2 号极板的灵敏度矩阵（b）1–3 号极板的灵敏度矩阵

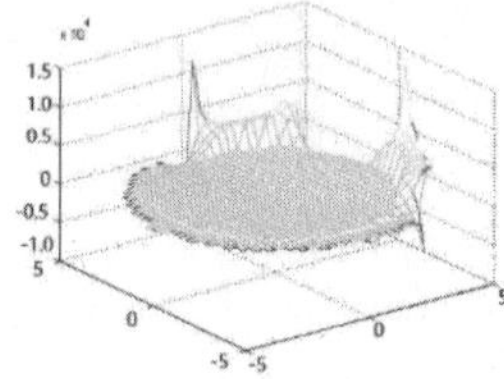

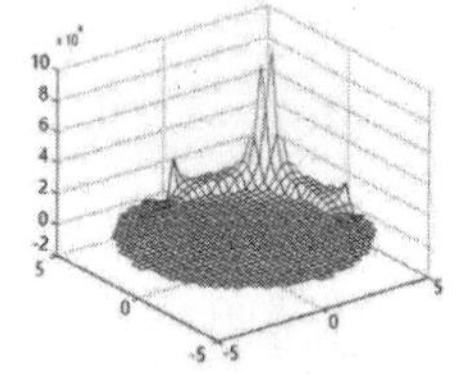

（c）1–4 号极板的灵敏度矩阵 （d）1–5 号极板的灵敏度矩阵

图 5　环状流 4 种电极对的灵敏度矩阵值

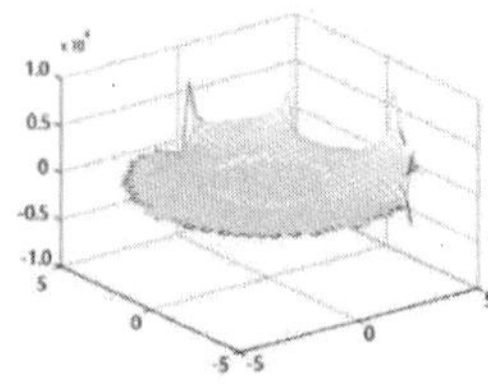

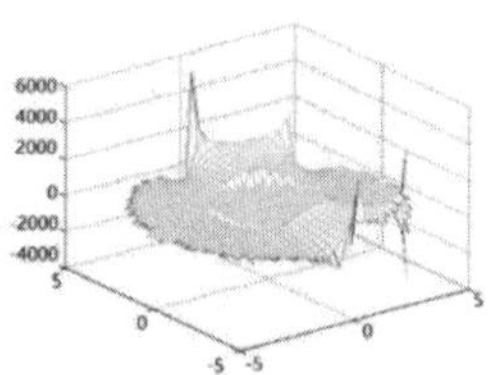

（a）1–2 号极板的灵敏度矩阵 （b）1–3 号极板的灵敏度矩阵

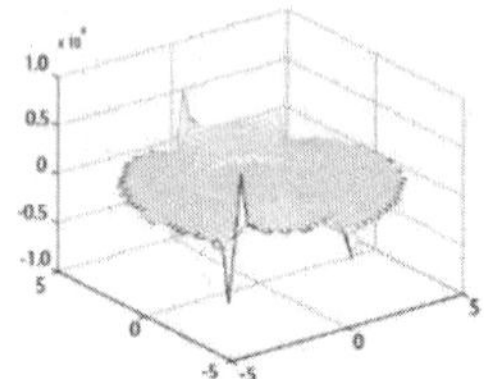

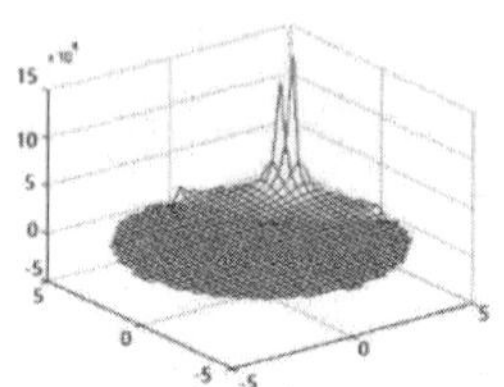

（c）1–4 号极板的灵敏度矩阵 （d）1–5 号极板的灵敏度矩阵

图 6　中心流 4 种电极对的灵敏度矩阵值

为了对灵敏度场矩阵进行评价，本文采用灵敏度场矩阵平均误差进行分析，其参数公式定义为：

$$\delta=\frac{1}{n}\sum_{i=1}^{n}\left|x_i-x_i^*\right| \quad (1)$$

式中，x_i 代表离散化考虑软场效应灵敏度矩阵上每一点的值，x_i^* 代表离散化不考虑软场效应灵敏度矩阵上每一点的值。

运用平均误差公式对灵敏度场差值进行评价，如表 1 所示。从表 1 可知，层流的灵敏度矩阵误差相对较小，中心流的灵敏度矩阵误差值远大于层流与环状流，因此当中心流流型成像，考虑灵敏度场效应可以提高图像成像的精度。

由计算的平均误差和生成灵敏度矩阵的图像可知，检测电极在远离介质突变带时（图 4 和图 6 的（a）和（b）），灵敏度场的变化相对较小；检测电极在靠近介质突变带时（图 4 和图 6 的（c）和（d）），灵敏度场的变化相对较大。检测电极在远离介质突变的位置时且环状流的介质突变带与管道模型相似时（图 4 和图 5 的（a）和（b）），灵敏度矩阵值随着激励极板的改变产生均匀的变化。检测电极在远离介质突变带位置时（图 4 和图 5 的（a）和（b）），中心流的介质突变带与管道模型相似，灵敏度矩阵随着激励极板的变化，变化均匀，且环状流的灵敏度矩阵值突变小于中心流，中心流的灵敏度矩阵值突变最明显。

同时，从后台数据可知：空气的灵敏度场的值在相同区域比油的灵敏度场的值大，图 6（c）和图 6（d）中可以明显看出在油气的交界面上，灵敏度场的值存在明显的突变。

表 1　各种流型下灵敏度矩阵差值 δ

极板	层流	中心流	环状流
1–2 极板	61.28	479.61	86.76
1–3 极板	51.27	518.50	80.98
1–4 极板	110.32	421.95	90.47
1–5 极板	94.70	437.16	82.73

2. 数据采集卡设计

2.1　方案论证

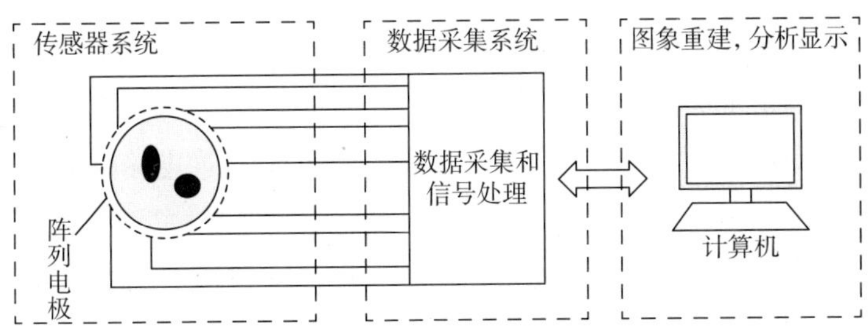

图 7　ECT 系统的主要组成

ECT 系统的主要组成如图 7 所示。通常的 ECT 系统由三个基本部分组成：传感器系统、数据采集系统、图像重建计算机。在管道外壁均匀对称粘贴着铜质电极板，由于多相流各分相介质具有不同的介电常数，当管道内各相组成浓度及其分布发生变化时，会引起多相流混合体等价介电常数的变化，从而使极板间的测量电容值也发生变化。数据采集系统测量任一对极板间的电容值，获得不同观测角度下的投影数据并送入图像重建计算机。这些测量值反映了管道内介电常数的分布情况，采用相应的图像重建算法，就可重建被测物场的介质分布图。

油气润滑数据采集卡的主要组成包括：

（1）模拟电路模块：激励电源模块、传感器阵列开关模块、C/V 转换电路模块、相敏解调和低通滤波模块、差动增益放大模块；

（2）数字电路模块：AD 模块转换单元模块、DA 模数转换单元、DSP2812 模块。

系统控制流程图如图 8 所示：

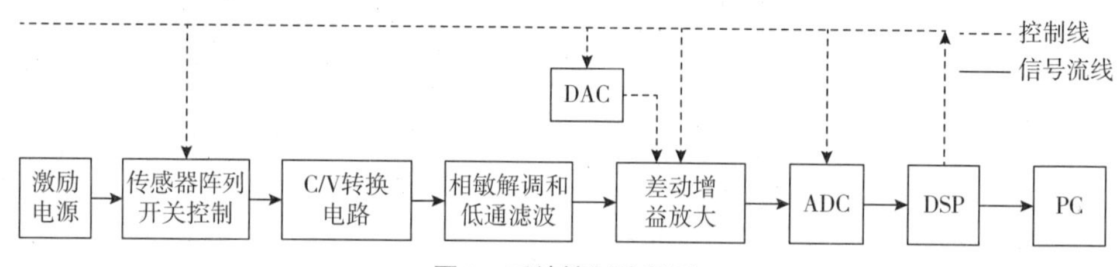

图 8　系统控制流程图

由图 8 可知，首先通过软件控制阵列电极开关的工作测量出耦合电容的大小，然后通过 DA 转换器进入到差动增益补偿器中，对测量的电容进行补偿。这样可以理论上去除杂质电容和干扰源对系统的干扰。

系统中每个模块的主要功能：

（1）激励电源模块主要负责产生交流的系统激励电源给电容充放电；

（2）传感器阵列开关模块主要负责产生不同状态的旋转电容值（本文基于 8 个电容片，所以产生 28 个电容值）；

（3）C/V 转换电路模块主要负责由电容信号转变成电压信号，是整个电容中的关键模块，C/V 转换电路的好坏对整个 ECT 系统成像的精度有致命的影响，因此须对 C/V 转换电路做出仿真分析，检测设计 C/V 转换电路各个参数设计的合理性；

（4）相敏解调和低通模块主要负责 C/V 转换电路信号中关于电容有效值部分的提取；

（5）差动增益放大模块主要负责开关产生耦合电容的补偿的作用；

（6）AD 模块负责信号的收集，DA 主要负责静态电容和耦合电容的测量；

（7）DSP 模块是整个数据采集的核心控件，负责整个系统的控制和电容值的实时测量存储。

油气润滑 ECT 数据采集系统主要负责油气管道两相流的流型及相关参数的检测，其大致工作过程为：

油气润滑管道内流体的油气介质变化引起电容的变化，通过传感器的阵列开关采集不同阵列电极的电容值。首先，微控制器 DSP 给系统配置激励电源，并控制第一组阵列开关，采集一次静态电容值，然后循环往复采集到 28 组静态电容值并存储在 DSP 的静态电容存储器内，最后将测量信号与匹配的静态通过差动增益放大器测出 28 组电容变化量，DSP 将采集的 28 组电容值变化量，然后通过串口发送给计算机，按图像算法成像。

2.2 研究方法

2.2.1 基于DSP的ECT数据采集卡的原理图

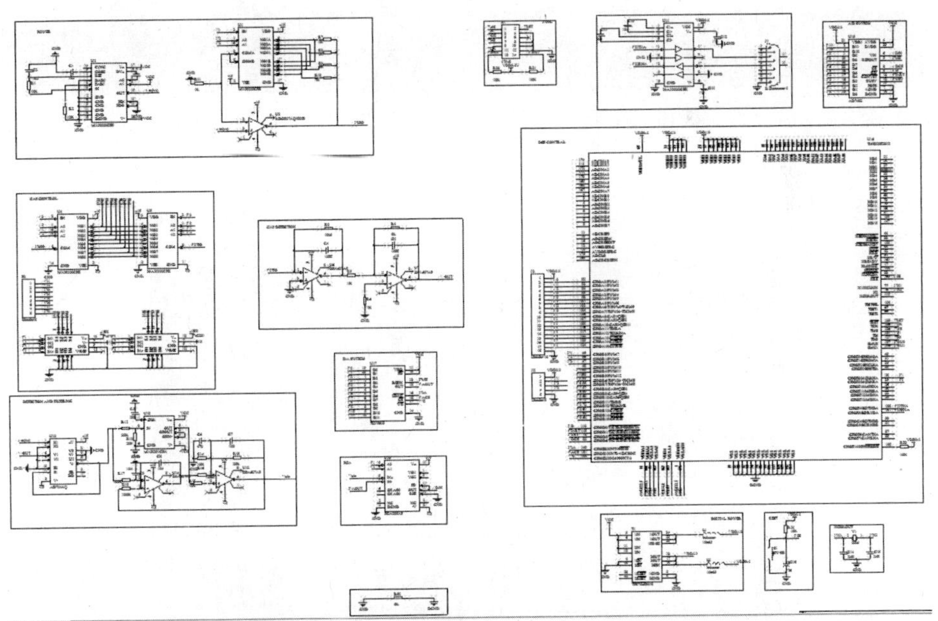

图 9 基于 DSP 的 ECT 数据采集卡的原理图

2.2.2 基于DSP的ECT数据采集卡的PCB图

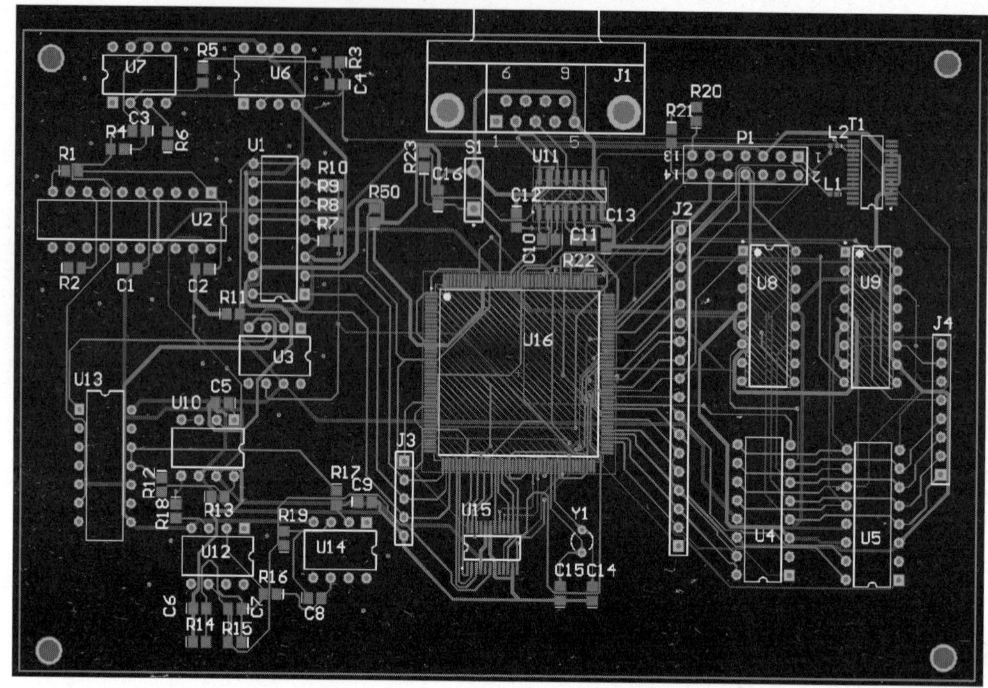

图 10　基于 DSP 的 ECT 数据采集卡的 PCB 图

2.3 研究结果

图 11　基于 DSP 的 ECT 数据采集卡的实物图

（1）检测速度

极板开关转换时间为 1500ns，放大器建立时间为 550ns，通过二级放大电路的时间为 1100ns，相敏解调和低通滤波转换时间为 6000ns，所以 8 个电极板对采用 AD7492 采集数据，理论上每秒可以采集 85 帧数据，基本满足成像的需求。

（2）抗杂质电容性能

通过在被测电容两端引入杂质电容，并通过仿真运算，可以看出，杂质电容对输出电压信号几乎没产生影响，因此该系统具有较好的抗杂质电容的性能。

（3）系统稳定性能和动态响应性能

从 C/V 转换电路的仿真结果可以看到，该系统具有较快速的动态响应性能，且输出的结果较稳定。

3. 创新点及结论

通过运用 COMSOL 和 Matlab 软件对油气润滑系统的水平管道灵敏度场的软场效应和图像的成像精度方面的研究，得出以下结论：

（1）本文建立了油气润滑系统水平小管径环状流及中心流管道模型，并基于平均误差及图像误差对电容层析成像系统中存在软场效应下的图像精度及灵敏度矩阵差值进行分析；

（2）小管径油气两相流管道，其电极板边缘处灵敏度矩阵远大于中心，软场效应的对于中心流型成像的造成平均误差的影响比环状流流型及层流流型成像的影响大；

（3）检测电极在远离介质突变带的位置时，灵敏度场的值变化相对较小；检测电极在靠近介质突变带位置时，灵敏度场的值变化相对较大；

（4）介质突变带形状与管道模型形状相似时，随着激励极板的变化灵敏度矩阵值的突变较小，且在介质突变带处灵敏度值产生突变。当介质突变带与管道模型形状不同时，等势线在介质变化处存在突变，当极板越靠近介质变化区域时，其等势线突变越明显，当激励极板远离介质突变处，等势线变化缓慢，对于成像精度及灵敏度矩阵差值影响不大；

（5）考虑软场效应（实时更新灵敏度矩阵），可以使在 ECT 系统图像成像精度提高；

（6）系统的 C/V 转换电路具有输出结果稳定，低失真率的特点；

（7）系统的检测速度和数据采集速度较快，基本能满足实时成像的需求；

（8）系统自带电容补偿功能，能够理论上去除杂质电容和干扰源对系统的干扰。

参考文献

[1] 李志强 .12 电极 ECT 传感器和数据采集系统的研究 [D]. 哈尔滨理工大学 .2009

[2] 王保良，黄志尧，李海青 . 新型电容层析成像数据采集系统的研制 [J]. 仪器仪表学报 . 2001（S1）

[3] 姚玉梅，陈德运，林甲楠 . 一种多小波电容层析成像图像融合方法 [Z]. 哈尔滨理工大学学报 .2014

[4] 陈超洲 . 油气润滑 ECT 系统的设计及性能分析 [D]. 北方工业大学 .2016

[5] Wang S J，Geldart D，Beck M S，et al.A behaviour of a catalyst powder flowing down in a dipleg[J]. ChemicalEngineering Journal，2000，77（1–2）：51–56

[6] Xie C G，Huang S M，Hoyle B S，et al，Electrical Capacitance tomgraphy for flow imaging： System model for development of image reconstruction algorithms and design of primary sensors [J]. IEE Prpc. G，1992，139（1）：89–98

[7] WQ Yang，J.C.Gamio，M.S.Beck，A fast iterative image reconstruction algorithm for capacitance tomography[J]. Sensors and their Applications，1997（8）：47–52

一级倒立摆小车分析与设计

北方工业大学：肇启希　程　超

指导教师：张若青　副教授

倒立摆介绍及其应用前景，对比倒立摆与单摆的数学模型，建立倒立摆的数学模型，分析反馈中陀螺仪在不同参数下的状态、编程以及调试过程中出现的问题。

1. 倒立摆及其使用前景

1.1　什么是倒立摆

“倒立摆”来自于人们日常生活经验。一般的人通过简单练习就可以让一个直木棒在手指尖上保持直立。这需要两个条件：一个是托着木棒的手掌可以移动；另一个是眼睛可以观察到木棒的倾斜角度和倾斜趋势（角速度）。通过手掌移动抵消木棒的倾斜角度和趋势，从而保持木棒的直立。这两个条件缺一不可，实际上就是控制中的负反馈机制（如图 1 所示）。

图 1　杂技中的反馈调节

世界上还没有任何一个天才杂技演员可以蒙着眼睛使得木棒在自己指尖上直立，因为没有了眼睛的观察就不能够进行反馈调节。

倒立摆小车则是基于此原理通过控制电机带动车体，保持杆的直立状态。倒立摆系统按摆杆数量的不同，可分为一级、二级、三级倒立摆等，多级摆的摆杆之间属于自由连接（即无电动机或其他驱动设备）。本此课程设计研究一级倒立摆小车（如图2所示）。车模平衡控制也是通过自动控制来实现的，与上面保持木棒直立比较则相对简单。因为车模有四个轮子着地，车体只会在轮子滚动的方向上发生倾斜。控制轮子转动，抵消在一个维度上倾斜的趋势便可以保持车体平衡了。

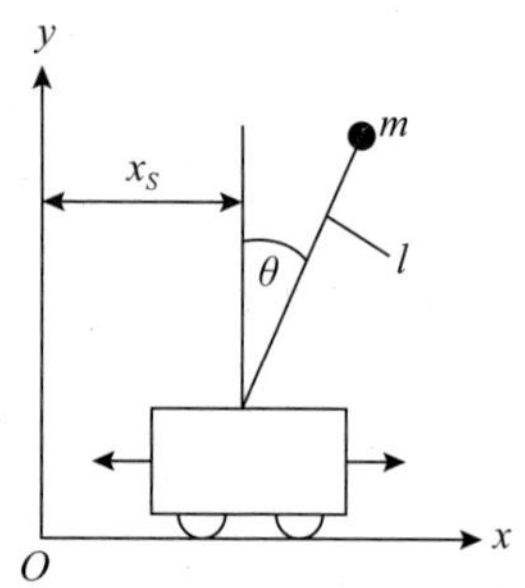

图2 一级倒立摆小车模型

1.2 倒立摆的应用前景

（1）机器人的站立与行走类似双倒立摆系统，尽管第一台机器人在美国问世至今已有三十年的历史，机器人的关键技术——机器人的行走控制至今仍未能很好解决；

（2）在火箭等飞行器的飞行过程中，为了保持其正确的姿态，要不断进行实时控制；

（3）通信卫星在预先计算好的轨道和确定的位置上运行的同时，要保持其稳定的姿态，使卫星天线一直指向地球，使它的太阳能电池板一直指向太阳；

（4）侦察卫星中摄像机的轻微抖动会对摄像的图像质量产生很大的影响，为了提高摄像的质量，必须能自动地保持伺服云台的稳定，消除震动；

（5）为防止单级火箭在拐弯时断裂而诞生的柔性火箭（多级火箭），其飞行姿态的控制也可以用多级倒立摆系统进行研究。由于倒立摆系统与双足机器人、火箭飞行控制和各类伺服云台稳定有很大相似性，因此对倒立摆控制机理的研究具有重要的理论和实践意义；

（6）鲁棒控制是自动控制领域 20 世纪末最重要的研究结果之一。

2. 对比倒立摆与单摆的力学分析及数学模型

下面通过对比单摆模型来说明保持车模平衡的控制规律。重力场中使用细线悬挂着重物，经过简化便形成理想化的单摆模型。直立着的车模可以看成是放置在可以左右移动平台上的倒立着的单摆（如图 3 所示）。

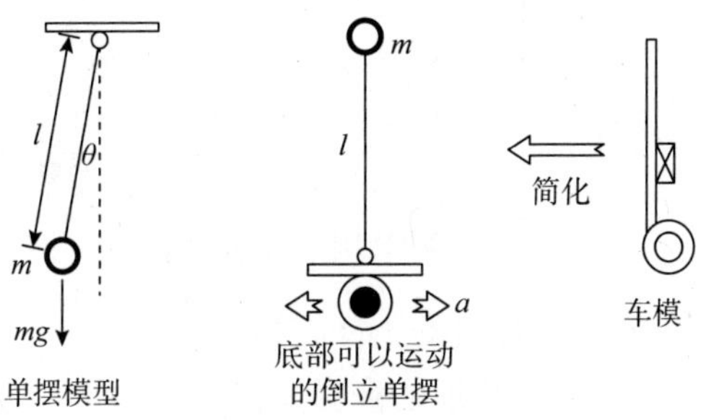

图 3　简化倒立摆与单摆对比图

2.1　单摆的受力分析及数学建模

对普通的单摆受力分析如图 4 所示。

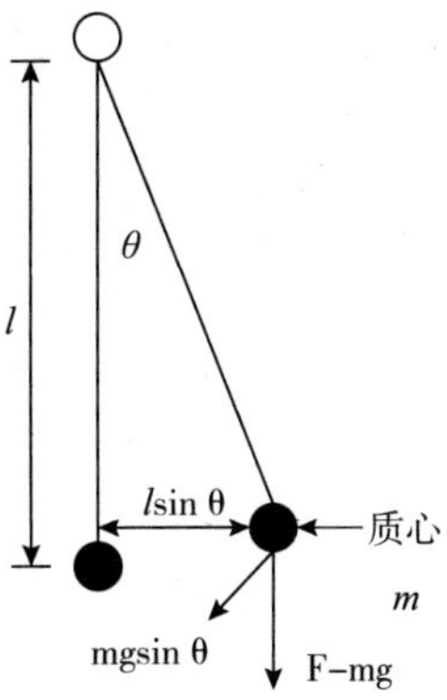

图 4　单摆受力分析

当物体离开垂直的平衡位置之后，便会受到重力与悬线的作用合力，驱动重物回复平衡位置。这个力称之为回复力，其大小为：

$$F=-_{\text{mg}}\sin\theta=-_{\text{mg}}\theta$$

在偏移角度很小的情况下，回复力与偏移的角度之间大小成正比，方向相反。在此回复力作用下，单摆便进行周期运动。在空气中运动的单摆，由于受到空气的阻尼力，单摆最终会停止在垂直平衡位置。空气的阻尼力与单摆运动速度成正比，方向相反。阻尼力越大，单摆越会尽快在垂直位置稳定下来。图 5 显示出不同阻尼系数下单摆的运动曲线。

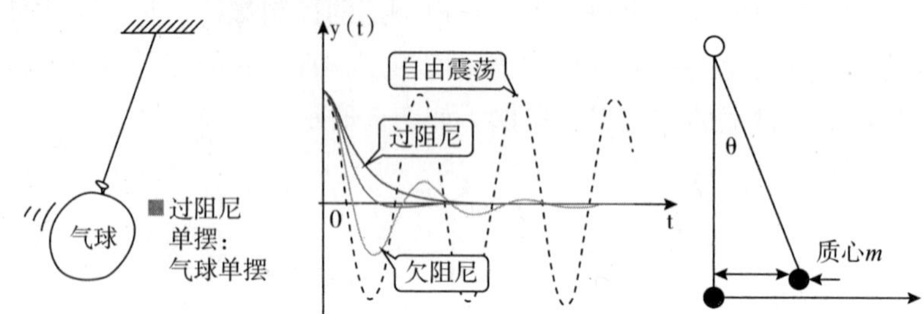

图 5　单摆在不同阻尼下的运动状态

总结单摆能够稳定在垂直位置的条件有两个：

（1）受到与位移（角度）相反的恢复力；

（2）受到与运动速度（角速度）相反的阻尼力。

如果没有阻尼力，单摆会在垂直位置左右摆动。阻尼力会使得单摆最终停止在垂直位置。阻尼力过小（欠阻尼）会使得单摆在平衡位置附件来回震荡；阻尼力过大（过阻尼）会使得单摆到达平衡位置时间加长。因而存在一个临界阻尼系数，使得单摆稳定在平衡位置的时间最短。

2.2　倒立摆的受力分析及数学模型

为什么倒立摆在垂直位置时，在受到外部扰动的情况下无法保持稳定呢？分析倒立摆的受力（如图 6）

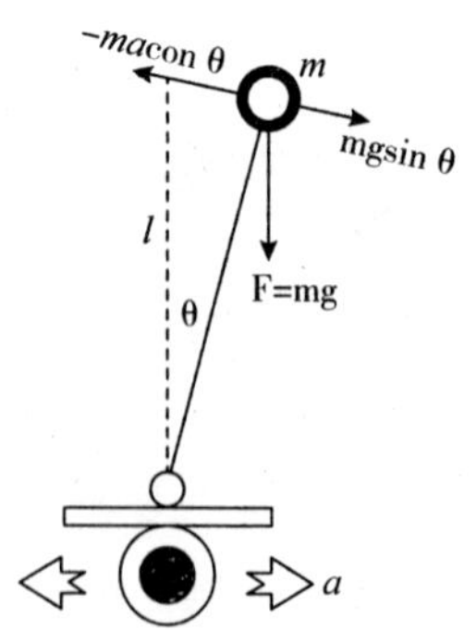

图 6　倒立摆的力学模型

倒立摆之所以不能像单摆一样可以稳定在垂直位置，就是因为在它偏离平衡位置的时候，所受到的回复力与位移方向相同，而不是相反。因此，倒立摆便会加速偏离垂直位置，直到倒下。

如何通过控制使得倒立摆能够像单摆一样稳定在垂直位置呢？要达到这一目的，只有两个办法：一个是改变重力的方向；另一个是增加额外的受力，使得恢复力与位移方向相反才行。显然能够做到的只有第二种方法。

下面建立倒立摆的数学模型，受力分析如图 7 所示。

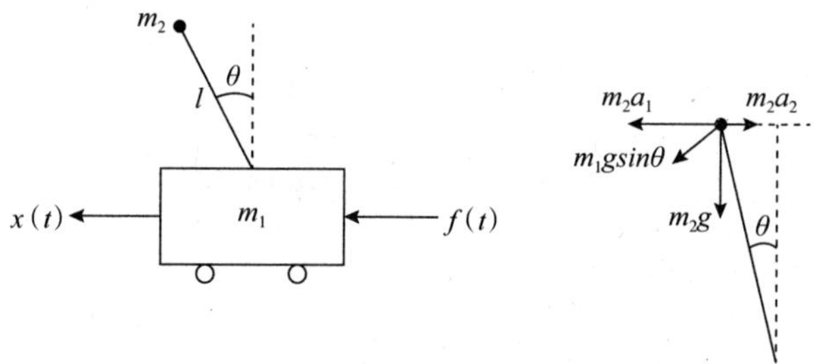

图 7 受力分析图

当摆杆与平衡位置成 θ 角时，施加外力 F（t），力图使摆杆回到平衡位置，水平方向上受力分析如图 8 所示。

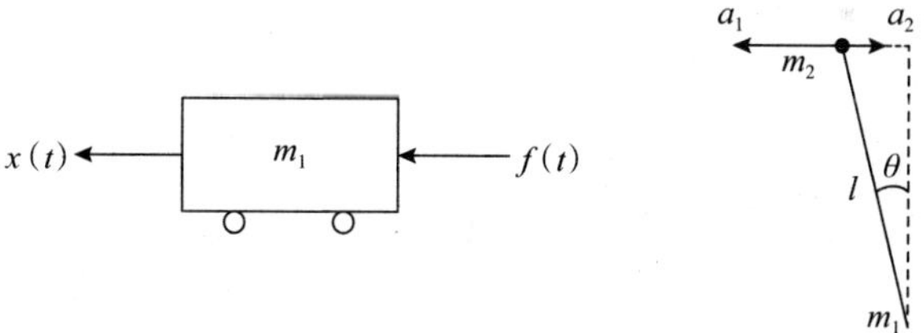

图 8 倒立摆小车水平方向上的受力分析

2.2.1 平动数学模型

杆底部由于力 F 的作用产生 a_1 的加速度，作力的平移得：

$$a_1 = \frac{d^2(l\sin\theta)}{dt^2}$$

在小球上产生一个与 a_1 大小相等方向相反的加速度，则力矩为：$m_2a_1/\sin\theta$

所以平动数学模型为：

$$(m_1+m_2)\frac{d^2x(t)}{dt^2} - m_2\frac{d^2(l\sin\theta)}{dt^2} = F(t) \tag{1}$$

2.2.2 转动数学模型

转动受力分析如图 9。

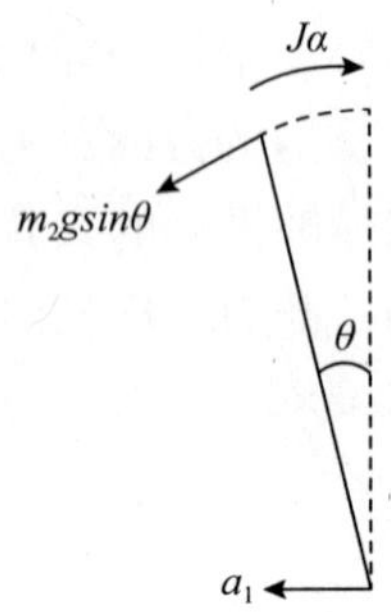

图 9 转动受力分析图

由扭矩平衡方程可得：

$$m_2 a_1 \cdot l\cos\theta(t) - m_2 g\sin_\theta(t) = J\alpha$$

由上述公式可得

$$m_2 l\cos\theta(t)\frac{d^2x(t)}{dt^2} - m_2 g\sin\theta(t) = J\frac{d^2\theta(t)}{dt^2} \tag{2}$$

联立方程（1）与方程（2）得：

$$\frac{J(m_1+m_2)}{m_2 l\cos\theta(t)}\cdot\frac{d^2\theta(t)}{dt^2} + (m_1+m_2)g\tan\theta(t) - m_2 l\cdot\frac{d^2[\sin\theta(t)]}{dt^2} = F(t)$$

由于 θ（t）足够小，利用小偏差线性化得：

$\cos\theta \approx 1$

$\sin\theta = \tan\theta \approx \theta$

所以上述联立方程可写成：

$$\left[\frac{J(m_1+m_2)}{m_2 l} - m_2 l\right]\frac{d^2\theta(t)}{dt^2} + (m_1+m_2)g\theta(t) = F(t)$$

取：$k_1 = \frac{J(m_1+m_2)}{m_2 l} - m_2 l$，$k_2 = (m_1+m_2)g$ 得：

$$k_1\theta''(t) - k_2\theta(t) = F(t)$$

拉氏变换得：$k_1 s^2\theta(s) - k_2\theta(s) = F(s)$

故：

$$\frac{\theta(s)}{F(s)} = \frac{1}{k_1 s^2\theta(s) - k_2 s\theta(s)}$$

查书可得，直流电机的输入电压 Ur 与输出角加速度 α 的关系为：

$$Td\cdot Tm\frac{d\alpha(t)}{dt}+Tm\alpha(t)+\int\alpha(t)dt=\frac{Ur(t)}{Ce}$$

Td：电机电磁时间常数，Tm：电机电机时间常数，Ce：电机电势常数

整理上述算式可得：

$$CeTdTm\cdot\alpha'(t)+CeTm\alpha(t)+Ce\int\alpha(t)dt=Ur(t)$$

拉氏变换可得：

$$Ka\cdot s\alpha'(s)+Kb(s)+Kc\frac{a(s)}{s}=Ur(s)$$

Ka = CeTdTm，Kb = CeTm　Kc = Ce

$$\frac{\alpha(s)}{Ur(s)}=\frac{s}{K\alpha s^2+Kbs+Kc}$$

由力矩方程得：$F(t)\,l_2=J_2\alpha(t)$

J_2 为轮子转动惯量，l_2 为轮子半径。设 $J_2/K_2=Ke$，

则：$F(s)=Ke\alpha(s)$

故：$\frac{F(s)}{Ur(s)}=\frac{Kes}{K\alpha s^2+Kbs+Kc}$

经上述算式可画出结构图图为：

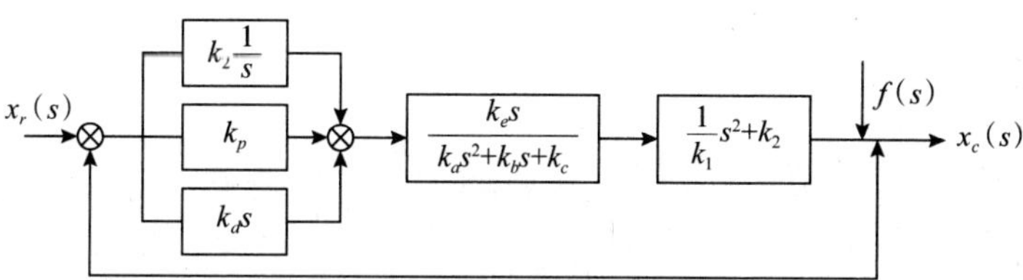

图 10　倒立摆系统结构图

利用此结构图可进行系统的性能分析与控制。

2. 实验平台的搭建

2.1　实验小车设计

设计的两轮与四轮倒立摆小车分别如图 11 与图 12 所示。

图 11　两轮倒立摆小车

两轮小车分别由两个直流电机驱动，电机输出轴带有编码器，能够反馈电机位置信号。控制板作为简易倒立摆摆杆。

图 12　四轮倒立摆小车

四轮倒立摆小车由四个直流电机驱动，控制板作为倒立摆平台，摆杆长度 85cm。

2.2　控制板的选取

本次课程设计采用了 Arduino Mega2560 作为控制板（如图 13）。Arduino Mega2560 是采用 USB 接口的核心电路板，其处理器核心是 ATmega2560，同时具有 54 路数字输入 / 输出口（其中 16 路可作为 PWM 输出），16 路模拟输入，4 路 UART 接口，一个 16MHz 晶体振荡器，一个 USB 口，一个电源 插座，一个 ICSP header 和一个复位按钮。Arduino Mega2560 也能兼容为 Arduino UNO 设计的扩展板。

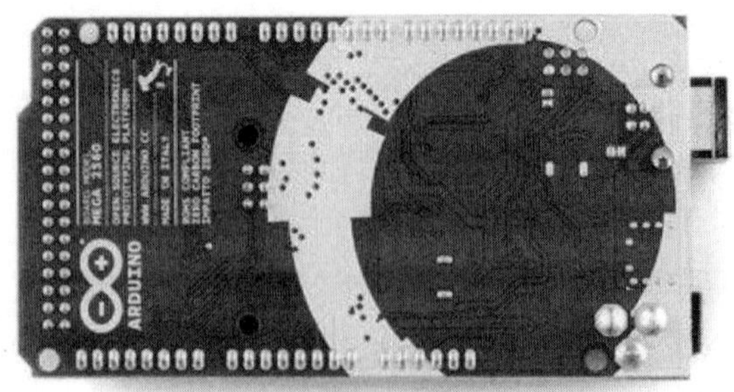

图 13　Arduino Mega2560

2.3 陀螺仪的选取

本次课程设计采用 ENC-03 陀螺仪（如图 14），利用加速度计 MMA7361 的 Z 轴角度和陀螺仪角度软件算法融合，消除陀螺仪飘移，获取当前倒立摆的摆角状态。要实现直立，必须把单片机采集的参数发送到上位机，观察变化的趋势，才能更好地调节整个动态过程。通过 TTL 转串口线来把单片机数据发送给电脑上位机，从而在上位机上进行处理。

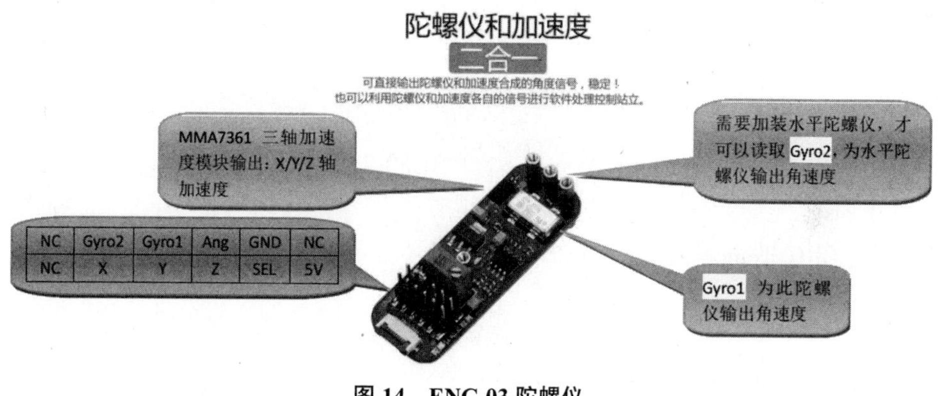

图 14 ENC-03 陀螺仪

2.4 陀螺仪的程序设计

程序如下：

```
#include <MsTimer2.h>
#define MMA7361_vertical          291   //加速度计中值
#define GYRO_VAL                  344   //陀螺仪中值 //加大向后，减少向前
#define Gyro_ratio             1.5  //0.2
#define GRAVITY_ADJUST_TIME_CONSTANT 2
#define DT                    0.005
#define MMA7361_ratio             0.72// 融合系数 1.071
 float Gyro_Now, g_fCarAngle;
 float OutData[4];                     //SCI 示波器参数
 float angle_offset_vertical;          // 陀螺仪转化后的角速度，转化后的加速度
角度
 float g_fGyroscopeAngleIntegral;    // 融合后的角度
volatile int    MMA7361 , ENC03, real_angle;     // 加速度计 AD ，陀螺仪
```

AD，模块输出的角度

```
unsigned short CRC_CHECK（unsigned char *Buf，unsigned char CRC_CNT）
{
 unsigned short CRC_Temp;
 unsigned char i，j;
 CRC_Temp = 0xffff;
 for（i=0; i<CRC_CNT;  i++）{
  CRC_Temp ^= Buf[i];
  for（j=0; j<8; j++）{
   if（CRC_Temp & 0x01）
    CRC_Temp =（CRC_Temp >>1 ）^ 0xa001;
   else
    CRC_Temp = CRC_Temp >> 1;
  }
 }
 return（CRC_Temp）;
}
void OutPut_Data（void）
{
 int temp[4] = {0};
 unsigned int temp1[4] = {0};
 unsigned char databuf[10] = {0};
 unsigned char i;
 unsigned short CRC16 = 0;
 for（i=0; i<4; i++）
 {
  temp[i] =（int）OutData[i];
  temp1[i] =（unsigned int）temp[i];
 }
 for（i=0; i<4; i++）
 {
  databuf[i*2] =（unsigned char）（temp1[i]%256）;
```

```
    databuf[i*2+1] = （unsigned char）（temp1[i]/256）；
  }
  CRC16 = CRC_CHECK（databuf，8）；
  databuf[8] = CRC16%256;
  databuf[9] = CRC16/256;

  for（i=0；i<10；i++）
  {
    Serial.write（（char）databuf[i]）；
  }
}
void QingHua_AngleCalaulate（float G_angle，float Gyro）
{
  float fDeltaValue;

  g_fCarAngle = g_fGyroscopeAngleIntegral;    // 最终融合角度
   fDeltaValue = （G_angle - g_fCarAngle）/ GRAVITY_ADJUST_TIME_
CONSTANT；  // 时间系数矫正
  g_fGyroscopeAngleIntegral += （Gyro + fDeltaValue）* DT；    // 融合角度
}
void Rd_Ad_Value（void）
{
  MMA7361 = analogRead（0）；   //Z
  ENC03= analogRead（1）；    // gyro1
}
void setup（）{
  MsTimer2：：set（5，flash）；
  MsTimer2：：start（）；
  Serial.begin（9600）；
}
void loop（）{
   #if 1
```

```
        OutData[0] = ENC03;
        OutData[1] = MMA7361; //Gyro_Now;
        OutData[2] = angle_offset_vertical ;
        OutData[3] = g_fCarAngle;
        OutPut_Data ( ) ;
        #endif
    }
    void flash ( )
    {
      Rd_Ad_Value ( ) ;                    // 采集 AD
      Gyro_Now = ( GYRO_VAL - ENC03 ) *Gyro_ratio;           // 陀螺仪采集到的角速度归一化
      angle_offset_vertical = ( MMA7361_vertical - MMA7361 ) * MMA7361_ratio ;
     if ( angle_offset_vertical > 90 ) angle_offset_vertical = 90;        // 防止加速度角度溢出
     if ( angle_offset_vertical < -90 ) angle_offset_vertical = -90; // 计算融合后的角度
     QingHua_AngleCalaulate ( angle_offset_vertical, Gyro_Now ) ;
    }
```

2.5 陀螺仪的调试分析

积分时间系数 DT 主要决定定时器的定时时间，假设定时 5MS，则 DT=0.005

重力补偿系数 GRAVITY_ADJUST_TIME_CONSTANT，首先确定某个数值，实现直立之后，再设置为不同参数，然后观察参数影响效果，选择最优参数。

比如 DT=0.005

GRAVITY_ADJUST_TIME_CONSTANT= 2

D 以下按照比较 Z 轴计算的角度趋势和最终的融合角度趋势，反复调整 Gyro_ratio 的数值。可以先代入理论计算值，从小往上调节，找到合适的曲线。

原则是：最终的融合角度曲线能快速跟踪 Z 轴计算的角度曲线，同时不至于超调。

Gyro_ratio= 0.2 时跟踪曲线如下图，图中黄色为角速度 × 比例之后的数值，蓝色为 Z 轴计算的角度，粉色为最终的融合角度。

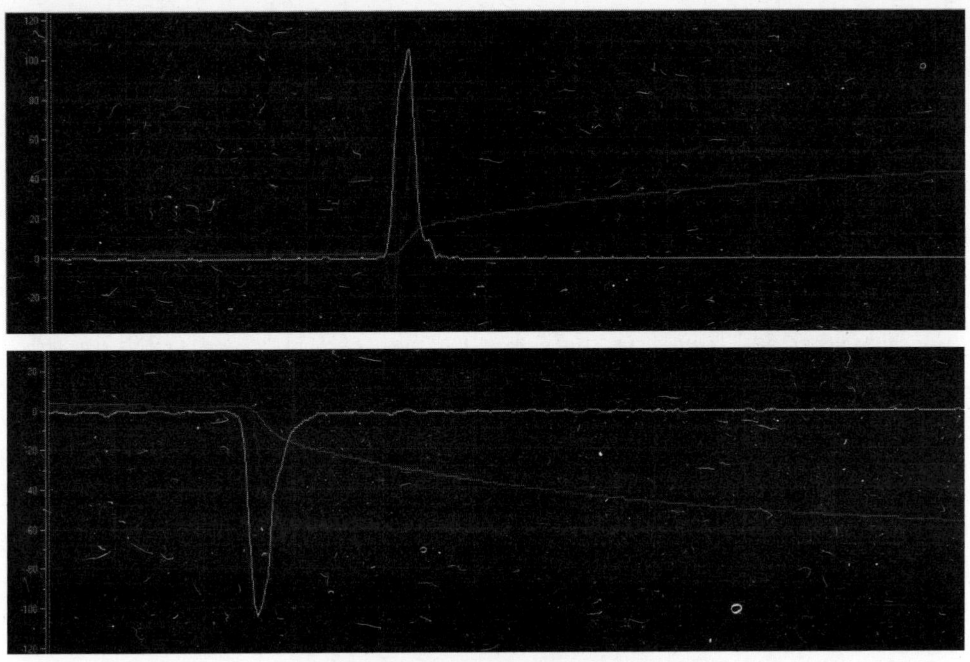

图 15　倒立摆平衡过程曲线图

由于此时参数过小，最终的融合角度曲线跟踪不上 Z 轴，故取 Gyro_ratio= 0.7，跟踪曲线如下图，最终实现跟踪。

图 16　倒立摆平衡过程曲线图

总结：比例控制能迅速反应误差，从而减小误差。但不能消除误差，微分控制可以减小超调量，克服震荡，使系统稳定性提高，加快动态响应速度，减小调整时间，从而改变动态性能。

3. 结语

由前面理论分析，为平衡摆杆，需要引入陀螺仪测得的摆杆的角度、角速度作为反馈量，同时测量两轮直流电机反馈的位置信号。经过程序调试，两轮倒立摆能够在75度范围内实现平衡。四轮小车由于摆杆长度较长，目前能够实现平衡的角度为80度。

倒立摆控制系统是一个复杂的、不稳定的、非线性系统，是进行控制理论教学及开展各种控制实验的理想实验平台。对倒立摆系统的研究能有效地反映控制中的许多典型问题，如非线性问题、鲁棒性问题、镇定问题、随动问题以及跟踪问题等。通过对倒立摆的控制，用来检验新的控制方法是否有较强地处理非线性和不稳定性问题的能力。同时，其控制方法在军工、航天、机器人和一般工业过程领域中都有着广泛的用途，如机器人行走过程中的平衡控制、火箭发射中的垂直度控制和卫星飞行中的姿态控制等。

五轴数控实验台的设计与制作

北方工业大学：罗　彰

指导教师：李　凯

本次设计的五轴数控实验台，采用步进电动机驱动各个坐标轴。首先确定设计的总体方案，然后对非标准进行设计并进行三维建模和加工制造，对标准件进行购买，最后进行样机组装和软件调试。

1. 选题背景

五轴数控联动加工中心有高效率、高精度的特点，工件一次装夹就可完成五面体的加工。配以五轴联动的高档数控系统，可以对复杂的空间曲面进行高精度加工，更能够适应像汽车零部件、飞机结构件等现代模具的加工。五轴联动数控机床的加工效率相当于两台三轴机床，有时甚至可以完全省去某些大型自动化生产线占地空间和工作在不同制造单元之间的周转运输时间及费用。市场的需求推动了我国五轴联动数控机床的发展，但是我国五轴数控加工大多仍使用大型设备，很少有较小体积的五轴数控实验台。因此，本文针对五轴数控实验台的机械机构进行分析、设计以及制造组装。

2. 设计方法

本设计主要是完成五轴数控联动机床的设计制作与组装。研究方法主要运用所学的机械原理、机械设计以及控制工程等基础知识，通过计算完成一些常用零件（如：丝杠、导轨、支座等）的选择。利用 Solidworks 软件设计非标准件，根据设计图纸加工出各零部件，再将各零部件合理地组装在一起。最后选择合理的运动控制系统和相应的控制软件作为电气控制单元，完成五轴数控实验台的机电一体化设计。

3. 轴数控实验台的总体设计

3.1 基本设计参数

本设计初始设计依据为大型五轴数控联动加工中心。设计方案为单刀具五轴数控实验台，成型尺寸 160×160×120mm，其主要参数是电源参数、运动参数以及步进电机参数。五轴数控实验台的技术参数如表 1 所示。

表 1　　五轴数控实验台参数表

项目	技术参数	技术指标
电源	输入电源 输出电源	220V 1.5A 12V
各轴移动 / 转动行程	X/Y 轴 Z 轴 A 轴 C 轴	0~200 0~150 –20~20 度 0~360 度
各轴步进电机	X/Y/Z 轴 A/C 轴 主轴电机	86 步进电机 57 步进电机 300W 风冷主轴电机

3.2 五轴数控实验台总体设计方案

五轴数控实验台一般都采用工作台和主轴电机头移动、升降的方式。一般为 3 个移动坐标轴 X、Y、Z 轴和两个旋转坐标轴 A、C 轴。各轴皆由各自电机控制。

以立柱式加工中心为例子，立柱式五轴加工中心的回转头有两种实现方式：①工作台回转轴。设置在床身上的工作台可以绕 X 轴转动，定义为 A 轴。工作台的中间还设有一个回转台绕 Z 轴转动，定义为 C 轴。这样通过 A 轴和 C 轴的组合，固定在工作台上的工件除了底面，其余五面可以由加工中心的主轴进行加工。这种设置方式的优点是主轴比较简单，主轴刚性好，制造成本低，缺点是工作台不能设置太大，承重较小。②依靠主轴头的回转。主轴前端是一个回转头，这个回转头一方面可以绕Z轴旋转360度，成为C轴，另一方面可以绕X轴旋转，成为A轴。这种设置方式的优点是主轴头比较灵活，可以加工例如大型客机机体等大型零件，因此在大型龙门机床上应用较广。由于这种设置在切削过程中使得主轴相对工件转过一个角度，使球面铣刀避开顶点切削，保证一定的线速度，可提高表面切削精度，所以这种结构非常受高精度曲面加工的欢迎。

除了上述两种结构外，卧式加工中心还有通过工作台旋转和主轴头摆动相结合等实现五轴联动的结构。考虑到本次设计用于自用实验室的制作与观摩，拥有制作过程简单、造价低、工件体积小的特点，选用工作台回转轴。

本设计采用的布局形式为工作台X、Y轴相互移动，主轴在Z轴方向上移动。X轴、Y轴的进给是通过步进电机带动丝杠，丝杠又与螺母传动来实现。步进电机与丝杠的连接可以通过联轴器来实现。在传动过程中，电动机带动丝杠做旋转运动，螺母沿导轨做水平移动，从而带动工作台运动。Z轴的进给原理与X、Y轴相同。主轴固定座与Z轴螺母相连，在传动过程中，电动机带动丝杠做旋转运动，螺母沿导轨做上下移动，从而带动主轴做上下运动。A、C轴的旋转是通过步进电机带动皮带，皮带一端与工作台相连，从而实现A/C轴的旋转。

4. 机械结构的设计

4.1 五轴数控实验台的结构设计

4.1.1 Z轴的结构设计

Z轴装配三维示意图如图1，其中包括标准件包括：M5六角螺栓16个（用于电主轴抱座固定），M9六角螺栓4个（用于固定电主轴），M6六角螺栓12个（用于固定光滑导轨），65mm电主轴1个；65mm电主轴抱座1个；其中设计的零部件包括：T1605滚珠丝杆1个（进行加工），滚珠丝杠套座1个，Z轴底板1个，Z轴光滑导轨2个，Z轴固定板1个，防滑块4个。

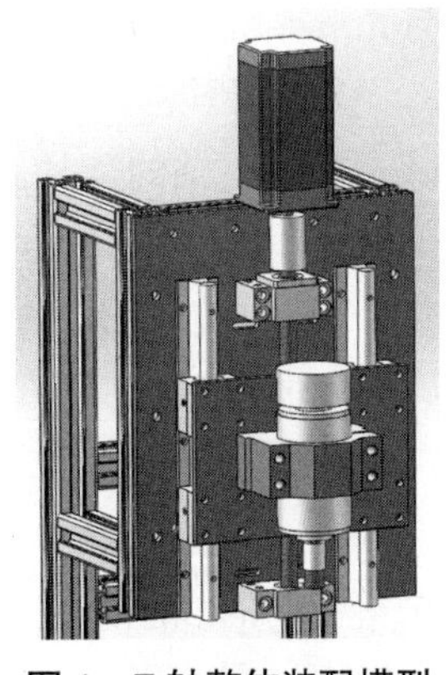

图1 Z轴整体装配模型

传动单元使用的是T1605滚珠丝杆。它的功能是将旋转运动转化成直线运动，这是滚珠螺丝的进一步延伸和发展，这项发展的重要意义就是将轴承从滚动动作变成滑动动作。由于具有很小的摩擦阻力，滚珠丝杠被广泛应用于各种工业设备和精密仪器。

选用滚珠丝杠副的原因：

（1）高效率：由于滚珠丝杠在其螺母与丝杠之间以滚珠滚动方式实现滚动摩擦，与各种滑动螺旋相比，滚珠丝杠副可获得高达97%的传动效率，从而使驱动扭矩降低到1/3以下；

（2）预紧及高刚性：有预紧要求时，滚珠丝杠副可能过变位导程，双螺母预压等多种方法实现螺母与丝杠间的预紧，从容不迫而消除轴向间隙或实现负向间隙。在施加预紧的情况下，滚珠丝杠副的轴向刚性能够获得较大提高；

（3）高寿命：滚珠丝杠之螺母、丝杠硬度均达到HRC58–62，滚珠硬度达到HRC62–66，且它们之间是滚动摩擦。故滚珠丝杠副在设计适当的前提下可实现较高的疲劳寿命和精度寿命；

（4）可实现微量及高速进给：滚珠丝杠副不会产生如滑动螺旋中的蠕动现象，所以能实现正确的微量进给，只要进给脉冲足够小，滚珠丝杠副可实现亚微米级进给；又因滚珠丝杠副发热低，而且能制作大导程丝杠，所以能实现高速进给；在保证低于滚珠丝杠副临界转速的前提下，大导程滚珠丝杠副可实现100m/min甚至更高的进给速度。

综上所述，由于本次课题的机床体积小，而用于高校实验室，所以加工精度高，本课题选用滚珠丝杠副作为机床的传动单元部件。

传动单元部件：考虑到Z轴的行程为150，所以选用全长287的滚珠丝杆作为Z轴的传动单元，以保证足够的Z轴进给行程。

Z轴的滚珠丝杆套作为滑动部件的主要元件，本次为了定位简单，特意在左右两边各加工出三个M5的孔，用于定位滚珠丝杠副的螺母座，以达到平衡定位板，与光滑导轨的两个滑块进行足够压力的传动。

光滑导轨加入2根，对滚珠丝杠副起到支撑传动的作用，以足够强的刚度可以支撑电主轴的运动。所以Z轴传动，包括X轴和Y轴的传动，都同理按照一个滚珠丝杠副和两个光滑导轨进行传动。

Z轴固定板用于固定Z轴传动单元与Y轴主机的重要部件。由于雕刻机总体高不超过500。利用6个孔可以将Z轴传动固定在Y轴主机板上。

Z轴固定板起到2个作用：

（1）固定电主轴部件：用于连接电主轴部分，将光滑导轨的移动滑块及滚珠丝杠副的杠座固在固定板上。宽度设置为145mm，可以固定移动滑块、滚珠丝杠副杠座。移动滑块宽度50，滚珠丝杠副座宽度45，移动滑块2个。则固定板宽度为 50+50+45=145mm；

（2）固定电主轴抱座：用于固定电主轴及电主轴抱座。电主轴抱座使用三个 M9×35 的内六角螺栓固定电主轴，则需要对电主轴抱座的孔进行相应的配合。

电主轴的优点：

（1）主轴与电机一体，结构紧凑、安装简单、方便、节省空间；

（2）无中间传动环节，效率高、振动小、噪声低、运动平稳，在相同转速下主轴轴承寿命长；

（3）易于实现高转速、高精度、高动静态稳定性；

（4）利用现代控制技术机电机优化设计，可满足不同工况和负荷要求。

本次设计选用风冷 65mm 的电主轴，价格合适，比较常用，且体积适合本次设计的范围，重量足够 Z 轴传动单元所承受。

电主轴数据参考详细说明如表 2。

表 2　65mm 电主轴详细参数

参数名称	具体参数
额定功率	400W
额定电压	220V
额定转速	24000r/min
额定频率	400Hz
额定电流	3.0A
旋转方式	双向
重量	3.0kg

4.3.2　X轴的结构设计

X 轴装配三维示意图如图 2，其中包括标准件包括：M5 六角螺栓 10 个（用于 X 轴底板固定），M8 六角螺栓 4 个（用于固定光滑导轨）；其中设计的零部件包括：T1605 滚珠丝杆 1 个（进行加工），滚珠丝杠套座 1 个，X 轴底板 1 个，X 轴光滑导轨 2 个，X 轴固定板 1 个，防滑块 4 个。

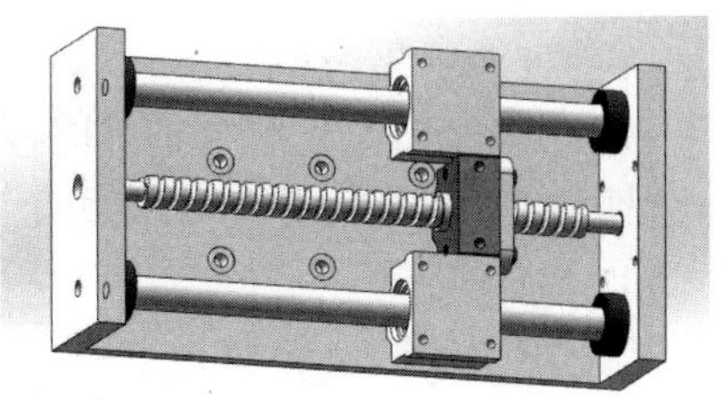

图 2　X 轴传动单元装配模型

考虑到X轴的行程为200，所以选用全长387的滚珠丝杆作为X轴的传动单元，以保证足够的X轴进给行程。由于X轴的行程与Y轴的行程相同，则X轴的滚珠丝杠副与Y轴的滚珠丝杠副加工尺寸相同。光滑导轨加入2根，对滚珠丝杠副起到支撑传动的作用，以足够强的刚度可以支撑电主轴的运动。由于X轴的行程及Y轴行程同为300，则X轴的光滑导轨与Y轴的相同。

X轴底板固定在Y轴的滑块上。同理宽度设为145便于工程加工。

X轴固定板固定在X轴滑块之上，为了使摇摆板尽可能偏动较大的角度，宽度设为最小的145，与Z轴底板宽度同理可以计算所得。

X轴固定板用于固定A轴偏角的摇摆板，两端的孔为轴承过盈配合。轴承孔外配合X轴固定板，轴承孔内配合A轴的摇摆板。

4.3.3 Y轴的结构设计

Z轴、Y轴装配结构中，Y轴结构其中包括标准件包括：M8六角螺栓4个（用于固定光滑导轨）；其中设计的零部件包括：T1605滚珠丝杆1个（进行加工），滚珠丝杠套座1个，Y轴底座1个，Y轴光滑导轨2个，防滑块4个。

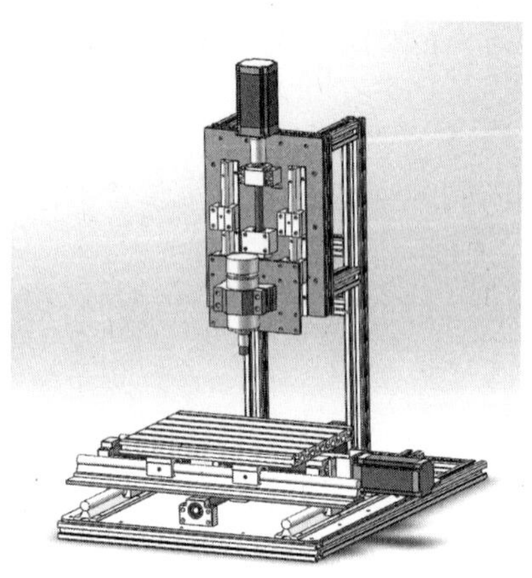

图3 X轴、Y轴、Z轴装配

Y轴：考虑到的行程为300mm，所以选用全长387mm的滚珠丝杆作为X轴的传动单元，以保证足够的Y轴进给行程。由于Y轴的行程与X轴的行程相同，则Y轴的滚珠丝杠副与X轴的滚珠丝杠副加工尺寸相同。

Y轴底座的设计。由于在Y轴最后端需要安装57步进电机，则需要空出电机的尺寸及孔眼。Y轴底座需要安装Z轴整体部分，则Y轴底座整体高度为450，其中Z轴底座固定后会高出Y轴底座最高处46，为严格保证整个雕刻机的尺寸高度在 500 以内，故设计 Y 轴底座高度为 450 。由于 X 轴横向运动，宽度为 145，且 C 轴电机及转盘宽度为 150。Z 轴整体宽度为 151（包括 Z 轴底板厚度，Z 轴滑轨中心高度，Z 轴固定板厚度，Z 轴电主轴抱座整体厚度），则需要保证零件加工完全，探出支座长度为 80。

4.3.4 A轴的结构设计

A 轴是以 X 轴为中心的左右旋转方向。则 A 轴以轴承固定在 X 轴固定板上。且需要 C 轴电动旋转机固定在其上。

4.3.5 C轴的结构设计

本次设计结构设计保证了旋转台面极低的端跳和偏心，使旋转运动更加平稳。

导轨以精密轴承的形式运动。采用涡轮与蜗杆的驱动模式，进行 360 度旋转圆盘运动。旋台的中心通孔与旋转中心有严格的同轴度要求，方便做精密定位。采用的蜗轮蜗杆结构，可以任意正向和反向旋转，标配步进电机运动控制器可对其实现自动化控制。步进电机和蜗杆通过进口高品质弹性联轴节连接，传动同步，消偏性能好。

5. 装配

5.1 五轴立柱式数控雕刻机设计装配

五轴数控实验台结构设计如图 4，其中包括了第二节介绍的 Z 轴整体结构、X 轴整体结构、Y 轴整体结构、A 轴偏转板及 C 轴旋转工作台的整体设计。整体机床的宽度不超过 500，高度不超过 500，其中 x 轴行程 300，Y 轴行程 300，Z 轴行程 150，A 轴偏转角度（–28.458° ，+28.458° ），C 轴旋转角度为 360 度

五轴数控实验台的结构设计俯视图 5，其中 57 步进电机没有在三维图上显示。可以从俯视图上看到，整体 X 轴的运用形成可能无法达到 300，因为机床右侧需要安装电机。

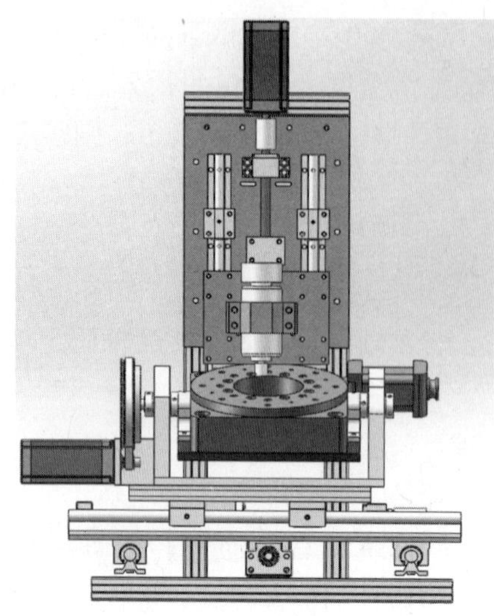

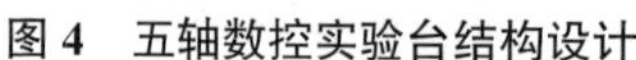

图 4　五轴数控实验台结构设计

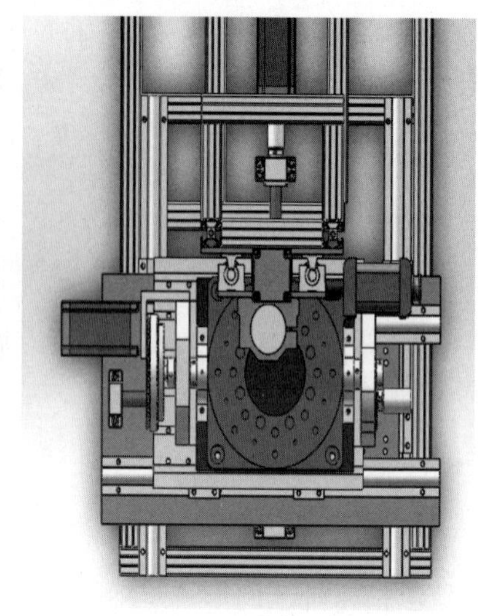

图 5　立柱式数控雕刻机设计俯视图

五轴数控实验台的结构设计右视图如图 6，其中存在问题的是 Y 轴行程。由于 C 轴电动旋转台的宽度要求，导致 A 轴固定板的宽度增大，从而会影响到 Y 轴的行程。

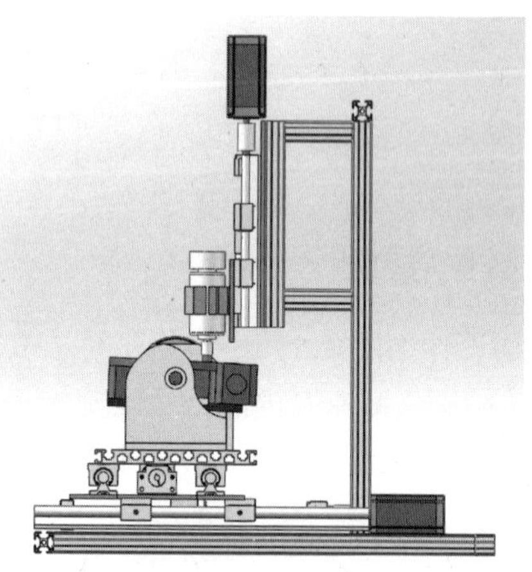

图 6　立柱式数控雕刻机设计右视图

解决方案：

（1）可以更改 X 轴固定板上孔眼的中心位置，使孔眼的中心位置距离电机较远的位置，如此可以增加 X 轴的形成，减少相对于电机高度，及 Z 轴的干涉；

（2）可以更改 X 轴自身长度，增加 X 轴滚珠丝杠及 X 轴光滑导轨长度。

6. 创新点

本设计的创新之处在于对五轴数控实验台进行三维建模并模拟分析后进行加工，分析各种布置方式以及选材的优缺点，以简单的结构实现桌面级五轴数控实验台的搭建。经过比较、模拟、分析，最终采用合适的结构完成了五轴数控实验台的设计。

本课题对五轴数控实验台的结构、控制系统等都进行了详细的学习。在设计中结合实际学习情况来进行设计，在设计过程中发现问题、解决问题。该五轴数控实验台具有制作过程简单、造价低、工件体积小等特点

参考文献

[1] 范超毅 . 透过 CIMT2007 看五轴联动加工机床的发展 [J]. 机床与液压，2008，36（8）：166–169
[2] 林胜 . 五轴数控机床发展及应用 [J]. 航空精密制造技术，2005，41（4）：1–9
[3] 蕊阳 . 机床工业亟须发展五轴数控技术 [J]. 机电新产品导报，2003（4）：44–46
[4] 杨红华 . 数控机床技术发展现状 [J]. 湖南农机，2008（5）：188–189
[5] 郑东喜，郎传平 . 浅析数控机床的发展趋势及国内形势 . 工业技术，2006（23）：20
[6] 吴志衡，徐旋波 . 数控机床技术发展趋势 [J]. 机电工程技术，2004，33（9）：7–11
[7] 安胜 . 谈我国数控机床技术发展趋势 [J]. 农机使用与维修，2007（6）：9–11
[8] 盛博浩，唐华 . 数控机床技术发展浅析 [J]. 航空制造技术，2002（6）：17–21
[9] 孙杰 . 数控机床技术发展趋势 [J]. 内蒙古科技与经济，2007（22）：76–78

基于并联解耦机构的3D打印机创新设计

北方工业大学：闫东东　李沛玉　李梦迪
指导教师：胡福文　副教授

并联机构采用并联闭环杆系，多杆受力使传动机构具有很高的承载能力，同时并联杆系没有并联机构的误差累积，可将各条运动链的误差在末端平均化，又因其运动部件轻、惯性低可改善伺服控制器的动态性能，因此并联结构机构拥有刚性好、运动精度高、动态性能优越的特点。通过对平动并联机构的正解逆解算法的研究，建立了工作空间的分析模型。最后应用Arduino Mega2560作为控制器，以步进电机为驱动同步带来完成对3D打印机工作的控制。

1. 引言

3D打印技术以逐层累加的加工方式，无须机械加工或任何模具，直接从计算机图形数据中生成任何形状的零件，极大地缩短产品的研制周期，提高生产率和降低生产成本。3D打印技术可以加工传统方法难以制造的零件，并实现零件的近净成型，避免了外包加工的数据泄密和缩短时间加工周期，大幅减少制造准备和数据转换的时间，具有速度快、高易用性、减少产品研发周期等优势，对动力装备、航空航天、医疗、航海、建筑、汽车等高端产品上关键零部件的制造具有重大意义，3D打印技术从工艺方面可分为熔化堆积制造、选择性激光烧结、选择性光固化式等成型形式。其中，熔化堆积制造技术将各种热塑性丝状材料由送丝机构送至热熔喷头，并在喷头中加热和融化成半液态，有选择性地沉积在工作台上，最终形成三维产品零件。

2. 并联机构的特点

该打印机采用 Arduino Mega2560 作为控制器，以步进电机作为驱动元件，带动紧定在步进电机上的同步带转动，利用滑块控制打印头按照预定的轨迹行进，并通过步进电机送料，配合打印头完成打印作业。打印喷头响应速度不小于 0.1m/s，在 X、Y、Z 三个坐标轴的运动速度大于 185mm/s；喷头加热温度可控制在 200~380℃，实现数字温控。

并联机构（Parallel Mechanism）是一种闭环机构，其动平台或称末端执行器通过至少 2 个独立的运动链与机架相连接。最早出现在 1965 年，德国 Stewart 发明了六自由度并联机构，并作为飞行模拟器用于训练飞行员。1978 年澳大利亚著名机构学教授 Hunt 提出将并联机构用于机器人手臂。并联机构必备的要素如下：

（1）末端执行器必须具有运动 5 自由度；

（2）这种末端执行器通过几个相互关联的运动链或分支与机架相连接；

（3）每个分支或运动链由唯一的移动副或转动副驱动。与传统的串联机构相比，并联机构的零部件数目较串联构造平台大幅减少，主要由滚珠丝杠、伸缩杆件、滑块构件、虎克铰、球铰、伺服电机等通用组件组成。这些通用组件可由专门厂家生产，因而其制造和库存备件成本比相同功能的传统机构低得多，容易组装和模块化。除了在结构上的优点，并联机构在实际应用中更是有串联机构不可比拟的优势。其主要优点如下：

（1）刚度质量比大。因采用并联闭环杆系，杆系理论上只承受拉、压载荷，是典型的二力杆，并且多杆受力，使得传动机构具有很高的承载强度；

（2）动态性能优越。运动部件质量轻、惯性低，可有效改善伺服控制器的动态性能，使动平台获得很高的进给速度与加速度，适于高速数控作业；

（3）运动精度高。这是与传统串联机构相比而言的，传统串联机构的加工误差是各个关节的误差积累，而并联机构各个关节的误差可以相互抵消、相互弥补，因此，并联机构是未来机床的发展方向；

（4）多功能灵活性强。可构成形式多样的布局和自由度组合，在动平台上安装刀具进行多坐标铣、磨、钻、特种曲面加工等，也可安装夹具进行复杂的空间装配，适应性强，是柔性化的理想机构；

（5）使用寿命长。由于受力结构合理，运动部件磨损小，且没有导轨，不存在铁屑或冷却液进入导轨内部而导致其划伤、磨损或锈蚀现象；

（6）在位置求解上，串联机构正解容易，但反解十分困难，而并联机构正解困难反解却非常容易。由于机器人在线实时计算是要计算反解的，这对串联式十分不利，而并联式容易实现。并联机构作为一种新型机构，也有其自身的不足，由于结构的原因，它的运动空间较小，而串并联机构则弥补了并联机构的不足，它既有质量轻、刚度大、精度高的特点，又增大了机构的工作空间，因此具有很好的应用前景，尤其是少自由度串并联机构，适应能力强，且易于控制，是当前应用研究中的一个新热点。

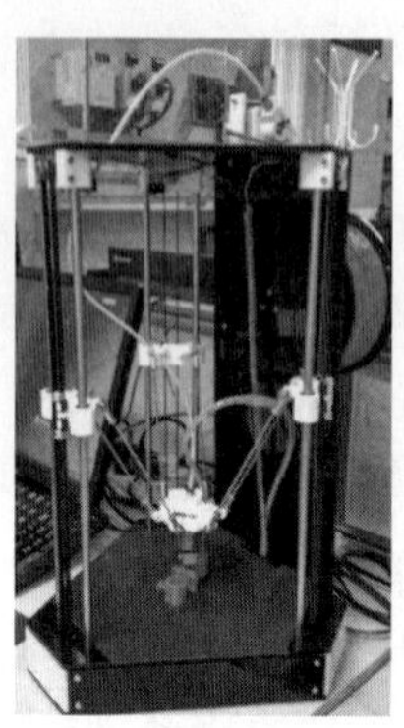

图 1　打印机实物图

3. 并联机构运动原理

并联 3D 打印步进电机控制算法：并联 3D 打印机的反解是根据执行末端的运动求解原动件的运动规律。定义如图 2 所示的定坐标系和动坐标系。设机构参数为：①连杆长度为 l_1；②固定平台的三角边长为 l_2；③动平台的三角边长为 l_3；④挤出头到圆铰链中心所在平面距离为 d_1；⑤滑块中心到圆铰链中心距离为 d_2。机械简图如图 3 所示。

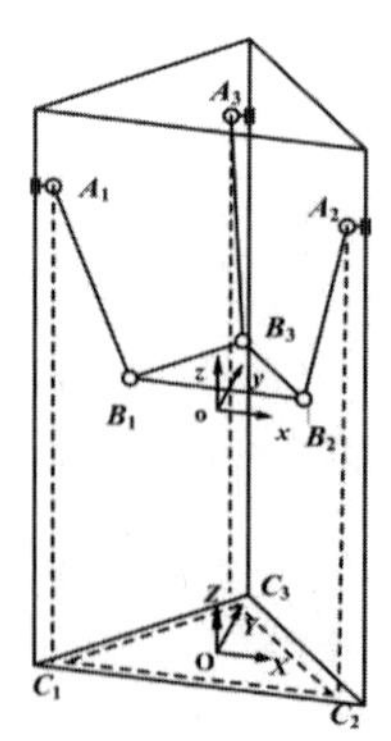

图 3　机构简图及坐标系

动平台的铰链中心在动系中的坐标为

$$\left.\begin{aligned} B_1 &= \begin{pmatrix} -\frac{l_3}{2} & -\frac{\sqrt{3}l_3}{6} & d_1 \end{pmatrix} \\ B_2 &= \begin{pmatrix} \frac{l_3}{2} & -\frac{\sqrt{3}l_3}{6} & d_1 \end{pmatrix} \\ B_1 &= \begin{pmatrix} 0 & \frac{\sqrt{3}l_3}{3} & d_1 \end{pmatrix} \end{aligned}\right\} \tag{1}$$

动系随打印的模型而不断改变位置，对于打印模型中的轨迹点 Q_i（x_{Qi}，y_{Qi}，z_{Qi}）i=1，2，…，n。

动系到定系的变换矩阵为 $\begin{pmatrix} 1 & 0 & 0 & x_{Qi} \\ 0 & 1 & 0 & y_{Qi} \\ 0 & 0 & 1 & z_{Qi} \\ 0 & 0 & 0 & 1 \end{pmatrix}$。

动平台球铰链中心：

$$B_i=(x_{Bi} \quad y_{Bi} \quad z_{Bi})i=1,2,3$$

随动系移动，设移动后的坐标为：

$$D_i=(x_{Di} \quad y_{Di} \quad z_{Di})i=1,2,3$$

$$\begin{pmatrix} x_{Di} \\ y_{Di} \\ z_{Di} \\ 1 \end{pmatrix} = \begin{pmatrix} 1 & 0 & 0 & x_{Qi} \\ 0 & 1 & 0 & y_{Qi} \\ 0 & 0 & 1 & z_{Qi} \\ 0 & 0 & 0 & 1 \end{pmatrix} \begin{pmatrix} x_{Bi} \\ y_{Bi} \\ z_{Bi} \\ 1 \end{pmatrix} \tag{2}$$

设同步带滑块上球铰链中心坐标为

$$\left.\begin{aligned} A_1 &= \begin{pmatrix} -\frac{l_2}{2}+\frac{\sqrt{3}d_2}{2} & -\frac{\sqrt{3}l_2}{6}+\frac{d_2}{2} & z_{A1i} \end{pmatrix} \\ A_2 &= \begin{pmatrix} \frac{l_2}{2}-\frac{\sqrt{3}d_2}{2} & -\frac{\sqrt{3}l_2}{6}+\frac{d_2}{2} & z_{A2i} \end{pmatrix} \\ A_1 &= \begin{pmatrix} 0 & \frac{\sqrt{3}l_2}{3}-d_2 & z_{A3i} \end{pmatrix} \end{aligned}\right\} \tag{3}$$

由于 3 个连杆长度为定值，所以有如下方程式：

$$\left.\begin{aligned} (x_{A1}-x_{D1i})^2+(y_{A1}-y_{D1i})^2+(z_{A1i}-z_{D1i})^2 &= l_1^2 \\ (x_{A2}-x_{D2i})^2+(y_{A2}-y_{D2i})^2+(z_{A2i}-z_{D2i})^2 &= l_1^2 \\ (x_{A3}-x_{D3i})^2+(y_{A3}-y_{D3i})^2+(z_{A3i}-z_{D3i})^2 &= l_1^2 \end{aligned}\right\} \tag{4}$$

化简得：

$$\left.\begin{aligned}z_{A1i}&=z_{D1i}\pm\sqrt{l_1^2-\left(x_{A1}-x_{D1i}\right)^2-\left(y_{A1}-y_{D1i}\right)^2}\\z_{A2i}&=z_{D2i}\pm\sqrt{l_1^2-\left(x_{A2}-x_{D2i}\right)^2-\left(y_{A2}-y_{D2i}\right)^2}\\z_{A3i}&=z_{D3i}\pm\sqrt{l_1^2-\left(x_{A3}-x_{D3i}\right)^2-\left(y_{A3}-y_{D3i}\right)^2}\end{aligned}\right\}\tag{5}$$

设步进电机的步距角为 α，细分数为 f，单位时间内步进电机所发脉冲数为 P_{Aji}，i=1，2，3，…，n–1；j=1，2，3，同步轮直径为 d。

则有：

$$\left.\begin{aligned}p_{A1i}&=\frac{\left(z_{A1(i+1)}-z_{A1i}\right)\times360\times f}{\alpha\pi d}\\p_{A2i}&=\frac{\left(z_{A2(i+1)}-z_{A2i}\right)\times360\times f}{\alpha\pi d}\\p_{A3i}&=\frac{\left(z_{A3(i+1)}-z_{A3i}\right)\times360\times f}{\alpha\pi d}\end{aligned}\right\}\tag{6}$$

将求得的脉冲按时间输入控制器，即可使挤出头按预定规律运动。

在考虑并联臂球铰的约束、最大运动高度的约束等约束条件，可以进一步建立末端执行器的运动空间，这对于设计 3D 打印的工作范围，并合理确定机构的参数有重要理论指导意义。如图 4 所示，是我们基于 Matlab 进行的运动空间参数化分析。

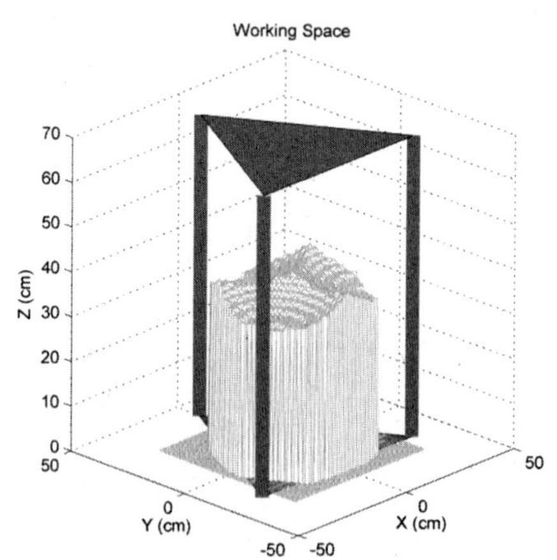

图 4　控制系统结构

4. 控制系统

控制系统的核心CPU选用ATMEGA2560微处理器，控制系统主要完成对步进电机的控制、挤出机的控制、挤出机加热电阻的温度控制、挤出机的零点和行程的控制；读取SD卡存放的配置文件、打印数据文件，通过USB与上位机通信。

控制系统的总体框图如图5所示，控制系统的供电通过电源电路提供。系统通过LPC1768微控制器的片内SPI接口读取SD卡里的配置文件、打印数据文件，通过片内USB接口实现与上位PC机进行可靠快速通信，保证打印数据文件及时正确传输，同时上位机可通过USB接口给系统发送控制命令。两路输出数字信号分别控制加热床加热电路和挤出机加热电路中的低通电阻NMOS功率开关管，实现加热床及挤出机中加热电阻的加热。温度传感器电路的两路模拟量经片内A/D转换通道输入，实现加热床、挤出机温度的检测和控制。四路步进电机驱动电路分别控制X、Y、Z这3个轴的步进电机及挤出机的步进电机，实现打印件的打印。三路行程开关电路定位X、Y、Z轴的原点和运动相对位移量。

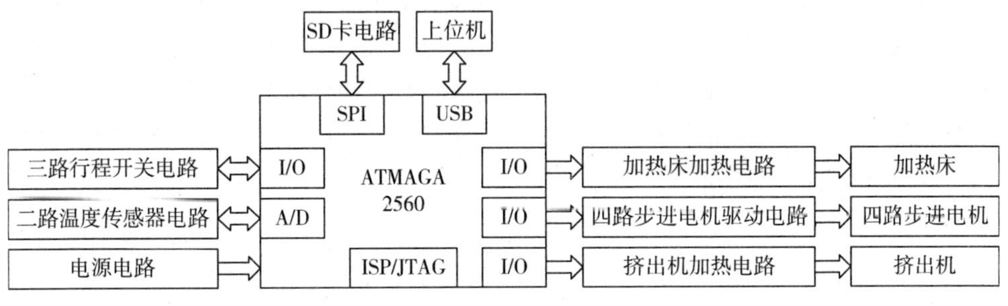

图5 控制系统结构

5. 创新机构设计

5.1 新型线性滑枕

Delta型3D打印机是一种基于三个线性垂直运动轴驱动的并联结构3D打印机，它的垂直线性运动轴的实现方案包括：滑轮式、直线滑轨式以及直线轴承式，其中直线轴承式兼顾了精度和成本，是较为常用的一种方案。直线轴承式运动轴，主要包含同步带、光轴、直线轴承、线性滑枕等零部件，其中前三者均是工业标准件，仅需选用无须设计，设计了一款如图 6 所示的结构合理的线性滑枕。

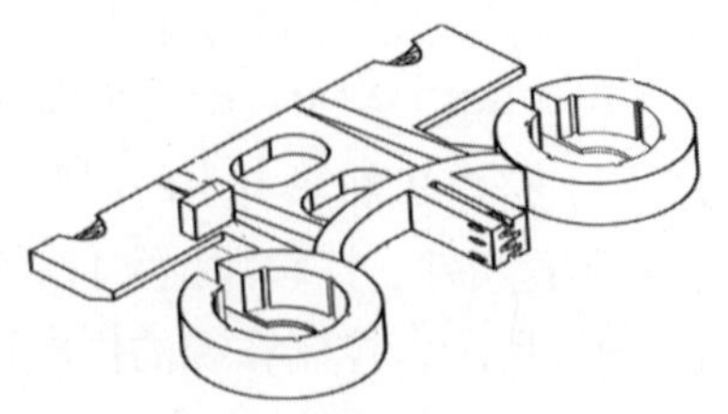

图 6　新型线性滑枕

新型 3D 打印机线性滑枕在和同步带、直线轴承进行连接时，不仅具有稳定性可靠，而且具有连接简单方便的优点，线性滑枕内的行程极限位置挡块能够适应不同类型的限位开关，线性滑枕内的倾斜式关节轴承孔扩大了 3D 打印机的工作空间，使用方便，操作简单，具有实用性。

5.2　新型料盘支架

打印机所需原料为 PLA 丝材，一般缠绕在料盘上，工作时料盘一般需要放在一个支架上，并在进料电机的拉动下旋转进料。因此设计了一个如图 7 所示的新型 3D 打印机料盘支架，它的突出特点是取下料盘时可以折叠收起，从而节省空间方便 3D 打印机装箱托运或保管；装上料盘工作时转动灵活，可以解决现有料盘支架和料盘支架转动不灵活、不稳定导致的进料波动或断料问题。料盘支架包括连接板、翻转板、销轴、锁紧螺母、轴承套、法兰轴承、丝杆、轴套。其中连接板上设计有螺纹孔，用来和 3D 打印机机架连接。翻转板通过销轴连接在连接板上，当翻转板放平时，料盘支架处于工作位置；当翻转板竖直收起时，料盘支架处于非工作位置。料盘支架上连接了一个丝杆，丝杆上套有两个轴承和一个轴套，两个轴承分别装有轴承套。轴承套的外径和料盘的孔径相匹配，装上料盘后，丝杆两端的由锁紧螺母锁紧，从而料盘可以灵活地在丝杆上旋转。

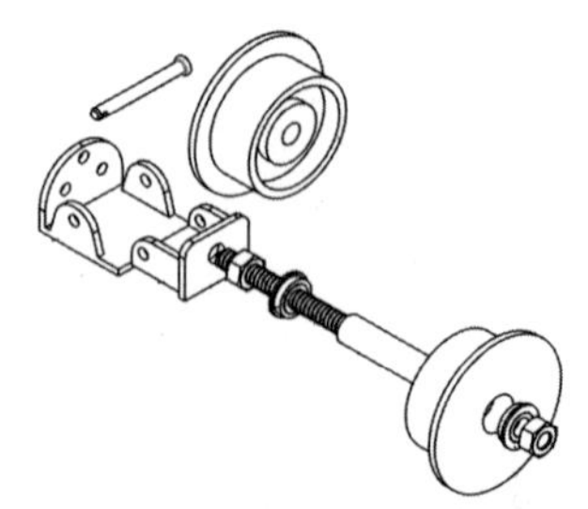

图 7　新型料盘支架

6. 结论与创新点

本项目研究了平动并联 Delta 机构的正解和逆解算法，建立了工作空间的分析模型，研究了 Delta 并联机构 3D 打印机的控制算法，基于 Matlab 和 Solidworks 软件进行了仿真分析，创新设计了料盘支架、线性滑枕等关键部件，制作了一台 3D 打印机样机。主要的创新点：

（1）研究了 Delta 并联机构的运动学算法，在考虑实际结构约束的条件下，基于 Matlab 建立了工作空间参数化分析模型；

（2）设计了新型的线性滑枕和料盘支架等 3D 打印机的关键部件。

参考文献

[1] 谭秀腾，郭小定，李小龙，余亮 . 基于 ARM 的桌面型 3D 打印机控制系统设计 [J]. 应用科技，2014，05：57–61+66

[2] 阴贺生，赵文豪，宋杰，徐承凯，赵佳峰 . 基于三臂并联结构的桌面 3D 打印机 [J]. 机械，2015，02：36–40

[3] 袁泽林，方辉，黄纪刚，张文君，谢志豪 . Kossel 3D 打印机精度影响因素及微调方法研究 [J]. 制造技术与机床，2016，04：21–27

[4] 张小建，夏炜炜，黄嘉昊，解乃军，陆欣云 . 并联臂式 3D 打印机机构设计与研究 [J]. 中国高新技术企业，2016，33：5–6

[5] 张国辉，杨益，王伟伟，齐鑫，顾金梅 . 基于 3–RPS 并联机构的电流体动力打印设备设计 [J]. 科技创新导报，2016，32：40–42+44

[6] 吴懋亮，蔡杰，何涛，谢飞 . 并联结构的 3D 打印系统设计与分析 [J]. 机械设计与制造，2016，07：113–115+120

一种搬运机器手系统设计与开发

北方工业大学：王　伟　李俊朋　刘　冰　包家磊

指导教师：黄昔光　副教授

设计并组装了一个采用舵机驱动的五自由度机械臂装置，基于D-H法建立了其数学模型，并完成了机器人运动学正逆解，并利用Matlab软件进行编程仿真，模拟了机械臂的运动过程，应用Arduino程序系统和硬件对其进行运动控制，实现了机械臂搬运、圆弧轨迹等复杂动作。

1. 引言

随着自动化日趋成熟，劳动力供给逐渐减少，人力成本持续上涨，机器人被推向工业生产与制造的先锋，机器人产业得到前所未有的发展与重视。2013年，中国工信部对我国工业机器人产业进行了战略层面的规划指导，指出五年内的发展目标。2014年，国家主席习近平阐明了机器人革命的深远意义，并指明要全力发展中国机器人事业，在国际市场中巧取重要席位。而从全球角度来看，机器人产业同样成为先进制造领域的发展焦点。德国推行改善劳动条件计划和工业4.0计划等政策，企图将机器人普及整个市场。美国奥巴马政府提出通过发展机器人计划重新振兴美国制造业。虽然日本在世界机器人产业处于领先水平，但日本政府依然不断提出各项政策，企图行政手段带动整个社会完善机器人行业上下游产业链的紧密联系，形成一条产业集群。综上所述，机器人技术是已经成为各国科学技术发展的重要组成部分，将对未来生产和社会发展起着非常重要的作用。

机械臂的研究领域，机械系统设计、控制系统搭建以及运动学方面的研究是基础部分，本项目分别对有关机械机械系统设计、控制系统搭建以及运动学等方面进行了分析与研究。通过对本项目研究，总体掌握工业机器人的基本开发流程与方法，对机器人的学习和研究起到很好的帮助和促进作用。

2. 设计过程

2.1 机械臂构造组成

机械臂的主体结构是由一套铝合金支架、铝合金机械手爪、多个 RM-150 舵机组成。模拟人类的手臂：肩、肘、腕等基本关节以及多个手指关节，使手臂更加灵活，用 6 个伺服舵机以巧妙的结构设计，结合它的控制系统 Arduino，就能展示出控制 6 自由度机械臂的工作原理。机器人手臂硬件系统主要由三大部分组成包括机械元件、控制系统和动力元件。

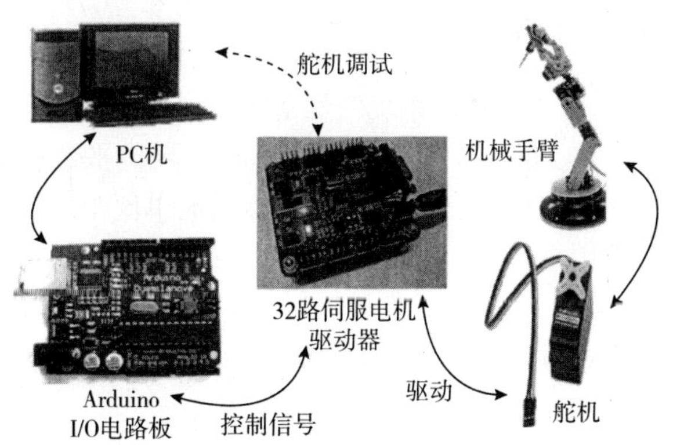

图 1　机械手系统组成

基于 Solid Works 软件绘制了机械装配图在三维建模软件 Solid Works 中建立零件图及装配图，更有效简洁地表示机械臂的组成及装配过程。为实体的组装建立模板，可以多次重复演示，方便实体的安装。底座主要包括转盘轴承、机械臂底盘、固定圆盘、转动圆盘等。底座是机械臂组成的重要部分组成和装配较为复杂。先将转盘轴承安装好，之后把舵机与固定圆盘连接好，再将固定转盘与转盘轴承连接。长支架与底座舵机的连接。转动圆盘与舵机支架连接好后再和之前组装好的一同连接。卡爪是机器人手臂的执行机构，是机器人实现多种操作的必要机构。能够在各种机械手臂、移动平台、仿生机器人上安装，实现在机器人在空间抓取、翻转、横移、携带搬运等动作。机械手整体的装配如图 2。

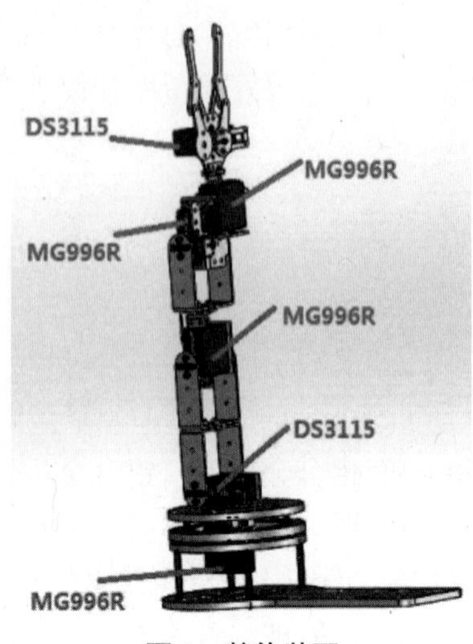

图 2　整体装配

2.2　机械臂的控制系统

根据设计的任务与要求，控制系统的框架图如图 3 所示。控制系统是实现机械手控制完成设定任务的核心部分，主要由 Arduino 硬件平台和其他相关电路板组成。Arduino 是一个开放性的硬件平台，其特点是简单便于操作，具有 I/O 功能。Arduino 既可以独立被用来开发运行，或者连接一定的外部电子设备实现控制运行，也可以设计一些和 PC 终端连接的装置，并且可以在一定程度上与运行在 PC 上的软件（如 Flash、Max/Msp、Director、Processing 等）进行数据信息交互，实物如图 4。

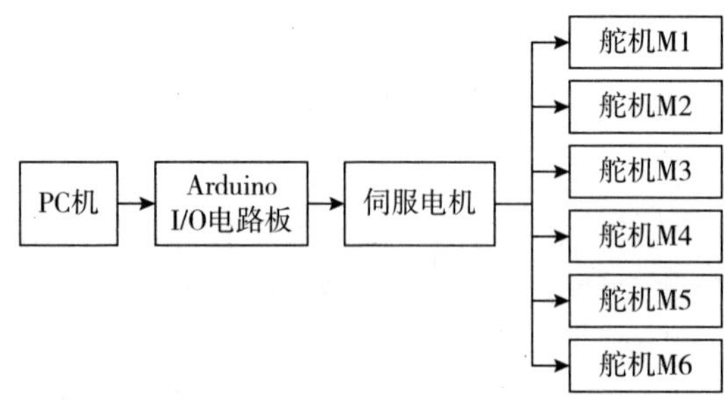

图 3　机器人手臂控制系统整体框架

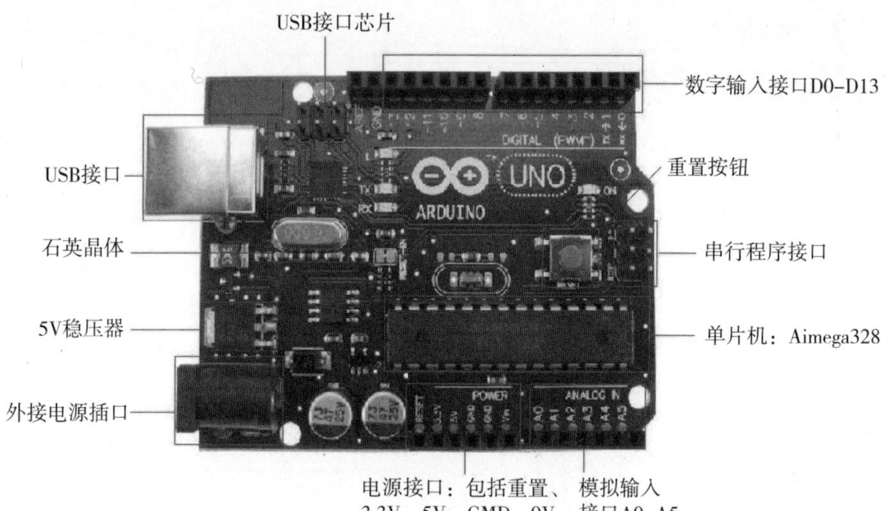

图 4 Arduino 硬件平台

在Arduino中会将Bootloader程序预先烧录，在通电之后会首先运行这段程序，类似于PC机BIOS中的程序，在启动进行自检、配置端口等，通过此程序可以实现将来自串口的程序烧录到Flash区中。当从Arduino IDE下载程序时，就先让Arduino复位，通过Bootloader程序将串口引入的程序快速便捷地烧录Flash区中，实现重复烧录。综合各方面情况在，Arduino系列中选择Arduino UNO作为控制板，Arduino UNO各管脚说明图如图5。

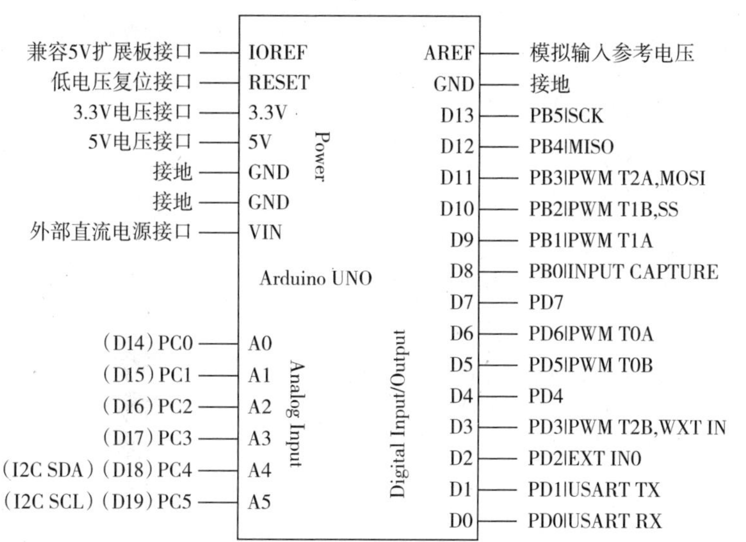

图 5 Arduino UNO 管脚标注图

2.3 运动学

本文所用机械臂结构示意图如图 6 所示，按照连杆系统坐标建立方法建立数学模型如图 7 所示。

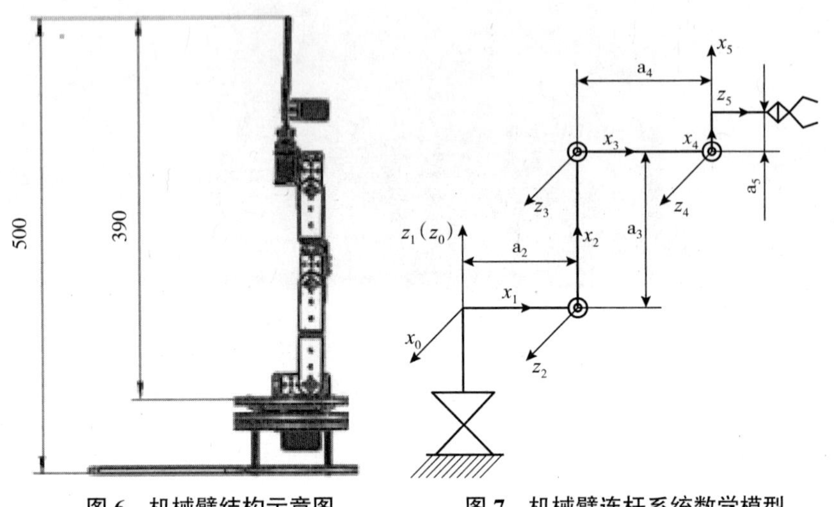

图 6 机械臂结构示意图 **图 7 机械臂连杆系统数学模型**

（1）正向运动学计算

设 {0} 和 {6} 分别为基座坐标系和机械臂末端执行器坐标系，则由齐次矩阵复合变换，可以求得到的变换矩阵为 ${}_6^0T$：

$$ {}_6^0T={}_1^0T\cdot{}_2^1T\cdot{}_3^2T\cdot{}_4^3T\cdot{}_5^4T\cdot{}_6^5T $$

当各关节角度确定时，即可计算出末端位姿。${}_6^0T$ 就是机械臂的正向运动学解，明白地显示出机械臂末端的位置和姿态。

（2）逆向运动学计算

运动学方程的逆解是指已知末端执行器位姿变换矩阵，通过运动学方程求解关节变量的问题。机器人末端执行器的空间运动轨迹是由其操作任务所确定的。轨迹上的各点对应于所要求解的关节变量，解出这些关节变量，并据此控制机器人各关节驱动机构的运动，从而完成所规划的轨迹。这是机器人运动学的基本任务之一。

假设已知机械手末端执行器坐标系矩阵：

$$ {}_6^0T=\begin{bmatrix} n_x & o_x & a_x & p_x \\ n_y & o_y & a_y & p_y \\ n_z & o_z & a_z & p_z \\ 0 & 0 & 0 & 1 \end{bmatrix} $$

求解 θ_1：在公式（2.17）两边左乘 ${}^0_1T$ 的逆，

$${}^0_1T^{-1}{}^0_6T={}^1_2T\cdot{}^2_3T\cdot{}^3_4T\cdot{}^4_5T\cdot{}^5_6T$$

等式右端矩阵中的元素含有 θ_1 表达式，可利用相等矩阵对应元素相等原则对 θ_1 进行求解，通常算法中利用两个矩阵的（2，4）元素对应相等，即可利用方程求得 θ_1 的值：

$$\theta_1=\arctan\frac{p_y}{p_x}-\arctan\frac{\pm\sqrt{{p_x}^2+{p_y}^2-{d_2}^2}}{d_2}$$

得 $-\sin\theta=-1$，求出 $\theta_1=90°$ 。

同理，利用等式两端矩阵元素相等的方法列出方程，依次求得 θ_2、θ_3、θ_4、θ_5、θ_6 的值。值得注意的是，当机械臂的末端位姿一定时，所求的关节坐标值存在多组解，即机械臂逆向运动学的解具有多解性。可根据各关节的角度运动范围及能耗最低法则，对机械臂逆向运动学解进行甄选，得到最优逆向运动学解。

2.5 实验演示

货物搬运是一般工业机器人最常见的任务，与之相对应，将设计一个物体搬运的程序来实现物体的搬运。任务要求：机器人手臂从初始位置转动到左侧低台的固定位置 A 点，夹取摆放的物体，将物体放置于右侧高台的固定位置 B 点。在夹取运送物体的过程中要保证机器人手臂运动的平稳性，防止物体中途掉落。

机器人手臂在物体搬运任务执行控制过程，所演示程序中的任务执行流程如图 8。

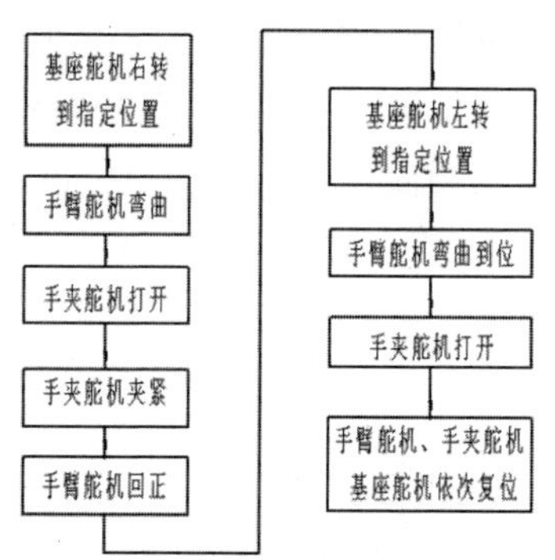

图 8　任务执行流程

在此过程涉及逆向运动学计算，由逆向运动学计算确定当执行器位于两个指定位置时机械臂的位姿。根据由位姿确定的各关节角度进一步编写整体程序。

编程结束后，将程序下载到 Arduino 控制板，接通电源。控制板执行控制指令，机械臂按照预定指令执行任务。如图 9 所示。

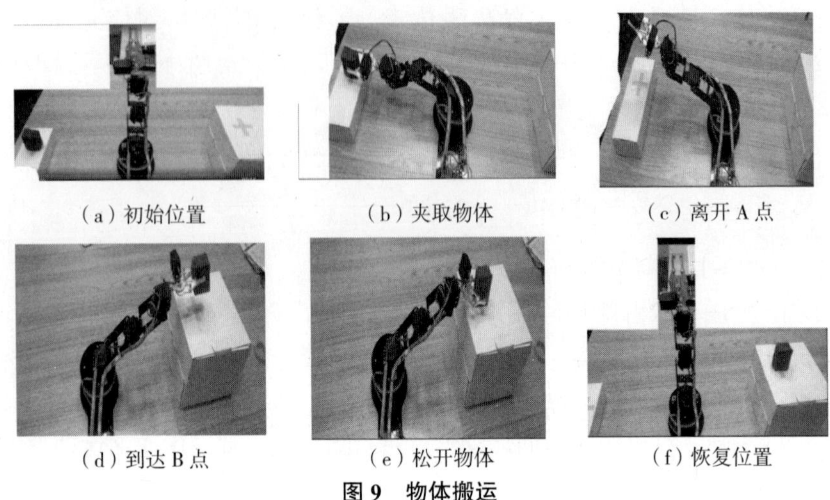

（a）初始位置　（b）夹取物体　（c）离开 A 点

（d）到达 B 点　（e）松开物体　（f）恢复位置

图 9　物体搬运

实验的过程达到了物体搬运演示的总体要求。在实验过程中，机械手将物体从左侧低台的固定位置 A 点夹取物体放置于右侧高台的固定位置 B 点，并且运送过程中机械手运行平稳，物体没有掉落。

3. 总结分析

通过实验，完成了对机械手臂的运动分析与设计制作，达到了预期目的，验证了 Arduino 作为舵机控制器的可行性，实现了 Arduino 对多个舵机角度的控制，满足功能要求。同时机械臂组装简便、结构简单，可用于教学授课演示，因此具有一定的研究意义。

参考文献

[1] 韩建海 . 工业机器人 [M]. 武汉：华中科技大学出版社，2009

[2] 谭民，王硕 . 机器人技术研究进展 [J]. 自动化学报，2013，39（7）：963-972

[3] 计时鸣，黄希欢 . 工业机器人技术的发展与应用综述 [J]. 机电工程，2015，32（1）：1-13

[4] Pan Z，Polden J，Larkin N，et al. Recent progress on programming methods for industrial robots[J]. Robotics and Computer-Integrated Manufacturing，2012，（28）：87-94

[5] 廖辉 .PR 机器人控制器的研制 [D]. 中南大学，2004

[6] 李宇剑，巢明 . 我国工业机器人产业现状与发展战略探讨 [J]. 制造业自动化，2010，33（12）：106–108
[7] 毕胜 . 国内外工业机器人的发展现状 [J]. 机械工程师，2008，（7）：5–7
[8] 曹文祥，冯雪梅 . 工业机器人研究现状及发展趋势 [J]. 机械制造，2011，49（558）：41–43
[9] 孙英飞，罗爱华 . 我国工业机器人发展研究 [J]. 科学技术与工程，2012，12（12）：2912–2918
[10] 叶枫 . 蔡鹤皋 . 机器人及机电一体化技术专家 [J]. 航空制造技术，2014，（23）：34–35
[11] 王田苗，陶永 . 我国工业机器人技术现状与产业化发展战略 [J]. 机械工程学报，2014，50（9）：1 — 13
[12] 唐和业 . 一种两自由度并联机械手教学演示平台数控系统的研究与开发 [D]. 天津大学，2007
[13] 殷际英，何广平 . 关节型机器人 [M]. 北京：化学工业出版社，2003
[14] 朱洪玉 . 关于矢量与笛卡尔矢量的几点注记 [J]. 内江师范学院学报，2004，（4）：90–95
[15] 黄玉美 . 一种五自由度机器人机构的研究与开发及运动学分析 [D]. 西安理工大学，2004
[16] 孙静 . 基于 INTERNET 的机械臂远程控制研究 [D]. 西安电子科技大学，2008

自动包装机结构设计与制作

北方工业大学：张开燕　曾　顺　王　刚　丁叶辉　蔡超杰

指导教师：高德文　高级实验师

自动包装机是一种能够自动封装不同尺寸纸箱的创意作品。自动包装机设计过程注重创新设计，在设计过程中应用计算机三维软件进行结构设计，采用参数调整实现包装过程的运动控制。包装机整体设计包括三个阶段：方案设计、结构设计和制作调试。通过对每一阶段的创新实践，使设计方案尽可能达到最优。为适应不同尺寸包装箱的封装，采用连杆创新机构，自动包装机可以通过改变传送带之间的宽度，完成不同尺寸包装箱的封装。包装机可以广泛应用于电商及物流行业的商品自动包装。

1. 绪论

1.1　选题背景

当今，物流行业快速发展，网络购物生活也日趋常态。在物联网经济中，国务院总理李克强提出的“互联网 +”报告中提到要提高人们物质生活的质量，以及“两会”期间，总理在全国人大会议上作政府工作报告中指出，要深化流通体制改革，清除妨碍全国统一市场的各种关卡，降低流通成本，促进物流配送、快递业和网络购物发展，充分释放十几亿人口蕴藏的巨大消费潜力。针对不同材质、形状和尺寸商品的包装机械装置的出现也是必然的。而且在电子商务的新型商业模式下，对于电商每日所需要发出的装有商品的包装箱不计其数，其人力资本巨大，使用自动包装机可以加快商品的贸易交流以及减少许多的人力成本。

1.2 功能要求

作品主要是针对可以装有不同材质、形状、尺寸商品的包装机械装置，利用纸箱的几何特性，对已放入商品的包装箱进行机械传送、上下封箱等重要步骤的实现，减少人工环节，提高效率。在此中所利用到齿轮减速电机的选用、传送带的设计、框架的搭建，尤其是分析胶布器整体的设计、安装以及可调节传送带的设计。目的就是满足不同尺寸箱子，在传送带的运送下完成包装过程，对于小型电商和卖家来说，可个性化完成包装步骤，大大减少人力成本。

1.3 整体设计要求

自动包装机设计过程中需要完成：机械方案设计、控制方案设计以及机构创新设计。设计过程中要求综合考虑材料、加工、制造成本等各方面因素，提出合理的工程规划。设计能力项要求设计具有创新性和规范性。要求综合运用加工制造工艺知识的能力为主。

1.4 设计方法

小自动包装机的设计一定要做到目标明确，通过对课题的分析我们得到了比较清晰开阔的设计思路。作品的设计需要有系统性、规范性和创新性。设计过程中需要综合考虑材料 、加工 、制造成本等几方面因素。在设计方法上我们借鉴了参数化设计 、优化设计 、系统设计等现代设计发明理论方法，采用了Matlab、Solid Works 等软件辅助设计。下面是我们设计的流程图。

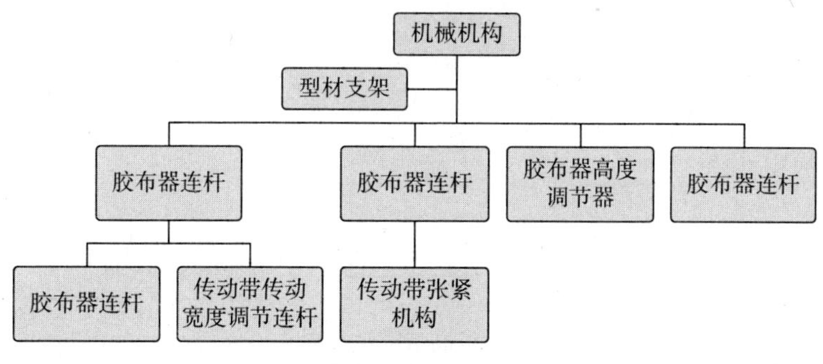

图 1 设计流程图

2. 方案设计

2.1 机械方案设计

自动包装机是机电一体化产品，分为机械结构和电路控制系统两大部分，机械结构有间歇摆动连杆机构、电机里的齿轮减速机构、带传动机构。应应 Solid Works 进行三维建模，进行机械方案设计。

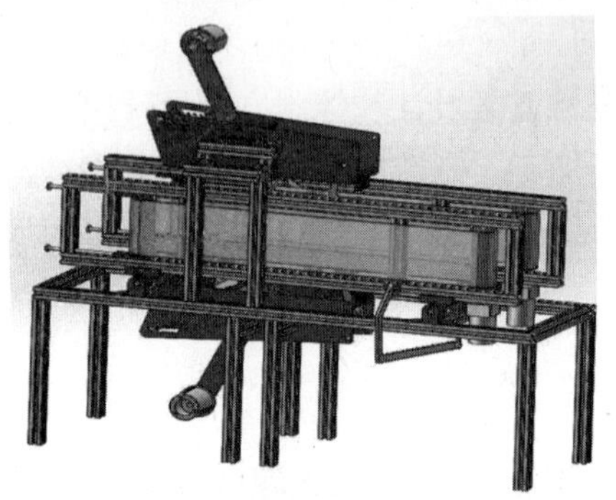

图 2　整机三维设计模型

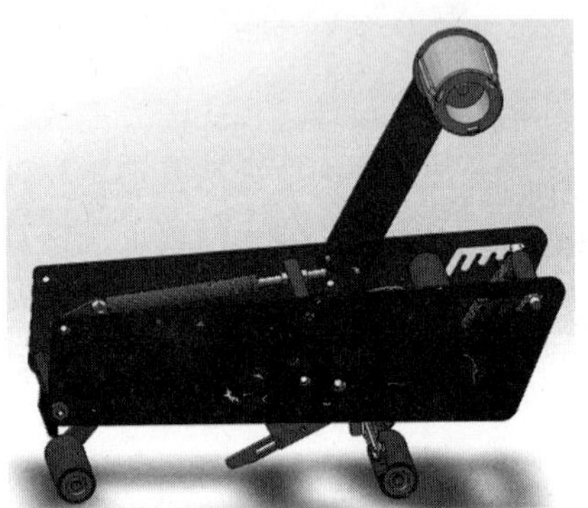

图 3　胶布器三维设计模型

2.2 控制方案设计

电路控制部分采用 PWM 调速电路，控制减速电机的正反转以及转速。如图 4 所示。

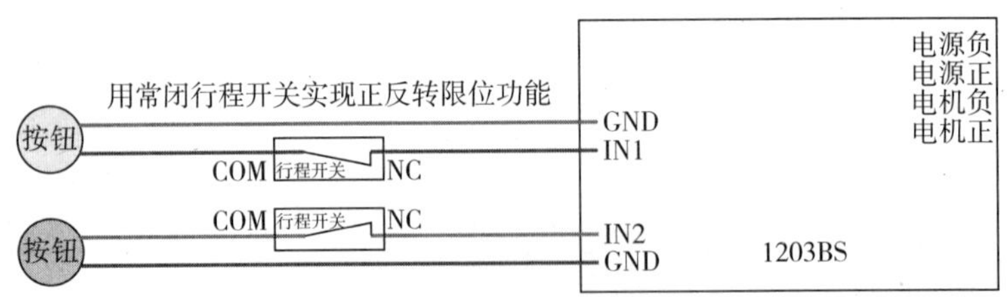

图 4　控制板的接线电路

控制部分通过制作好的电路板加上电位器以及继电器，通过电位器的手动旋转来调节电机所通过电机的电流来调节减速电机的转速，通过继电器来控制信号来使得减速电机使得产生正反转的效果。

3. 设计与计算

3.1 杆组自由度计算

如图 3 所示，胶布器滚轮的自由构件数为 3，低副数 Pl=4，高副数 Ph=0，所以自由度：$F=3\times N-2\times Pl-Ph=3\times 3-2\times 4-0=1$；所以杆组具有确定的运动。

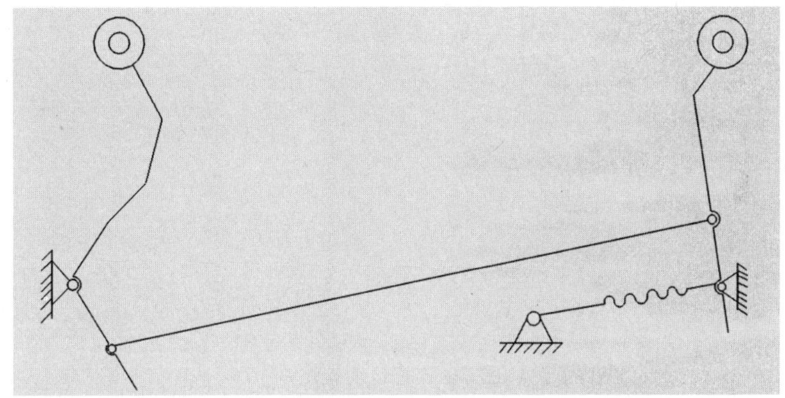

图 5　滚轮杆组

3.2 杆组运动分析

杆组的设计目的就是让在主动杆件运动时，从动杆件在连杆的传动下，使得两杆能够同时触及运动最低处，并保持在静态条件下，两杆组端点处保持在同一高度，所以这就需要在 Solid Works 软件下进行建模仿真。

图 6　胶布器内部连杆三维设计模型

3.3 传送带宽度调节连杆设计

该设计是本装置的主要亮点，通过自主设计、计算，并制作三维模型、仿真，在通过设计连杆的参数去数控加工铣得到。通过 3D 打印零件与连杆连接，

使得本连杆设计可以使传动带框架在范围 190~210mm 中移动。其机械原理图如图 7。

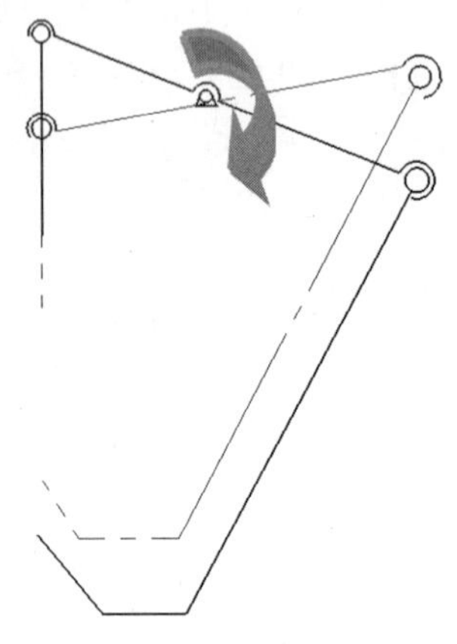

图 7 连杆运动轨迹

连杆自由度计算：自由构件数为 3，低副数 Pl=4，高副数 Ph=0，自由度：F=3 × N−2 × Pl−Ph=3 × 3−2 × 4−0=1（因为杆的末端与型材连接，所以图中未显示）；所以杆组具有确定的运动。

3.4 传动带框架以及张紧机构

传动带框架具有保护带传动系统的部件，框架结构合理，操作方便，性能安全可靠，可以防止误操作，保传动带结构安全且便于与传送带宽度调节连杆连 接。该机构由外形框架和张紧机构组成，如图 8 所示。

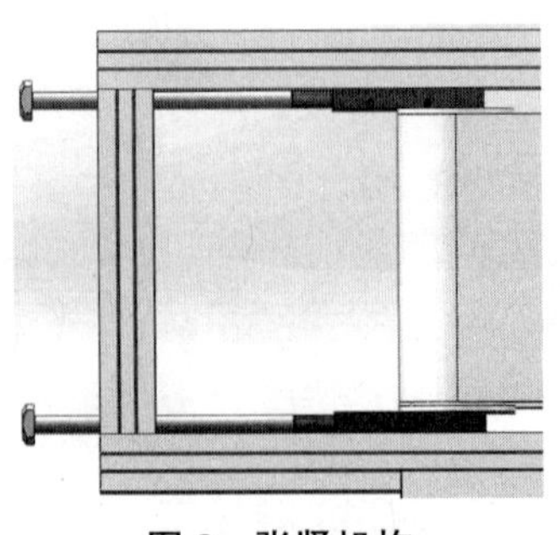

图 8 张紧机构

张紧滑块为传动带提供了预紧力，张紧滑块采用对支撑轴上下分别调节以精确保证给支撑轴的垂直度。通过张紧机构的可调节性，增加了皮带传动的可靠性。

传动带宽度调节实现的路径为：当装载好物件的纸箱准备进入自动封口机进行封口作业前，调节宽度调节连杆，使两传送带之间的宽度调节到箱子的宽度，同时微调张紧滑块是传动带呈张紧状态，然后调节上胶布器高度调节器，使上下胶布器达到箱子配合的高度，开启电源，使得传送带平稳运动后并确认无误进行传动封口作业。

3.5 顶部胶布切割器的高度调节

这个机构主要是采用类似直线棘轮槽机构，通过槽的特点和支撑短柱配合，到了顶点受弹簧拉起可返回底端，使机构只能单向升高，一旦到达最高点就可以重新回到最低处的依次循环，达到调解效果。这样在受剪受压方面具有很大的优势。通过与型材在上任意滑动安装实现对胶布器的高度调节。如图 9 所示。

图 9 高度调节器连接图

3.6 皮带传送与电机设计

具有牵引件的传送带一般包括：牵引件、承载构件、驱动装置、涨紧装置、改向装置和支承件等。牵引件用以传递牵引力，可采用输送带、牵引链或钢丝绳；承载构件用以承放物料，有料斗、托架或吊具等；驱动装置给输送机以动力，一般由电动机、减速器和制动器（停止 器）等组成；涨紧装置一般有螺杆式和重锤式两种，可使牵引件保持一定的张力和垂度，以保证传送带正常运转；支承件用以承托牵引件或承载构件，可采用托辊、滚轮等。

本机械装置采用侧面双传送带设计，用传送带挤压箱子侧面产生摩擦力带动箱子通过上下两个胶布器。

经测试得到，箱子重量大约为 1.5 千克，需要有足够的摩擦力才可使箱子跟随传送带移动。传送带厚度为 2mm，宽度为 150mm，周长由机器设计长度定为 2200mm，传送带轮的直径为 50mm，由 8mm 光轴为输入轴。

设定传送带的速度约为 10m/s，则输入轴转速为 60rpm，扭矩约为 2kg/cm。

选用电机为台达 1800 转，扭矩为 500g/cm，若达到传送带需要的转速与扭矩，减速比 N= 原转速 / 减速后转速 =1800/60=30rpm。传送带工作原理如图 10 所示。

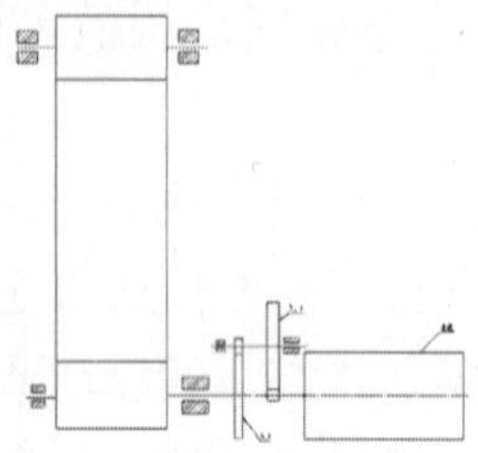

图 10　传送到工作原理

所以应选用减速比为 1 ： 30 的减速器，由联轴器连接到传送带。其减速原理是通过二级齿轮减速达到 1 ： 30 的减速比，而且同时增加电机扭矩，必要时产生自锁特性。减速机工作原理如图 11 所示。

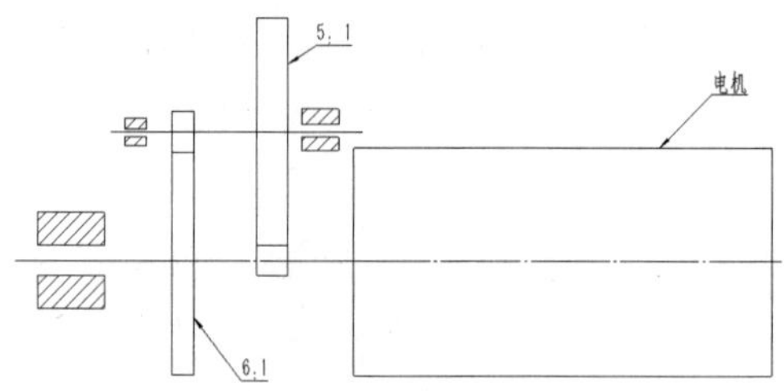

图 11　减速机工作原理

本机械装置运用 Ne555 时基电路，通过 Ne555 时基电路使得模拟信号转化成数字信号，利用 PWM 原理控制利用电路特性通过调节电机两端电压来控制电机转速。

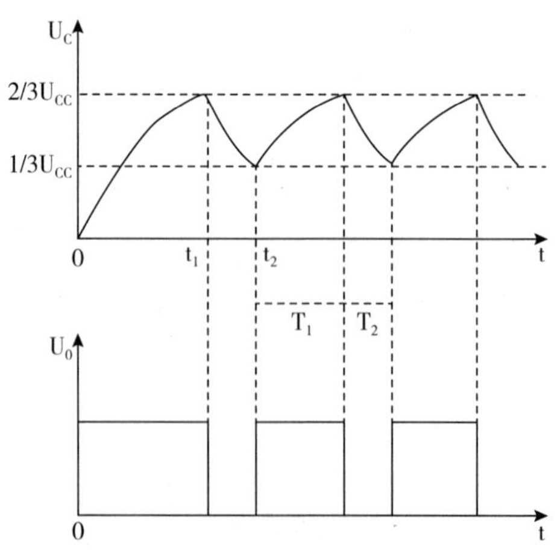

图 12　脉冲发生器电容充放电波形及电压输出波形图

6. 加工制作

6.1 平台搭建

利用 30×30 铝型材，通过模型设计的数据用电锯按一定误差加工，切好的铝型材用型材连接件进行装配加工，最后完成平台搭建。

6.2 板料加工

充分利用实验室数控机床进行编程加工出所需要一定形状、尺寸的板材和连杆，有 PVC 材料加工和铝型材加工。

6.3 重要部件加工

将设计的零件通过 Solid Works 建模并设计出图纸交给加工厂进行加工。部分零件考虑成本问题利用实验室 3D 打印机以及快速成型进行加工。

7. 创新点

（1）本机械装置机电一体，将电控和机械部件合理结合起来，以更高效地达到机械效率；

（2）纯机械可移动传送带通过精心设计，提高了产品质量和效果，而且纯机械结构具有节能、互换性好、维修更换方便的独特优势；

（3）与大型包装机比较，本设计体积小、结构简单及分模块化结构，更适合于家庭与小型电商的需求，应用前景广泛。

参考文献

[1] 侯志勇 . 由时基电路 NE555 组成的 PWM 直流电机调速电路 [J]. 河南机专学报，Journal of Henan Mechanic and Electric Engineering College，1997

[2] 刘武 . 胶带自动封箱机的结构设计 [J]. 轻工机械，Light Industry Machinery，2001

[3] 许林成 . 包装机械原理与设计 [M]. 上海：上海科学技术出版社，1988

[4] 邹慧君等主编 . 机械原理 . 北京：高等教育出版社，1999

[5] 钟毅芳等主编 . 机械设计原理与方法（上册）. 武汉：华中科技大学出版社，2000

附件

（1）自动包装机实物照片；

（2）自动包装机设计图纸；

（3）首都机械创新大赛获奖证书。

基于 Gabor 小波的身份认证

北方工业大学：唐婉冰　关　瑜　王子豪　邵鹏威

指导教师：李琛　讲师

人脸识别是通过提取人脸的视觉特征来进行身份认证，是机器视觉、模式识别领域的研究热点之一。与虹膜、指纹等生物特征一样，人脸具有唯一性和相对稳定性；此外，人脸图像的获取具有非接触性、易提取、不易仿冒、成本低等优点。因此，人脸识别在信息安全等领域有非常广泛的应用，如身份识别、自动门禁系统、监控系统等，对增加识别的高效性和有效性有重要意义。

近年来，人脸识别发展十分迅速，人们不断尝试更有效的特征提取方法使人脸识别得到更广泛的应用。因此本文从特征提取的角度出发，研究了一种基于 Gabor 和 CS-LBP 改进的人脸识别方法。

1. Gabor 小波

近年来，Gabor 小波在计算机视觉和图像领域有重要应用。Gabor 小波有良好的方向和频率选择特性，可以捕捉多尺度、多方向的局部结构且对表情、光照等因素不敏感，可以得到鲁棒的人脸表示。

其表示如下：

$$F(a,x,y)=\frac{a^2}{\sigma^2}\exp\left(-\frac{a^2\left(x^2+y^2\right)}{2\sigma^2}\right)\left[\exp\left(ia\sqrt{x^2+y^2}\right)-\exp\left(-\frac{\sigma^2}{2}\right)\right]$$

其中，（x，y）表示图像的位置坐标，$a=\begin{pmatrix}a_v\cos a_u\\ a_v\sin a_u\end{pmatrix}$，$a_v=2\sqrt{2^v}\pi$，$a_u=u\dfrac{\pi}{4}$，$v$ 取（0，1，…，$v_{max}-1$），u 取（0，1，…，$v_{max}-1$）。

2. 中心对称局部二值模式

中心对称局部二值模式（Center symmetric Local Binary Pattern，CS-LBP）是一种纹理描述子，在原始 LBP 基础上引入中心对称思想，仅比较 3×3 邻域内以中心像素值为中心对称的像素值对。若大于中心像素值，将邻域像素值置为 1，否则置为 0，同样转为十进制得到中心像素的编码。

其基本原理如图 1 所示：

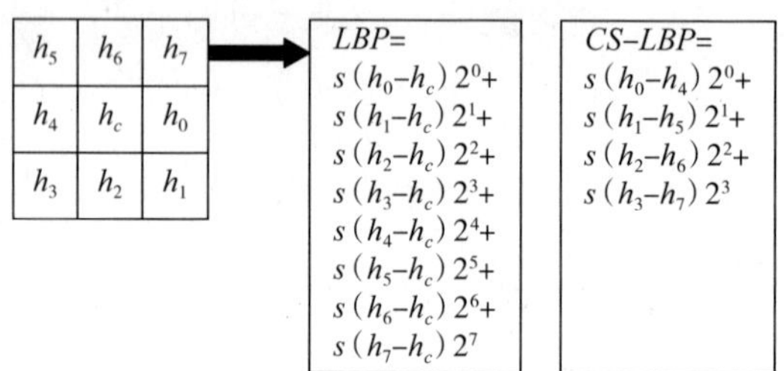

图 1　LBP 与 CS-LBP 原理比较

由图 1 可看出，CS-LBP 把特征维数降到了$\left(\frac{1}{2}\right)^{\frac{p}{2}}$，需要的存储空间少，减小了计算复杂度，又考虑了像素对的灰度差值和梯度变化的问题，解决了原始 LBP 算子未考虑图像中心邻域像素的梯度变化，鲁棒性较差的问题。

3. 卡方距离分类器

由于传统的距离计算方法（如欧式距离等）只考虑绝对距离，未考虑特征量间的相对距离，本次研究选用了卡方距离（Chi-square measure）。因为卡方距离能反映特征间相对距离的变化，进而得到更好的分类性能。

卡方距离利用联表分析的方法得到一个卡方统计量来测量训练集和测试集的相似度，公式如下：

$$\chi^2(x,y)=\sqrt{\sum_{k=0}^{n}\left(\frac{x_k-E(x_k)}{E(x_k)}\right)^2+\sum_{k=0}^{n}\left(\frac{y_k-E(y_k)}{E(y_k)}\right)^2} \tag{4}$$

其中，x_k 是 x 的第 k 个变量的取值，$E(x_k)$ 是 x 在第 k 类上的期望，y_1 是 y 的第 k 个变量的取值，$E(y_k)$ 是 y 在第 k 类上的期望。

4. 基于 Gabor 和 CS-LBP 的识别

考虑到使用 Gabor 小波描述的人脸易忽略人脸的局部特征，且存在一定的冗余度，本文研究了一种改进的基于 Gabor 的人脸识别方法，其主要思路如下。

第一，将人脸图像矩阵和 Gabor 核函数进行卷积，得到不同方向和尺度的信息；第二，将图像特征按 3 个尺度累加，即每个方向的 4 个尺度分别累加；第三，随后进行 CS-LBP 处理，3 个尺度分别按列特征提取后得到 3 列特征，合为一列进行 PCA 降维；第四，采用卡方距离来计算测试集与训练集的相似度，排序后可得识别率。

不同尺度和方向的 Gabor 特征如下图所示：

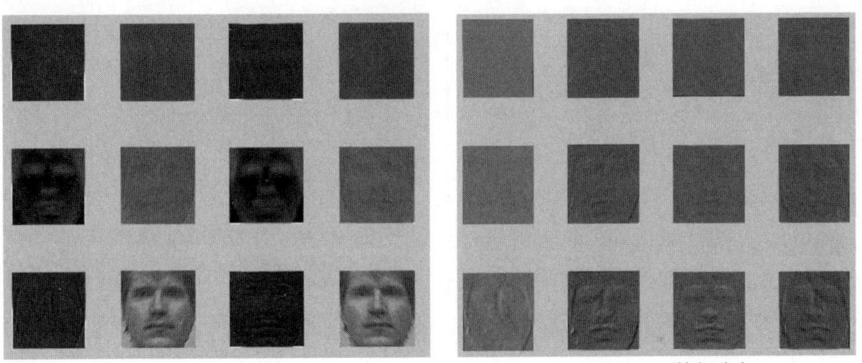

（a）Gabor 特征实部　　（b）Gabor 特征虚部

图 2　12 个 Gabor 特征

5. 实验分析

本文在实验中采用的是 Yale 人脸库，该库是由耶鲁大学计算视觉与控制中心创建，其中包含 15 个人的 165 张人脸图像，每人 11 张正视图，每张图像包含不同的变化，如有无眼睛、表情变化（严肃或微笑）等。每张原始人脸图像的大小为 320×243，人脸库中的图像示例如图 3 所示。

为了充分验证所研究算法的有效性，本文设置了 4 种不同比例的训练集和测试集，并对单独采用 Gabor 滤波和 Gabor 滤波与 CS-LBP 相结合两种算法，分类器均采用卡方距离分类器进行识别效果的比较。采用不同识别思路、训练集与测试集比例不同时所得的识别结果如图 4 所示。

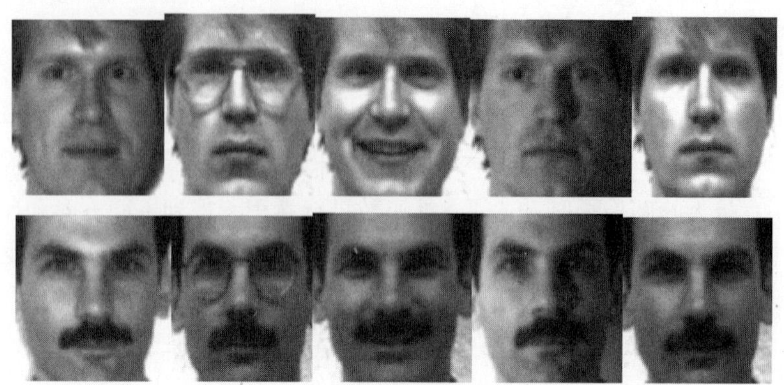

图 3　Yale 人脸库中的图像示例

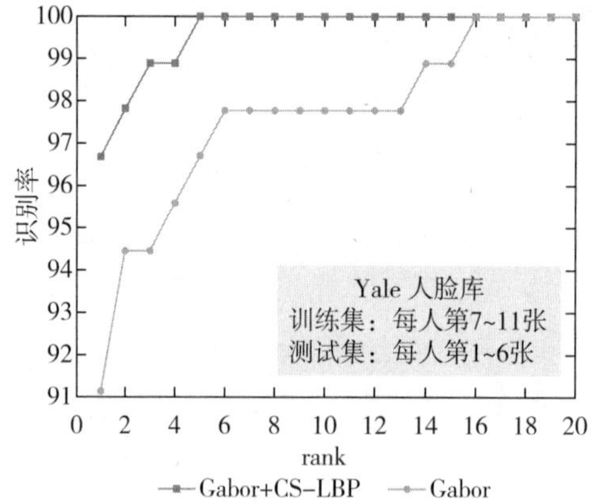

Yale 人脸库
训练集：每人第7~11张
测试集：每人第1~6张

—■— Gabor+CS–LBP　—●— Gabor

（a）训练集：测试集=5:6时的CMC曲线

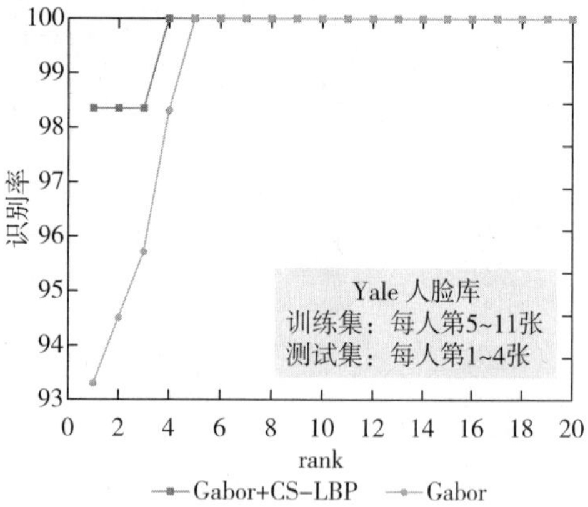

Yale 人脸库
训练集：每人第5~11张
测试集：每人第1~4张

—■— Gabor+CS–LBP　—●— Gabor

（b）训练集：测试集=7:4时的CMC曲线

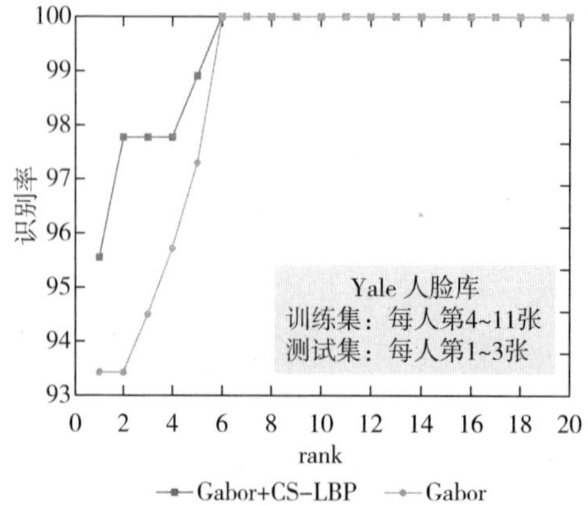

Yale 人脸库
训练集：每人第4~11张
测试集：每人第1~3张

—■— Gabor+CS–LBP　—●— Gabor

（c）训练集：测试集=8:3时的CMC曲线

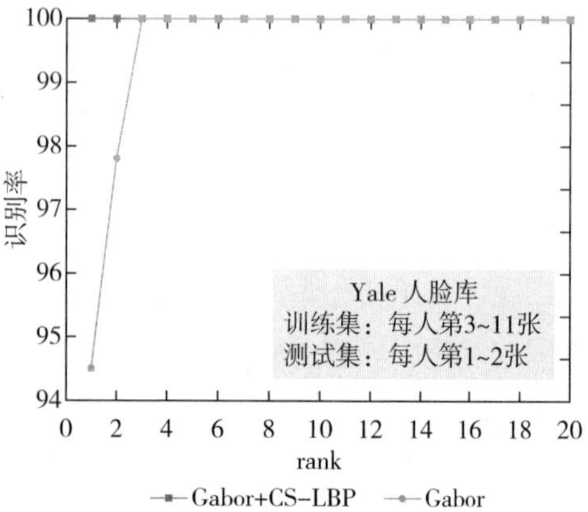

Yale 人脸库
训练集：每人第3~11张
测试集：每人第1~2张

—■— Gabor+CS–LBP　—●— Gabor

（d）训练集：测试集=9:2时的CMC曲线

图 4　训练集与测试集比例不同时选取不同识别算法所得的识别率

从图 4 可以看出不同特征提取方法的识别效果对比。无论测试集和训练集的比例为多少，本文所研究的 Gabor 滤波结合中心对称局部二值模式（CS–LBP）

方法所得的识别率总是高于单独使用 Gabor 滤波方法所得，进一步说明了本文算法的有效性。

6. 人脸识别系统

人脸识别系统是以人脸作为识别对象，完成对个体的身份识别。本系统基于 OPENCV 平台，实现了一个基于 Gabor 和 CS-LBP 算法的人脸识别系统。OPENCV 是一个开源的跨平台计算机软件开发库，广泛应用于图像处理和计算机视觉技术中，因此此平台非常适合进行人脸识别系统的开发。该系统由算法对比和识别认证两大部分构成。

6.1 系统功能

基于 OPENCV 构建的人脸识别系统界面及系统流程图如图 5 所示。该系统主要有三个子功能：信息注册、识别认证和人脸算法性能检测。信息注册用于录入使用者相关信息；识别认证功能可分别利用改进 Gabor 算法和 CS-LBP 整合算法提取出当前用摄像头采集到的人脸信息的特征，并与注册的人脸特征进行比对，判断当前使用者的身份；人脸算法性能检测功能可以通过大量的数据进行验证，将不同的算法识别率进行对比。

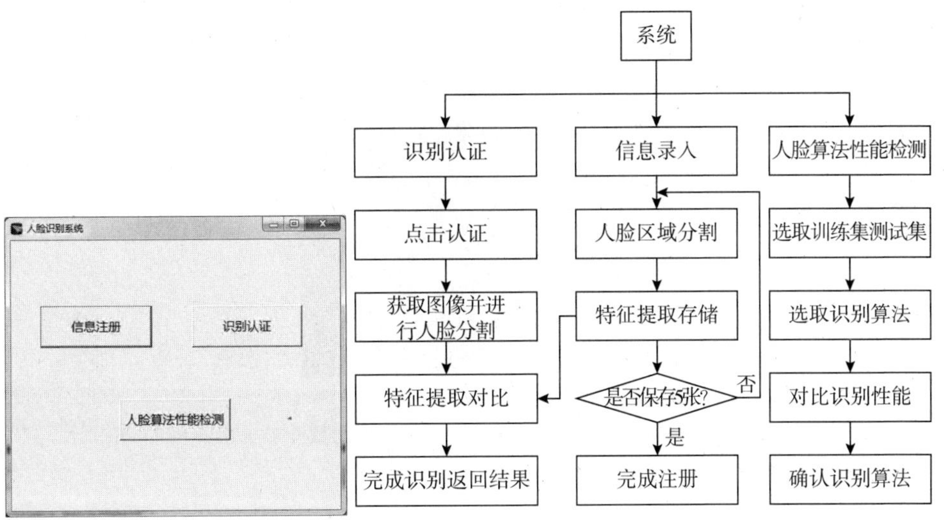

图 5　人脸识别系统界面及系统流程图

6.2 算法性能检测

分别使用改进 Gabor 算法和整合算法对训练集和测试集进行测试，我们通过对比发现，经过整合后的算法无论是识别时间还是识别率上都有了很大的提高。如图 6 所示。

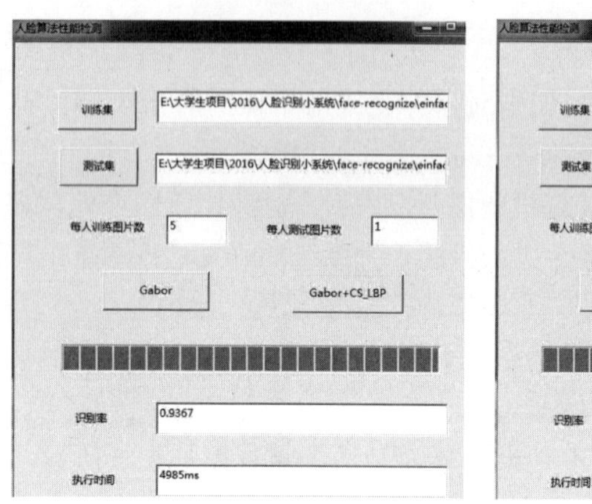

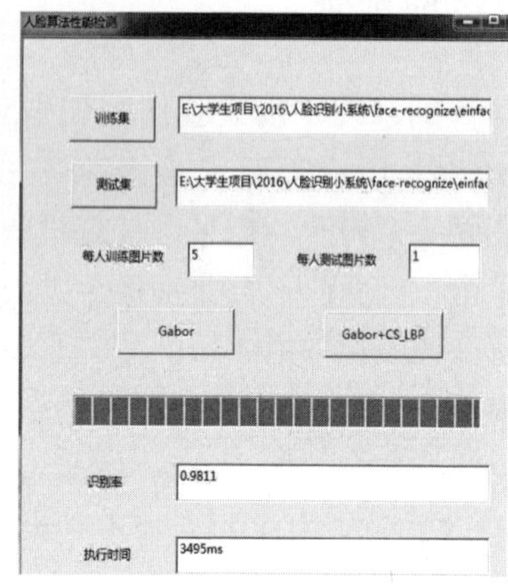

图 6

6.3 信息注册

使用摄像头录入图像，定位人脸后进行分割，利用算法提取相关特征并保存，为了提高识别率，需要采集五次，减少认证过程中因角度不同产生的偏差。如图 7 所示。

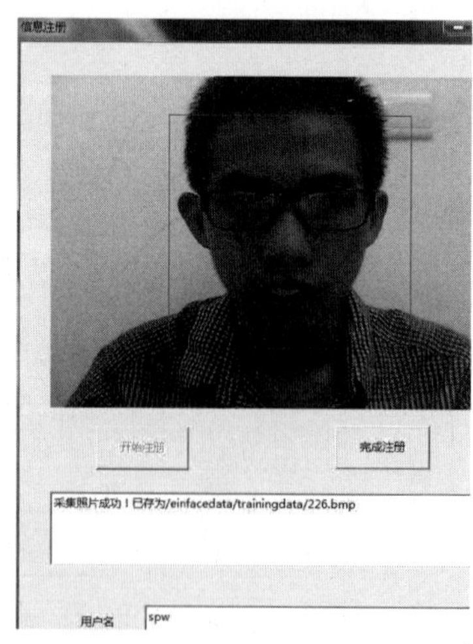

图 7

6.4 识别认证

通过信息注册得到的图片库，识别认证时，正面打开摄像头先采集图像，然后识别出图像的注册信息。如图 8。

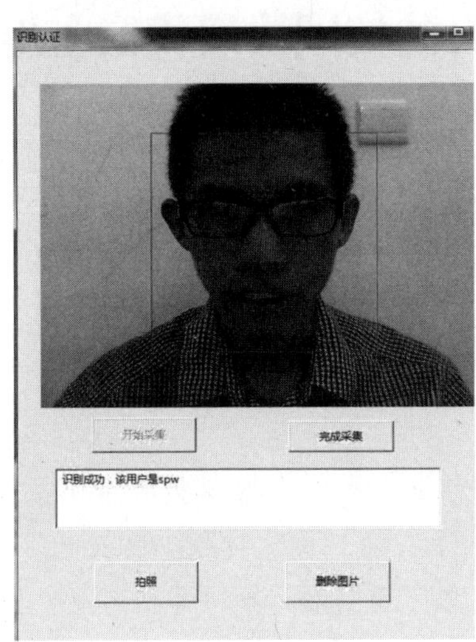

图 8

7. 总结

本文通过研究一种 Gabor 滤波结合 CS-LBP 的人脸识别方法，设计了一个人脸识别认证系统。本系统通过摄像头正面获取人脸图像，并经过图像预处理、人脸检测和定位、特征提取等过程成功完成识别。由实验结果可得出，和单独的 Gabor 滤波相比，Gabor 滤波结合 CS-LBP 的识别方法更具优势，可以降低计算的复杂度，保证鲁棒性，同时提高识别率。

基于 Android 平台的校园快递代取应用程序设计与实现

北方工业大学：罗　攀　张　静　白　阳

指导教师：宋丽华　副教授

快递业务给生活带来极大便利，部分学校禁止快递进入校园给园内的师生收取快递造成了一些不便。本文通过综合使用 Hibernate、JSON 以及 Android 等技术开发出了一款“快递代取”手机软件解决以上问题。同时本文所用到的开发技术也为其他软件开发学者提供了一个很好的参考框架。

1. 引言

近几年由于网购业务的大量增长，快递业务也随之大量增长，快递上门使购物更加方便。但有些校园出于安全等原因禁止快递员进入校园，这给快递的收取造成了一些不便，如何解决校园快递的“最后 100 米”成为比较重要的问题。

随着智能手机的快速普及，手机应用软件已经成为日常生活中必不可少的工具。Android 是由 Google 公司开发的一种基于 Linux 内核的操作系统，可以方便开发者开发应用软件。如何利用 Android 平台开发出一款能够方便用户快递代取的软件成为一个非常具有实际意义的问题。

本文针对以上问题，设计并实现了一款基于 Android 平台的校园快递代取应用软件，令学校师生不用到校外亲自取快递、使快递上门成为可能。该软件为用户提供了注册、登录、发单、接单等服务，同时也为类似软件提供了一个参考架构。

2. 系统设计与实现

2.1 系统结构设计目标

系统的客户端使用 eclipse 的 IDE 作为开发工具，开发的任务主要是客户端显示界面的设计与实现、客户端数据控制逻辑的设计与实现、客户端网络访问和客户端输入控制。

系统的服务器端使用 Myeclipse 结合 MySQL 作为开发工具，服务器端需要实现的功能包括：接收客户端的数据请求并且将请求数据转换为服务器端的编码格式、为各个数据处理功能设计程序接口、实现各个数据处理功能、使用 Hibernate 技术简化数据库与服务器之间的相互访问。

根据系统结构和实际的需求，“快递代取”系统设计的目标是：

（1）实现用户在系统中快速注册；

（2）支持用户管理个人信息；

（3）用户发单消息群发；

（4）实现发单用户与接单用户一对一绑定；

（5）客户端为用户提供服务，服务器端做业务处理。

“快递代取”系统的功能分布结构图如图 1 所示：

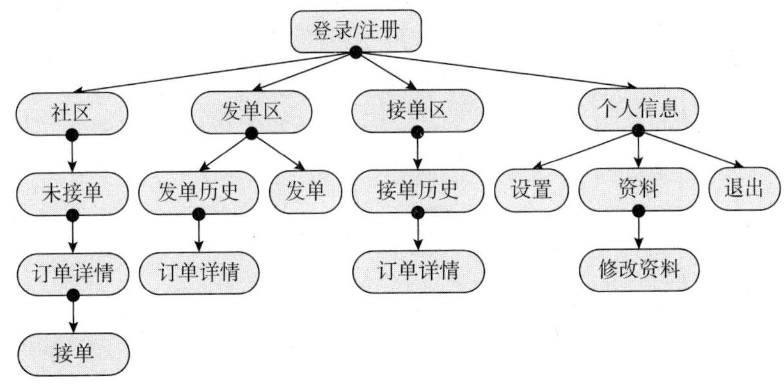

图 1　软件功能分布图

基于上述目的，“快递代取”系统客户端与服务器端具体的功能如图 2 所示：

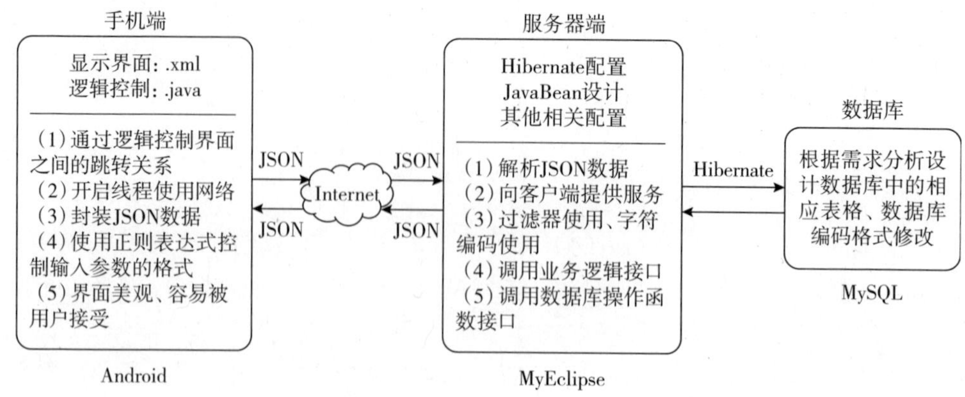

图2 “快递代取”系统客户端与服务器端具体功能

2.2 系统功能

2.2.1 用户注册功能

为了能够更加方便地管理用户信息和为用户提供更加优质的服务，用户第一次使用本系统时必须先进行注册，用户注册时需要将必要信息填写完整。由系统审核通过后，该用户将在本系统中拥有自己的个人账户。只有拥有账户的用户才能够登录本系统，使用本系统。

2.2.2 用户登录功能

在本系统注册过的用户，可以凭借注册的用户名以及密码登录到系统中。登录后的用户才可以使用本系统的发单、接单等其他功能。

2.2.3 用户修改资料功能

为了方便用户能够管理自己的基本信息，系统提供用户资料修改功能。该功能能够让用户修改自己的一部分个人信息并保存到后台服务器中。用户使用用户资料修改功能不能修改个人财富等系统控制的信息，以此保证用户使用本软件的公平性。

2.2.4 发单功能

发单功能是本系统的核心功能之一。每当用户需要别人帮忙代取快递时，用户可以点击发单按钮，填写所取快递的基本信息并将该任务发送到社区，等待其他人承接该任务。

2.2.5　接单功能

接单功能也是本系统的核心功能。用户在空闲时或者去取自己快递时，可以在社区中查找自己能够帮别人代取的快递，承接该用户的订单，以此方法来获取虚拟金币（在用户需要别人代取快递时需要支付给接单者虚拟金币作为答谢）。

2.2.6　查看接、发单历史记录功能

用户可以利用此功能查看自己曾经帮别人代取快递或者要求别人帮忙代取快递的详细记录，以便用户更好地了解自己的账户使用状况。

虚拟金币的设置保证了用户使用本软件的公平性。每一个用户可以通过帮别人代取快递而达到不用自己每次都要到校外取快递的目的。

2.3　系统模块与实现

2.3.1　客户端

系统客户端是与用户直接接触的，因此在设计用户端软件功能结构时要站在用户的角度，要充分考虑用户体验。决定用户体验的两个重要因素分别是界面布局和软件运行流畅性。保证前者的关键在于在设计软件功能时保证功能之间的层次关系清晰明了，而保证后者的关键在于选择适合的开发技术。

基于以上论述，可以得到系统客户端的功能结构如图 3 所示：

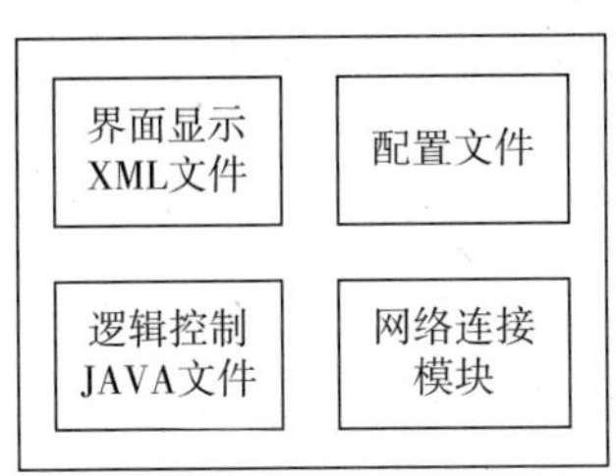

图 3　客户端功能结构图

2.3.2　服务器端

系统的服务器端承担了系统中近 70% 的逻辑运算，是整个系统的核心。服务器端虽不需要向外界显示任何信息，但其能否正常运行却是系统能否向外界显

示正确信息的关键。服务器端的设计使用分层结构设计思想，保证层与层之间留有固定的接口，这样既可以将各层的逻辑分开设计，减少编写代码的复杂度，又方便日后技术发展后对服务器端的优化。

服务器端的功能结构如图 4 所示：

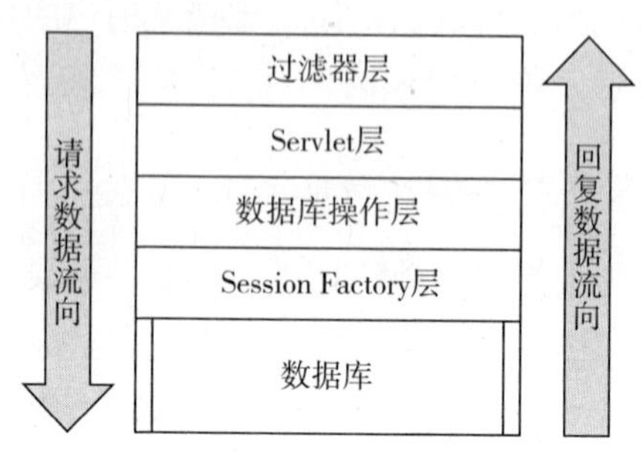

图 4　服务器端功能结构图

2.4　关键技术与算法

2.4.1　客户端关键技术与算法

客户端针对每个界面功能的不同，都对应着不同的逻辑控制代码。另外，网络数据传输使用 TCP/IP 协议，在数据进入传输控制层之前使用 JSON 对其进行封装，当数据离开传输控制层之后解析封装的 JSON，得到传输的具体数据。客户端逻辑控制程序使用模块化设计思想，减少控制逻辑之间的耦合度。

客户端逻辑控制部分全部基于以下几个技术开发的，下面主要对开发技术做进一步详细说明。

（1）线程的使用

在 Android 开发平台下，为了保障主进程的安全性，客户端的主进程是不允许直接访问网络的，所以每当客户端有访问网络的需求时，必须开启一个新的线程服务进而访问网络，向服务器发送服务请求。

在客户端发送的请求中，所有的程序变量和 Java Bean 都使用 JSON.toJSONString 方法，封装成 JSON 对象后才向网络发送。当服务器接收到客户端的请求后，首先解析 JSON 对象，根据解析后的数据执行相应的服务并向客户端返回字节流，客户端在请求不超时的前提下读取字节流并使用 utf-8 编码标准将字节流转换为字符串，进而转换成客户端程序中的变量。

用户数据在客户端的流向如图 5 所示：

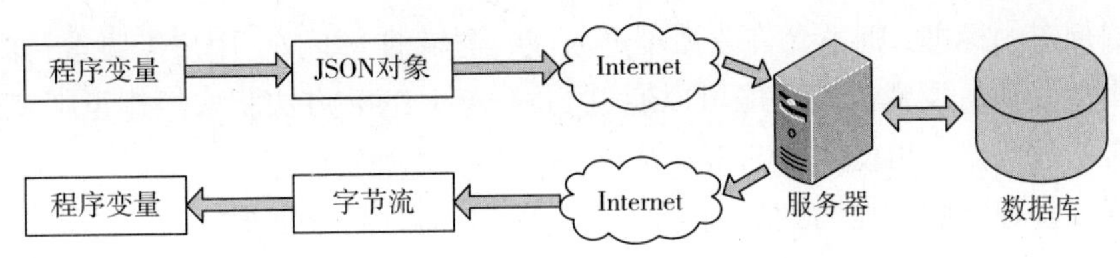

图 5　客户端数据流向图

（2）Share Preference 的使用

Share Preference 是简单的持久化设置，它将所要共享的数据保存在一个 xml 文件中，这样其他的界面就可以通过程序的上下文获取该变量。

Share Preference 的工作原理如下图 6 所示：

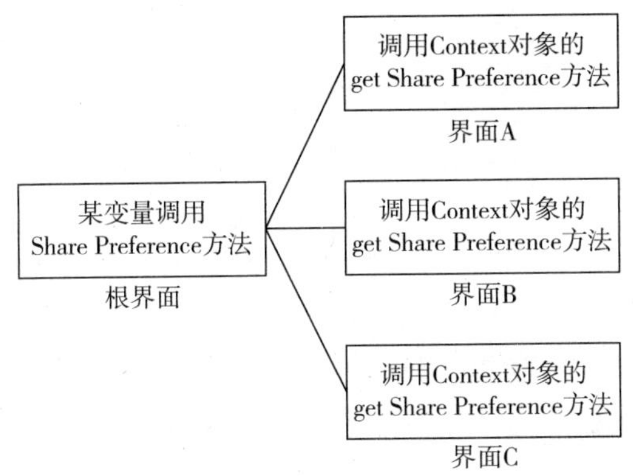

图 6　Share Preference 方法原理图

客户端的某一个界面若想将本界面的某个变量共享到其他界面，该变量需调用 Share Preference 方法，这样该界面会作为根界面，其他界面可以根据上下文 Context 对象 get Share Prefere 方法得到共享变量的值。

（3）Bundle 的使用

Bundle 用非持久化的方法将数据信息传递到另一个上下文中。例如在本系统中，用户查看完自己的个人信息之后可以随时修改，这时就需要将前一界面的数据放到修改界面，此时使用 Bundle 最为合适。

（4）界面与程序之间数据的传递

界面与程序之间数据的传递包含两个方向的传递。

第一是界面向程序传递数据。用户在客户端界面输入的数据需要进行合法性验证、类型转换才可以在控制逻辑程序上下文中使用。在本系统中，对用户输入合法性的验证是使用正则表达式对输入数据进行检验。如果输入数据不符合正则表达式规定的标准，则不允许改数据进入控制逻辑的上下文，用户需要重新输入。对于类型装换，逻辑控制程序可以通过 Find View ById 方法获取经过正则表达式检验合格的数据，再使用 to String 等方法将其转换为程序变量。

第二是程序将数据写到界面上。相比界面向程序传递数据，由于逻辑控制程序中的数据一定是合法的，所以程序向界面传递数据并不需要检验数据的合法性，因此只需要调用 Adapter 即可将程序变量显示在界面上。

正则表达式：正则表达式是判断即将写入程序的变量是否合法的一个方法，使用正则表达式对输入信息进行合法性检验充分保障了系统的安全性。

图 7 是数据在界面与程序之间的转换关系：

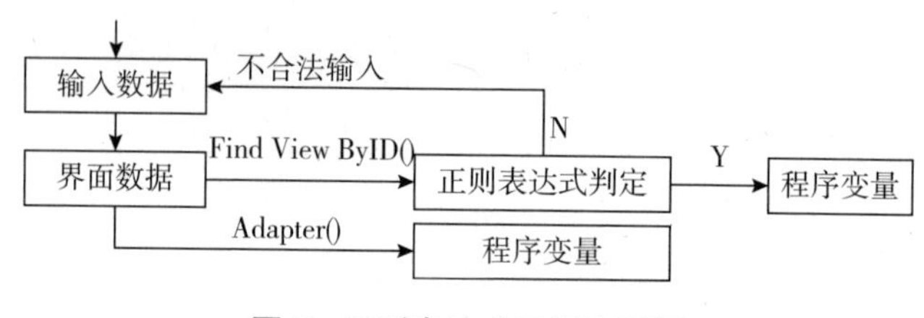

图 7 正则表达式运行流程图

2.4.2 服务器端关键技术与算法

软件系统的服务器端使用分层结构设计，过滤器层、servlet 层、数据库访问层、SessionFactory 层分别有自己的任务，每层都是调用下层的方法，向上层提供服务，提高层内部的内聚，减少层之间的耦合，提高系统的运行效率，最终实现服务器端的整体功能。

下面按照从下往上的顺序依次介绍各主要层。

（1）Session Factory 层

Session Factory 是初始化 Hibernate 时调用的，在与数据库建立连接时，它充当了数据代理的角色，并且还负责创建每一个 Session 对象。在框架技术中，Session Factory 已经是封装比较完善的一个类，在本系统中直接使用了 Hibernate 中自带的 Session Factory 类。Session Factory 层数是服务器端分层结构的最底层，它封装了对数据库具体操作的行为，只为数据库操作层提供一组接口，方便数据库操作层的调用。

（2）数据库操作层

数据库操作层调用 Session Factory 层的接口向 Servlet 层提供服务。

数据库操作层的构成如下图 8 所示：

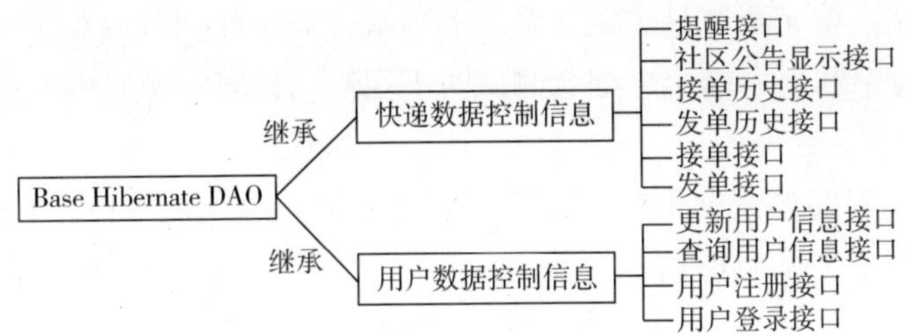

图 8　数据库操作层接口示意图

其主要由两大模块组成，第一个模块是对用户数据的操作，第二个模块是对快递信息的操作。这两个模块都继承了 Base Hibernate DAO 这个函数来实现对数据库的基本操作（包括增加数据、查询数据、修改数据、更新数据等）。

两个模块中每个模块都有接口和接口的实现两类 class 文件，接口是向上层提供服务的，上层函数调用接口实现某一功能时不需要知道这些接口是如何实现的，而接口的实现则是实现该功能的具体逻辑以及对下层接口的调用。

（3）Servlet 层（单元测试）

Servlet 层主要的功能是：①接收前面客户端发出的请求；②调用相应的数据库操作层的接口来向客户端提供服务；③将数据库操作层返回的数据发送回前面用户端。

Servlet 层是服务器端接收并处理客户端业务请求的核心控制层，它只调用下层（数据库操作层）为它提供的接口，不向上层（过滤器层）提供接口服务。解析和封装 JSON 数据在本层中是主要任务，但值得注意的是，在本层解析数据前一定要先经过过滤器层将数据转化为 utf-8 的编码格式才能正确地对数据进行解析。这也是服务器端最高层——过滤器层必要性的体现。

本系统中 Servlet 层的具体逻辑如下图 9 所示：

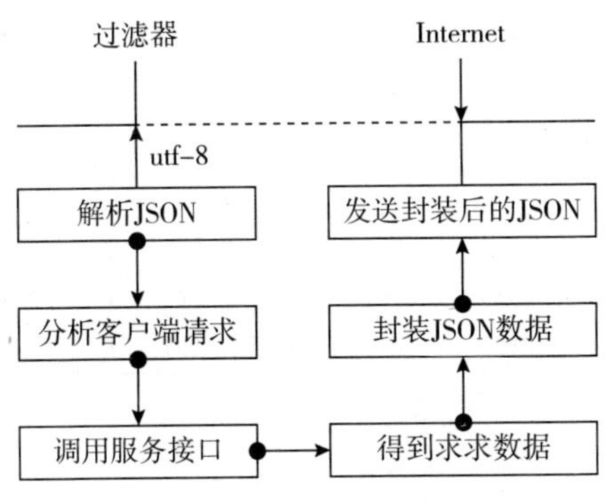

图 9　Servlet 层逻辑结构图

单元测试：单元测试是测试后台服务器端代码时使用的虚拟前端请求，在真实的使用环境中和前后端统一综合测试时不用修改代码，不影响系统运行。

（4）过滤器层

过滤器层主要是使前面的客户端与后面的服务器端之间使用统一的编码格式，以此解决中文乱码的问题。本系统中，约定客户端与服务器端都是用 utf-8 的编码格式，所以当服务器端接收到客户端发来的数据请求后，过滤器层会通过与客户端之间的沟通将数据格式变为 utf-8 的编码格式。

3. 测试

3.1 测试环境介绍

3.1.1 硬件环境

（1）服务器端

处理器：Intel（R）Core（TM）i5-3230M CPU @2.60GHz

已安装内存：4.00GB（3.87GB 可用）

系统类型：64 位操作系统，基于 x64 的处理器

（2）客户端

本系统是一个不对称系统，系统只有一个服务器，但需要向多个客户端提供服务。为了能够尽量模拟系统使用时的真实环境，在本次测试过程中使用了三台客户端测试机。

客户端三台测试机的基本参数如下表 1 所示：

表 1　　测试机基本参数表

	测试机 1	测试机 2	测试机 3
处理器	四核 最高 2.45GHz	型号 SM-G7508Q	四核 2.2GHz
运行内存	3.00GB	8.00GB	2.00GB
内核版本	3.4.0-g0c665cd-00565-gb33376c	3.10.28-5643967dpi@SWHE0723#1Wed Aug 19 22:38:01 KST 2015	3.14.37-x86_64-gd2ab6e2

3.1.2 软件环境

（1）服务器端：系统的服务器端 Myeclipse2014 和 TomCat6.0 软件与 MySQL5.5

数据库同时安装在同一台 PC 机上。

（2）客户端：针对系统投入运行时会安装在不同版本的 Android 系统中，所以本次测试采用的三台测试机安装的 Android 版本也不同。具体的信息如下表 2 所示：

表 2　测试机 Android 版本表

	Android 版本
测试机 1	Android 6.0.1MMB29M
测试机 2	Android 4.4.4
测试机 3	Android LMY471

3.2　网络拓扑结构介绍

测试环境的网络拓扑结构如图 10 所示：

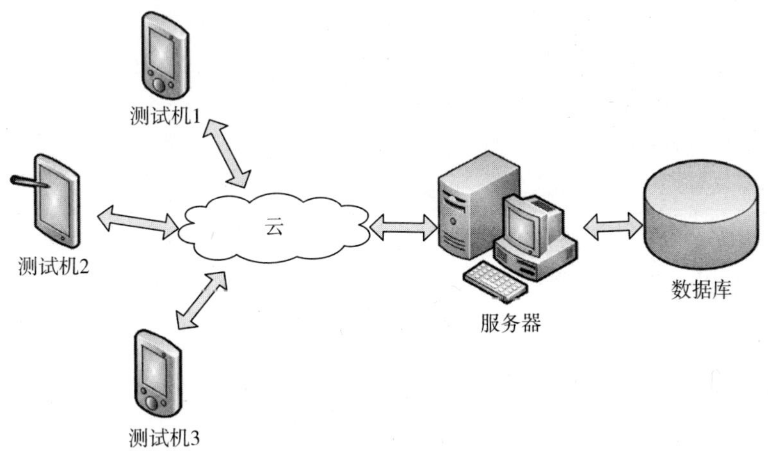

图 10　测试环境网络拓扑结构图

3.3　测试策略

测试时，将服务器端部署到服务器端硬件上，打开 Tomcat 服务器。客户端采用三个硬件版本不同的测试机，将客户端软件分别安装到三台测试机上，分别进行测试。

测试过程中，要验证：

（1）客户端能否正确向服务器端发送数据；

（2）服务器端能否正确接收并解析客户端发来的数据；

（3）服务器端能否执行正确的算法，调用适合的方法解决客户端的请求；

（4）服务器端与数据库能否正常通信；

（5）客户端能否正确接收并解析服务器端的数据；

（6）当多个客户端同时访问服务器端时，服务器端的承受能力是否足大。

3.4 测试结果

3.4.1 功能验证

在保证服务器与测试机处于同一网络，并且网络畅通的情况下，测试结果如下表3所示：

表3 **测试情况表**

功能	登录	注册	发单	接单	修改个人信息	查看发单历史	查看接单历史
测试机1	V	V	V	V	V	V	V
测试机2	V	V	V	V	V	V	V
测试机3	V	V	V	V	V	V	V

通过分析表三的测试结果，3台测试机均运行正常、后台服务器运行正常，系统设计的所有功能全部实现。

3.4.2 性能分析

测试过程中，同时使用三台客户端测试机登录不同的账户，服务器端响应正常并且向客户端传回了正确的数据。

4. 结语

本文系统实现了在Android手机客户端上的用户登录、注册、发订单、接订单、查看订单历史、修改个人基本信息等功能；数据传输过程中实现了使用JSON格式的字符串进行传输；后台服务器实现了使用Hibernate技术中的Session Factory等类简化数据库连接与映射；MySQL数据库表的设计实现了三范式的标准。经过不同类型、不同型号的多种手机测试，软件运行良好。相较于同类型系统，本系统主要优点是：使用方便，用户可以在群发的订单信息中直接与发单人建立一对一的对话；服务周到，系统几乎满足了所有师生对于代取快递的需求，包括用户信息与快递信息的共享、订单信息的更新等；维护简单，本系统的数据库相对其他系统而言小很多，软件运行后非常方便管理人员管理与维护数据库。

参考文献

[1] 黄金国，罗震．手机应用程序开发架构研究 [J]. 计算机工程与科学，2010，32(11)：2–4

[2] 李东炜，刘镇章．基于 Android 智能手机的实验室预约系统设计 [J]. 实验技术与管理，2012，29（12）：2–3

[3] 高静，段会川 .JSON 数据传输效率研究 [J]. 计算机工程与设计，2011，32（7）：1–3

[4] SeyyedEhsanSalamatiTaba，ImanKeivanloo，YingZou，ShaohuaWang.An exploratory study on the usage of common interface elements in android applications.The journal of System and Software[J].2016，1–14：12–14.

[5] 张飞，张建．基于 Spring 与 Hibernate 的数据库访问技术研究．计算机工程与设计，2009，30（7）：1–3。

[6] 任文娟，王华，鞠宏伟等．基于 Struts 和 Hibernate 框架的 Web 应用的设计与实现．微计算机信息（管控一体化）。2006，22（9–3）：1–4。

[7] 倪红军．基于 Android 平台的消息推送研究与实现 [J]. 实验室研究与探索，2014，33(5)，2–5

[8] 陈亚军，缪勇 .Struts 2+Spring+Hibernate 框架技术与项目实战 [M]. 北京：清华大学出版社，2012

[9] 代林峰 .Android 网络开发从入门到精通 [M]. 北京：机械工业出版社，2015

[10] 李宁 .Android 开发完全讲义 [M]. 北京：中国水利出版社，2015

基于 Kinect 姿势识别及应用研究报告

北方工业大学：斯　琴

指导教师：侯建峰　助理实验师

本文利用 kinect 可获取人体骨骼数据的设备，结合 Unity 这款跨平台的游戏开发引擎，设计并实现了一款切水果体感游戏。在界面设计部分，借助 Unity3D 平台规划了游戏的主体框架和主要模块功能。在体感技术方面，使用 Kinect 设备，通过程序对骨骼数据的分析，实现了人机交互。

1. 选题背景

现今社会，随着科技的高速发展和软件的更新换代，游戏的形式也渐渐发生改变。例如基于体感技术的人机互动游戏悄然萌芽，渗透到人们的生活中。

相比于传统游戏，体感游戏让用户以更为自然直接的肢体动作对机器发出指令，机器通过分析用户的动作，按照预先设定的模式，来做出相应反馈。这种游戏模式改变了玩家与游戏之间的互动方式，通过丰富的肢体动作与游戏互动，甩掉鼠标和键盘，深受玩家青睐。

基于这个大的时代背景，我们小组在规划了体感技术所需要的相关设备及知识，针对人机互动技术研究进行可行性分析之后，决定选择了基于 Kinect 设备对人体姿势进行识别及应用这个课题。主要研究 Kinect 是如何获取骨骼信息以及如何将其应用于生活中。

2. 方案论证

本文在针对 Kinect 姿势识别进行研究后，决定利用 Unity3D 游戏引擎和 Kinect 体感设备，设计并实现一款体感类的切水果游戏。

方案如下：首先，在 Unity3D 环境中进行以 C# 语言为基础的脚本编写，创建游戏对象并设计整体游戏的得分逻辑关系与函数封装；其次，通过 Kinect 设备发射红外线，探测红外光反射，来获取的深度数据，由此提取人体体感数据，主要需要玩家双手骨骼点信息，并转化为坐标信息，完成人机交互。将获取到的信息传入脚本程序中，使各部分连为一体。玩家只需挥动双手，消除游戏界面中弹出的游戏对象即可得分，通过累加分数至一定值，达到过关晋级的游戏效果。

3. 研究方法

3.1 研究原理

3.1.1 Unity3D游戏引擎

Unity 作为一款基于跨平台的游戏开发引擎，以其易操作、支持语言丰富，自动化程度高，兼容性强而著称，而且被广泛应用于互动系统的开发，比如建筑可视化、虚拟现实、三维视频游戏等。

由于其编程界面可视化，便于开发，脚本编辑高效，本款游戏选择直接在 Unity5.0.1 平台上，利用 C# 语言，完成了游戏模块划分及功能实现。而且，Unity 支持 3D 模型，可直接导入骨骼和动画，并将贴图材质自动转换为 U3D 格式，这也极大地方便了 Kinect 获取的图像信息转化为游戏背景。

此外，在基本技术操作上，Unity3D 平台的出众的开发效率和优越的性能、性价比也为本研究创造了便利的条件。

3.1.2 体感技术

随着科技的发展，人机交互模式已开始出现用自然、感官技术来替代电脑的键盘和鼠标等外设，体感技术应运而生。

体感技术，一种通过对动作进行感应达到控制显示的技术，即人们可以运用肢体动作或声音与计算机进行交互。其原理为设备采取人体骨骼及姿势数据，转化成数字信号传回电脑，实现人机交互。依照体感方式与原理的不同，目前主要有机械式、光学式、电磁式、惯性、声学等体感识别技术。利用体感技术实现人机交互，最大的优点在于它允许人们通过思维引导肢体运动，实现全身心投入。而且，体感游戏改变了玩家与游戏的互动方式，让用户甩掉鼠标和键盘玩游戏，通过语言、手势等动作操纵游戏画面中的人物，带入感强，拘束度小，备受广大玩家青睐。

2010 年 11 月微软公司于推出了一款体感外设——Kinect。实际上，Kinect 是一种实时进行运动捕捉、麦克风输入等功能的 3D 体感摄影机。其原理为通过红外感应，采集深度信息及人体关节点信息，来识别人体运动姿势及周围环境图像。通过 Kinect，人们只需做简单的动作即可实现计算机的实时交互。当 Kinect 与体感技术相结合，即可实现玩家用身体操控的整个过程的游戏，方便简单，适合各个年龄段用户，发展前景良好。

3.2 实现过程

3.2.1 获取游戏背景

Kinect 通过相应的 API 可获取到彩色图像，将其转换为 texture 格式，设为游戏背景图。

3.2.2 游戏元素的生成

首先建立游戏元素预制体，本游戏包含水果预制体和小动物预制体（其中水果为游戏的消除对象，切中后出发加分逻辑，小动物为保护对象，如果被误切中，则会触发减分逻辑），为其添加物理属性，在 rigidbody 属性中可为其添加重力属性（Use Gravity），定义其初始坐标为负，再给定一个向上的初速度，使其从画面下方弹出，到达界面顶部后自由落体，以比较自然的方式出现在屏幕画面中（如图 1）。

图 1　游戏元素生成界面

3.2.3 切中水果逻辑

首先，利用 Kinect 设备获取玩家手腕处骨骼数据，采集玩家手势挥动情况，获取双手的位置数据。体感设备获取到的骨骼数据，以图像中心点为坐标（0, 0），图像左下角坐标为（–1，–1），右上角坐标为（1，1），获取到手部骨骼点的坐标是在图像的相对坐标位置，即它的横纵坐标都在（–1，1）之间，假如体感设备获取到的左手骨骼点坐标为（x_0，y_0），将其转化为屏幕坐标（x，y）的公式如公式 1 所示，其中 Screen.width 为屏幕的宽度，Screen.height 为屏幕的高度。

$$X = (x_0 + 1) \times Screen.width / 2$$

$$Y = (y_0 - 1) * (-1) \times Screen.height / 2$$

公式 1　坐标点转化公式

其次，本着两个不可穿透的实体不能共享一个空间区域的原理，我们在 box collider 属性中，为 prefab 添加碰撞盒，通过在相应位置发射射线，来检测两个物体之间是否发生了碰撞，如果检测到碰撞，则出发成功切到逻辑并触发碰撞后表现的特效，即物体在碰撞后能自然弹开，溅射果汁等效果。

通过射线碰撞检测技术，如图 2 在三维空间内，判断获取到的手部骨骼点坐标发出射线，在与水果碰撞盒之间的有限的距离内，若射线与碰撞盒发生碰撞，则认为二切中水果，并返回碰撞点即被切中水果的位置信息，利用该位置信息，做后续的逻辑处理。此时界面根据玩家动作产生相应弧度的刀刃，完成人机交互。

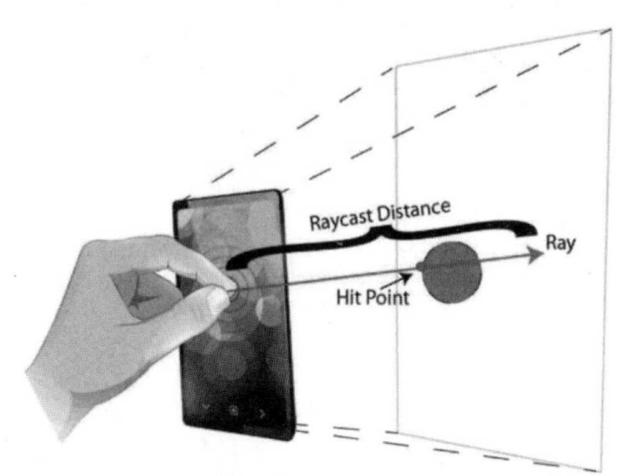

图 2　射线碰撞检测示意图

3.2.4 得分逻辑

本游戏在 Unity 创建游戏对象时，已提前为每个游戏对象设置了 tag 标签并赋予其不同属性；在脚本编写过程中，将不同游戏对象的得分逻辑封装在不同函数中，最终只需通过所切中游戏对象的名字和标记即可判断切中的游戏对象类型及是否得分。体现在游戏界面中即为玩家可自由选择消除不同水果或小动物。

3.2.5 整体流程

本游戏为玩家累计一定分值，从而过关的益智类小游戏。游戏过程中，界面下方不断有水果和小动物跳出，玩家需避开小动物，切中水果。切中水果，加 10 分，未成功躲避而切中小动物，减 50 分；若遗漏水果，直至其消失于界面仍未切到，减命 1 条。初始分值为 0，命为 5；分数清空，游戏不结束；生命值清空，游戏结束；当分值达到 300 分，成功过关。不同关卡可调节水果弹出的速度与种类，画风简单轻松，适合各年龄人群（如图 3）。

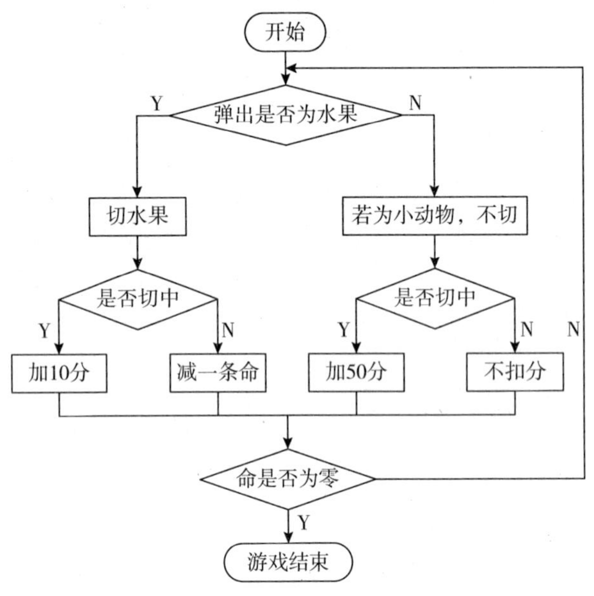

图 3 整体游戏流程图

4. 研究结果

4.1 游戏简介

本款基于 Unity3D 技术的体感切水果游戏，以 Kinect 获取到的当前所处环境作为背景图。初始分值为 0，初始生命值为 5。

玩家通过身体控制游戏中“刀刃”，“玩家”的图像来源于 Kinect 识别到的骨架数据，刀刃绑定了骨架中 HandLeft 和 Handright 的坐标属性。

游戏过程中，不断有水果和小动物跳出，玩家需在水果消失前切中跳出的水果，切中与否运用了射线碰撞检测技术，当代表刀刃 HandLeft 和 Handright 的坐标与水果的碰撞盒相碰，代表切中水果。切中水果得分，切中小动物扣分，未切中水果减命，当生命值清零，游戏结束。当分数达到 300 分，过关，进入下一关卡。

本游戏画风简约，操作简单，适合作为休闲娱乐使用。

4.2 实现效果

本文最终实现了一款可以支持多人同时参与的切水果体感游戏，游戏执行效果如图 4 所示，多人可以同时利用自己的双手切除画面中产生的水果，而且，随着双手的运动轨迹产生彩色拖尾效果。切中水果加分，切中小动物模型减分，分数显示在如图 4 左上角处，若直至水果调出界面仍未切中，命数减一，如图 4 中右上角所示。玩家可点击左下角处喇叭按钮选择游戏音效：外放或静音。

图 4 游戏效果图

5. 创新点

5.1 景真实化

针对传统游戏存在的界面保守、操作单调的问题，本研究为提高用户游戏愉悦感和舒适度。首先，通过 Kinect 红外获取当前用户所处环境做游戏背景，游戏元素接连从画面中出现，使用户有身临其境的感受；其次，我们结合了 Unity3D

开发平台设计了生动的游戏元素（不同种类的水果和小动物）和游戏剧情，整体游戏画风轻松又不失俏皮，趣味性强。

5.2 人机互动

通过 Kinect 获取人体骨骼（手部节点）信息，得到用户当前姿势动作，将当前肢体语言转化为机器语言，结合我们底层编写的代码，决定相应要去执行的功能、判断是否切中水果、画面应如何呈现等。而呈现给用户的只是：用户挥动双手，用思维支配肢体，与不定向出现游戏元素进行交互，完成切水果体验。整个游戏使得人机交互变得十分简单易懂，将体感技术与生活紧密相连，十分具有推广价值。

5.3 玩法灵活

本游戏不仅仅让用户重复挥动双手，完成切水果动作，还设计了相应的剧情，包括切中得分、未切中减生命值、满足一定分值进入下一关等，如此一来，在紧盯屏幕、选择正确可切的游戏元素的过程中，既让用户集中精神，又锻炼了身体协调能力，一举两得。

6. 总结

本款基于 unity3D 技术的切水果体感游戏，不需要昂贵复杂的设备支持，只需连接 Kinect 外设，即可让玩家自由用任意姿势切中水果。不同于传统游戏中键盘和鼠标的束缚及单一化交互模式，本体感游戏极大增强了玩家的角色带入感，既增强了玩游戏时的愉悦感，又使肌体得到锻炼。本着“运动与娱乐相结合”的理念，本研究极具发展前景；而且随着体感技术的日益成熟与完备，这种寓教于乐同时还能锻炼身体的大型体感游戏必将得到大规模的推广。如何实现多感官操作，并使大众广泛接受体感游戏将成为我们下一步的研究目标。

参考文献

[1] 刘晋钢，刘卫斌，刘晋霞 .Kinect 与 Unity3D 数据整合技术在体感游戏中的应用研究 [J]. 电脑开发与应用，2014（11）

[2] 360 百科 . 词条 Unity3D

[3] 马建荣，章苏静，李凤 . 基于体感技术的亲子互动游戏设计与实现 [A]. 中国电化教育，

2012，9（308）

[4] 车力军，孙峰 .3G 时代体感游戏的发展思考 [J]. 电信技术，2011（11）

[5] 张浩鹏 .Kinect：人机交互新入口 [J].IT 经理世界，2012（19）

[6] 中国百科网 . 基于 Kinect 深度图像信息的手势跟踪与识别

[7] 马宁 . 体感游戏简史 [J]. 程序员，（2010）12

[8] 张绍江 . 基于 Unity 虚拟校园漫游系统的设计与开发 [A]. 教学资源建设，

[9] Penny de Byl.Holistic Mobile Game Development with unity[M]

[10] 乐小燕，代俊雅，郑海滨，等 .Kinect 与 Unity 结合的人体骨骼控制方法 [J]. 信息与电脑（理论版），2013（7）

基于 NFC 的药品监督管理系统

北方工业大学：任晓贤　杨怡欣　付孝琴

指导教师：肖　珂　副教授

本课题结合密码学相关技术，利用 NFC 标签实现了“一件一码”，保证了药品的唯一性、防复制性。将数字签名技术应用到药品监管系统中，保证了信息在传输过程中的完整性，实现了对信息发送者的身份认证，有效地解决了信息造假和篡改等一系列伪造问题。

1. 选题背景

药品是人们生活中一种特殊存在的必需品，直接关系身体健康和生命安全，确保药品安全就是最大的民生。但是，市场中存在着各种各样的假药，并且屡禁不绝。近几年各种假药引起的事故，不仅表明了我们药品安全方面存在很多问题，更重要的是对人民的人身健康造成了损失，假药隐患问题亟待解决。而在整个药品监督体系完全建立起来之前，最应该重视的是药品的防伪技术。传统的防伪方式具有易复制、制造技术含量低、加密结构组合易被破解等不足。

防伪技术和应用从源头上有效地防止药品造假，保护了人们的用药安全，还可以拓展到其他方面，具有较好前景。防伪系统运用“一件一码”防伪的思想，结合 NFC 防伪技术进行开发，不仅可以帮助企业有效扼制假药泛滥，便于消费者查询药品真伪，同时使中间商的合法利益得以维护，对企业品牌形象、产品形象和公司形象的提升有着重要的作用。手机与 NFC 的结合，进一步拓展了 NFC 应用价值，促进了行业的融合。

2. 设计方案

本系统主要由药品监督管理中心、药品出厂管理系统、药品防伪查询软件这三部分构成。体系结构图如图 1 所示。

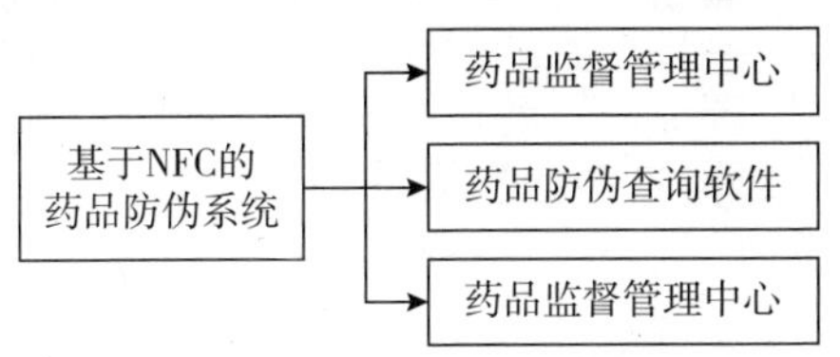

图 1　药品监督管理系统体系结构图

药品监督管理系统主要功能如下：

（1）药品监督管理中心

药品监督管理中心主要负责审核药品生产商、分发私钥以及验证药品真伪。正规药品厂商在向药品监督管理中心提交申请时，需提供营业执照、法人代表身份证明等信息。在审核通过后，药品监督管理中心会向药品厂商分发私钥，公钥自己保存。在真伪查询方面，药品监督管理中心获取由药品防伪查询软件发送的信息，验证药品真伪，再将返回结果给客户端。

（2）药品出厂管理系统

药品出厂管理系统主要负责将防伪数据写入 NFC 标签。已经通过审核的正规药品厂商通过药品监督管理中心下发的私钥对 NFC 标签进行签名，并贴到药品上进行出厂，做到“一件一码”，保证药品的唯一性。

（3）药品防伪查询软件

药品防伪查询为本系统最为重要的功能，用户可以根据药品防伪查询软件查询药品是否出自正规厂商。药品防伪查询客户端读取药品 NFC 标签中的信息，并提交给药品监管中心进行查询，最后接收药品监管中心反馈的查询结果。

3. 系统设计

3.1　功能设计

本系统由药品监督管理中心、药品出厂管理系统、药品防伪查询软件三部分组成。其硬件结构框架图如图 2 所示。

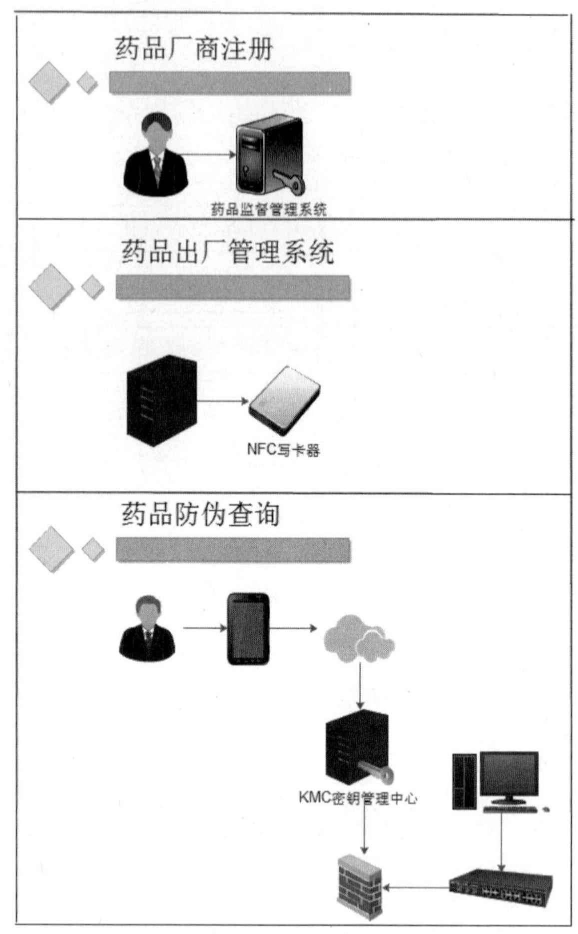

图 2　药品监督管理系统结构图

3.2　药品厂商注册功能设计

申请方填写公司法人信息、公司营业执照以及其他可以证明公司合法性的文件。审核通过后会将申请者私钥下发到申请者手中，而药品监管中心则保留了申请者的公钥。申请流程如图 3 所示。

3.3　药品出厂管理系统

经过审核的药品厂商在药品出厂的过程中需要使用密钥管理中心颁发的私钥对 NFC 标签进行签名，以此杜绝假冒伪劣药品的出现。药品出厂流程如图 4 所示。

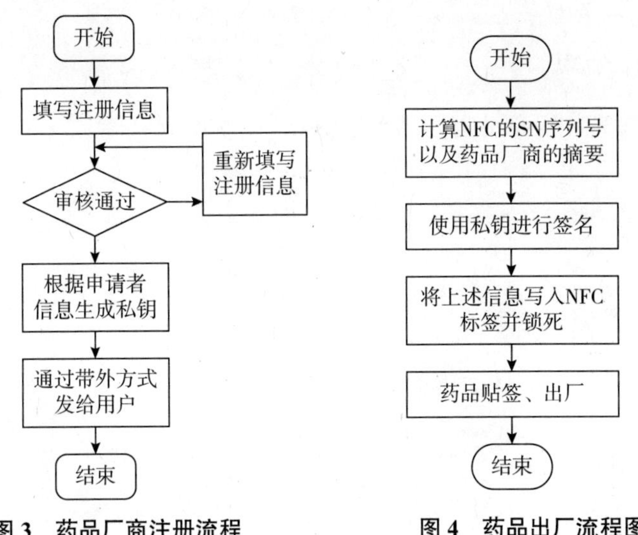

图 3　药品厂商注册流程　　　　**图 4　药品出厂流程图**

3.4　药品防伪查询软件

药品防伪查询为本系统最为重要的功能，用户可以根据药品防伪查询软件查询药品是否出自正规厂商。药品防伪查询客户端为手机客户端软件，内置特有的 NFC 读取模块，可以读取药品 NFC 标签中的信息，并提交给药品监督管理中心进行查询，并接收密钥管理中心反馈的查询结果。药品防伪查询流程如图 5 所示。

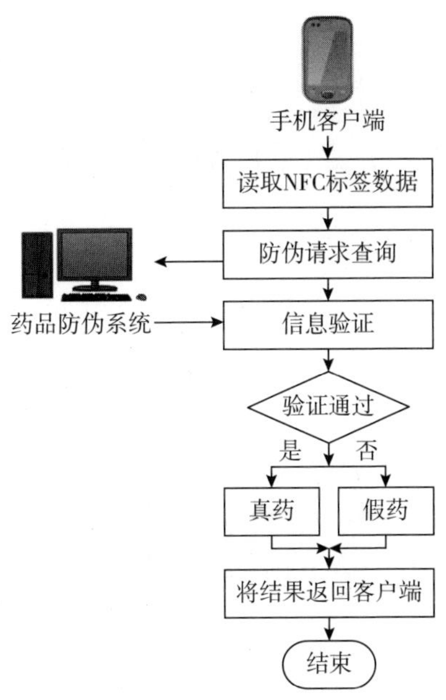

图 5　防伪查询流程图

3.5 运行结果

药品监督管理中心部分运行结果如图 6、图 7 所示。

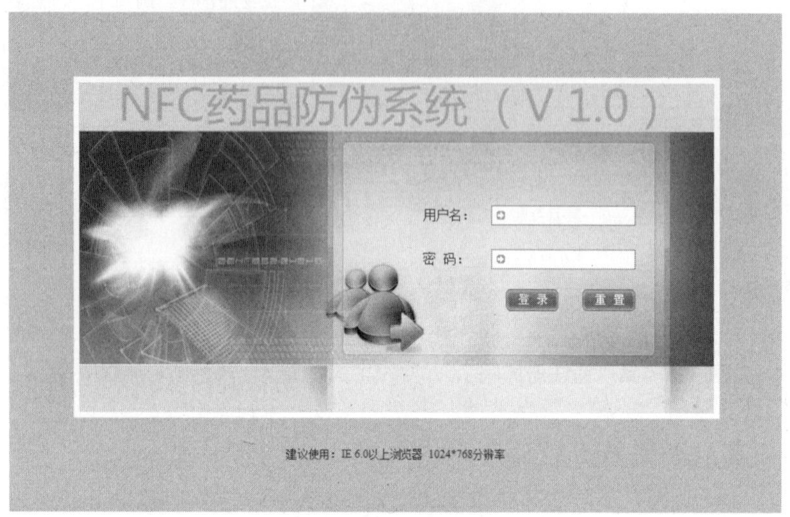

图 6 药品监管中心界面

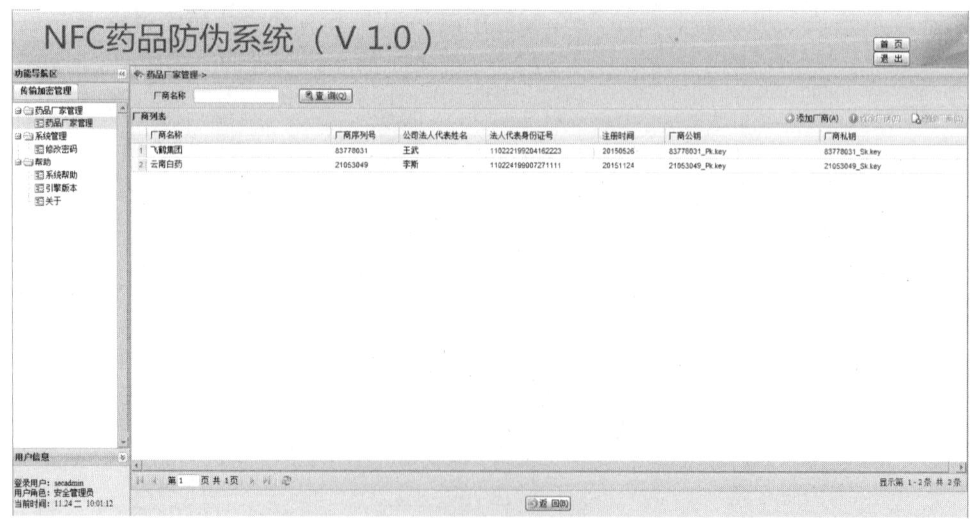

图 7 药品防伪系统界面

药品出厂管理系统部分运行结果如图 8 所示。

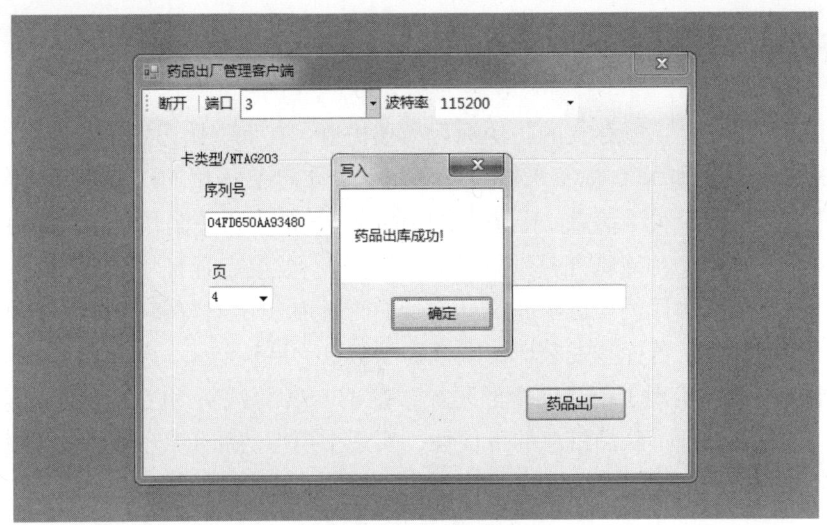

图 8　药品出厂管理系统

药品真伪查询客户端部分运行结果如图 9 所示。

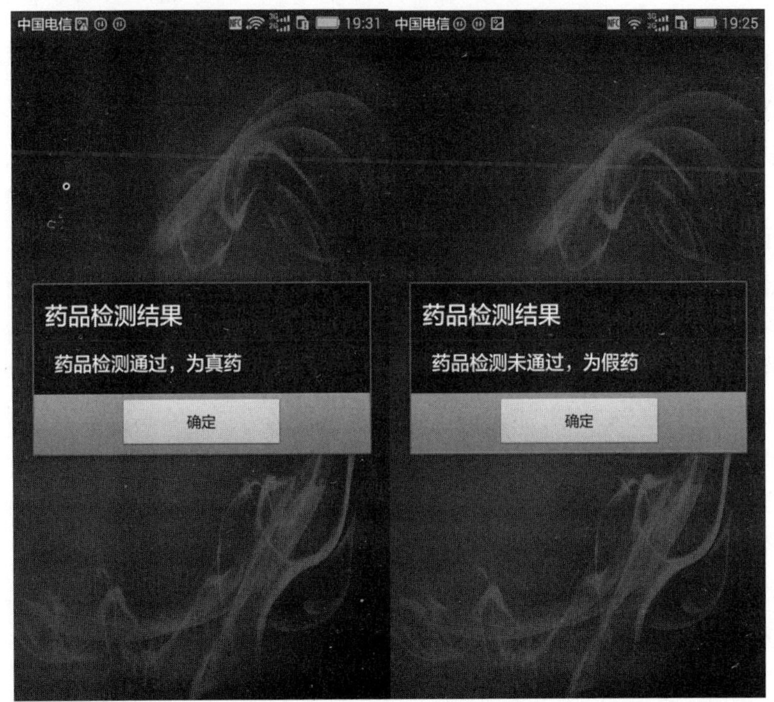

图 9　药品真伪查询客户端

4. 研究结论

由于目前药品市场存在的防伪标识易被仿造、查询真伪方式复杂，本系统分别通过数字签名和 NFC 标签来解决这一现状。本产品运用 MD5 算法将 SN 序列号和药品厂商两个关键信息“压缩”变换成一定长的十六进制数字串，即为摘要。然后运用 RSA 算法将摘要信息通过厂商私钥进行签名，保证了数据的完整性、真实性和不可抵赖性。在对药品信息进行加密时加入 NFC 标签的 SN 码，使它成为药品的一部分，若标签被破坏，则该药品被认为已被购买。与传统密码保护机制相比，本系统实现了药品安全的防护，基于 RSA 算法对 NFC 标签的数字签名全面、有效地保证了药品信息的可信性，实现了模拟药品生产交易全过程模型下的具有智能密码保护技术的安全系统。

5. 课题创新点

本系统的 NFC 防伪技术解决了高安全等级防伪技术的识别问题，每个人通过自己 NFC 手机即可识别防伪标签。NFC 本身的特性使防伪识别向网络化发展，使整个防伪应用实现闭环，这将从根本上抑制伪造，使防伪达到理想的效果，同时也为厂商和最终用户建立了一个沟通渠道，为厂商提供了一个更大的发展空间，也保证了厂商的根本利益。

基于 NFC 的药品防伪系统，在其操作简单的基础上，极大地推进了药品防伪技术在大众消费者群体中的普及，相信在未来的一段时间内，本系统能真正实际运用在广大消费人群中，给广大消费者和各个需求部门带来确实的利益。在后期发展过程中本系统必将更加完善，应用领域也将更加丰富，这项防伪技术势必会在各行业中得到广泛的使用。

本课题采用 NFC 防伪技术设计和实现了药品监督管理系统，有效地解决了药品监管问题。主要完成：

总目标：设计并实现基于 NFC 的药品监督管理系统；

直接经济效益：利用信息安全相关技术实现了药品监督管理系统，具有较好的实用性以及创新性；

间接社会效益：面对如今市场上假药的大面积流行危害了群中的利益和身体健康，具有一定的价值；

成果体现：系统一套，研究报告一份，公开发表期刊论文 1 篇。

参考文献

[1] 刘洋，李慧芬 . Android 移动终端平台下 NFC 技术移动签到管理系统的设计研究 [J]. 电子设计工程，2016

[2] 郑培强 . 基于 Android 和 NFC 技术的电子秤移动监管系统的实现 [J]. 质量技术监督研究 ,2015

[3] 董中凯 , 田东坡 . 基于 Web 的电力集团技术监督管理系统设计与应用 [J]. 电力信息与通信技术 ,2013

[4] 石旭东 , 基于 Android 平台的 NFC 技术的研究与实现 [J]. 软件 ,2013

基于人体动作识别的粒子互动系统研究报告

北方工业大学：郝书嘉　田逸非　路雨晴　张晓晨　葛亚坤

指导教师：宋伟　副研究员

人体动作识别粒子系统，包括人体骨骼信息捕捉，骨骼信息传输技术，虚拟场景交互技术。首先通过 kinect 获取人体骨骼信息，以及识别动作信息，然后通过数据传输，将骨骼信息传到服务器端，将骨骼信息与虚拟环境（粒子系统）结合，通过全息幻象或虚拟现实头显设备展示出来。

随着互联网时代的崛起和计算机技术的飞速发展，互动媒体的出现颠覆了人们的现代生活方式，各种各样的基于互动媒体的研究与应用也随之产生。虚拟现实（即 Virtual Reality，简称 VR，又称灵境技术）是利用计算机图形学，多传感器技术、人机交互技术、人工智能技术等，在计算机或其他智能设备上生成三维或多维的虚拟仿真场景，体验者进行位置或动作的变化时，可通过各种传感器，进行具有沉浸感体验的计算机人机交互。虚拟现实的应用领域广泛，前景广阔，目前较多地运用于医疗、航空、工程、销售等领域，在娱乐、影视、游戏、教育、增强现实等领域，虚拟现实的应用前景十分广阔。

然而现今虚拟现实常用设备往往需要大量的可穿戴数据传输设备，例如数据手套、数据衣、操纵杆、虚拟现实跑步机等，使得用户的虚拟现实体验并不舒适，这些可穿戴设备既不适合长时间佩戴，又不适合用户自由移动，缺乏体验的真实感。而普通图像捕捉设备需要传输的数据量较大，不适合用来作为需要实时大量数据传输、处理的虚拟现实体验系统数据传输媒介。针对以上问题，本项目研究提出了一种虚拟现实体感交互系统，该系统使用 Kinect 作为动作捕捉设备，通过姿态识别算法，使用户免于受一般虚拟现实用于动作捕捉的复杂设备限制，给予用户便捷且自然的人机控制体验，增强了真实感，优化了用户沉浸式的体验。实现方法主要表现在人体动作、声音和手势识别方面。该系统使用过程中，姿态识别所涉及的传输数据量相比传统方式较少，这使得数据处理更快速，实现虚拟现实互动应用的渲染实时性，让传统虚拟现实产品更适应于量产和大范围推广。

基于人体动作识别的粒子互动系统可用于交互式虚拟系统，将人物骨骼信息提取出来，并与虚拟的粒子效果相关联，从而实现虚拟环境与人物之间的交互。全息数字技术让舞台设计有了一个全新的艺术表现形式，“全息”投影技术作为数字技术的一种，使观众更有代入感、真实感，同时也让展示表演更具有立体感与空间感。

本课题结合 Kinect 传感器与全息幻象的成像系统，实现自然用户接口（NUI）应用技术的开发。首先利用 Kinect 传感器的红外设备准确地捕捉人体骨骼信息，然后再利用 Unity3D 制作粒子效果，其次编写动作识别代码，通过 Kinect 采集骨骼信息，并与粒子系统相结合，最后通过全息幻像膜融入虚拟的场景中，以实现虚拟环境与人物之间的交互。

本课题将粒子系统、体感技术及全息技术相结合，不同于以往的单一的特效交互方式或是单一的全息影像展示，该系统将其融合在一起，通过体感和粒子特效进行交互，使粒子变幻不同形态，同时通过全息投影设备处理形成全息幻象，给人以耳目一新的交互体验。该系统可运用在体感游戏、舞台效果、产品展示等多个领域,使展示或是游戏变得更加有趣、方便、直观、也让体验者更加身临其境。

本项目利用深度摄像头开发了一种面向无线头戴显示设备的虚拟现实体感交互系统。本项目提供给了一个虚拟显示的拳击游戏，用户可以通过佩戴眼镜并站于传感器中间，来与虚拟的沙包人进行拳击对打。本项目使用虚拟现实头戴设备 GearVR、游戏客户端运行于安卓手机上。服务器端通过深度摄像头识别人体信息，并将处理好的信息通过无线网络技术发送到客户端上，从而实现对游戏的操控。

系统构造如下：

首先我们利用 Kinect 获取人物的骨骼信息以及动作捕捉信息，然后通过无线网络传输至客户端，客户端接收动作信息，同时显示虚拟场景以及虚拟人物、动作信息传输到客户端后，将动作信息映射到虚拟人物上，实现参与者与虚拟场景的交互。同时服务端连接显示器，将虚拟环境显示出来。

姿势识别是机器视觉领域的研究热点，被广泛应用刚在人机交互、行为分析、多媒体应用和运动科学领域。姿势识别主要是两种方法。第一种是利用可穿戴传感器，比如戴在身体上的加速计或装在衣服上的张力传感器，可穿戴传感器具有精确直接的特点，但会对肢体运动造成束缚，会给用户带来额外的负担。第二种是利用视觉捕捉技术，例如视频或者静态图像，通过对视觉数据的处理来判断用户的动作。基于视觉捕捉技术在特征表达方面，起初是采用人体轮廓作为姿势特征表达，但是轮廓特征从整体角度描述了姿势，忽略了身体各部位的细节，不能精确地表示丰富多彩的人体姿势，有研究采用基于身体部位的姿势表达，即把人体轮廓分为若干个身体部位，例如颈部、躯干和腿。由于这些姿势特征都是从二维彩色图像种抽取而来，需要处理人体定位、肢体被遮挡、不同光照条件等问题（详见图 1）。

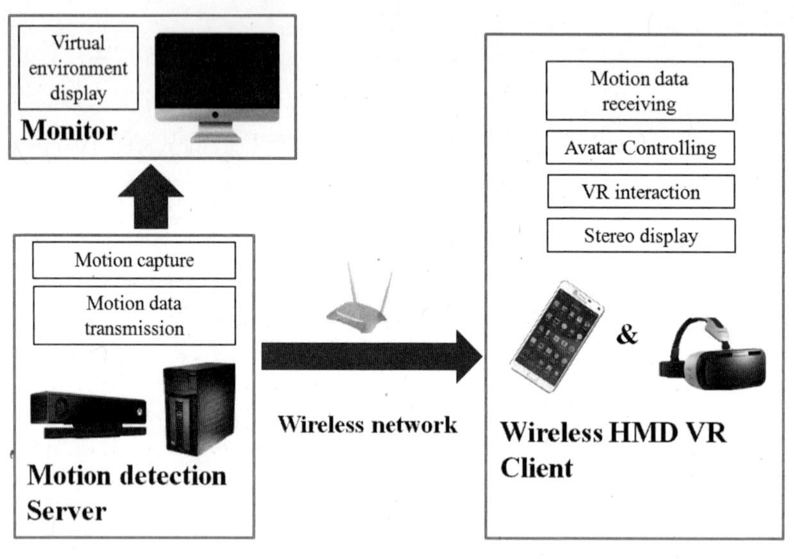

图 1

Kinect 是微软为其 Xbox 360 游戏主机和 Windows 平台 PC 打造的一款运动感知输入设备，作为一款体感外设，它实际上是一个采用全新空间定位技术（light coding）的 3D 体感摄像头。Kinect 一共有 3 个摄像头，中间一个是 RGB 摄像头，用来捕获 640 × 480 的彩色图像，每秒最多获取 30 帧图像；两边的是 2 个深度传感器，左边是红外线发射器，右边是红外线接收器，用来检测玩家的相对位置。

近年来 Kinect 等深度传感器不仅提供彩色图像数据，而且提供了三维深度图像信息。三维深度图像记录了物体与体感器之间的距离，使得获取的信息更加丰富。利用 Kinect 的实时骨骼跟踪技术和支持向量机识别多种姿势。

DTW 是把时间规整和距离测度计算结合起来的一种非线性规整技术，能够对有全局或局部扩展、压缩或者变形的模式完成匹配过程。DTW 算法就是在 2 个模式——测试模式和参考模式的特征信号之间建立一条科学的时间校准匹配路径。

我们设 R=（r1，r2，r3，…，rn）为手势测试序列，T=（t1，t2，t3，…，tm）为手势模板序列，n、m 都是手势帧的时序标号，通过非线性映射匹配时间序列，因此一个映射可以用一系列有序元素表示：（i1，j1），（i2，j2），（i3，j3），…，（if，jf），元素（i，j）表示测试序列 R 第 i 帧的特征向量与模板序列 T 第 j 帧的特征向量之间的映射，f 映射个数定义 d（i，j）为 r（i）与 t（j）之间的距离，则一个映射 R 和 T 的总开销 D 可以表示为 D= ∑ fk=1d（ik，jk）。（3）一个映射也可以描述为在一个 2 维网格上的一条路径，用参考模板序列 r（i）作为横坐标 i 轴，测试模式序列 t（j）作为纵坐标 j 轴，建立直角坐标系如图 2 所示。网格中的每个节点（i，j）– 交叉点，表示 r（i）与 t（j）的映射。在这个 2 维网格中，每一条路径就是一个算式（3）的总开销 D，其中最小开销的路径就是这 2 个序列的最佳匹配。

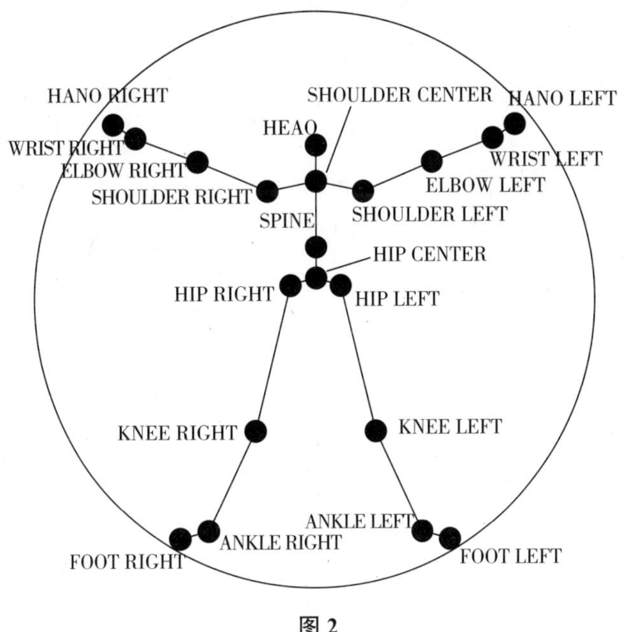

图 2

路径示意图为了寻找最佳路径，若寻找所有可能的路径，则计算量太大，基于 Bellman 原理的动态规划算法减少计算复杂度。Bellman 原理指出，从节点（i0，j0）经过节点（i，j）到节点（if，jf）的最优路径是由节点（i0，j0）到节点（i，j）的最优路径与由节点（i，j）到终点（if，jf）的最优路径的串联。这样，如果给出了（i0，j0）到（i，j）的最佳路径，我们只需要寻找最佳（i，j）到（if，jf）的路径，而不是（i0，j0）到（if，jf）的路径。如果我们用 Dmin（ikjk）

表示到节点（ik，jk）的最小开销，则 Dmin（ikjk）可以运用前面的节点表示如下，Dmin（ikjk）=min（D（ik–1jk），D（ikjk–1），D（ik–1jk–1））+d（（ik，jk）。（4）当所有元素在时间上有序排列，前面的节点都在当前节点的左边和底部。最后，这 2 个序列的最小路径开销是 Dmin（if，jf），测试序列在所有模板中寻找具有最小路径开销的模板序列作为匹配结果。

彩色图像数据、深度数据分别来自 Color Image Steam 和 Depth Image Stream，同样地，骨骼数据来自 Ske leton Stream。要使用骨架数据，应用程序必须在初始化 NUI 的时候声明，并且要启用骨架追踪。访问骨骼数据和访问彩色图像数据、深度数据一样，也有事件模式和查询模式两种方式。在本例中，我们采用基于事件的方式，因为这种方式简单、代码量少，并且是一种很普通基本的方法。当 Skeleton Stream 中有新的骨骼数据产生时就会触发该事件。

我们初始化并打开骨骼跟踪后，就可以从 Skeleton Stream 中拿骨骼数据了。Skeleton Stream 产生的每一帧数据 Skeleton Frame 都是一个骨骼对象集合。包含了一个骨架数据结构的数组，其中每一个元素代表着一个被骨架追踪系统所识别的一个骨架信息。每一个骨架信息包含有描述骨骼位置以及骨骼关节的数据。每一个关节有一个唯一标示符，如头（head）、肩（shoulder）、肘（dlbow）等信息和对应的三维坐标数据。

Kinect 能够追踪到的骨骼数量是一个常量。这使得我们在整个应用程序中能够一次性地为数组分配内存。循环遍历 SkeletonFrame，每一次处理一个骨骼。那么跟踪的骨骼也有跟得好与不好之分吧，你的姿势、是否有阻挡等情况，都会使得跟踪不那么好。所以在处理之前需要判断一下是否是一个追踪好的骨骼，可以使用 Skeleton 对象的 Tracking State 属性来判断，只有骨骼追踪引擎追踪到的骨骼我们才进行处理，忽略哪些不是游戏者的骨骼信息，即过滤掉那些 Tracking State 不等于 Skeleton Tracking State.Tracked 的骨骼数据。

Kinect 能够探测到 6 个游戏者，但是同时只能够追踪到 2 个游戏者的骨骼关节位置信息。处理骨骼数据相对简单，我们根据 Kinect 追踪到的游戏者的编号，用不同的颜色把游戏者的骨架画出来。

在进行远程传输时，我们采用 TCP/IP 技术，TCP 提供的是一种可靠的数据流服务，采用“带重传的肯定确认”技术来实现传输的可靠性。TCP 将它的信息送到更高层的应用程序，例如 Telnet 的服务程序和客户程序。应用程序轮流将信息送回 TCP 层，TCP 层便将它们向下传送到 IP 层，设备驱动程序和物理介质，最后到接收方。

虚实合作技术是一门综合计算机图形技术、多媒体技术、传感器技术、人机交互技术、网络技术、立体显示技术以及仿真技术等多种科学技术而发展起来的计算机领域的新技术。在虚实合作过程中，用户可以在一个看似真实的模拟环境，通过多种传感设备，用户可根据自身的感觉，使用人的自然技能对虚拟世界中的物体进行考察和操作，参与其中的事件，同时提供视、听、触等直观而又自然的实时感知，并使参与者“沉浸”于模拟环境中（如图 3 所示）。

图 3

本项目研发的人体动作识别粒子系统通过将虚拟现实技术、人机交互技术、远程数据无线传输技术等多种科学技术组合应用，很好地实现了虚拟场景的互动体验，在未来的发展中将有很大的发展空间和应用前景。

乐视体育自行车AR演示系统设计与实现

北方工业大学：陈　根

指导教师：张　俊　讲师

通过策划设计、三维建模、Unity编程交互等技术实现乐视体育自行车AR演示系统，在乐视体育自行车发布会上进行了展示。并在后期撰写发布相关专业论文。本文将阐述对于整个乐视体育自行车AR演示研究开发过程的分析与总结，沉淀经验，铺垫未来。

1. 选题背景

AR增强现实应用是目前较为创新的展示和游戏手段。本项目中学生需要完成三维建模、Unity程序交互代码设计、Unity材质编辑等。这不仅可以帮助学生提高自身专业知识以及更好地适应将来的工作，还可以激励有专长的学生在该方向上进行创业。

1.1　AR增强现实技术概述

增强现实（Augmented Reality），简称AR技术，是 一种实时地计算摄影机影像的位置及角度并加上相应图像的技术。这种技术可以通过全息投影，在镜片的显示屏幕中把虚拟世界叠加在现实世界，操作者可以通过设备进行互动（见图1）。AR技术还在发展的初期阶段。

由于技术的限制，目前市面上没有任何一款成熟的面向消费者市场的AR产品。 AR产品开发对资金、开发人员、技术都有着极高的要求，所以目前只有像谷歌、微软这样的科技巨头才会涉足该领域。 一旦有成熟的AR产品推向消费市场，可以在旅游、教育、医疗、建筑、设计、游戏等众多领域有着广泛的运用空间。

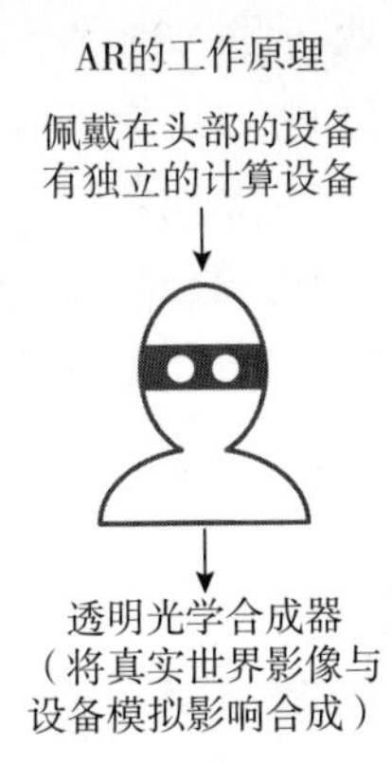

图 1　AR 的工作原理

AR 技术具有高要求、未来应用广的特点。其行业趋势依旧被科技寡头所垄断，行业准入门槛保持较高的态势。AR 产品由概念产品逐步向消费级产品演进，技术进步让视域狭窄等问题得到改善，便携化将刺激更多用户日常使用 AR 产品。

增强现实作为一门新兴领域，结合了计算机图形学、图像处理、机器视觉等诸多学科的技术。同时也依赖于显示设备、图形加速设备、传感器、跟踪器、交互工具等硬件设备的发展。增强现实系统不是将用户与现实世界隔离，而是利用虚拟的图形和文字等信息对真实世界的场景进行增强，实现真实世界和虚拟世界的无缝融合，并能够使用户如同在真实环境中一样自然实时地交互。在用户眼中，真实物体和虚拟模型是共存的。一个完善的增强现实系统需要用到以下几个基本的支撑技术：显示技术、注册跟踪技术、虚实融合技术、用户交互技术。

增强现实技术一般在游戏和影视领域使用的比较广泛，但是随着人们对增强现实技术的不断研究与开发，其应用领域也越来越广泛，在医学保健、房地产、工程和军事等方面都有所发展。

在游戏和影视方面，增强现实技术极大地提高了用户的体验感，在其他领域，增强现实的作用就不仅仅是增强用户体验感这么单一了。比如在油井勘探训练时，利用增强现实技术可以模拟场景，让训练者通过计算机模拟训练的场景，这样不仅保障了训练者的安全，同时也在不影响训练效果的情况下极大地降低了训练成本。

1.2　乐视体育自行车项目简介

超级自行车是乐视体育于 2015 年 8 月 11 日正式发布的首款智能化的城市自

行车，以自然生态中飞鸟俯冲的线条进行设计，具备物联网、社交等强大的智能交互功能，颠覆了传统自行车行业。这款自行车秉承了乐视体育的体育、科技、互联网、艺术及创新基因。也因此，超级自行车被命名为“劲趣”，英文名为“GENE”（谐音基因）。超级自行车突破性地推出了全球首款智能自行车 BIKE OS，拥有智能防盗、运动音乐、数据监测和自行车通信等功能。超级自行车已经通过了国内外各个安全机构的认证，将于 2015 年 10 月在美国同步发售。

1.3 Unity3D 技术简介

Unity3D 是由 Unity Technologies 开发的一个让玩家轻松创建诸如三维视频游戏、建筑可视化、实时三维动画等类型互动内容的多平台的综合型游戏开发工具，是一个全面整合的专业游戏引擎。Unity 类似于 Director、Blender game engine、Virtools 或 Torque Game Builder 等利用交互的图形化开发环境为首要方式的软件。其编辑器运行在 Windows 和 Mac OS X 下，可发布游戏至 Windows、Mac、Wii、iPhone、WebGL（需要 HTML5）、Windows phone 8 和 Android 平台，也可以利用 Unity web player 插件发布网页游戏，支持 Mac 和 Windows 的网页浏览。它的网页播放器也被 Mac widgets 所支持。

2. 方案论证

2.1 方案内容

（1）进行 AR 增强现实、发布会实现市场调研，学习相关工具的编程方法和建模法；

（2）思考 AR 乐视自行车发布会的实现创意，并进行梳理规划，产出策划方案；

（3）通过三维建模、Unity 编程来实现发布会 AR 展示程序，并进行测试、交付；

（4）撰写并发表论文，开拓市场，延续本项目进行创业。

2.2 方案可行性

编程和建模方法在大学课程中都有相应的学习基础，通过导师的指引和自主学习可以自发学习相关技术，完成程序的实现。

2.3 方案优势

AR 增强现实内容展示与设计，是目前下一代游戏的主要发展方向，也是当前数字媒体专业发展的热门方向。本项目不仅可以帮助学生提高自身专业知识以及更好地适应将来的工作，还可以鼓励学生自主创业，体验项目从想法到落地的整个过程。

3. 研究方法

3.1 调查法

调查法是科学研究中最常用的方法之一。它是有目的、有计划、有系统地搜集有关研究对象现实状况或历史状况的材料的方法。调查方法是科学研究中常用的基本研究方法，它综合运用历史法、观察法等方法以及谈话、问卷、个案研究、测验等科学方式，对教育现象进行有计划的、周密的和系统的了解，并对调查搜集到的大量资料进行分析、综合、比较、归纳，从而为人们提供规律性的知识。

通过调查法，学生进行了 AR 技术、AR 发布会实现等市场的调研，了解了基本的研究方向和方法，为之后的策划和实现打下了基础。

3.2 文献法

文献法是根据一定的研究目的或课题，通过调查文献来获得资料，从而全面正确地了解掌握所要研究问题的一种方法。文献研究法被广泛用于各种学科研究中，其作用有：①能了解有关问题的历史和现状，帮助确定研究课题；②能形成关于研究对象的一般印象，有助于观察和访问；③能得到现实资料的比较资料；④有助于了解事物的全貌。

通过阅读有关技术和项目的图书、资料和文件，全面掌握所需材料，以利研究工作。积累了经验，学习了相关的建模和编程知识，为技术实现做铺垫。

3.3 经验总结法

经验总结法是通过对实践活动中的具体情况进行归纳与分析，使之系统化、理论化，上升为经验的一种方法。总结推广先进经验是人类历史上长期运用的较为行之有效的领导方法之一。

通过经验的总结，撰写出相关专业技术知识的论文并进行发表。

4. 研究结果

图 2

（1）完成乐视体育自行车产品的发布会 AR 交互展示内容设计（见图 2）。通过市场调研，调查分析现有发布会和 AR 交互展示的相关知识和内容，通过组内讨论、头脑风暴、导师指引，归纳总结出一份完整的、可实现的、符合要求的展示内容设计。充分展示乐视体育自行车的各个特色功能，在发布会上通过 AR 技术结合现实场景更直观生动地为观众提供演示，让观众更好地了解乐视体育自行车的功能与特色。

图 3

（2）完成自行车内容三维模型制作。通过自主学习 MAYA、3Dmax 模型制作的方法与技巧，实现自行车和其配件三维模型的制作，包含车身、变速器、智能头机等全部主件和配件；并通过 3DCoat 和 Unity 材质编辑器为模型添加材质。通过这些手段使自行车三维模型逼真而生动，在 AR 演示中可以更好地与现实场景相融合，不会产生太大的差异感，让观众通过模型能看到自行车真实的样子与功能，将乐视体育自行车完整地呈现。

（3）使用 Unity 完成该项目发布环节展示的交互程序设计，并且调试、运行。通过自主学习 Unity 脚本的编程方法，实现对乐视体育自行车发布交互的编程，学习使用 AR 技术实现场景与现实的融合，并进行调试、运行、测试。自行车会根据演示人的操作进行一步一步的变化，分为亮相、普通展示、分解展示、零件展示、特色功能展示等环节，通过在 Unity 中设定场景与动画来切换不同的展示形式，为发布会提供丰富全面生动的 AR 展示，充分体现乐视体育车的样式功能与特色。

（4）在中文期刊或者国际会议上发表 1 篇与本研究内容相关的论文。通过本次项目的研究与实现，总结归纳并撰写出了专业相关的论文《增强现实注册跟踪技术的研究》。随着计算机技术的不断发展，虚拟现实在各种领域得到了充分

的使用，随着虚拟现实技术的发展，人们越来越期待能够与虚拟的世界进行交互，进而推动了增强现实技术的发展。增强现实技术是近年来一个研究的热点，广泛地应用于各行各业中。论文旨在研究和论述增强现实技术的核心技术注册跟踪技术。

5. 创新点

5.1 AR 技术的实现与应用

AR 技术是近年来新兴的科学技术，也是未来发展的方向与趋势。在本次项目中学生学习并运用了 AR 技术，实现了发布会的交互展示，通过自主学习熟悉了新型技术的学习与运用。AR 发布会是如今非常热门的发布会形式与 AR 运用领域，通过这一项目的实现，对 AR 增强现实技术有了更深的了解与研究，有利于学生今后的学习与创业，更好地接受和学习新型技术，成为走在时代前沿的新型人才。

5.2 注册跟踪技术的研究

随着增强现实技术的发展，人们对增强现实的真实化体验的要求越来越高。这就要求增强现实的核心技术即注册跟踪技术的完善。注册跟踪技术的完善直接关系到虚拟世界的物体与现实世界物体的位置关系和阴影关系，是否可以达到预期的增强现实的效果。所以对于增强现实的研究离不开对注册跟踪技术的研究，当下比较流行的两类注册跟踪技术可以很好地达到增强现实的预期鲜果。但是，对于一些更深层次和更复杂的增强现实系统还需要更完善的注册跟踪技术的支撑。在本次项目中就运用了注册跟踪技术实现自行车的位置与阴影和现实场景进行同步。

6. 收获总结

通过本次项目，学生体验了市场调研、方案策划、三维建模、编程实现、AR 技术、总结撰写论文等过程。学会了通过市场调研、深入思考来激发创意，设计 AR 展示会的策划方案；更加熟悉了三维模型建模的方法与要领；并自主学习 Unity 编程，完成了交互系统的实现；还熟悉了撰写发表论文的方法与技巧；积累了多方面技术与要领的经验。不仅丰富了自身的专业知识，还熟悉了项目从开始到完成的整个流程，学习到了很多平时上课学不到的知识和能力，为今后的学习与工作打下了基础，也对创新和创业有了新的认识。创新创业需要扎实的专业知识和抗压灵活的个人能力，但更重要的是把专业知识运用到社会实际问题上，充分发挥个人的能力。在以后的学习、工作中，也将不断地提升自己的专业能力，锻炼具备更加全面、更加专业的知识体系，继续深入发掘 AR/VR 等新型技术的无限可能。经历了一个项目从想法到实现的整个过程，获益良多。

参考文献

[1] 艾瑞咨询 . 中国 VR/AR 市场研究报告 [J]，2015

数据爬取工具在智慧旅游中的应用
——以八爪鱼采集器为例

北方工业大学：叶　玮　王瀚林　齐思远　陈　元　贾俊卿　邓文佩

指导教师：王若宾　副教授

在线旅游近年来获得了长足发展，各类旅游网站积累了大量数据，如何获取这些数据进行精细化分析以服务智慧旅游的需要值得研究。本文设计了使用数据爬取工具获取在线旅游网站数据的应用方案并予以实施，结果表明数据爬取工具可以较为便捷地按需批量获取网页数据，为实现智慧旅游提供基础数据集。

1. 引言

随着生活水平的提高，现阶段旅游行业呈现出休闲度假需求上升、散客化自由行的趋势，互联网技术的发展促使在线旅游获得了快速发展。人们已经不满足于同质化的旅游体验，智慧旅游应运而生。智慧旅游有赖于精准的大数据分析，然而网络上数据虽多，却分散于不同的网站，数据结构也不尽相同。其中，首要的问题是要实现批量按需获取数据。尽管可以编程实现网络数据爬取，但使用专门的数据爬取工具对没有编程基础的用户而言可能是更为有效的一个方法。本文的研究基于一款网页数据爬取工具，根据需求制订数据爬取方案，对旅游网站的数据实现批量获取。

2. 研究设计

2.1 概念界定

智慧旅游是以现代通信和信息技术为支撑、以云服务为基础、以游客体验为基准，配套以现代化智能化管理，将进一步促进地方经济的发展，打造出智慧生态旅游目的地。简单地说，就是游客与网络实时互动，让游程安排进入触摸时代。从而利用信息化技术，把一些旅游资源进行资源整合，然后为广大游客进行量身定做合适的旅游计划，这样便可以让广大游客对旅游过程有充分的了解，实现真正的智慧旅游。

网络爬虫又称网络机器人，是一种按照一定的规则自动抓取万维网信息的程序或者脚本，被广泛应用于互联网搜索引擎或者其他类似网站，可以自动采集所有其能够访问的页面，并对页面数据进行信息处理。网络爬虫首先要明确抓取内容，因为网页数据爬取是针对目标条件信息、内容的定向批量筛选和批量采集最终生成用户所需格式的数据信息。目前相关的爬取数据的方法有很多，可以使用编程方法自主实现，如使用 Python 实现，也可以使用专门的网页数据爬取工具实现，如八爪鱼。

2.2 网络数据爬取工具在智慧旅游应用的切入点分析

智慧旅游的实现有赖于大规模数据分析支持的精准推荐，其前提是获取足够丰富的数据。网络数据爬取工具可以自动化地实现网页数据的批量下载，并以结构化方式存储。

实现智慧旅游需要以下几个关键步骤：

（1）智慧旅游应用方案建模，主要解决需要哪些数据、解决什么问题；

（2）利用爬取工具获取所需数据，其中根据不同网站的网页结构设计规则并实施是关键；

（3）利用已经获取的数据进行数据分析，为智慧旅游提供基于数据的决策依据。

第一步是本文研究的问题驱动，第二步是本文研究的主要内容，需要根据旅游需求制订与之匹配的数据爬取方案，获取爬取的数据集后可以进行第三步。

3. 以一个具体问题为例

3.1 问题描述

以外出旅游预订酒店为例，通常用户需要浏览不同网站，自己完成信息搜索、需求匹配等工作，操作起来不仅繁杂，而且低效。因此，我们考虑实现将多个网站的数据批量爬取形成一个数据合集，为后续的数据分析提供基础数据集。具体的需求为酒店行政区、酒店地址、预定价格、顾客评分、评论条数以及酒店环境，包括是否有 WiFi、是否有停车场、是否有 24 小时热水等。

3.2 方案框架

（1）准备阶段：收集可供爬取数据的多个旅游网站地址，制订数据抓取规则；

（2）实施阶段：把不同网站的数据按抓取规则进行爬取并形成数据合集；

（3）后期分析：对抓取的数据合集进行数据清洗和重构，按需求进行数据分析。

3.3 具体实施过程

（1）先打开八爪鱼采集器，点击新建任务，进入任务配置页面，选择任务组，定义任务名字为爬取“住哪儿网”上相关酒店信息，点击下一步进入流程配置页面；

（2）拖入一个打开网页的步骤，在页面 URL 处输入“住哪儿网”的网址，点击保存；

（3）找到“住哪儿网”页面中最底下的下一页这个地方，点击后建立一个翻页流程，即循环翻页操作；

（4）选中第一页第一个酒店名称，点击创建一个元素列表以处理一组元素，然后点击添加到列表，此时就在列表添加好了当前选中的酒店名称，然后点继续编辑列表，再选择第该页面最后一个酒店名称，并点击添加到列表，此时列表里就出现了当页的所有酒店名称，然后点创建列表完成，并点击循环（见图 1）；

（5）找到第一个酒店的相关信息，如酒店名称、酒店地址、大致价格、顾客评分、评论条数、是否有 WiFi、是否有停车场等，点击抓取这个元素的文本，逐条进行数据字段的提取，配置完成后，进行字段名称的修改字段，最终启动单机采集；

（6）将采集到的数据导出到数据库或者 excel 等数据承载工具中；

（7）对采集到的酒店名称、酒店地址、起始价格、顾客评分、评论条数、是否有 WiFi、是否有停车场等进行分析，整理归纳，然后以可视化的方式呈现，为用户选择适合自己需求的酒店提供决策参考。（见图 2）

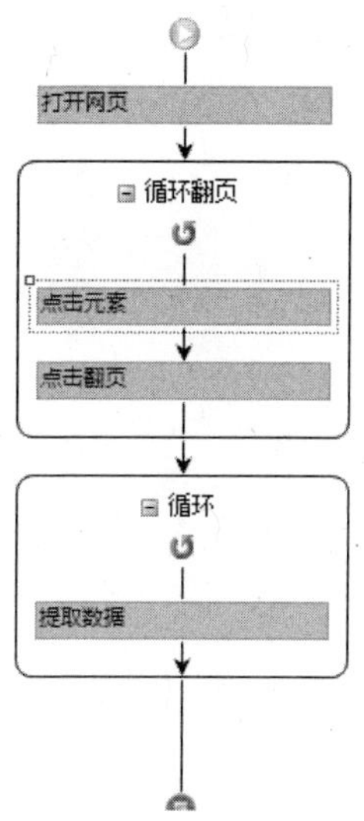

图 1　抓取数据的流程

	酒店名称	地址	价格	是否有网络	是否有停车场	顾客点评
2	北京好家得快捷连锁酒店（天缘惠达店）	位于[航天桥/首都师范大学]海淀区西三环北路65号(航天桥东北侧)	258	有网络服务	酒店提供免费停车场	4.1
3	北京格林豪泰（林萃路商务酒店）	位于[鸟巢/国家会议中心]北京市海淀区黑泉路宝盛里观景园小区西侧（与兴美生活购物中心隔路相望）	256	有网络服务	酒店提供免费停车场	4.9
4	北京为家宾馆	位于[上地工业园区]海淀区清河小营西路（清河大厦西侧）	98	有网络服务	酒店提供免费停车场	4.9
5	北京星程酒店（北京西站店）	位于[西客站]北京市海淀区吴家场路45号(莲怡园东路与吴家场路交叉口向西50米,距离西客站较近)	199	有可无线上网的公共区域	酒店提供免费停车场	4.6
6	北京京仪大酒店	位于[大钟寺/交通大学]海淀区大钟寺东路9号(毗邻中坤广场和体育大学地铁13号10号知春路站B出口)	598	有可无线上网的公共区域	酒店提供收费停车场	4.6
7	北京中关村皇冠假日酒店	位于[中关村/人民大学]北京市海淀区知春路106号(海淀黄庄路口向东300米)	1269	有可无线上网的公共区域	酒店提供免费停车场	4.5
8	北京中土大厦	位于[西客站]海淀区北蜂窝6号(西二环白云桥西侧)	4188	有网络服务	酒店提供收费停车场	4.5

图 2　部分抓取结果显示

4. 研究结论

研究表明，使用网页爬取工具可以降低对使用者编程门槛的要求，同时还具有一定的灵活性，可以实现较多个性化数据爬取的需要。当然，任何一款工具都具有一定的局限性，比如适用范围有限、效率不高等。此外，研究中的用例仅针对某网站的特定需求，对于不同网页结构的数据爬取还需要更多的规则设计和实施。后续研究将进一步细化需求爬取多维异构数据，为基于大数据分析的智慧旅游提供可供实现的解决方案。

参考文献

[1] 黄婧 . 武汉“智慧旅游”背景下的生态旅游景区建设模式研究 [J]. 特区经济，2015（9）：144–146

[2] 佚名 . 详解网络爬虫与 Web 安全 [J]. 计算机与网络，2012，38（12）：38–39

“大美北京”——艺术作品创作课题研究报告

北方工业大学：吴美娟　李　欢　张　嫱　邢家祥　隋心皓

指导教师：李昊文　讲师

北京是现代化国际大都市也是美丽的古都。“大美北京”——艺术品创作课题，通过对城市的调研，设计团队认为表达“大美北京”不仅仅是城市美丽轮廓的描绘，希望从人文精神层面提炼出有共鸣的元素，以北京民俗文化为代表，从北京的衣、食、住、行四个方面展开调查，探究在当今这个文化大熔炉中如何更好地传承和展示一个城市的美好。

1. 项目背景

作为中国古都之一的北京，经过漫长悠久的历史发展，至今仍吸引着成千上万的外乡人。它似乎有一种神奇的魔力，赢得众人的喜欢，来过这里的人无一不为它特有的“京味儿”民俗所着迷。拥有深厚历史积淀的北京为后人存留下了众多举世罕见的名胜古迹，从家喻户晓的故宫、天坛到让人印象深刻、津津乐道的大小胡同，无一不体现着它的魔力所在。但这些名胜古迹远不是它全部奥秘的所在，更重要的是北京的民俗文化在多民族文化融合的背景下不断发展升华，又以其博大胸怀吸取世界各民族优秀文化而形成了至今为止我们所看到的新的、独特的京味儿文化。

历史悠久、发展连贯的北京民俗文化，是中华文化这一宝库中最重要的组成部分之一，是能够让我们为之自豪的瑰宝。它所存留下来的千年遗迹和渐渐浅褪的老北京民俗都有其非凡的历史价值，多年的改革开放迎来了更加现代化、科技化的文化潮流，如何在世界文化日益紧密的趋势下保护并且弘扬中华民族优秀传统文化，使其保持独特的文化内涵是我们每一位中华儿女的责任。现今，我们小组成员将和导师借这次课题研究，以北京文化为代表，从北京的衣、食、住、行四个方面展开调研，如何用艺术表达形式来诠释“大美北京”，在艺术语言的表达上我们除了表达美的本身，还要从人文精神层面提炼表达元素，力图使观者对作品产生情感上的共鸣。

2. 项目过程

2.1 研究方式

诠释大美北京，首先我们调研北京留下的城市印象——故宫、天坛、长城、北海、胡同、城门、香山、八大处等地，拍摄并绘制了大量城市素材。通过调研，团队认为单纯地描绘城市的美丽轮廓、并不能完全表达我们的创作追求，我们更重视从人文精神层面发掘“大美北京”。团队经过反复讨论调整了调研方向，力图从“衣、食、住、行”基本需求的四个方面取得人文情怀中的共鸣，从而提炼创作元素，进行课题的创作。

通过调研我们发现，如今“老北京”原封不动存留下来的东西越来越少，如作为北京传统民居的四合院大量拆迁、被现代建筑所代替，存留的绝大多数成了混居杂院。但即便如此，北京深厚的文化积淀远不会轻易被现代化趋势所消磨的，“老北京”的风貌仍存留在我们眼前，一提及“北京民俗”，我们很容易就会想到庄严宏伟的城楼、独具特色的街道胡同、历史久远的四合院落、传承至今的老字号、地道的北京小吃、颇有韵味的北京方言、余音绕梁的京腔艺术、走街串巷的吆喝……

这些让我们难以忘怀的民俗风情正是北京民俗文化的重要组成部分，虽然在现今生活中很难完全再现当时“老北京”的生活风貌，但是我们通过实地采风、广泛查阅相关书籍、利用互联网搜索、参观民俗文化展览等多种手段尽可能去了解当时的老北京文化，与现在的北京相较，它所传承下来的是什么？又有什么是我们遗忘或是忽视的？我们如何去表达我们心中的“大美北京”？我们在思考问题的同时也在努力地将民俗文化融入符合现代人审美和需求的设计当中，既能起到传承文化的作用，又能以与时俱进的方式向更多人展示“老北京”民俗文化。

2.2 研究内容

2.2.1 胡同文化

谈及北京民俗，北京胡同是北京民俗的载体，北京许多的民俗习惯也是因为胡同的格局而形成的。现今的北京胡同虽没有过去多，但仍有些小胡同沿着过去斑驳的历史伫立在那里，伴着幽幽长巷，从每个胡同的延传下来名称到胡同里那些大大小小的门墩儿、影壁、砖雕、门楣、屋面，都在诉说着北京胡同的纷繁往事。虽然在后续的设计中老北京胡同元素没有直接地用于后续中，但通过这次的调查研究让我们对老北京胡同有了更深的了解，获得了很多人文的思考，也为我们提供了更多的设计思路。

2.2.2 饮食文化

民以食为天，如此独具风情的北京，自然也有它的特色风味美食。从蜚声中外的宫廷饮食和精致的官府饮食，到琳琅满目的市井饮食，伴着老北京特有的叫卖声，形成了别具特色的京味饮食文化。其中最让人印象深刻、影响至深的要数北京的市井佳肴。这些市井饮食不仅包括街头巷尾的食摊小吃，还有那些传承至今的老字号的饭馆堂庄里的精致大菜。全聚德的挂炉烤鸭、便宜坊的焖炉烤鸭、月盛斋的酱牛肉、六必居的酱菜、王致和的臭豆腐、仿膳饭庄的宫廷小点等都是至今为止人们仍喜爱的老字号美食。再看那些叫不上哪家名号的地道小吃，种类繁多，大约有二三百种，如老少通吃的冰糖葫芦、豆汁儿、爆肚、卤煮火烧、炸酱面等，都是北京人爱吃又便宜的小吃。

俗话说吃喝玩乐，研究完“老北京”的吃食，自然是要提一提老北京日常饮食中另一重要组成部分——饮料。老北京人爱喝茶，尤其喜爱茉莉花茶，追溯起来这与旗人的生活文化有关，比较有名的茶店有吴裕泰和张一元。连现代的北冰洋饮料也是北京人心中的情怀元素。

2.2.3 服饰文化

被“老北京”人视为第二生命的服饰文化，也是北京民俗的一个重要组成部分，它不仅能反映出一个时代的精神风貌，更能显现当时的物质文化水平。但现今，比起年代久远且穿着不便的清代服饰，随着西洋服饰的传入，民国以后的中山装和旗袍似乎更适合当时中国人。

2.2.4 出行文化

来过北京的人都知道，今天的北京出行有各种交通工具：地铁、公共汽车、出租车、私家车，也有自行车，有轨电车不太常见，总之各类出行工具应有尽有，相比80多年前的北京，现在的交通工具确实越来越先进，道路也是四通八达。“老北京”出行工具中最让人印象深刻的应该是人力车、畜力车和影视剧中常出现的轿子，近代以后才开始有西式马车、自行车和三轮车等。老北京出行文化传承到现在，一直在随着时代的进步而不断跟进，传统的交通工具虽然在现在生活中使用很少，但仍有保留。

2.2.5 民间绝艺

在这里不得不提及老北京的民间绝艺。在这次的设计中，我们从很多民间艺术作品中提取了很多元素。比如一经出世就为国争得巨大荣誉的景泰蓝，其制作工艺之精妙，艺术魅力无可比拟。相比较而言，兔儿爷可能是民俗手工艺作品中最有认知度的一个，它有着标志性的视觉形象，它的传承和传统节日紧密相连，也因其是北京地区的民间传说有关，但传承至今其制作工艺仍有保留，但它所蕴含的传统节日内涵却在逐渐失落。还有像毛猴、灯笼、脸谱、精细的内画壶、小到只有手掌心大小的风筝等，都是非常让人惊叹的手工艺品。

2.3 研究成果

总结前期我们所调研的内容，加以分化和提取，采用“老北京”民俗文化中特有的元素设计适合现代人审美的图案，将它平面化、细致化，更好地融合进我们所制作出的作品中，并且采用不同的展示方式呈现这些设计元素。

利用这些视觉精神的元素符号，在数月时间团队成员绘制了大量的美术作品，从纯粹的采风作品到融合了视觉形象的抽象作品。当作品量级到了一定的阶段，团队开展的新的思考，作为大学生的创业课题，我们想通过课题的研究探寻，我们的专业能否让产品市场化，在校期间的所学，是否能适应市场的需求。团队经过探讨，决定将通过在北京“衣、食、住、行”调研而获得的视觉精神符号，运用在“衣、食、住、行”相关的方面，力图将提炼的人文和视觉上的元素符号运用在我们平时的使用中。

最终的成品是具有“大美北京”人文元素的的抱枕、T恤、卫衣、笔记本、马克杯、装饰画等。

2.4 总结

通过这次与老师对《“大美北京”——艺术品创作》的探究，对老北京的民俗文化有了更深层次的了解，在这次设计中我们不拘泥于纸面上的平面设计，除却小组成员们根据老北京民俗文化中的元素所设计出来的图案制作的装饰画外，在后期与老师的交流中，我们又根据这些有趣的图案衍生出很多周边产品，当然，这些图案的应用远不止于此。相信通过这次的课题研究，我们在今后的设计中能够更加灵活地运用我们身边的元素，让生活化的图案更加设计化、设计的作品更人性化。让我们平时生活、学习、工作的闲暇，也可能就是泡上一杯香馥的茉莉花茶的几分钟，对我们的传统、我们的文化产生回味。这也就是我们作品中的一个彩蛋设计，印有出自美国作家杰克·凯鲁亚克在《达摩流浪者》书中最后一句话“永远年轻永远热泪盈眶”，也是团队所追求的对生活、对设计，我们保持热情、坚持信念、尊重历史。

2.5 致谢

团队从调研阶段到制作阶段，经历了艰难、困惑、不解、争执，我们共同经历的设计的困难，同时我们也得到了无数的帮助，使得我们最终可以完成课题作品。感谢团队所有成员一年来的不懈努力，我们都有着共同的收获喜悦，感谢所有帮助过我们的老师、同学，感谢所有帮助过我们的人。

参考文献

[1] 徐城北 . 老北京帝都遗韵 . 重庆：重庆大学出版社，2014

[2] 新京报 . 北京地理民间绝艺 . 北京：当代中国出版社，2005

[3] 宋卫忠 . 民俗北京 . 北京：旅游教育出版社，2005

[4] 旅舜 . 北京胡同 . 北京：中国民族摄影艺术出版社，2005

小微企业财务风险控制问题分析研究报告

北方工业大学：简妙如　聂志红　热纳提　党一帆　齐　琪

指导教师：王丽新　副教授

中国小微企业数量庞大，其财务问题关系到小微企业的生存与发展。本项目探析了中国小微企业财务风险中的筹资风险、投资风险、应收账款风险、库存管理风险等风险的成因、控制办法以及解决策略。为小微企业的财务现状和风险防范提供了参考。

近年来，小微企业发展迅速，如雨后春笋，在成长过程中，小微企业的财务状况也面临诸多亟待解决的风险管理问题。本项目对此进行探讨研究，以期能为小微企业提供解决财务风险管理问题的策略。

1. 选题背景

市场经济确立三十多年以来，中国小微企业通过对外开放政策取得巨大发展。据相关资料显示，目前我国共有小微企业约 7100 万家，其中个体工商户约 5600 万家，法人小微企业约 1400 万家，提供了 27.5% 的就业机会，对 GDP 的贡献率约达总量的三分之一，税收占到 43.2%，可以说小微企业已成为支持经济发展的重要力量。同时从小微企业发展现状来看，小微企业是经济增长的重要推动力之一，小微企业的创立、发展以及搞活，这都是是国民经济的主要增长点。但是我们从投资的角度来看，小企业在投资时由于自身规模小、资产少、融资难、负债能力有限等，使小微企业财务风险系数相对较高。小微企业在财务方面存在着不成熟的现象，例如，在应收账款风险管理方面，中国学术界在企业应收账款管可能。

2. 漫画的分类与风格

网络的快速传播和开放为漫画创作的内容打开了更加广阔的创作空间，漫画的内容也发生了巨大的变化。漫画画风主要有写实和夸张，在视觉体验上易于接受。而现如今漫画无论从内容还是风格都有了极大的突破，例如流行于网络的暴走漫画，画风简单粗陋，但内容却不失恰到的讽刺，虽然是以恶搞形式出现，却出乎意料获得了广大网友的一致认可。这说明随着网络时代的快速传播，人们对于视觉体验的接受限度扩大了。暴走漫画一经出现，便在网络迅速传播，并演变成一种潮流模式，恶搞粗俗的创作形式成为人们追捧和认同的模式。当然，暴走漫画正是打破了常规漫画风格和认同形式，迎合了广大网友“猎奇”的心理，基于大众对于漫画创作内容大于形式的基本诉求，创意和文案更引起了广大网友的共鸣，让读者纷纷放下对其美感的要求。和暴走漫画一样，打破传统审美的漫画很多，这类漫画多半以文案取胜。还有一些漫画的题材很生活化和娱乐化，也能引起相关人群的共鸣，比如校园类漫画，伟大的安妮《妮玛！这就是大学》和母婴类漫画《花生米在长大》，有些漫画经常用叙事的方式来记录社会问题，讽刺的手法不像传统的那么直接，但是更为犀利和深刻。这类漫画多以短篇为主，每个故事之间没有什么联系。长篇的故事类漫画在文案的起草和前后的逻辑上更为考究，要注重故事的情节、人物关系、矛盾和冲突，更要赋予故事深刻的含义和作者想表达的情怀。这类故事性漫画做得较好的是日韩漫画，尤其是日本漫画早在 80 年代就已经占据了漫画的大部分市场，受到年轻读者的喜爱。日式漫画对应的读者年龄分层明确，包含的种类较多，人物造型根据受众群不同，有唯美类的、格斗类的、学习类的等，故事情节跌宕起伏，风格多以写实为主。韩式漫画更加注重故事情节，画风简练唯美。中国漫画家也有不少优秀作品问世，比如年轻漫画家夏达的系列作品，深受国内外好评（见图 1）。

暴走漫画　　《妮玛！这就是大学》

日本漫画

夏达作品

图1　各类漫画作品

3. 漫画的创作过程

漫画创作并不是简单的搞笑，故事的编写也不是简单的讲述，还要在这之后显示出令人回味的哲理性内涵。在平日学习中，我们必须有意识地逐步培养积累的兴趣，可将生活中的琐事用绘画的方式记录下来，并且有意识地将生活中枯燥的小事变成趣事，头脑中积累的素材多了，自然就为漫画创作能力的提高打下了坚实的基础。日本的漫画家高木直子喜欢用漫画的方式记录生活，为此积攒了大量的素材，为她后来出版相关系列的书籍打下了坚实的基础 (见图 2)。

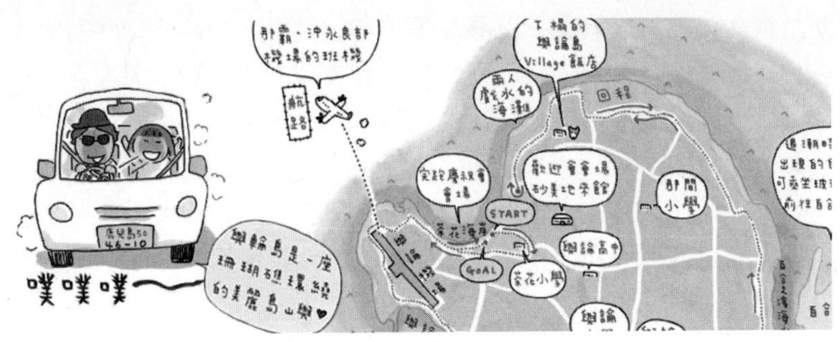

图 2　高木直子漫画作品

创作漫画前，首先考虑漫画主题，所要表达的中心思想如何来用故事讲述出来，理清故事的脉络；故事要讲得精彩；人物的设定和人物关系要也有彼此的联系。在漫画创作阶段，即使有了比较新颖的想法，但表现方法、表现技巧不适合表现内容，也是不可取的。漫画的切入点表达的是否准确恰当也十分重要。要想画好漫画，仅仅在绘画方面的训练是不够的，还要在文案构思等方面深思熟虑，对故事结局进行反向推理。漫画的创作还需要生活体验，才能收集生活素材，凭空捏造是弄不出真正好的作品的。有了素材，却又找不到合适的切入点，也是不能形成漫画的，把情节都画下来就成了连环画了。有素材、有了切入点，那么还需要注入吸引人看下去的元素。这样才能创作出一部好的作品。

对漫画的文案和结构有了深入的剖析后，就要设计人物造型，决定设计风格是写实还是夸张，夸张的主要功能在于强化性和幽默性，强化就是要使人物形象的特征更加明显，特点突出，可以从人物的身材和服装上进行夸张。对于一个故事中的多个人物造型，要区分他们的高矮胖瘦和各自特点，才能使得人物记忆深刻。好的人物造型是故事情节的基础。一本书中的人物设计既要有区别又要有联系，在人物的五官和发型设定时要有同类感（见图 3）。

图 3　漫画人物造型设计

我们项目承接的 Y 计划文字多是解释和论述语言，前期大部分时间我们的工作主要是将文字改编成故事，编纂故事情节，设定人物性格，并写脚本。脚本创作好后，我们讨论，并画各自喜爱的风格和表现方式，然后大家在多种风格中挑选，依据故事的定位选定最为合适的风格样式。每位同学根据统一的人物设定完成相应章节的故事绘制。分章绘制完成后由老师统一修改、调整，在完稿阶段由一名同学统一线稿，其他同学上色，上色之前要设定每个人物的基本色值，在色卡纸上进行颜色的选择和设定。所有完成的稿件再根据页数和篇幅排版设计，最后交由出版社印刷完成。

4. 漫画的数字创作

相对于传统漫画创作来说，目前网络运行的漫画其中的创作流程及方法要相对于传统漫画更加方便快捷。市面上的传统漫画的创作流程主要为故事文案、草稿绘图、调整造型、定稿上色等一系列相对烦琐的步骤，并且人力资本很高，工作量大，往往需要一个几人到几十人的团队来共同合作完成。目前用软件制作漫画更加节约成本，制作方法快捷方便。节约了纸张和画笔的消耗，仅仅需要一台装有绘画软件的电脑和一个数位板便可轻松完成漫画创作的整个流程。与此同时，漫画的创作者可以在电脑上保留源文件进行反复修改、复制和粘贴，极为方便。

在平面绘画软件中，Photoshop、SAI 主要用来绘制位图插画、Illustrator 主要用来绘制矢量插画。这些设计软件不仅拥有着跨平台特性、多格式文件的支持和兼容、统一友好的用户界面、强大的图形操作处理的能力、完善的文字排版功能，而且还都拥有各自的优势特点。

4.1 Photoshop

Photoshop 是使用频率最高的一款 CG 处理软件，同时也是世界上最畅销的图像软件之一。Photoshop 的强大体现在它可以使用画笔绘画，通过改变笔刷的大小和形状，可以展示多种绘画效果；并且有强大的滤镜系统，可以修改和制作图像。

4.2 Easy Paint Tool SAI

这套软件相当小巧，约 3M 大，是专门用来绘图的软件。许多功能操作较

Photoshop 更为简单，保存 jpg 和 psd 文件方便；最重要的是它有强大的墨线功能和手抖修正功能，使得画出的线条笔直刚硬富有变化，相比 Photoshop 的钢笔压力来说更为锐化。但是软件并没有 CMYK 四色模式，只默认 RGB，色彩和 ps 无法相互转换。

4.3 Illustrator

Illustrator 是矢量绘图软件，矢量图像由于没有像素的变化，无论放大或缩小到任何的尺寸，图形图像的精细度都不会产生变化。因此，矢量图形图像非常适合大尺寸的印刷。矢量的图像过渡柔和，画面干净，也可以模仿很多手绘效果，上色技术操作上略有难度，需要一定的时间掌握。

5. 漫画的数字创作

漫画看似简单有趣，但是前期需要对文案、人物、风格思考周全，以防后期改动太大。漫画绘制细节不可忽视，要有专人审稿修图。漫画中的文字也需要审查，以防错别字。漫画的定位很重要，针对宣传类漫画，既要有幽默感，又不能失去其教育的本质。同学们还没有形成自己的风格，人物设计虽然都是原创，但是在画风上还是脱离不开日韩漫画的影子，这需要不断地学习和创作，才能逐渐形成独树一帜的风格。

6. 结语

当今的漫画创作呈现着蓬勃发展的趋势，互联网的发展为其提供了更加广阔的市场平台。漫画的创意跟社会因素和人们的生活状态分不开，我们要发挥自己独特的优势，学习别人的长处而不是仅限于无止境的模仿，无论从故事情节还是人物设定都要有本国的特色，把握时代脉络发展，在题材内容、文字和审美情趣上符合中国文化气息，弘扬正能量，走出个人特色。

北京地区郊野型绿道构建潜力研究

北方工业大学：刘　晨　赵钰梦

指导教师：孙　帅　讲师

绿道是我国推广的一项重要生态基础设施。在城镇化进程飞速发展的今天，城市生态环境及历史文脉遭到破坏。在这种城镇化背景下，绿道如何实现生态文明和历史人文成为发展的重点所在。本项目从实例出发，以北京为例，探讨适合构建绿道系统的原因，探讨其作为满足休闲需求的绿色公共空间与生态保育及历史人文方面的结合，以期为更好地贯彻和建设绿道系统服务。

1. 选题背景——北京市绿道系统规划

1.1　北京市绿道规划背景

为了更好地建设“绿色北京”，环保低碳的出行方式被广泛提倡，选择汽车出行的市民也越来越少，建设更多的绿道系统来呼吁大家骑车出行是目前城市规划中重要的一部分。环保低碳的绿色道路成为大家关注的焦点。绿道系统不仅能大幅改善城市环境，更能提升人们参与绿色出行的热情，使城市和居民间的互动性更高，对居民生活质量也起到改善作用。

北京市绿地系统规划中包含了绿道的规划，较多地出现“绿色通道”（6 处）、“网（或网络）”（21 处）、“廊（廊道、绿廊、走廊）”（77 处）、“带（林带、带状）”等字样。北京市的绿道系统穿插在城市的各个地区，辅助城市主要道路系统，形成一个完整的道路体系。

1.2 顺义区绿道规划背景

顺义区紧邻中心城区，位于北京市东北郊，距市中心 30 公里，东邻平谷区，北连怀柔区、密云区，西接昌平区、朝阳区，南界通州区、河北三河市。在未来几年，顺义将成为重点发展的城区之一，成为疏散中心城区人口以及新的产业聚集的主要地区。因此完善顺义区的城市功能也是目前的首要任务。顺义区水资源丰富，潮白河和温榆河滋养着顺义的土地，暖温带半湿润大陆性季风性气候也为顺义成为宜居城市、旅游城市奠定基础。顺义区近年来发展迅速，随着许多湿地公园在顺义的建成，许多游客慕名前来，中心城区中也有越来越多的市民选择在顺义区定居。人口的增多、交通压力的增大使得顺义不得不建设新的道路系统来缓解压力。同时分散在顺义的各种旅游资源也需要绿道系统作为纽带来连接。

1.3 绿道对顺义区居民生活质量的改善

随着人口的增加，顺义区需要绿道、湿地公园来为居民提供休闲娱乐的场所。北京市近年来饱受雾霾的困扰，空气质量也是影响居民生活的主要因素，越来越多的居民选择低碳环保的出行方式来减缓环境污染，骑车出行或者步行也成为大多数人的主要出行方式，因此顺义区需要建设绿道来为骑行者和步行者提供便利。除此之外，居民也需要大型的休闲场所来放松身心。湿地公园拥有自然气息、丰富的植物景观，便于居民锻炼的绿道，因此湿地公园成为居民的首选地，对于改善居民的生活质量也起到了很大作用。

2. 方案论证

绿道主要依托城镇建成区周边的开敞绿地、水体、海岸和田野，包括登山道、栈道、慢行休闲道的形式，旨在为人们提供亲近大自然、感受大自然的绿色休闲空间，实现人与自然的和谐共处。湿地公园在选址上首先应该考虑自然条件，选择水资源丰富、气候条件适宜的地区建设湿地公园，根据住建部和国家林业局规定，城市湿地公园必须要占地超过 500 亩，同时必须具有天然湿地类型。其次要选择交通便利的地区，方便周围居民、自驾游游客、骑行锻炼者的需求。

在一些水体、绿地边都会设有木栈道或者慢行休闲道，这些线路可以为人们提供亲近自然的机会，而且大部分线路会将园内的景点串联起来，并且在最佳位置设置观景台或者亲水平台，让人们更好地感受自然。

3. 研究方法与结论

3.1 绿道实例研究——北京市顺义区东郊森林公园

3.1.1 地理位置

北京东郊森林公园位于北京市通州、顺义、朝阳三区交界地带，南部紧邻通州新城，北部与首都机场、空港产业基地和顺义现代制造业基地相接，规划面积8.9万亩，年内完成一期，2020年全部建成。北京东郊森林公园是北京城市总体规划确定的四大郊野公园之一——东郊游憩公园的重要组成部分，位于首都机场航空走廊范围，同时也是通州和顺义两大新城的绿化隔离地区。

北京东郊森林公园建成后，将使北运河与潮白河生态景观带、六环路与京平高速路生态保护带、现有一道与二道隔离地区绿化带紧密衔接、相互贯通、融为一体，成为京东最大的城市森林区域。同时，将与北部的潮白河森林公园、顺义新城滨河森林公园和南部的大运河森林公园相接，在东部平原地区形成一条纵贯南北的生态休闲游憩带，为市民带来更多绿色休闲空间。

3.1.2 设计重点

北京顺义区的东郊森林公园不同于其他森林公园，园内设有大面积的湿地，注重森林与湿地的结合，构建森林湿地公园，为市民提供丰富的自然景观，使人们更好地接触大自然、融入大自然。

北京东郊森林公园内将建成116公里长的绿道系统，市民可沿绿道漫步或者骑行，尽享林中惬意。北京东郊森林公园绿道属于郊野型绿道，其中又分为森林型绿道、滨河型绿道和湿地型绿道三大类型。其中，森林型绿道是园内最重要的绿道类型，以多层高大的骨干树木围合而成，宽度约3米，地面铺透水、透气的彩色沥青，雨天不积水，无论是跑步或骑自行车，都很适宜。

滨河型绿道和湿地型绿道，主要是沿温榆河等良好的水岸条件，建设滨水绿道，让市民感受森林与水岸之美。116公里绿道建成后，将形成贯穿全园重点区域的健康骑行路线，沿途还将设有休息驿站。刚刚建成的这条总长度7.7公里的骑行绿道位于东郊森林公园内，西起金榆路，向北穿过朝阳2013年平原造林地块，沿温榆河堤外林地向东南延伸至尹各庄桥结束。其中沥青绿道2.2公里，红色透水混凝土绿道4.2公里，现状借路刷漆1.3公里。

3.1.3 市民反映

为了解市民对东郊湿地公园以及公园中绿道的满意程度，我们采用了问卷调查的方式进行研究。

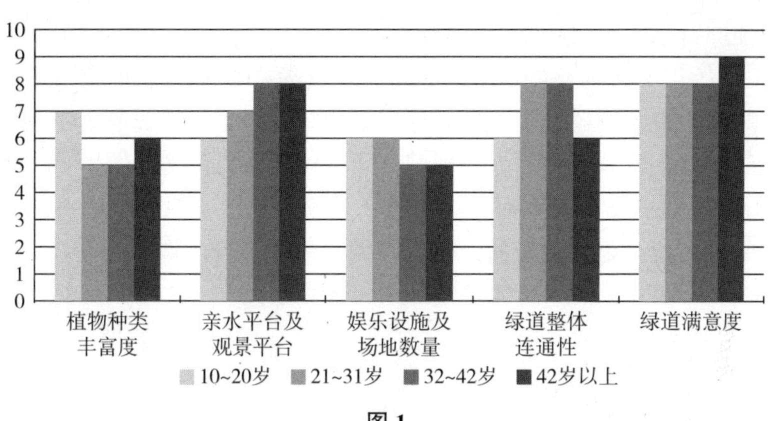

图 1

通过上图我们可以明显看出，在今年建成的部分绿道中湿地型绿道占很大比重，在园内设计有很多观景平台，但在已经建设的部分中美中不足的是亲水性不足，植物景观还不够完善。为居民提供的休闲活动空间不够。园内为不同年龄段居民所提供的服务设施不是很完善。

3.2 绿道实例研究——北京市营城建都滨水绿道

3.2.1 营城建都滨水绿道概况

北京营城建都滨水绿道北起木樨地，南至永定门，全长共 9.3 公里，途径西、南护城河及一段永定河引水渠。两岸绿地约 30 平方公里，是北京市规划的十条城市滨水绿廊之一。周边更有白云观、天宁寺、先农坛等众多历史古迹以及大观园、陶然亭等人文景观。整条绿道不仅承载北京的历史人文，而且改造生态护岸、建设亲水便民设施。使其成为满足休闲游憩、建设绿色生态空间并且传播北京历史文化的景观带。

3.2.2 营城建都滨水绿道的历史文化人文

营城建都滨水绿道建于历史文化厚重的北京城的护城河旁。这条河不仅汇集众多北京的历史文化古迹以及人文景观，并且是北京市建城的肇始之地。据《北京建城记》记载："北京建城之始，其名曰蓟。"北京城起源于蓟，蓟的中心就在宣武区（现西城区）。在这样一个地点建设绿道系统，承前启后，让更多的人在休闲娱乐的同时了解北京城的历史文化。将绿道建设在这样一个历史文化气息浓厚的区域，使成为一条承载北京古都史迹、寻根北京的历史文化带。

它具体的特征要素包括以下三点：

（1）以历史文化为核。区域现状历史文化资源众多，以护城河旁的众多历史古迹作为绿道规划的核心，唐开元建成的白云观、辽代建成的天宁寺塔、明代的先农坛等。整个绿道系统成为体现城市历史内涵的特色文化带。

（2）以人文景观为链。临河街道散布着众多的人文景观，一方面要尊重历史元素，另一方面又要注入新的活力。营城建都滨水绿道将人文景观与设计相结合，设计出几个重要的节点贯连整条绿道（如图2）。

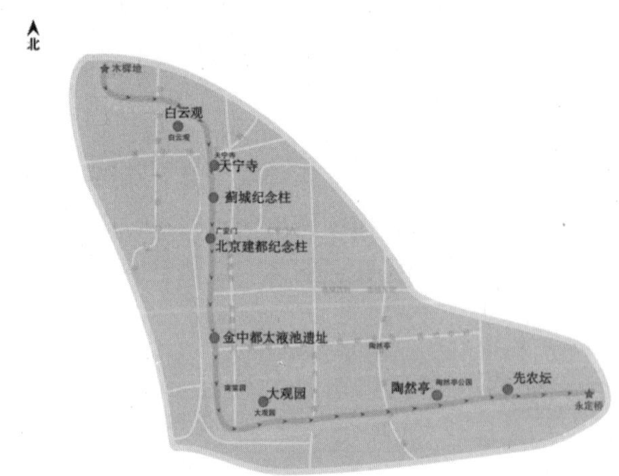

图2　营城建都滨水绿道

（3）以绿色生态为魂。绿道可以改善城市小气候、缓解城市环境和缓解城市热岛效应。大量种植植物，使北京二环附近不再只是车流不息、钢筋水泥，而是去展现西城城市新面貌，重现"碧水绕城，轻舟帆动"的绿色生态滨水景观带。

（4）以水系文化为体。在景观结构上以护城河水系为骨，将周边区域的景点串联起来，体现城市绿道空间的生态景观、历史文化、休闲游憩等特性，展现北京独特的历史与现代并存的活力。

3.2.3　营城建都滨水绿道的绿色生态特征

绿道有改善生态环境的作用。现代化都市为了发展经济及城镇化建设，许多区域受人为改造较大，物种生存环境遭到破坏。绿道建设可以维持和保护物理环境、生物资源并且防止水源受到污染，使得整个区域建立了生物链。

北京护城河斜坡护岸的形式是园林设计的一大难题。首先，它具有防洪泄洪的功能，不能改变其高差与功能。而较大的坡度并不好对护岸进行景观改造，北京城区的绿地可拓展性很低，滨水空间景观资源宝贵。既要满足行洪的要求，又要在窄而陡的河道增加树木的种植量。遵循生态优先的原则，方案在设计上运用环保透水材料，选用轻薄环保的轻质混凝土预制板，材料以矿山废石作为基料，还采用玻璃纤维喷射技术，减少了植物根系的影响。

4. 总结

北京市绿道系统目前还处于发展阶段，随着城市发展，将会承担越来越多分散中心城市人口和新的产业聚集区的功能，交通的压力也会随之增大，因此建设更多的城市绿道来缓解交通压力，提供低碳环保的出行路线是目前的首要任务。

郊野型绿道是目前在北京市绿道系统中占比重很大的一种绿道类型，这种绿道可以为步行者和骑行者提供方便锻炼的通道。随着各大湿地公园中的郊野型绿道、城市中区域绿道的全面建成，顺义区绿道系统将会更好地提升市民与大自然的互动性，使市民更加能亲近大自然。

通过城市滨水绿道的建设去表现历史人文内涵，给快节奏的都市中那宝贵的绿色滨水空间赋予了更多的意义。营城建都滨水绿道灵活地植入历史文化景观空间，完善绿道休闲、娱乐和生态体系，从而形成都市综合型绿道，提高了人们的生活品质，展示了城市的历史文化内涵。附近的居民来到这里聊天、休息，小孩在玩耍的时候也感受到历史的魅力，为人们创造舒适的绿色空间。营城建都滨水绿道通过合理布局、联系节点、配套服务、景观设计，使其成为北京的文化魅力之道、生态保育之道、健康休闲之道，成为展示北京历史文化的特色名片。

参考文献

[1] 方芳 . 都市型滨水绿道景观建设的突破——谈北京市西城区“营城建都滨水绿道”的景观建设 [J]. 中国园林，2014（2）：10–14

[2] 张弛 . 历史文化型水乡绿道的规划理念及策略 [J]. 规划设计，2014（1）：31–34

[3] 董建军 . 关于构筑北京绿道系统的探讨 [J].2010 北京园林绿化新起点，2010

[4] 何竞 . 郊野型区域绿道的设计探索——以溪流河白云段绿道规划设计为例 [J] 2010

基于数字化的古典园林掇山研究

北方工业大学：廖　怡　张　炜　赵康迪　许正厚　刘子仪

指导教师：秦　柯　讲师

探究假山的数字化建模方式，以校内古柏园假山为例，将3D Cloud、Autodesk 123D Catch、Smart3D Capture三种建模方式的模型与激光扫描模型进行对比，并利用3D打印技术制作假山模型，探索假山数字化建模在实际掇山中的应用。

1. 绪论

1.1　选题背景

1.1.1　假山表达方式的发展

假山是中国园林肇发最早、独一无二的园林因素和造园技艺，而掇山代表中国假山的主要类型，是中国园林使用广泛、运用最灵活、外貌自然而内涵丰富的造园手法，是中国古典园林的精华所在。

图1　明代林有麟《素园石谱》

从我国古时候起，如何完整清晰地表达假山都是困扰我国古代造园者的一大难题，最常见如明代林有麟的《素园石谱》（图1）就有大小石画249幅，记录着奇峰怪石102种，其中平均下来每个石头大概有两到三个画像，以描绘轮廓和表面皴擦为辅来展现奇石的形态，也出现了如宋徽宗绘制《祥龙石图》（图 2）一般通过十分细致的立面绘制来表达山石的作品。然而少数的立面并不能完整地表达假山的详细形态，这个问题也迫使明代的米万钟通过绘制山石十个不同角度的立面《十面灵璧图》（图 3）记录其十分喜爱的灵璧石。

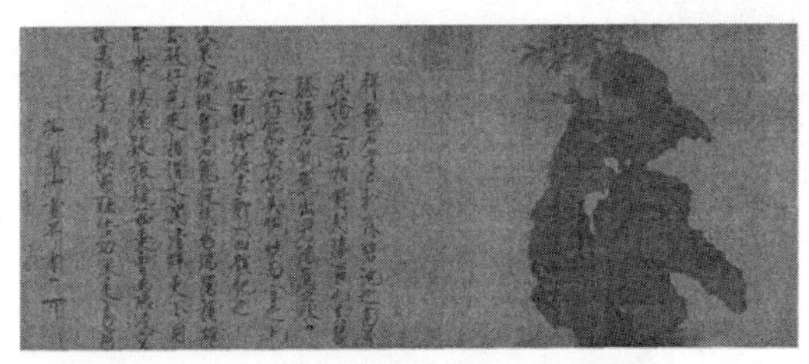

图 2　宋代宋徽宗《祥龙石图》

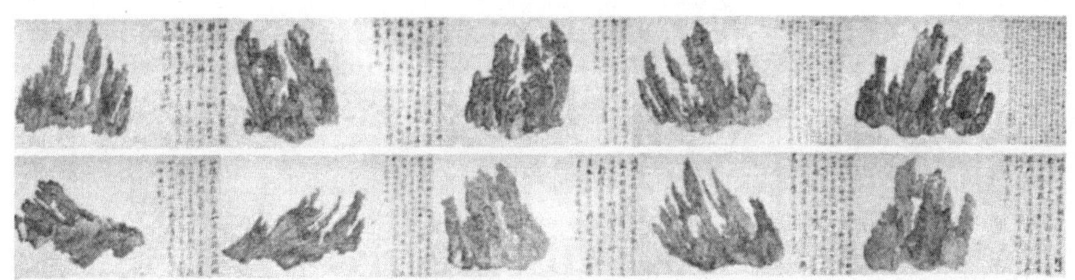

图 3　明代米万钟《十面灵璧图》

到了近现代，人们还是习惯使用立面的绘制来表达假山石，聚苯材料的发展也让人们意识到使用聚苯制作的假山模型能更加形象完整地表达假山，可是聚苯模型的制作需要大量的时间，同时又对制作者的手艺和准确度有着较高的要求，制作出的模型难以确保精确度。

可以看出造园家对于掇山的技艺，多限于画论、选石和掇山技法的经验研究，而缺乏数据上的理性认识，这也影响掇山的深入研究。究其原因是假山形态很不规则，限于当时的技术条件，较为精确地测绘非常不易。而数字化浪潮为假山的精细研究提供了物质基础。

1.1.2　数字化模型的探索

随着技术的发展，电子信息技术与我们的生活、与各行各业的联系越发紧密，于是将假山的表达借用数字化建模的方式表达出来的想法也出现在行业内，我校研究生白雪峰学长曾就此发表其硕士论文《数字化掇山研究》，在文中探究了建模软件、数字雕刻、图像识别建模方式的可行度、准确度和对比。我们发现，建模软件和数字雕刻的缺陷和聚苯制模十分相似，同样都是在精确度、耗费的时间精力、制作者水平上存在问题，但图像识别技术相对其他两种方式就便捷了许多，于是我们决定在图像识别建模上继续实践，以求能在前人的基础上取得进展。

1.2 课题目的及意义

（1）将假山的表达方法科学化；试图利用现代技术客观地表达假山，摆脱前人由于时代局限性而使用的二维制图表达方式和对于造园者经验的需求；

（2）寻找有效的数字化建模方法；探究方法优劣和建模过程出现的问题，以便于数字模型的获取，并为后续研究者提供参考；

（3）探究假山数字化模型在现实的运用；通过 3D 打印技术将制作模型，探索该技术制作实体模型的可行性。

1.3 课题内容与目标

1.3.1 课题内容

本次研究针对假山特点为之构建数据库框架并进行实践尝试，形成一套表达假山的方法。

本次课题针对不同深度的研究探讨不同的数字化测绘方法，本次研究拟使用基于图像 / 视频建模和利用仪器建模等数字建模方法，对已有庭院尺度的假山进行测绘和建模，并结合前文提到的数据库框架进行图纸和模型表达。

在尝试建模之后，拟对古典园林掇山精品进行数字化分析，寻求内在规律。

在对模型数据分析的同时，拟使用 3D 打印机对假山模型进行打印，并结合泡沫塑料烫样进行比对。

1.3.2 预期目标

（1）建构假山表达方法，拟对一处假山（毓秀园 / 快雪堂 / 镜心斋）进行较为准确的图纸绘制和模型表达；

（2）拟尝试该处古典园林假山进行数字化测绘并建模；

（3）拟对（毓秀园 / 快雪堂 / 镜心斋）假山进行数字分析，形成小论文；

（4）拟对（毓秀园 / 快雪堂 / 镜心斋）假山进行数字打印，结合塑料泡沫烫样进行比对。

2. 研究方法

2.1 研究前期准备

2.1.1 资料收集

查阅相关资料及论文，如《园林工程》《园冶注释》《古建筑假山》《中国历代园林图文精选》等，对假山的种类、选择等有了初步的了解，收集可行的制模软件并进行初步学习。

2.1.2 研究方法确立

研究小组分别采用 Catch123D、Smart3D、3D Cloud 对古柏园假山拍照并建模，通过对比学校曾经使用激光扫描仪制作的假山数字化模型，归纳了三种建模方法对假山研究成果的影响，测绘实践图像获取均在晴朗无雨的天气。

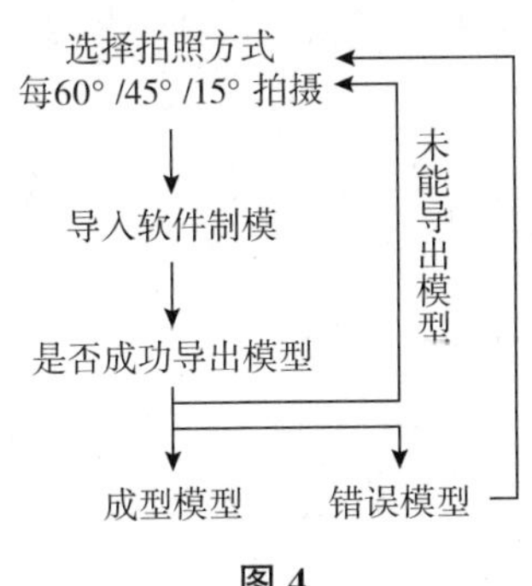

图 4

2.2.3 软件概述

（1）Autodesk 123D Catch

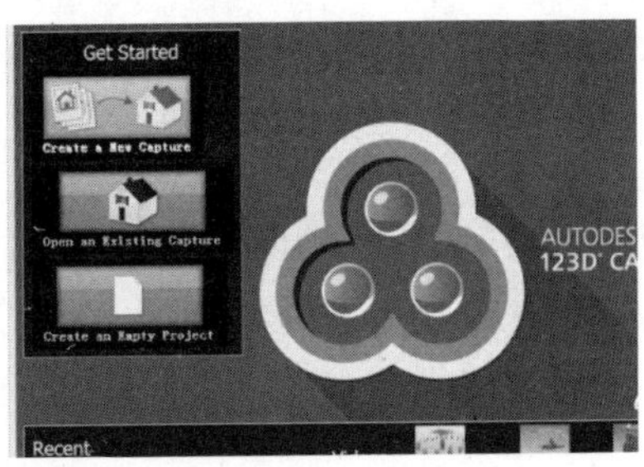

图 5

1965年L.Robert发表的“三维物体的机器感知”这一论文中，就表明了二维图像通过计算机手段转化为三维模型的可能性，其中之一便是利用图像的轮廓以及阴影进行推算从而得到模型，而这种手段在现今已十分成熟并且有许多软件公司利用该技术制作软件推出了使用平台，而Autodesk公司的123D Catch便是其中较为成熟的一款软件。

123D Catch这款软件的工作原理大致是利用寻找图像中的参考系，通过拍摄大量各角度照片，由该公司的云端处理器自动计算拍摄位置，从而还原照片并生成模型。

（2）3D Cloud

3D Cloud创建于2006年，隶属于北京北科光大信息技术股份有限公司。以自主研发的“照片建模”技术为核心，旨在为用户提供快速的3D建模服务。软件基于预置标定、无标定高精度照片建模技术以及离散标定的照片建模技术，在使用中只需一部相机甚至手机，为需要建模的物体拍摄一组照片上传到3D Cloud，即刻自动生成3D模型。模型格式可直接用模型编辑软件进行编辑应用，也可直接用于3D打印及3D展示。

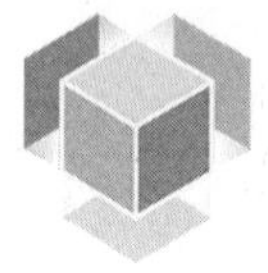

图6

（3）Smart3D Capture

与上述Autodesk 123D Catch的原理相同，由于照片是三维物体在二维空间的投影，只要利用一定的算法，就可以将这些二维投影还原成三维形体，而这种算法从20世纪80年代就已经出现，现在已经十分成熟，而Smart 3D Capture就是其中的佼佼者。

图7

Smart3D Capture是法国Agisoft公司出品的建模软件，其低版本引擎是为上述123D Catch所使用，二者的原理几乎是相同的，它利用照片进行建模，可读取照片本身的GPS信息，更加精确地利用图像轮廓及阴影推算模型，从而重制模型。

（4）激光扫描仪（比对组）

三维激光扫描技术，根据测距方式分为三角测距、脉冲测距、相位测距三种，是现今已经十分成熟的“实景复制技术”，并广泛地运用在医疗、地形测量等各个方面。该技术如同声波定位一般，通过发射激光至一点并接收返回的信号，进行测距、测角、扫描和定位，最终形成点云，供使用者形成模型，这种激光扫描仪的建模方法可以说是最为成熟和准确的方式，所以我们使用了学校去年使用激光扫描古柏园假山建模实验的过程和成果，测试对比激光扫描仪在假山建模上的与其他二者优劣。

测试工具型号	Focus3D × 330 HDR	
尺寸	240 × 200 × 100mm	
重量	5.2kg	
测距	0.6 ~ 300m	
测速	976000 点 / 秒	
测量误差	2mm	
激光等级	1 级	
资料来源：http://www.faro.com/products		
/3d-surveying/laser-scanner-faro-focus-3d		
/features#main		

图 8

2.3 建模试验内容

2.3.1 部分拍摄照片一览

图 9

2.4 模型成果及评估

2.4.1 Autodesk 123D Catch

使用 123D Catch 制作模型时，我们利用拍摄的照片进行了六次导入，试图完成整个假山模型的输出，但均以失败告终，仅能识别并建成一半的模型。我们分析认为，这是 123D Catch 软件本身对于制成整个大体块可环视的模型存在较大的局限性，同时对于周边干扰的排除能力差，古柏园假山周边树木茂密，影响了其对假山光影的判断，所以难以导出模型。

图 10

2.4.2 3D Cloud

从模型成果模型和照片的对比可以看出，得出的模型已有现实模型的轮廓，部分细节也得到显示，然而同时还存在着以下几个问题：

（1）软件的使用对于拍摄的角度、光线有着较高的要求，当假山周围存在较大面积的植物等环境干扰，3D Cloud 将无法识别，在建模过程中将环境与假山石混在一块，制作模型会出现较大的偏差，这时就需要注意图片的拍摄，减少外环境对于处理建模模型的干扰；

（2）对于假山石的空洞穿孔纹路等细节在模型上的表现十分粗糙，甚至有些无法在模型上表达；

（3）导出的模型在 Rhino 中虽然能直接使用渲染模式表现模型，但需要较多的后期修改。

图 11

2.4.3 Smart3D Capture

通过模型和照片的对比我们可以得出，Smart3D Capture 做出的模型在视觉效果上十分逼真，也可以直接在 Rhino 中使用渲染模式表现模型，同时模型的完整性也得到了改善，但仍然存在一些缺陷：

（1）在假山石的具体尺度上需要后期调整；

（2）山石的空洞穿孔纹路等细节在模型上已有了表达，但比较于激光扫描仪还略显粗糙。

图 12

2.4.4 激光扫描仪

激光扫描仪在完成实验后会导出数据点云，需要利用 FARO SCENE 软件或者 Geomagic studio 软件处理点云数据，才能形成模型，从实体模型可以看出，除了山石底部未能扫描到而出现的部分缺漏，激光扫描仪制作的模型无论是形体还是色彩都十分逼真，同时在精确度上，激光扫描的模型可以说是完美地还原了山石本身的属性。

而激光扫描仪的缺陷在于当场地周边环境复杂时，机械的搬运和使用存在困难，同时激光扫描仪设备本身的价格也是其在实际运用中的一大困难。

图 13

2.5 建模方法对比

2.5.1 准确度对比

在数字化模型中，我们可以直接通过软件测算其数字模型的表面积和体积，通过和激光扫描仪制作的模型进行比较，对比出各方法的精确度。

表 1　　假山模型精确度比较

	3D Cloud	Smart3D Capture	激光扫描模型
表面积（m^2）	163.7	159.6	154.8
激光模型表面积（m^2）	154.8	154.8	154.8
表面积误差（以激光模型为对比组）	5.75%	3.10%	0%
体积（m^3）	13.12	12.89	12.45
激光模型体积（m^3）	12.45	12.45	12.45
体积误差（以激光模型为对比组）	5.37%	3.53%	0%

通过对于上述试验的模型的数据对比，Smart3D Capture 制作模型的精确度优于 3D Cloud，但二者和实际假山之间仍然存在部分误差。

2.5.2 简便难易性对比

表 2　　假山模型便捷度与难易度比较

	3D Cloud	Smart3D Capture	激光扫描仪
使用工具	手机	手机	Focus3D X 330 HDR 激光扫描仪
拍摄张数	43	213	无
建模方式	上传云端	传入 PC 端处理器	扫描生成
建模时间	6–8 小时	8–10 小时	0.5–1 小时
后期处理时间	1 小时	1 小时	8–10 小时

对于制模的难易度来说，三种方法均为全自动倒模，所以我们对比的是制模

有效数据的获取难度：激光扫描仪的难度在于相位球的定位和保证相位球试验过程中的固定，可以说只要保证相位球的数量以及各角度均能见到相位球，激光扫描仪的制模就不存在什么难度；而 3D Cloud 和 Smart3D Capture 的难度在与有效照片的获取，由于 Smart3D Capture 可以读取照片包括 GPS 定位在内的更多信息，Smart3D Capture 有限照片率更高，更不容易出现 3D Cloud 里常出现的无效照片，只要保证照片的衔接和角度的全面便能成功地制模，而 3D Cloud 却需要更多地考虑光影方面以及外环境的影响，对于照片的采集较为困难。

2.5.3 投入资金对比

表 3　　假山模型成本比较

	3D Cloud	Smart3D Capture	激光扫描仪
所需资金	免费	2000~3000 元	90 万元

三种方法的成本相差的较多，我们所使用的激光扫描仪仪器的价格高达 90 万元，而Smart3D Capture的正版许可市面价格也在2000 ~ 3000元之间，相比之下，3D Cloud 是北科光大信息公司免费提供给大众的制模软件，性价比是三者之中最好的。

2.5.4 综述

根据实验对比，我们从简便性、精确度、难易度以及所需成本上对三种方法进行了评价。

可以看到，激光扫描仪虽然需要购买昂贵的设备，并有计划地携带扫描设备进行数据扫描，但在精确度和难易度上都有着极大的优势，适用于需要高精度假山建模；而 Smart3D Capture 和 3D Cloud 虽然精确度不足，但能随时随地利用手机拍照，简便实用，对于采集假山特征、自身尺度对比等方面的建模更加适用。

表 4　　建模方法对比表（按程度 1~5 评价）

	激光扫描	Smart3D Capture	3D Cloud
简便性	2	4	5
精确度	5	4	3
难易度	2	3	3
所需成本	无	5	1

2.6 模型应用

2.6.1 模型打印

实验小组第二次选取一家模型公司来高精度打印模型，直径 20cm（池边外径）此次使用的材料为光敏树脂，该模型表面最大程度还原了古柏园假山的细节，把池底的假山信息全部还原，模型整体质量较高。

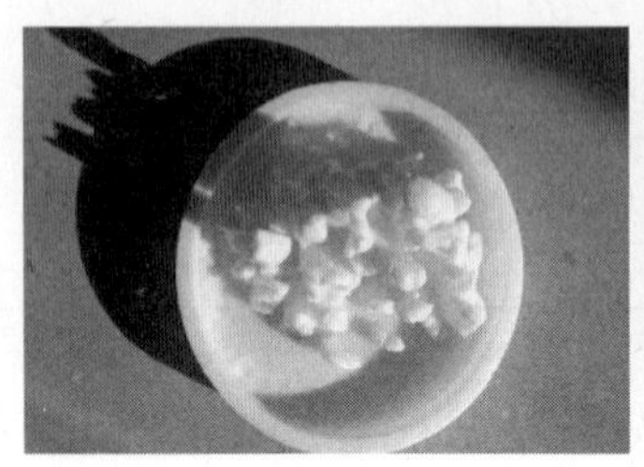

图 14

2.6.2 模型数据获取

为实现对真实假山数据的获取，拟对模型进行数据测量，通过模型推导古柏园假山的高度、密度、体积等数据，从而推导其打印误差。

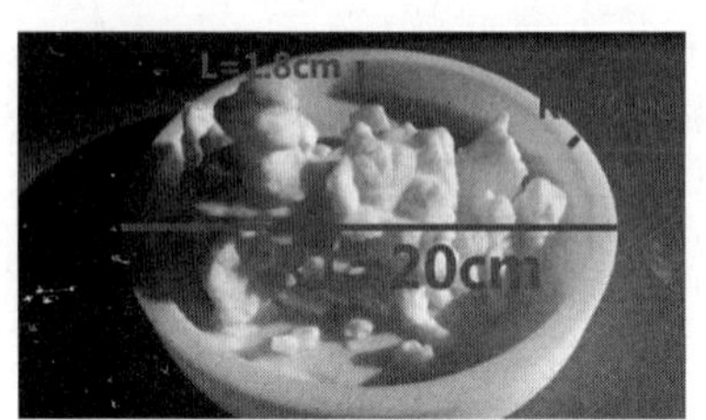

图 15

通过公式 $V=1/2\times\pi\times(R1/2)^2\times H-1/2\times\pi\times(R1/2-R2)^2\times L$ 我们可以获取水池的体积 V。

表 5 假山模型可直接测量数据

项目	数据
底面直径 R1（cm）	20
水池宽度 R2（cm）	0.9
内水池高度 L（cm）	1.8
外水池高度 H（cm）	3
水池体积 V（cm^3）	237

由于假山体积等于模型体积减去水池体积 V，故利用排水法 V=（$r1^2+r2^2$）/4 × π × h 测量模型体积 V0，为减少试验误差，进行三次试验取平均值。

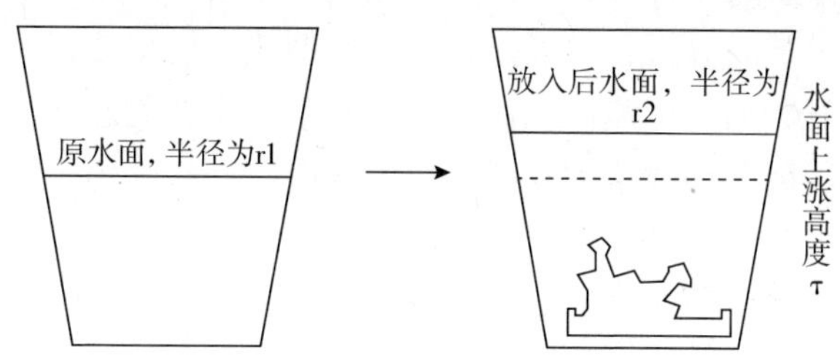

图 16　排水法测体积图示

表 6

	试验 1	试验 2	试验 3	平均值
水面原半径长（cm）	10.3	12	14.5	
放入模型后水面半径长（cm）	10.6	12.2	14.6	
水面上涨高度（cm）	2	1.5	1	
模型体积 V0（cm^3）	342	345	332	340

根据三次实现求得的数据 V1、V2、V3 取平均值求得模型总体积 V0=340cm^3

再通过模型总体积 V0– 水池体积 V 求得模型假山体积 $V_{山}$ 约为 103 cm^3。

至此模型信息的获取已完成，通过对比与数字化模型、原古柏园假山的数据可计算出 3D 打印的模型的精确度。

表 7　模型误差分析

	水池宽度（cm）	内水池高度（cm）	假山高度（cm）	假山体积（cm^3）
打印模型（1 ： 50）	0.9	1.8	8.9	103
打印模型（1 ： 1）	45	90	445	12875000
数字化模型	46	90	450	12890000
打印误差	2.2%	0%	1.10%	0.10%
激光扫描模型	48	90	450	12450000
实体模型与原假山误差	6.67%	0%	1.10%	3%

不难看出，在 3D 打印的过程中，模型与原数字模型在长度上的误差仅为 1%~2%，体积的误差更是只有 0.1%，而与真实假山的体积误差则在 3% 左右，同之前数字化模型与假山的数据对比数值 3.3% 相差无几，可以说，3D 打印的假山基本完成了还原模型的作用，只要随着数字化假山模型的技术不断发展，数字模型与假山本身的误差越来越小，打印模型的精确度也会越来越小，在一些不需要极高精度的山石模型展示的情况下，3D 打印的模型已经足以胜任。

2.6.3 数据意义

传统假山石体量大、形态各异，难以通过常规的方式测算相关数据，无法对假山石进行科学客观的分析，而通过数字化模型建立模型数据库的方式我们可以发现，测算假山石数据的可能性和便捷性，数字化模型的出现，让我们清晰描述假山成为可能，运用多种数字测绘技术可以获得不同精度的假山模型，为图像化图纸化、提供了极大的便利，数字模型也是量化分析的基础，尽管目前的量化软件和算法还远不完善，但还是提高了分析的精准度。此外，数字化还能提供高精度输出，甚至利用分析结果实现逆向设计。

3. 课题总结

3.1 课题完成情况

研究小组以北方工业大学古柏园假山进行了拍照取样，进行了数字化分析建模，对数字模型的数据进行分析对比，并完成 3D 打印，得到了较为准确的实体模型，并通过试验验证了打印模型与数字模型以及原假山的误差；在实验过程中，在《现代园艺》杂志上发表论文一篇；基本完成了项目预定目标。

3.2 课题成果

研究小组最终的成果为在《现代园艺》提交发表一篇论文，3D 打印的不同尺度模型 2 个。这次研究为在前人的研究基础之上对于假山石数字化的更大尺度的探索，发现了更加准确便捷并能应用于大型假山的图像制模软件 Smart3D Capture 和 3D Cloud，并首次对模型进行 3D 打印，制作实体模型测算模型与假山的相关数据，为以后针对假山特点为之构建一个数据库框架进行实践尝试，推敲数字化模型在分析假山石和实际应用中的作用，有望在以后形成一套表达假山的方法。

同时研究小组通过对比激光扫描仪扫描的数据，分析了各方法形成的数字模型的误差，探究了各方法的精度，在仅需要山石形体、对于精度要求并不高的设计、展示等方面，Smart3D Capture 和 3D Cloud 已经能满足人们的使用需求，在科研方面，对于精度要求较低的数据收集、形态分析上，Smart3D Capture 和 3D Cloud 也能够满足，而对于精度要求较高的数据收集等方面，Smart3D Capture 和 3D Cloud 的精度还是存在不足，仍需要使用激光扫描仪等高精度的测算方法。

3.3 取得经验与存在问题

为了更好地建模，我们发现对于更大尺度假山石的建模中应采取一定的拍照取样方法，导入软件制作模型之后，在后期模型的修补过程中也总结出一定的计算机建模规律及修改方法。存在的问题即测算的假山样本不足，缺少针对假山特点进行的数据规律总结，还应利用相同的方法对于多处假山进行数字化建模，制作假山石数据库的雏形，并从假山石的客观数据中总结其经验规律。

参考文献

[1] 孟兆被．掇山之相石、结体与水景（上）[J]. 古建园林技术，1991，31（2）：51–55

[2] 孟兆摘．掇山之相石、结体与水景（下）[J]. 古建园林技术，1991，31（2）：54–59

[3] 张勃．以数字化技术推动中国传统园林掇山理法研究 [J]. 古建园林技术，2010，（2）：36~38

[4] 黄晓，贾珺．吴彬《十面灵璧图》与米万钟非非石研究 [J]. 装饰，2012，（08）：62~67

[5] 张启福，孙现申．三维激光扫描仪测量方法与前景展望 [J]. 北京测绘，2011，（01）：39~42

[6] 白雪峰，数字化掇山研究（硕士学位论文）. 北京：北方工业大学建筑与艺术学院，2015

[7]（宋）杜绾．云林石谱 [M]. 陈云轶译注．重庆：重庆出版社，2009

[8]（明）计成原著．园冶注释 [M]. 陈植注释．北京：中国工业出版社，1988

[9] 孟兆祯．园衍 [M]. 北京：中国建筑工业出版社，2012

[10] 孙俭争．古建筑假山 .[M]. 北京：中国建筑工业出版社，2005

[11] 赵雪倩．中国历代园林图文精选．第一辑 [M]. 上海：同济大学出版社，2005

[12] 翁经方，翁经馥．中国历代园林图文精选．第二辑 [M]. 上海：同济大学出版社，2005

[13] 杨鉴生，赵厚均．中国历代园林图文精选．第三辑 [M]. 上海：同济大学出版社，2005

[14] 杨光辉．中国历代园林图文精选．第四辑 [M]. 上海：同济大学出版社，2005

[15] 鲁晨海．中国历代园林图文精选．第五辑 [M]. 上海：同济大学出版社，2006

新常态下北京旧城更新策略研究

——以南北锣鼓巷历史街区为例

北方工业大学：高　艺　王　砚　刘雅萌　张墨男

指导教师：李　婧

本文通过对南北锣鼓巷的业态分析、店铺内容分析、游人游览时间和频率的调研，结合当地居民、店铺老板、网络数据的综合数据收集和整理，探讨锣鼓巷当前发展中存在的问题。探讨未来南北锣鼓巷的保护和发展模式，为历史街区的保护和发展提供一点借鉴。

1. 引言

北京城的发展变幻莫测，在胡同串子们眼里，南锣鼓巷早就成了商业街，离着一步远的北锣鼓巷才是真正的老北京。质朴的理发铺和副食品店、遛狗的大妈，都是十几年前的胡同模样。每隔十来户人家，就有一家特色餐馆或酒吧穿插其间，大家默契地维持着这般原始光景。

南北锣鼓巷作为北京历史文化名城保护与发展的重要内容，在街区保护与文物、名城保护方面，既相互关联，又不能简单地等同。本论文从辩证发展观的视角分析北京历史街区保护与发展的关系，提出历史街区更新是城市发展的一种特殊方式，对于城市政府从特殊发展方式上设计公共政策，具有参考价值。

2. 锣鼓巷调研前期工作

2.1 调研背景

南北锣鼓巷始建于元大都时期，距今已有 740 多年的历史。位于北京中轴线东侧，是北京著名的历史街区，是“活”的文物（见图 1）。然而，伴随我国近年经济持续高速发展和城镇化快速推进，越来越多的商业性店铺入驻南锣鼓巷，导致这里的商业味越来越浓，甚至在 2015 年 4 月 21 日，国家住房和城乡建设部、国家文物局对外公布第一批中国历史文化街区，北京市皇城历史文化街区等 30 个街区入选，却唯独没有南锣鼓巷。

北锣鼓巷与南锣鼓巷一样，都在北京旧城，仅一街之隔，但是发展和现状却迥异。

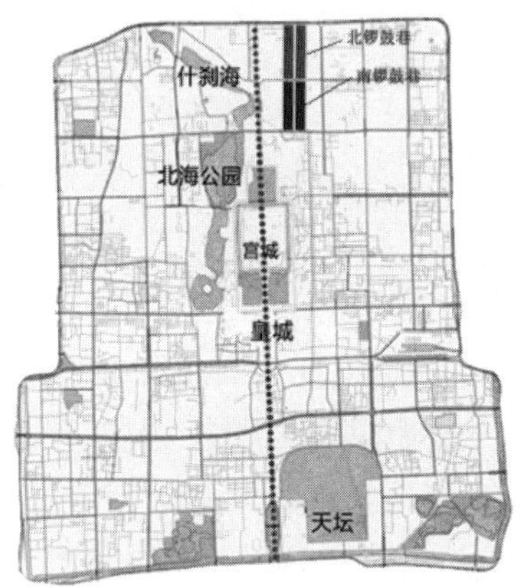

图 1　锣鼓巷在北京的位置

2.2 调研范围

南锣鼓巷总长度为 786 米，路面宽度为 8 米，北锣鼓巷总长 866 米，路面宽度为 7 米。本次研究范围北起安定门西大街，南至地安门东大街，东西根据现状院落边界和实际用地情况，东西两侧范围距南、北锣主街路缘 22~110m，总面积 1.23ha，其中南锣调研范围约 6062m^2（见图 2），北锣鼓巷约为 6288m^2（见图 3）。

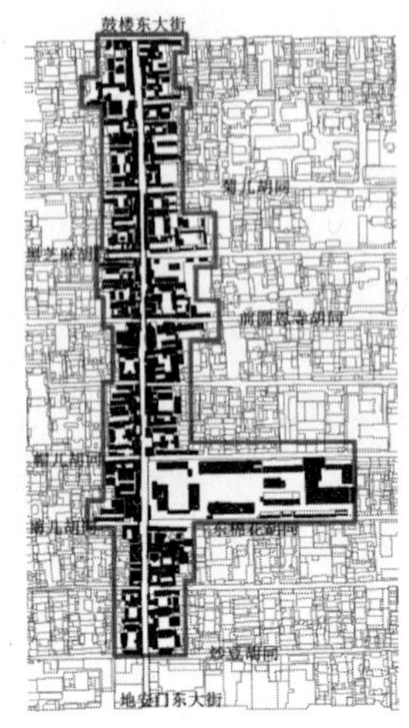

图 2　南锣调研范围

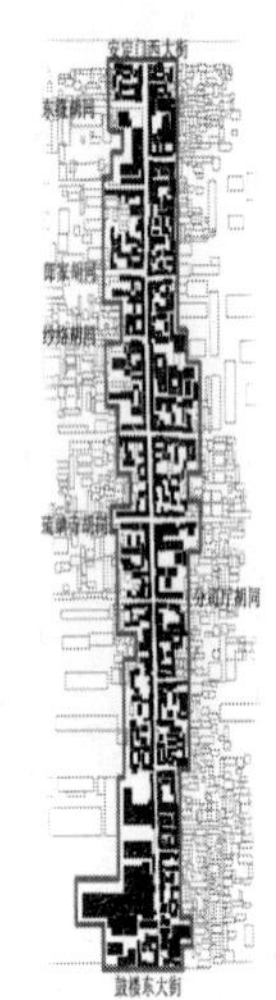

图 3　北锣调研范围

3. 锣鼓巷现状调研

3.1　南北锣鼓巷业态及店铺情况分析

南北锣鼓巷的商业业态多以咖啡店、商品售卖、餐厅等为主。截至统计时间，南锣的店铺总数达 230 家，北锣只有 59 家，南锣和北锣的街道长度都在 800m 上下，店铺分布强度上南锣却是北锣的四倍。南锣的店铺种类更多，类型更侧重旅游产品的售卖，店面装饰性强（见图 4）。

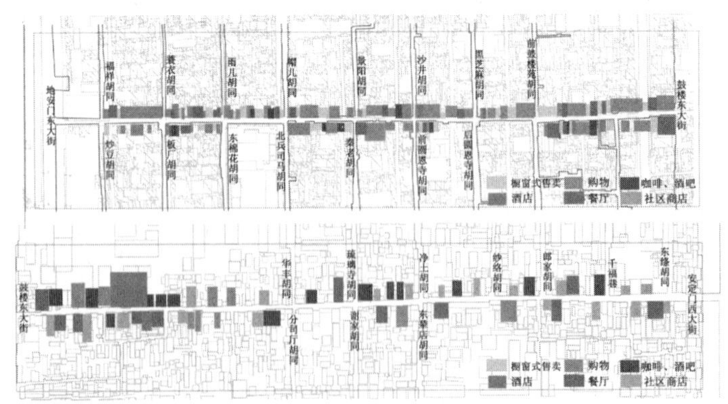

南锣业态

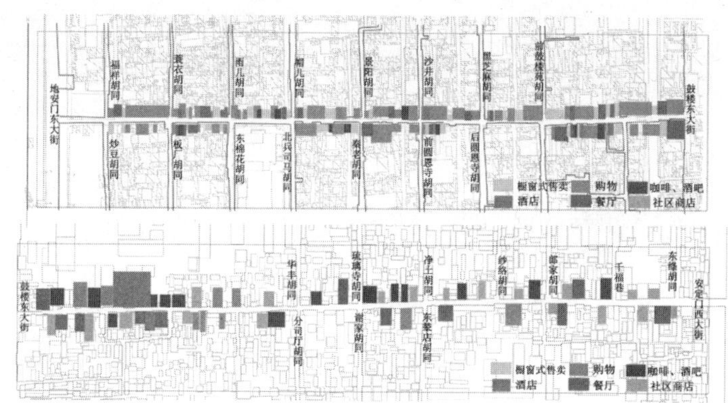

北锣业态

图 4

从店铺商业类型来看，南锣店铺的商业类型以购物、橱窗式售卖为主，北锣鼓巷以咖啡酒吧、餐厅为主。

据统计，南锣的店铺购物店铺约 120 个，占店铺总数的 52%；橱窗式售卖店铺约有 25 个，占店铺总数的 11% 。南锣鼓巷的这 230 个店铺中，服务周边居民的店铺仅有 2 个。商业分布强度之大，分布类型之广，加上层次不高，颇有旧城小商品批发市场的态势。

北锣的商业类型以咖啡店、餐馆为主，还辅以一些为周边居民服务的小型超市等服务类店铺，街道空间比较悠闲惬意。据统计北锣的店铺购物为 10 家，占店铺总数的 16.9%，仅有 1 家卖面包的橱窗式售卖。北锣的 59 家店铺中，为周边居民服务的约为 22 家；咖啡店 16 家。店铺改造都比较尊重历史环境，立面改造都经过精心设计，和环境的融合度较好。

在这样的发展背景下，南锣店铺的更新率也非常之高，大部分店铺的生命力都不强。南锣店铺从 2008 年开始每年增加约 50 余家，同时店铺存活率仅为 8.7%。也就是说从 2008 年至今，能熬过“七年之痒”的店铺寥寥数家，更别提百年老店了。据实地观察，仅 2016 年 1 月至今，又有 17 家店铺易主更新，同时增加了 4 家新的店铺（见图 5）。

北锣鼓巷的发展更理性一些。北锣从 2008 年至今，店铺数量从 16 家增加到今天的 59 家。这 59 家店铺中，2008 年开业的 16 家店仍然有 11 家店还在北锣继续营业，例如秋刀鱼之味、褡裢火烧等。北锣店铺更新率约为 18%，比南锣低了很多，基本维持在合理的范围内（见图 6）。

图 5　南锣鼓巷店铺总数增长折线

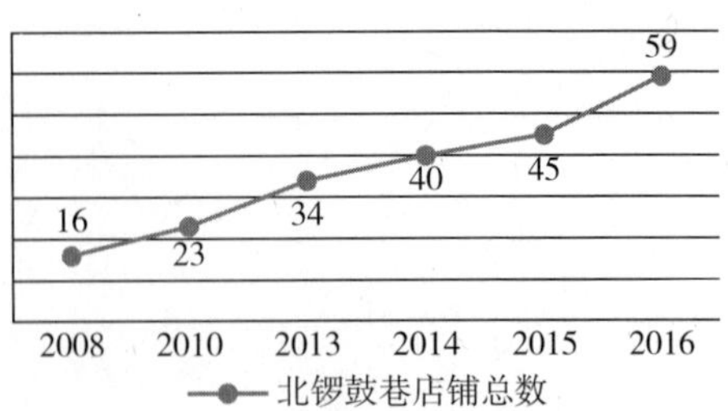

图 6　北锣鼓巷店铺总数增长折线

3.2　南北锣游客构成及游览时间

南北锣鼓巷由于业态和店铺的差异，也造成了游客构成、游览时间、游览目的的差异。为了了解具体情况，在南北锣我们分别分发了问卷，南锣 300 份，回收有效问卷 286 份，有效率为 95.3%；北锣发放问卷 200 份，回收有效问卷 163 份，有效率为 81.5%

3.2.1　节点人流量

据官方统计数字，南锣鼓巷日均客流量超过 30000 人次，节假日有将近 50000 人次，人流量非常大。对比起来北锣鼓巷的人流量较少，约在 10000 人次左右。

为了对人流量有相对直观的认识，我们分别在节假日和工作日进行了不同时段的人流量统计（见图 7）。

通过数据可知，靠近南北锣鼓巷入口人流量较大，近出口处人流量较小。在工作日，南锣 A 节点峰值时间为 11 点到 14 点期间，每小时通过约 3360 人次；在 17 点到 20 点达到人流量第二次高峰，每小时人流量约 2760 人。

在节假日期间，人流同样聚集在 11 点到 23 点之间，第一次峰值在 11 点到 14 点之间，每小时人流量达 4200 人；在 17 点到 20 点每小时约 4240 人次，人流量达到第二次高潮。节假日的人流量最高时可以达到工作日的两倍。

北锣人流量整体低于南锣，第一次高峰在 11 点到 14 点，C 节点在工作日期间，每小时通过 1080 人，逢节假日每小时增至 1800 人；第二次高峰值出现在 17 点到 20 点之间，工作日和节假日人流量分别为每小时 1320 人和 1920 人。靠近北锣出口的 D 节点同样有两个峰值，第一阶段在 11 点到 14 点，工作日人流量为每小时 840 人，节假日增至 1440 人；在 17 点到 20 点，达到第二次人流高潮，工作日期间，平均每小时通过 720 人左右，节假日人流量约为 1320 人次。总的来说，南锣鼓巷人流集中在 11 点到 23 点之间，北锣人流高峰时间集中在 11 点到 20 点，整体仅为南锣人数的 1/2。

单位/人
40
35
30
25
20
15
10
5
0
5:00-8:00
8:00-11:00
11:00-14:00
14:00-17:00
17:00-20:00
20:00-22:00
23:00-5:00
工作日
节假日
单位/30s
A节点通过的人流量
单位/人
30
25
20
15
10
5
0
5:00-8:00
8:00-11:00
11:00-14:00
14:00-17:00
17:00-20:00
20:00-22:00
23:00-5:00
工作日
节假日
单位/30s
B节点通过的人流量
单位/人
20
15
10
5
0
5:00-8:00
8:00-11:00
11:00-14:00
14:00-17:00
17:00-20:00
20:00-22:00
23:00-5:00
工作日
节假日
单位/30s
C节点通过的人流量
单位/人
15
10
5
0
5:00-8:00
8:00-11:00
11:00-14:00
14:00-17:00
17:00-20:00
20:00-22:00
23:00-5:00
工作日
节假日
单位/30s
D节点通过的人流量

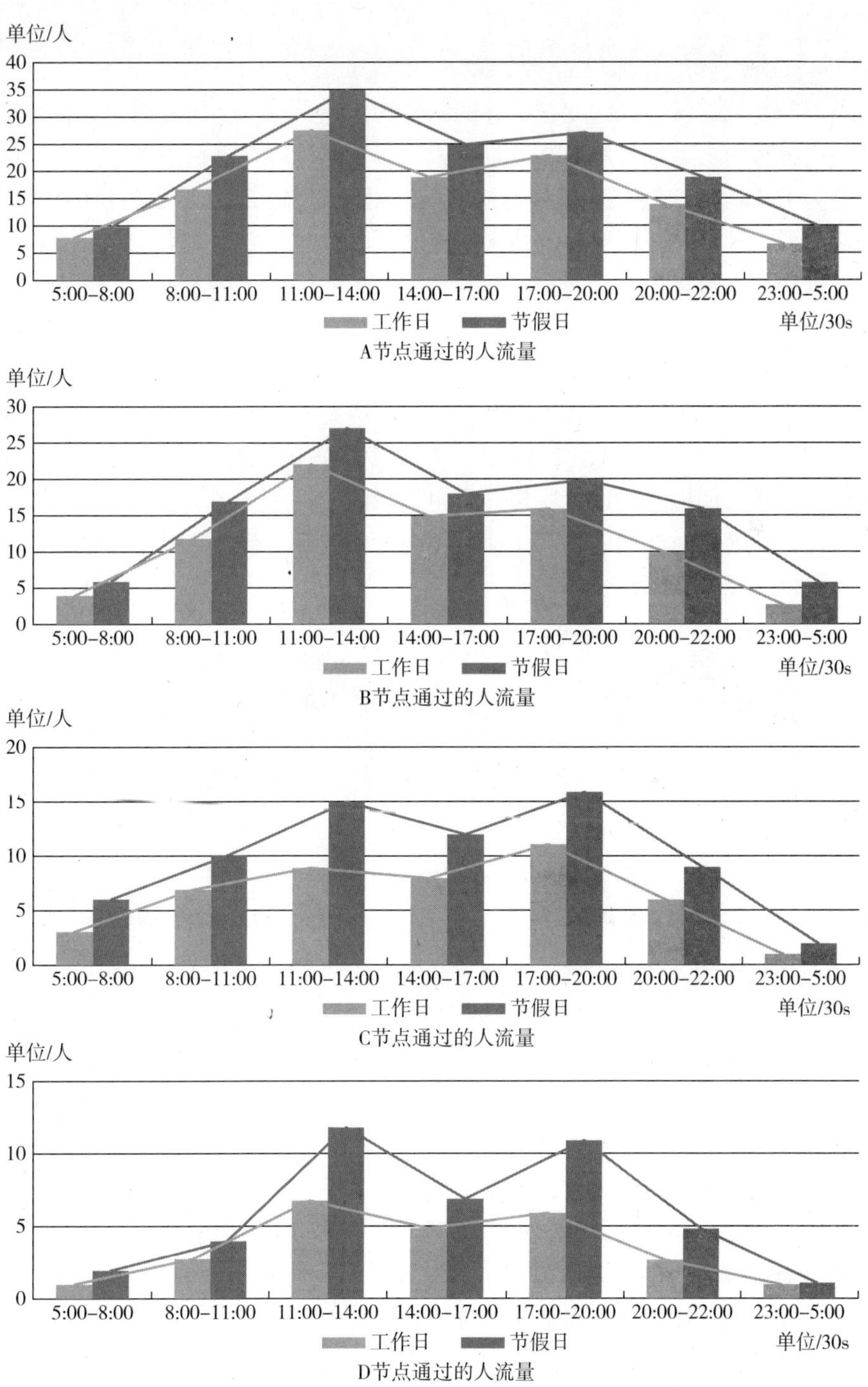

图 7　节点通过的人流量

3.2.2 游客构成及游览目的

根据问卷数据统计，南北锣鼓巷的游客构成差异较大。通过调研数据可知，南锣国内游客约占人流量的50%。根据人流量数据可以估算，南锣一天的外地游客量约为15000人，这部分游客多慕名而来，将南锣作为北京旅游的目的地之一。和周边的后海、烟袋斜街一起，共同组成北京旧城的历史商业片区游。

占据南锣人流量第二位的是国际游客，约占总人数的24%，达到7200人次。这说明南锣作为北京旧城的代表，在国际上也享有一定的美誉度。国际游客来大多数会以南锣鼓巷－后海－烟袋斜街等为线路，在老城逗留较长的时间。以深度体验游为主。加上喝咖啡等休闲活动一般会溜达大半天。

占据南锣第三位的是北京本地人，约占总人数的12%。大约人流量为3600人每天部分人来南锣一般以聚餐聚会为主，目的性较强。一般没有游览，都直奔目的地而去。通过对部门店铺的访谈，发现这些人是南锣鼓巷餐馆、咖啡馆消费的主力人群（见图8、图9）。

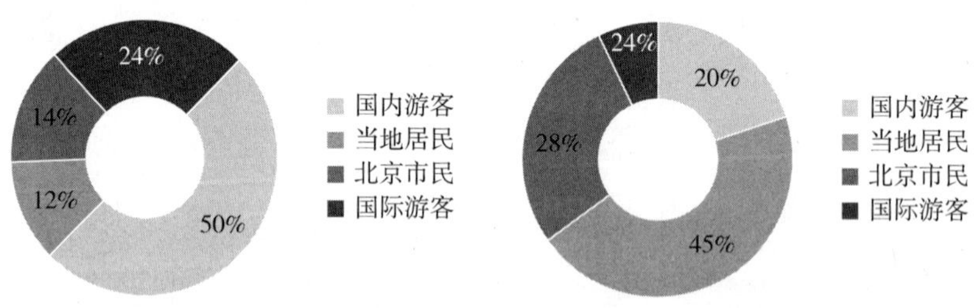

图8 南锣鼓巷游客构成　　**图9 北锣鼓巷游客构成**

北锣和南锣的人群构成有所不同。北锣的人流量主要由北京本地人、当地居民占据了半壁江山，约占人流量总数的45%。北锣更多的是北京人自己聚餐、聊天、约会的“据点”，很多人会来这里休闲放松，一般消耗的时间都会比较长；游客很少，仅占27%。

根据问卷的数据统计，发现南锣更多的是旅游和“逛街”，游览人群多，游览时间短，如果单纯为了吃东西，人均消费其实并不高，仅二三十块钱，即使是“吃货”，也花不到一百；北锣是大家可以坐下来聊天聚会的地方。游览人群较少，游览时间较长，但是人均消费却高于南锣，单纯在北锣喝喝咖啡，人均大概消费为七八十元。南锣的开发似乎更加市井和低端，而北锣反倒走向了品质发展之路，因为没有特色的店铺在北锣无法生存（见图10、图11）。

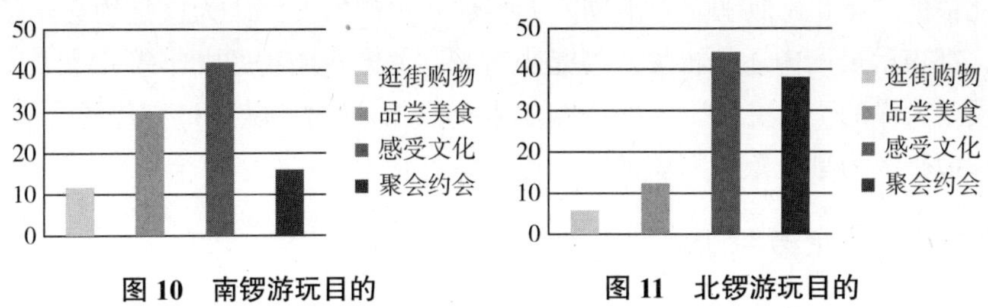

图 10　南锣游玩目的　　**图 11　北锣游玩目的**

3.2.4　游览时间及频率

根据问卷统计得知，南锣的游览平均时间约为 40min。73% 的人停留时间超不过 1 小时（见图 12）。而在北锣超过 62% 的人停留时间超过了一小时（见图 13）。如上所述，南锣由于人流量过大，很多游客反映游览的舒适度不够，似乎在“滚滚人潮”中人们只能行走，却没有办法驻足看看“两边的风景”；根据问卷可知，近 25% 的人在游览后表达了极不满意、太拥挤的感受，多达 47% 的游客觉得不舒适不满意，游览一圈后还觉得比较满意的人仅占 17%（见图 14），因此南锣就好像是“匆匆那街”——“如果再见不能红着眼，是否还能红着脸”——太多人在匆匆地离去之后再来的频率都很低，根据问卷统计，占据南锣人流量首位的大量国内游客约只有 7% 的人愿意在短期内重游南锣。

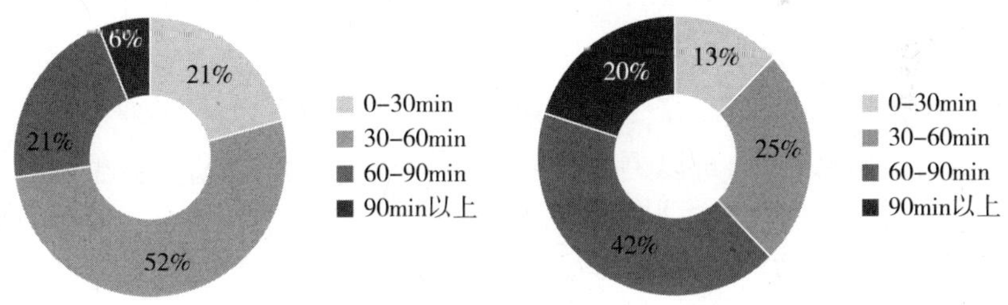

图 12　游客在南锣停留的时间　　**图 13　游客在北锣停留的时间**

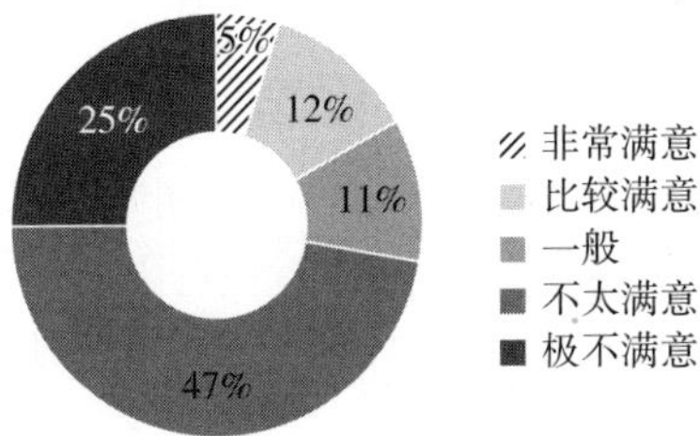

图 14　南锣鼓巷发展满意度调查

北锣的“style”似乎完全不同。大多数来北锣的人都认为这是约会聚餐的好地方，都表示短期内还想再来。特是小时光、戈多花园主题咖啡等几家老店，更是积攒了大量的“老主顾”。老主顾的定期光顾，同时伴随口口相传的广告效应，北锣却似乎成为享受京味京韵的好地方。

3.3 在南北锣生活的“老炮们”

在调研访谈过程中，对在南北锣周边居住的居民也进行了问卷调查和个例访谈。南锣周边的居民负面情绪较多，对南锣当前的发展都不太满意，同时也对南锣没有进入国家历史街区表示耿耿于怀。拥挤的人群、混乱的交通、随处可见的垃圾，让周边居民颇有怨言。经过问卷统计，发现商业扰乱生活是南锣鼓巷困扰周边居民最大的问题（见图 15）。

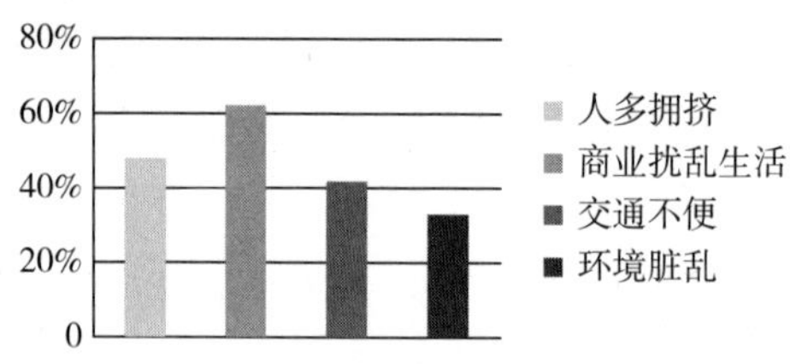

图 15 居民不满意的方面

还有很多“老炮们”表示，觉得老北京的胡同不该是现在的样子，他们怀念曾经的走街吆喝、小摊小贩；他们怀念曾经的安静、祥和。大多数人都表示不愿意搬离南锣鼓巷，同时可以接受旧城的局部商业化发展，但是都建议应该设立商业的准入机制，建议政府可以更好地协调整体环境，促进历史街区整体环境品质的提升，改善周边居民的基础设施条件和生活条件。

经过问卷调查，发现居民对于锣鼓巷当前的发展有以下关键的情感感知。整体来说，居民的正面感知要比负面感知多一些，感知度最高的是“提升了城市形象和知名度”，尽管现在的发展造成了很多负面影响，不得不说，单就商业发展来说，南锣鼓巷是很成功的，知名度也提升了很多（见图 16）。

由于多年以来的胡同情结，虽然巷子内的发展不尽如人意，但居住在这里的人依旧不愿乔迁，想继续住在此处。对于一条老街古巷来说，人留存和文化的留存同样重要，因此在想方设法留住文化的同时，留住这里的人也是至关重要的，只有给他们营造更良好的生活环境，才能更多地留住在这里多年的老北京，让他们与文化相辅相成，传承历史的延续性。

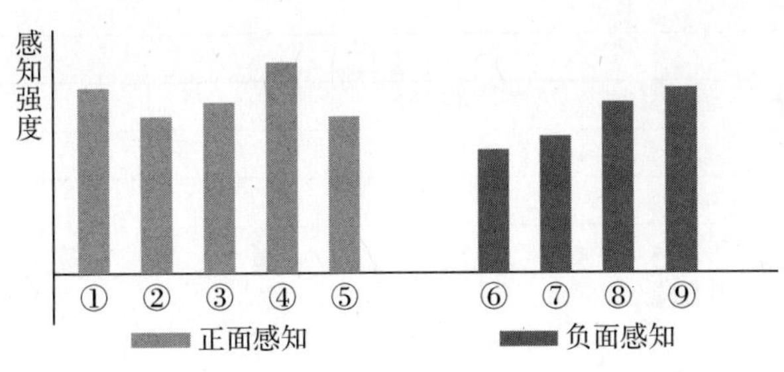

①促进了本地有经济发展　⑥增加了本地和生活成本
②提供了更多的就业机会　⑦扰乱了生活，破坏了环境
③改善了娱乐基础设施　⑧减少了本地居民的生活空间
④提升了城市形象和知名度　⑨破坏了历史街区的完整环境
⑤增加了居民的自豪感

图 16　居民对南锣鼓巷发展的感知

4. 网络大数据采集及分析

以“蚂蜂窝”（www.mafengwo.com）作为样本抽取网站，抽取与研究区域相关度最高的 200 篇游记、评论文本作为样本。在这些样本中，剔除全部为照片或视频的游记、全部为科普介绍的游记以及体裁为诗歌的游记，最后筛选出 105 篇作为研究对象。

研究选取 Rost Content Mining 软件作为分析工具。该软件具有中文分词、词频、统计等功能，可以对（.txt）文件进行内容分析；再对词汇进行标准化处理，最后进行分析整理得出以下数据。

在进行不同来源的数据比较过程中，受到采集样本的数量、内容等方面的影响，单纯采用采集频数进行对比并不客观。因此，本文借鉴赵渺希等（2012）提出的对不同来源的词频进行标准化换算以 Na 表示某一数据来源中词语 a 出现的频次，并按照 a 对应的数据来源中词频的最大值 Nmax 进行换算，作为词语 a 的词频得分 N’a：

$$N'a = Na \cdot 100 / Nmax$$

其次，提取出 N’a ＞ 5 的词语，纳入高频特征词库，作为待分析的特征词样本。

4.1　南北锣鼓巷的个性特征词

通过表格数据统计可知，南锣鼓巷的个性关键词为“胡同”“四合院”“历史”等。北锣鼓巷的个性关键词为“安静”“咖啡馆”“文艺”等（见图 17）。

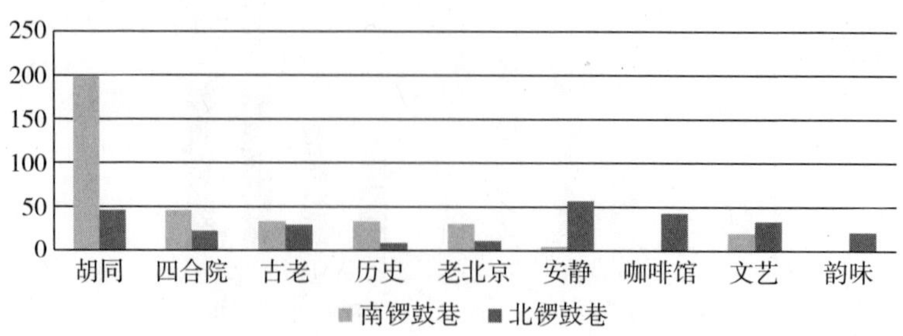

图 17　南北锣高频个性特征词频次统计

从游客样本提取出的特征词当中可以看出，“胡同”几乎占据总数的 98%，是最为重要的旅游吸引物。四合院是其次，占据 25%。在进一步的分析中发现，北锣鼓巷除了胡同外，整体氛围还会给游客更深刻的印象。对提取的重点的特色词进行分析，可以归纳出南北锣游客样本反映出的锣鼓巷历史街区的三个主题特征。相比较，南锣游客更偏好古香古色的城市文化，而北锣游客更偏重清新宁静的艺术氛围（见表 1）。

表 1　南北锣鼓巷历史街区主题特征分类表

	古香古色的城市文化	改造更新的现代化街道	清新宁静的艺术氛围
南锣鼓巷	胡同 / 四合院 / 古老 / 历史 / 老北京 / 建筑 / 遗迹 / 保护 / 故居 / 住宅 / 传统文化	店铺 / 喧闹 / 购物 / 时尚 / 创意 / 街道 / 现代 / 美食 / 商业 / 交通 / 商业化 / 改造 / 外国人 / 拥挤 /	文艺 / 故事 / 风情 / 文物 / 艺术 / 印象 / 宁静 / 保留 / 咖啡馆 /
得分	200.51	86.34	36.38
北锣鼓巷	老北京 / 居民 / 住宅 / 店铺 / 特色 / 胡同	商业化 / 商业 / 店铺 / 交通 / 酒吧 /	安静 / 特色 / 咖啡馆 / 文艺 / 清净 / 韵味 / 印象 / 故事 /
得分	85.15	51.84	259.23

对归入每一特征的特征词词频得分进行累加，得出每一类主题特征的所有词频得分，用以模拟游客对锣鼓巷历史街区的 3 个主题特征的偏好（见图 18）。南北锣的侧重点完全不同，前往南锣的人，大多是因为南锣鼓巷的名气和胡同历史，慕名而来；北锣的名气比南锣稍弱些，到北锣的游客多被这里的休闲生活氛围和清净的文艺环境所吸引。虽然南锣整体的气质离老北京皇城文化越来越远，但是南锣鼓巷依旧是大家心中老北京的代表和名片，如何在保证商业更好发展的同时守住文化的底蕴才是南锣面临的难题。

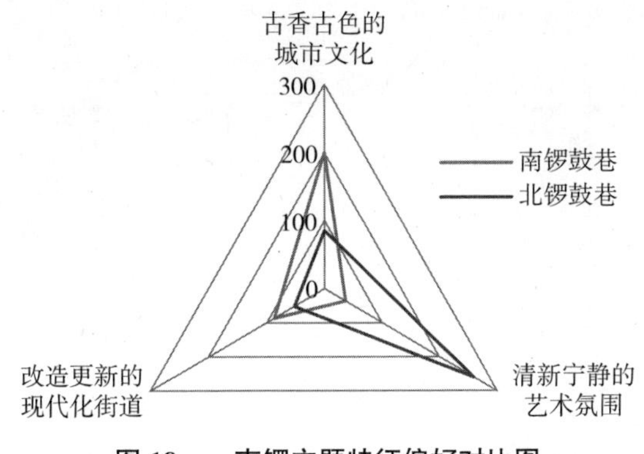

图 18　　南锣主题特征偏好对比图

4.2　南北锣鼓巷的空间感知度

南北锣鼓巷由于是南北街道，东西向还有很多胡同交叉于此。不同的胡同由于各自自身的吸引力不同，也承担了分担主街人流压力、让历史街区的发展连成片的重要责任。研究周边街道的空间感知度，对于未来整体对锣鼓巷街区和外界街区的连接有重要作用。

对于南锣鼓巷，游客感知最多的是炒豆胡同，感知度达到 11%，因为炒豆胡同中有保存完好的僧忠亲王府；次之是雨儿胡同，齐白石旧居纪念馆就位于雨儿胡同的 13 号院；而帽儿胡同是连接锣鼓巷和什刹海的通道，因此游客对帽儿胡同的感知度达到 7%，对北锣的空间感知大多来自这里的环境文化；占据较多的分司厅胡同内，分布着分司厅幼儿园；北下洼子胡同内，有文艺气息浓重的猫小院，游客大都为此而来（见图 19）。

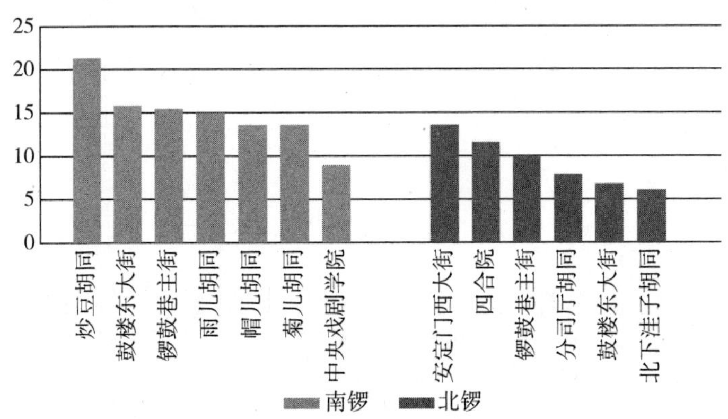

图 19　南北锣游客空间意象分布频次

南北锣游客对锣鼓巷每个胡同、每个空间的感知度都不同，致使空间结构上的强度分布也不同（见图 20、图 21）。

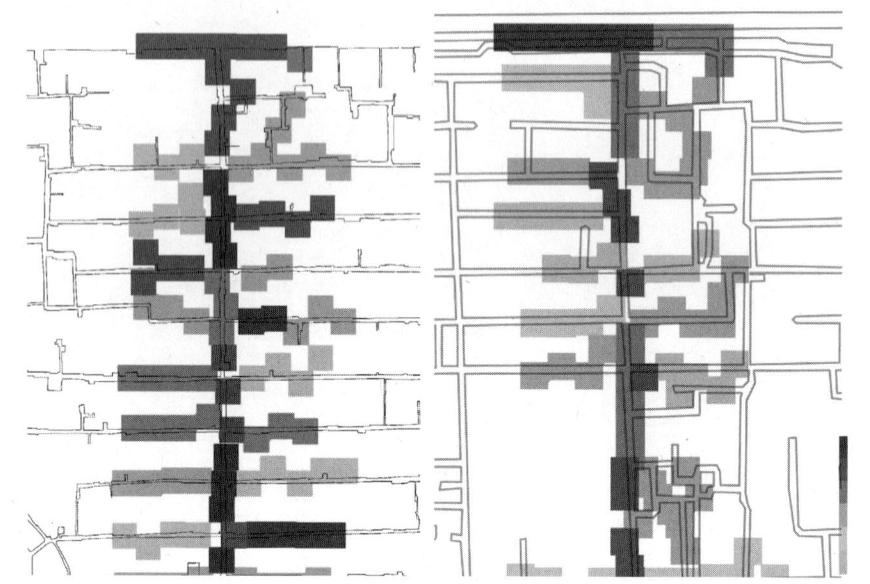

图 20　南锣鼓巷游客空间意向强度分布图　图 21　北锣鼓巷游客空间意向强度分布图

4.3　南北锣鼓巷的情感词

对于南北锣鼓巷的情感词，经过数据搜集，证明还是正面情感更多。

在对南北锣游客样本中提取出的不同类型的情感词进行具体分析的过程中，南锣游客样本中提取的得分较高的正面情感词中，“传统”“熟悉”“好奇”属于评价类正面情感词，表示游客在游览南锣鼓巷历史街区后对街区整体或者部分区域的评价。总体来说，南锣的正面情感词出现的频率为 64%，负面情感占据 5%，其余的为中性情绪；北锣的正面情感频率为 28%，负面情绪出现频率为 1%（见图 22）。

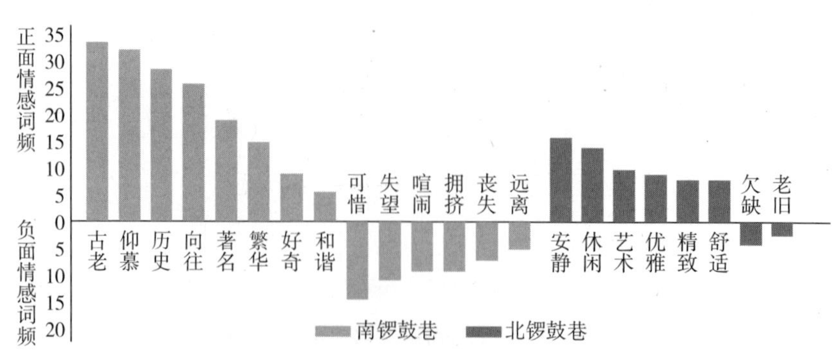

图 22　南北锣正负面情绪词频对比

5. 锣鼓巷发展解决策略

5.1 寻找特色商业的文化韵味，避免同质化

在未来南锣鼓巷商业引进的过程中，首先应认真研究南锣鼓巷的历史风貌、建筑环境、文化遗存，从整体保护开发的角度出发，在摸底调查后，进行商业店铺的规划和策划，以便形成完整的空间意象和氛围，让整个历史街区不会沦为一条繁杂喧闹的“商业街”，失去旧城的吸引力。积极寻找特色商业，塑造文化韵味，力争创出锣鼓巷的百年老店来。

5.2 建立历史街区商业开发和运作的管理机制

建议成立由城市专家、行政管理部门和居民代表组成的管理机构——锣鼓巷管理委员会，他们有行政管理历史街区的保护、更新与再建设的初审权，同时承担商业开发的保护、监督、行政、咨询、日常管理、公众信息反馈及执法工作（见图 43）。

建立具体详尽的商业引入机制，细化标准，避免店铺参差不齐和同质化严重的现象，提升开发建设水平。

5.3 提升历史街区居民生活质量，让街区可以“活”起来

南北锣鼓巷街区环境的改善除了对主街空间环境的保持和延续外，从城市规划的角度还包括历史街区居住人口规模的调整、户外居住环境质量的提高等。对于居民的环境更新采用小规模渐进式微循环方式。在原有的院落边界内进行这些小规模改建可以采用传统的建筑材料和传统施工方式，让传统的小尺度的房屋建造技术重新焕发活力。历史街区“活”起来靠的是历史街区的居民和人，唯有提升历史街区居民的生活质量，让他们安居乐业，方可实现历史街区有序的健康发展。

6. 微信公众号的建立及书签的制作发放

南锣是一个旅游胜地，每年有太多的人慕名而来，但是却鲜有人知道南锣的文化、南锣的故事，大部分游玩过只记得拥挤的人群、满街的小吃。而我们却希

望大家能领略南锣的底蕴，不仅仅把它当作一个旅游景点，所以我们制作了一个微信公众号（南锣的小道消息），每天向大家推送一些锣鼓巷的小故事，使更多的人能认识它、了解它。

7. 结语

历史街区是城市最大的宝藏，因为它蕴含了城市的精气神、城市的灵魂、城市自身的特点和魅力。南锣和北锣一街之隔，开发建设差异巨大，正是体现了城市的魅力和复杂。但我们还是希望，不管锣鼓巷怎么发展变化，它还可以让我们找到儿时记忆的样子，让我们体会北京四合院的韵味，让我们捕捉和城市共同成长的步伐……

参考文献

[1] 高俊、韩冬 . 基于内容分析法的城市历史街区意象研究 [J]，2014
[2] 张祖群、朱良淼 . 南北锣鼓巷的遗产保护和文化创意产业发展 [J]，2011
[3] 赵雯 . 探讨北京城市历史风貌保护与更新方法—基于南锣鼓巷的实地调查和巴黎相关案例研究 [D]. 林业大学硕士学位论文，2009

中国古代经典人物动画造型的创意设计

北方工业大学：谷　雨　龚　婷　周心悦　丁振伟　赵　扬

指导教师：姜　蕊　副教授

本项目是以中国传统古曲作为创作背景对相关人物造型进行的创新设计。作为中国传统艺术的经典古曲，如何很好地与具有视觉特色的动画创作结合，是本项目研究的主要内容。以美术诠释音乐既是项目研究的创新点，也是项目创作中的难点。基于此，项目的完成也更具有了挑战性。

1. 选题背景

本项目是将古曲作为表现背景的动画人物造型的创新创作研究，该课题是基于国内外动画创作领域中比较少有的一类课题进行的研究和创作。在选题时，我们注意到在国内外动画创作领域里大多是以文本为创作背景和脚本的创作，但是以音乐以及相关人物作为创作背景和表达对象的动画创作却极其少见。

在国外的诸多动画作品中，涉及音乐或歌曲为创作背景的动画创作和设计极为少有，以乐曲为表达中心的迪士尼《幻想曲 2000》（创作于 1940 年）算是其中较为有代表性的作品。该作品将八段乐曲中的旋律以及韵律通过米奇、大象、精灵、花朵等这些形象表达得极其到位，给观众留下极其深刻的印象。除了这个优秀作品，其他的相关作品可谓乏善可陈。而在国内的动画作品中，如《小蝌蚪找妈妈》《三个和尚》 等具有特色的动画形象是由故事为背景去交代的，以古曲为背景的创作却很少。历数之前的动画作品与中国传统文化相关的，往往是以二十四节气、生肖、《山海经》等有名传说或者《封神演义》等历史小说或典故为背景进行的创作。

基于此背景，我们决定使用具有中国传统艺术特色的经典古曲以及相关人物为创作人物造型设计的背景和表现对象，创作出不同于以往的动画人物造型，以此为蓝本进行创新，也就是换个思路去寻找新的切入点，以不同于以往的思路和方法去理解、感悟、表达传统艺术与古代经典。

2. 方案论证

本项目在方案论证过程中共进行了五次会议，对项目的研究内容进行了多次讨论。在项目初期的两次会议中，大家的思路比较分散。课题是以中国古代经典人物设计主体，而在所有组员的认知中，关于中国古代的历史传奇人物有很多，各个朝代的英雄事迹也各有千秋。因此，在组员激烈的讨论中，同学们出现了很多的想法。既然是古代人物，就有其深刻的历史背景。组员们说出了自己的意见建议，其中春秋战国时期、唐宋时期、明清时期是大家最为感兴趣的。以此为依据提出了多种方案：如以金陵十三钗、聊斋人物、十大古曲、《山海经》等作为设计点。由于想法比较多，大家又分头对众多的题材进行了提炼。

在之后的方案论证过程中又开了三次相关的会议，每次会议中组员们天马行空的想法也给了彼此很多灵感。大家经过反复讨论，在将之前讨论中的闪光点进行汇总后，确认选择龚婷同学提出的将古曲作为表现主题的思路，并初步决定将《阳春白雪》《十面埋伏》《梅花三弄》《高山流水》这四首古曲作为项目的创作目标。利用经典古曲做动画人物设计是个较新的选材，可谓另辟蹊径。但经过一段时间的资料搜集和背景调查后，大家发现由于时间关系，加之现有资料极其匮乏等因素给项目造成了一定困扰。经过认真考虑，也为在限定的时间内顺利完成预期目标，项目组最终确立了其中最有代表性的两首古曲《十面埋伏》《阳春白雪》作为项目的创作曲目。

经过以上这些阶段的论证和讨论，在方案确定后，项目组又进行了相关会议的讨论，成员还分头与老师进行多次单独沟通，最后又进行再次的集中讨论反复推敲，将项目这两首古曲的创作基调和风格梳理出一个清晰的脉络，并以此为依据进行了项目的开展和深入。由此，项目组的成员开始去搜集相关资料，并通过网上在线讨论和分享资料等方式不断推进项目的进程。在其后的项目进行中，由于资料比较匮乏，项目组成员针对古曲以及相关典故、相关人物造型的历史依据以及史料又进行了艰苦的搜集和筛选。虽然困难重重，但项目组每位成员没有放弃，依然尽力将相关的资料搜集到位，为项目的顺利开展奠定了良好基础。

3. 研究方法

项目进行中，我们通过以下几种方法来开展研究活动：首先通过各种形式来广泛搜集资料，例如去国家图书馆以及各类相关图书馆、书店翻阅历史书籍，查阅相关典故与音乐作品、传说故事，或者通过网上查阅相关资料，例如百度知道、趣历史、历史春秋网等。其次，我们根据项目需求进行相关实地调研，例如去国家博物馆、北服服装博物馆等地进行实地参观和调研。由于人物造型设计的需要还参考了许多影视资料，如《屈原》《战国》《孔子》《西楚霸王》的造型和服饰等。书籍和相关的资料在项目推进中也起了重要作用。例如服装方面我们参考了沈从文的《中国古代服饰研究》等书籍，古曲以及历史依据则借鉴了相关历史书籍和资料。

与此同时，项目组还通过开会讨论、在线作品互评和资料交流等方式来推进项目。

4. 研究结果

4.1 设计人物

本项目根据立意背景选择并完成了以两首古曲为主要创作背景的人物造型设计。以古曲给予的灵感设计出了两套不同风格的古典人物形象，应该说做出了较为理想的人物造型。通过我们全新设计的中国古代经典人物的动画形象，应该说可以使人们对我国传统经典古曲有一种全新的认识，更加喜欢和了解传统文化。而将传统艺术经典与动画创作这种通俗易懂的艺术表现方式结合的表现手法，既传播和弘扬了优秀经典的艺术和文化作品，也根据经典人物的性格特征和特点赋予其独特的人物形象，使其更加深入人心。

具体到《阳春白雪》这首曲子，就乐曲本身而言静听之下有欢快之感。龚婷同学觉得这首曲子值得品味，在经过反复实践后，她最终选择了比较卡通的形式去表现《阳春白雪》。她认为《阳春白雪》这首曲子节奏韵律活泼，让人很容易联想到可爱的小孩子，所以根据这首曲子的风格和年代设计了“阳春”和“白雪”一男一女两个相较年幼的人物形象。而在设计时考虑到了人物的年纪和性格，将人物的脸部风格设计得相对圆润简洁。就衣着而言，颜色也是相对简洁，衣着制式也没有采取复杂的样式，使其更加符合小孩子的活泼好动的感觉。

而《十面埋伏》这个典故出自楚汉相争的垓下之战，描述了当时西楚霸王项羽面临四面楚歌，无颜面对江东父老，在乌江边上拔剑自刎，深爱霸王的虞姬也随之而去的典故。同名古曲与此典故非常契合，将故事中悲剧式的情节和人物关系表达得淋漓尽致。丁振伟、周心悦同学选择了《十面埋伏》这首硬朗悲怆的古曲，并用了比较写实、大气的形象去表现人物。两位同学认为西楚霸王这样的乱世英雄与美丽的虞姬的爱情故事是个值得推敲的话题，因此以之为中心对其造型进行了相关设计。

4.2 周边产品

在设计人物形象基础上为了让人印象深刻，我们还制作了周边系列产品（明信片、海报、书签、钥匙扣、文化衫等），对项目的作品进行推广和宣传。通过此次研究，不仅能够提高学生的实践和研究能力，也能通过这种形式让大众了解到不一样的古典人物的动画形象作为实物周边产品，我们选择了明信片、书签、海报、文化衫、手袋为主要周边。这种周边形式是动画及形象宣传常用的方式，这种周边产品适用范围广，制作成本可大可小，是很好的宣传方法。

赵扬、谷雨同学在过程中积极协助两组同学去完成了相关设计，并为周边产品的开发和制作献计献策。

5. 创新点

本课题研究中国古代经典人物动画造型，并进行创意设计。项目组成员在此期间研究和学习中国传统历史文化，了解中国古代经典人物的事迹和人物特点。古为今用，取其精华，结合现在大学生的新观念和想法，将古代深入人心的经典形象重新创作。赋予了古代经典人物新的感觉，用作者不同的视野去理解和诠释有历史特点的古曲和相关人物，这是以往动画人物创作中所少有的，既有难度也非常有挑战性。项目组将中国传统经典古曲作为创作背景和依据，用动画的方式给这些古曲赋予了新的生命以及全新的视觉感受。这种尝试和探索也是为了让大家更多地了解和关注中国的传统文化和经典艺术。

在创作和研究期间，组员们也对中国的传统文化和艺术有了进一步的了解，学到了很多东西，增长了知识，为以后再进一步的学习和研究奠定了经验基础和可行性，组员们自己也很希望能为中国传统文化和经典艺术的传承与发展出一份力。

项目的周边产品是经过反复讨论并根据成本及大众的趣味，将代表性的人物设计用大家比较喜欢的方式制作呈现的，主要是明信片、书签、海报、文化衫、海报、钥匙扣等。这些产品便于携带且对项目的推广和宣传有很好的作用。周边产品是动漫作品宣传很出彩的一个环节，在以往业内比较成功的优秀作品范例中可以看出相关产业的极大潜力。

参考文献

[1] 任慧・古曲文赋分类引用辞典 . 北京：中国大百科全书出版社，2007

[2] 林家骊注・楚辞 . 北京：中华书局，2015

[3] 李永文・中国传统人物造型图说 . 合肥：安徽美术出版社，2010

基于泛在网络视角的
我国医养结合养老机构协同创新模式研究报告

北方工业大学：赵　宇　梁嘉超　王　祎　姜京晶

指导教师：张淑谦　副教授

在我国人口老龄化加速的环境下，医养结合的养老模式正逐渐成为养老服务的新模式，但是这种养老模式仍存在一定的弊端，随着社会的发展与进步，泛在网络的技术优势与广泛应用逐渐进入大众视野。本课题旨在探讨基于泛在网络的医养结合养老模式的发展问题，构建泛在网络下的新型医养结合养老模式。

1. 选题背景

当今时代，信息化的物质越来越多，泛在网逐渐成为人们生活中必不可少的元素。与此同时，我国老年人数量虽逐步上升，但在使用互联网的用户中老年人口所占比例依旧非常小，这样的比例势必会给老年人带来一些不便。只有了解清楚阻碍老年人了解泛在网、应用泛在网的因素，发现医养结合模式的问题。我们才能更有效地设计出全新的医养结合模式，面临的各种老龄化引发的问题才能进一步解决。

1.1　我国老年人口基本情况

截至 2015 年底，我国 60 岁及 60 岁以上老年人口有 2.22 亿，占总人口 16.1%。预计到 2050 年，我国的老年人口数量将会达到 4.8 亿，这意味着中国的老龄化趋势将会越来越严重，如果不提出对策来对抗这个趋势，社会一定受到巨大的影响，国家还可能面临着经济、政治等方面的多重挑战。

1.2 现行“医养结合”模式存在的问题

随着我国老龄化速度不断加快，医疗、养老压力不断增加，我国有关部门已认识到了医养结合养老模式的重要性，各地政府陆续推出了相关政策，推进医养结合养老模式的发展。但是因为缺乏泛在网络的支持，我国医养结合养老模式仍存在方方面面的问题。

首先，医疗和养老服务之间相对独立。长期以来，我国医疗体系和养老体系处于割裂状态，医养脱节且没有利用泛在网络的传统养老模式造成了很多不必要的麻烦。大多数的医疗机构和养老系统的有关服务信息没有利用泛在网络实现共享，老年人的个人信息分属于不同的机构，影响了服务质量。同时缴费制度也并未实现网络化，医疗和养老系统的缴费制度完全分离，独立单一的服务制度使得老年人费时费力费神。

其次，政府管理职能不衔接。目前医养结合养老模式所涉及的机构分属于不同的部门管理，但是因为医疗和养老系统的长期割裂且并未运用网络进行信息沟通，部门之间的管理工作缺乏网络衔接，并且存在职责交叉的情况，这便造成了管理部门的资源浪费。不仅如此，政策的落实也存在盲点，由普通养老机构转型的可以获得政府一次性建设财产补贴和运营补贴，但是由医疗机构直接转型的却得不到任何的补贴，使得政策难以落实。这种缺乏利用泛在网络交流信息的管理局面使得对医养结合的各项扶持政策在各个部门之间难以做到协调一致。

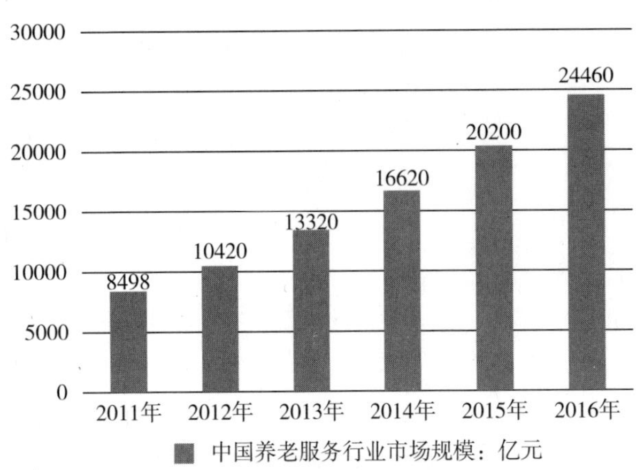

图 1　中国养老服务行业市场规模

再者，资源配置不均衡。根据国家统计局出示的数据，私立养老机构已达到1620多所，床位数达6万张，接待老人4万多人。虽然缓解“住院难、看病贵”的问题，创新建立了以养老机构为“医养一体化”的体系，不过这些仍不能满足当今的养老需求。目前我国的养老机构空床数量不足。调查中显示养老机构有近3.8万家，床位数115万张，接待老人86万名，床位数不足整体老年数的0.86%。但在老年机构中却存在着大量资源闲置。在调查的22所机构中，入住率多数都在60%~70%，最高93.57%，最低仅58.82%。

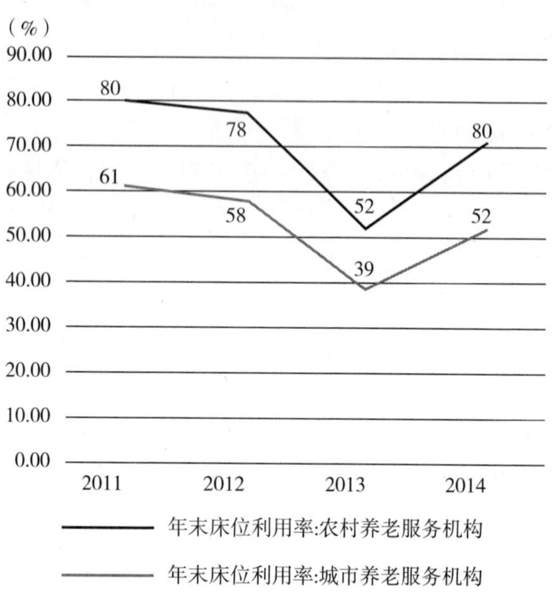

图2　农村和城市养老机构年末床位利用率

2. 方案论证

2.1　泛在网络的概念

泛在网络就是广泛存在、无处不在的网络，它是一种包含电信网、互联网以及融合各种业务的下一代网络，同时它还涵盖各种有线无线宽带接入、传感器网络和射频标签技术等。泛在网络所涉及的技术体系包括智能终端系统、基础网络技术和应用技术三个大类，它基于原有网络和新网络的基础，根据信息社会和社会需求不断地发展和变化，增加相应的服务和应用，使人置身于无所不在的网络中，实现人在任何时间、地点，使用不同的网络与人、物进行信息交换，为大众和社会提供人与人、人与物、物与物之间信息传递、交流、储存、识别等一系列服务。

2.2 泛在网对老年人的重要性

泛在网是我们生活中必不可少的元素。在生理需求方面，专家设置了老年人服务网站，提供老年人的特定需求产品。在安全需求方面，利用高端科学技术，制造出专门针对老年人的应急设备、方便快捷的电子档案等，随时对老年人进行安全防护。在社交需求方面，泛在网提供电子邮件、QQ、微信等便捷服务，老年人通过与家人交流，情感上可以得到满足；在尊重需求方面，通过评价网站，老年人的地位得以认可；在自我实现需求方面，通过网络平台进行学习，寻找合适的工作，让老人实现自身的价值。

2.3 泛在网络对医养结合养老模式的意义

在智慧地球的大环境下,泛在网络对于医养结合的养老模式有着重要的意义。泛在网络是在医养结合的基础上进行运用的，医养结合不仅意味着要将医疗与养老服务相结合，同时还要将各类信息在不同部门之间进行传递沟通。实现资源共享最大化，为老人提供更优质的养老服务。如：北京市西城区月坛社区建立了月坛地区区域性的养老服务平台，便于实现此区域医养服务业务的交易、信息交流与反馈，这一平台满足了老人们的养老需求，取得了良好的社会效果。与传统养老模式相比，泛在网络连通了区域网络，整合了社会的医疗与养老资源，促进服务业发展，具有广阔前景。

3. 研究方法

在此次的课题研究中，我们认真规划、谨慎调研，在研究过程中主要采取了以下两种研究方法。

3.1 文献研究法

我们在大的课题研究背景下确定了各自的研究方向，提出了所要研究的课题假设，确定需要查找的主题和文献的范围；之后再确定检索工具和检索的途径，途径方面，我们选择了网络查找和图书馆查询，利用百度等网络搜索引擎在大型文献数据库搜集信息，在搜寻过程中我们十分注意信息的可靠性，另一方面，我们依托于图书馆的丰富数据查找我们需要的文献;之后是进行文献的整理和加工，对所需的文献进行摘录，标明资料出处，记录有关的文献信息，然后按照顺序归类；随后对文献进行分析，删除无关、重复的信息，对有价值的材料进行研究分析，最后得出相应的研究结论。

3.2 案例研究法

案例研究指的是运用历史信息、档案资料方法收集数据，并运用可靠方式对案例进行分析从而得出带有普遍性结论的研究方法。首先进行研究设计，确定研究的问题和主张，提炼出更有意义和更具洞察力的问题，之后进行案例选择，根据所确定的研究方向和主题选择合适的、有代表性的案例；之后是收集数据，案例研究的数据来源包括文件、档案纪录、访谈、直接观察、参与观察等方式；最后分析资料，确定我们的分析策略，依托于理论的命题，进行案例的分析研究，对案例进行描述，提炼出案例中我们所需要的信息数据等，得出相应的研究结论。

4. 研究结果

经过长时间的课题研究实践，我们的科研项目已取得得了阶段性的进展，并获得了良好的成效，在杂志《人力资源管理》发表论文《基于泛在网络的医养结合养老模式研究》《泛在网络下医养结合养老机构前景探析》，于杂志《中国科技纵横》发表论文《泛在网视角下创新型医养结合模式探析》《泛在网络视角下的养老模式前沿探索》，此课题研究结果主要如下：

泛在网络下新的养老模式具有巨大的市场潜力，网络技术的迅速发展为新养老模式提供了技术手段，老龄化程度的迅速加深为这个行业提供了庞大的受众群体，未来此行业发展潜力不言而喻。通过一系列措施，连接家庭养老和社会养老，连接养老机构和医疗机构，使得信息实现一体化，实现医疗养老产业迅速发展，缓解当下严峻的养老形势。

4.1 建立网络化的新型服务平台

网络化的新型服务体系，就是利用泛在网络的优势，充分利用信息、数据的价值，减少养老院之间或者养老机构与医疗机构的交流盲区，从而提高医疗与养老工作的效率建立省级与市级的信息交流平台，以保证大范围内的信息共享通畅性，在医疗、保健等发面发挥作用，建立地市级的信息交流平台，改变传统的信息交流与共享方式，使其能够存储老年患者的健康信息、电子医疗档案，将医疗、养老服务进行网络化整合，使老年人得到完整、不间断的服务。

4.2 建立完整的养老医疗“云服务”体系

在大数据的背景下，积极探索互联网、物联网、大数据及云计算等现代化方式，我们可以利用泛在网络建立医疗养老的“云服务”体系，建立综合大数据收集与相关分析、健康看护管理与网上诊疗的医养结合型养老机构，把数据与泛在网结合起来，开展推行数字化医疗、远程诊疗、双向转诊的“云服务”综合管理系统，以便实现在养老方面外的体检、检查和住院等各种医疗功能，以此来缓解养老过程中医疗资源短缺的现状，打造简洁快速的医疗养老平台，并通过云端网络达到远程实时诊疗的目的，为养老机构内的老年人提供更加便捷、有效的医疗服务。

4.3 建立融合性的新型服务模式

仅靠养老机构、医疗机构、医保的力量是不够的，无法满足我国迅速增长的医疗及养老需求。泛在网络正是资源融合的基础，它可以实现社会上人、物的无缝衔接和信息交流，通过广大人民群众的集思广益，发现、解决医疗养老中的问题，以泛在网络为基础，构建信息网，每位医护人员可以从网络中浏览、学习与分享医疗知识，实现医疗信息的资源共享，同时参与专业的培训课程，以提升医疗护理的能力。在医疗制度的指导下，融合社会上各方资源，保证每个机构的医疗资源得到充分利用，防止医疗资源浪费。这样也可以促进我国养老体系的完善。

5. 创新点

5.1 新颖的研究课题

泛在网络和医养结合是如今的热点话题，而将两者联合在一起共同探讨则是项目的创新所在。大家普遍认为泛在网络是今后信息通信发展的方向，人置身于无所不在的网络中，即可实现信息的快速交互，泛在网络基于个人和社会需求，为大众和社会提供一系列服务。而医养结合则是近年来我国的热点话题之一，随着老龄化的不断加快和养老压力的不断增加，国家越来越重视医养结合的养老发展，本项目将两个热点话题结合在一起，充分发挥了泛在网络的功能，为医养结合提供了新的发展模式，以此丰富了这方面的研究。

5.2　开拓发展的研究思路

本课题在查阅大量文献的基础上，通过研究学习泛在网络和养老模式等相关的理论知识，构建了新的的医养结合养老模式理论框架，并创造性地分析和研究了当前医养结合养老模式的现状，提出了一系列在泛在网络环境下的新型医养结合养老模式，研究思路不同于以往传统的分析模式，而是从不同的角度剖析、解决问题，以此来完成了整个课题的研究。

6. 研究结论

通过之前一系列的分析、归纳，最终我们对于此课题的研究结论总结如下。

6.1　养老环境面临多重挑战

目前在我国日益严重的老龄化现状下，养老产业的发展却不尽如人意，整个养老大环境仍然面临很多挑战。居家养老模式是中国传统思想影响下的主要养老方式，但是随着社会的变化，此种养老模式已日益显现出弊端，而我国的养老机构、资源分布不均、服务质量参差不齐，资源严重短缺，导致我国老年人养老问题愈加棘手。

6.2　现行养老模式存在弊端

随着医疗、养老等服务压力的逐渐增加，虽然相关部门已陆续推出了相关政策，但是因为缺乏泛在网络的支持，显现出很多弊端。医疗和养老服务之间过于独立、政府管理职能不衔接，管理职责部署不清晰、资源配置不均衡，护理医疗人员等资源的严重短缺都是我国目前医养结合养老模式存在的问题。

6.3　利用泛在网络实现医养结合

根据研究调查，我们不难得出结论，要想真正实现医养结合，改善我国目前日益严重的养老问题，我们必须利用泛在网络，建立起网络化的新型服务平台、完整的养老医疗“云服务”体系和融合性的新型服务模式，充分利用泛在网络的优势，将医疗和养老之间的资源共享，构建起医疗养老的桥梁，建立新的医养结合养老模式，以此解决我国的养老问题。

参考文献

[1] 王德利．“互联网 +”对“医养融合”模式的影响分析 [J]. 价值工程，2016，（10）：82–84

[2] 张晓杰．医养结合养老创新的逻辑、瓶颈与政策选择 [J] 西北人口，2016，37（1）：105–111

[3] 刘磊．我国农村养老存在的问题及对策浅析 [J]. 企业文化旬刊，2013（11）

[4] 马丽丽．医养结合养老机构养老服务发展政策研究 [J]. 医学与社会，2016，29（4）：40–43

[5] 邵德兴医．养护一体化健康养老模式探析：以上海市佘山镇为例 [J]．浙江社会科学，2014（6）

[6] 周海涛．泛在网络的技术、应用与发展 [J]. 电信科学，2009，25（08）：97–100

[7] 黄佳豪，孟昉．“医养结合”养老模式的必要性、困境与对策 [J]. 中国卫生政策研究，2014，7（06）：63–68

[8] 邓欣．医养结合养老模式的必要性及存在问题的解决 [J]. 经济技术协作信息，2015（5）：26–27

[9] 冯丹，冯泽永，王霞．等对医养结合型养老机构的思考 [J]．医学与哲学，2015（7）：25–28

[10] 佘瑞芳．我国医养结合养老模式的现状、问题及其对策研究 [D]. 南昌：南昌大学，2014

[11] 袁晓航．“医养结合”机构养老模式创新研究 [D]. 浙江：浙江大学， 2013

[12] 刘叶婷．互联网思维语境下的政府治理创新 [N]. 领导视点，2014–08

[13] 刘满成．物联网环境下社区居家养老内容与模式 [M]， 2014（12）

[14] CHAPPELLNL，STRAINLA，BLANDFORDAA. Aging andhealth care： a social perspective [M]. Holt Rinehart & Winston，1986：12

《创业环境的国际对比分析——基于GEM报告的研究》研究报告

北方工业大学：舒浩禹　刘雅丽　马晓贝

指导教师：魏秀丽　副教授

本研究项目基于2007~2015年GEM的APS和NES年度报告的数据基础上，将中国的创业现状与德国、以色列和美国的创业情况做出对比和评价。通过这次研究，我们了解了中国创业环境的现状和差距，进而提出了中国目前的问题并且给出针对性的建议。

1. 选题背景

随着就业趋势的日益严峻以及国家接连颁布的鼓励创业的政策，创业已经成为解决就业问题和经济发展不可或缺的重要途径。创业环境是指那些与创业活动相关联的因素的集合，包括宏观环境、行业环境和微观环境。宏观环境是指可以给企业造成市场机会和环境威胁的主要社会力量，包括政治、社会、经济等因素。行业环境是指提供同一类产品（或服务）或提供具有可替代性产品（或服务）的企业群。微观环境是指企业的顾客、竞争者、营销渠道和公众等对企业营销活动有影响的因素。所谓创业环境是指创业者周围的境况，是创业者及其企业产生、生存和发展的基础。创业环境是一个复杂的社会大系统，由创业文化、政策、经济和技术等要素构成，是多层面的有机整体。构筑良好的创业环境，不是靠一项政策措施或优惠条件就能够解决的问题，需要社会、经济、文化各方面的系统支撑。一个国家如果拥有一个好的创业环境，第一是给创业型企业一个好的发展空间，企业发展后可以带动国家 GDP 增长，第二是拥有大批创业型企业后可以促进技术革新、科研发展，第三是可以帮助创业者有更好的发展，帮助它们实现目标，使其在社会中发挥最大作用，第四是新企业壮大后可以提供更多职位解决就业问题。

本次研究通过 GEM 提供的调查结果将中国与美国、中国和以色列、中国和德国三国的数据进行再次精炼、总结，对 GEM 中各国指标进行比较和评价。意在找出中国与这三国间创业环境的差距，分析中国大学生创业环境的优势及劣势，并且就劣势提出针对性建议，希望可以为我国创业环境的优化提供新的建议和理论依据。

2. 研究方法

本次研究主要借助了《全球创业观察报告》，全球创业观察是由国际上著名的英国伦敦商学院和在创业教育上全美排名第一的美国百森学院共同发起成立的国际创业研究项目。GEM 全称是 Global Entrepreneurship Monitor（全球创业观察）的英文简称。该项目在国际的创业研究和教育上享有盛誉。2008 年，参加 GEM 项目的国家和地区有 43 个。中国加入 GEM 后，参加 GEM 的国家和地区人口总数已经占世界人口总数的 62%，GDP 占世界总数的 92%。GEM 研究报告受到了广泛的关注，已成为世界各国人士认识创业活动、环境、政策等创业问题的重要信息来源。

在中国与美国的创业环境研究中，借鉴全球创业观察（GEM），从六个方面将中美创业环境进行对比。全球创业观察（GEM）项目，是 1999 年在考夫曼基金的赞助下，由英国伦敦商学院和美国百森学院共同发起的，其宗旨是通过研究全球创业的变化和活动，发掘国家创业驱动力，评估国家创业政策的研究项目。

在中国与以色列的创业环境研究中，选取了中国以及“创业大国”以色列两个国家进行分析，通过“为什么中国创业意愿和早期创业活动指数普遍比以色列高，但不能成为创业的国度”问题的提出，研究创业环境在其中的作用。基于“全球创业观察”的数据，选取政府扶持及政策、税收和法规、媒体对创业的关注度、创业融资渠道、初等创业教育和训练以及研发转移六个指标，运用对比论证法，通过与以色列的对比分析中国目前创业环境的优势及劣势，结论为中国的优势有政府扶持及政策、税收和法规以及媒体对创业的关注度，中国的劣势有创业融资渠道、初等创业教育和训练以及研发转移方面，并且就以上问题提出针对性建议，即：拓宽创业融资渠道、加强初等技能教育以及加强研发转移。

在中国与德国的创业环境研究中，着眼于中德两国创业环境的差距，对2010~2015年这6年间的政府项目、研发转移、商业与专业服务、内部市场开放性以及初等创业教育及训练的数据进行两国对比，分析中国在创业发展方面落后德国的原因以及中两国创业环境之间的差异。

3. 研究结果

《中国与美国的政府行为和创业教育对大众创业的影响研究》一文依据2010~2015年GEM全球报告中的NES和APS两项数据结果，对于中美两国关于政府扶持与政策、政府项目、初等创业教育与培训、高等创业教育与培训以及大众的创业意愿和大众对创业机会的感知能力这六个方面的数据进行对比和评价。根据数据所反映出的差距，我们认为，我国应该在以下这些方面做出改进，继续优化完善创业环境。

第一，在政府政策方面加大支持力度。从上面的分析中可以看出，我国的大众对于政府政策的敏感度比美国高，因此我国政府应该继续加大对于创业型企业和创业者的支持力度，以提高大众的创业意愿。尤其是在“大众创业、万众创新”思想的指引下，中国也正在成为创业型企业和创业者的温床，加上近几年互联网和移动互联网的技术背景支撑下，创业的机会越来越多，如果有相关优惠鼓励政策，能够进一步地激发大家的创业热情。建议我国应维持现阶段鼓励全民创业的政策，保持大众创业热情，从而促进行业内竞争以及技术革新在企业孵化器方面和高科技园对新创企业支持也应该加强，很多新成立和创业型企业和创业者得不到及时的支持和帮助。

第二，在创业教育方面，我国应当加长创业教育时间，应当将创业教育和培训全面覆盖到小学、中学、高中直至大学，而且应当开办一些专门传授创业课程的社会性质学校，供一些草根创业者学习。国家政策鼓励“全民创业”，会有越来越多的大众涌入创业热潮，但是如果因为基础的和高级的创业教育做得不好而导致的大众对于创业机会感知能力的欠缺以及创业能力的形成，这些无疑会使更多的人在创业中遭遇瓶颈，导致失败，进而进入创业——失败——失业的恶性循环中，这样是不利于真正的创业企业发展壮大的。建议国家从基础抓起，在社会上开设更多专门有关创业培训课程和教育课程的社会学校，使得大众们在受到良好基础培训的条件下，提高自己的感知能力，科学理智地进行创业活动或者开办创业型企业。

《中国与以色列的创业现状及创业环境的比较研究》一文中认为以色列无疑是创业大国，对中国创业环境的改善有很强的借鉴意义。本文提出中国相较于以色列创业环境上的优势和劣势各有三个。优势为：第一，政府扶持及政策对创业活动的扶持程度高于以色列；第二，税收和法规对创业的扶持程度高于以色列；第三，媒体对创业的关注度高于以色列。劣势为：第一，创业融资渠道少于以色列；第二，初等创业教育和训练的程度低于以色列；第三，研发转移的程度低于以色列。所以我们可以通过拓宽创业融资渠道、加强初等创业教育和训练、加强研发转移的方式改善中国创业环境。

《中国和德国的创业环境的对比研究——基于 GEM 的数据分析》一文认为 2015 年中国在创业的各个方面都有了较大的发展，对比中德两国 2015 年的创业环境数据可以清晰地看出，在创业融资渠道、政府扶持及政策、税收及法规、高等创业教育及训练、内部市场变化动态、物理及服务基础设施以及文化和社会规范等方面，中国的数据都明显高于德国，这与近年来中国在创业发展方面出台的相关政策及法律法规等举措密不可分；然而在政府项目、市场内部开放性以及初等创业教育及训练方面的数据明显低于德国；在研发转移及商业与专业服务方面，两国数据不相上下。

4. 创新点

本次研究我们借助“全球创业观察报告”中的指标，将中国与美国、中国与德国、中国与以色列进行对比。借助专业机构的评价指标进行分析数据的对比，更加具有权威性和说服力，这是我们比较大的创新点和优点。

公开发表的三篇学术论文各自的创新点如下：

（1）在《中国与美国的政府行为和创业教育对大众创业的影响研究》一文中，我们提出了自己的理论框架，并根据此理论框架进行研究、论述并得出结论，如图 1 所示。

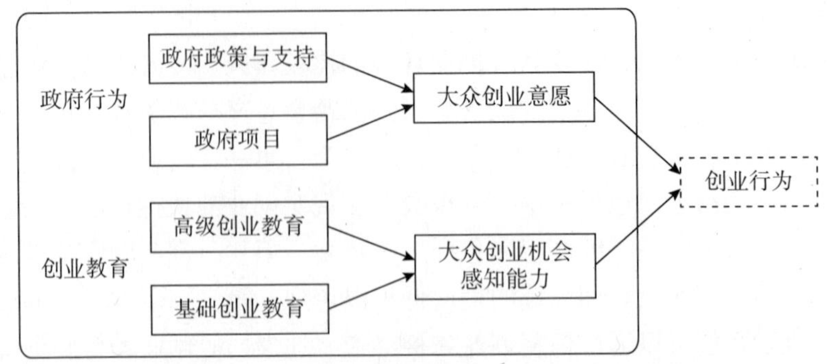

图 1 《中国与美国的政府行为和创业教育对大众创业的影响研究》理论框架图

（2）《中国与以色列的创业现状及创业环境的比较研究》一文，对比分析了中国和以色列的创业现状和创业环境方面的差异。在以色列，平均每 1844 个以色列人中就有一个人是创业者，作为亚洲乃至全球闻名的创业大国，对其创业环境的研究对中国有极强的借鉴意义。但检索对比中以两国大学生创业环境的相关文献非常之少，本文针对此领域研究的缺乏，基于全球创业观察（GEM）的调查数据，找出中国相较于以色列的优势及劣势，提出针对性的建议，希望可以为我国创业环境的优化提供新的建议和理论依据，并且填补此领域研究的空白。

（3）在《中国和德国的创业环境的对比研究——基于 GEM 的数据分析》一文中，选取了全球创业观察报告的 2010 年到 2015 年的数据作为在欧债危机背景下的调查数据来对比中国和德国的创业环境，随着 2009 年欧洲债务危机爆发，欧盟尤其是欧元区国家受到重创而成为重灾区，但是德国却“鹤立鸡群”，不仅经济领域一枝独秀，而且社会局势相对平稳和谐。不仅如此，根据全球创业观察报告的数据可以看出，德国在创业方面的发展也基本没有受欧债危机的影响，在 2010~2015 年被欧债危机阴影笼罩的这 6 年间，总体呈现平稳上升的发展趋势，这对经济和社会环境相对平稳的中国创业来说具有十分重要的启示和借鉴意义。

随着中国经济的飞速增长和社会的稳定发展以及“大众创业、万众创新”口号的提出，创业活动在我国呈现出日趋活跃的态势，研究和探索创业环境的差异，对促进创业环境的稳定、快速、健康发展具有重要的意义，这也是本文以及本次课题研究的一个创新点。

参考文献

[1] 池任勇 . 美日创业环境比较研究 [J]. 外国经济与管理，2002，24（9）：13-19

[2] 徐凤增，周键 . 创业型企业创业环境评价与国际比较——基于 GEM 和中国的调查数据

[J]. 中央财经大学学报，2013（12）：50–57
[3] 林坤，潘沩 . 德国打造创新创业沃土 [N]. 中国组织人事报，2016–03–02（7）
[4] 丁纯，李君扬 . 试析欧债危机中德国经济社会的表现——兼议德国模式的作用及其前景 [J]. 欧洲研究，2014（02）：15–34
[5] 张秀娥 . 德国创业促进体系及对中国的启示 [J]. 当代世界，2009（09）：59–61
[6] 史建平 . 中国中小微企业金融服务发展报告（2015）[M]. 北京：中国金融出版社，2015
[7] 王洪会，方倩 . 中美创业投资发展对比及政策建议 [J]. 商业经济，2011（9）：82–83
[8] 王进 . 中美创业教育比较及启示 [J]. 中国成人教育，2014（12）：125–127
[9] 郭天宝，刘舒瑜 .GEM 框架下的中美创业环境的比较分析 [J]. 才智，2013（20）：320–321
[10] 谭远发 . 中国创业十年变迁及其政策研究——基于全球创业观察视野 [J]. 中国劳动，2013（10）：4–9
[11] 张倩红 . 论以色列教育的特点 [J]. 西北大学学报（哲学社会科学版），2000（01）：153–158
[12] 郭天宝，刘舒瑜 .GME 框架下的中美创业环境比较分析 [J]. 才智，2013（20）：320–321
[13] 吴汉荣 . 以色列科技创业融资政策研究及启示 [J]. 科学进步与对策，2013（10）：124–126
[14] 李琳琳 . 哈尔滨创业环境的 GEM 模型分析和政策建议 [J]. 商业经济，2008（11）：11–12
[15] 顾克文 [以]，丹尼尔·罗雅区 [以]，王耀辉 . 以色列谷：科技之盾练就创新的国度 [M]. 北京：机械工业出版社，2015
[16] 夏春阳，戴力新，孙启新 . 创业百问 [M]. 南京：东南大学出版社，2015

小微企业财务风险控制问题分析研究报告

北方工业大学：简妙如　聂志红　热纳提　党一帆　齐　琪

指导教师：王丽新　副教授

中国小微企业数量庞大，其财务问题关系到小微企业的生存与发展。本项目探析了中国小微企业财务风险中的筹资风险、投资风险、应收账款风险、库存管理风险等风险的成因、控制办法以及解决策略。为小微企业的财务现状和风险防范提供了参考。

近年来，小微企业发展迅速，如雨后春笋，在成长过程中，小微企业的财务状况也面临诸多亟待解决的风险管理问题。本项目对此进行探讨研究，以期能为小微企业提供解决财务风险管理问题的策略。

1. 选题背景

市场经济确立三十多年以来，中国小微企业通过对外开放政策取得巨大发展。据相关资料显示，目前我国共有小微企业约 7100 万家，其中个体工商户约 5600 万家，法人小微企业约 1400 万家，提供了 27.5% 的就业机会，对 GDP 的贡献率约达总量的三分之一，税收占到 43.2%，可以说小微企业已成为支持经济发展的重要力量。同时从小微企业发展现状来看，小微企业是经济增长的重要推动力之一，小微企业的创立、发展以及搞活，这都是是国民经济的主要增长点。但是我们从投资的角度来看，小企业在投资时由于自身规模小、资产少、融资难、负债能力有限等，使小微企业财务风险系数相对较高。小微企业在财务方面存在着不成熟的现象，例如，在应收账款风险管理方面，中国学术界在企业应收账款管理方面的研究比较滞后，无论从广度还是从深度上来说，中国企业应收账款的理论研究与西方学者相比还存在很大差距，而且国内现有的对企业应收账款的研究多是定性分析，缺乏定量研究，理论研究的相关成果难以指导具体的企业财务实践。能否让小微企业的财务风险小的同时还能够收益高而且见效快，这成为小微企业生存和发展的重要条件。本项目就此进行探究，以期打开一条思路。

2. 方案论证

筹资风险管理方面，分析了小微企业内部因素对筹资的影响，银行等金融机构对小微企业筹资的影响，银行等金融机构对小微企业筹资的影响，探析了筹集资金使用不当风险、筹资过度风险、违约风险的成因。

投资风险管理方面，研究了小微企业投资内容以及小微企业投资主要风险，并将投资风险分为了有经营风险、物价风险、市场风险，还对小微企业投资风险管理问题进行了分析，发现企业缺乏完善的风险管理机制，对投资项目的风险控制能力弱、缺乏控制投资风险管理的相关人才和经验等风险，为小微如何防范投资风险打下了基础。

应收账款管理方面，小微企业应收账款管理现状，小微企业应收账款管理存在的主要风险有订单接收阶段的应收账款风险、账单确认阶段的应收账款风险、收账和记录阶段的应收账款风险。发现订单接收、确认阶段的应收账款风险成因主要是管理者缺乏风险意识。如果企业销售人员在销售货物前没有对客户信用等级做详细调查和评估，仅仅凭主观感觉赊销货物，这样仅仅只是完成了销售任务，应收账款的责任只归到财务部本，不能从源头上预防和控制。同时，财务部门没有进行合理的监督或者监督不到位，使得销售工作与财务工作的核算相分离，造成工作脱节，导致小微企业应收账款风险加大。面对这些风险，我们可以通过完善中国小微企业应收账款风险管理的对策分层次逐一解决。

存货管理方面，分析了小微企业存货管理特点，明确了小微企业存货管理的目标，再分析小微企业存货管理中存在风险和成因时，将风险分为了不良存货资产风险、存货跌价风险、企业忽视存货管理中的风险性、对存货管理的市场风险预测能力差、缺乏控制存货风险管理的方法等问题与风险。

3. 研究方法

文献研究法：收集和学习与课题相关的背景资料，对研究对象进行前测、后测的统计资料要收集；与课题相关的理论、概念的界定和相关研究动态的资料要收集；自身学习和研究的过程资料要记录和收集；对材料进行分类归档。

个案研究法：通过暑期的实习对不同行业的小微企业，不同情况下的投资进行具体分析。通过对不同小微企业的分析结果得到对我们论文所需要的论据论证。

统计分析法：就是运用数学方式，建立数学模型，对通过调查获取的各种数据及资料进行数理统计和分析，形成定量的结论。统计分析方法是目前广泛使用的现代科学方法，是一种比较科学、精确和客观的测评方法。其具体应用方法很多，在实践中使用较多的是指标评分法和图表测评法。

4. 研究结果

筹资风险管理方面，一是要加强企业管理和财务规范；二是合理选择筹资组合方式，小微企业合理选择筹资组合方式，优化负债结构，合理安排长短期负债的数量、相对比例以及期限搭配，形成合理的负债结构是非常重要的；三是能够利用财务指标进行风险预警，可以用来进行风险预警的财务指标有流动比率、速动比率、资产负债率、利息赚取倍数等；四是重视自身信用建设，小微企业应当重视自身信用的建设，重视企业法人的信用记录、综合素质、财产状况的提升，才能以更低的成本筹资，享受更好的筹资政策，让自己具有更易被投资的信用基础。为加强企业的信用意识，企业应该树立信用风险意识，减少不利于信用建设情况的发生。小微企业应当避免恶意拖欠货款，恶意逃废债务的情况；杜绝严重拖欠、拒付商业票据款的行为；改善三角债、应收账款长期未能到账的困境。善于运用互联网金融筹资。筹资成本高，筹资渠道少等带来的风险问题可以借助互联网金融来解决。互联网金融作为现代互联网技术与传统金融行业相结合的新兴金融模式，是一个基于“开放、平等自由、普惠”理念的金融平台；并且互联网金融目前还没有明确的利率限制规定，拥有货币定价自主权，是一个适合小微企业进行融资的平台。

投资风险管理方面，一是要完善中国小微企业投资风险管理的对策，当前中国小微企业就投资风险管理存在许多问题，而这些问题却恰恰能成为企业的致命伤。所以如何完善中国小微企业投资风险管理机制，是当前小微企业不可避免且必须要面对的一个问题；二是要学会将企业投资风险进行转移，将投资风险转移是指通过手段将一部分或全部财务风险转移给他人承担，在这里我们所说的手段主要指两个方面，分别是保险转移和非保险转移；三是要懂得树立风险意识对于小微企业的决策者及相关的管理人员，特别是财务人员，应当充分认识在企业投资时的各种各样潜在风险因素和发生损失的可能性，学会科学地取得方法预测，控制、掌握风险管理的主导权，追求减少转移风险避免；四是要懂得投资组合，分散和降低风险小微企业不仅仅可以购买股票，还可以去购买债权、控股等，通过投资不同的项目，以此来确保企业整体水平高收益。

应收账款方面，通过分析小微企业主要问题可以看出，应收账款管理问题是小微企业的“生命线”。科学有效地控制和管理应收账款，解决了小微企业资金流动比率的提高，还能解决因收不回款而向金融机构融资难的问题。因此，建立合理的应收账款内部控制制度，进而要求我们的财务人员和企业管理者打破传统思维，让销售和应收账款同等重要的观念深入骨髓，从根本上解决小微企业应收账款的顽疾。资产流动性与安全性成正比，资金依靠时间成本盈利，这是众所周知的常识，所以不能不提到经济学的一个总要定律：资产只有流动的才是安全的，同时也与它的价值成正比。而应收账款又是作为资产的重要组成部分，因此对应收账款进行合理的管控，可以达到企业资源的最佳配置和生产要素的最优组合，是企业增加资产的直接途径。

存货管理方面，小微企业存货风险管理存在问题的普遍原因是缺乏有效的风险管理机制。①企业忽视存货管理中的风险性；②对存货管理的市场风险预测能力差；③缺乏控制存货风险管理的方法。改善小微企业存货风险管理现状的有效方法是引入先进的风险应对方法。①利用计量模型进行风险控制，建立库存计量模型，建立存货风险可承受度指标；②利用存货指标进行风险预警；③ 利用分类控制提高风险控制效率；④交换闲置存货进行风险转移。

5. 创新点

对于筹资风险研究，本文的创新点在于，提出了小微企业融资与互联网金融相结合的观点，利用大数据来建立起小微企业的信用凭据，很多互联网金融的金融产品利率比传统银行借贷利率低。这就意味着，小微企业最终的贷款利息有所减少，筹资利息成本降低；而且拥有强大的信息技术、通信技术、网络技术的互联网金融能够实现交易的自动匹配，降低了融资的信息成本、征信成本、销售成本，使交易成本大大降低，也降低了小微企业的搜寻成本、渠道寻找成本。小微企业运用互联网金融进行筹资可以选择更适合自己的金融产品。互联网金融可以提供各种各样非同质化的融资产品，甚至可以运用强大的信息技术来为小微企业定制相应的金融产品，更精准地满足小微企业的资金需求。小微企业可以充分按照自己的需求切实选择适合自己的金融产品，这样的选择结果肯定更利于小微企业。

对于应收账款研究，本文的创新点在于，在小微企业应收账款管理中，借鉴了项目 PDCA 循环办法，并将循环办法应用到应收账款当中。如图 1 所示：第一步 P（Play），凡是行动之前先做计划，制订收款计划、收款制度；第二步 D（Do），依据计划采取行动；第三步 C（Check），检查行动的结果；第四步 A（Act），改进。PDCA 是一个不断循环的过程，直至收款结束。

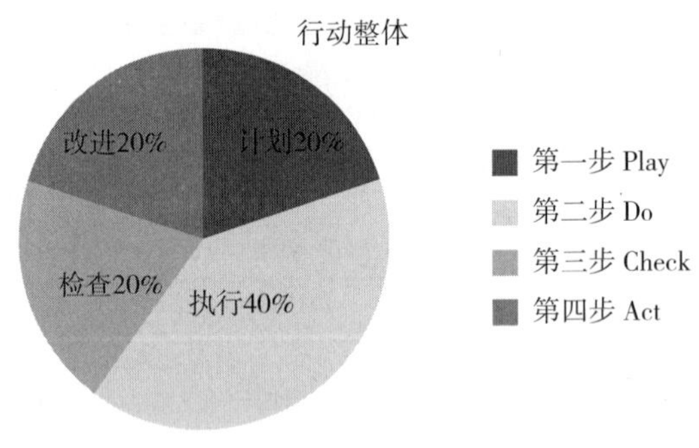

图 1　PDCA 循环办法流程图

6. 结束语

在中国当前市场经济中，小微企业起着非常重要的作用，所以对于如何完善财务风险管理体系及对其合理的运用，对于小微企业和我国经济的发展都有着重大意义。小微企业应当注重风险管理的三个核心环节：风险识别、评估、应对。本项目小组认为小微企业的领导、决策者及相关的管理人员，必须充分认识各种各样的潜在风险因素和发生损失的可能性，对企业的财务风险应有明确的理解，科学地取得方法预测，控制、掌握风险管理的主导权。通过我们对于小微企业财务风险管理问题的探析，希望能对小微企业日后的经营管理中有所借鉴，同时希望使小微企业的发展能够更加美好。

参考文献

[1] 宗秀松 . 浅议企业筹资风险管理 [J]. 会计之友，2004，（11）：84–85

[2] 韩平 . 企业违约风险因素分析与模糊综合评价 [J]. 西安交通大学学报，2000，（03）：24–28

[3] 李永宁 . 现代中小企业财务管理行为的规范与优化研究 [J]. 会计之友，2006，（08）：33–34

[4] 张新吉 . 我国小微企业资金短缺问题的成因及缓解对策 [J]. 会计之友，2012，31：4–7.

政府补贴对高新技术企业 R&D 投入的影响
——基于北京市的研究

北方工业大学：管清源　张玺玉　姜靖雯　曾庆睿

指导教师：田翠香　副教授

本文基于对北京市部分已上市高新技术企业近年来政府补贴和 R&D 投入的相关调查，分析了其享受政府补贴和 R&D 投入的现状及政府补贴对研发投入的影响。研究结果表明：政府补贴力度大但分布不均衡，R&D 投入不断增长，且前者对后者同时具有杠杆效应和挤出效应。

伴随着我国经济的迅猛崛起以及国家政策对于高新技术产业的推动和助力作用，我国的高新技术企业取得了长足的发展。高新技术企业的研发投入对于提升其技术创新能力和培育核心竞争力起着关键的作用，而政府补贴可能会对企业的研发投入行为产生影响。本文以北京市已上市的部分高新技术企业为研究样本，对北京市高新技术企业政府 R&D 补贴和投入的情况展开调查与分析，以期提出相关改进建议。

1. 北京市高新技术企业政府补贴的调查与分析

1.1　北京市高新技术企业政府补贴相关政策

高新技术企业一直是税收政策重点扶持的对象，北京市高新技术企业不仅享有国家级的税收优惠政策，还享有北京市的各项专有税收优惠政策，包括所得税、增值税和关税等方面的优惠。其中所得税的优惠主要体现在税率和加计扣除方面，其他税种的优惠主要体现在增值税、关税和个人所得税部分即征即退或免收方面。此外，政府还颁布了鼓励企业建立研发准备金制度、支持企业开展关键技术创新活动和促进成果转化应用的相关补助政策，研发补助的范围不仅包括大型国有企业，还包括民营企业和中小微企业。

1.2 北京市高新技术企业政府补贴的现状分析

政府补贴的类型包括财政拨款、财政贴息、税收返还和无偿划拨非货币性资产等。按照企业会计准则的要求，与资产相关的政府补贴，确认为递延收益，并在相关资产的使用寿命内平均分配计入当期损益；与收益相关的政府补贴，用于补偿以后期间的相关费用和损失的，确认为递延收益，并在确认相关费用的期间计入当期损益；用于补偿已经发生的相关费用和损失的，直接计入当期损益。将 2012~2014 年样本企业政府补贴及相关科目数据统计如表 1 所示。

表 1　样本企业政府补贴情况表　单位：万元

年度	政府补贴总额	计入递延收益的政府补贴	计入营业外收入的政府补贴
2012	106 006.50	—	134 477.26
2013	130 966.17	—	163 951.81
2014	163 575.32	280 075.20	197 552.73

在本次调查的对象中，3 年间政府补助总额呈现出不断增长的趋势，年均补贴额为 3309 万元。总体上看，R&D 补贴最大值为 7.27 亿元，最低值为 0.00 元，标准差高达 86418043 元，说明企业间所受政府补贴的力度差异非常大。

将补贴强度定义为政府补贴额与该企业营业收入的比率，我们将样本高新技术企业分行业以及所有制进行分析，其政府补贴强度如表 2 所示：

表 2　样本公司政府补贴强度的描述性统计

行业或所有制	数量	最大值	最小值	平均值	标准差
制造业	30	16.83%	0.15%	2.24%	0.0250
信息传输、软件和信息技术服务业	15	8.14%	0.00%	2.09%	0.0227
建筑业	5	1.67%	0.01%	0.34%	0.0052
国有	39	2.93%	0.01%	1.15%	0.0071
民营	11	16.83%	0.00%	2.25%	0.0261

北京市政府对高新技术企业的补贴强度大致在 4.67% 左右，其对制造业上市高新技术企业的补贴强度最大，其次是信息传输、软件和信息技术服务业，而建筑业的补贴强度最低。国有高新技术企业政府补贴的平均强度却并不高，仅为

1.15%，低于民营企业的 2.25%，这与国有企业享受补贴较高的共识并不相符。

1.3 政府补贴与高新技术企业研发投入的关系分析

经过数学的分析方法得出企业所享受的政府补贴与企业 R&D 投入大致为正相关关系。定义“研发投入补贴率”为政府补贴额与该企业研发投入总额的比值，以此来考察政府补贴对企业研发投入的促进作用。通过描述性统计分析发现，不同行业及不同所有制企业的研发投入补贴率之间的差异较为明显。分析主要原因可能有以下三点：政府补贴政策力度大，补贴金额超出企业实际情况；企业虚报研发投入项目经费而谋取政府的优厚补贴用于其他支出项目；企业收到政府补贴后未实际从事某项研究与开发。

2. 北京市高新技术企业 R&D 投入的调查与分析

2.1 北京市科技投入及高新技术企业概况

根据历年《全国科技经费投入统计公报》与《北京统计年鉴》，北京市研究与试验发展（R&D）经费支出位居全国前列。2010~2014 年间，北京市科技活动人员及 R&D 支出逐年增加，至 2014 年底，北京市科技活动人员数量超过 72 万，R&D 经费高达 1268 多亿元，投入强度（R&D 经费占地区生产总值的比例）接近 6%，居全国之首，远高于全国平均水平。

2.2 样本公司 R&D 投入经费及强度的统计

真正的核心技术是无法直接引进的，高新技术企业想要有长远的发展，提高 R&D 投入就是必然的选择。以下选取 64 家北京市上市高新技术企业为样本，深入分析北京市高新技术企业 R&D 投入情况。

表 3 是对 2011~2015 年样本公司研发经费投入的描述性统计。

表 3　样本公司研发经费投入的描述性统计（2011~2015 年）　单位：万元

	2011 年	2012 年	2013 年	2014 年	2015 年
平均数	8 897.65	14 131.19	14 563.46	17 089.05	20 858.67
最大值	136 393.35	254 685.80	193 485.80	189 474.32	223 798.45
最小值	8 30.83	1 233.99	827.63	1 005.90	691.41
标准差	19 183.57	38 063.73	32 286.87	34 285.20	39 166.22

从表 3 可以看出，高新技术企业研发投入经费的均值逐年上升，从 2011 年的 8897065 万元增加至 2015 年的 2 亿多万元。以近三年（2013~2015 年）研发投入数据来看，投入最多的是福田汽车，其三年累计投入金额为 57.46 亿元；投入最少的是华谊嘉信，其三年累计投入金额为 2640.35 万元。研发投入经费的标准差很大，说明高新技术企业内部研发投入资金差距较大。根据企业年报中的相关数据，可以发现样本企业各年的 R&D 经费内部支出大都保持在一定水平，并且稳中有升。

2.3 样本公司 R&D 投入的资金来源和投向分析

企业 R&D 资金的来源大致分为以下几种：政府投入、企业自筹和其他（包括外国投资）。其他资金来源包括银行贷款、与其他企业合作资金和外国投资。外资投入不仅可以获取资金支持，还可以获取国外技术和其他形式的知识。在研究发展过程中，企业需要与国内甚至国外企业进行技术合作，共同研究创新。北京市政府的 R&D 补助近几年来一直处于平稳的状态，在企业研发投入资金总额中所占的比例基本保持在 8%~9%，如表 4 所示。

表 4　北京市企业 R&D 经费来源（2011~2014 年）　单位：万元

年份	政府补助		企业自筹资金		国外资金		其他资金	
	金额	占比（%）	金额	占比(%)	金额	占比(%)	金额	占比（%）
2014	391766	8.45	3789590	81.76	358482	7.73	95134	2.05
2013	409748	9.57	3446361	80.46	338223	7.90	88967	2.08
2012	386104	9.16	3226816	76.58	433438	10.29	167562	3.98
2011	307150	8.40	2790586	76.34	404940	11.08	152584	4.17

资料来源：2015《北京统计年鉴》，中国统计出版社。

在抽取的北京市上市高新技术企业中，有一些公司所享受的政府研发补贴额在不断增加，而企业自身 R&D 投入却不变甚至下降。这说明一些公司大量使用政府补助的研发资金而不断削减本企业自身对企业研究与开发方面的投入，由此形成对政府补助的依赖，国家支持高新技术企业创新的初衷难以实现。

从 R&D 资金投向来看，每个企业都会对重点项目保持一定的投入。一方面，重点项目是企业长期追踪和积累的结果，更有可能给企业带来利润与价值；另一方面，政府也会对符合产业政策的企业重点项目的研发活动拨付专项资金进行支持。

3. 政府补贴与民营高新技术企业研发投入案例分析

3.1 案例企业基本情况

以下选取了北京久其软件股份有限公司（久其软件）、东方国信科技股份有限公司（东方国信）、汉王科技股份有限公司（汉王科技）、北京万邦达环保技术有限公司（万邦达）以及北京华谊嘉信整合营销顾问集团股份有限公司（华谊嘉信）5 家北京市高新技术上市公司为样本，进行多案例分析。样本公司均属于民营企业，分属四个不同行业，是各自行业里的翘楚。这 5 家公司关于政府补助及研发投入的相关信息披露比较详细，便于展开深入研究。

3.2 案例企业政府补贴和研发投入情况

从 5 家高新技术企业 2010~2015 年的年度报告中查找并计算政府补贴占研发投入的比例来看，从高到低排列，分别是华谊嘉信、汉王科技、万邦达、东方国信和久其软件。华谊嘉信的平均补贴率高达 76.66%，相比之下，久其软件的平均补贴率仅为 4.40%。万邦达和东方国信所享受的政府补贴比例平均均未高于 10%，万邦达在 2012 年甚至并未受到政府补助。可以看出，相对于企业自有资金的研发投入而言，大部分民营高新技术企业的政府补助金额还是比较小的。

从 5 家高新技术企业 2010~2015 年的年度报告中查找其研发投入数据，从总体看，虽然存在一些波动，但这 5 家公司的研发投入强度呈下降趋势。原因可能有两方面：一是研发投入减少所致，二是由于研发投入的增速赶不上营业收入的增速。从研发支出的资本化金额及比例看，5 家公司呈不同特征。2010~2015 年久其软件和华谊嘉信每年都有一定比例的资本化研发支出，表明企业的研发投入成功开发形成无形资产。其他三家公司的研发支出资本化金额在前期为 0，前期投入并未形成无形资产，这反映了研发投入与产出之间的非均衡关系，也说明研发成果的取得要历经长期的积累和沉淀。

3.3 政府补贴对企业研发投入的影响分析

从现有研究成果看，政府补贴对企业研发投入可能存在两种效应：杠杆效应与挤出效应。杠杆效应主要表现在政府对企业研发活动的补助，在一定程度上减轻了企业的研发成本，增加了企业用于研发活动的经费，刺激企业加大了对研发活动的资金投入力度，即企业的研发投入与政府补贴金额呈正向关系。挤出效应是指政府对企业的研发补贴部分替代了企业自身对研发活动的投入，企业为了实现利益的最大化，可能将本来用于研发活动的资金转投其他项目。挤出效应说明，虽然政府研发补助的存在使企业研发经费增多，但由此带来的其余要素的变化可能会导致实际研发投入量降低。以下结合案例企业自有资金研发投入的金额和比例的情况进行具体分析。

表 5　　案例企业自有资金研发投入情况表（2010~2015 年）

		2010	2011	2012	2013	2014	2015
久其软件	金额	70942474	96023437	97212887	113963771	125616542	165643457
	比例	95.43%	96.74%	91.60%	98.02%	93.87%	97.96%
东方国信	金额	1428420	37023100	77698200	82408907	86054654	122977094
	比例	87.72%	97.50%	98.29%	91.58%	92.97%	94.88%
汉王科技	金额	59198894	115299853	18502649	39841502	35073870	37738913
	比例	48.81%	79.39%	31.25%	67.42%	70.19%	69.19%
万邦达	金额	8645694	12597965	19188866	21940464	30447567	35534434
	比例	76.17%	99.98%	100.00%	99.05%	96.17%	90.95%
华谊嘉信	金额	1876894	4009617	6131322	0	1059084	0
	比例	33.94%	46.95%	49.69%	0	9.45%	0

将政府补贴与企业自有资金研发投入的金额对应的数据同时画在图 1 中。

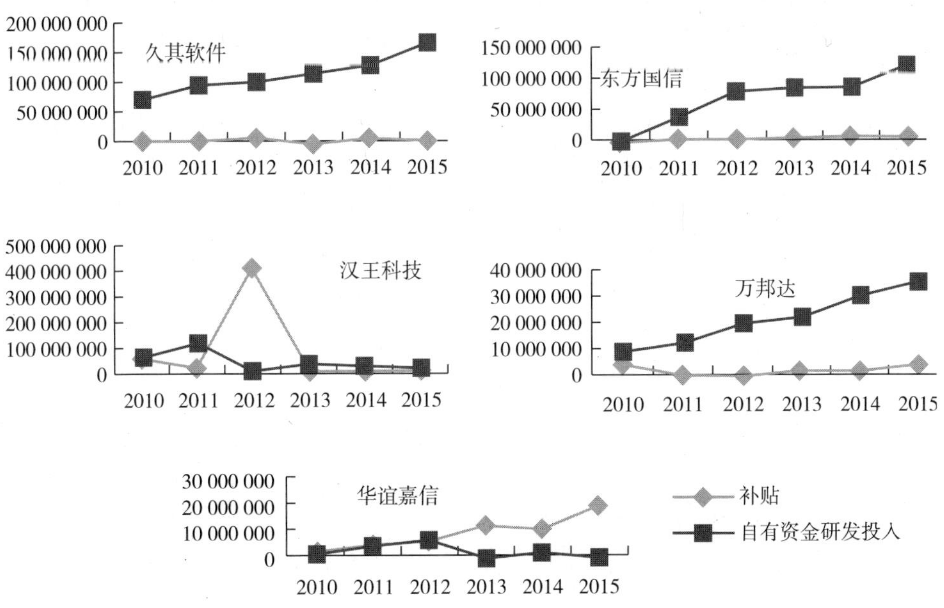

图 1　案例企业政府补贴与自有资金研发投入（2010~2015 年）

政府对企业补贴的强度并不是固定不变或按一定的方向或趋势呈规律性变动，它受多种因素影响，例如企业的性质和规模大小以及每年的研发强度，这些因素都会影响政府补贴。从图 1 可以看出，政府补助和企业研发投入都在不断变化。久其软件、东方国信及万邦达的研发投入金额均呈明显上升趋势，其中，万邦达受政府补贴的力度最小，政府补贴对其影响不大；久其软件、东方国信的政府补贴的金额相对稳定，对企业研发投入的杠杆作用较明显。反观汉王科技和华谊嘉信，这两家企业的政府补助和研发投入虽呈无规律波动，但将两者综合来看就会发现，政府补助的增加并没有带动研发投入的增加，甚至减少了企业自身的研发投入金额。此外，这五家高新技术企业，只有华谊嘉信的政府补贴金额一度超过企业研发投入总和，这说明企业将相当一部分政府补贴用于研发活动以外的项目，体现了政府补贴对高新技术企业的研发投入存在挤出效应。

4. 研究结论

研究结果表明，从政府补贴与企业 R&D 投入之间的关系看，二者为相互促进的正相关关系。北京市高度重视对高新技术企业的政策扶持，但补贴强度在行业及所有制之间分布不均。在北京市政府的利好政策下，高新技术企业每年的 R&D 经费内部支出大都保持在一定水平，并且稳中有升。无论是 R&D 投入总额，还是 R&D 投入强度，均呈现不断增长的趋势。从资金来源看，高新技术企业自身是 R&D 资金投入的主体，大多数企业的资本化的研发投入比例在 10% 以下，费用化的研发支出所占比重较高；研发人员的培养是企业 R&D 资金投入的一项重要的内容。通过分析案例企业近年来的相关数据可以发现，企业的研发投入行为存在显著差异。久其软件、东方国信以及万邦达的自有资金研发投入金额由于企业维持其行业竞争优势而不断增加，汉王科技和华谊嘉信则体现了政府补贴的挤出效应。

参考文献

[1] 逯东，林高，杨丹．政府补助、研发支出与市场价值——来自创业板高新技术企业的经验证据 [J]. 投资研究，2012（9）：72–79

[2] 邹彩芬，刘双，代亚利．政府 R&D 补贴、企业技术创新及其创值能力研究 [J]. 中国科技论坛，2014（5）：20–25

[3] 郑春美，李佩．政府补助与税收优惠对企业创新绩效的影响——基于创业板高新技术

企业的实证研究 [J]. 科技进步与对策，2015（16）：83-87

[4] 李晓钟，王倩倩 . 研发投入、外商投资对我国电子与高新技术产业的影响比较——基于全要素生产率的估算与分析 [J]. 国际贸易问题，2014（1）：139-146

[5] 崔也光，赵迎 . 中国高新技术企业 R&D 投入的现状与思考 [J]. 经济与管理探究，2012，07：45-51

[6] 朱斌 . 政府补助与民营企业研发投入 [J]. 社会，2014（4）165-186

[7] 程工 . 企业技术创新论 [M]. 上海：上海财经大学出版社，2005.

[8] 曲峰庚，董宇鸿 . 绿色创新——新经济时代企业成长动力 [M]. 北京：经济科学出版社，2013.

[9] 吕久琴 . 政府补助、自主研发与企业价值 . 北京：中国社会科学出版社 [M]，2013.

[10] 李海霞 . 政府对高新技术研究与开发补贴政策传导机制的研究 [D]. 湖南大学，2010：11-38

[11] 郝来弟 . 政府补助与高新技术企业研发投入关系的实证研究 [D]. 首都经济贸易大学，2014，05：15-16、36-38

[12] 北京统计年鉴 . 北京：中国统计出版社，2015

我国上市公司环境保护投资研究结题报告

北方工业大学：高　麟　许美霞　刘晓豪　王海龙

指导教师：胡立新　副教授

我国上市公司环保投资额存在地区差异，通过比较京津冀、长三角地区，京津冀地区上市公司环保投资水平存在较突出的个体性差异。以京津冀地区为例，分析了该地区制造业环保投资现状并针对区域经济增长、政府环保投入与企业环保投资之间的关系进行了实证分析。

1. 选题背景

资源的不可再生性、经济的可持续发展，使得世界各国都在积极投资于环保。发达国家的环保投资一般都等于或大于国民生产总值的 1%~2%，发展中国家约在 0.5%~1% 之间，我国的环保投入也在不断扩大。与之相适应，我国企业也非常重视环保投资，环保投资力度逐年加大。但企业的环保投资结构如何、具有何种特征、受哪些因素影响，将是本课题的研究目的。

随着“京津冀协同发展”“长江经济带发展”“一带一路”建设等战略的提出，我国区域发展进入了经济新常态。在“协调”“绿色”发展理念的引导下，区域经济增长的同时，区域环境治理也得到了改善，企业也积极行动，参与环境保护。目前，政府是我国进行区域环保治理的主体，而作为环境污染物主要排放者的企业却存在环保投资不足的情况。调动企业认真履行环境责任、扩大环保投资规模逐渐成为一种有效的改善环境保护手段。

2. 文献综述

2.1 区域经济增长、政府环保投入与企业环保投资研究

目前关于环保投资的相关研究，主要集中在影响因素的微观层面研究，综述如下。

L.L.Eng 和 Y.T.Mak（2003）的实证研究发现，规模越大的企业其环保投资规模越高；L.L.Eng 和 Y.T.Mak（2003）通过实证研究证实了企业的董事会构成以及股权结构对其环保投资决策产生显著影响；吴淑丽、昌先宇等（2012）运用面板数据进行实证研究发现单位自筹资金比例与环保投资废气治理效率呈正相关关系，即资产负债率越高的企业其环保投资效率越高；杜璇（2015）通过对我国深沪两市 2009~2011 年石油化工类上市公司进行实证研究，结果显示上市公司环保投资规模与资产负债率呈正相关、和其自身的盈利能力呈正相关。

唐国平等（2013）基于中国 A 股上市公司 2008~2011 年的经验数据进行研究，发现重污染行业比非重污染行业投入了更大规模的环保资金。

国内外学者对企业环保投资的影响因素从不同角度进行了研究。但从区域经济增长、政府环保投入角度研究与企业环保投资的关系较少。

2.2 京津冀与长三角地区上市公司环保投资对比分析

唐国平认为企业环保投资作为一种特殊的投资方式，它追求的是内含了经济效益、环境效益和社会效益的综合效益，而且这种投资行为的结果往往是环境效益和社会效益大于经济效益。根据国家环保部《中华人民共和国环境保护法》的规定，环保投资是以环境污染治理、生态环境恢复、提高我国生态环境、环保科技研发创新为投资项目，直接或间接投入资金。本文认为从宏观层面看环保投资的目的是恢复生态环境、实现生态环境资源的有效利用和保护。

股权结构是指股份公司总股本中，不同的股权结构决定了不同的公司组织结构。一般来讲，股权结构含义是指股权集中或分散程度。因为现代公司一般会有委托代理关系，影响到公司的治理效率与行为，能够在公司企业治理中发挥多少作用。因此，股权结构特点是影响上市公司环保投资的一个关键因素。

公司偿债能力对其环保投资产生重要的影响。一般来说环保投资所需资金规模较大，如果在约定时间内不能收回资金，会对公司的资金链产生一定的不良影响，增加公司当期的成本费用。银行通过绿色信贷限制污染项目，投资者

和金融机构关心企业环境信息的披露。作为公司债务情况的重要衡量指标，更有利于了解企业的环境状况。综合来看，资产负债率越高，公司环境保护投资越高。

公司发展能力是对公司成长性的概括，发展能力体现在公司的生产经营水平上，随着公司的不断发展壮大，所具备的发展潜能也不断增加，对企业文化和企业形象的重视度也会提升。很多发展能力较强的企业将承担社会责任作为公司文化的一部分，这也是这些公司进入环保投资领域的内在动因，希望能够通过环保投资来承担更多社会责任，从而在全社会中形成良好的公司形象，是对其发展能力的内化指标。

不同规模公司承担相同的环保治理投资规模，对公司的影响程度是不同的。环保投资所需资金量较大，对规模较大的公司而言，环保投资支出所占份额较少，所要面临的资金压力也较小，因而从目前来看很多环保投资公司均具有一定的规模。同时，这部分公司也希望能够通过环保投资来履行社会责任。

企业虽然意识到环境保护的重要性，为了追求经济利益他们仍然以牺牲环境为代价。政府干预成为解决环境问题的主力，给企业施加了很大压力，然而如今已经逐渐转化为直接管控与间接管控互相融合，鼓励企业提升环保投资水平。政府对上市企业环保投资工作制定了更加规范且具体的法律法规，严格约束自身的生产活动。如果上市企业能够做到节能减排，政府也会给予一定的奖励。在税收方面，政府也会给予一定的优惠，这一系列措施都能够鼓励上市企业不断改善生产工艺，处理好各种污染源。

消费者对环境友好型产品显出偏好，环境友好型产品的生产和加工环节更为安全可靠，消费者出于对健康的考虑会倾向于购买此类产权。如果上市公司的环保投资规模较大，能够充分发挥绿色产业链的优势，生产出更绿色环保的产品，会赢得更大的市场份额。例如，在国标 ISO 标准中提出，从市场竞争关系角度，公司发展必须要赢得更多市场份额，而在市场份额竞争中，最核心的环节是如何准确定位产品，赢得目标群体的关注。从环保投资角度来看，环保理念更易引发消费者的认同感，有利于形成较为稳定的供需关系。

新闻媒介是现代人们认识世界的主要渠道，我国学者认为媒体舆论监督作为一项有力的公众参与手段，不管是环境管理、征收排污费、查处环境违法行为，还是对国家新颁布的环保法律、法规的推行，都离不开新闻媒体的配合与支持，环境保护工作可以收到事半功倍的效果。因此，在推动上市公司环保投资行为时，应积极发挥新闻媒体的间接促进功能。

3. 方案论证

本课题对我国上市公司环境保护投资的研究可以分为以下几个部分：区域经济增长、政府环保投入与企业环保投资研究；京津冀制造业上市公司环保投资现状分析及建议；京津冀与长三角地区上市公司环保投资对比分析。

3.1 区域经济增长、政府环保投入与企业环保投资研究

3.1.1 研究假设

胡海青等（2008）使用 Granger 因果关系检验法检验我国 1981~2005 年间的环保投资增量和 GDP 增量的因果性，发现 GDP 增量的变化是引起环保投资增量变化的原因，即我国经济的增长带动了环保投资的增长；刘娜、陈春生（2015）运用向量自回归的分析方法证实在短期内绿色生产总值的增长可以带动环保投资的增加；阮景芬（2016）通过实证研究发现，工业总产值增加可拉动环保投资增加，并且工业总产值增加 1%，拉动环保投资增加 1.296%。区域经济增长指一个区域内社会总财富的增加，体现了该区域经济的增长，是我国经济增长水平在区域方面的体现。企业环保投资在环保投资中占据日益重要的部分。区域经济增长将带动企业环保投资的增长。由此提出假设 1：区域经济增长与企业环保投资正相关。

政府环保投入即企业从政府无偿取得用于环保项目的货币性资产或非货币性资产，主要由节能减排基金、环保专项基金、环保项目改造补助等组成。成本效益理论指出唯有当行为带来的额外效益大于额外成本时，企业才实施此行为。企业进行环保投资这一行为将产生经济效益、社会效益、环保效益，政府针对企业的环保项目进行无偿投入，一定程度上减少了企业进行环保投资的成本。政府环保投入越多，企业因环保投资得到的政府补助越多，企业相应的环保投资成本有所减少。企业获得的效益大于成本，增加了企业环保投资的动力，企业将积极进行环保投资。政府针对环保的投入产生了良好的示范效应，企业环保投资将随着政府环保投入的增加而增加。由此提出假设 2：政府环保投入与企业环保投资正相关。

3.1.2 模型及样本选择

本文选取京津冀地区上市公司环保投资作为因变量，以京津冀地区的区域经济增长（REG）、政府环保投入（GEI）作为自变量。由于影响企业环保投资

的因素是多方面的，本文在参考了相关文献的基础上，在模型中加入公司规模（SIZE）、盈利能力（ROE）、偿债能力（LEV）三个变量作为本文的控制变量进行研究。

构建如下多元回归模型：

$$EPI_{i,t}=\beta_0+\beta_1 GDP_{i,t}+\beta_2 GES_{i,t}+\beta_3 SIZE_{i,t}+\beta_4 ROE_{i,t}+\beta_5 LEV_{i,t}+\mu_i$$

其中，$EPI_{i,t}$为第 i 个公司于第 t 年的环境保护投资规模；$GDP_{i,t}$表示第 i 个公司所在区域第 t 年的地区生产总值；$GES_{i,t}$表示第 i 个公司第 t 年收到的政府环保补助；$SIZE_{i,t}$表示第 i 个公司于第 t 年的公司规模；$ROE_{i,t}$表示第 i 个公司于第 t 年的净资产收益率；$LEV_{i,t}$表示第 i 个公司于第 t 年的资产负债率；β_0~β_5表示待估系数；μ_i表示该模型的随机误差。

本文选择在深、沪证券交易所 A 股上市且于 2010~2014 年出具社会责任报告的 120 家京津冀地区重污染企业作为研究对象。同时，剔除 9 家 2010~2014 年数据有缺失、2 家 2010~2014 年间经营状况出现异常的 ST、*ST 的上市公司，有效样本 109 家。这些样本公司来自于火电、钢铁、水泥、煤炭、冶金、化工、石化、建材、造纸、酿造、制药、纺织和采矿业等重污染行业。

3.1.3 实证分析

对数据进行多元线性回归分析，回归结果主要由模型总体回归参数表、回归方差分析表和回归系数及显著性检验三个表构成。

表 1 显示模型的拟合优度调整 R 方为 0.475，说明本模型自变量对被解释变量的解释程度达到了 47.5%，由于影响上市公司环境保护投资规模的因素是多方面的，本文认为 50% 的解释度较好。而模型的 D.W 值为 2.166，略大于 2，说明方程整体效果显著。

表 1　　模型总体回归参数表

模型	R	R 方	调整 R 方	标准 估计的误差	Durbin-Watson
1	.707[a]	.499	.475	1.8409	2.166

a. 预测变量：(常量)，区域经济增长，政府环保投入，公司规模，盈利能力，偿债能力。

b. 因变量：企业环保投资规模

表 2 显示回归方程的显著性概率即 P 值为 0.000，说明在 5% 的水平上显著，回归效果很好，模型具有统计学意义。

表 2 回归方差分析表

模型		平方和	Df	均方	F	Sig.
1	回归	348.343	5	69.669	20.557	.000[a]
	残差	349.066	103	3.389		
	总计	697.408	108			

a. 预测变量 : (常量), 区域经济增长，政府环保投入，公司规模，盈利能力，偿债能力。

b. 因变量 : 企业环保投资规模

表 3 回归系数及显著性检验表

模型		非标准化系数		标准系数			共线性统计量	
		B	标准误差	试用版	T	Sig.	容差	VIF
1	(常量)	−60.545	22.728		−2.664	.009		
	区域经济增长	2.042	.802	.184	2.545	.012	.868	1.152
	政府环保投入	.159	.087	.150	1.819	.072	.844	1.185
	公司规模	.734	.112	.533	6.555	.000	.930	1.075
	盈利能力	−2.978	2.953	−.076	−1.008	.316	.858	1.165
	偿债能力	1.212	1.184	.079	1.023	.308	.751	1.332

a. 因变量 : 企业环保投资规模

由表 3 可以看出，区域经济增长的相关系数为 0.012，回归系数为 2.042，说明区域经济增长的系数在 5% 水平显著为正，与预期符号及原假设一致，说明在控制了其他影响环保投资规模的因素后，区域经济增长与环保投资规模正相关。假设 1 得到检验；政府环保投入的相关系数为 0.072，回归系数为 0.159，说明政府环保投入的系数在 5% 水平显著为负，与预期符号一致，在控制了其他影响环保投资规模的因素后，政府环保投入与环保投资规模正相关。假设 2 得到检验。

此外，表 3 还表明，公司规模在 1% 水平上显著为正，说明规模越大的企业，环保投资规模越大。环保投资规模与其他控制变量如盈利能力、偿债能力不存在显著关系。

3.2 京津冀制造业上市公司环保投资现状分析

选取京津冀地区 163 家制造业 A 股上市公司为研究样本，剔除了部分不具有环保投资数据的企业。其中有个别公司在 2013~2015 年间没有连续发布环保投资相关数据，但是为保证样本量，本文保留了这些公司。最终，本文获得 2013~2015 年间共计 79 家样本公司、211 个样本量。所用数据均来源于上市公司社会责任报告及年报。

3.2.1 样本地区和年度分布

表 4 样本地区及年度分布

地区	2013		2014		2015	
	样本量	比例	样本量	比例	样本量	比例
北京	40	18.96%	41	19.43%	43	20.38%
河北	22	10.43%	21	9.95%	22	10.43%
天津	6	2.84%	7	3.32%	9	4.27%
合计	68	32.23%	69	32.70%	74	35.07%

注：该比例指各地区、各年度样本量与总样本量的比值。

对 79 家样本公司的分布情况进行统计得出结果如表 4 所示，从地区来看，在具有环保投资数据的有效样本中，北京的企业占 58.77%，河北的企业占 30.81%，天津的企业占 10.43%。据此可以发现，北京的制造业上市公司对于可持续发展理念的重视程度最高，而天津的制造业上市公司对于可持续发展理念的重视程度最低。从年度来看，2013 年、2014 年、2015 年各年的样本量分别占 32.23%、32.70%、35.07%，逐年增加，由此表明随着环境保护相关法律法规和多种指标监测标准的出台，上市公司的环保意识逐年提高。京津冀地区共有 163 家制造业企业，只有 79 家在环保方面进行了资金投入，因此从整体上来看，京津冀地区制造业企业在环保方面的投入力度还有待加强。

3.2.2 企业环保资金分配

表 5 各项环保投资分配额描述性统计

环保投资内容	观测值	最大值	最小值	平均值	方差	标准差	偏度	峰度
节能技术支出	211	1.0000	0.0000	0.0634	0.2209	0.0490	3.7140	12.6800
设施配备支出	211	1.0000	0.0000	0.1628	0.3395	0.1150	0.8530	1.7160
污染治理支出	211	1.0000	0.0000	0.1338	0.3004	0.0900	2.1710	3.1520
环保预防支出	211	0.8327	0.0000	0.0222	0.1095	0.0120	5.8190	35.0500
环境补偿支出	211	1.0000	0.0000	0.4420	0.4808	0.2310	0.2370	–1.9150
生态保护支出	211	1.0000	0.0000	0.0785	0.2431	0.0590	3.2380	9.0310
能源审计支出	211	0.4071	0.0000	0.0019	0.0280	0.0010	14.5260	211.0000
宣传培训支出	211	0.0000	0.0000	0.0000	0.0000	0.0000	0.0000	0.0000
其他支出	211	1.0000	0.0000	0.0954	0.2818	0.0790	2.7480	5.7800

注：该表对各家公司内部各环保投资项目占其环保投资总额的比例进行了描述性统计。

为进一步研究企业内部各项环保投资项目的开展和实施情况，本文以各家公司的环保投资总额为分母，以各项环保投资的支出额为分子，计算了每一项环保投资在其公司环保投资总额中所占比例，并对这些比例进行了描述性统计，结果如表 5 所示。九项环保投资项目中有六项最大值为 1，比例为 1 表明至少有 1 家企业只在这一项环保项目上进行了资金支出。九项环保投资项目的最小值均为 0，比例为 0 表明至少有一家公司未在这项环保项目上进行资金支出。将各项环保投资项目在各家公司总环保投资额中所占比例的平均值按从大到小的顺序排序即为：环境补偿支出、设施配备支出、污染治理支出、其他支出 、生态保护支出节能技术支出、环保预防支出、能源审计支出、宣传培训支出。除其他支出和生态环保支出在顺序上与某项环保投资支出的企业数目占样本总量的比例的顺序出现了变化之外，其他项目在两种情况下的排序成一致性，由此可知，在环保投资方向上，不同企业之间达成了共识。同时表 5 数据显示大多数环保投资内容的偏度和峰度值都较高，这表明数据在不同样本间差异较大，即不同的公司有不同的环保重心。

3.3 京津冀与长三角地区上市公司环保投资对比分析

3.3.1 区域经济发展结构与上市公司环保投资

表 6　　变量的描述性计算结果

EPI	均值		标准方差		最小值		最大值	
	京津冀	长三角	京津冀	长三角	京津冀	长三角	京津冀	长三角
2013	0.0062	0.0742	0.0402	0.0023	0	0	0.2013	0.3831
2014	0.0103	0.0802	0.0483	0.0382	0	0	0.2238	0.3391
2015	0.0309	0.0823	0.0502	0.0381	0	0	0.2593	0.3090

由表 6 可以看出，长三角地区环保投资与区域经济发展结构的关联紧密。京津冀、长三角上市公司虽然都处于我国经济发展水平较高的区域，然而京津冀作为我国北方重工业核心区域，长久以来处于经济粗方式增长，过于强调经济增长的速度，地区大型建设，钢铁行业发展迅猛，这也导致区域形成了以重生产规模、轻环境保护意识的问题。企业与政府部门投资环保工作的时候，同时展开正式的项目建设之前会先将规划工作做好，包含预算资金、安排人员等，然而投资环保的工作在实践的时候，也许会因为要适应相关的法律法规而投入更多的资金，若是政府部门投入了资金用于环保，则这方面的投资开始断层，那么建设工作就只能被迫中止，这不但对环保工作的实践不利，也会让民众心目中的政府形象受到

很大的负面影响。而若是环保投资以企业为主，建设环保项目的时候就需要消耗很多资金，这给企业的生产活动带来了很大的压力。以往的区域经济发展结构并不能随着区域环保政策的调整而立即改善，企业转型面临的阻碍更大，这一问题使得京津冀上市公司在承担社会责任时压力更大；而长三角企业在更倾向于进行环保投资。

3.3.2 公司效益状况和上市公司环保投资关系

根据 2013~2015 年京津冀和长三角上市公司年度财务报表，建立以下指标体系：

表 7 上市公司指标的描述性统计

变量	变量名称	变量含义
X1	环保设施投资	环保设施投资的支出额
X2	环保清洁项目投资	环保清洁项目支出额
X3	生态绿化投资	生态绿化投资支出额
X4	废弃物处理投资	废弃物处理投资支出额
X5	环保专项基金	环保专项基金支出额
Y1	资产负债率	负债总额 / 资产总额
Y2	流动比率	流动资产 / 流动负债
Y3	净资产收益率	净利润 / 平均净资产
Y4	成本费用利润率	利润总额 / 成本费用总额
Y5	总资产周转率	营业收入 / 平均资产总额

对京津冀和长三角上市公司的描述性统计分析结果如表 8 所示。

表 8 上市公司指标的描述性统计结果

变量	均值		标准方差		最大值		最小值	
	京津冀	长三角	京津冀	长三角	京津冀	长三角	京津冀	长三角
X1	11.35	20.32	2.4232	1.4565	21.34	30.41	9.91	10.34
X2	11.52	12.42	3.3433	4.3211	14.21	17.54	11.23	8.42
X3	13.45	16.53	0.4214	1.3421	15.31	28.56	10.21	5.63
X4	12.35	18.54	3.4213	2.5241	14.23	31.52	11.23	7.44
X5	10.52	6.83	1.2134	2.6432	13.42	14.52	8.42	0.75
Y1	6.73	4.62	1.8735	1.9911	12.31	10.32	4.32	0.21
Y2	2.42	2.45	2.5134	1.0075	4.24	4.25	0.16	1.11
Y3	1.42	4.25	0.7241	0.6431	3.23	5.32	0.04	3.45
Y4	34.42	21.54	0.0463	0.7211	78.32	103.31	–5.23	1.31
Y5	10.21	11.34	0.2311	0.06531	53.34	21.52	0.97	0.10

盈利能力与上市公司环境保护投资规模存在正相关关系。利润是企业价值最大化实现的基础，是推动企业发展壮大的保障。长三角地区上市公司重视环保投资，积极进行环保投资可向市场传达其重视环境保护，履行更多的社会责任信号，表明企业持续经营环境风险小。由表 8 的统计结果可以看出，京津冀地区公司为提高环境保护投资需要对环境治理进行投资，这在一定程度上会增加公司当期的成本或费用，但从长远发展来看，仍需要提高环境保护投资水平。所以，公司规模越大，越有利于提高环境保护投资。上市公司规模与其环境保护投资规模存在正相关关系。

4. 研究方法

4.1 实证分析法

通过提出假设、建立相关分析模型，在上市公司公布的年度报告中选取数据指标，运用 EXCEL 和 SPSS 软件。对我国上市公司的环境保护投资额进行实证分析，建立多元线性回归模型，验证区域经济增长、政府环保投入和企业环保投资三者间的关系。

4.2 比较研究法

比较研究法是根据一定的标准，对两个或两个以上有联系的事物进行考察，寻找其异同，探求普遍规律与特殊规律的方法。在研究京津冀、长三角地区环保投资时运用了此方法。如就公司治理与上市公司环保投资、区域经济发展结构与上市公司环保投资、公司效益状况和上市公司环保投资关系等方面做比较，进而探究我国区域间环保投资的差异。

4.3 文献研究法

广泛的查阅中外相关文献，归纳总结前人的研究成果。通过整理分析相关理论，明确我国上市公司环境保护投资结构及特征，分析上市公司环境保护投资规模的影响因素。

5. 研究结果

5.1 企业制定环保投资规划

区域经济快速增长为企业环保投资提供良好经济背景的同时，也对我国企业的环保投资行为提出了新的要求。企业应根据自身的长期发展目标制定可行的环保投资规划，合理分配资源，实现企业环保投资与区域经济增长协调发展。

5.2 加大政府环保投入力度，扩大其覆盖面

政府应增加对现有企业环保项目的投入资金并鼓励企业研发新的环保项目。适当放低企业获得政府环保补助的门槛，使更多的企业享有此项优惠，发挥政府环保投入对企业环保投资的驱动力作用。获得政府环保补助的企业应充分披露资金来源、用款方向及金额，保证资金用于本企业环保项目的研发与实施中。如在年度财务报告政府补助明细、社会责任报告环境保护模块中进行详细披露，接受社会公众及政府的监督。

5.3 完善环保法律法规并予以强制施行

从进行环境补偿支出的企业数目远高于其他环保投资项目来看，地方政府出台的环保政策对企业的环保支出倾向有非常重要的影响。为了改善京津冀区域环境问题以促进区域协同发展，京津冀三地相关部门应该完善环保法律法规，并进行监督，强制企业执行。如为企业的环保资金支出占其总资产的比例划定一个范围。同时可将环境信用评价制度切实落实，将企业的环境信用评价与企业贷款、筹资及申请政府补贴等融合到一起，引导企业在特定方面进行环保投资。

5.4 提倡清洁生产与污染治理并重

在对环境造成污染之后，出于社会公众的监督和企业自身的责任，大部分的企业会选择对污染进行治理，但是在污染事实形成之前却很少受到企业的重视。然而在造成污染之后再对生产过程中产生的污染物进行处理，这种处理方式难度较大，而且不能完全减除对于环境的污染。因此环保相关部门应倡导企业以预防为主，从产品的设计开始着手，使用清洁原料从源头进行污染预防。

5.5 加强环保宣传

在查阅资料中发现虽然有个别企业对员工进行了环保宣传和培训，但是其相关资金投入很少，甚至只能算零星支出而无法计入相关费用中。良好的企业环保文化将对环保过程的实施起到促进作用，因此企业也应重视环保宣传工作，使环保发展理念成为企业环保投资理念的重要组成部分。

6. 创新点

6.1 提出创新性观点

国内外学者对企业环保投资的影响因素从不同角度进行了研究。但从区域经济增长、政府环保投入角度研究与企业环保投资的关系较少。本课题对区域经济增长、政府环保投入与企业环保投资之间的关系进行了实证分析。结果表明，区域经济增长与企业环保投资正相关，政府环保投入与企业环保投资正相关。

6.2 进行区域比较

本课题在具体研究中，将研究样本选在京津冀这一具体地区，符合“京津冀协同化”的发展趋势。针对区域环保投资的研究，将京津冀地区同长三角地区进行了比较。由于长三角地区的产业结构中第三产业规模所占的比例较高，总污染排放量相对较少，所以环境保护取得了较好的效果。京津冀地区近些年环境污染问题十分突出，随着当地对环境保护重视度的不断提升，上市公司的环保投资观念逐步增强，环境保护责任得到强化。

参考文献

[1] L.L.Eng，Y.T.Mak.Corporate governance and voluntary disclosure[J].Journal of Accounting and Policy，2003，（22）：325-345

[2] 吴淑丽，昌先宇，谭竿荣．中国环保投资废气治理效率差异及其影响因素研究 [J]. 会计之友，2007（3）：9-17

[3] 杜璇．公司特征与企业环境投资的相关性研究 [J]. 西安石油大学学报（社会科学版），2015（2）：16-21

[4] 唐国平，李龙会．股权结构、产权性质与企业环境保护投资 [J]. 财经问题研究，2013（3）：

93-100

[5] 胡海青，李建，张道宏 . 环保投资与经济增长的协整及因果关系检验 [J]. 科技进步与对策，2008（7）：99-101

[6] 刘娜，陈春生 . 基于绿色 GDP 的环保投资对经济发展的贡献研究 [J]. 大连理工大学学报（社会科学版），2015（1）：26-31

[7] 阮景芬 . 工业经济发展促进环保投资增长的实证研究 [J]. 经济与管理，2016（7）：93-95

[8] 专家学者齐聚一堂为京津冀环保一体化支招 [J]. 前进论坛，2015（05）8-10

[9] 原毅军，孔繁彬 . 中国地方财政环保支出、企业环保投资与工业技术升级 [J]. 中国软科学，2015（05）139-148

[10] 唐国平，李龙会 . 企业环保投资结构及其分布特征研究——来自 A 股上市公司 2008—2011 年的经验证据 [J]. 审计与经济研究，2013（04）94-103

[11] 何旭东，侯立松，孙冬煜，等 . 环境投资理论研究和发展 [J]：四川环境，2009（1）：28.

[12] 路晓燕 . 股权性质、政治压力和上市公司环境信息披露——基于我国重污染行业的经验数据 [J]. 中大管理研究 ，2012（4）：15-19.

[13] 唐国平，李龙会，吴德军 . 环境管制、行业属性与企业环保投资 [J]. 会计研究，2013（6）

《企业环境价值观培育的制度选择路径研究》研究报告

北方工业大学：叶姝阳　马文月　卫晨红

指导教师：王志亮　副教授

随着经济的发展，企业环境价值观构建的重要性日益凸显。本课题从美国、欧盟、日本三个维度入手，分析总结国外企业环境价值观培育的先进经验，结合我国实际情况为政府实施环境管制、启动市场对企业环境行为的监督功能，培育我国企业环境价值观提出可行建议。

1. 研究背景

企业环境价值观，是指企业本着可持续发展理念，在其经营决策和管理活动中自觉考虑环境因素和自觉履行环境义务的价值取向，其外在表现形式为各种良性的环境行为，如节能减排、治理污染、披露环境信息等。可持续发展价值观已经成为当代主流的人类环境价值观，然而，企业作为经济发展和环境污染的重要载体，资本的逐利性和环境问题的外部性决定了其并不必然会在生产经营中自觉履行环境保护的义务。近年来，越来越多的学者从环境管制、资本市场与环境信息披露之间的关系研究自发的市场监督的效应。但选择什么样的环境管制方式以及如何使自发的市场监督得以经济、有效地实施，现有文献却并没有给出一条明确的制度选择路径。

随着经济的发展，生态环境成为国际上越来越受关注的热点问题，各国在发展经济的同时，都纷纷出台相关环境监管制度及政府管理举措。随着工业化和城市化进程的加剧，我国在过去的一段时间里将经济的快速发展建立在高能耗、高污染的基础之上，然而随着公众环保意识的逐渐增强以及产业结构转型升级速度的不断提升，我国的环境监管体系完善也逐渐被提上日程。在我国用牺牲环境换取 GDP 增长的同时，很多发达国家的环境保护措施已经趋于完善，本课题分别以欧盟、美国、日本为例，分析其相关环境监管实践进程及效果，并结合我国具体实际给出启示与建议。

2. 研究内容及方法

本课题主要研究企业环境价值观培育路径的国际比较。从日本、欧洲、美国等主要西方国家的企业环境决策及环境信息披露的实践来看，西方国家企业环境价值观正在形成并逐步趋于完善。在企业环境价值观培育的过程中，各国共同之处是都有政府管制与市场自发监督两种外力的共同驱动，差异在于不同国家、不同时期所采用的政府管制措施（如颁布强制性法令、行政监督、环境许可、征收庇古税、实施碳交易等）和市场自发监督的实现方式及作用程度各异。即在企业环境价值观培育的过程中，各国的制度选择路径有所不同。

在此基础上，结合我国经济运行和管理的现实状况，运用文献梳理和比较研究的方法，通过分析归纳提出了合理的解决措施，为我国政府实施环境管制以及启动市场对企业环境行为的监督功能，进而为我国企业环境价值观的培育提出一系列可行建议。

3. 研究结果

3.1　欧盟环境监管政策及实践对我国的启示

欧盟环境政策的形成和发展大体经历了三个阶段，即起步阶段、发展阶段、成熟阶段，从 1973 年到 2002 年，欧盟共通过了六份《欧盟环境行动规划》，2012 年，欧盟出台了第七个《环境行动规划草案》。欧盟的环境政策体现了世界环境政策的发展趋势，也将为其他国家和地区环境政策的制定提供了宝贵的思路和方法。

文章从三个角度分别阐述了欧盟环境监管实践的发展和效果，即开展全面环境质量评估；税收手段引导环境保护以及企业社会责任的培育。开展环境状况评估不仅能明晰目前的环境状况和环境挑战，还具有分析环境状况变化趋势，提高公众与社会环境意识以及指导制定环境政策，弥补环境管理缺陷等重大意义。欧洲环境政策包括大量的法律法规，迄今为止已经进行了6次环境行动计划。欧洲环境税的改革和完善有很多成功经验，拿英国举例，其为有效控制由经济的过度发展引发的环境污染问题，在20世纪90年代对本国的环境税进行了改革与完善，在有效保护本国环境的同时也为调整英国产业结构和低碳经济的发展提供了有力的财政支持。此外，英国政府还及时建立了碳基金、污染物排放交易体系、可再生能源发展机制等，对现有环境税进行了补充与完善。英国的资源回收利用保持了其经济的健康平稳发展，使得其整个社会的环保文化得以建立。

文章就欧盟环境监管的成功实践，结合我国具体国情，为国内企业环境价值观的培育路径给出如下五点具体建议。首先，完善立法机制。借鉴欧盟的环境立法政策以及行动纲领，尝试结合我国实际情况，建立环境影响评估制度、环境质量标识制度、企业自我监控制度、环境危险的评估和控制等制度，从而逐渐建立起能够有效控制各种形式污染行为的环保制度体系。其次，提升环境管理者效率。综合借鉴欧盟环境管控经验，我国环境管理应当考虑结合我们的经济布局和全国范围的政策调整，制定一套既有国家整体理念又能适应不同区域经济自然资源特征的多层次管理体系，提升效率。第三，针对具体项目征收环境税。借鉴欧洲国家的做法，可通过设置土地资源税、水污染税等作为环境保护的手段。水污染税对于企业来说应以污水浓度以及排放量来征税，对居民则可采用日常实际用水量来缴税，分开计量企业与居民。在自然资源税的设立上可借鉴英、法两国，对矿产、森林、动物等影响其再生能力的资源进行征税，使得企业和个人在消费自然资源时权衡税收成本与既得利润，从而保护我国的不可再生资源。第四，提升企业环境报告质量。可借鉴欧洲国家经验，因企业环境报告制度与社会经济、政治、法律等领域息息相关，可通过评奖评优、认证审核、研讨培训等方式促进企业环境报告的优化和发展，从而促进企业的环境管理，进而提升公众的环境事物参与力度。第五，公众参与环境管理。我国可以考虑适当放松公民或环保团体的原告资格限制，逐步承认和推广环境公益诉讼，适当减轻原告的举证责任和诉讼费用负担，从而给广泛公民提供一个更广阔的空间参与到环境事务中来，起到有效监督的作用。

3.2 美国企业环境信息披露及对我国的启示

美国的环境保护发展是一个先污染后治理的过程，一些研究美国环境法的学者将美国环保进程分为初始时代、奠基时代和成熟时代。20世纪70年代之前是起步阶段，环保条例方面有一些起步与发展。20世纪70年代美国开启了对环境问题的集中整改，包括制定完整的法律体系，主要有《环境质量改善法》《联邦水污染控制法》《清洁空气和水法》等。企业环境信息披露的相关内容也逐渐在各大法案中出现并完善，如《清洁水源法》要求企业对其周边水资源的质量信息予以全面披露，包括保护水资源所产生的环境成本。

对于企业环境会计的处理，美国在各方面有过具体的研究和规范。环境会计的研究主要在负债和支出两个方面，在如何记录环境支出上，美国财务会计准则委员会至今已发布了三个企业环境成本处理公告。通过这些措施，美国如今的环境保护体系已经几乎发展成熟，主要表现为：法律体系完善，监管严格高效；设有相应的环境会计准则；社会各界对环境会计信息披露的重视。

就此本文提出我国企业环境会计信息披露中存在的问题，主要是研究内容较为空泛，缺乏完整的理论体系，且单纯借鉴西方可能不符合我国发展现实情况；另外缺乏完善的法律体系，监督不到位；在具体的披露形式上未做具体规范。

本文针对我国企业环境价值观培育的实施路径给出如下具体解决措施：首先，完善强制披露的规则制度，明确规定披露的具体内容、方向等，防止有些企业避重就轻，略去重要的环境治理问题，同时加强信息披露公平性；第二将更多的研究重点放在有确切数据支持的实证研究上，节省宽泛研究中滥用的研究资源；第三建立完整的监督机制，确保企业的执行效率。总体上，当前我国的环境会计信息披露处于基础发展阶段，尚缺乏全面的体系和规章制度的规范，亟待有关部门进行规划和完善。国内的企业和投资人的环境价值观显然仍旧比较浅薄，缺乏社会意识，容易被一时的利益所驱使。如果任由环境问题不断积累，终会在不远的将来拖累我国的经济和社会发展。

3.3 日本企业环境会计信息对我国的启示

日本环境政策的形成和发展大体经历了先污染后治理的发展阶段，从1999年“环境会计元年”至今出台了一系列法律文件。例如2000年颁布的《循环型社会形成促进法》，随后还相继颁布了《环境保护成本控制与公开导则（征求意见稿）》《环保成本分类指南2003版》《环境会计指南2005》等一系列关于环境会计体系建立和完善的相关政策。

日本政府对于企业环境信息披露还是比较重视的。首先建立法律基础，完备的立法体系使循环型社会有法可依、有章可循。政府在指定政策法规时认可企业的逐利本性并加以引导，让企业在逐利的过程中达到控制污染、减少资源消耗和保护环境的目的。日本环境会计信息披露要求企业环境管理体系的状况，这样使环境经营理念成为日本企业经营的重要的组成部分。后采取的措施就是建立监督机构，环境省在环境会计理论建设和务实推行上发挥主导作用。2002 年，日本环境厅升格，更名为环境省，以此表明政府重视环境保护的态度和行动。政府推行企业环境会计监督机关是环境省。1999 年 3 月环境省公布了《关于环境保全成本的把握及公开指南—环境会计的确立（中间报告）》。最后在日本越来越多的企业要求独立的环境监督机关或独立的审计机关等第三方机关，对于企业的环境会计信息报告进行认证，从而取得社会公众的认可，树立企业的环保形象，扩大环境经营成果。这些都说体现了日本企业环境会计信息披露是不断进步的过程，使得日本企业自己形成了自己的环境价值观。

文章就日本企业环境会计的发展特点为我国企业环境价值观的培育路径给出以下三点建议。首先，加强企业环境信息披露相关法律法规建设。我国政府机构应运用法律手段，明确企业环境信息披露方面的责任与义务；然后相关部门制度环境会计指南或环境报告指南，来统一企业环境信息的披露方式与内容。从日本《商法》《企业会计原则》的制定到具体会计核算方法的制定，日本总能非常谨慎地向其他先进国家学习。所以我国在借鉴别国的法律政策是应结合我国的实际国情，符合我国的现状。其次，我国政府应推出鼓励政策，激发并引导企业应自愿披露环境会计报告。尤其是当今社会，许多企业为到国外或出口产品，参与国际竞争，适应国际社会的要求，都积极建立环境管理体系。企业环境信息披露能使政府、消费者以及其他利益相关者了解企业针对环境问题做出的努力，为企业树立环保形象，进而提高了企业的国际竞争力。在环境信息披露的过程中企业也会发现本身环境成本的发生和控制情况，促进企业内部管理，提高自己的管理效率。第三，建立监督机制。政府监督我们可以充分学习日本政府监督机制，设立专门的环境部门，对各个企业的环境披露进行监督；第二要发挥社会公众的监督力量。因为企业环境信息披露的完善处理政府和企业的参与努力之外，还离不开新闻机构、民间团体、行业协会及金融机构等社会大众参与。新闻媒体可以宣传环保的重要性、介绍批评那些重度污染的企业；民间团体、行业协会以及社会公众可以对企业环境信息的披露进行监督，尤其现在信息化的发展，社会公众的监督也可以有效地发挥作用。

4. 研究结论

本课题通过对欧、美、日环境管制、环境信息披露等的发展脉络就行梳理，阐释了国外企业环境价值观培育的制度路径选择，综合分析和比较它们在不同阶段实施的强制环境管制措施和自发的市场监督等制度设计，结合我国现阶段的实际情况，培育企业环境价值观须从以下四个大方面入手，逐步引导企业的环境行为。①提升环境管理者效率；②完善立法机制，并针对具体项目征收环境税；③建立完整的监督机制，确保企业的执行效率；④适当推出鼓励政策，激发并引导企业应自愿披露环境会计报告。

综上，政府环境管制与企业信息披露相结合是引导企业良性环境行为，培育企业环境价值观的现实途径。政府应出台政策支持和规范引导，开发市场监督功能。相信通过实践的不断积累，定会摸索出一条适合我国国情的环境管制和企业环境信息披露的完善机制，从而逐步培育我国企业环境价值观，减少环境污染，加强环境治理，实现国民经济的绿色发展，推动社会主义生态文明建设进程。

参考文献

[1] 王晓东 . 欧洲环境税的成功经验及对中国的启示 [J]. 长春理工大学学报（社会科学版），2013（12）：82-84

[2] 候小伏 . 英国环境管理的公众参与及其对中国的启示 [J]. 中国人口・资源与环境，2004（5）：125-129

[3] 黄炳艺，姚远 . 中美环境信息披露比较 [R]. 中国经济报告，2016（3）

[4] 王夏静，李恒元 . 国外环境会计发展初探 [J]. 科学大众，2009（4）

[5] 王杰 . 日本推行企业环境会计的措施及对我国的启示 [J]. 财会研究，2003（6）

[6] 孙再凌 . 日本环境会计信息披露的发展及特点 [J]. 中国乡镇企业会计

我国事业单位管理会计体系构建研究

北方工业大学：秦鸣玉　刘雪晶　杨　荻

指导教师：于国旺　讲师

随着我国经济体制改革加快，管理会计将会在事业单位内部管理中扮演重要的角色。然而目前事业单位中管理会计体系亟待完善，理论框架的构建受到制约，其运用和发展亦存在诸多问题。本文针对我国事业单位目前的管理会计体系进行分析，并提出相应的解决对策。

1. 选题背景

近几年，我国企业越发重视管理会计所发挥的不可或缺的作用，管理者已经开始用战略性眼光、全局观点和看法开展管理会计活动，管理会计制度建设也日趋完善。我国的宏观经济效益在管理会计的促动下也有所增长。随着我国经济体制改革加快，事业单位管理体制改革也在不断进行，但因事业单位本身的特殊性，造成管理会计未得到广泛的运用和进一步发展，因此，本课题分别从事业单位管理会计的现状、事业单位管理会计体系的构建以及实施对策等方面展开分析研究。

2. 研究方案论证

2.1　研究内容和目标

2.1.1　研究内容

（1）事业单位管理会计体系的研究现状；

（2）事业单位实施管理会计的必要性与可行性；
（3）事业单位管理会计体系构建的主要依据；
（4）事业单位管理会计体系的具体构建；
（5）事业单位管理会计体系的实施对策。

2.1.2 研究目标

在上述研究内容的相关范围内，本课题将充分展开分析和调研，以实现以下研究目标：

（1）通过进行文献综述，了解有关我国事业单位管理会计的研究成果，分析其中有待进一步研究的主要问题；

（2）了解我国社会经济发展的现实环境，研究事业单位实施管理会计的必要性与可行性；

（3）在研究过程中逐步学习管理学、经济学等学科的相关理论，总结企业管理会计所提供的重要启示，结合事业单位的组织和运营特点，通过演绎法和向专家咨询，从目标、原则、内容及方法层面，研究构建我国事业单位管理会计体系，与事业单位现行会计进行比较并提出我国事业单位实施管理会计的具体对策；

（4）预期成果：3 篇公开发表的学术论文、一篇研究报告。

2.2 研究方案

2.2.1 研究方法

本项目主要采用规范研究方法，通过互联网、数据库和调研等途径收集相关资料，在观察北京市部分事业单位以及研究资料的基础上，紧密围绕选题展开研究。

2.2.2 研究设计

（1）本课题名称为“我国事业单位管理会计体系构建研究”，其结合我国事业单位管理会计现状，提出我国事业单位管理会计体系理论框架，并提出相应的启示和对策。

（2）文献收集与整理。本课题首先充分利用学校丰富的数据库资源，围绕研究主题广泛收集资料，深化课题组成员对研究主题和研究方法的认知和掌握程度；其次从互联网上收集和整理相关研究成果，作为对本课题研究的辅助；购置部分图书资料，促使课题组完成课题研究的主要内容，实现研究目标。

（3）实践调研。利用课余及假期时间，实地进行调研，收集相关的研究资料。

2.3 研究可行性

本课题组成员均为会计学专业本科生，在校期间已学习过财务会计、财务管理、审计等相关课程，接受过会计学研究方法和工具的实训。该项目研究结合社会实际，具有重要的理论和现实意义，研究内容安排合理，结构逻辑性较强，研究方案可行。此外，本课题组成员相互协作性良好，愿意为该项工作付出努力。这为本课题研究奠定了较为坚实的基础。

3. 研究过程

3.1 研究准备阶段

3.1.1 做好课题组织工作

确定选题后，做好课题的组织工作是完成课题研究至关重要的一个环节。经过组员们的探讨和指导老师的指导，最终得到以下重要的实践工作：

（1）认真讨论研究内容，自由发表观点和意见，最终确定研究目标，并制订整体规划，按计划完成相关任务；

（2）依据课题组成员的知识结构和特长，由组内成员分工负责完成任务；

（3）确定共同研讨和交流的时间，在指导老师的帮助下学习相关专业知识，探讨研究内容的关键细节，协调各负责部分的研究工作；

（4）制订课题组研究工作的纪律要求，提高课题组的工作效率，避免无效或重复的工作。

3.1.2 制订工作计划

有效的计划是研究顺利实施的有力保障，经过课题组成员的充分讨论，得到以下工作计划：

（1）2016 年 1~2 月，搜集整理相关研究资料，为开展本项目研究做好充分的资料准备；

（2）2016 年 3~5 月，根据研究资料，分析我国事业单位实施管理会计的必要性与可行性，研究阐述事业单位管理会计体系构建的理论和实务依据；

（3）2016 年 6~8 月，利用暑期对北京市部分事业单位进行实地调研，研究构建事业单位管理会计体系，提出相应的实施对策，并撰写拟发表论文初稿；

（4）2016 年 8~9 月，修改拟发表论文并投稿；

（5）2016 年 10 月，撰写项目研究报告初稿；

（6）2016 年 11~12 月，修改完成项目研究报告，申请结题鉴定。

3.2 进行实地调研

在掌握了大量的理论知识后，对管理会计体系有了一定的了解，在此基础上利用暑期时间，组内成员对北京市部分事业单位进行实地调研，得到相关的实践结论。

3.3 总结

以管理学、经济学等学科相关理论为依据，以我国事业单位为研究对象，借鉴和运用企业管理会计理论和方法，构建我国事业单位管理会计体系，并提出相应的实施对策。

4. 研究成果

4.1 我国事业单位管理会计的发展现状

管理会计作为现代会计的一个重要分支，是单位管理信息系统中不可缺少的一部分。管理会计是单位的“内部会计”，为单位的管理者和经营者提供不可或缺的经济信息与资料。近几年，我国企业越发重视管理会计所发挥的不可或缺的作用，管理者已经开始用战略性眼光、全局观点和看法开展管理会计活动，管理会计制度建设也日趋完善。我国的宏观经济效益在管理会计的促动下也有所增长。

4.2 事业单位管理会计的理论分析

从广义上讲，管理会计是指用于概括现代会计系统中区别于传统会计，直接体现预测、决策、规划、控制、评价和考核等会计管理职能等内容的一个范畴。管理会计在我国事业单位中的应用较为广泛，是事业单位预算管理不可或缺的应用工具，其健全与否能够从侧面反映事业单位能否持续经营、有效发挥监管机制。一方面，管理会计可以为事业单位的内部管理者提供非常全面和详尽的业务活动信息，为其科学、合理地运营管理单位打好基础；另一方面，管理会计还可以参与事业单位的各项决策，并通过内部绩效考评强化内部管理，促进事业单位不断提高绩效。事业单位管理会计具有一些显著的特点，具体表现在以下几方面。

4.2.1 管理会计与财务会计相辅相成

管理会计不需要固定的工作程序，有较大的回旋余地，单位可根据自身实际情况自行设计工作流程。这种灵活性是财务会计这样“算呆账”的“报账型会计”所缺少的。同时，管理会计也离不开财务会计通过严格执行一道道工序处理得出的各种会计信息。管理会计与财务会计相互关联、相互补充，使会计部门的功能更加完善。事业单位管理会计的基本切入点是会计部门，但只靠会计部门的财务会计功能已远远不能满足事业单位管理的需要，必须借助财务会计与管理会计之间的关联性、互补性共同作用，才能满足现代化管理的实际需要。

4.2.2 成本中心与单位管理层次相吻合

管理会计中的责任中心是指具有一定的管理权限，并承担相应经济责任的内部单位，基本特征是权责利相统一。通常按照责任对象的特点和责任范围的大小，企业内部的责任中心可以划分为成本（费用）中心、收入中心、利润中心和投资中心四类，其中成本中心最广泛，任何对成本费用负责的单位都可以成为成本中心，比如企业内部各个分厂、车间、部门、工段、班组乃至个人。可以说，只要有成本支出的地方，就可以建立成本中心。而大多数事业单位是知识密集型单位，人力资本对单位的生存、发展有很大的作用，事业单位提供的大多是无形的服务，因此单位内部的管理层次相对较少，但有时为了适应管理的需要，责任中心也要相应地建立到班组甚至于个人。成本中心与事业单位的管理层次正好相适应，对于事业单位进行预算管理、成本控制具有重要的参考价值。

4.3 我国事业单位管理会计的理论框架

随着我国经济体制改革加快，事业单位管理体制改革也在不断进行，但因事业单位本身的特殊性，造成管理会计未得到广泛的运用和进一步发展，制约了事业单位管理会计理论框架的构建和方法的具体应用。因此，形成一个科学合理、完整严密的管理会计理论框架，正是目前事业单位应用管理会计所需要的。它有利于事业单位的内部管理决策和有效管理，从而更深一步地推动事业单位改革。对于事业单位管理会计的理论框架构建应当基于我国国情，并对管理会计目标、原则、内容及方法等议题进行深入分析，从而形成能够指导实践、用于实践的理论指引。

4.3.1 管理会计目标

管理会计目标作为管理会计理论研究的逻辑起点之一，对事业单位管理会计理论框架的构建起到导向作用。在美国会计学协会出版的《基本会计理论》中指出，管理会计的目标是为企业的管理者服务，旨在帮助企业管理者制订科学的、合理的经济目标，而且为了实现预定的经济目标而进行合理的决策。对于事业单位而言，管理会计的目标是引导事业单位管理会计行为的航标，是事业单位管理会计运行的动力及标准。

4.3.2 管理会计原则

会计原则是会计实务应遵循的规范和标准，它是对会计工作过程及其所应遵循规范的高度概括，具有广泛的适用性和指导作用。对于事业单位而言，由其不以营利为目的，开展运营活动耗费的资金不具有垫支性的性质决定其采用消耗成本相对较低的收付实现制原则。但作为受经济体制改革影响在不断改革的事业单位，收付实现制逐渐地表现出越来越多的弊端。因此，实行权责发生制将会是适应我国国情的更科学有效的会计原则。这可以为事业单位管理会计提供更充分的信息支持，指导事业单位更好地进行业绩评价、管理决策、内部控制等活动。

4.3.3 管理会计内容

事业单位管理会计应当借鉴企业管理会计体系，并结合我国事业单位管理的特点，以预算管理的基本内容为基础，将预算管理与事业单位的业务活动过程相联系，并将以资金管控为核心的内部控制体系结合到预算会计系统，同时与预算系统衔接起来，以达到全面反映事业单位履行职责的情况以及财政资源使用及其结果的情况，为事业单位管理部门提供管理决策所需要的信息。事业单位管理会计的主要内容应当包括：

（1）预算管理

预算是一种资源分配，它以数量化的方式来表明管理工作标准，详细地描述了为实现计划目标而要进行的工作标准。事业单位是非营利组织，旨在实现社会效益最大化的目标，向社会提供生产性或劳务性服务，其性质以及资金来源和支出渠道决定了其管理的特殊性。作为事业单位管理目标的具体化，预算管理不仅是规划与决策工作的全面综合，还是控制与执行工作的展开。通过预算管理，事业单位在预算期内的收入和支出就有了明确的标准。因此，事业单位应当根据自身的经济条件，结合宏观经济影响因素，采用恰当的预测手段和技术方法，对未来事业单位内外部环境可能发生的事件和面临的问题进行科学的估计预测，获取充分完善准确的数据信息，为有效制定未来规划和编制预算提供保障。通过编制全面预算，事业单位的业务活动过程与管理会计的预算管理职能相联系，以预算管理为主线，以资金管控为核心，着重控制预算执行的整个过程，支持并反馈事业单位制定的决策和战略。通过对预算目标的细化，确定各个部门的经济责任，事业单位各部门和政府管理的各环节能够在完成业务目标过程中实现协调与配合，从源头上提高预算绩效。

（2）成本控制

预算管理的落实情况依赖于预算过程的全面考虑和细节控制程度，而事业单位的成本控制则是重中之重。在现行管理体制下，事业单位的成本意识淡薄。而在经济体制不断改革中，事业单位也必然要经历改革，因此也必然会经历成本管理的转变。在事业单位成本控制中，企业管理中普遍应用的标准成本法可以作为借鉴。事业单位以过去制定的目标和编制的预算为基础，审核或检查预算的执行进度是否与计划相符，对各项支出成本严格加以把控，找出不足之处加以纠正并明确各部门应承担的职责，以达到预期的目标。为了实现有效的控制，通过预算的执行情况，对出现的差异进行分析和评价，从而监督相关部门采取措施，以保证预算按计划合理有效地进行，从而还可以进一步实现有效地防范舞弊和预防腐败，提高公共服务效率以及效果。

（3）业绩评价

尽管我国事业单位一直在业绩评价方面不断地进行探索，基本建立了一套考核制度，但是在实际工作中也出现了一些问题，如缺乏各方面的沟通及科学的评价方法等。事业单位应当根据预算管理、成本控制的相关数据资料，应用责任会计的方法，对各部门的业绩进行定期考核与评价，采取合理的评价方式和激励手段，以提高事业单位内部员工的工作积极性，强化事业单位领导和员工的业绩行为。选择有效的、科学的、合理的评价方法是顺利进行事业单位业绩评价的高效保障。随着经济发展进入了全球化和信息化时代，事业单位正在面临着不断变化的市场环境，传统的业绩评价方法已不能满足事业单位的需要。因此，事业单位应当引入新型的业绩评价方法，将平衡计分卡作为一个重要的管理理念引入到本单位的业绩评价当中。它能够从财务、公众、内部运行、学习与成长四个方面将事业单位的发展战略落实为可操作的衡量指标，向单位内部各层次的人员传递战略每一步骤中他们各自的目标和任务，从而帮助事业单位达成一致目标，提高社会公众的满意度。

（4）内部报告

管理会计是对内会计，主要为内部管理者提供信息服务。由于管理会计信息最终将综合地体现在内部报告上，所以必须将内部报告系统加入到事业单位管理会计体系当中。事业单位可以根据各部门的业务活动特点、责任分工等相关因素，获取信息、加工处理分析以及生成可用于内部决策、控制、评价及沟通等方面的各种报表及附注说明的信息，进而作为对本阶段的总结和未来编制预算的依据，方便本单位更好地预测决策、进行预算管理、实施控制和业绩评价，提高单位内部管理水平。

4.3.4 管理会计方法

管理会计方法是实现其目标、履行其职能的手段。事业单位在选择管理会计方法时必须满足灵活性及多样性的特点，比如预测学中的各种预测方法，运筹学中的线性规划法、各种决策方法，营销管理学（市场学）中的订价决策方法以及各种数学知识等。灵活多样的方法才能够适应时代的发展，只有将它们科学地融合，才能使事业单位的管理会计体系更加完善，使事业单位的管理会计实务运行得更加顺利。

4.4 我国事业单位管理会计存在的问题

尽管管理会计体系被确立已经很长一段时间了，但近几年来随着社会、政治和经济环境的变化，事业单位对管理会计的重视程度日益提高，但在实际应用中也暴露出来很多需要解决的问题。

4.4.1 管理会计内容体系不完善

西方国家管理会计理论和方法被引入我国已经有三十余年的发展了，但是还没有建成一个针对我国事业单位特点的管理会计理论和方法体系。目前，由于缺少系统性、针对性的研究，事业单位也就更不可能把管理会计理论在实践中进行运用。因此，由于管理会计内容体系的不完善，这不利于事业单位管理控制各级部门项目的执行情况，也不利于反映本单位执行诚信义务的情况，更不能为管理者提供完整透明的决策相关信息。

4.4.2 管理会计信息基础不足

财务会计核算结果是管理会计的重要信息来源，这对事业单位也是如此。目前，我国事业单位一般采用收付实现制进行会计核算。尽管这种方法符合我国事业单位预算收支管理的特点，而且与权责发生制相比所消耗的成本较低，但从管理会计的信息需求角度看也存在很多的弊端。这主要表现为：①信息不全面，不能如实、准确、恰当地反映资产的价值以及所承担的负债，这不利于经济资源和需要承担的义务的确定；②在期末的时候，由于以实际收到和支出为标准，不能准确评价年度运营绩效的情况；③财务报告不具有可比性，不能进行政府部门与事业单位以及国内外事业单位预算收支情况，绩效预算管理难以实施。因此，事业单位通过采用收付实现制进行会计核算，对于管理会计来说有用性不足，导致管理者做出与本单位情况不相适应的决策。

4.4.3 单位内部缺乏风险控制

我国事业单位绩效的好坏很大程度上取决于对于内部风险的控制与把握。事业单位的资金主要来源于上级部门的财政拨款，政府缺乏对拨款使用情况的监管，单位内部更是缺少对资金使用情况的监督。这就容易造成单位内部资源配置和效率的降低，形成呆账、坏账，造成国家资产的流失。同时，大量的事业单位不注重内部的风险控制，一些单位没有内控部门，即使有也是形同虚设，没有把控制真正落实到日常管理中。事业单位内的管理会计信息系统为内部控制进行整体规划，内部控制信息系统又向管理会计信息系统反馈实施过程中存在的问题，管理会计据此进行分析、预算和报告。所以，事业单位内部缺乏对于风险的把控，对管理会计体系建立是不利的。

4.4.4 缺乏高素质的人才队伍

管理会计传入我国的时间不长，而且事业单位中受到的重视程度不高。所以，事业单位财会人员管理会计这一概念是不熟悉的，甚至是陌生的。与企业相比，事业单位缺乏精通管理会计的专门人才，只能做到财务会计方面的事后分析，对于事前的计划、事中控制的把握不够。由于受到机构设置、工资薪酬等几个因素的影响，事业单位财会人员素质不高，大部分人的思维都被认为是非常保守的，对计算机的操作能力都很差，管理会计信息系统更是不能熟练运用，这不利于事业单位管理会计体系的建立。

4.5 管理会计在事业单位应用的具体启示以及实施对策

随着社会经济文化环境的快速变化，事业单位管理会计体系显得相当不完善，所以必须进行改革，从而使其符合我国国情的现实需要，也有助于推动事业单位及整个社会事业的良性发展。

4.5.1 加强单位管理会计体系建设，理论联系实际

为了避免管理会计理论与实践脱节的现象，我国应当积极贯彻《关于全面推进管理会计体系建设的指导意见》，完善理论研究的同时结合我国国情和归纳总结出来的成功经验，逐渐向事业单位进行推广和应用，使管理会计立足于事业单位的实际需要。将构建的管理会计理论框架联系实际，有助于事业单位逐步顺应我国社会主义市场经济发展的大环境，使事业单位逐渐适应自身转变运营机制的客观需求。

4.5.2 强化事业单位财会制度建设

事业单位财务会计和管理会计是互为一体的，管理会计需要财务会计的信息支持。目前，我国实行了新的《事业单位会计准则》，但依然规定事业单位会计核算基础主要采用收付实现制。随着市场经济体制不断发展完善，我国对事业单位绩效的重视程度日益提高，开始引入管理会计方法加强管理，这使改变事业单位会计核算基础变得尤为重要。这有助于秉承“实质重于形式”的原则进行会计核算，使会计的确认、计量和报告更为准确，减少信息失真的可能性；有助于形成考评体系，降低管理层绩效评价的偏差，促进本单位的长期发展；有助于增强事业单位的风险意识，提高内部控制水平。

4.5.3 建立健全内控制度

尽管我国部分事业单位建有内部控制机构及相关人员，但工作效率不高，缺乏客观性，主观随意性较强，重点集中于单一项目，而没有对整体的风险进行把控，这影响了管理会计体系在事业单位内部的实施。为此，事业单位应当考虑从下面几个方面进行提高内控水平：①管理者要认真倾听员工的意见，并进行研究和总结，在原有的基础上提出系统的改革措施，把员工发现的问题以新的制度进行反馈，再进一步调查和修改，为实施管理会计体系做好铺垫；②新制度的颁布会损害一部分人的利益，需要加强新制度的执行力度。事业单位应当秉承人性化、合理化、从实际出发修订制度，同时客观公正地执行新的制度细则，利于保证单位管理会计制度的进一步发展和完善。

5. 研究创新点

本课题的研究创新点主要表现在以下几方面：

（1）基于我国当前国情以及经济发展形势，对我国事业单位管理会计进行了研究，而且提出了如何构建事业单位管理会计体系，针对性明显，实际应用性较强；

（2）借鉴管理会计在企业中的运用，积极进行吸收借鉴，以丰富和深化本课题研究成果，有效地防范舞弊和预防腐败，提高公共服务效率以及效果；

（3）从理论和实务的角度对我国事业单位管理会计体系的构建进行全面研究，提高研究内容的成效。

6. 存在的问题和发展方向

6.1 存在的问题

首先，由于时间、资源以及知识水平的限制，我们对本课题的研究尚欠成熟，研究内容的系统性、深入性还不够强；此外，我们研究的课题与我国事业单位有关，基于我国特色社会主义市场经济的国情及政策大环境，我们提出的对事业单位管理会计体系的构建有待进一步结合实务中具体各因素来完善，以提高其可行性。

6.2 发展方向

一方面我国事业单位应该顺应当前发展趋势，不断完善我国事业单位管理会计体系理论框架，从根本上改善管理会计在事业单位中运用和发展时存在的诸多问题；另一方面，基于我国的国情制定一套具有中国特色的事业单位管理会计体系，使管理会计在事业单位中充分发挥作用。这些都是值得我国理论界和实务界继续深入研究的问题。

参考文献：

[1] 陈静．事业单位改革的现状调查与评估 [J]．沈阳干部学刊，2007（6）：38-39

[2] 胡稚琴．事业单位管理会计应用探析 [J]．经济研究导刊，2014（7）：134-135

[3] 刘永泽，况玉书．论行政事业单位管理会计体系构建 [J]．会计与经济研究，2014（02）：28-34

[4] 黄微平．中国特色行政事业单位管理会计体系的建设 [J]．财会月刊，2015（25）：14-15

[5] 柳珺．论行政事业单位管理会计体系构建 [J]．民营科技，2014（10）：206–207

[6] 徐辉．提高管理会计在行政事业单位中的应用对策思考 [J]．现代经济信息，2016（01）：243

[7] 余立亭．行政事业单位管理会计体系的构建与应用研究 [J]．当代经济，2015（35）：90–91

众筹网络融资模式创新及风险管控研究

北方工业大学：于文奇　任瑞刚　刘雨晨　刘　玺

指导教师：黄凌灵　副教授

在“大众创业、万众创新”的大潮下，“股权众筹”以互联网为媒介，降低了时间成本，巧妙地解决了小微企业融资难问题。本项目从现状、平台、风险、中外对比四个角度出发，指出了当今社会背景下股权众筹的不足之处，对相关部门制定相应的监管政策提出了一定的建议。

1. 选题背景

1.1　背景

随着移动支付、社交网络、搜索引擎、云计算、大数据挖掘、信息处理等现代互联网科技的快速发展以及电子商务对企业传统运营模式的深度重构，基于互联网平台的网络融资创新模式层出不穷并发展迅速。众筹融资作为其中一种，跟传统的融资方式相比，具有融资金额小、融资门槛低的特点，从而使得小微企业及个人创业起步阶段的融资难问题得到了有效缓解。此外，众筹融资最大的特点就是投资者数量较多，每位投资者的投资金额又相对较小，在一定程度上起到了分散风险的作用。它作为一种新型的融资方式，使得中小企业融资难、融资成本高的问题得到了解决。本项目从分析我国及外国的网络融资的现状入手，构建股权众筹融资的创新模式，各参与方的利益博弈模型，分析众筹融资模式创新的内在机理，并提出完善股权众筹融资的风险管控建议及相应措施。

1.2 意义

1.2.1 理论意义

通过对我国网络融资模式发展的现状及存在问题的分析，对众筹融资模式创新的发展趋势进行初步判断，进而构建创新的众筹融资模式及相应的风险管控模型，对众筹融资模式中各参与方的利益模型进行分析，从而揭示众筹融资模式创新的内在机理。在项目的进行过程中，组员对什么是众筹、众筹分为哪几类、众筹的利与弊有了更加深刻的了解，在实践中提高了自己的学术素养，能力有了较大的提升。

1.2.2 现实意义

本项目分别从我国众筹发展现状、股权众筹平台现状、股权众筹风险、国内外比较四个方面指出了当今社会背景下股权众筹所存在的问题，并对相关部门制定相应的监管政策提出一定的建议。

2. 方案论证

近年来，“股权众筹”一词逐渐走入人们的生活中。2011 年，中国第一家股权众筹平台——天使汇正式上线。四年后，中国股权众筹呈现爆发式增长趋势，据清科研究中心统计，截至 2015 年底，中国股权众筹平台总数已达 141 家。其中，2014 年上线 50 家，2015 年上线 84 家，占全部股权众筹平台数的 35.5% 和 59.6%，累计成功众筹资金近百亿元。 但成功的背后也有很多失败的案例，总结其失败的原因，我们发现，无外乎于以下三点：平台运营的风险、我国股权众筹制度的漏洞、投资人筹资人平台三方缺少有效管理。所以我们分析了国内外股权众筹的差异，吸取了专家的经验，最终得出了防范股权众筹风险的方法。

越来越多的众筹项目为本方案的研究提供了充足的案例来源；学校为本方案提供了充足的资金来源；同时地处北京这一众筹集聚区，也为组员的实地调查访问也提供了便利。故本项目一定能顺利完成。

3. 研究方法

主要运用了定性分析法，对研究对象进行“质”的方面的分析。具体地说是运用归纳和演绎、分析与综合以及抽象与概括等方法，对获得的各种材料进行思维加工，从而能去粗取精、去伪存真、由此及彼、由表及里，达到认识事物本质、揭示内在规律。具体可细分为以下几类。

3.1 调查法

调查法是科学研究中常用的基本研究方法。它是有目的、有计划、有系统地搜集有关研究对象现实状况或历史状况的材料的方法。它有助于研究者对研究对象进行有计划的、周密的和系统的了解，并对调查搜集到的大量资料进行分析、综合、比较、归纳，从而为人们提供规律性的知识。

在项目实施过程中，本组组员通过各种方式调查国内国外股权众筹的成功或者失败的案例，例如利用网络、微博、微信等电子设备，利用图书馆书籍、报刊，求助老师以便深层次理解，甚至进入众筹网站注册账号体验众筹流程与规则等。

通过调查法，组员丰富了对股权众筹的实体认识，将无形的干枯无聊的知识应用到生活中去，从生活中感受、接触股权众筹。同时，调查法也体现在发表的论文中。如：《国内外股权众筹的比较分析》一文中对美国英国众筹现状的简介；《我国股权众筹发展现状及建议》一文中对我国众筹发展现状的简介等。

3.2 文献研究法

文献研究法被子广泛用于各种学科研究中。文献研究法是根据一定的研究目的或课题，通过调查文献来获得资料，从而全面地、正确地了解掌握所要研究问题的一种方法。其作用有：①能了解有关问题的历史和现状，帮助确定研究课题；②能形成关于研究对象的一般印象，有助于观察和访问；③能得到现实资料的比较资料；④有助于了解事物的全貌。

在项目实施过程中，本组组员利用图书馆、中国知网查阅了大量的文献资料，以核心期刊和经典文章为主，以近期发表期刊为辅。广泛涉猎股权众筹知识，深化自己对股权众筹的理解，同时在阅读的过程中完善自己的想法以及建议，加深文章的深度。

3.3 个案研究法

个案研究法是认定研究对象中的某一特定对象，加以调查分析，弄清其特点及其形成过程的一种研究方法。个案研究有三种基本类型：①个人调查，即对组织中的某一个人进行调查研究；②团体调查，即对某个组织或团体进行调查研究；③问题调查，即对某个现象或问题进行调查研究。本项目主要采取了第三种方式。

在项目的实施过程中，本组组员精细地分析了很多众筹项目的优缺点，比如：万科独特的房产众筹、大家投网站的众筹模式、演唱会众筹项目、电视剧众筹项目等。通过对每一个项目的利弊分析，得出风险存在的原因以及应对风险的办法。个案研究法更具有针对性，易得出结论。

如：在《我国股权众筹平台运营风险及风控措施》一文中，对三家国内众筹平台的分析；在《国内外股权众筹的比较分析》一文中，对英国 Crowdcube 与 Seedrs 两家公司的分析。

3.4 归纳总结法

归纳总结法是通过对许多事例和分论点的研究分析，使之系统化、理论化并上升为经验的一种方法。它有助于总结得出一般的结论。在科学研究中也常常被用到。

在项目的实施过程中，本组组员涉猎经济学、法学等多方面资料，总结了大量事例，结合期刊文章图书，得出了自己的结论。如：《我国股权众筹发展现状及建议》一文中的改进措施；《我国股权众筹存在的风险及解决途径》一文中的解决方案等。

4. 研究结果

通过对股权众筹案例的分析与总结，本组组员对相关部门制定相应的监管政策提出了一定的建议。

共发表论文四篇：《我国股权众筹发展现状及建议》《我国股权众筹平台运营风险及风控措施》《我国股权众筹存在的风险及解决途径》《国内外股权众筹的比较分析》。

4.1 文章《我国股权众筹发展现状及建议》

建议：①完善立法，对《证券法》做出相应的调整，确定股权众筹合法地位；②信息分层，资金分批，保证了创业企业的相对公平，缓解了股东信息不对称的问题；③理解普惠金融，建立资金管理平台；④自我学习，了解简单的专业知识，学会识别投资陷阱。

4.2 文章《我国股权众筹平台运营风险及风控措施》

建议：①制定严格的门槛审核制度；②制定强制信息披露制度，在法律中明确平台对信息披露的责任与义务，建立三方监督体制；③国家制定出台相应的法律条文，明确平台的责任与义务；④ 建立第三方资金监管、保护机制。

4.3 文章《我国股权众筹存在的风险及解决途径》

建议：①平台应公正严明，加强对投资者与融资项目的审核以及标准，对投资者投资的进入条件进行适度分类；正确评估融资项目，合理规范融资期限及金额；选择第三方平台托管资金流；② 筹资人应学会自我保护和规划责任，加强知识产权保护，优化推广机制； 明确权力范围和责任边界；③投资者要自我培养和合理维权，学习相关知识，拒绝盲目跟投； 时时关注融资项目，合理维护自己权利。

4.4 文章《国内外股权众筹的比较分析》

文章中，将国内外差异总结为下表。

表 1　　股权众筹的国内外比较总结

比较方面／国家	规模	特点	监管
美国	约有 100 多家股权众筹平台	发展较早、资金充足、法律约束、准入门槛低	《JOBS 法案》
英国	30余家股权众筹平台。	最早起步、监管机制不完备、潜在风险高、投资者范围广	《关于网络众筹和通过其他方式发行不易变现证券的监管规则》
中国	354 家股权众筹平台	发展相对较晚、市场大且发展迅速、准入门槛较高	《私募股权众筹融资管理办法（试行）》（征求意见稿）

5. 优势与不足

5.1 创新点

5.1.1 选题新颖

本项目选取了股权众筹这一新兴事物作为研究对象，从不同的方面分析了存在的风险，很全面也可以说近乎完整，是对我国股权众筹的风险分析方面的总结和归纳提升。

5.1.2 论述规范完整

本项目发表的四篇论文，清晰完整地论述了股权众筹现今发展状况、存在的问题以及解决问题的方法，条理清楚，文字表达简练，格式规范完整，内容联系紧密，环环相扣。

5.1.3 所分析案例真实完整

用于本项目分析总结的案例全部是股权众筹发展过程中典型可靠的案例，由这些案例所分析得出的结论及建议可信度很高，具有很强的说服力。

5.2 不足之处

但项目本身还是存在着很多的不足之处，具体有以下三点。

5.2.1 事例选取的局限性

虽然小组成员对大量的众筹案例进行了总结分析，但是不能说是在总结了所有案例以后得出的结论与建议，因此结论可能会存在一定的局限性。

5.2.2 研究方法的局限性

在研究过程中只采取了定性的方法，并没有运用定量分析这种需要数据积累的方法，由此可能导致结果会出现偏差。

5.2.3 缺少验证

得出的结论与建议并没有验证是否有效，为本项目的又一个不足之处。

参考文献

[1] 杨东，苏伦嘎 . 股权众筹平台的运营模式及风险防范 [J]. 国家检察官学院学报，2014，22（4）：157–168

[2] 刘明 . 美国《众筹法案》中集资门户法律制度的构建及其启示 [J]. 现代法学，2015，37(1)：149–161

[3] 李湛威 . 股权众筹平台运营模式比较与风控机制探讨 [J]. 当代经济，2015（05）：36–39

[4] 傅啸，董明 . 股权众筹平台面临的风险及应对策略研究 [J]. 现代管理科学，2015（08）：48–50

[5] 王春欣 . “互联网 +”背景下股权众筹平台监管问题研究 [J]. 鸡西大学学报，2016（07）：87–89

[6] 胡吉祥 . 众筹的本土化发展 [J]. 证券市场导报 . 2014（09）：56–57

[7] 胡薇 . 股权众筹监管的国际比经验借鉴与对策 [J]. 金融与经济 . 2015（02）：11–12

[8] 殷华，周明勇 . 美国 JOBS 法案内容解析及对中国众筹融资法制的影响深析 [J]. 现代管理科学 . 2014（10）：75–76

[9] 樊云慧 . 股权众筹平台监管的国际比较 [J]. 法学 . 2015（04）：44–45

[10] 李洋，计明军 . 英国股权众筹的发展监管及启示 [J]. 内蒙古民族大学学报 . 2015（04）：39–40

我国电动汽车产业发展的数据整理和分析

北方工业大学：宋　扬　刘赛楠　徐刘醒香　康雅萌　刘　娜

指导教师：纪雪洪　副教授

目前我国电动汽车产业正处于发展阶段，然而现阶段电动汽车的使用和充电桩的建造及利用情况都处于初级阶段。在这样的背景下，我们通过对大量的电动汽车车主和充电桩使用情况的调研，整理数据、分析研究，最终得出相关结论。

1. 选题背景

当今世界的几大主要国家都把发展电动汽车作为未来汽车产业的重要发展方向之一，中国更是积极推动政策，把电动汽车作为发展重点。目前我国的电动汽车产业正处于发展阶段，尚未成熟，有许多问题亟待解决，其中配套的充电设施就是其中一项，目前充电设施的发展相对滞后，是限制电动汽车发展的一大重要因素。大力推进充电基础设施建设，有利于解决电动汽车充电难问题，是发展新能源汽车产业的重要保障。

2. 研究方法

文本通过访谈法、问卷调查法并结合各大供电商的 APP 的使用对北京市境内充电桩情况进行详细的调研。之后进行数据整理并进行详细的分析，最后所得出的相关结论，希望能对政府和相关企业在充电桩的选址以及快慢充比例等问题上提出合理的意见，以在电动汽车市场日益扩大后仍能满足广大消费者的所需。

3. 研究结果

3.1 公共充电桩现有情况

目前公共充电桩主要分布在商场超市、公共停车场、公园、科技园区、机场等不同场所，运营商也有大大小小近10家，除了电费外还会额外收取一定的服务费。这部分内容将会对现有的公共充电设施进行一定的比较研究，最终会出一个大致的快慢充利用率。

3.1.1 充电桩所处具体位置

根据调查，现有的充电桩场所有30.3%位于超市商场，19.2%的充电桩场所位于科技园区和办公写字楼，12.5%的充电场所位于公园景区或体育场。

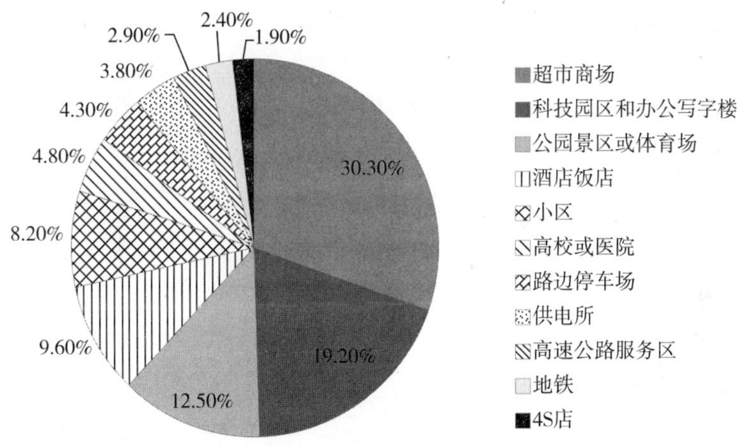

图1 充电场所具体位置分布图

超市商场人口流动较大，停车位充足，停车费价格合理，是电动汽车车主比较偏爱的充电场所。在科技园区和办公写字楼的充电场所方便了在其周围上班的电动汽车车主充电，不耽误上班时间还能够给车子充满电，而且园区相对园区外少了停车费的困扰。位于公园景区或体育场的充电站充电引导标识较为明显，方便电动汽车车主查找充电站位置。工作日公园景区或体育场人流量较少，车主也就不用担心充电没有位置。

3.1.2 公共充电桩所在区域

根据调研，充电场所更多地分布在三环至五环之间，五环以内充电桩分布更加广泛。由此可见，五环内电动汽车的充电需求更加旺盛。但五环以内的二环三环内充电桩分布较少，这可能与二环三环停车费较贵有关。

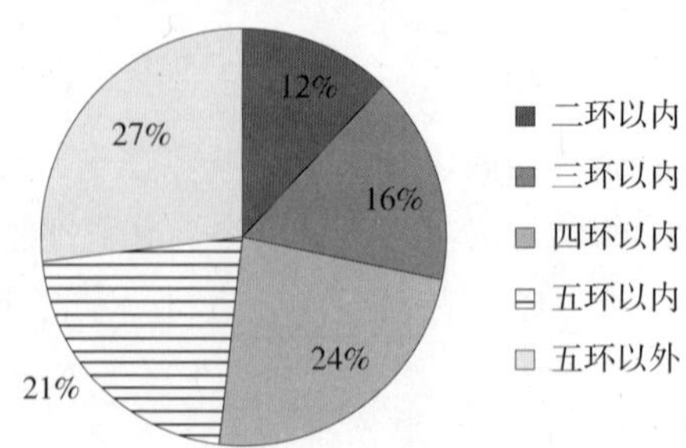

图 2　充电场所所在区域分布情况

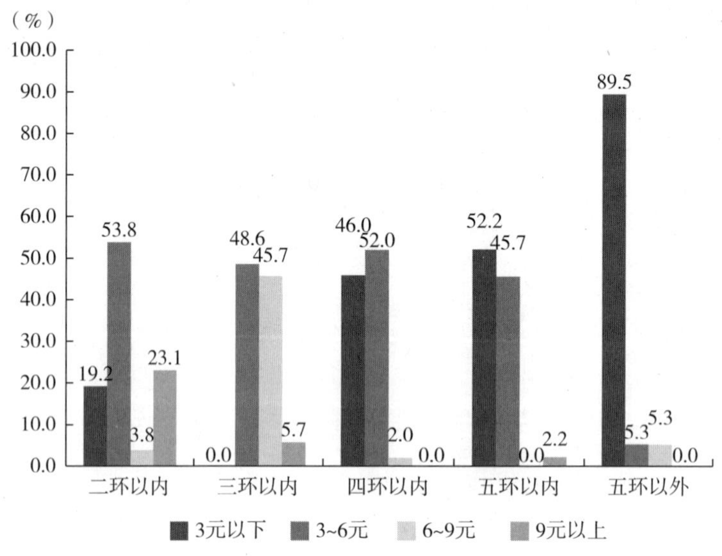

图 3　充电场所位置与停车费分布

由上图可以看出，停车费用随着环数增加呈现了上升趋势。二环以内停车费以 3~6 元为主；也有一部分停车收费在 9 元以上，三环以内停车费在 3~9 元，价格中等，四环以内 3~6 元，也有一部分停车场收费在 3 元以下，五环及五环以外 50% 以上停车费都位于 3 元以下，收费较为低廉。

（1）运营商的分布情况

在调查的充电桩中，67.1% 的充电桩是由国家电网运营的，11.7% 的充电桩由特来电进行运营，9.4% 的充电桩由普天运营。其他的还有星星充电、宜维之家，还有专门为特斯拉充电的电桩等，但都占比较少。由此可见，在充电桩领域，国家电网的技术更加成熟，并且国家电网价格合理，使得消费者更容易选择国家电网的充电桩进行充电。

（2）电费及服务费

基本上除了国家电网的电费较为便宜外，其他的运营商都会在国家电网的费用上再有所提升，主要是所有运营商都要依托国家电网，在此基础上才能进行一定的利润收取。但部分运营商推出了扫码支付，比起刷电卡支付很多消费者会觉得方便快捷，所以后期服务商各个运营商还有完善的空间。

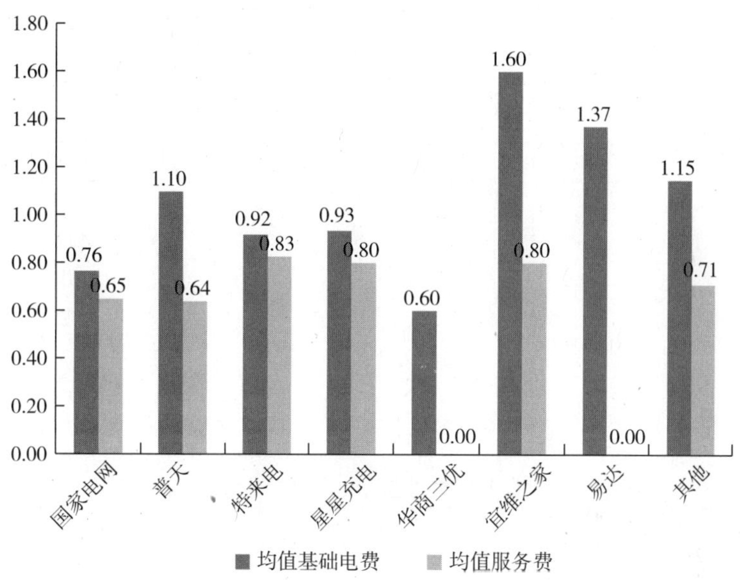

图4　各个运营商基础电费和服务费情况分布

通过均值比较可知，国家电网的基础电费是几个运营商中最便宜的。在服务费方面各个运营商没有很大的差距，因此充电价格便宜是车主选择国家电网的一个重要原因。其他运营商若增建充电桩可适度调整基础电费。

3.1.3　快慢充比例

根据调查，42% 的充电场所只有快充充电桩，6% 的充电场所只有慢充充电桩，20% 的充电场所快充桩与慢充桩数量相差不大，14% 的充电场所快充充电桩数量远远多于慢充充电桩，18% 的充电场所慢充桩数量大于快充充电桩数量。由以上数据我们可以看出，快充充电桩在生活中应用

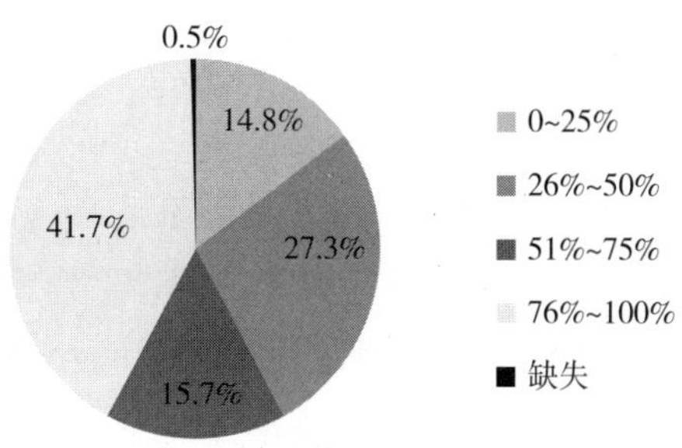

图5　快充桩所占比例分布

要更加广泛，需求也更大。快充充电桩充电一次要比慢充充电桩更加节约时间，在生活节奏比较快的城市中，快充充电桩要更受电动汽车车主青睐。

根据调查，41.7% 的充电场所快充桩所占比例超过了 75%，15.7% 的充电场所快充桩比慢充桩数量更多，27.3% 的充电场所快充桩数量少于慢充桩数量。

3.1.4 快慢充利用率

利用率受到很多方面因素的影响，例如电桩的选址、运营商收取的费用等。这次的调研中，主要对 APP 进行实时检测，然后进行相关计算（见表 1 和表 2）。

表 1　各运营商快慢充电利用率均值

运营商	快充利用率	慢充利用率
国家电网	9.8077	7.613
普天	6.866	4.0857
特来电	5.9714	3.0356
其他		5.25
星星充电	1.8	1.7333
特斯拉		5.01
易达	6	

表 2　北京各环数快慢桩充电利用率均值

	快充利用率	慢充利用率
二环	11	3
三环	10	4
四环	8	7
五环	9	7
五环外	4	3

特别要说明的是，即便有无充电标识在电桩利用率中没有很大影响，但是我们还是不难发现，很多能在 APP 上搜索到的充电场所在现实生活中是没有标识存在的，很多消费者标识还是希望能有明显的标识指引，可以使司机方便地找到充电位置。

3.2 消费者的使用情况

3.2.1 运营商的挑选

受到运营成本的制约，会导致个人车主和营运车辆的选择有些许的差异。这主要是由服务费所引起的，当然还有的车主为了寻求方便，会使用缴费较为便捷的运营商或是不用排队的运营商（见图6）。

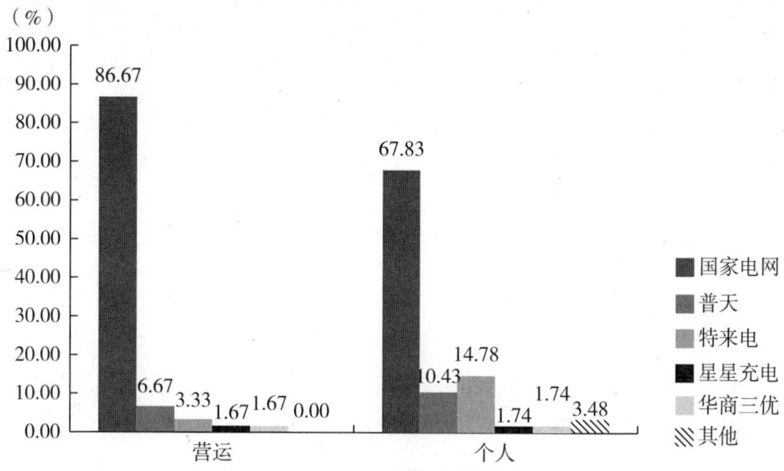

图6　营运车与个人用车运营商选择情况分布

调查中，用于营运的电动车车主有86.67%在国家电网的充电桩进行充电，6.67%的车主在普天充电桩进行充电，3.33%的车主在特来电进行充电。用于自用的电动车车主67.83%选择在国家电网充电桩进行充电，14.78%的车主在特来电进行充电，还有10.43%的车主更喜欢用普天的充电桩。经过与车主交流了解到，用于营运的车主会选择充电费用较低且大众熟知的运营商充电桩进行充电，如国家电网；而与营运车辆车主不同的是，自用车车主还会用一些比较不被人熟知的运营商提供的充电桩充电。

3.2.2　快慢充的选择

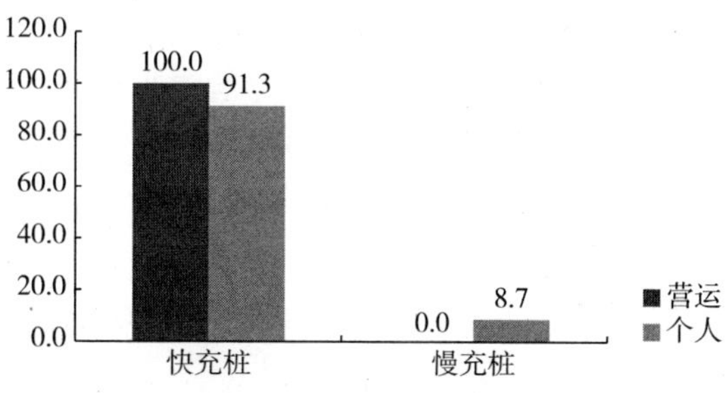

图7　主要使用的充电桩

上图可以很直观地反映出，不论是营运车辆还是个人车辆都愿意使用充电较快的方式，建议以后在建桩的时候要更注重快慢桩的比例，以免造成资源的浪费。

3.3 其他相关建议

在调研中，“对充电桩的建设以及运营服务有哪些建议”这个问题得到了大部分电动汽车车主的热议。经过对材料以及调研结果的整理中，车主对于充电桩的建设还有很多期待。虽然目前的充电桩已经基本遍布了北京市内的大街小巷，但其建设的程度以及广度还有待改善。车主的主要建议集中在建桩（46%）、换桩及保证维修（9%）、提高充电桩的充电功率（2%）、解决停车问题（20%）、增大政策扶持（6%）、充电地点的选择（12%）以及支付方式（5%）等方面并希望能得到有效的改善。

3.3.1 多建桩

这个问题的出现，是由于目前充电桩的普及程度不能满足对广大电动汽车车主的要求。对于一辆表示里程为 200 公里左右的电动汽车而言，充满电需要两个小时左右。而车主不巧赶上排队则需要耗费 1 小时左右的时间，期间需要排队，还需要支付停车费等费用，很多车主觉得得不偿失，为了减少排队所消耗的成本，不得不继续搜寻其他充电地，然而在高峰时段，出现排队的情况非常普遍。所以在调查的人群中有近 45% 的车主提到要多建桩。其中只是泛泛提到多建桩的有百分之 64.41%；另外还有部分人考虑到为了减少充电费用，多建国家电网的充电桩占到 3.39%；为了提高充电率，要求多建快充桩的人占到 25.42%；然而有些车主认为快充不利于电池的保养，提出建慢充桩的占到 6.78% 左右。

3.3.2 换桩及保证维修

提出换桩要求中的近八成车主，认为需要一直保持电桩的维护，在调研中也发现很多充电站点在维护然而 APP 的中并无表示，只是在电桩上随意贴了一张纸；甚至有电桩不通电等情况的出现；在 APP 中也有不少显示未联网或维护中的情况，这无疑对前去充电且毫不知情的车主非常不利，所以在调查中有 81.82% 的提到需要保证电桩的维修；另有 18.18% 的车主为了保证充电效率希望将慢充变成快充以节省时间。

3.3.3 充电功率

为了减少充电时长，有 3% 车主希望能够提高充电功率，然而充电时长与电池的保护肯定是相悖的，能够满足充电时长的要求肯定会对电池有所损坏，但想保护好电池肯定需要牺牲充电时间。这可能需要以后的电动汽车更新换代才能满足这样的要求。

3.3.4 停车问题

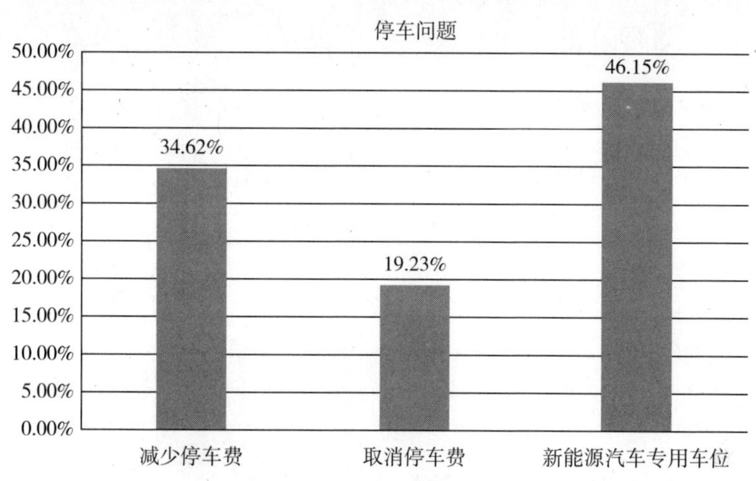

图 8 停车问题

大部分人对于停车问题有着极大的反映。在其中有 46.15% 的人表示，燃油车乱停放，导致电动汽车的专用充电车位被占用，电缆长度顾及停靠较远的电动车，以至于很多车主需要排在仅有的可以使用的充电桩后面，增加了自己的排队时间，降低了充电效率，所以车主认为可以将电动汽车和燃油车分开停靠。另外还有超过五成的人表示电动汽车的停车费用应当适当降低甚至减免，在调研中我们也不乏看到有些车主不得不花 10 元 / 时的停车费充慢充，七八个小时下来想必是个不小的数字。

3.3.5 政策问题

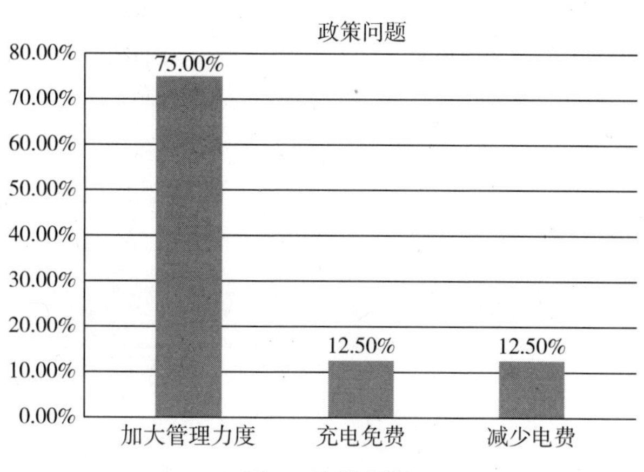

图 9 政策问题

有 75% 的问题是由燃油车乱停车所导致的，希望政府能有强制的政策对燃油车肆意占用电动汽车充电位置进行有效治理。当然还有少部分车主认为政府应当对于如今的电价进行调整——降低或减免，已达到更好地推广电动汽车的目的。

3.3.6 充电地点选择

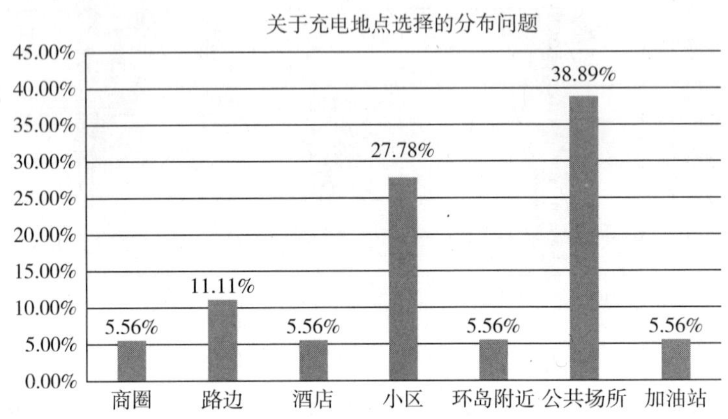

图 10 关于充电地点选择的分布问题

地点问题大家反映都比较零散，因为对于不同车主的活动范围并不相同，但综合车主所反映到的问题来讲，基本包含了目前较为普遍且较为好停车的区域，例如：商业圈，路边，酒店，加油站等，还有不少车主认为应当加强小区内充电桩的建设，对于老旧小区的充电桩问题应当有相应的解决办法。

3.3.7 支付问题

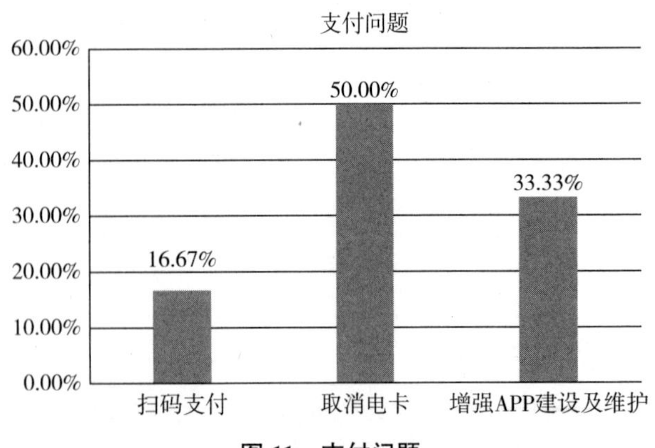

图 11 支付问题

对于支付问题目前有两种方式，一种是刷卡支付，一种是扫描 APP 二维码进行支付。目前国家电网普遍采用刷卡支付的方式，其他公司则采取扫描 APP 二维码方式。在提及这个问题的车主中，有 33% 的车主认为应该取消电卡，主要是因为每个公司的电卡不通用，且办理、挂失都比较麻烦。50% 车主则对 APP 的建设提出了改进意见，由于很多公司用 APP 进行支付，然而经常存在着不联网的情况或充电站点的信息不完全甚至有误，使用起来极为不便，希望服务公司能够有所改进。

另外，经过调查发现，在被问及“您推荐哪家公司”时，绝大部分用户选择国家电网，占到推荐总数的 86% 以上，远远超过此次调查中国家电网充电桩的所占比例 67.1%。相比于其他服务公司，国家电网的电费与服务费较为便宜，是选择国家电网充电车主中 86.84% 的电动汽车车主的选择原因；除此之外，国家电网充电桩分布较为广泛，且少有维护、不联网等情况，与其他公司相比，充电桩更好找，利用率也相对较高，是很多滴滴车主的首选充电公司。另外，也有少部分车主更倾向于能利用微信直接支付的特来电（6.82%）、星星充电 APP（2.27%）等公司，这样他们可以免去办卡、丢卡的烦恼。还有一部分车主，更倾向于不排队的普天公司（除国家电网外很少存在排队情况，但在调查中只有普天公司有人推荐）等，有些车主表示，是自家用车，不在乎充电费用和停车费用，但是排队是很让人头疼的问题。这从侧面反映出国家电网充电桩利用率高、价格实惠，但并不能满足随到随充的问题，这也是此次研究的主要目的，充电桩要怎样建设才能在合理的范围内适应更多的车主？可见，对于普通私家电动汽车的车主而言，能否节省时间才是他们较为关心的问题，这也使得除国家电网外的其他公司有了发展的方向。

3.4 总结

希望政府和相关企业能够大力重视电动汽车配套设施的建设，将电桩的建设正式提到日程上，满足广大消费者的日常需求，并建立更好的服务机制，保证电桩的使用效率和服务质量。

4. 创新点

（1）本次调研的数据与结果被北京市电动汽车充电桩调研项目所采纳，用于建设和完善北京市公共充电设，支持电动汽车产业的发展；

（2）由于充电桩是个新兴事物，发展得还不够完善。对于电动充电桩的调研还非常少，有进一步研究的意义。

北京板块上市公司股权激励实施现状研究

北方工业大学：易寒冰　周　正　崔玉瑶　郝松泽

指导教师：洪　峰　讲师

基于对我国上市公司股权激励实施现状的调查，本文对我国上市公司股权激励各要素进行分析。研究发现：实施股权激励的行业分布不均、激励方式单一、行权价格制定不合理等问题。本文提出了制定合理的激励方案、适当加大激励力度、完善公司治理、完善信息披露等建议。

1. 引言

企业所有者与经营者的利益诉求不同，企业所有者的目标是追求企业价值的最大化，而经营者的目标则是追求自身利益最大化，这就出现了二者在追求自身效用最大化过程中的利益冲突。解决委托代理问题，即企业的所有者如何促进企业家努力工作以实现企业价值的最大化一直是国内外经济理论界和实务界长期探索的课题，股权激励正是解决这种问题的一种手段。到目前为止，已经有许多上市公司采用了股权激励作为解决委托代理关系的方法，使得个人利益与公司利益趋于一致，有效弱化了二者之间的冲突，从而形成企业利益共同体，降低了委托代理的成本。本文通过收集我国上市公司已经实施的股权激励方案，在此基础上分析上市公司股权激励的实施现状。

2. 股权激励的制度背景

为了完善公司治理结构，提升经营业绩，我国上市公司借鉴美国等发达国家的经理人长期激励机制，在经理人股权激励方面进行了积极的探索和尝试。我国企业股权激励始于20世纪90年代，直到2005年股权分置改革后才真正启动。随着我国证券市场的稳步发展和股权分置改革工作的顺利推进，上市公司的激励约束机制日益受到重视，尤其是股权激励受到市场各方关注。2005年12月31日，《上市公司股权激励管理办法》出台，而2006年《上市公司股权激励管理办法（试行）》的正式施行，修订后的《公司法》、《证券法》在公司资本制度、回购公司股票和高级管理人员任职期内转让股票等方面均有所突破，消除了上市公司实施股权激励的法律障碍。两个《办法》的出台将有利于中国证券市场的建设和上市公司治理水平的提升。股权激励可以提高公司管理层和股东工作的积极性，为企业创造更大的价值，也为股东创造更大的价值，从而也为管理层和股东本身创造更大价值。对于缺乏人才的中小企业而言，基数小但发展快、缺现金而潜力大，因此众多中小企业将吸引、保留和激励人才的目光放到股权激励上。正是没有办法拿出大量现金、通过品牌来吸引、激励高素质的人才，因此要通过股权激励方式、用企业的未来凝聚急需的核心人才，这是大型企业所无法比拟的；大企业基数大、但成长速度有限，而且既成的股权结构缺乏灵活的股权激励空间。

3. 股权激励实施的基本现状

3.1 股权激励行业分布

本文为研究我国上市公司的股权激励实施方案，选取了在深市、沪市和北京上市公司的激励方案为例。据Wind统计显示，从2006年1月1日至2016年9月7日：①深市上市公司已有1816家，其中已公布股权激励方案的上市公司共计673家，尚在实施中的有563家，大概占我国深市上市公司的三分之一，实施的激励计划一共772个。根据数据整理显示，相关行业实施股权激励计划的数量如下：软件和信息技术服务业107个，计算机、通信和其他电子设备制造业101个，电气机械和器材制造业80个，化学原料和化学制品制造业53个，互联网和相关服务23个，房地产业21个。大多数实施股权激励的企业为高新企业，其他企业实施股权激励数量及激励力度都有所欠缺。②沪市上市公司中，除去停止实施股权激励政策的公司，共有 164 家公司实施或提到董事会预案股权激励政策，在 A 股上市公司中占近 14.5%。实施股权激励的上市公司中，计算机、通信和其他电子设备制造业，房地产业，医药产业以及电气机械和器材制造业，软件和信息技术服务业，电气机械和器材制造业有 70 多家，占到实施股权激励公司近一半。③北京上市公司有 270 家，其中已公布股权激励方案的上市公司共计 104 家，停止实施的 28 家，大概占北京上市公司的 10%，一共实施激励计划 177 个。虽然北京实施股权激励的公司数量不是很多，但是近几年来的增长速度非常快。

3.2 股权激励形式与股票来源

根据《实施办法》的规定，企业可以选择的股权激励形式主要包括股票期权、限制性股票、股票增值权。股票期权，是指上市公司授予激励对象在未来一定期限内以预先确定的价格和条件购买本公司一定数量股票的权利。股票的增值权，是指公司授予经营者的一种权利，如果经营者努力经营企业，在规定期限内，公司股票价格上升或业绩上升，经营者就可以按一定比例获得这种由股价上涨或业绩提升所带来的收益，收益为行权价与行权日二级市场股价之间的差价或净值产的增值，行权后由公司支付现金、股票或现金与股票的组合。

在调查的上市公司中，采用股票作为激励方式的占超过一半的数量；其次是期权，将近五分之二；采用股票增值权的相对较少，占不到五十分之一。其中深市上市公司，股票占比 59.59%；其次是期权，占比 38.60%；采用股票增值权的相对较少，占比 1.81%。而共有 460 个激励计划实施股票激励，其中有 447 个激励计划采用定向发行股票，10 个激励计划采用提取激励基金买入流通 A 股，2 个激励计划采用股东转让股票；共有 298 个激励计划实施期权激励；共有 14 个激励计划实施股票增值权激励。沪市上市公司类似深市，限制性股票已经成为最受欢迎的是激励方式，并以 60.97% 的压倒性优势发展。在北京上市公司中，股票占比 55.4%；其次就是期权，占比 43%；而股票增值相对较少，占比 1.6%。

由于限制性股票是实值奖励，即使股价下跌，员工手中的股票还是有价值的。股票期权的风险明显高于限制性股票，当股价比执行价格要低时，股票期权也就会面临很大的损失。本文在研究对象上，上证上市公司多数为已经成熟的企业，风险相对较小，所以限制性股票股权激励有更强的激励和约束作用。实施股票期权的公司多为计算机、通信和其他电子设备制造业、房地产业、医药产业以及软件和信息技术服务业等高风险高收益的科技产业及房地产产业。企业的成长空间很大，激励员工的效果更加明显。

3.3 股权激励规模

《试行办法》规定，上市公司首次实施股权激励计划授予的股权数量原则上应控制在上市公司股本总额的1%以内，上市公司全部有效的股权激励计划所涉及的标的股票总数累计不得超过公司股本总额的10%。《实施办法》规定大型企业用于企业股权激励的股权总额，不得超过企业实收资本或股本的10%。由此，10%是一条政策红线。

表1　深市上市公司股权激励比例分布

激励总数占总股本比例区间	计划数量（个）	占比
（0，1%]	152	19.46%
（1，5%]	567	73.67%
（5，10%]	52	6.87%
合计	771	100.00%

备注：其中一个股票激励计划未公布激励总数占当时总股本比例。

资料来源：Wind。

表2　沪市上市公司股权激励程度的区间分布及比例

激励总数占总股本比例区间	计划数量（个）	占比
（0，1%]	46	28.75%
（1，5%]	96	58.125%
（5，10%]	18	13.125%
合计	160	100.00%

资料来源：Wind。

表3　北京板块上市公司股权激励比例分布

激励总数占总股本比例	计划数量（个）	占比
（0，1%]	13	40.6%
（1，5%]	18	56.2%
（5，10%]	1	0.02%
合计	32	100.00%

资料来源：Wind。

上表明显地显示出我国激励计划的激励总数占总股本比例仍集中于较低的层面，由此可知，我国目前股权激励水平偏低，股权激励尚需要加大力度。

股权激励是为了激励员工，平衡企业的长期目标和短期目标，尤其是关注企业的长期发展和战略目标的实现，因此，确定激励对象必须以企业战略目标为导向，即选择对企业战略目标最具有价值的人员。一般地，个人原因自愿放弃认购或者自动辞职而不具备激励对象资格等因素会引起公司激励对象的名单调整，从而实际激励对象的人数往往达不到计划激励的人数，激励总数也会相应下调。目前我国上市公司的内部治理结构主要由股东大会、董事会、管理者和监事会四部分组成。但是从上面激励对象的分析中就可以看出，其并未真正发挥各自应有的作用，一方面上市公司存在着所有者缺位问题，真正在履行职责的大都是一些高层管理者，内部人控制现象严重；另一方面，外部董事没有真正发挥作用，导致享受激励的高管人员成为“薪酬与考核委员会”成员，从而参与制定股权激励计划，这势必将导致经营者为获取自身利益追求业绩上涨的短期行为，从而和公司最初目的相背离。

3.4 股权激励授予条件偏向统一制度化

我国深市上市股权激励授予条件一般如《上市公司股权激励管理办法》中规定，这么看来，绝大多数企业的授予条件偏向一致，鲜有企业根据自身条件与特点进行改进与创新。企业的发展历程、企业文化、治理结构、经营模式等方面具有多元化的特点，因此每个企业的战略目标也不相同，如此一来，企业在制定股权激励授予条件时应综合考虑这些因素，从而制定合理的、符合企业实际状况的股权激励授予条件，只有这样才能达到科学可观的激励效果。

3.5 行权有效期偏短

《上市公司股权激励管理办法》第十三条规定：股权激励计划的有效期从首次授予权益日起不得超过 10 年。通常，只有过了等待期或禁售期并且满足了行权条件或解锁条件的要求后才能行权。股权激励有效期的区间分布如表 4、表 5 和表 6 所示。

表 4　深市上市公司股权激励有效期的分布表

有效期（年）	2	3	4	5	6	7	8	10
激励计划个数	1	22	436	250	40	3	2	8
占比（%）	0.13%	2.85%	56.48%	32.38%	5.18%	0.39%	0.26%	1.04%

资料来源：Wind。

表 5　沪市上市公司实施股权激励计划有效期及其所占比例

有效期（年）	1	2	3	4	5	6	7	8
激励计划个量	2	1	7	92	74	10	8	4
占比例（%）	9.756	0.489	3.415	44.88	36.096	4.879	3.902	1.951

资料来源：Wind。

表 6　　北京板块公司股权激励有效期的分布表

有效期（年）	3	4	5	6
激励计划个数	31	11	43	4
占比（%）	35%	13%	48%	4%

资料来源：Wind。

由以上的数据可以明显看出，超过 80% 的激励计划有效期在 4~5 年，说明我国目前股权激励有效期较短；并且在所有的激励计划中，有效期为 4 年的激励计划数量占比最大，高达 56.48%。一方面，这很有可能滋生管理层的短视行为，在进行企业的经营管理与决策时，管理者极有可能会为了尽快获得个人利益而选择短期获利项目，从而牺牲了公司的长远发展及股东的长期利益，导致公司的经营管理得不到更好的提高。另一方面，较短的有效期往往达不到真正发挥出有效的激励约束作用，因此，我国上市公司股权激励方案的长期激励性还有待提高，股权激励计划的有效期设计的改善势必是新的趋势。

3.6　行权价格

根据公平市场价原则确定股权的授予价格或行权价格，上市公司股权的授予价格应不低于下列两个价格中较高者：一是股权激励计划草案摘要公布前一个交易日的公司标的股票收盘价；二是股权激励计划草案摘要公布前 30 个交易日内的公司标的股票平均收盘价。而实施股权激励的上市公司中，行权价格集中于较低的区间，这无疑使得股权激励变成了福利，因而起不到激励的效果。实施过程中，如果将行权价格和行权条件的条件制定得过低，则实现不了该激励的作用。当然，行权价格过高也会达不到实施股权激励的目的，应当针对公司的自身特点合理制定，才能真正发挥出股权激励的激励作用。出现这问题的原因多样，原因得追溯到我国资本市场、经理人市场、内部治理结构及相关法律不完善、激励方案设计不合理等这些层面。解决方案也应该基于这些原因，要不断完善股权激励的相关法律，努力做到在实施股权激励时能有法可依，完善我国资本市场、经理人市场以及企业内部治理结构，上市公司应当设计出合理、科学、有效的激励方案。

3.7　股权激励实施效果

抽查的公司实施了股票和期权两种激励。其中，股票：限制性股票的授予价格为 17.37 元 / 股，第一次解锁：以 2014 年净利润为基数，2015 年净利润增长率不低于 30%；如低于 30%，则对应解锁期内可解锁的限制性股票由公司统一回购注销。期权：授予的股票期权数量为 1020 万份，涉及标的股票数量为 1020 万股，占当前公司股本总额 2.02%。行权价格 17.61 元 / 股，第一个行权期：以 2012 年净利润为基数，2013 年净利润增长率不低于 30%，以 2012 年净利润为基数，2014 年净利润增长率不低于 69%。2013 年净资产收益率不低于 12.91%，2014 年净资产收益率不低于 14.32%。第二个行权期：以 2012 年净利润为基数，2015 年净利润增长率不低于 119.7%。2015 年净资产收益率不低于 15.84%。表 7 为样本公司实施股权激励前后的财务参数。

表 7　　样本公司的财务参数表

年度	净利润	定基增长率	净资产收益率
2011	95 062 957.42	—	8.33%
2012	180 067 473.91	89.42%	13.32%
2013	204 725 801.85	13.69%	13.15%
2014	411 171 358.77	128.34%	19.66%
2015	814 413 599.23	352.28%	16.74%

备注：净资产收益率 = 税后利润 / 所有者权益；净利润定基增长率以 2012 年净利率为基数。

资料来源：Wind。

样本公司从 2012 年起制定股权激励计划，从表 7 中可以看出，一方面，样本公司实施股权激励后，第一年的业绩明显地比上期低，股权激励的实施对业绩的提升效果不明显；接下来的两年，公司的业绩都要高于实施股权激励前的业绩，且差额较大，由此可预测股权激励实施管理得到改善及提高，从而激励效果也更加明显；并且，实施股权激励后的第二年与激励后第一年的净利润增长率之差将近 100 个百分点。因此，总的来看，在实施了股权激励后，上市公司业绩确实较之前有所提升。但是，刚开始时股权激励对绩效的提升效果并不明显，第三年还有略微下降的趋势，由此可知，股权激励的长期激励效果并没有得到持续提升。这与我国股票市场仍为弱有效市场，市场机制不够完善，同时经理人市场发展还很不成熟，再加上我国公司治理结构及法规政策的不健全都有着紧密的关系。

4. 完善股权激励的建议

4.1　股权激励设计层面

4.1.1　指标多元化

企业在设计行权条件时，应采用多种指标结合的激励体系，通过构造多层次的指标，对企业业绩变动进行多维度考察。同时，企业应该根据自身行业情况，引入个性化指标作为行权条件。

4.1.2 授予价格与业绩门槛制定应综合考虑行业情况

激励的授予价格应综合考虑上市公司所处行业、自身发展情况、激励效果等因素，通过选取合适的模型进行运算和模拟，确定最佳参数以达到最好的预期激励效果。在设置业绩门槛时，大部分企业会参考企业历年的业绩情况。这对于业绩稳定的企业而言并不难操作，但现实情况是中关村园区内大部分企业处于生命周期中的发展阶段，缺乏稳定的业绩预期，这就为业绩门槛的制定带来困难，在缺乏明确业绩预期的情况下，可以从以下两个角度解决：第一，根据行业与竞争对手的业绩情况来设计业绩门槛；第二，由于行业周期，国家产业政策调整等外在因素导致的业绩不达标，可以允许本年业绩归属至下一年度，从而解决短期业绩波动给业绩门槛制定所带来的困难。

4.2 政府监管层面

4.2.1 注重税收政策与股权激励政策的协调性

税负问题是企业急切希望政府进行改革的配套制度。通过完善税收，可以合理提高股权激励计划的受益程度。具体来说，可以从纳税义务时间和税率两方面完善：第一，在行权环节激励环节，激励对象并未获取实际经济利益。按照能量课税原则，可以将纳税时间延至股票出售日。目前的纳税递延只适用于股权奖励，本文认为应该进行进一步推广至其他股权激励形式。第二，制定可享受税率优惠的条件，对于满足条件的受益人给予税率纳税的税收优惠。比如在出售时，如果持有股票时间满足一定年限，可以给予一定的纳税抵减或税率优惠。这样既考虑了受益人的支付能力，也与股权激励的长期性导向吻合。

4.2.2 改革数量型监管思维，赋予企业更大的自主性

随着治理结构，中介机构的专业服务，股权激励的应用逐步成熟以及监管执法措施的完善与进步，政府应淡化数量型监管，赋予企业更大的自主性，允许企业根据自身特征、战略目标、行业动态、经济环境等因素设计适合自身的激励计划。具体来说：第一，放宽对股权激励中重要变量，如激励总量、受益规模、业绩条件的严格数量限制；第二，简化备案制度或改为事后备案制度，监管的重心由事前审批转向事中事后的备案制度。比如强化信息披露、纠正违规行为等。

4.2.3 严厉打击市场操纵行为

信息披露监管的投资者保护是保证股权激励实施效果的因素之一。市场操纵的目的在于为受益人获得有利的行权环境，市场操纵侵害股东利益，同时严重影响股权激励的实施效果。针对此类行为，监督部门应该加强信息披露编报规则，比如要求企业行权条件合理性的证据，提供股权激励涉及的对比数据等有助于投资者理解和判断股权激励合理性的支持材料。

参考文献

[1] 巩娜．上市公司管理者股权激励研究 [D]．长春：吉林大学，2009（3）52–55

[2] 徐子庆．论我国上市公司股票期权激励制度的优化思路 [J]. 现代管理学，2010（4）：42–46

[3] 李锡元，陈思．我国中小型高科技企业股权激励的实施现状分析——以创业板上市公司为例 [J]．科学管理研究，2013

[4] 陈树文，刘念贫．上市高新技术企业高管人员持股与企业绩效关系实证分析 [J]．科学学与科学技术管理，2006（2）：137–139。

[5] 刘广生，马悦．中国上市公司实施股权激励的效果 [J]．中国软科学，2013（7）：110、121

[6] 汪程，吴君民．我国上市公司股权激励应用特征分析 [J]．会计之友，2013（6）：20–23

[7] 刘华，郑军．自主创新背景下我国上市公司股权激励现状及其对策分析 [A]. 科技创业，2010（11）

[8] 冯星，陈少华．股权激励实施效果研究——来自沪深两市上市公司的经验证据 现代管理科学，2014（2）

大学生微博使用情况的统计分析

北方工业大学：温　原　冼鑫玲　杨子言　王雨安　杨　朦

指导教师：周　梅

本文通过面访的形式，对大学部分人群进行抽样调查，并通过描述统计、差异性分析和多重相应分析方法对调查结果进行统计分析，根据分析结果得出大学生微博的使用情况并进行总结。

1. 方案设计与调查实施

1.1　研究目的

本文的研究目的是探究大学生在微博中的行为特征和使用情况，分析其中的原因，并加以总结。

1.2　问卷设计

调查问卷共 18 道题，主要涉及受众人群对微博的关注程度，更加关注的微博类型和用户有哪些以及微博热点对大学生观点的影响，另外还要了解调查对象的性别和年级。

在主要问题上，我们具体了解受访者每天在微博上活动的时间、粉丝数以及已关注的用户数量，从而分析大学生在微博上的基本状况；了解受访者对发表微博以及评论的热衷程度，从而分析大学生在微博上的状态；了解受访者对于微博热点的关注度以及看法，从而分析微博热点对大学生观点的影响程度；用多选题的方式，全面具体地了解了大学生在微博上的喜好，从而总结出哪些微博形式更受大家欢迎。

1.3 调查方法

本次调查对象是全部大学生，共发出 1200 份问卷，回收问卷 1059 份，935 份有效，124 份无效。本次调查问卷采用面访的形式，在大学校园的街头、餐厅以及图书馆等地进行面访。

数据统一回收，在 Excel 中进行录入，导入到 SPSS 软件中进行数据分析。

2. 数据分析

2.1 信度分析

针对调查数据，需要分析数据来源的可靠性，这就涉及问卷设计中评价量表质量的信度分析。Alpha 系数是目前最常用的信度指标，尤其是针对多维的复合量表，它可以考察复合量表中每一题项得分间的一致性程度，也就是说，不同的题项所调查的问题是否能一致地反映同一个调查主题。

Alpha 信度系数公式为：

$$\infty = \frac{1}{k-1}\left(1-\frac{\sum_{i=1}^{k} s_i^2}{s_x^2}\right)$$

式中 k 为测验的题项数，为第 i 题的分数的方差（i=1，2，…，k），为 n 个被测者测验总分的方差。

如果将原始数据进行标准化处理，Alpha 信度系数可以进一步修正为：$\alpha=\left(\frac{k}{k-1}\right)\left(1-\frac{k}{\sum r_{st}}\right)$其中，$s$，$t=1$，…，$k$，$\sum r_{st}$为原始数据相关矩阵所有元素的和。

表 1　　可靠性统计量

Cronbach'sAlpha	基于标准化项的 Cronbachs Alpha	项数
.947	.902	36

可靠性检验结果表明，Alpha 系数为 0.947，基于标准化数据计算的 Alpha 系数为 0.902，两个数据结果都属于较高的信度水平，说明问卷能够获得相对精确的分析结果。

2.2 效度分析

一般采用 KMO 值（Kaiser-Meyer-Olkin）和 Bartlett 球形检验来测试数据的效度分析，结果如下：

表 2　　**KMO and Bartlett’sTest**

Kaiser-Meyer-Olkin Measure of Sampling Adequacy.		.900
Bartlett's Test of Sphericity	Approx. Chi-Square	34526.586
	df	630
	Sig.	.000

表中问卷总体的 KMO 值为 0.900，大于 0.5 的建议标准，总体各变量 Bartlett 球形检验的 p 值都小于 0.05 水平，说明问卷数据效度通过检验。

2.3 微博受众使用情况

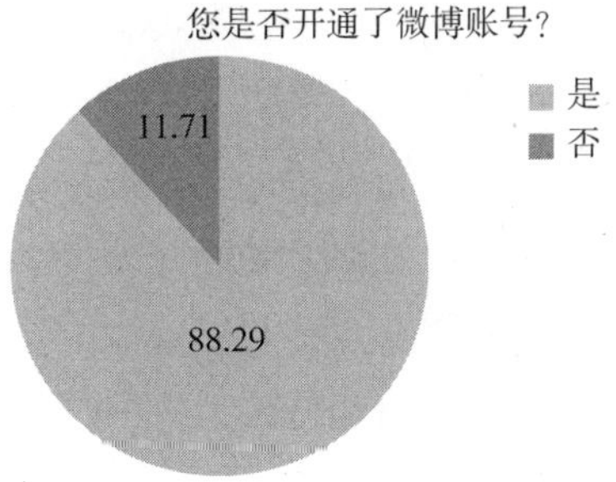

您是否开通了微博账号？
是
否
11.71
88.29

图 1　受访者是否开通过微博比例分布

由图 1 可知，在受调查的大学生中，88.29% 表示已经开通了微博账号，而 11.74% 则没有开通，是否开通的比接近 9 ： 1；这说明了微博在大学生的生活中已经基本普及。

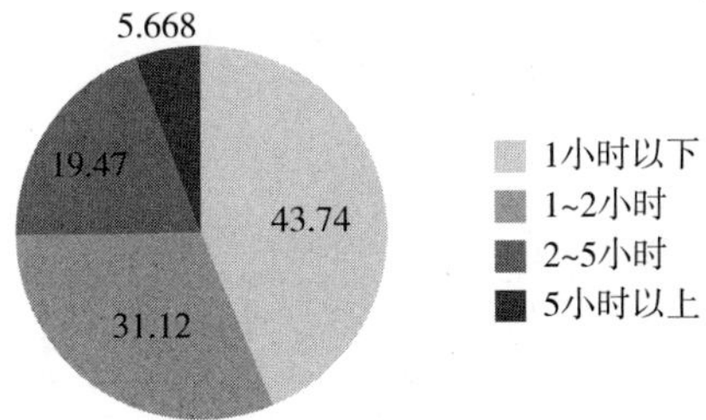

图 2　受访者每天花费在微博上的时间分布

由图 2 可观察到，绝大多数大学生一天内花费在微博上的时间不超过一小时，说明大部分大学生仅将刷微博作为生活中的一种休闲娱乐的方式，并不沉迷其中，但是也有少数人过度迷恋微博，将过多的时间花费在微博上。

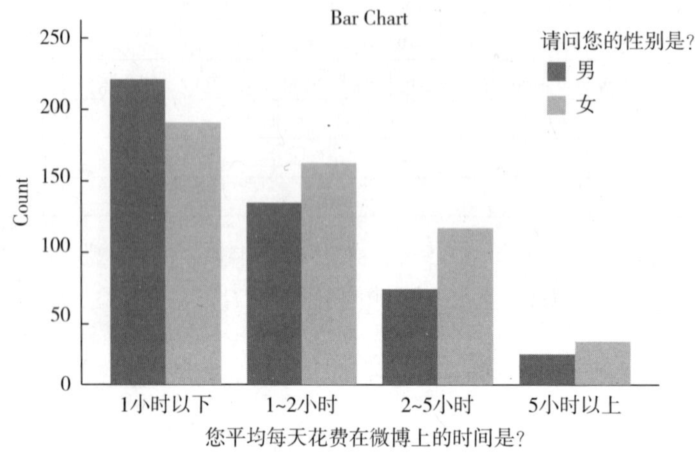

图 3

由图 3 我们可以看出，每天花费在微博上的时间为 1 小时以下的男生占男生总人数的 49.8%，女生为 38.3%，男生多于女生；而花费在微博上的时间为 1~2 小时、2~5 小时和 5 小时以上的男生在所有男生中的比例均小于女生在所有女生中所占的比例，说明女生一天中花费在微博上的时间比男生长。

2.4 多重响应分析

表 3 **$ 用户类型 Frequencies**

		Responses		Percent of Cases
		N	Percent	
用户类型[a]	您微博关注的主要用户类型是？（名人明星）	506	24.1%	54.1%
	您微博关注的主要用户类型是？（媒体）	363	17.3%	38.8%
	您微博关注的主要用户类型是？（商业公司）	172	8.2%	18.4%
	您微博关注的主要用户类型是？（家人）	180	8.6%	19.3%
	您微博关注的主要用户类型是？（同学朋友）	401	19.1%	42.9%
	您微博关注的主要用户类型是？（学者或知识分子）	207	9.9%	22.1%
	您微博关注的主要用户类型是？（和自己有相同爱好的人）	252	12.0%	27.0%
	您微博关注的主要用户类型是？（其他）	15	.7%	1.6%
Total		2096	100.0%	224.2%

a. Dichotomy group tabulated at value 1.

通过表3我们可以看到，被选择最多的用户类型是“名人明星”，占总人数的54.1%，其次是同学朋友和媒体，由此得出微博确实已经成为一个大家了解明星日常生活以及八卦的一个平台，而同学和朋友依然是我们微博里所关注对象的主力军，因为现在大学生的生活更偏向于网络化，同学们在现实中的交流往往越来越少，大家更愿意在网络中展现真实的自己，所以同学之间互相关注有助于大家的互相了解以及人际关系的维护。

表4　　$活动 Frequencies

		Responses		Percent of Cases
		N	Percent	
活动[a]	您在微博上最主要进行的活动是？（关注主流媒体信息）	405	21.8%	43.3%
	您在微博上最主要进行的活动是？（发布自己的观点心情）	386	20.8%	41.3%
	您在微博上最主要进行的活动是？（转发别人的微博）	377	20.3%	40.3%
	您在微博上最主要进行的活动是？（关注名人明星的八卦）	300	16.2%	32.1%
	您在微博上最主要进行的活动是？（关注微博商户商品）	100	5.4%	10.7%
	您在微博上最主要进行的活动是？（随便逛逛）	277	14.9%	29.6%
	您在微博上最主要进行的活动是？（其他）	11	.6%	1.2%
Total		1856	100.0%	198.5%

a. Dichotomy group tabulated at value 1.

通过表4我们可以看到，选择关注主流媒体信息、发布自己的观点心情以及转发别人的微博这三项所占比例最大，其次是关注明星八卦和随便逛逛，只有少数人选择了关注微博商户商品和其他。

2.4　描述统计

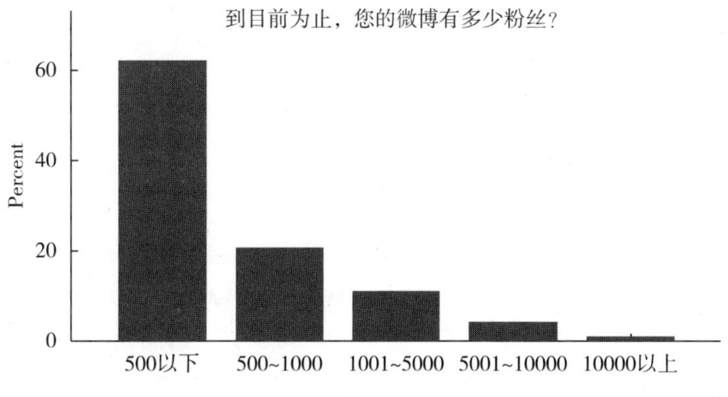

图4

由图 4 我们可以清晰地看出，微博的粉丝数呈现一种由低到高依次减少的趋势，微博粉丝数在 500 以下的人数最多，为 582 人，占总人数的 62.6%，随着粉丝数的增加，人数越来越少，只有 10 个人的微博粉丝数在 10000 以上，占总人数的 1.1%。

可见大多数大学生的微博粉丝数比较少，他们在微博中的角色更倾向于观看者，他们在微博中的活动主要是观看或是转发别人的微博，很少自己进行创作；而少数同学的微博粉丝数已经达到了一个较高的数量，他们在微博中的角色更倾向于一个表演者，他们或许十分细心地经营自己的微博，来获得更多人的认可，从而获得很多粉丝，或许他们在在现实生活中比较有名，像明星一样有很多慕名而来的粉丝，希望通过微博来了解他们的生活动态。

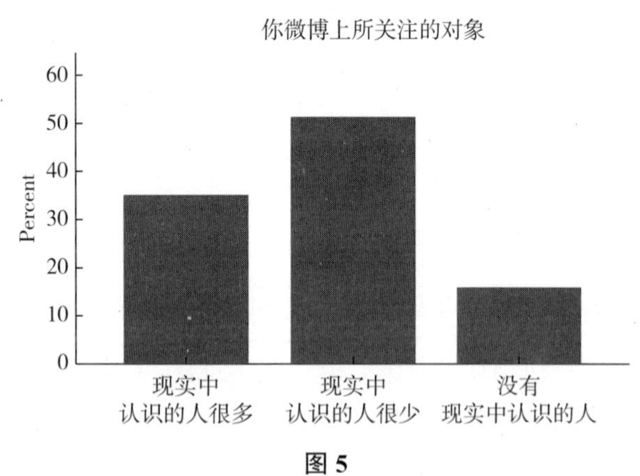

图 5

通过图 5 我们可以清楚地看到，大学生在微博上所关注的对象现实中认识的很少、所占的比例最多，其次是现实中认识的人很多，占总人数的 34.3%。

大多数人选择用微博是为了了解自己生活以外的信息，而不是主要为了了解身边人的动态，这一点，微信朋友圈比微博更加倾向于一个与同学家人朋友进行互动的平台。而微博更加倾向于一个了解我们想要认识的却很难在现实中认识的人的平台，因为在微博上我们只需要关注对方就能看到他所发的信息。少数人的微博中没有现实中认识的人，是因为他们想在微博上毫无顾忌地畅所欲言，或是抒发自己的负面情绪，如果微博上有自己现实中认识的人会让他们感到困扰。

接下来我想针对大学生对于热门微博的态度进行一个了解。

通过图 6 我们可以看出，选择偶尔会浏览热门微博的大学生最多，占总人数的 35.7%，而选择经常和总是浏览热门微博的人也不少，分别占总人数的 34.7%

和 22.8%，只有极少数的同学选择从不浏览热门微博，占总人数的 6.8%。

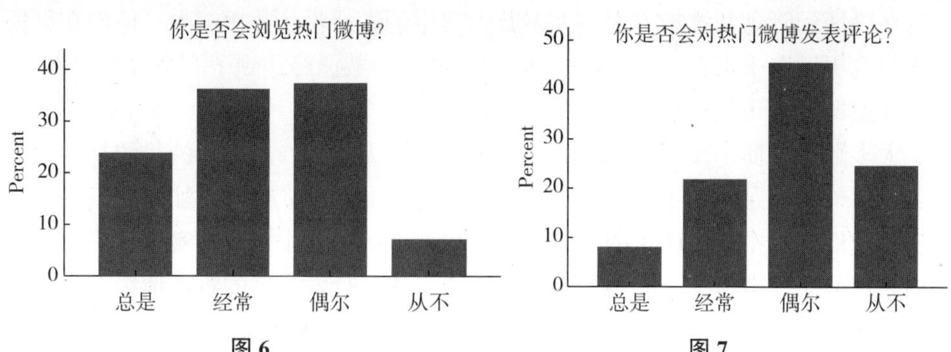

图 6　　图 7

通过图 7 我们可以看出，选择偶尔会对热门微博发表评论的大学生最多，占总人数的 45.5%，第二多的是从不对热门微博发表评论，占总人数的 24.6%，而选择经常和总是的人占少数，分别为 21.8% 和 8.1%。

这说明，大学生虽然对热门微博充满兴趣，但是大多数人只是抱着看看的态度，并不参与其中。

由图 8 我们可以清楚地看到，绝大多数人选择还会继续使用微博，占总人数的 90.8%，而选择不会继续使用微博的人只占总人数的 9.2%，两者之间的比例超过 9 ： 1。

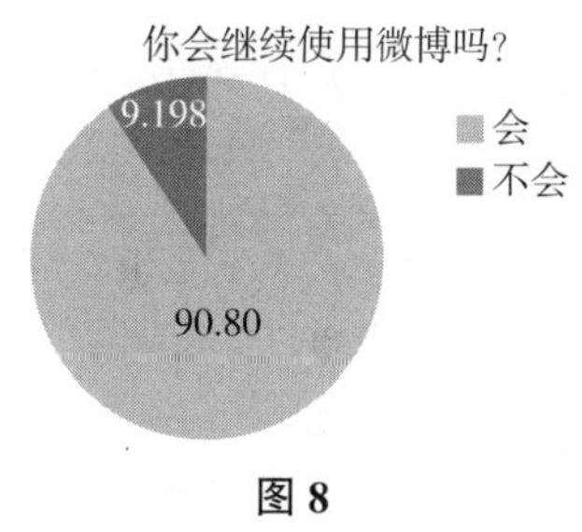

图 8

由此可见，绝大多数大学生仍然喜爱微博，微博在众多 APP 中的竞争优势依然显著，在可预测的将来，微博依然会是广大大学生休闲娱乐的一个绝佳的平台。

3. 结论

通过本次对大学生微博使用情况的调查我们了解到，微博在大学生的生活中已经基本普及。大部分大学生仅将刷微博作为生活中的一种休闲娱乐的方式，并不沉迷其中，但是也有少数人过度迷恋微博，将过多的时间花费在微博上。在性别方面，大学女生比男生更喜欢玩微博，愿意花费更多的时间在上面。

在同学们关注的对象上，名人明星确实占有很大比例，而同学和朋友依然是我们微博里所关注对象的主力军。

同学们在微博上所进行的活动，以关注主流媒体信息、发布自己的观点心情和转发别人的微博这三项所占比例最大。

在微博的管理和维护方面，大多数大学生的微博粉丝数比较少，他们在微博中的角色更倾向于观看者；而少数同学的微博粉丝数已经达到了一个较高的数量，他们在微博中的角色更倾向于一个表演者。

大多数人微博中现实中认识的人很少，说明大家选择用微博的目的是了解自己生活以外的信息，而不是主要为了了解身边人的动态；微博更加倾向于一个可以了解我们现实中很难认识的人的平台；少数人的微博中没有现实中认识的人，是因为他们想在微博上毫无顾忌地畅所欲言，或是抒发自己的负面情绪，如果微博上有自己现实中认识的人会让他们感到困扰。

最后，绝大多数大学生仍然喜爱微博，微博在众多 APP 中的竞争优势依然显著，在可预测的将来，微博依然会是广大大学生休闲娱乐的一个绝佳的平台。

4. 误差与不足

（1）在样本方面，本次调查没能使男女比例达到 1 ∶ 1，可能会对调查结果有一定的影响；

（2）有些被访者可能并未十分认真地填写，造成了分析结果的一些误差。

参考文献

[1] 何晓群 . 多元统计分析 [M]. 第二版 . 北京：中国人民大学出版社，2004

[2] 张文彤 . SPSS 统计分析基础教程 . 第二版 . 北京：高等教育出版社，2011

[3] 张文彤 . SPSS11 统计分析教程 . 高级篇 . 北京：北京希望电子出版社，2002

[4] 冯士雍 . 抽样调查理论与方法 . 第二版 . 北京：中国统计出版社，2012

[5] 许倪倪 . 微博时代对大学生个人思想的影响及应对措施 . 湖北经济学院学报（人文社会科学版），2014（8）

[6] 郭静 . 大学生使用微博的心理动因 . 衡水学院学报，2013（4）

[7] 曹婷，张洁 . 大学生微博使用偏好调查报告——以兰州市大学为例 . 今传媒，2011

[8] 郑洁，付有 . 微博对大学生影响的调查与研究 . 重庆邮电大学学报（社会科学版），2013（5）

国内 P2P 信贷现状及其发展前景的统计分析

北方工业大学：梁丹妮　胡　岸　李眉茵　刘思雨

指导教师：高　波　讲师

P2P 信贷，指有资金并且有理财投资想法的个人，通过第三方网络平台牵线搭桥，使用信用贷款的方式将资金贷给其他有借款需求的人的一种借贷方式。随着网络的发展与社会的进步，此种金融服务的正规性与合法性逐步加强，在有效的监管下发挥网络技术优势，实现普惠金融的理想。通过对网贷之家提供的 2014~2015 年的数据的整理，利用 SPSS 软件与 Excel 软件进行分析，从而得出 P2P 信贷平台的现状与发展前景。

1. 选题背景

P2P 网络借贷平台，是 P2P 借贷与网络借贷相结合的金融服务网站。平台分为两个产品，一个是投资理财，一个是贷款，都是在网上实现的。P2P 小额借贷（peer to peer lending）是一种将非常小额度的资金聚集起来借贷给有资金需求人群的一种商业模型。它由 2006 年"诺贝尔和平奖"得主穆罕默德·尤努斯教授首创。

随着互联网技术的快速发展和普及，P2P 小额借贷逐渐由单一的线下模式转变为线下线上并行，随之产生的就是 P2P 网络借贷平台。这使更多人群享受到了 P2P 小额信贷服务。P2P 网络借贷平台发展的另一个重要目的，就是通过这种借贷方式来缓解人们因为在不同年龄时收入不均匀而导致的消费力不平衡问题。

P2P 网络借贷平台于 2005 年起源于英国。而我国于 2007 年 8 月在上海成立首家 P2P 网络借贷平台，比英国起步晚 2 年。

本文通过对我国近两年的 P2P 网贷发展状况进行分析，通过对这些数据进行整理、比较、分析并得出结论，从而研究我国 P2P 网贷现状及其发展前景。

2. 研究方法

P2P 借贷的社会价值主要体现在满足个人资金需求、发展个人信用体系和提高社会闲散资金利用率三个方面。本文通过对采集到的数据进行探索分析，意在比较我国近几年 P2P 网贷的相关数据，研究我国 P2P 网贷的发展状况。通过对 P2P 借贷平台数量及成交量等变量的分析，一定程度上对于协助分析我国 P2P 网贷现状具有一定的积极意义。

3. 研究结果

3.1 近年中国 P2P 借贷平台发展情况分析

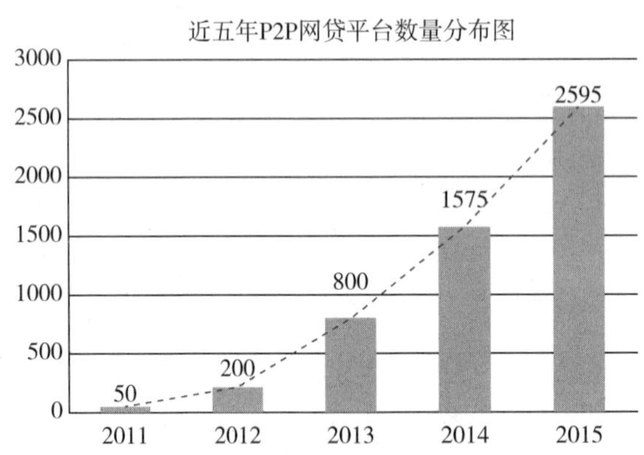

图 1 近五年 P2P 网贷平台数量分布图

根据图表中的数据可以看出，2011 年到 2015 年，我国 P2P 网贷运营平台的数量一直在增加，数量依次为 50、200、800、1575、2595。在 2011 年，P2P 网络借贷平台刚刚进入大众眼球，所以起初的运营平台数量还较少。但随着我国经济近几年的飞速发展，网贷运营平台也在逐年增多，并呈现出明显的上升趋势，增长率依次为 300%、300%、96.875%、64.762%，均高于 50%。

截止到 2015 年底，网贷运营平台数量已经达到了 2595 家，相比 2014 年底增长了 1020 家，绝对增量超过去年再创历史新高。2015 年对于 P2P 网贷行业是个不平凡的一年，《网络借贷信息中介机构业务活动管理暂行办法(征求意见稿)》落地、互联网金融被列入“十三五”规划、高层多次发言表示支持互联网金融，这些都意味着 P2P 网贷已经进入了一个全新的高度。不过由于监管细则征求稿已经落地，预计 2016 年底网贷运营平台的数量不会大幅度增长。

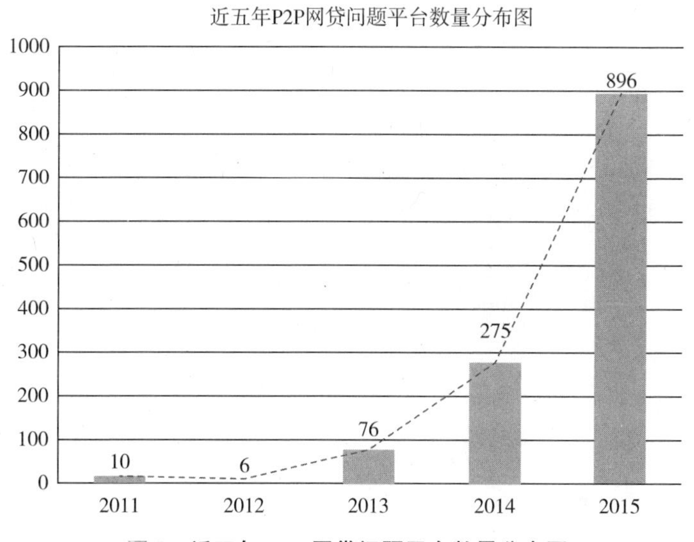

图 2　近五年 P2P 网贷问题平台数量分布图

由于融资速度快、相比民间融资更低的成本，P2P 网络借贷平台成为企业短期融资的重要选择。但有时也会由于停业、跑路、提现困难、经侦介入等原因而产生问题平台。

透过图表中的数据我们可以看出，2011 年到 2015 年，我国 P2P 网贷运营平台的问题平台数量呈上升趋势，数量依次为 10、6、76、275、896。通过表 1 与图 1，我们已经了解到 P2P 网贷运营平台的数量在逐年增多，并呈现明显的上升趋势。伴随新平台上线，资本、巨头涌入网贷行业，由于行业监管的空白，问题平台也在陆续出现，目前问题平台的数量变化也有着同样的趋势。

2015 年全年问题平台的数量已达到 896 家，是 2014 年的 3.26 倍。2015 年新上线的平台数量大增，导致各大中小平台竞争更为激烈，同时受股市大幅波动影响，众多平台面临巨大的经营压力，停业平台数量不在少数，并且随着监管的落地，不少违规平台加速跑路也进一步加大了问题平台数量。

表 1　　全国 P2P 各背景网贷运营平台数量　　单位：家

类型＼年份	2014	2015
银行系	12	14
国资系	34	68
上市公司系	17	48
风投系	29	68
民营系	1483	2413

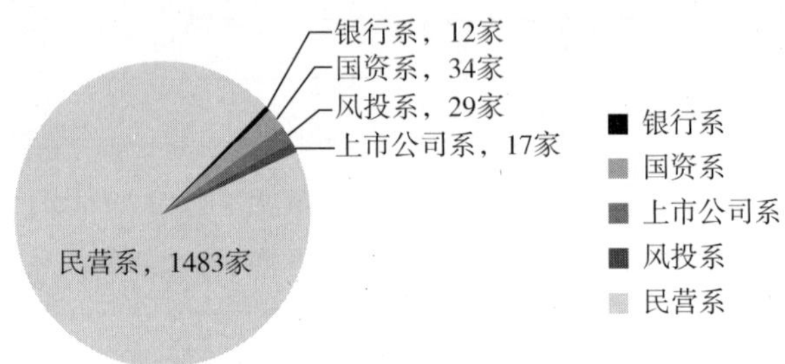

图 3　2014 年全国 P2P 各背景网贷运营平台数量分布图

P2P 网贷运营平台的数量越来越多，平台越来越受到投资者的青睐。P2P 种类繁多，按背景分，P2P 运营平台可分为银行系、国资系、上市公司系、风投系以及民营系。

2014 年以来，民营、银行、国资、上市公司、风投资本不断涌入网贷行业，加速网贷行业布局。在这一年中，网贷行业获得民营青睐的平台多达 1483 家，国资平台 34 家，风投背景平台 29 家，上市公司背景平台 17 家，银行背景平台 12 家。

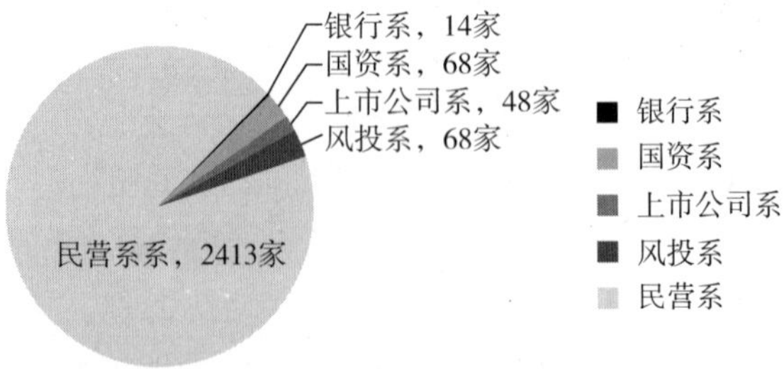

图 4　2015 年全国 P2P 各背景网贷运营平台数量分布图

2015 年以来，网贷行业获得民营青睐的平台已经达到了 2413 家，国资和风投背景的平台均为 68 家，上市公司平台数量为 48 家，银行背景平台数量为 14 家。这些平台依靠自身的背景实力，吸引着更多的网贷投资新人进入这些平台。

根据 2014 年和 2015 年的数据，我们利用 Excel 绘制环形图，更清楚地看出了各背景平台的数量都在逐步增加。目前，民营系网贷平台数量最多，到 2015 年底已达到 2413 家，该背景下的网贷平台数量远远多于其他几种网贷平台数量总和，在网贷平台中占有较大比重。这是因为相对于国资系和银行系少则一千、多则过万的起投金额，民营系 P2P 平台的投资门槛偏低，没有强大的背景撑腰，于是民营系平台就会以较高的收益率来吸引投资者。

其他几种网贷平台的数量均还不到 100 家，彼此间差距不大，其中，国资系和风投系网贷平台的数量稍多一些。国资系 P2P 平台资金实力强大，可信度较高。同时国资背景的 P2P 平台，有股东国资公司隐性的信用背书，因此风险要比一般的民营 P2P 平台低，对于手中闲置资金较多，追求稳定收益且风险承受能力低的投资人，国资系也是一种不错的选择。风投系的平台目前大多已经发展到了一定的规模，有着风投的资本助力，平台的成长速度也在逐渐加快，风投系的平台数量也在逐渐增多。

由于银行系的网贷平台收益率普遍较低，而且流动性也比较差，所以风险承受能力较低，对收益率和资金流动性要求不高的投资者才会选择这种网贷平台，这样银行系的平台与其他平台相比，数量显得较少一些。

3.2 回归分析

3.2.1 P2P与GDP关系

我们从网站上获得了 2012 年以前、2012 年、2013 年以及 2014 年四个时段的数据信息。选取从 2011 年至 2014 年的 GDP（亿元）数据，将其与相关变量建立回归方程。

首先利用 SPSS 软件对其进行变量之间的相关程度的判断。

表 2　　模型汇总

模型	R	R 方	调整 R 方	标准 估计的误差
1	.963[a]	.928	.891	21737.97296

a. 预测变量：(常量), 运营平台数量（家）。

表 3 **Anova**[b]

模型		平方和	df	均方	F	Sig.
1	回归	1.211E10	1	1.211E10	25.631	.037[a]
	残差	9.451E8	2	4.725E8		
	总计	1.306E10	3			

a. 预测变量：(常量), 运营平台数量（家）。

b. 因变量：GDP 亿元。

表 4 **系数**[a]

模型		非标准化系数		标准系数	t	Sig.
		B	标准误差	试用版		
1	(常量)	500506.912	16106.282		31.075	.001
	运营平台数量（家）	91.695	18.112	.963	5.063	.037

a. 因变量：GDP 亿元。

通过观察表 2 可以看到调整后的判定系数 0.891，拟合优度高，不被解释的变量极少。从表 3 看出，由回归方程显著性检验的概率为 0.037，小于显著性水平 0.05，则认为系数不同时为 0，被解释变量与解释变量全体的线性关系是显著的，可建立线性方程。由系数表 4 可知，观察回归系数显著性检验中的概率值，“运营平台数量“的显著性水平为 0.037。综上可以看出，运营平台数量与国内 GDP 高度正相关，可以继续拟合回归方程。

3.2.2 回归分析

由表 2 可知，运营平台数量与国内 GDP 的相关系数 r =0.963，具有高度相关性，所以根据回归分析法建立运营平台数量与国内 GDP 的回归方程：

$$Y=\beta_1+\beta_2X$$

（其中 Y 为国内历年 GDP，X 为运营平台数量。）

利用 SPSS 回归分析可得：

表 5 **系数**[a]

模型		非标准化系数		标准系数	t	Sig.
		B	标准 误差	试用版		
1	(常量)	500506.912	16106.282		31.075	.001
	运营平台数量（家）	91.695	18.112	.963	5.063	.037

a. 因变量：GDP 亿元。

根据表 4 可以得出估计结果：β_1= 500506.912、β_2=91.695

回归方程：Y=500506.912+91.695X

（其中，Y 为国内历年 GDP，X 为运营平台数量。）

4.2.3 残差分析

表 6　　残差统计量 [a]

	极小值	极大值	均值	标准 偏差	N
预测值	505091.6875	644927.1250	560682.0000	63538.75613	4
残差	−20968.18164	15277.01367	.00000	17748.98060	4
标准 预测值	−.875	1.326	.000	1.000	4
标准 残差	−.965	.703	.000	.816	4

a. 因变量：GDP 亿元。

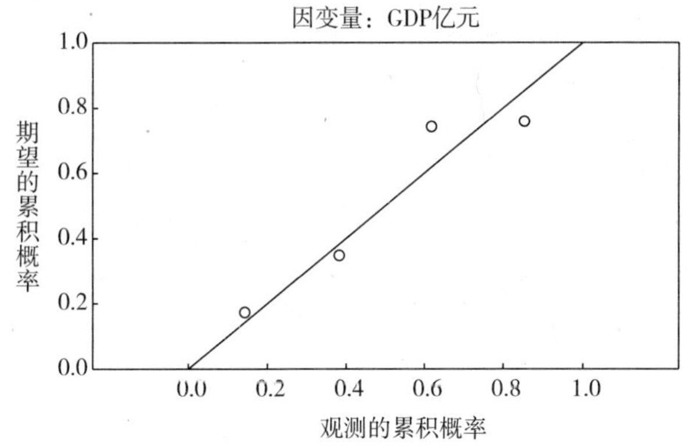

图 5　回归标准化残差的标准 P-P 图

由 P–P 图可知，原始数据与正态分布的不存在显著的差异，残差满足线性模型的前提要求。残差点在 0 线周围随机分布。可以看出我们的回归方程拟合的较好。可以进行下一步分析，对回归方程进行进一步加工。

3.2.4 回归检验与结果分析：

决定系数 R2=0.928 接近于 1，说明该一元线性回归模型的拟合度高。相关系数 γ=0.963，说明了 GDP 与运营平台数量之间是正相关关系且高度相关。GDP 随着运营平台数量的增加而同步增加。Significance F< α =0.05 说明该回归方程是显著性的。总体的两个变量间存在线性关系。

运营平台数量的一元线性回归效果显著，所以该一元线性回归模型说明了 GDP 随着运营平台数量的增加而增加，即运营平台数量每增加 1 个单位，大约导致国内生产总值增加 91.695 个单位。通过计算，运营平台数量对国内 GDP 的贡献率为：1/91.695 =1.09 %。综上所述，P2P 平台数量对国内经济增长有促进作用。

4.2 P2P 与全国固定资产投资的关系

通过学习我们知道，P2P 市场的发展对银行借贷有一定的冲击，P2P 网贷的发展能迫使“影子银行”降低门槛，竞争还是全方位的，而且会越来越剧烈。一方面 P2P 网贷积极与传统的担保、信托、小贷机构等进行合作，另一方面 P2P 网贷也会直接挤占典当、小贷公司等影子银行的市场，最终体现在价格机制上的市场化，这种方式对传统银行的借贷模式有着很大的冲击，因此我们想分析 2011 年 2015 年中国 P2P 网贷市场交易规模与银行贷款规模关系，数据如上表格，用 SPSS 进行回归分析。

表 7　（单位：亿元）

2011	2012	2013	2014	2015
46034.83	51292.37	59056.31	64512.22	70965.46

4.2.1 回归分析

表 8　**Model Summary**

Model	R	R Square	Adjusted R Square	Std. Error of the Estimate	Change Statistics				
					R Square Change	F Change	df1	df2	Sig. F Change
1	.846[a]	.716	.622	6142.2414775	.716	7.578	1	3	.071

表 9　**ANOVA[b]**

Model		Sum of Squares	df	Mean Square	F	Sig.
1	Regression	2.859E8	1	2.859E8	7.578	.071[a]
	Residual	1.132E8	3	37727130.368		
	Total	3.991E8	4			

通过观察可以看到调整后的判定系数 0.622，拟合优一般。从表 3 看出，由回归方程显著性检验的概率为 0.071，大于显著性水平 0.05，则认为系数不同时为 0，被解释变量与解释变量全体的线性关系是不显著的。由系数表 4 可知，观察回归系数显著性检验中的概率值，银行贷款规模的显著性水平为 0.03771。

综上可以看出，中国 P2P 网贷市场交易规模与银行贷款规模关系并不成高度正相关，我们再来检验两者增长率的关系，通过 Excel 进行绘图和残差分析图。

4.2.2 绘图和残差分析图

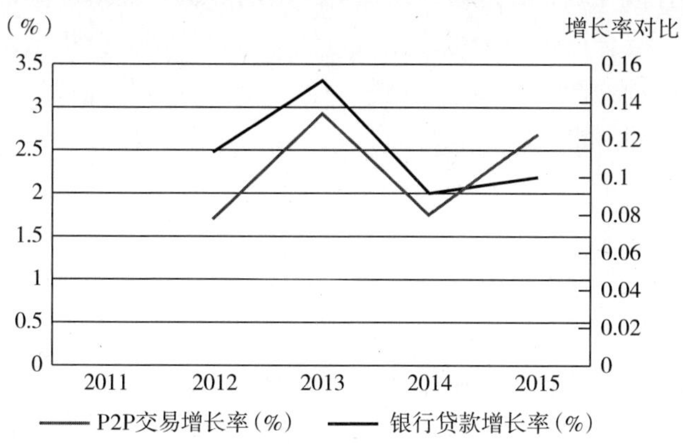

图 6

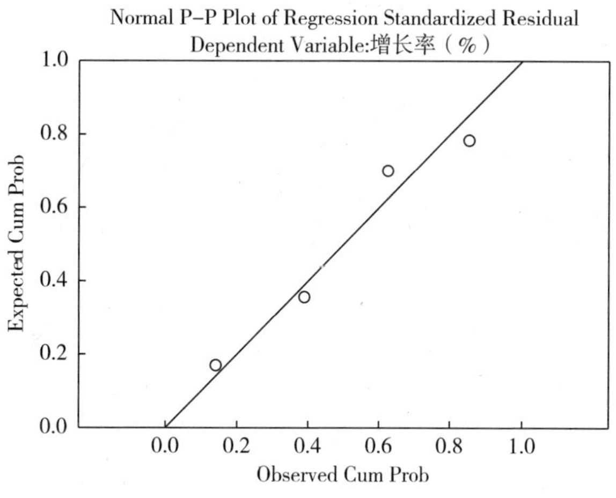

图 7

由 P–P 图可知，原始数据与正态分布的不存在显著的差异，残差满足线性模型的前提要求。残差点在 0 线周围随机分布。可以看出我们的回归方程拟合的较好。可以进行下一步分析，对回归方程进行进一步加工。而在折线图中我们可以看出，从 2011 到 2014 两者的增长率趋势基本相同，但 P2P 模式为传统模式增长率的十倍，并且从 2014 年开始 P2P 开始呈现一个加速的增长趋势，而传统银行贷款模式显然趋于平缓，所以我认为 P2P 对传统银行贷款是存在影响的，但是基于 P2P 这种新式的平台仍存在固有的问题，比如致命缺陷就在于“高风险高收益”的借贷行为被理解、包装成低风险甚至无风险的理财计划，而在这一过程中“风险”并没有被 100% 的转移，或者它的信用等级大概率偏低，也就意味着违约概率相对高，综合坏账率不可能比银行低。所以从回归分析上来看，它目前为止并不能对银行贷款产生明显的负面影响，但结合资料与我们的数据分析，我们有理由相信这种冲击是有扩大趋势的。

3.5 结论

P2P 网络借贷平台是 P2P 借贷与网络借贷相结合的金融服务网站。平台分为两个产品，一个是投资理财，一个是贷款，都是在网上实现的。随着互联网技术的快速发展和普及，P2P 小额借贷逐渐由单一的线下模式转变为线下线上并行，随之产生的就是 P2P 网络借贷平台。这使更多人群享受到了 P2P 小额信贷服务。

不仅从我国 P2P 运营平台的数量来看，对于美洲市场来说 P2P 也处在一个逐渐重要的地位上，我国近几年运营平台的数量有大幅度上涨，而问题平台的数量占运营平台总数量的比例也有所下降，说明 P2P 平台的发展逐渐步入正轨。

但是随着 P2P 的出现对传统的银行借贷模式也造成了冲击，P2P 网贷的发展能迫使“影子银行”降低门槛，竞争还是全方位的，而且会越来越激烈。但由于 P2P 现在仍有问题，所以对银行贷款行业的影响处在上升期。但随着监管细则的出台，P2P 借贷行业将面临巨大震荡，大量存在运营风险或者无法满足监管要求的问题平台将会加快跑路速度，大量平台倒闭现象将成为常态。今年 7 月，行业指导性文件正式落地，这将为 P2P 网贷行业形成一个良好的发展环境，对 P2P 网贷的健康发展带来巨大帮助。

通过数据分析可以看出，网络借贷对国内的经济发展产生了一定的正面影响，即起到了促进经济发展的作用。随着行业的规范，更多投资人以及需要借贷的人会关注并且加入，健康成长的 P2P 网贷行业将有更好的发展，从而为国家带来更好的经济发展。

4. 创新点

本文的创新之处在于对 P2P 的发展现状通过两个方面进行探究：第一，P2P 与全国固定资产投资的关系；第二，P2P 网贷交易规模与银行贷款规模的关系。

P2P 从 2011 年开始有了大规模的发展，虽然有学者对其发展的趋势进行了研究，但鲜少通过交易量及投资量进行分析。

参考文献

[1] 钱金叶，杨飞 . 中国 P2P 网络借贷的发展现状及前景 [J]. 金融论坛，2012（1）

[2] 胡晓洲 .P2P 网络借贷的现状及发展前景分析 [J]. 现代商业，2014（35）

[3] 高洁 . 我国 P2P 网络借贷发展现状分析 [J]. 知识经济，2014（22）

[4] 国家统计局网站

[5] 网贷之家网站——新闻《7 月问题平台 109 家 大量平台倒闭将成常态》

[6] 百度文库——《国内 P2P 现状及发展前景》

KdV 型方程精确解的构造方法及其应用

北方工业大学：王　宁　李国放　刘奕阳　邱碧卿

指导教师：张智勇　副教授

KdV 型方程式描述非线性现象的一类重要的演化方程，其求解问题引起了人们的广泛关注。同时，*F*- 展开法是非线性发展方程精确解构造的一种行之有效的方法。本文利用 *F*- 展开法研究一类 KdV 型方程，获得了该方程新的精确解，并描绘出精确解对应的图像。

1. 选题背景

非线性现象出现于非线性系统中的某些特殊动力学行为，是非线性系统中独有的反映其运动本质的一类现象，在线性系统中是见不到的，也不能用线性系统的理论来解释。近几年来，非线性现象的研究已经广泛地存在于物理学、力学、应用数学等多个学科领域中。

非线性发展方程是刻画非线性现象的一种重要工具，截至目前，非线性发展方程的精确解构造问题引起了人们的广泛关注，已经有很多不同类型的非线性发展方程出现在数学和物理科学领域，很多专家学者在如何求解非线性方程的精确解方面做了大量有效的工作，构造出多种有效的求解方法，如齐次平衡法、Tanh 函数法、Hirota 双线性方法、Bäcklund 变换法、反散射法和 Darboux 变换法等。

本文主要研究如下 KdV 型方程的精确解：

$$u_t+uu_x+u^2u_x+u_{xxx}=0 \tag{1.1}$$

在文中，我们采用了指数函数方法求解 KdV 方程，得到了 KdV 方程的 6 种不同形式的指数函数解。然而求解非线性波动方程并没有统一适用的方法，因此继续寻找一些能够构造出方程（1.1）新精确解的方法是十分必要的。因此，在本文中，我们主要应用了 F– 展开法求解 KdV 方程。

本文的内容安排如下：第 2 节简单介绍 F– 展开法的主要思想；第 3 节利用 F– 展开法研究方程（1.1），得到了 3 组 Jacobi 椭圆函数解，并画出对应的图像，观察波的传播状况；最后一节是对本文内容的一个总结。

2. 研究方法

本文以如下的非线性偏微分方程

$$N(u,\ u_t,u_x,u_{tt},u_{xt},u_{xx},\cdots)=0 \tag{2.1}$$

为例来简单阐述一下 F– 展开法的主要思想。在方程（2.1）中，N 为其变元的多项式，并包含非线性项和高阶偏导数项。

（1）假设方程（2.1）具有行波解：

$$u(x,t)=u(\xi),\xi=x-ct, \tag{2.2}$$

则方程（2.1）可转化为：

$$N(u,-cu',u',c^2u'',-cu'',u'',\cdots)=0 \tag{2.3}$$

（2）假设方程（2.3）可表达成如下形式：

$$u=a_0+\sum_{i=1}^{n}(a_iF^i(\xi)+\frac{b_i}{F^i(\xi)}) \tag{2.4}$$

其中 a_0，a_i，b_i（i=1，⋯，n），a_i 为常数，而函数 F（ξ）满足如下方程：

$$F'^2(\xi)=PF^4(\xi)+QF^2(\xi)+R \tag{2.5}$$

其中 P、Q、R 为常数。在此方程中，如果给 P、Q、R 以具体数值，那么可得到 F（ξ）的具体形式（表格 1 中为 F（ξ）的部分解）。

表 1　系数（P、Q、R）之间的关系及满足方程 $F'^2=(\xi)=PF^4(\xi)+QF^2(\xi)+R$

	P	Q	R	$F(\xi)$
1	m^2	$-(1+m^2)$	1	$sn\xi$
2	m^2	$-(1+m^2)$	1	$cd\xi$
3	$-m^2$	$2m^2-1$	$1-m^2$	$cn\xi$
4	-1	$2-m^2$	m^2-1	$dn\xi$
5	1	$-(1+m^2)$	m^2	$ns\xi$
6	1	$-(1+m^2)$	m^2	$dc\xi$
7	$1-m^2$	$2m^2-1$	$-m^2$	$nc\xi$
8	m^2-1	$2-m^2$	-1	$nd\xi$

续表

	P	Q	R	$F(\xi)$
9	$1-m^2$	$2-m^2$	1	$sc\xi$
10	$-m^2(1-m^2)$	$2m^2-1$	1	$sd\xi$
11	1	$2-m^2$	$1-m^2$	$cs\xi$
12	1	$2m^2-1$	$-m^2(1-m^2)$	$ds\xi$

（3）将（2.4）、（2.5）带入到方程（2.3）中，然后平衡方程（2.3）的非线性项和最高阶导数项即可确定表达式（2.4）中的 n。

3. 研究结果

本节主要采用上述 F– 展开法来求解方程（1.1），对于该方程，把 $\eta=kx+wt$ 带入到方程（1.1）中，可得：

$$\omega u' + kuu' + ku^2u' + k^3u''' = 0 \tag{3.1}$$

假设方程 u 具有（2.4）的形式的解，即

$$u = a_0 + \sum_{i=1}^{n}(a_iF^i(\xi) + \frac{b_i}{F^i(\xi)}) \tag{3.2}$$

其中，a_0，a_i，b_i（i=1，…，n），a_i 为待定系数，函数 $F(\xi)$ 满足如下形式：

$$F'^2(\xi) = PF^4(\xi) + QF^2(\xi) + R \tag{3.3}$$

通过方程（3.3），我们可得：

（3.3）的一阶导数为：

$$F''(\xi) = 2PF^3(\xi) + QF(\xi) \tag{3.4}$$

（3.3）的二阶导数为：

$$F'''(\xi) = 6PF^2(\xi)F'(\xi) + QF'(\xi) \tag{3.5}$$

现在，为了确定方程（3.2）中系数 n 的具体数值，我们将（3.2）代入到（3.1）中，并借助方程（3.4）、（3.5），可得：

$$u^2u' = c_0 + c_1F^{3i-1}(\xi)F'(\xi) + \cdots \tag{3.6}$$

$$u''' = d_0 + d_1F^{i+1}(\xi)F'(\xi) + \cdots \tag{3.7}$$

此时，平衡 u^2u' 和 u'' 的非线性项和最高阶导数项可得 n=1，即：

$$u = a_0 + (a_1F(\xi) + \frac{b_1}{F(\xi)}) \tag{3.8}$$

然后，借助 Mathematica 软件求解这个方程组，得到如下几种形式的解。

情形 1：当$a_0=-\frac{1}{2}, a_1=i\sqrt{6}k\sqrt{p}, b_1=0, k=1, \omega=1, m=\frac{1}{2}$时，方程为：

$$u=-\frac{1}{2}-\sqrt{6}kJacobiDN\left[kx+wt,m\right] \tag{3.9}$$

其图像如图 1 所示：

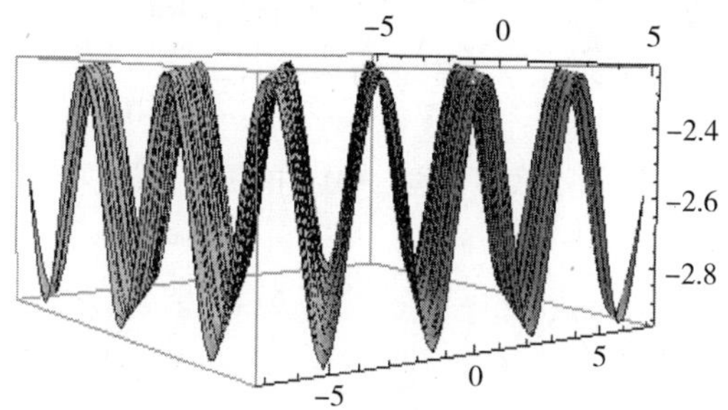

图 1　解（3.9）的图

情形 2：当$a_0=-\frac{1}{2}, a_1=i\sqrt{6}k\sqrt{p}, b_1=0, k=1, \omega=1, m=\frac{1}{2}$时，方程为：

$$u=-\frac{1}{2}+\frac{-\sqrt{6}km(-1+JacobiCN\left[kx+\omega t,m\right]^2)}{JacobiCN\left[kx+\omega t,m\right]} \tag{3.10}$$

其图像如图 2 所示：

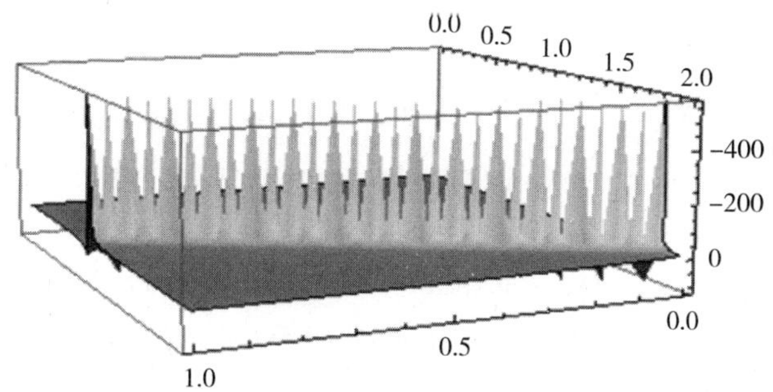

图 2　解（3.10）的图

情形 3：当$a_0=-\frac{1}{2}, a_1=i\sqrt{6}k\sqrt{p}, b_1=0, k=1, \omega=1, m=\frac{1}{2}$时，方程为：

$$u=-\frac{1}{2}+\frac{-\sqrt{\frac{3}{2}}km(-1+JacobiNC\left[kx+\omega t,m\right]^2)}{JacobiNC\left[kx+\omega t,m\right]} \tag{3.11}$$

其图像如图 3 所示：

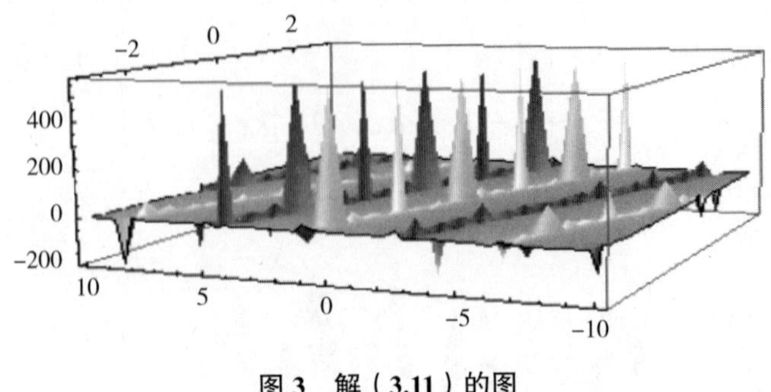

图3 解（3.11）的图

4. 创新点

本文利用 $F-$ 展开法深入系统地分析了 KdV 型方程的精确解，给出新的雅克比椭圆函数解，这些解能够加强对该方程的理解，从而促进该方程在数学、物理等领域的应用，因此本文的工作具有一定的理论意义和应用价值。

参考文献

[1] M.L.Wang，Y.B.Zhou，Z.B.Li.Application of a homogeneous balance method to exact solution of nonlinear equations in mathematical physics[J]. Physics Letters A，1996，216（15）：67–75

[2] E.J.Parkes，B.R.Duffy. An automated tanh–function method for finding solitary wave solutions to non–linear evolution equations[J]. Computer Physics Communications，1996，98（3）：288–300

[3] H.W.Tam，W.X.Ma，X.B.Hu，et al.The hirota–satsuma coupled KdV equation and a coupled Ito system revisited[J]. Journal of the Physical Society of Japan，2000，69（1）：45–52

[4] 屠规彰 .Boussinesq 方程的 Backlund 变换与守恒律 [J]. 应用数学学报，1981，4（1）：63–68

[5] H.A.Zedan. Exact solutions for the generalized KdV equation by using Bäcklund transformations[J]. Journal of the Franklin Institute，2011，348（8）：1751–1768

[6] M.J.Ablowitz，P.A.Clarkson.Solitons，nonlinear evolution equations and inverse scattering[M]. New York：Cambridge University Press，1991

[7] V.B.Matveev，M.A.Salle.Darbooux transformation and soliton[M]. Berlin：Springer，1991

[8] 张赛，李国放，王宁 . 应用指数函数方法求解 KdV 方程 [J]. 应用数学进展 ,2015

复杂神经网络中节律产生的动力学机制

北方工业大学：于　浩　肖　晗　司芳源　宋家宝　张叶冰

指导教师：段利霞　副教授

本项目主要研究复杂神经网络中节律产生的动力学机制，以磁流作用下改进的 Chay 神经元模型为目标，研究神经元在外界磁流作用下电活动的模式转迁。结果表明，忆阻电流使得系统呈现静息、峰放电和簇放电等丰富的放电模式。特别地，发现了复杂混合振荡模式。

1. 研究背景

生物神经系统是由数量巨大的神经细胞（神经元）相互联结组成的，具有极其复杂的多层次结构的信息网络系统，具有复杂的动力学行为。基于神经元的电生理实验，Hodgkin 和 Huxley 在理论上提出了关于神经元放电的著名的 HH 模型（Hodgkin–Huxley），揭示了神经生理活动的电化学机制。此后，人们在 HH 模型基础上，为了更好地描述不同神经元丰富的放电模式，相继改进或提出一些著名的神经电生理模型，如 FHN（FitzHugh–Nagumo）模型、HR（Hindmarsh–Rose）模型、ML（Morris–Lecar）模型、Chay 模型等。神经元 Chay 模型是描述胰腺细胞的电生理模型，它由经典的 HH 模型改进而得到，在原有 Na^+、K^+ 离子通道的基础上增加 Ca^{2+} 离子通道。Chay 模型具有丰富的放电模式和动力学行为。裴利军等人研究了神经元 Chay 模型的动力学行为；周毅研究神经元 Chay 模型簇放电活动的动力学行为和模式划分。随着对神经系统生物电的进一步研究，神经元系统中可以检测到复杂的电磁场分布。马军等人研究了磁流对神经元放电模式的影响；李佳佳等人研究电磁辐射引起神经元放电节律转迁的动力学行为。在本文中，研究 Chay 模型中磁流对神经元放电模式的影响，主要通过增加磁通量以及忆阻器对 Chay 模型进行改进，改进的 Chay 神经元模型能产生丰富的放电模式。本文主要研究了磁流对单个神经元放电行为的影响，为深入研究电磁辐射对人体神经元的影响提供有益的探讨。

2. 研究方案

经典的三变量 Chay 模型最初是用来模拟胰腺细胞的放电行为，也可以用来描述其他神经元的峰、簇放电行为。在磁流作用下，改进后的 Chay 模型表示如下：

$$\begin{aligned}\frac{dv}{dt} &= g_i m_\infty{}^3 h_\infty(v_i - v) + g_{kv} * -(v_k - v)n^4 \\ &+ g_{kc}\left(\frac{c}{1+c}\right)(v_k - v) + g_l(v_l - v) + 1 - k_1 v\rho(\varphi)\end{aligned} \quad (1)$$

$$\frac{dC}{dt} = \rho[m_\infty{}^3 h_\infty(v_c - v) - k_c C] \quad (2)$$

$$\frac{dn}{dt} = \frac{n_\infty - n}{\tau_n} \quad (3)$$

$$\frac{df}{dt} = v - k_2\varphi \quad (4)$$

$$\frac{dq}{dt} = \rho(\varphi) \quad (5)$$

其中（1）表示细胞膜电位的变化，和分别是混合 Na^+-Ca^{2+} 离子通道、K^+ 通道和漏电离子通道的可逆电位；分别代表混合离子通道、依赖电位的 K^+ 通道、依赖细胞膜内 Ca^{2+} 浓度的 K^+ 通道和漏电流的最大电导；（2）表示细胞膜内 Ca^{2+} 浓度的变化规律，右边两项分别表示进出膜的 Ca^{2+}；（3）表示依赖于电位的 K^+ 通道打开的概率的变化规律，其中弛豫时间是细胞内 Ca^{2+} 流出的比率常数，是比例性常数，是 Ca^{2+} 通道的可逆电位，是与 K^+ 通道打开的时间常数相关的参数。和分别是混合 Na^+-Ca^{2+} 通道激活和失活的概率，是 K^+ 通道打开概率 n 的稳定值，具体表达式：

$$m_\infty=\frac{\alpha_m}{\alpha_m+\beta_m}$$

$$h_\infty=\frac{\alpha_h}{\alpha_h+\beta_h}$$

$$n_\infty=\frac{\alpha n}{\alpha_n+\beta_n}$$

其中：

$$\alpha_m=\frac{0.1(25+v)}{1-e^{-0.1v-25}},\beta_m=4e^{\frac{-(v+50)}{18}},\alpha_h=0.07e^{-0.05v-2.5},$$

$$\beta_h=\frac{1}{1+e^{-0.1v-2}},\alpha_n=\frac{0.01(20+v)}{1+e^{-0.1v-2}},\beta_n=0.125e^{\frac{-(v+30)}{80}},\tau_n=\frac{1}{\lambda_n(\alpha_n+\beta_n)}$$

变量 φ 描述的是跨膜磁通量，$\rho(\varphi)$ 表示磁通控制忆阻器（记忆电阻）。$\rho(\varphi)=r+3b\varphi^2$，其中 r、b 是给定的参数值， 参数 k_1，k_2 是描述膜电位和磁通量之间的联系，$k_1v\rho(\varphi)$ 是指对膜电位的抑制调节，它主要取决于 φ 的变化。根据电磁定律可以把 $k_1v\rho(\varphi)$ 描述为感应电流，表达式如下：

$$i'=\frac{dq(\varphi)}{dt}=\frac{dq(\varphi)}{d\varphi}\frac{d\varphi}{dt}=\rho(\varphi)v=k_1v\rho(\varphi) \tag{6}$$

方程中由于离子的跨膜运动会增加膜电位，所以在方程中引入负反馈。模型中用到的参数值见附录。

本项目主要采用数值模拟的方法，主要用到龙格－库塔（Runge–Kutta）方法，我们用神经元 Chay 模型（微分方程组）为例，研究微分方程组的数值解，从而揭示神经元的动力学行为。

3. 主要结果

以改进的 Chay 模型为基础，研究参数 k_2、 r、 I 分别对神经元的膜电位产生的影响。固定参数 k_2=2、r=0.5、b=0.0006、I=−65，当 k_1 变化时神经元呈现不同的放电模式：由静息态、簇放电到周期簇放电的转迁，如图 1 所示：当 k_1=0.2 时，簇大体形态一致但每一组簇中所包含的峰放电状态并不相同，即混合模式；当 k_1=0.8 时，簇放电的振幅约为 15mV；当 k_1=2 时，神经元的簇放电的振幅约为 5mV。也即是说，参数 k_1 不仅可以影响神经元放电模式的频率，还可以影响放电模式的振幅，也即影响膜电位的大小。

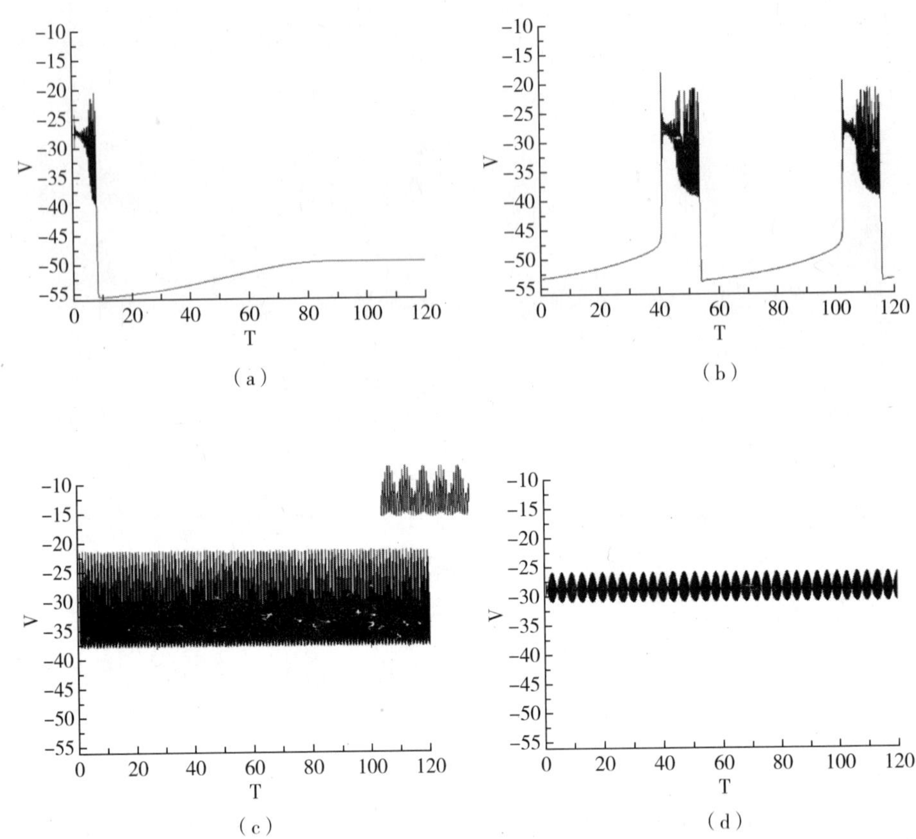

图 1　k_2=2、r=0.5、b=0.0006、I=65，参数 k_1 变化时神经元膜电位的时间

（a）k_1=0.2，（b）k_1=0.2，（c）k_1=0.8，（d）k_1=2

k_1 和 k_2 都是用来描述膜电位和磁通量之间关系的参数。接下来，我们研究负反馈 $-k_2\phi$ 中的 k_2 对神经元膜电位的影响。k_2=0 时，膜电位振荡的幅度很小，表现为静息态，如图 2 所示。在 k_2 增加到 0.6 时，神经元的放电模式呈现出无规律非周期性峰放电节律；继续增大 k_2 的值，当 k_2=1.2 时，神经元呈现复杂的混合簇放电模式；k_2=2 时，神经元表现为稳定的簇放电模式。说明参数 k_2 变化时，神经元经由静息、峰放电到混合簇放电到簇放电的转迁。参数 k_2 对膜电位的频率影响较大，但对振幅的影响不是很大。

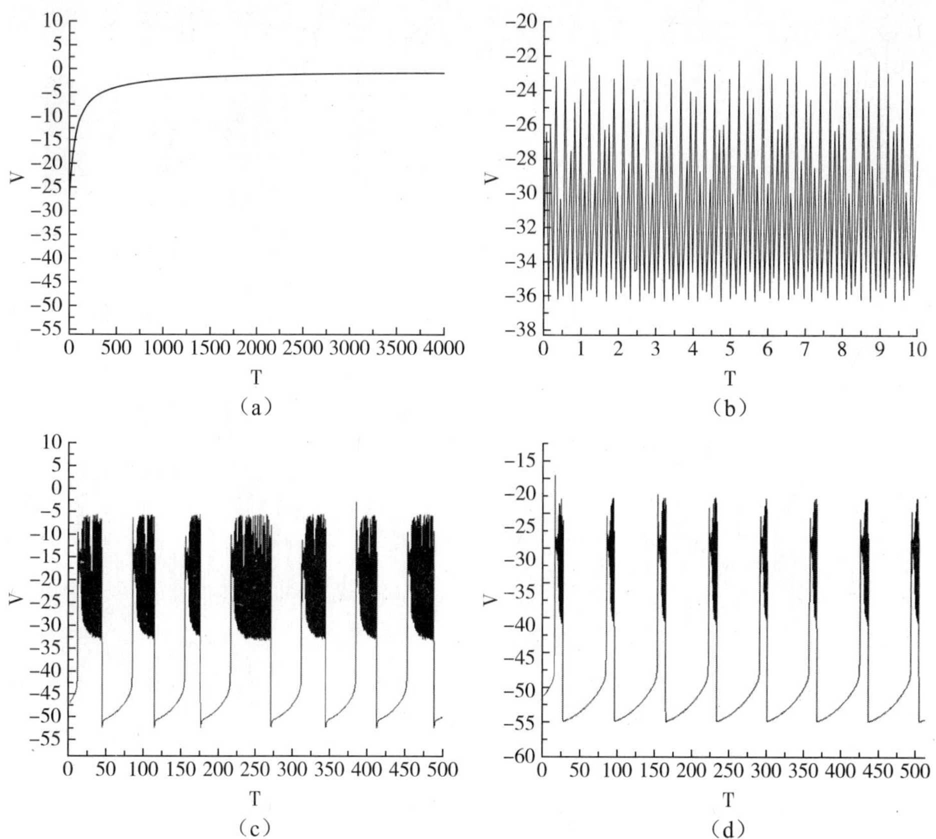

图 2　k_1=0.2、r=0.5、b=0.0006、 I=-65，参数 k_2 变化时神经元膜电位的时间序列图

（a）k_2=0,（b）k_2=0.6,（c）k_2=1.2,（d）k_2=2

对于改进的 Chay 模型，磁通控制忆阻器（记忆电阻）起到了关键性的作用，它可以用来记忆跨膜磁通量的大小，其中 $\rho\phi=r+3b\phi 2$。下面我们研究参数 r、b 对神经元膜电位产生的影响，如图 3 所示，神经元由静息、混合放电、无规律峰放电到低振幅周期簇放电的转迁，参数 r 对神经元膜电位的振幅及频率都有重要的影响。

外部刺激电流对神经元的放电模式也有重要的影响。外部刺激 I 变化时神经元的放电模式如图 4 所示。神经元表现为静息态，混合簇放电、峰放电到低振幅簇放电的转迁。

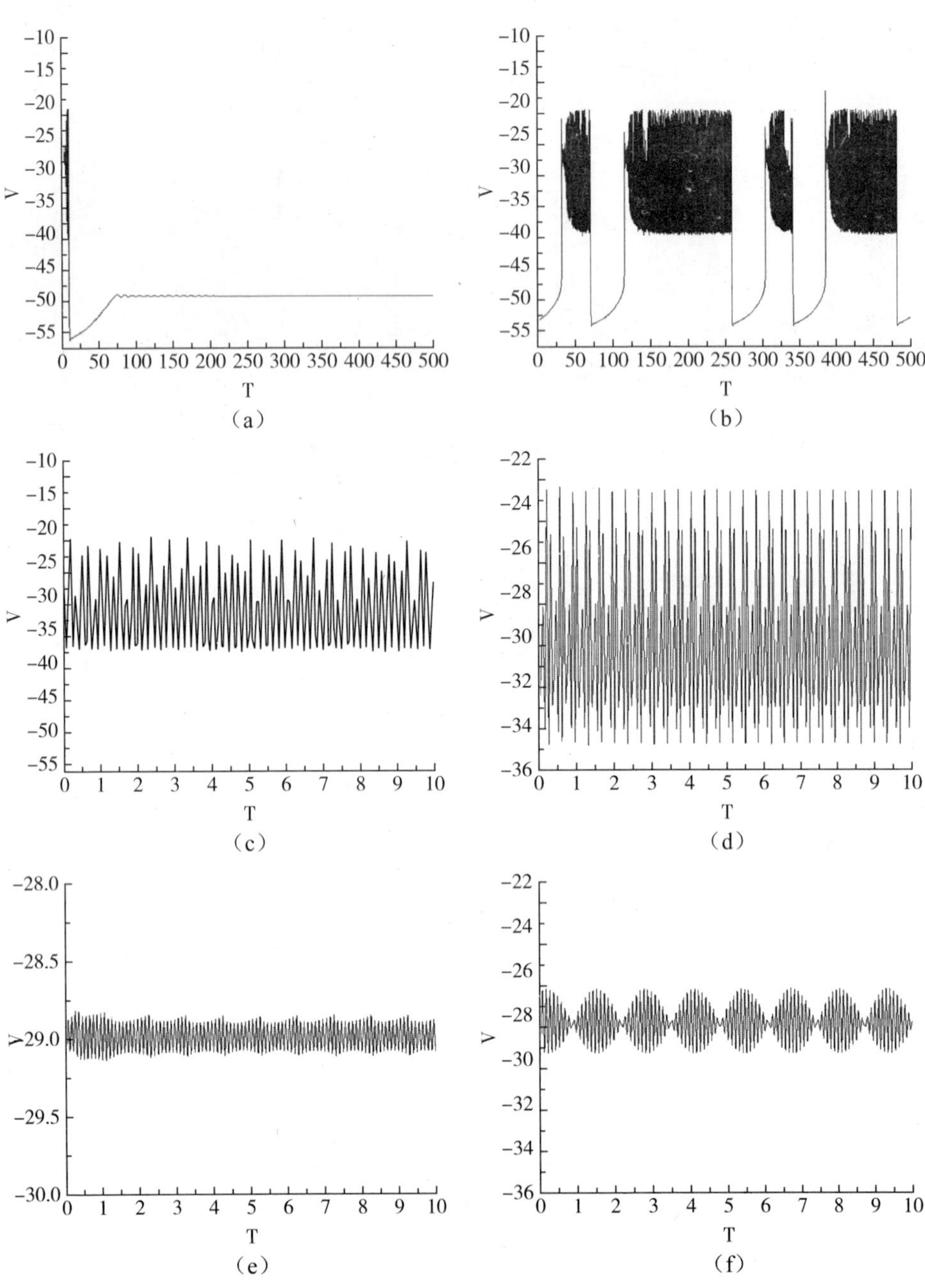

图 3　k_1=0.2、k_2=2、b=0.0006、I=-65，参数 r 变化时神经元膜电位的时间序列图

（a）r=-1,（b）r=2,（c）r=3,（d）r=6,（e）r=8,（f）r=9

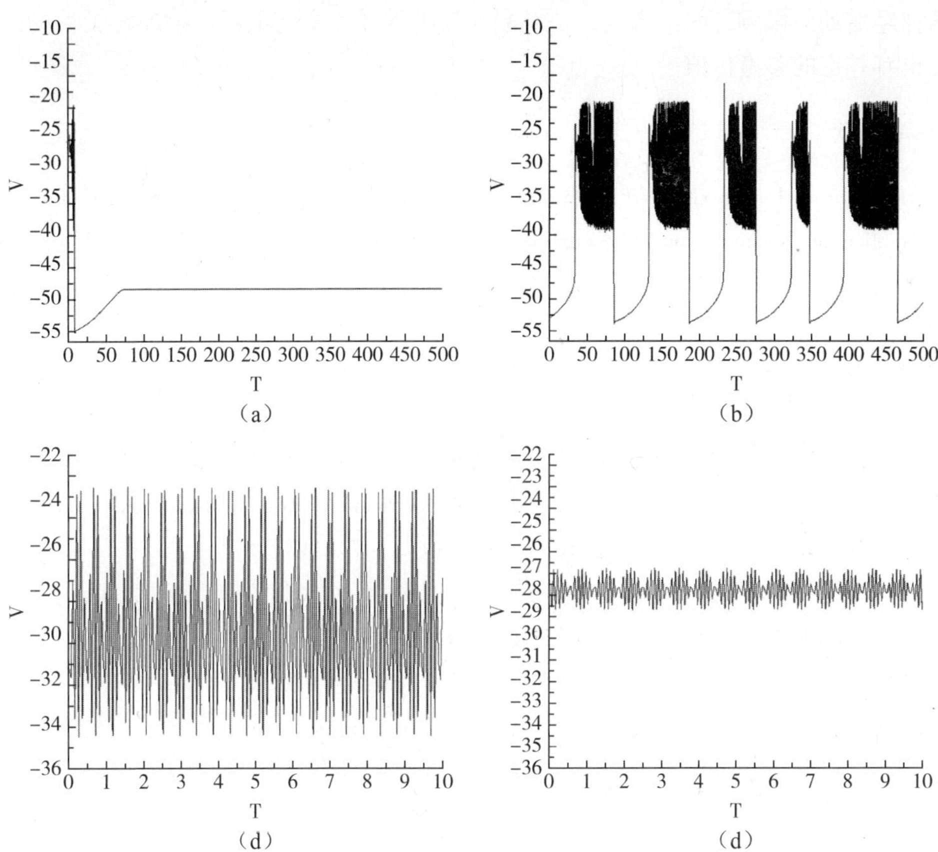

图 4　k_1=0.2、k_2=2、r=0.5、b=0.0006，参数 I 变化时神经元膜电位的时间序列图

（a）I=−80，（b）I=−20，（c）I=10

4. 创新点

基于经典 Chay 模型，我们研究了神经系统中电磁场对神经元膜电位的影响。通过增加跨膜磁通量及忆阻器，给出了磁流作用下改进 Chay 模型。我们主要研究了参数口 k_1、k_2、r 和外部刺激电流 I 对神经元放电模式的影响。在磁流作用下，我们发现，Chay 神经元会表现出复杂的混合模式。这与实验中观察到的现象一致。选取适当的参数，神经元就可以呈现：静息、峰放电、簇放电和混合簇放电等多样的放电模式。经典的 Chay 模型中，神经元常见的放电状态为静息、峰放电和簇放电。电磁场引起的复杂的神经节律变化可以使我们进一步认识了磁辐射对大脑神经活动的影响，另一方面，该结果对于节律动力学与电磁辐射的相关性的研究也有一定的参考价值。

参考文献

[1] Hodgkin A. l.，Huxley A.F. A quantitative description of membrane current and its applications to conduction and excitation in nerve[J]. J. physiol，1952，117：500–544

[2] Chay T R，Chaos in the three-variable model of an excitable cell[J]. Physica D，1985，16：233-242

[3] 裴利军，王永刚，范晔．神经元 Chay 模型的动力学分析 [J]. 郑州大学学报，2009（41）7- 12.

[4] 周毅．神经元 Chay 模型簇放电活动的分岔研究 [J]. 赤峰学院学报，2012（28）23–25

[5] LV，M.，Wang，C.，Ren，G. et al. Model of electrical activity in a neuron under magnetic flow effect[J]，Nonlinear Dyn，2016），85（3），1479–1490

[6] 李佳佳，吴莹，独盟盟，刘伟明．电磁辐射诱发神经元放电节律转迁的动力学行为研究 [J]. 物理学报，2015，64（3）：214–220

致谢

本文得到“北京市大学生科学研究与创业行动计划”项目和北方工业大学“科研创新团队建设计划”项目支持的资助；感谢指导教师段利霞老师的悉心指导。

附录

在本文的模型中，所用到的参数值见表 1。

表 1　文章中的参数值

g_i	1800	v_i	100	ρ	0.27	λ_n	230
g_{kv}	1700	v_i	–61	k_c	0.18333333	g_l	7
g_{kc}	10	v_l	–40	v_c	336		

统计建模在北京市老龄人口变化规律中的应用

北方工业大学：王　瑾　廖　丹　刘丹阳

指导教师：崔玉杰　副教授

随着60岁以上人口的增加，人口老龄化已经成为困扰我国经济社会发展的一个社会问题。北京面临着严重的人口老龄化问题。本文采用多元回归分析以及灰色理论模型对北京市未来的老龄人口进行短期预测。同时对北京市社会保障支出和老龄人口数量进行回归分析，并对社会保障支出做了短期预测。

1. 选题背景

人口问题一直是世界各国关注的社会问题。每个国家根据不同的国情，实施不同的人口政策。人口老龄化是指总人口中因年轻人口数量减少、年长人口数量增加而导致的老年人口比例相应增长的动态。两个含义：一是指老年人口相对增多，在总人口中所占比例不断上升的过程；二是指社会人口结构呈现老年状态，进入老龄化社会。国际上通常看法是，当一个国家或地区60岁以上老年人口占人口总数的10%，或65岁以上老年人口占人口总数的7%，即意味着这个国家或地区的人口处于老龄化社会。我国进入老龄化社会以来，呈现出老年人口基数大、增速快、高龄化、失能化、空巢化趋势明显的态势，再加上我国未富先老的国情和家庭小型化的结构叠加在一起，养老问题异常严峻。所以老龄化问题十分严峻，对于每个地区的发展同样有着严重影响，进入21世纪以来，北京市人口老龄化进程不断加快，人口老龄化的迅速发展，不仅会增加社会负担，而且还会增加家庭负担，如果未来北京市人口老龄化继续加剧，离休和退休人员在总人口中所占的比重将会不断增加，养老保险基金的支出缺口也将变得更大，这势必会给北京的社会保障机构带来巨大压力，并在较大程度上影响北京社会保障水平的提高以及社会保障范围的扩大，加重劳动者的经济负担，最终影响社会的可持续发展。因此，对于北京作为我国首都其发展更加备受关注，更具北京市老龄化现有状况通过数据与合理的人口预测模型更加精确合理地预测北京市老龄人口，可以为北京市总体规划提供重要依据。

2. 方案论证

2.1 方案设计

本文属于应用型研究，即将统计分析方法运用于对经济社会问题的分析上。关于本次研究，设计的方案如下。

第一步，确立研究的主题和对象为：北京市老龄人口预测及其对经济社会的影响；第二步，查阅并学习相关的文献、研究成果，为下一步的研究做好理论准备；第三步，确定研究中所需要的统计分析、统计建模方法，在本文的研究中，建立的模型是：多元模型和灰色模型；第四步，收集本次研究中所需要的数据，并对其进行初步的预处理；第五步，利用第四步中确立的统计分析、建模方法对数据进行分析，并研究数据分析结果，验证方法是否正确；第六步，对方案进行修正，再一次分析数据结果，并得出结论；第七步，撰写研究报告和论文。

从本文的研究成果来看，基本遵循方案设计中的步骤，并完成了预期的研究目标。

2.2 数据来源说明

本文数据均来源于以下网站：

国家统计局：http：//www.stats.gov.cn/

北京市统计局：http：//www.bjstats.gov.cn/

3. 研究方法

3.1 实证分析

统计分析的方法在分析经济社会中的实际问题中有着广泛的运用。实证分析是社会科学研究方法之一，着眼于当前社会或学科现实。在我国老龄化现象日益严重的背景下，本文采用实证分析的方法，以北京市的老龄化情况为研究对象，运用一系列统计分析方法对北京市老龄人口总量进行预测，进而得出北京市老龄人口在近期的总量状况，并以此为基础，进一步对北京市水保障支出做了短期预测，从而推断出人口老龄化在短期内所带来的经济社会影响。

3.2　定量分析

本文应用定量分析，定量分析是对研究对象的数量特征、数量关系与数量变化分析，是用来衡量事物发展程度或多少的。本文在借鉴以往研究成果和北京目前状况的基础上，根据国家统计局官网、北京市统计年鉴上的数据，对北京市的老龄化情况进行定量分析。同时对北京市社会保障支出和老龄人口数量进行回归分析，并对社会保障支出做了短期预测。在数据分析过程中，主要采用了统计分析中的多元回归分析、灰色理论模型、时间序列检验等分析方法对数据进行了有效的分析。

4. 研究结果

4.1　指标选取

本文中为了研究需要，现设定一些指标，指标的设定原则是根据现有的有关人口预测、老龄化研究等相关成果中的指标，并结合本文的研究目的而选取的指标。指标设定如下：X_1、X_2、X_3、X_4、X_5、X_6、X_7、OP、SEL“人均 GDP” “城镇人口比重” “出生率” “自然增长率” “养老保险支出” “城乡居民储蓄” “居民消费水平” “老年人口总数” “社会保障支出水平” 。

4.2　建立模型

4.2.1　多元回归模型

$$OP=\beta_0+\beta_{i\Sigma}X_i+\varepsilon_i i=1,2,3,\cdots,10 \tag{1}$$

其中，是回归模型中的常数项，是每一个自变量前的系数，它反映出当变动一个单位时，个单位。是每一个观测期的残差项，其均值为 0。

本文在建立多元回归模型时，逐步回归法的思想是：先按前进法引入自变量，即：将所有的变量都引入回归模型中，再按后退法即：逐步对方程中的每一个解释变量进行回归系数的显著性偏 F 检验，将最不显著的变量剔除。逐步回归法能够保证最终确定的方程是显著的，且方程的每个自变量对因变量的线性影响也是显著的。

4.2.2　色模型

目前灰色理论已形成了较为完善的一套模型、方法和技术体系。灰色预测是其中的重要应用之一，其主要是指利用 GM 模型，灰色模型可以用于对系统的时间序列进行数量大小的预测，其最突出的优点是该模型不要求大量的历史数据就可以建立起可靠性很高的预测模型。

利用时间序列数据直接建模，将序列数据作一次累加生成后，建立微分方程。常用于预测的灰色模型为 GM（1，1）模型为一阶微分方程：

$$\frac{dX^{(1)}{}_{t}}{dt}+aX^{(1)}{}_{t}=u \tag{2}$$

方程（5）中，为原始数据数列的依次累加值；方程（5）左边第一项为系统的逐年增量。可见，该模型是描述和研究系统总量和系统流量的动态关系的微分方程。其中，GM（1，1）模型的计算方法和步骤如下：

若给定原始数据系列：

$$X_t^{(0)}=[X_1^{(0)},X_2^{(0)},\cdots,X_m^{(0)}] \tag{3}$$

对原始数据序列作一次累加生成，其中，

$$X_t^{(1)}=\sum_{k=1}^{t}X_k^{(0)}\quad t=1,2,\cdots,m \tag{4}$$

$$X_t^{(1)}=[X_1^{(1)},X_2^{(1)},\cdots,X_m^{(1)}] \tag{5}$$

第一步构成矩阵 B 向量 Y_m：

$$B=\begin{bmatrix}-\frac{1}{2}\left(X_1^{(1)}+X_2^{(1)}\right) & 1\\ -\frac{1}{2}\left(X_2^{(1)}+X_3^{(1)}\right) & 1\\ \vdots & \vdots\\ -\frac{1}{2}\left(X_{m-1}^{(1)}+X_m^{(1)}\right) & 1\end{bmatrix} \tag{6}$$

$$Y_m=[X_2^{(0)},X_3^{(0)},\cdots,X_m^{(0)}] \tag{7}$$

第二步用最小二乘法求解系数：

$$\hat{a}=\begin{bmatrix}a\\u\end{bmatrix}=[B^TB]^{-1}B^TY_m \tag{8}$$

第三步方程求解写成离散形式：

$$\hat{X}^{(1)}_{k+1}=\left(X^{(0)}_1-\frac{u}{a}\right)e^{-at}+\frac{u}{a} \tag{9}$$

第四步得到 GM（1，1）预测模型方程：

$$\hat{X}^{(0)}_{k+1}=\hat{X}^{(1)}_{k+1}-\hat{X}^{(1)}_{k} \tag{10}$$

4.3 北京市老龄人口预测

4.3.1 回归方程的建立

表 1 **Coefficients**[a]

Model		Unstandardized Coefficients		Standardized Coefficients	T	Sig.
		B	Std. Error	Beta		
1	(Constant)	164.556	2.172		75.753	.000
	养老保险支出（万元）	1.588E–5	.000	.997	37.773	.000
2	(Constant)	624.483	142.312		4.388	.003
	养老保险支出（万元）	1.818E–5	.000	1.142	23.696	.000
	城镇人口比重（%）	–5.517	1.707	–.156	–3.232	.014
3	(Constant)	870.868	85.048		10.240	.000
	养老保险支出（万元）	6.386E–6	.000	.401	2.626	.039
	城镇人口比重（%）	–8.892	1.073	–.251	–8.288	.000
	居民消费水平（元）	.004	.001	.831	4.907	.003

对模型拟合度的检验结果。对于多元线性回归模型，一般采用其调整的决定系数来判断。最终得到三个模型的检验结果，其中调整后的决定系数分别为0.994、0.997 和 0.999，说明拟合度都较好。考虑到模型所建立的经济意义，使模型能更全面地反映实际问题，选取模型三作为最终模型。

利用 SPSS 软件对原始数据进行操作，建立的模型如下：

$$OP=870.868-8.892X_2+0.000006386X_5+0.004X_7 \tag{11}$$

4.3.2 模型预测

表 2　2005~2014 年模型指标的预测结果

年份	城镇人口比重（%）	养老保险支出（亿元）	居民消费水平（元）
2005	83.620	195.57	14662.00
2006	84.376	256.86	16710.08
2007	84.661	298.70	18426.64
2008	84.946	347.34	20319.54
2009	85.232	403.92	22406.88
2010	85.519	469.70	24708.66
2011	85.807	546.20	27246.88
2012	86.096	635.16	30045.85
2013	86.386	738.61	33132.34
2014	86.677	858.91	36535.90

将预测结果与原始数据对比，发现运用模型预测的结果误差较小，与实际值很接近，可以认为建立的模型预测结果可靠，可用于对未来的预测。

表 3　2015~2026 年模型指标预测结果

年份	城镇人口比重(%)	养老保险支出(亿元)	居民消费水平(元)	老龄人口（万人）
2015	86.969	998.80	40289.09	322.48
2016	87.262	1161.48	44427.83	346.82
2017	87.556	1350.65	48991.73	374.54
2018	87.850	1570.63	54024.46	406.10
2019	88.146	1826.43	59574.18	442.00
2020	88.443	2123.90	65694.00	482.84
2021	88.741	2469.83	72442.49	529.28
2022	89.040	2872.09	79884.23	582.07
2023	89.340	3339.86	88090.42	642.10
2024	89.641	3883.83	97139.61	710.36
2025	89.943	4516.39	107118.38	787.99
2026	90.246	5251.97	118122.24	876.28

利用建立的模型对城镇人口比重、养老保险支出、居民消费水平进行预测，然后预测结果代入模型（11）中，得到 2015~2026 年的老龄人口总量。建模之前已经假设北京市的人口增长不受限制，在满足假设的情况下，从预测的结果我们可以看到北京市老龄人口的规模越来越大，且增长的速度也越来越快。

4.4 老龄化对政府社会保障财政支出的影响研究

4.4.1 模型建立

以老龄人口总数作为解释变量，社会保障支出作为被解释变量，建立回归模型。

老龄人口与社会保障都是时间序列，一般来说，时间序列数据都不平稳，因此我们对变量做平稳性检验，看是否具有单位根，我们采用了 ADF 检验法进行检验。检验的假设如下：

H_0：变量非平稳

H_1：变量非平稳

在给定的置信水平下，如果 ADF 的值大于临界值，那么认为接受原假设，认为变量时间序列不平稳。检验的结果如下：

表 4　两个变量的平稳性检验

变量	ADF 值	1% 的临界值	5% 的临界值	10% 的临界值	结果
OP	2.637995	−4.582648	−3.320969	−2.801384	不平稳
一阶差分	1.689463	−5.119808	−3.519595	−2.898418	不平稳
二阶差分	−6.3574218	−4.803492	−3.403313	−2.841819	平稳
SEL	4.522230	−4.803492	−3.403313	−2.841819	不平稳
一阶差分	−0.170787	−5.119808	−3.519595	−2.898418	不平稳
二阶差分	−9.452529	−5.604618	−3.694851	−2.982813	平稳

通过分析可以得出，两个变量二阶差分平稳，所以他们它们之间可能存在协整关系，还必须对其进行协整性检验。

首先，利用 Eviews 软件进行回归分析，得到以下模型：

$$Y = -587.1265+3.669289X+\mu \tag{12}$$

对残差进行单位根 ADF 检验，结果如下：

表 5　残差的平稳性检验

ADF 值	1% 临界值	5% 临界值	10% 临界值	结果
−6.004726	−5.835186	−4.246503	−3.590496	平稳

由此，可得残差序列为平稳序列，说明老龄人口与社会保障支出之间具有协整关系，即认为这两个变量之间具有长期稳定的某种协整关系。因此所建立的模型合理。

在模型（12）的基础上，对北京市社会保障支出做预测，结果预测如下：

表 6　　社会保障支出预测结果　　单位：亿元

年份	2017	2018	2019	2020	2021
社会保障支出	787.18	902.97	1034.71	1184.56	1354.94
年份	2022	2023	2024	2025	2026
社会保障支出	1548.67	1768.94	2019.40	2304.23	2628.21

4.5　结论和建议

从上文的叙述中可以得出以下结论：从表 6 中可以看到，满足“北京市人口增长不受控制”的假设下，未来 10 年里北京市的老龄人口呈现出增长的趋势；在模型（12）中，当老龄人口增加 1 个单位时，政府分配在社会保障方面的支出将增加 3.7 个单位。这意味着整个社会创造的国民财富中有相当一部分用于养老，这势必会影响到国民收入的再分配，使整个社会向和家庭向老人倾斜。按照这样的趋势发展下去，在国民收入一定的情况下，可能会挤占其他方面的支出，如教育、国防、社会安全、医疗等方面。因此，政府应当适当增加财政收入，应对逐渐增长的养老保险方面的支出。同时对现有的养老金制度进行改革，建立一个透明、分散的养老金系统。

5. 创新点

本文的创新点主要在于：第一，将统计建模的方法运用于经济社会问题的研究上。在研究过程中，我们根据多元回归统计理论和灰色模型理论，选取恰当的指标，建立了多元回归模型和灰色预测模型，并在这两个模型的基础上对北京市老龄人口总量、社会保障支出进行短期预测。第二，本文的研究内容主要有两个方面，一个是对北京市的老龄人化现状做预测，另一个是社会保障支出的预测。在现有的文献中，大多数研究成果通常只研究其中的一个，而本文则将二者有机地结合起来，对人口老龄化做了更深入的研究，从而可以让读者在了解北京市老龄化现状的同时，也能更进一步了解它所带来的经济社会影响。

参考文献

[1] 刘思峰，邓聚龙 .GM（1，1）模型的适用范围 [J]. 系统工程理论与实践，2000（5）：122-124

[2] 北京市老龄工作委员会办公室 . 北京市 2006—2015 年老年人口信息和老龄事业发展状

况报告

[3] McCarthy, F. Desmond. Population aging and pension systems: reform options for China[J]. Word Bank. November 1999

[4] Levy · Haim. Aging Population, Retirement, and Risk Taking. MANAGEMENT SCIENCE. 62: 1415-1430

[5] Liu Tao, Sun Li. An Apocalyptic Vision of Aging in China Old Age Care for the Largest Elderly Population in the World[J].ZEITSCHRIFTFUR GERONTOLOGIE UND GERIATRIE.2015, 48: 264-354

[6] The Macroeconomic Impact of Population Aging [J].Golden Aging: Prospects for Healthy, Active, and Prospects Aging in Europe and Central Asia. 2015, 6: 109-112

中国房地产市场区域性特征研究

北方工业大学：宋李民　张蔚琛　刘雅男

指导教师：程正中　副教授

1. 市场区域性特征的影响因素

1.1　需求差异因素

部分学者将房地产价格上涨归因为需求弹性比较大，而供给弹性比较小。需求因素分为消费型需求和投资性需求。况伟大等（2012）认为住房消费性需求由房价、收入和人口因素决定，而投资性需求则由投资回报和使用成本决定。刘桦等（2013）认为消费需求作为刚性需求，更多为收入低、工作稳定性差、资金获得渠道窄的消费群体，而投资需求主要来自收入基础好、收入来源多元化、资金获得渠道宽的群体，故货币政策应该对两类需求有着不同的作用力。消费需求尽管刚性很强，但易受货币政策等外在条件冲击。从消费需求来看，当利率变化时，会带来替代效应和收入效应的变动。若购房者是借贷者，收入效应为负，利率上升带来的总效应非负，而当购房者持有大量储蓄时，收入效应为正，但利率提高时消费者的收入效应不会大于替代效应。从投资需求来看，购买者仍然需要通过金融机构进行融资来突破自己的预算约束。利率提高时，购买的机会成本增加，购买需求降低。总之，利率提高能够在一定程度上抑制房地产需求（王先柱，2011；刘兰凤和袁申国，2011；魏玮，2008）。如果按照住房结构特征分类，住房需求可以细分为住房结构需求、住房邻里需求和住房区位需求（周京奎，2012）。住宅结构需求表现为消费需求，而住宅邻里需求和住宅区位需求则可视为投资需求。消费需求更多受住房价格、居民收入、人口统计等因素的影响，而投资需求受住房的投资回报、住房的使用成本等因素的影响（况伟大，2012；Hendershott，et al，1980；Himmelberg，et al，2005）。潘耘、蓝海、刘铁军和屠梅曾（2014）指出供求不平衡的市场才产生大量的投资和投机需求。在市场需求大于供给的情况长期存在的条件下，房地产价格上涨是一个必然的趋势。这点对于投机和投资群体非常关键，投机和投资群体更关注房地产的未来价格，而不是现在价格。葛守昆（2011）指出，各级政府普遍将房地产发展作为经济的增长点，作为支柱产业，工作重心主要放在对房地产的投资方面，满足于房地产的投资需求，而非消费需求从而导致住房价格不断上涨。杨建荣（2012）也持相似观点，认为房改之前过分看重住房的消费属性，而房改之后则过分看重住房的投资属性，两种极端定位都不合适，过分看重投资性需求导致房价攀升。

1.2 收入、人口等差异因素

Jud 和 Winkler（2002）研究发现房屋实际价格变化受人口，实际收入等因素的强烈影响。况伟大（2012）等通过研究 OECD 国家，发现房价主要由收入和人口决定，而并非主要由成本决定，降低住房建造成本并不能降低房价。Chen 等（2011）研究了 1995~2005 年中国房地产市场改革期间人口及城镇化对房价的影响，并认为流动人口对中国内陆地区房价具有重要影响；而由于户口限制，流动人口对沿海地区房价影响很小。林嘉亮（2015）分别探讨了人口数量、人口迁移流动、人口地区分布和家庭结构等因素对中国房地产价格的影响。方圆（2012）也对中国人口结构与房产价格波动进行了研究，发现劳动适龄人口占比每增加 1%，房屋销售价格指数变动增加 36.347%。

Potetha（1991）、Case 和 Mayer（1995）等考虑房价和收入的内生性问题，利用工具变量作为收入的代理变量。后者在房价变化回归的自变量中考虑样本期间家庭收入变化的中位数，并用 1980 年居民中有大学文凭者百分比作为收入变化的工具变量。实证结果与预期假设相反，住房价格变化与城镇家庭收入变化呈负相关。而且加入收入后，初始住房价值中位数和它的平方以及 35~60 岁人口比例等变量系数不再统计显著异于零。这些差异表明，收入变量的变化与房价、35~60 岁人口比例成正相关，也就是说不同城市间的收入变化与房价和宜人性的变化是一致的，所以家庭收入未包括在他们最终的回归。Case（1993）以收入作为基本面因素，估计了美国实际房价与实际家庭收入间的长期趋势。研究表明虽然实际家庭收入在 20 世纪五六十年代上涨，房价却基本保持稳定。在 20 世纪 70 年代实际家庭收入平稳而房价激增。得出的结论是收入不能很好地反映房价的波动。Gallin（2003）以收入、人口、财富、房屋使用者成本作为影响房屋需求的因素，建筑成本和房价作为影响供给的主要因素，对美国 95 个大城市 23 年的数据进行协整分析，认为房价与收入、人口等基本面之间没有显著的协整关系，即使引入大样本的面板数据，也没有得到收入与房价协整的关系。

1.3 预期差异

还有很多学者认为适应性预期是中国房价的主要影响因素，如 Wen 和 Goodman（2013）发现对中国房地产市场而言，房价一阶滞后项即房价预期对房价具有最重要的影响。其他学者如林江（2015）、雷根强和钱日帆（2014）等也发现预期对房价的重要影响。范莉丽（2015）指出购房者对房地产价格的预期都是目前我国房地产短期价格变动最重要的影响因素；东部地区，购房者对未来房价的预期对房地产价格变动产生非常大的影响，而在西部地区，房地产开发贷款对房地产价格变动影响最为显著。

1.4 建筑成本差异

除了房地产需求因素对房产价格的影响分析外，还有学者从建筑成本的影响进行研究。例如 Adam（2010）研究了 15 个国家房地产价格影响因素，并估计发现建筑成本每上升 1% 则会引起房地产供给减少，并最终导致租金和房价上涨 0.6%。Chen and Patel（1998）则认为建设成本包括材料成本和人工成本，肯定会影响住房价格，但反过来，房价的增加也会导致建设成本上升，这种反馈非常复杂，并且在短期不必然反映到房价中来，但在长期这种反馈可能是存在的。他们通过 Granger 因果检验，发现建设成本是房价的 Granger 因，建造商会根据建设成本变化快速调整房价。Case 和 shiller（1990）、Meese 和 wallaee（2003）、Hwang 和 Quigley（2006）等均在房价模型中验证了建设成本对房价的影响。Pote Pan（1996）则建立了房价、租金和土地价格的联立方程，考虑的变量有中位数收入水平、建设成本、人口水平、人口增长、地形学和法律上的土地利用限制以及宜人性。对 58 个大都市区十年的住房调查数据实证结果表明，建筑成本的差异有显著的强影响，并且对住房价格和土地价格子市场的影响要强于出租市场。

1.5 地价差异

地价对房价影响主要包括供给角度认为，高地价推动了高房价。从需求角度看，高房价导致了高地价。另一种观点就是房价和地价相互影响，存在不同条件下关系表现也不尽相同。

一部分学者从成本角度出发，认为土地价格上涨导致房价不断攀升。在地价和房价的上涨过程中，地价上涨的幅度远远高于房价。建设部政策研究中心（2004）在《怎样认识当前房地产市场形势》一文中也支持这种看法，认为地价上涨因素是推动房价上涨的六大主因之一。徐艳（2002）对北京房价构成因素进行了分析，发现土地费用过高是造成北京市房价过高的主要原因。包宗华(2004)也提出房价的迅速上涨是由地价的大幅上涨引起的，降低地价才能抑制房价。陈斌开和杨汝（2013）发现对于中国房产市场而言，土地供给越少，住房价格水平越高。Wen 和 Goodman AC.（2013）使用 21 个中国省份面板数据，运用两阶段最小二乘法对中国房产价格与土地价格之间的关系进行了研究。他们发现，房价和地价具有内在的相互影响，即地价在影响房价的同时，房价也对地价具有重要影响。另外一些学者则认为供给因素并不是房价主要影响因素。雷根强和钱日帆（2014）等学者认为发现土地出让金等因素对房价影响并不显著。

1.6 公共投资和公共服务差异

王文军、黄丽（2012）指出城市公共投资水平的提高，能够改善城市交通环境、教育人文环境、生态卫生环境，购房者在做出商品住宅购买决策时将考虑城市的工作和生活环境，这些环境水平的高低或者说城市舒适程度与房价的高低有密切关系。城市舒适度水平的变化也会引起房地产价格相应的波动。Gabrielle Fack 和 Julien Grenet（2010）利用巴黎 1997 ~2004 间住房交易数据和学校绩效数据，研究了私立学校和公立学校质量对周边房价的影响，指出公立学校质量资本化到房价中的程度会因为私立学校质量的提高而减少。Feng 和 Brad R. Humphreys（2013）使用房价特征模型，运用空间自相关方法，研究了 1990~2000 年间美国人口统计区内篮球职业联赛、棒球职业联赛、橄榄球职业联赛和曲棍球职业联赛等比赛场地等专业体育设施在周边房价中的资本化程度，认为体育设施的外部效果明显，职业联赛比赛场所周边的房价更高。与公共投资有关的，是各类基础设施的差异对房价的影响研究。王猛、王有鑫（2015）认为剧院、剧场等文化基础设施及城市的交通、通信、网络等基础设施，可以降低企业的生产成本和交易成本，从而促进了城市经济发展，提高了收入水平，同时也方便了生活，有利于吸引人口流入。

1.7 人口结构差异

王先柱、骆永民（2013）采用中国大陆 30 个省份 1998 ~ 2010 年的面板数据，采用门槛面板回归模型（PTR）和平滑转换面板回归模型（PSTR）实证研究了人力资本对房价的影响及其非线性特征。指出随着经济发展水平不同，人力资本对房价的影响力不应当是一致的。当经济发展水平较高时，人力资本的集中更容易引发竞争效应，房价容易被托高。但另一方面，由于经济发展水平较高的地区往往是人力资本集中的区域，人力资本影响房价的边际作用降低，故而反而出现人力资本对房价影响较小的现象。Gyourko and Glaeser（2005）的研究发现，城市房价和人力资本、城市经济增长具有极强的互动关联，低房价的地区往往伴随着人力资本下降和城市的衰落。Browning，et al. （2008）的研究表明，预期在人力资本方面有发展的个体会追逐更高价值的房产，这将造成房价的上涨。DiVenti（2009）的博士论文中指出，人力资本保持较高水平且较为稳定的地区，房价变动的风险也较小。Piet Eichholtz 和 Thies Lindenthal（2014）利用英国家庭的调查数据，研究了家庭年龄结构和人口统计特征对住房需求的影响，指出住房需求明显由家庭人力资本决定，住房需求随着年龄的增加而增加。受教育水平越高，健康状况越好，家庭收入越高会增加家庭的住房需求。人口统计特征的变化会反映在住房需求的异质性和差异化上。

2. 宜居性差异的影响

房地产市场具有强的地域性，住房价格除了受宏观经济基本面，即全国性的人口、收入和利率变化影响外，更受城市经济基本面的影响，包括地方收入水平、人口、就业、使用者成本和建设成本等城市经济因素和宜人性因素。Arnott、Lewis（1979）和 Amott（1980）用城市经济学理论研究城市和土地、住房市场之间的关系，证实了城市增长和住房价格之间的正相关。Helsley（1989）分析了城市增长和土地价格之间的关系。静态模型解释城市间土地价格差异是因为农地生产率、政府管制、实际收入、宜人性，还有一个最重要的城市大小等的差异。动态模型表明，城市增长率可能也是一个重要的决定因素。在快速增长城市，期望的未来租金增加可以解释土地平均价格的一半。另外，城市间价格差异随时间远不是稳定的。人口增长率和税后实际利率的差异都是产生大都市区间更大的价格差距的原因。20 世纪 90 年代以后，城市宜居性对于城市住房价格的影响也逐渐成为学者的关注点。城市宜居性在城市之间存在较大的差异，人们倾向于选择城市宜居性好、自然环境良好的城市来购买住房，不同的城市宜居性水平也是城市住房价格变化与差异的重要影响因素（Manning，1988；Cho，2001；Sehmidt，Courant，2006）。Roback（1982）构建模型表明，地区间的宜人性差异会反映到工资和土地租金差异中，更高的住房价值与宜人性相关联，宜人性因素包括犯罪率、失业率、空气微粒水平、人口水平、人口密度、高温天数、多云天数、降雪量和晴朗天数等。Blomquistetal（1988）延伸了他们的工作，并在模型中考虑城市的宜人性变化。将宜人性变量分为气候、环境质量和城市条件三大类共 16 个指标，用根据 Hedonic 回归得到的权重构建生活品质指数，发现宜人性确实清晰地影响住房支出和工资，与人口变化之间也有小的统计显著的相关性。Manning（1989）在解释城市间房价差异时，用城市增长率代表就业、财富积累等额外的经济机会，同时将犯罪率、污染等变量单独列出。Kadar（2006）全面考虑了六方面的宜人性变量，包括生活质量指数，综合了犯罪、健康、教育、文娱等多方面的人口统计学指数：年龄在 18~64 岁的人口比例、贫困人口比例、平均每天通勤时间和高等院校人口百分比等，发现宜人性变量确实增加了对房价租金比增长的解释力。

S. Mathur（2008）认为不同的细分人群对公共服务和设施的看重程度是不一样的，因此对细分市场的影响应该有差异。S. Mathur 按房屋质量和房龄划分为四个细分市场。高收入家庭往往拥有高质量房屋，他们的时间价值更高，因此更看重居住地到就业中心的便利便捷性，因此相对于总体，交通的时间越短对高质量住房价值的影响相对较大。而低质量房屋则是交通时间越短，房价反而越低。也同时证明道路交通网络的改善是对富人有利的。零售工作一般的收入是中偏低的。实证表明质量低的住房前往零售工作中心越便捷，低质量住房的价格越高，而高质量房屋价格越低。因此低收入群体受益。对高质量住房价格有压制作用。由于高质量住房的业主一般是高收入、受到更好的教育的群体，因此他们更看重学校质量和教育投入，因此教育投入应该对高质量房屋的价格影响比低质量房屋的价值影响更加明显。实证证明了这一点。说明高收入群体更加得益于教育投入。辖区基础设施及公共服务投入对新房价格影响比旧房大，因为建设新房必然配套大量的公共设施，而旧房的公共投入只是维护维修投入，因此影响小。如果新房大部分是高质量房屋，特别是郊区，则新房受益会较大，反映的回归系数也较大。还因为公共服务和投入也是与消费使用人群有关的，服务对象越高端，则公共服务投入和水平也越高。

3. 房价区域差异

范莉丽（2015）通过泰尔指数的测度方法，研究了中国 31 个（省自治区、直辖市）区域房地产价格的差异特征，认为总体差异主要来自东、中、西三大地区的区域间差异，而区域内差异主要由东部和西部地区内部省际差异所引起，中部地区内部省际差异相对较小，区域间差异还有逐渐增大的趋势。张凌（2010）

指出经济基础、产业结构差异导致各地区房价的差异。比如改革开放政策向东南沿海地区倾斜，建立了一些相应的经济特区，更是吸引了大量的国内外投资，集聚了更多的城市人口，从而导致沿海地区房价较高。顾云昌（2004）认为各地区的房地产业在景气周期的各个阶段，对发展机遇的把握和对国家调控措施的反应极不一致，呈现非均衡的增长态势，因此房地产政策措施和地方政府调控力度的差异，也是导致房地产市场地区差异的另一个主要原因。一些学者研究发现，经济发展水平不同（Ades and Glaeser，1995）、居民收入不同（张绍良、李晶晶、公云龙，2013）、社会公共服务水平不同（Alonso，1997；王文军、黄丽，2012；王猛、王有鑫，2015）、人居环境质量不同、城市生活质量宜居度（赵华平、张所地，2013）、城市经济开放度（王松涛，2009；张绍良、李晶晶、公云龙，2013）、财政分权、地方政府竞争（李勇刚、李 祥，2012）不同是造成城市间房价差异的主要原因。

Roback（1982）将劳动力市场、区域性的宜居宜商性与房租、工资等因素放在一个研究框架之内。认为宜居和宜商的区域性特征决定了居住环境和住房价格，从而对生产和收入产生影响。Potepan（1996）将房地产部分细分为土地供给、房屋建造和房屋消费（土地市场、建筑招投标市场、住房交易市场）。他发现基础设施质量和水平、财产税率、人口和土地规划使用限制是决定此地区房价差异的主要因素。

参考文献

[1] 安辉，王端东 . 我国房地产价格影响因素的实证分析——兼论当前房地产调控政策 [J]. 财经科学，2013（3）：115-124

[2] 蔡栋梁，何翠香，方行明 . 住房及房价预期对家庭创业的影响 [J]. 财经科学，2015（6）：108-118

[3] 陈和平，白崇军 . 美国对区域创新能力和绩效框架的评估 [J]. 创新发展，2007（4）：36-39

[4] 代明 . 创新型城市的探索之路——从特区转型看国内外创新型城市研究与实践 [J]. 特区经济，2008（3）15-17.

[5] 邓博文 . 工业企业房地产投资对企业创新的影响——基于中国上市公司数据的实证研究 [J]. 经济与管理研究，2014（10）：113-120

[6] 杜雪君，吴次芳，黄忠华 . 我国房地产税与房价关系的实证研究 [J]. 技术经济，2008，27（9）：54-59

[7] 段学芬，马晨晨 . 创意城市评价研究 [J]. 学术界，2011（12）：206-217

[8] 范莉丽 . 基于区域差异的中国房地产价格变动影响因素研究 . 中国农业大学，2015(5): 17–26

[9] 冯波，李淑芹，陈昕 . 我国城市间土地价格差异的影响因素研究——基于 35 个大中城市面板数据的实证分析 [J]. 价格理论与实践，2014（6）：54–56

[10] 高建，姜彦福，李习保，程源 . 全球创业观察中国报告（2007）——创业转型与就业效应［M］. 北京：清华大学出版社，2008

[11] 葛守昆 . 居民住房究竟是投资品还是消费品的经济学探讨 [J]. 现代经济探讨，2014（2）：5–8

[12] 龚强，许蔓 . 中国房地产市场投资性需求分析 [J]. 浙江社会科学，2010（3）：2–6

[13] 韩丽鹏，谢秀娥，郭晓杰 . 我国房地产价格的财富效应研究——基于 35 个大中城市面板数据的分析 [J]. 价格理论与实践，2010：62–63

[14] 洪涛，西宝，高波 . 房地产价格区域间联动与泡沫的空间扩散——基于 2000—2005 年中国 35 个大中城市面板数据的实证检验 [J]. 统计研究，2007，24（8）：65–67

[15] 侯仁勇，胡树华 . 国外区域创新对我国中部发展战略的启示 [J]. 武汉理工大学学报，2004，26（4）：3–4.

[16] 胡国良，龙少波 . 技术引进方式对房地产价格的影响研究 [J]. 现代管理科学，2015(2): 33–35

[17] 黄静，屠梅曾 . 房地产财富与消费：来自于家庭微观调查数据的证据［J］. 管理世界，2009（7）：35–45

[18] 江蕾 . 基于自主创新的区域创新体系建设研究——以浙江省为例 . 同济大学，2008：51–62

[19] 况伟大 . 开征房产税对预期房价的影响：来自北京市调查问卷的证据 [J]. 世界经济，2013（6）：145–160

[20] 李涛 . 我国 35 个大中城市人力资本投资实证分析 [J]. 中国管理科学，2012（4）：124–129

[21] 李英武 . 国外构建创新型城市的实践及启示 [J]. 前线，2006（2）：49–51

[22] 李勇刚，李祥 . 财政分权、地方政府竞争与房价波动: 中国 35 个大中城市的实证研究 [J]. 软科学，2012，26（1）：42–50

[23] 林嵩 . 房地产行业对于创业活动的挤出效应——基于中国跨地区面板数据的分析 [J]. 经济管理，2012（6）：21–29

[24] 刘升 . 房地产的社会阶层固化性 [J]. 河北法学，2014，32（5）：112–120

[25] 刘树枫，刘晓君 . 我国房地产市场结构与技术创新关系探究 [J]. 统计与决策，2010(10): 151–152

[26] 刘宪．房地产泡沫对技术进步的消极影响及其对策——关于中日房地产泡沫的比较分析 [J]. 人民论坛，2015（7）：78–80

[27] 刘学良．中国城市的住房供给弹性、影响因素和房价表现 [J]. 财贸经济，2014（4）：125–137

[28] 柳卸林．中国创新能力的分布及其成因 [J]. 银川科技，2008（1）：12–19

[29] 骆永民．城市化对房价的影响：线性还是非线性？——基于四种面板数据回归模型的实证分析 [J]. 财经研，2011（4）

[30] 潘耘，蓝海，刘铁军，屠梅曾．基于有限理性的房地产市场价格形成机制及泡沫治理策略分析 [J]. 上海交通大学学报，2014（9）：1351–1356

[31] 任荣荣，郑思齐，龙奋杰．预期对房价的作用机制：对 35 个大中城市的实证研究 [J]. 经济问题探索，2008（1）：145–148

[32] 王猛，王有鑫．城市文化产业集聚的影响因素研究——来自 35 个大中城市的证据 [J]. 江西财经大学学报，2015（1）：12–20

[33] 王鹏，李菁．开征物业税对我国房地产市场的影响分析 [J]. 税务与经济，2010（1）：92–94

[34] 王松涛．城市经济开放度对房地产价格的影响研究——基于中国 35 个大中城市面板数据模型的分析．南开经济研究，2009（2）：91–102

[35] Steven C. Bourassa & Martin Hoesli. Why Do the Swiss Rent? [J]. J Real Estate Finan Econ，2010（40）：286 - 309

[36] Wen Y. Residential investment and economic growth [J]. Annals of Economics and Finance 2001，2（2）：437–444

[37] Xia Feng，Brad R. Humphreys .The impact of professional sports facilities on housing values：Evidence from census block group data[J]. City，Culture and Society 2012（3）：189 - 200

基于组织网络的建筑产业现代化产业链主体及其关系研究

北方工业大学：丁　一　杨京雨　邱祯君

指导教师：齐　园　讲师

由于建筑产业现代化的产业结构同传统建筑产业有一定的差异性，难以直接套用我国传统建筑产业的产业链，故而本文对建筑产业现代化可行的产业链加以剖析，进一步分析其产业链发展障碍及发展需求，引入了建立新型建筑工业化组织网络的方法，尝试解决一体化问题，推进建筑工业化发展。

基于建筑产业链及其主体特征分析，分析将开发商、设计方、施工企业为核心企业构建新型建筑工业组织网络，分析网络中其他主体和核心企业之间的关系以及三种组织网络在当前建筑产业化初期阶段的优势与不足，并通过万达、远大住工、上海中森相关案例分析加以证明。

1. 前言

建筑行业是我国国民经济的支柱产业，传统的建筑行业面临许多发展瓶颈，如劳动力短缺、管理难度大、建筑行业投资周期长、高成本、低利润等，为了解决这一问题，我国近几十年来引入了国外先进的建筑工业化的概念，以实现建筑的标准化设计和工厂大规模生产等，但进展缓慢。

建筑工业化发展缓慢有我国特定经济发展环境的原因，也有建筑工业化内在的原因。建筑工业化是建筑业生产组织方式的变革，由于设计和施工的割裂，建筑工业化的生产组织模式在我国难有大的突破；其中最大的问题是设计、生产、施工一体化的问题。为了解决这一问题，新型建筑工业化组织网络应运而生。

住房城乡建设部公布的数据显示，工业化建筑在全国新建建筑中的比例不足5%。不过，正因为意识到建筑工业化的绿色环保以及便利快捷，2016年初我国就发布了《中共中央国务院关于进一步加强城市规划建设管理工作的若干意见》，其中明确提出，我国要力争用10年左右时间，使工业化建筑占新建建筑的比例达到30%。目前装配式建筑发展不足的重要原因之一就是建筑产业链发展不足，尚存在不少问题，如技术基础薄弱、管理不科学、信息共享不够充分、相关企业不能耦合一体化共同发挥协同效应。

开发商、施工单位和设计院作为建筑建设过程中最为关键的三大主体，在建筑产业链中均有处于组织网络核心位置的能力，然同样各有劣势，为能直观地比较分析三种组织网络布局方式的特点，本文将从建筑工业化发展瓶颈入手，进而结合三种企业为核心的方法，深入剖析建筑工业化最为行之有效的方案。

2. 组织网络理论概述

传统的建设工程管理模式使项目参与方处于风险转嫁、利益对抗的局面，极大地影响了工程建设过程中生产力和生产效率的提高。丁荣贵指出，项目失败除了项目组织内部的管理问题外，更重要的是项目治理问题，即对项目利益相关方的组织和协调不善。然而，受到传统项目管理研究思路的束缚，建设项目组织研究范围局限于项目管理方法和技术以及项目组织行为等传统研究主题上，将建设项目组织视为一种正式的、稳定的、指令的关系。相关研究亦多将建设项目组织定义为关系的矩阵或关系的网络，认为项目组织是由企业间多重交易组成的，从而多从项目的合约模式及组织结构等角度研究建设项目的组织问题，忽略了建设项目组织的社会性、开放性和网络性，鲜有将项目管理与组织管理理论结合对多组织、多项目环境下基于项目的组织形态及其结构特征进行研究。基于建设项目的组织（如施工单位、设计院及监理单位等）日益呈现多样化趋势，显现出企业群体诞生、成长、衰落和结构演变等组织生态现象。同时这些组织之间彼此关联构成了一种网络关系，该网络关系的结构和变动不仅影响整个网络的功能，亦会影响网络中各个体的行为。

组织演化理论产生于20世纪60年代初，它主要讲述了企业对外界环境改变的一个能动适应的过程。当外部环境发生了改变时，组织能够识别现有的组织状态与环境是否匹配，然后调整组织自身的策略和行动来适应外部的环境。有很多现有的理论支持组织适应环境的理论，主要的包括资源依赖理论、权变理论、交易成本理论。

资源依赖理论（Aldrichc & Preffer，1976；Preffer & Salancik，1978）将组织看作一个开放的系统，为了在复杂多变的环境中可持续地生存，不断地与外界环境进行着资源的交换。由于对稀缺性和重要性资源的需求，导致了组织对外部环境具有很强的依赖性。而外部环境的不确定性，使得组织要不断地通过兼并、合作等形式调整自己的内部环境来解决对外部环境资源的依赖并适应外部变化的环境。

权变理论（Burns & Satlker，1961；Lawrence & Lorsch，1967）提出了匹配的概念，认为组织应该与外部环境高度的匹配，这里的适应包含了两个层面，首先组织内所有的部门结构特征必须适应与当前阶段的外部的特定环境，其次组织的整体的整合模式必须适应于当前阶段的外部整体环境。由于环境具有很强的不确定性和变化快速的特点，组织想要成功必须采取积极的态度，调整适合的组织结构，以达到适应外界的环境。

交易成本理论（Coase，1937；Williamson，1975）更多重视的是组织内部的交易成本和市场交易成本的比较，这两者的比较结果会影响组织的决策行为。在外界环境发生变化时，组织会衡量某个交易在组织内部交易的成本和在市场交易的成本，若在组织内的交易成本高于市场的交易成本，那么行为者会选择放弃组织内交易，而寻求市场的交易；若市场的交易成本高于组织内的交易成本，则行为者会放弃市场，期望通过组织来实现这个交易。以交易成本理论的视角来看，组织对外界环境的适应，主要是通过衡量组织内化和市场交易成本的高低，来决定是通过内部控制还是市场协调来应对外界环境的变化。

将交易成本理论应用于建筑业可以看出，网络中组织的信息交换与专用关系有助于减少交易成本，但由于非对称信息、逆向选择与道德风险、寻租现象等问题存在，亟须通过组织网络关系治理解决建设项目组织群综合管控效率低下问题。然而在网络关系治理的研究中，仅仅运用交易费用经济学进行分析存在弊端，其局限性体现在忽视处于渐变性质的过程的重要性以及容易导致个别团体成本的最小化。

在建设项目组织网络模型中，组织要素为一个建设项目的参建方或利益相关方，这些建设项目组织在网络模型中被称为“点”或“结点”（Node）。为了数据获取的有效性及准确性，本模型将建设项目组织局限为业主、施工单位、勘察设计单位、监理单位。

目前建设项目组织间关系的研究对象分析层次偏向于微观，忽视组织宏观层次的研究，其分析单元多集中在项目经理、项目团队、知识传递及学习能力等，极少从组织层面的网络视角研究建设项目组织间网络关系。社会网络分析中，关系（Tie）代表具体的联络内容或者现实中发生的实质性关系。在建设项目组织网络模型中，用箭线（Arcs）表示建设项目组织基于项目产生的关联关系，其关系可以为合同关系、指令关系、协调关系、信息交换关系、绩效激励关系等。为计算简便，本文应用无指向性及无权重的网络，在建设项目组织网络模型中，关系代表具体的联络内容或者现实中发生的实质性关系，用箭线表示建设项目组织基于项目产生的关联关系，其关系可以为“合同关系”“非合同关系”；非合同关系中包含“监督关系”“信息流动关系”“资金流动关系“物资流动关系”等。

通过对诸多学者的文献梳理和分析，本文认为核心企业就是在组织网络中处于中心度较高的位置，与其他多数部门有着很多的联系，并对他们有着一定的影响作用。正如社会学者 Brass（1993）所说的，一个部门正是因为与其他部门之间存在联系，并影响其他部门的行为，所以这个部门才拥有了权力。那么本文的核心企业处于网络的中心地位，可以接触到更多的资源和信息，相对于周边企业也就拥有了更高的地位和权力。这里的核心企业有两个显著的特征：在与其他多数企业有着密切的联系的同时，对组织有着很大的影响。相对而言，在组织中，周边企业就是对组织中核心部门的一个支持和辅助，拥有相对较低的地位和权力。

通过对以上文献的梳理，我们发现组织宏观层次的组织间关系研究缺乏一个好的理论视角来分析。本课题基于组织网络理论，构建及分析建设项目组织网络模型，突破传统的基于单一建设项目建立的参建方的组织结构，从网络视角构建不同建设项目组织基于不同建设项目形成的组织间网络模型。

3. 建筑产业现代化产业发展现状分析

3.1　我国建筑工业化的发展中存在问题

3.1.1　行业因素障碍

建筑行业的发展状况、对工业化管理的重视程度等问题都是影响工业化组织网络管理的因素。

（1）质量控制难：建筑讲究因地制宜，同时现代建筑越来越注重个性化与多样化，这对产品质量控制提出了更高的要求。

（2）设计与施工割裂：在我国，建筑设计属于独立的行业，设计时无须考虑施工流程，而施工对设计的影响也有限且不及时。

（3）前期投入成本高：工业化生产节约成本建立在大规模生产的基础上，但我国工业化研究处于前期摸索阶段，达不到大规模工业化生产的要求。很多企业由于成本意识望而却步。

3.1.2 企业因素障碍

（1）企业管理思想的障碍：组织网络强调网络主体间沟通合作，基本理念是节点企业在提高整体效益的共同目标下合作，进而形成统一体提升竞争力。传统建筑行业对客户满意度、企业间合作的考虑很少，一方盈利往往以另一方亏损为代价。

（2）人员因素障碍：人员包括企业管理者和员工。首先，人员缺乏在高科技技术应用方面的能力和网络管理意识。其次企业，尤其是大型建筑企业的管理者，会把信息共享当成一种威胁。

（3）技术障碍：技术包括施工技术和管理技术，许多新引进的建造管理方法还处于研究、试点阶段。信息技术的应用比较局限，依靠专有技术和企业标准领先市场的意识还不强。

（4）企业间联系较弱，缺乏合作机制：我国建筑企业间缺乏信任的问题普遍存在，是合作的最大障碍。企业间失信行为频繁，缺乏信任感，开发商拖欠施工方工程款导致资金链断裂，低价中标施工中索赔的现象时有发生。

（5）建筑业信息化水平不高，企业间的信息技术应用较少，缺乏高效易用的沟通渠道。

3.2 我国建筑工业化的发展需求

建筑工业化作为建筑业发展的必然趋势，我国在相关方面的推动力度还需加大。

3.2.1 政策方面

我国建筑工业化的实现需要政府大力地推动，通过制定相关的技术规范和标准，建立扶持的经济政策，减少各种因素对建筑工业化造成的影响。

目前我国的建筑工业化没有形成统一的行业标准和规范，缺乏配套的政策，制约了建筑工业化的发展，很多建筑施工方还是依靠传统的建筑标准进行施工，抹杀了工业化的意义。

要制定完整的、针对性强的，约束力大的政策规范体系来促进建筑工业化发展。从欧美、日本等国家的发展情况看，国家主导和制定的严格的规范和政策体系，对于建筑工业化的发展具有极大地对于建筑工业化的发展具有极大的促进作用。通过国家的宏观调控，可以针对各种问题进行相应的措施研究和解决。

从我国建筑工业化的发展需求来看，制定和建立国家层面的法律和法规、政策体系，针对性的解决我国工业化发展中存在的问题，才能促进建筑工业化工作的推进和发展。

政府和建筑业管理部门应该参与到建筑工业化的推行中来，起到提倡、支持、帮助、监督和指导的作用。

（1）政府和建筑业管理部门应该加强对建筑工业化的推广力度，向广大建筑业从业者尤其是管理人员介绍建筑工业化的案例及取得的成果，以鼓励更多的建筑企业管理者接受和运用建筑工业化的思想。

（2）建立强制性政策和鼓励政策，如为了推广绿色建筑工业化，政府可以制定一些强制性政策，强制供应链上各个节点企业从业主导到设计单位、承包商以及材料供应商在进行相应的操作时必须将环境保护放到首要地位，将 ISO14000 作为检验的标准，严格禁止大肆破坏环境的行为。

3.2.2 产业组织模式

建筑工程项目从最开始的计划立项、融资，到工程施工以及项目竣工、交付使用和后期的维护运行，是一个需要项目各主体方共同参与的一个复杂的集成系统，在工程建设的各个阶段都有着烦琐的协调和管理工作，这就需要通过一定的组织和管理方式，使系统能够正常运行，并确保其目标的实现，工程项目管理模式正是通过有效的计划、组织、控制、协调来实现这一目的。

为了适应项目建设大型化、一体化以及项目大规模融资和分散项目风险的需要，国际上部分先进的工程项目公司纷纷推出一系列比较成熟的项目管理模式。随着经济全球化、一体化的推进，国际工程项目逐渐兴起，工程项目管理模式也趋于标准化，一些国际通用的项目管理模式也逐渐在我国被采用。

工程总承包是指从事工程总承包的企业受业主委托，按照合同约定对工程项目的勘察、设计、采购、施工、试运行（竣工验收）等实行全过程或若干阶段的承包，总承包商对承包工程的质量、安全、工期、造价全面负责。工程总承包模式有利于理清工程建设中业主与承包商、勘察设计与业主、总包与分包、执法机构与市场主体之间的各种复杂关系，实现社会资源的最优化配置，有利于优化组织结构并形成规模经济，并且在提高履约能力、确保工程项目质量和工期达标以及控制工程造价成本方面，均提高了管理水平和效率，有效地增强了企业的市场竞争能力。

供应链管理的管理模式是围绕核心企业，通过对信息流、物流、资金流的控制，从采购原材料开始，制成中间产品以及最终产品，最后由销售网络把产品送到消费者手中的将供应商、制造商、分销商、零售商，直到最终用户，连成一个整体的功能网链结构。它不仅是一条连接供应商到用户的物流链、信息链、资金链，而且是一条增值链，物料在供应链上因加工、包装、运输等过程而增加其价值，给相关企业带来收益。

工程总承包模式侧重于阐述主体能力的要求和主体的基本活动管理。供应链管理着重于企业间联系，主体的信息流、物流、资金流的控制。本文从能力和关系两方面，用创建网络的方法，构建的新型建筑工业化组织网络，实现一体化管理，以推进建筑工业化发展。

4. 建筑产业现代化产业链主体分析

4.1 产业链相关概念

目前我国对产业链研究众多，定义广泛。基于学者给出的定义，能够发现在众多对产业链的定义中，都具有一定的相同之处。即产业链中包含多个相关产业，他们之间具有一定的上下游关系，都围绕着用户需求的最终产品进行着交易活动。由此可以得出，产业链是以产品为对象、以价值增值和利益为导向、以供需为指导、以投入产出为联系的众多相关企业的链式组织。

建筑产业现代化产业链的构架，整合产业链内各主体的资源，包括信息、资金、人才、技术及管理资源等，通过产业链增值效应，各主体之间的优势互补，推动既有建筑产业现代又好又快的发展。

根据工业产业链图 1 可知，网络主体组成有：开发商、设计单位、施工企业、供应商、物流、监理等。

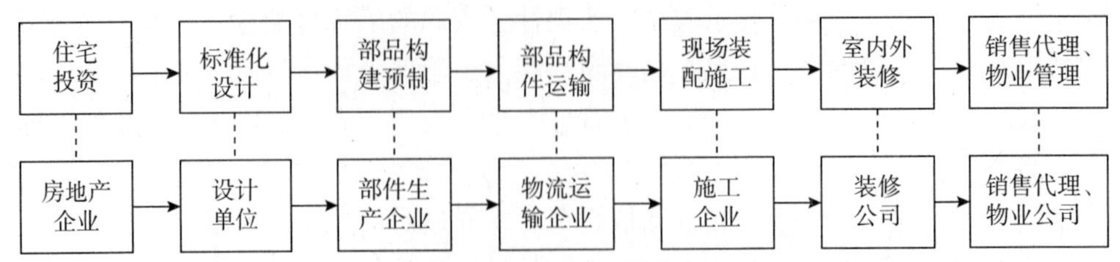

图1　工业化住宅的产业链

4.2　产业链主体分析

（1）设计单位

在传统建筑模式中，开发商与设计单位签订设计服务合同，然后组织协调各部分的工作，最终完成施工图设计文件。

建筑工业化网络中，要求设计方的现场配合服务不仅仅针对承包商，对于开发商提出的问题、设计方自身发现的问题，也均需要提出解决方案。设计方的责任在于必须提供这些配合服务，并对提出的解决方案负责。

建筑工业化网络中，提高对设计单位的能力要求，要将设计施工的协作尽可能提前到设计阶段，在设计阶段就从施工的角度对整个建设计划进行全面的审查，找出其中可能对施工不利的因素并加以改进，有利于改善设计施工全过程中设计施工的协作关系。

（2）施工企业

在建筑工业化网络中，施工企业在做施工计划时，应使有关人员都明确各项计划任务的实施方案和措施，使管理层和作业层协调一致。施工过程中，人员管理、物资管理、设备进出等这些信息流动更加明确，组织好施工中各阶段、各环节、各专业和各工种的协调配合，排除各种矛盾、加强各薄弱环节实现动态平衡，保证作业计划的顺利进行。

保证施工技术人员数量和技术业务素质。按照合同要求和上级的指令，保证施工人员、机械设备按时进场，做好材料供应工作。

（3）开发商

开发商是建筑项目的发起人，也是建筑项目的受益人；为了保证建筑项目的顺利进行，开发商需要源源不断地为建筑项目提供资金。

在建筑工业化组织网络中，开发商作为项目的发起方，不仅要与设计方签订设计合同，向设计方提交设计任务书、地质报告等设计基础性文件。并且在设计过程中，开发商需要审查和确认设计方提交的设计文件，以便设计方开展工作。

对于这些设计要求，设计的最终成果即施工图设计文件应满足向政府有关监管部门的审批要求，是开发商控制项目施工质量的依据。

（4）供应商

供应商包括材料供应商、设备供应商、构件供应商和部品供应商。向建筑项目提供所需的相应材料和设备。

作为建筑工业化组织网络上的节点企业，供应商是应该拥有生产所需原材料质量的技术，拥有生产所需原材料数量的供应能力，与设计单位及时沟通提供相应材料和设备。应选择那些在质量、价格、交货期生产采购、库存管理、运输等方面具有核心竞争力的企业作为战略性合作伙伴。

（5）物流

物流主要指整个项目生命周期内与材料、设备等相关的一系列管理，包括外部物流管理和现场物流管理。其中，外部物流管理指施工现场外的材料、机械等物资的管理工作，包括采购管理和运输管理；现场物流管理则指在施工现场内各种物资的管理，具体包括库存管理、现场设备材料布置等

（6）监理

监理单位根据现场的具体情况以及开发商提出的要求实施有效的组织以及技术措施，在施工过程中要严格按照监理目标中的相关规定，在建筑施工全过程实行专业的工程监理，从而确保工程的施工质量。建筑监理首先确保建筑材料的质量，是建筑工程进行施工的基础。

质量监理人员在施工过程，一定严把材料进场关，严禁不合格品混进施工现场，导致低质量工程。在施工人员进行工程施工前，建筑监理与设计人员进行讨论交流，消除施工图纸中的质量隐患。施工监理对施工过程中的特殊以及施工重要部位中要求的施工难点、特点以及技术要求等方面的内容，进行监理。

为使工程达到预期规定的质量要求，要加强现场巡查，对于施工中存在的问题及时发现及时修改。在工程彻底完工之后，要对工程项目进行检测、评定及验收，保证不在使用过程中出现重大问题。

4.3 主体分析结论

通过对以上各个主体的对比分析，开发商、施工企业和设计院在建筑现代化产业中占据作用最为关键，在建设全周期中有最多的话语权，为组织网络核心的应用的优势最大。故而我们将开发商、施工企业和设计院分别处于组织网络的核心位置时设定为三种情况，并对这三种组织网络情况深入分析。

5. 建筑产业现代化产业链主体关系及网络构建

上述已分析开发商、施工企业和设计院为核心主体的明显优势，下面分别进行组织网络的构建。

5.1　组织网络中各主体间的联系

（1）开发商

第一，开发商与设计单位。开发商与设计单位之间的合作模式，是开发商主导，以合同关系的形式进行资金流动。以非合同关系的形式，进行协作并进行关于信息流行，保持动态沟通，提供所需信息和要求，以保证项目设计的整体性和延续性。

第二，开发商与施工企业。以合同关系的形式，开发商与施工企业建立资金流动，由施工企业负责管理分包商。

第三，开发商与供应商。开发商以合同关系的形式，存在物资流动和资金流动。开发商作为核心企业对供应商提供的物资进行总调配。供应商是一个项目实施过程中物流和资金流的起始点。供应商关系管理是组织网络管理中的一个关键环节，它是在供应商信息完整有效的管理与运用的基础上建立起来的。

材料供应商与作为核心企业的开发商之间，二者建立长期稳定的合作伙伴关系，对材料的订购和使用就可以实施供应商管理库存的方法，即由供应商根据施工的计划和进度管理库存，这样可以减少不必要的费用的产生。

第四，开发商与物流、监理。开发商与物流、监理单位以合同关系的形式维系，不存在信息、资金、物资流动。监理单位需要对设计单位、施工企业、供应商进行监督。

（2）施工企业与设计单位、供应商

建立与设计企业施工要求，设计意图和施工中出现的不可预测因素等信息流动，并且与供应商进行材料设备等信息沟通，确保施工过程中信息交流的及时顺畅。

（3）设计单位与供应商

以非合同的关系进行信息流动，确保设计与构建过程中，能够及时得到设备、材料、部品相应的物资。

5.2 以开发商为核心的组织网络构建

5.2.1 开发商价值分析

通过图1的工业化住宅的价值链的分析，房地产开发商作为价值链的最前端，其直接带动了整个住宅产业的导向：①与政府进行协商，争取土地资源；②与单位设计院直接沟通，进行标准化的住宅设计，具有创新意识；③与建材商和从事部品构件生产的企业密切合作，直接提供资金支持，指导其以工厂化方式大规模生产住宅部品构件；④通过先进的管理模式，联系物流公司负责住宅部品构件的运输以及委托施工企业通过高度机械化的施工完成现场部品构件的装配；⑤后期还有提供专业服务的公司完善住宅的销售运营管理等。

通过以上工作流程，开发商直接或间接参与了设计、生产、施工、销售和服务等环节，使其形成一个有机的整体，其在市场活动力、用户价值、经济实力、企业兼并能力、核心竞争能力、与合作企业达成共识能力方面的强劲表现，都显示了它的优势。

5.2.2 组织网络构建

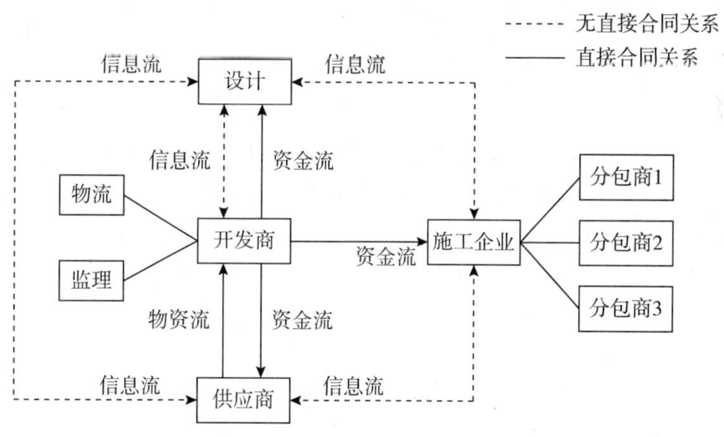

图2 以开发商为核心企业的组织网络

在组织网络中，开发商作为网络中的核心企业，与设计单位以合同形式进行的资金流和非合同形式进行信息流。与供应商以合同形式建立物资流和资金流，与施工企业通过合同进行资金流通，监理与开发商建立合同关系，监理设计单位、施工单位、设计单位。

在新型的组织网络下，过去设计和施工的割裂问题得到解决，形成了设计、生产、施工一体化的新型生产组织模式。

5.3 以施工企业为核心的组织网络构建

5.3.1 施工企业战略价值分析

根据有关学者和研究人员对于住宅工业化及其影响因素的研究，分析建筑工业化开展与否的两种情况比对（见表 1）。

表 1　　建筑工业化两种情况对比

企业内部自身因素		企业外部宏观因素（24）
主观因素（81）	客观因素（57）	市场因素（13）
管理能力（19）	技术与创新因素（28）	政策因素（5）
执行能力（15）	资源获取能力（24）	社会因素（5）
战略意识能力（13）	资源整合能力（5）	其他因素（1）
企业品牌和文化（12）		
组织结构（19）		
知识与文化（9）		
信息（3）		

在实行建筑工业化以后，影响建筑企业核心竞争力的因素由工业化前的内部主导、外部协助，到工业化后的内外因素影响程度相当。以技术为核心、管理为手段，到工业化后以政策为引导、技术为保障。排在影响因素前三位为：市场的影响、政策的扶持和技术创新能力。通过工业化住宅的生产优势可以看出，工业化初期的成本较高，社会和环境效益还不能及时显现，需要外部环境给予大力支持和培养，需要依靠众多市场主体和国家地区的支持，而不是单单靠企业自身就可以培养起来的核心竞争力。但唯一不变的是，技术仍然是核心竞争力的重要推动力。

5.3.2 组织网络构建

建筑工业化网络以实力雄厚的大型施工企业为核心，与其他中小企业、机构形成基于不同联系的生产协作网络。网络由节点和箭线所组成。崇丹、李永奎认为在建设项目组织网络模型中，行动者为一个建设项目的参建方或利益相关方。这些建设项目组织在网络模型中被称为点或结点，箭线表示主体基于项目产生的关联关系，其中有监督关系、信息、资金或物资流动关系等。

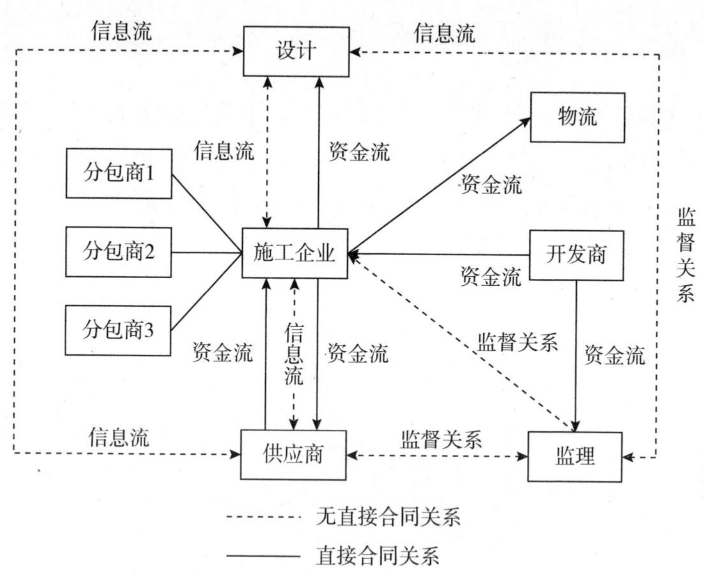

图 3　以施工企业为核心企业的组织网络

网络主体包括：设计单位、施工企业、开发商、材料、设备供应商、物流、监理。

作为网络核心企业，施工企业与设计单位、供应商、物流建立资金流，非合同形式建立施工企业、设计单位、供应商互相建立信息交流。而开发商减弱与设计单位的关系，凭借资金流通过监理与设计单位、施工企业和供应商的监督关系以及与设计单位的信息流确保项目设计的整体性。

5.4　以设计企业为核心的组织网络构建

5.4.1　设计单位价值分析

设计院作为核心企业会与开发商、施工企业、供应商均发生以设计院为主导的资金流动和信息流动。设计院进行物流的分配指挥工作、资金的运作和信息的整合。

在此组织网络模型中，关系代表具体的联络内容或者现实中发生的实质性关系，以箭线表示建设项目组织基于项目产生的关联关系，其关系可以为“合同关系”“非合同关系”；非合同关系中包含“监督关系”“信息流动关系”“资金流动关系”“物资流动关系”等。

5.4.2 组织网络构建

在传统建筑模式中，开发商与设计单位签订设计服务合同，然后组织协调各部分的工作，最终完成施工图设计文件。而建筑工业化网络中，要求设计方的现场配合服务不仅仅针对承包商，对于开发商提出的问题、设计方自身发现的问题，也均需要提出解决方案。设计方的责任在于必须提供这些配合服务，并对之负责。

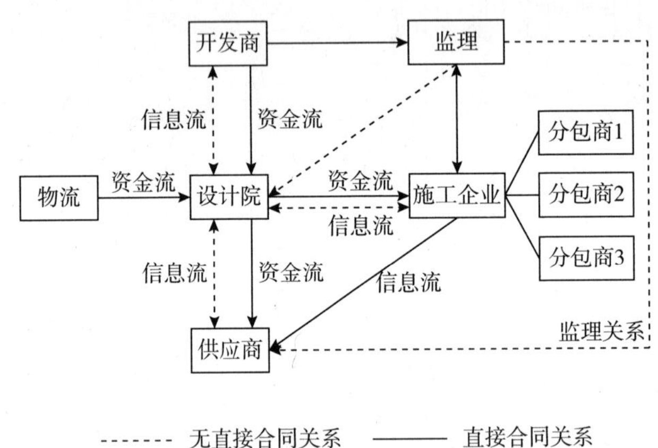

图 5 以施工企业为核心企业的组织网络

设计单位为核心的组织网络的提出，将提高对设计单位的能力要求，把设计施工的协作尽可能提前到设计阶段，在设计阶段就从施工的角度对整个建设计划进行全面的审查，找出其中可能对施工不利的因素并加以改进，以改善设计施工全过程中设计施工的协作关系。

6. 案例分析

6.1 建筑工业化背景下以开发商为核心的组织网络应用

作为中国房地产行业的领军房开，万科自 1999 年跨出工业化的第一步后，不断地尝试创新和引入国际先进技术，在 2012 年年报中，万科首次将“住宅工业化”放在经营策略首位，其住宅工业化由装修房、工厂化和绿色建筑共同组成。

海上传奇项目 i 是上海万科首个采用装配整体式剪力墙结构体系进行设计施工的住宅小区，采用标准层预制、外表面无现浇模板、窗框预埋、套筒灌浆连接等工艺，对标准化设计、装配化施工、一体化集成、信息化管理等工业化设计原则及要求进行了一定尝试，为建筑工业化的不断推进进行了有效实践。

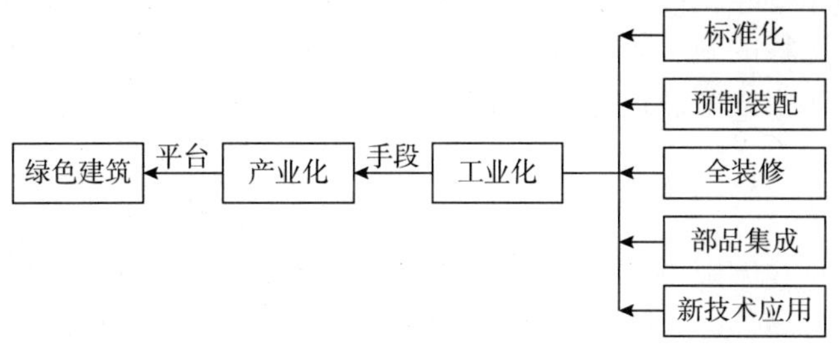

图 6　万科工业化进程

纵观整个工程项目的实施过程，①首先万科先与政府进行协商，争取土地资源；②与单位设计院直接沟通，进行标准化的住宅设计；③行工程招标，选择出最具有能力的施工企业；④与建材商和从事部品构件生产的企业密切合作，直接提供资金支持，指导其以工厂化方式大规模生产住宅部品构件；⑤通过先进的管理模式，通过自己旗下的万科物流公司负责住宅部品构件的运输以及委托施工企业通过高度机械化的施工完成现场部品构件的装配；⑥后期自己提供专业服务完善住宅的销售运营管理等。在此过程中，开发商直接参与了设计、生产、施工、销售和服务等过程，符合新型的组织网络结构。

该工程项目在进行之中，万科房地产开发商作为网络中的核心主体，其直接带动了整个住宅产业的导向，且与其他企业积极合作，以产业联盟（图 7）的形式、打造完整的技术体系，将各方面技术和利益整合在一起，形成统一的利益主体和技术的集成，风险共担、利益共享。

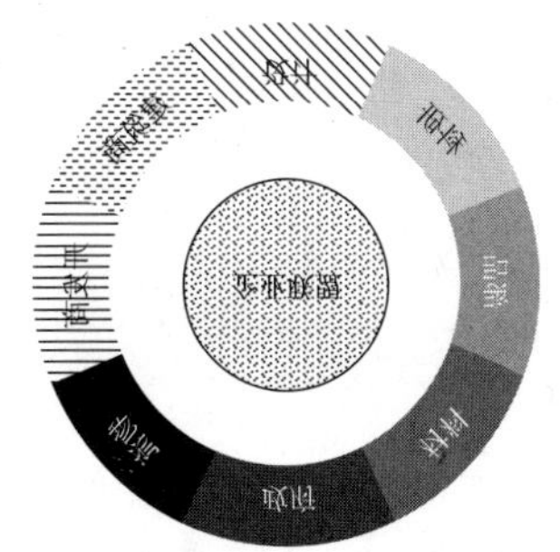

图 7　万科的"企业联盟"模式

且作为网络构建中的核心企业，万科很好地将另外五大主体很好地联系到了一起：①向科研院所、高校老师、设计咨询公司寻求技术支持；②与预制构件加工厂积极合作，构件的研究、设计、生产；③和建筑施工企业——建筑承建商进行有效积极沟通。主要着眼于解决劳动力短缺、成本上升、提高施工质量等因素，为未来的企业发展做做准备；④和部品集成供货商——以室内装修部品供货为主；⑤与大型建筑产业集团——产业集团，其内部组织包括部品的研发制造、建筑的设计、工程的施工等公司，具备形成产业化“一条龙”式的流程结构，并有志与通过参与住宅工业化实现产业升级。

6.2 建筑工业化背景下以施工企业为核心的组织网络应用

远大住工是我国第一家以“住宅工业”行业类别核准成立的新型工业企业，也是目前国内规模较大和实力较强的绿色建筑制造商。

（1）与市场的联系和融资能力较强：远大住工提出了独特的商业模式——“工业＋资本＋合作”，用投资方式构建合作关系，消除合作障碍。同时，作为制造企业更具有融资优势，银行更愿意授信，与开发商的关系更紧密。

（2）技术能力强：远大住工掌握比较成熟的建造技术和PC生产制造技术、生产设备、工装模具。确保建筑设计、制造、施工、运营全周期质量可控，达到缩短周期和绿色环保的效果。

在吸纳国外先进理念与技术的基础上，远大住工结合实际建立了完善的建筑工业化体系，技术专利达100余项，产品涵盖保障房、商品房、别墅、酒店、办公楼等。

（3）高效，多方面节约成本：远大工厂化绿色建筑采用全钢结构预制装配式技术，倡导“五节一环保”（即更加节能、节地、节水、节材、节时、环保），符合循环经济理念，且大幅度提升现场效率。

6.3 建筑工业化背景下以设计方为核心的组织网络应用

通过研究中国建筑设计研究院上海分院（上海中森建筑与工程设计顾问有限公司，以下简称 “上海中森”）的官方网站及相关信息报道，整合资料，分析上海中森在工业化建筑中的组织网络发展。

6.3.1 上海中森建筑工业化进程

上海中森自2005年起，着力推动建筑工业化研发及实践，具备“百年住宅、预制装配式建筑、工业化精装住宅、科技智能住宅”等建筑工业化集成技术设计及应用能力，形成了一体化设计流程。已在上海、江苏、浙江等地完成建筑工业化项目近 30 个，共设计建造近 400 万㎡质量优异、绿色环保、安全健康的工业装配式建筑，为社会解决了低成本建造优质环保住宅难题，成为中国建筑工业现代化领域的引领者。

2015 年 11 月 16 日，上海市住建委建筑建材业市场管理总站组织召开了上海中森建筑与工程设计顾问有限公司（上海中森）“国家住宅产业化基地”申报推荐评审会。综合上海中森在建筑产业的带动能力强、组织架构清晰具体、发展目标明确等多项优势，专家组已一致同意通过推荐评审。

6.3.2 上海中森工业化实例介绍——上海万科金色里程小区

上海万科金色里程小区是上海中森建筑与工程设计顾问有限公司为设计单位，联合建设单位上海万科等共同完成的。主要结构是剪力墙和预制 PC 相结合。总建筑面积达 135798.57 平方米，其中高层 PC 住宅建筑面积为 81252 平方米。

（1）上海万科金色里程小区工业化部分说明

万科金色里程 B04 地块项目是以高层单元住宅和多层联排住宅为主的小区。高层住宅部分设计采用“PC 结构工程”，即将楼房的一些部件，在工厂加工完成，再到工地现场进行拼装。

（2）建造上海万科金色里程小区组织网络分析

在本工业化项目中，上海中森以其卓越的工业化建造水平影响着建筑活动全流程，凭借设计方案的技术水平、工艺水平的卓越性，充分认识项目情况，精准地控制建筑施工过程，对项目质量提供有力保证。

然而从全方面来看，在此次建设中上海中森虽牵头能力较强，却并未以其为组织网络核心，仍保持着传统建筑建造时设计院单一的作用。上海中森与施工单位及开发商的联系较密切，但与供应商、物流等的联系尚不足，表现出设计院在组织网络间的管理协调能力较弱，如若转型为核心企业，则加强组织间沟通交流、协商合作必不可少。

此外，在本项目中，上海中森作为设计方的优势并未尽显。设计单位对于设计的灵活性是其他企业均无法比拟的。设计方面若出现问题问题，设计单位可率先分析，从源头处解决问题，有效提高工作效率，将项目风险最小化。但上海中森未尝充分利用此优势。故设计单位应提高对自我的认识，加强对市场的了解，提高服务意识，以便在组织网络中占据关键位置，使建筑项目的效率、质量得以显著提高。

7. 启示与建议

我国建筑产业现代化、工业化进程正在稳步发展，但正因为处于发展阶段，建筑全过程的协调能力同我国已应用多年的传统建筑产业相比还尚显单薄，而且传统建筑产业链基于规模经济的发展方式不适用于建筑产业现代化的发展要求。建筑产业现代化产业链发展不足在很大程度上限制着自身发展，通过选择合适的组织网络核心企业来保证建筑产业现代化产业链的优势得到充分的发挥，在解读组织网络概念、分析各个主体特点与价值以及对各主体关系进行剖析后，得到以下几点启示。

7.1 对国家政府的启示与建议

国家在产业链中没有直接占据一定的位置，不参与产业链的构成，但是国家对建筑产业现代化产业链制定的规则、标准是建筑产业现代化产业链形成的关键，对整个产业链起着主导作用。政府应制定相应的政策、法规，强调建筑产业链的重要意义，加强对产业链工作的引导和推动，鼓励多家企业的协同作用，使产业链成功搭接，并在一定程度上给予核心位置的企业支持，使核心企业的优势尽显，增加话语权；同时，政府应进一步完善建筑产业现代化标准体系，为产业链提供完整的产品设计规则与接口标准，使得各方责任制度明确，工作有据可循，最终减轻组织网络核心企业管理负担，提高产业链的效率。

7.2 对企业的启示与建议

产业链的合理构建是决定建筑业长期稳定发展的前提，建筑产业现代化产业链加强了各个建筑主体间的联系，而组织网络核心企业的确定，进一步使信息传递速度加快，各企业之间的沟通效率提高。各个主体在组织网络图中都不是单一的个体，而是与多方都建立了复合的联系，每一主体，尤其是组织网络核心企业，对自身能力的强化都将对整个产业链产生显著影响。

（1）建立完善组织管理体系

核心企业应多借鉴国际通行的工程公司管理模式，参照国际工程公司的模式，尽快深化体制改革，具备设计、采购、施工等项目建设全过程的管理能力，摒弃固有的只有交涉双方合作的思想，而是应该与参与建设的多方交流，将有效避免发生因设计、供应、施工等不协调造成的工期拖延、投资增加、合同纠纷等问题，确保自己真正意义上的“核心”地位。

（2）重视提升人员素质

我国建筑业是一个劳动密集型行业，工人知识储备不足，难以适应行业的转型升级。在这种背景下，对全产业链的升级以及对组织网络核心企业的组织管理都有很大挑战，因而产业链相关企业应大力培养产业化工人，建立人才高地，开发人才培养机制，知识与实际技能同步提升，不断充实产业化研发人员、工厂技术工人、现场施工人员的人才储备，建立适应企业发展要求的高效集成管理机制，合理调配和集中相关人员。

（3）加强技术创新、方案创优

建筑工业化向标准构配件设计提出了更高的要求。体系设计将促进标准设计的研究在更大的使用范围内进行而不断发展和提高，在全面推进建筑工业化的进程中两者是互为补充相辅相成的。同时要注重细节上的创新，工业化本质上是技术量变产生质变的过程，以做产业而不是做项目的心态，共同研究、构建适用的技术体系。

基于组织网络的建筑产业现代化产业链形成，有助于整合并优化配置人力、物力、财力、科技等资源，将建筑行业优势发挥达到最大化。链内相关企业以合作、竞争、相互促进的方式提高产业链的核心竞争力和区域经济实力，以创造更高的经济、环境和社会效益，为改善建筑市场，更好更快地发展建筑产业现代化贡献了积极力量。

参考文献

[1] Li Xinhua，Ma Haiying，Wang yu and Luo min，construction practice of project assembly in sea legend of Vanke[J]，Architecture Technique，2015（04）

[2] 王如龙.基于模块化理论的绿色建筑网络状产业链构建研究[J].建筑知识，2016，（03）：228–229

[3] 齐宝库，朱娅，刘帅，等.基于产业链的装配式建筑相关企业核心竞争力研究[J].建筑经济，2015，36（8）：102–105

[4] 金汐，魏景姝，张亮，等.既有建筑绿色化改造产业链研究[J].住宅产业，2012，（09）：20–23

[5] 郭立英，张大伟.工业化住宅建筑施工企业核心竞争力分析[J].工程质量，2012，30(05)：17–20

[6] H. E. Aldrich，J. Preffer. Environments of organizations [J]. Annual Review of Sociology，1976，（2）：79–105.

[7] J. Preffer，G. R. Salancik. The external control of organizations [M]. Harper and Row：New York

[8] T. Burns，G. M. Stalker. The management of innovation [M]. Quadrangle Books，Chicago，1961

[9] P. R. Lawrence，J. W. Lorsch. Differentiation and integration in complex organizations [J]. Administrative Science Quarterly，1967，12（1）：1–47

[10] R. Coase.The nature of the firm[J]. Economica，1937，4：386–405

[11] O.E.Williamson. Markets and hierarchies：Analysis and antitrust implications[M].Free Press，New York，1975

[12] D.J.Brass，M. E. Burkhardt. Potential power and power use：an investigation of structure and behavior[J]. Academy of Management Journal，1993，36（3）：441–470

结构性胶结破损机理研究报告

北方工业大学：王海东　杜亚楠　王泽宇　任合欢　孟　旭

指导教师：祝恩阳

通过对人工胶结结构性土进行制备及实验，探索了胶结对土应力应变关系的影响以及胶结自身的衰减规律。以此为依据，通过活用等向压缩线以及引入一模型参数反映体积垮塌情况，在修正剑桥模型的基础上发展建立了能简单考虑胶结效应的结构性土模型。

1. 选题背景

长期以来，岩土力学工作者们对于土的力学性质仅局限于从粒度、密度和湿度 3 个方面来描述，却无法解释同一种土在不同的制备条件下，其粒度、密度、湿度等力学性质较大的差异的问题；以及同一种土在不同应力状态下具有不同的力学性质的问题。这都是因为岩土力学工作者们忽视了一个极其重要的因素，即结构性。

土颗粒团粒以及孔隙的几何排列通常称为土的组构，土组构的空间几何排列及其联结构成了土的骨架，土骨架不同的组构几何排列和联结使其具有不同的稳定性和抵抗外力作用的能力。土的结构性是指有一定几何排列与联结组构的土骨架增强抵抗外力作用能力的性质。天然原状土往往具有比相同密度的正常固结土在相同有效应力作用下更大的剪力，从而对维持原状结构土体的稳定性起到有利的作用。这种作用对土的工程性质有强烈的影响，它直接决定着建筑地基基础的处理，间接影响着建筑物的质量。

目前，在工程中普遍应用的非线性和弹塑性模型，如 Duncan 的双曲线模型、剑桥模型等，均不考虑土的结构性变化，而直接给出应力、应变等之间的关系。虽然有不少模型可以反映应变软化曲线，但它们仍以描述无结构性的超固结土为对象。而大量试验结果证明，土的结构性对土力学特性具有较大影响，沈珠江认为，为了更好地模拟土体的真实变形特性，人们应当从传统的弹塑性模型转向结构性模型。所以，传统的以饱和重塑土或砂土试验为基础研究发展起来的本构模型很难真实反映结构性土的力学性态，其计算所得的结果必然与实际情况相差甚远。

土的本构模型的建立是一个重要而又复杂的问题，到目前为止，国内外学者们已提出数以百计的土本构模型，诸多文献也对这些模型进行了评述和归纳。其中应用最广泛的剑桥模型由英国剑桥大学 Roscoe 于 1963 年提出，这个模型基于正常固结土和超固结土试样的排水和不排水三轴实验基础上，从试验和理论上较好地阐明了土体弹塑性变形特征，尤其考虑了土的塑性体积变形。然而它难以描述由于土结构性引起的各种非线性行为，其计算结果与实际情况相差甚远。近年来也有学者对剑桥模型做了诸多修正，但修正结果十分复杂，工程师应用起来十分麻烦。对此，我们小组经过讨论决定对结构性胶结破损机理进行研究。

2. 方案论证

2.1 模型推导

修正剑桥模型的，屈服函数为：

$$f = p\left(1+\frac{\eta^2}{M^2}\right) - p_X = 0 \tag{1}$$

式（1）中应力比 $\eta=q/p$，p_x 为屈服面在 p 轴上截距。M 为试样剪切破坏达到临界状态时的应力比。修正剑桥模型采用相关联准则，即取塑性势函数 g 与屈服函数 f 相同。

$$g = p\left(1+\frac{\eta^2}{M^2}\right) - p_X = 0 \tag{2}$$

通过式（2）可以得到修正剑桥模型的剪胀方程：

$$\frac{d\varepsilon_v^p}{d\varepsilon_d^p} = \frac{\partial g/\partial p}{\partial g/\partial q} = \frac{M^2-\eta^2}{2\eta} \tag{3}$$

修正剑桥模型的硬化规律为：

$$P_X = P_{X0}\exp\left(\varepsilon_v^p / c_P\right) \tag{4}$$

式（4）中，p_{x0} 是 p_x 的初值，ε_v^p 为塑性体积应变，c_p=（$\lambda - k$）/（$1+e_0$），e_0 为试样初始孔隙比。

根据式（2）~（4）可得修正剑桥模型所描述的塑性体积应变增量 $d\varepsilon_v^p$ 与塑性剪应变增量 $d\varepsilon_d^p$。修正剑桥模型中弹性应变依据广义胡可定律，弹性体积应变增量 $d\varepsilon_v^e$ 和弹性剪应变增量 $d\varepsilon_d^e$ 分别表示为：

$$\varepsilon_v^e = \frac{e_0 - e}{1+e_0} = \frac{\lambda - k}{1+e_0}\ln\frac{p}{p_0} \tag{5a}$$

$$d\varepsilon_v^e = \frac{k}{p(1+e_0)}dp = \frac{dp}{K} \tag{5b}$$

$$\varepsilon_d^e = \frac{2}{3}(\varepsilon_1 - \varepsilon_2) = \frac{2}{3}\frac{q}{E}(1+v) \tag{6a}$$

$$\varepsilon_v^e = \varepsilon_1 + \varepsilon_2 = \frac{3p}{E} - \frac{6vp}{E} \tag{6b}$$

由式（5b）（6a）（6b）可得（6c）

$$d\varepsilon_d^e = \frac{2k(1+v)}{9p(1-2v)(1+e0)}dq = \frac{dq}{3G} \tag{6c}$$

根据式（3）当时 $\eta=M$，塑性剪应变增量 $d\varepsilon_d^p$ 为无穷，试样剪切破坏达到临界状态。此时孔隙比 e 较正常固结线上对应的孔隙比的减小量 Δe 可由式（1）式（4）全微分求得：

$$\Delta e = \int_{\eta=0}^{\eta=M}(\lambda - k)\mathrm{d}\left[\ln\left(1+\frac{\eta^2}{M^2}\right)\right] = (\lambda - k)\ln 2 \tag{7}$$

修正剑桥模型采用相关联的流动法则，塑势函数与屈服函数相同，修正剑桥模型基础上，本文所提模型只进行了扩展：

我们将修正剑桥模型的屈服函数扩展为：

$$f = p\left(1 + a\frac{\eta^2}{M^2}\right) = p_X \tag{8}$$

式（8），a 为模型参数。这样，描述结构性土 CSL 位置的量 Δe 则由式（7）写为：

$$\Delta e=\int_{\eta=0}^{\eta=M}(\lambda-k)\mathrm{d}\left[\ln\left(1+a\frac{\eta^2}{M^2}\right)\right]=(\lambda-k)\ln(1+a) \tag{9}$$

扩展模型使用非关联流动准则，即塑性势函数与剪胀方程分别依式（2）式（3）扩展模型的硬化规律与弹性变形计算仍旧依式（4）式（5）、（6）映结构性土的扩展修正剑桥模型的在子午面上的本构表述为：

$$\begin{bmatrix}\mathrm{d}\varepsilon_\mathrm{v}\\ \mathrm{d}\varepsilon_\mathrm{d}\end{bmatrix}=\begin{bmatrix}A & B\\ C & D\end{bmatrix}\begin{bmatrix}\mathrm{d}p\\ \mathrm{d}q\end{bmatrix} \tag{10}$$

式（11）中：

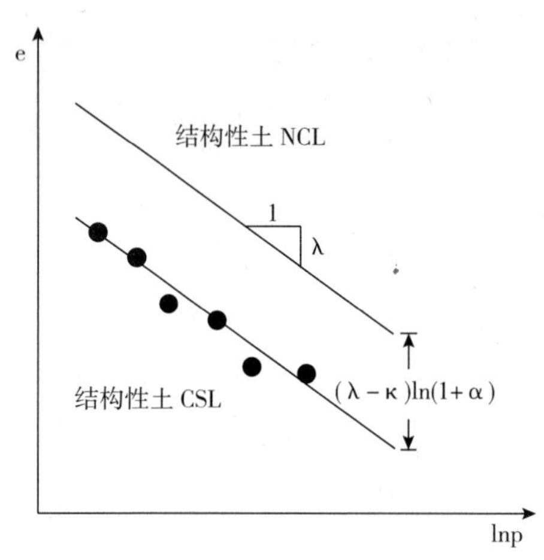

图 1

$A=(c_\mathrm{p}/p_\mathrm{x})(\partial f/\partial p)+1/K$；

$B=(c_\mathrm{p}/p_\mathrm{x})(\partial f/\partial q)$；

$C=2\eta(c_\mathrm{p}/p_\mathrm{x})(\partial f/\partial p)/(M^2-\eta^2)$；

$D=2\eta(c_\mathrm{p}/p_\mathrm{x})(\partial f/\partial q)/(M^2-\eta^2)+1/(3G)$

2.2 模型演化

对于初始孔隙比 e_0 均为 0.7 的重塑土与结构性土分别依据修正剑桥模型和本文所提扩展修正剑桥模型的模拟，等向压缩线如图 2 所示，常规三轴排水剪切如图 3 所示。重塑土与结构性土的模型参数见表 1。

表 1　修正剑桥模型与扩展修正剑桥模型的参数

参数	λ	N	a	M	k	v
重塑土	0.1	1.0	／	1.2	0.02	0.25
结构性土	0.15	1.5	见图			

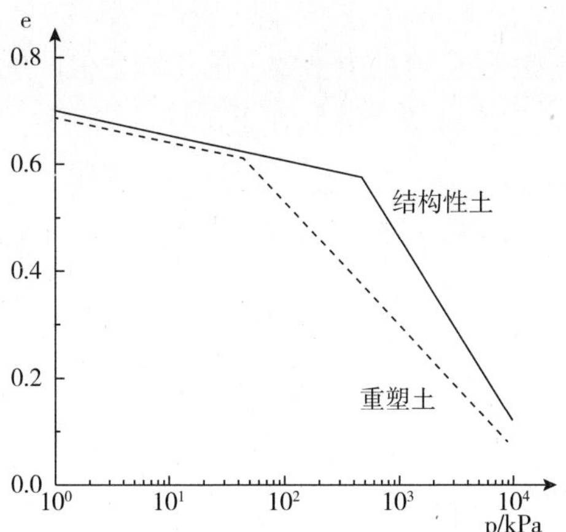

图 2　结构性土与重塑土等向压缩模拟计算

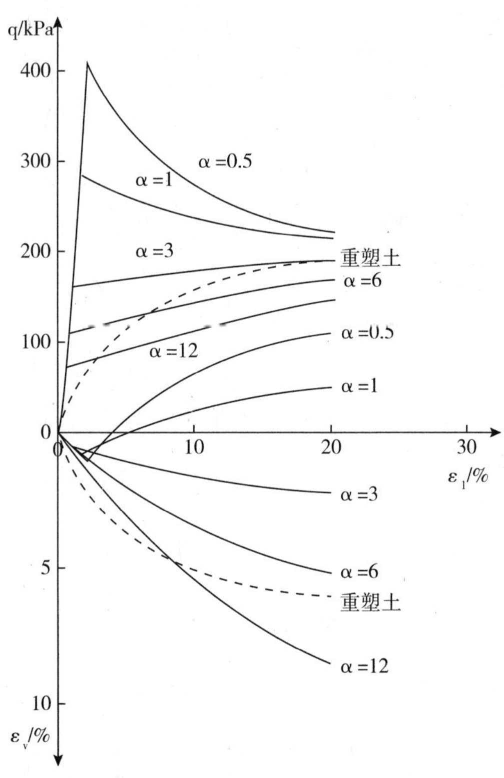

图 3　结构性土与重塑土排水剪切模拟计算

图 2 显示，本文所提扩展修正剑桥模型通过将模型参数 λ 增大的办法来模拟结构性土的等向压缩特性。当然，这里隐含着对结构性土压缩线在 e~ln$p$ 坐标中

的直线型简化。

图 3 显示，扩展修正剑桥模型中参数 a 的不同取值的确可以调整剪切体积变形程度。图 3 还表明：如果剪切中结构性土试样结构垮塌剧烈（a 较大），则试样剪切强度就较低；反之，如果剪切中结构性土试样胶结很强而结构垮塌不明显（a 较小），则试样剪切强度就较高，甚至出现峰值后应变软化现象。

2.3 模型验证

为验证本文所提模型的合理性，作者将 3 种天然结构性土的提模型预测与压缩及剪切试验数据进行对照。在本节图中曲线代表模型预测，散点代表试验数据。

本文所选用的 3 种天然结构性土分别为 Bangkok clay（曼谷黏土）、Corinth canal marls 以及人工制备的结构性黏土。模型参数如表 2 所示：

表 2　各结构性土的模型参数

名称	λ	k	M	N	v	a
Bangkok clay	0.75	0.12	1.05	5.99	0.25	1.6
Corinth canal marls	0.073	0.008	1.38	1.145	0.25	2.4
人工结构性土	0.22	0.025	1.4	2.41	0.25	1.35

2.3.1 结构性土Bangkok clay

Bangkok clay 主要由 Chaopraya River（昭帕亚河）三角洲冲刷淤积而形成，其主要分布于地表下 2 ~ 10m 内，其特点是高塑性、高含水量、低强度，是一种强风化的黏土，结构性比较弱。Bangkok clay 等向压缩、三轴不排水剪切、三轴排水剪切和应力路径的试验结果与模型预测示于图 4 至图 7。

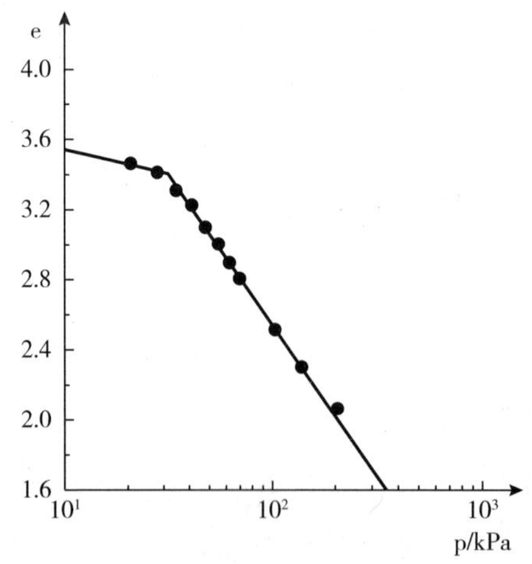

图 4　Bangkok clay 等向压缩试验结果与模型预测

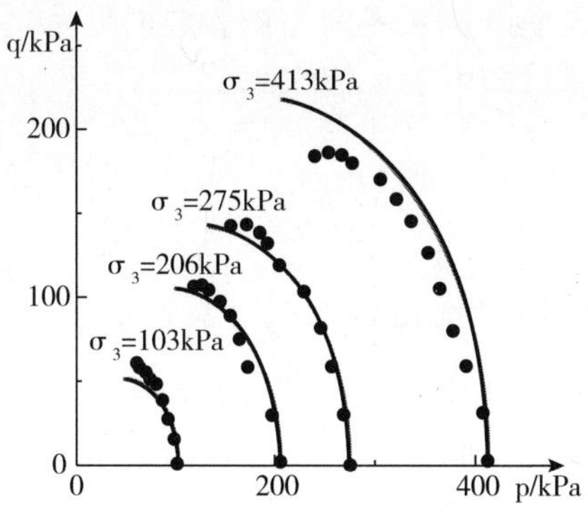

图 5　Bangkok clay 三轴不排水剪切试验结果与模型预测

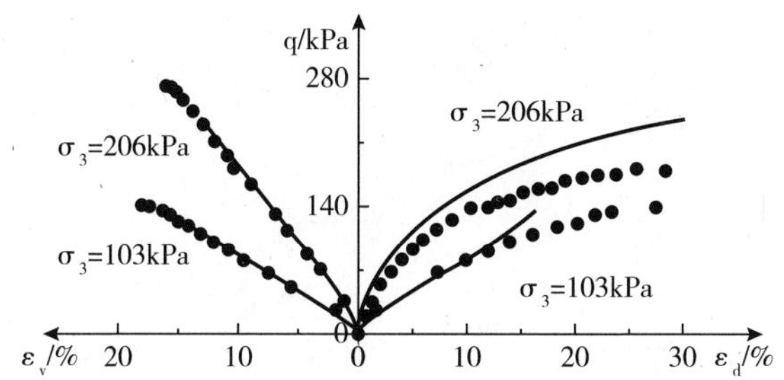

图 6　Bangkok clay 三轴排水剪切的试验结果与模型预测

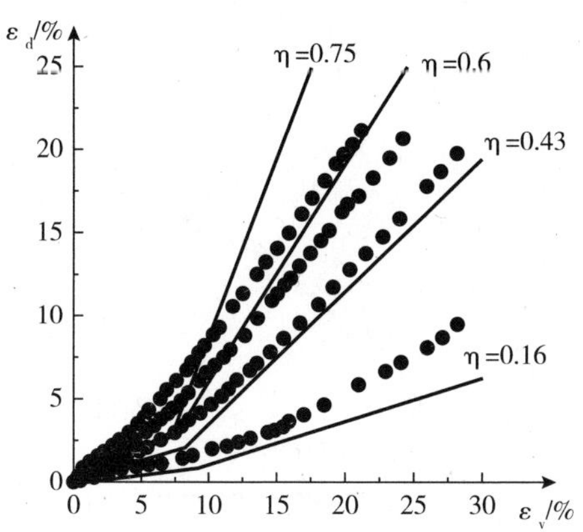

图 7　Bangkok clay 应力路径试验结果与模型预测

图 4 至 7 显示本文所提模型预测能够较好地模拟 Bangkok clay 等向压缩试验结果；同时也能够合理的预测三轴排水剪切试验中 $q\sim\varepsilon_v$ 的关系，但是预测 $q\sim\varepsilon_d$ 时存在不足，这是因为本文提出的模型是在修正剑桥模型的基础上，反映土的结构性，修正剑桥模型采用塑性体应变为硬化参数，所以，在剪切中，该扩展模型

在模拟结构性土体应变与剪应力关系时与试验数据更为吻合。此外，应力路径试验中也能够合理地预测其试验中 ε_v~ε_d 的趋势。

2.3.2　结构性土Corinth canal marls

Corinth canal marls 主要来源于晚第三纪的湖、河或海的沉积物，含有 35% ~ 75% 的碳酸钙和另外一种黏土矿物。结构性主要是由于沉积岩的沉积作用而形成。虽然科林斯运河两岸的边坡坡度达到 4.5 ： 1（大约 75°），但是在发生严重的地震之后只有轻微的变形。Corinth canal marls 等向压缩、三轴排水剪切试验数据与模型预测示于图 8 至图 10。

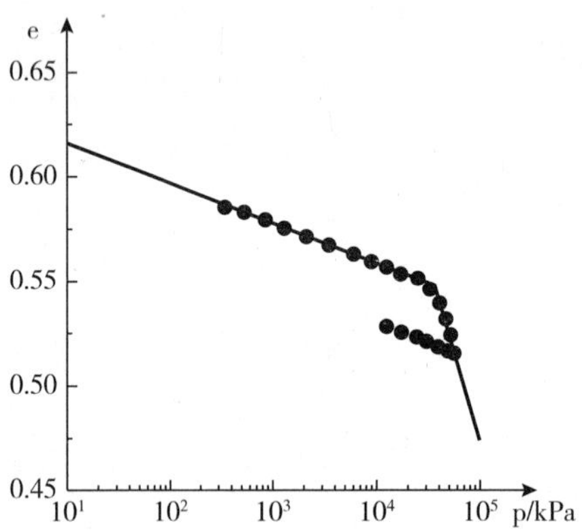

图 8　Corinth canal marls 等向压缩试验数据与模型预测

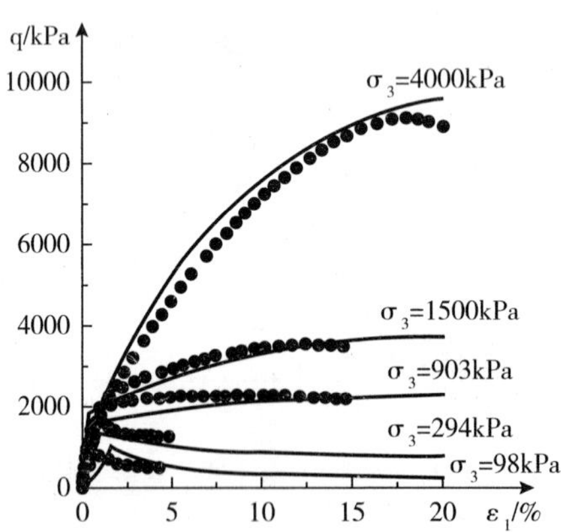

图 9　Corinth canal marls 三轴排水剪切 q~ε_1 试验数据与模型预测

图 8 至图 10 显示模型可以较好地预测 Corinth canal marls 的等向压缩特性；在三轴排水剪切试验中，模型能够很好地预测 q~ε_1 的关系，考虑到本文所建立

的模型中存在着对结构性土等向压缩线的直线型简化，在较小的范围内能合理预测结构性土的变形，但是由于试验中所选取的围压范围较大，导致预测 ε_1~ε_1 的关系时存在不足，只能预测其趋势。

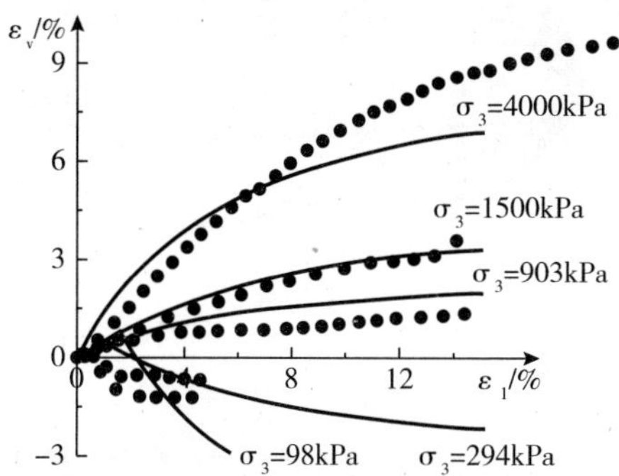

图 10 Corinth canal marls 三轴排水剪切 ε_v~ε_1 试验数据与模型预测

2.3.3 结构性土蒋明镜土

蒋明镜土过在粉质黏土中加入 20% 的国产粉状高岭土配成混料土，之后掺入一定比例的冰粒和国产 525# 的普通硅酸盐水泥，来制备人工结构性土。为了模拟天然结构性黏土的大孔隙性，该结构性土的预设孔隙比为 1.5。该土等向压缩和三轴排水剪切试验结果与模型预测示于图 11 和图 12。

图 11、图 12 显示本文所提模型能够较好地预测该结构性土的等向压缩试验结果和三轴排水剪切试验结果。同时模型预测表明在轴向应变较小的时候围压越大，其剪应力 q 值越小，这与试验结果是一致的。

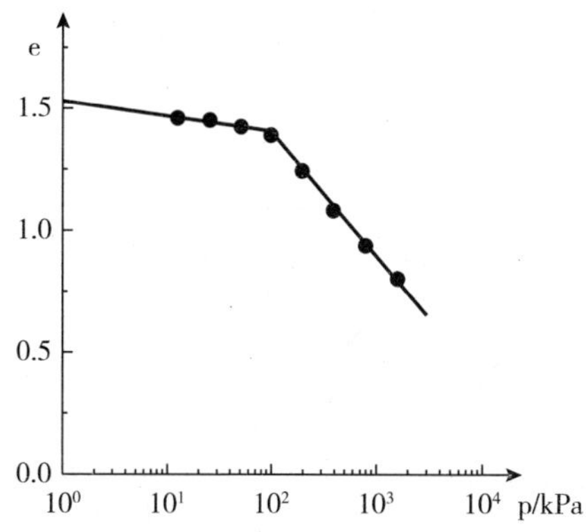

图 11 人工结构性土等向压缩试验数据与模型预测

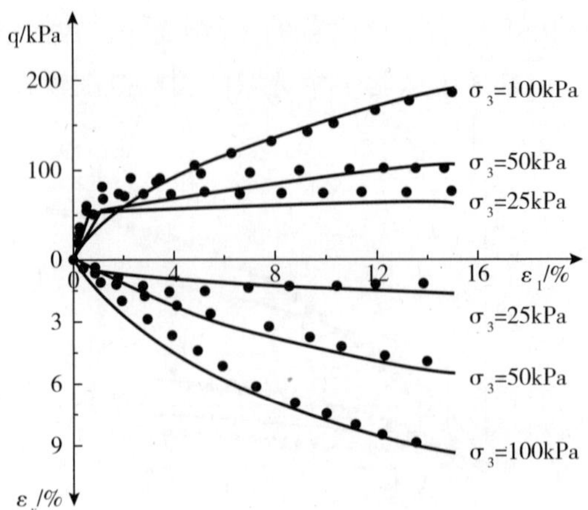

图 12　人工结构性土排水剪切试验数据与模型预测

3. 研究方法与研究结果

3.1　试验方案

本文中通过在试样中添加不同含量的水泥来的模拟胶结结构性黏土的不同胶结强度，拟进行以为压缩试验、常规三轴排水试验和常规三轴不排水剪切试验。

表 3　　胶结结构性黏土的一维压缩试验方案

水泥含量	养护时间
0%	28
3%	28
4.5%	28
5.5%	28
6%	28

表 4　　胶结结构性黏土的常规三轴排水剪切试验

水泥含量	养护时间	围压
0%	28	100kPa、200kPa、300kPa
3%	28	100kPa、200kPa、250kpa、300kPa
4.5%	28	100kPa、200kPa、300kPa、400kpa
5.5%	28	100kPa、200kPa、300kPa、400kpa
6%	28	100kPa、200kPa、300kPa、400kpa

3.2 研究试验及试验数据

人工胶结结构黏土的试验研究主要包括两大部分，分别为一维压缩试验和三轴排水剪切试验。

（1）人工胶结结构性黏土的一维压缩试验

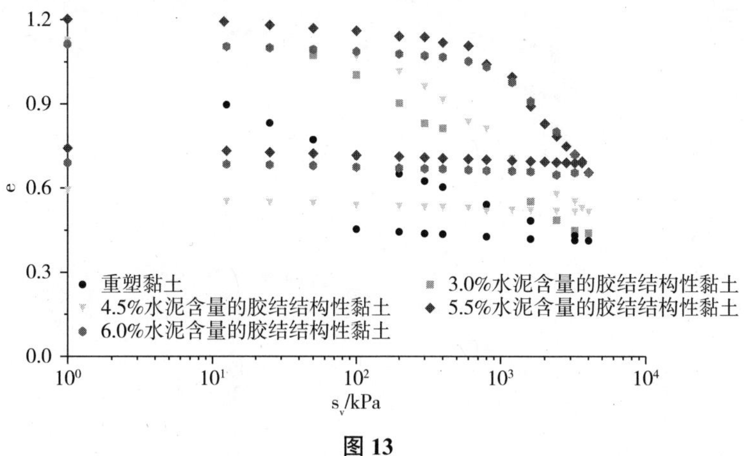

图 13

（2）人工胶结结构性黏土的三轴排水剪切试验

重塑土的三轴剪切排水试验

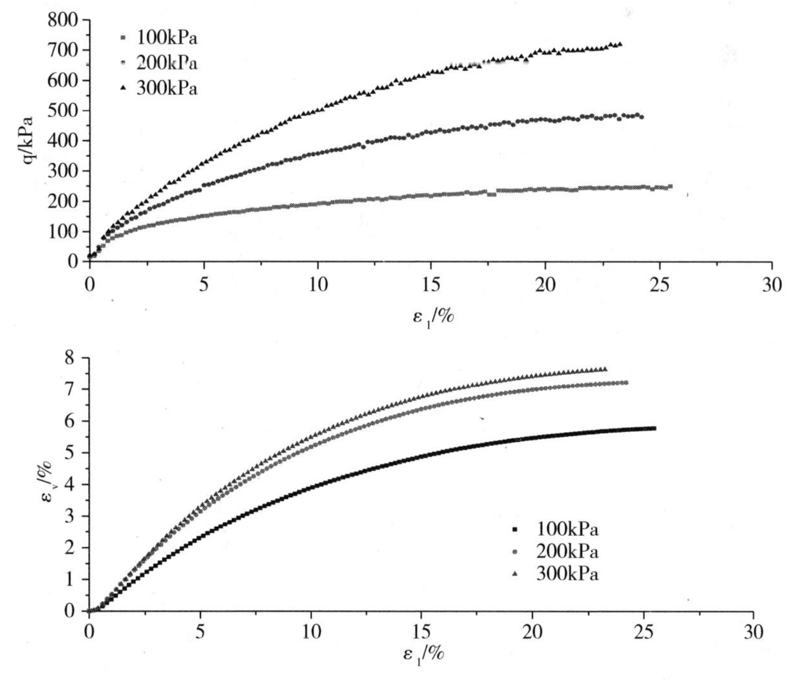

图 14

3% 水泥的人工结构性黏土

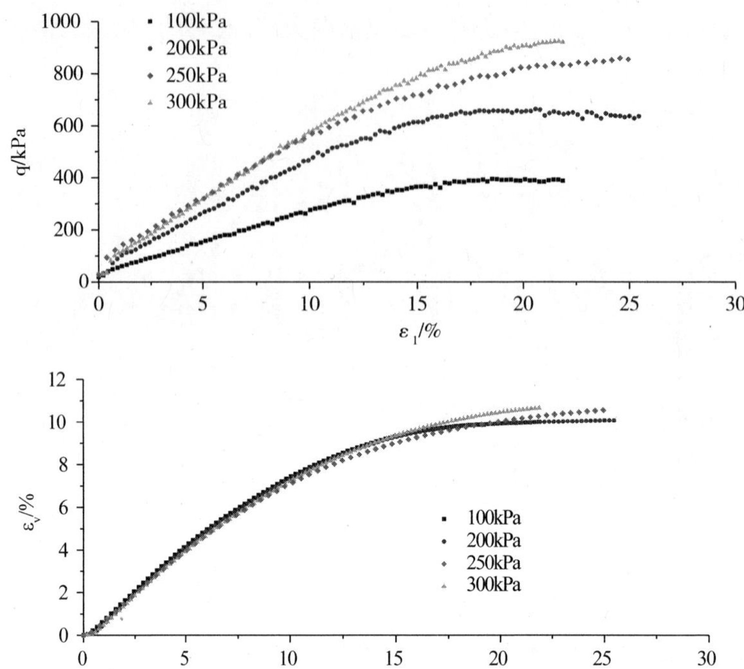

图 15

4.5% 水泥的人工胶结结构性黏土

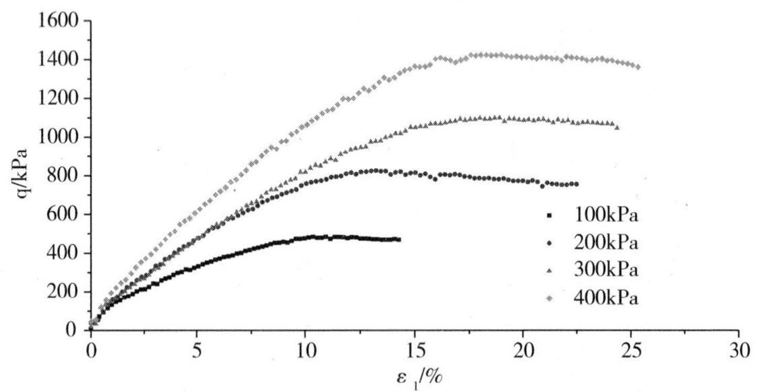

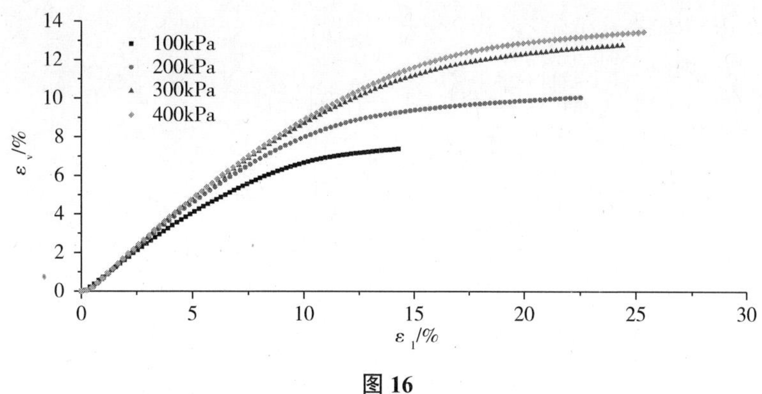

图 16

5.5% 水泥的人工胶结结构性黏土

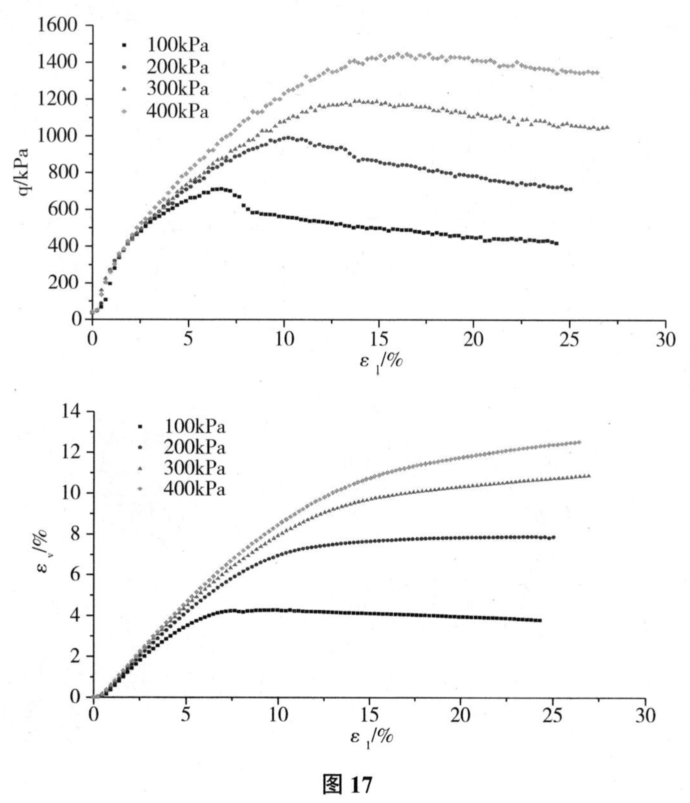

图 17

6% 水泥的人工胶结结构性黏土

100kPa
200kPa
300kPa
400kPa
q/kPa
ε 1/%
100kPa
200kPa
300kPa
400kPa
ε v/%
ε 1/%

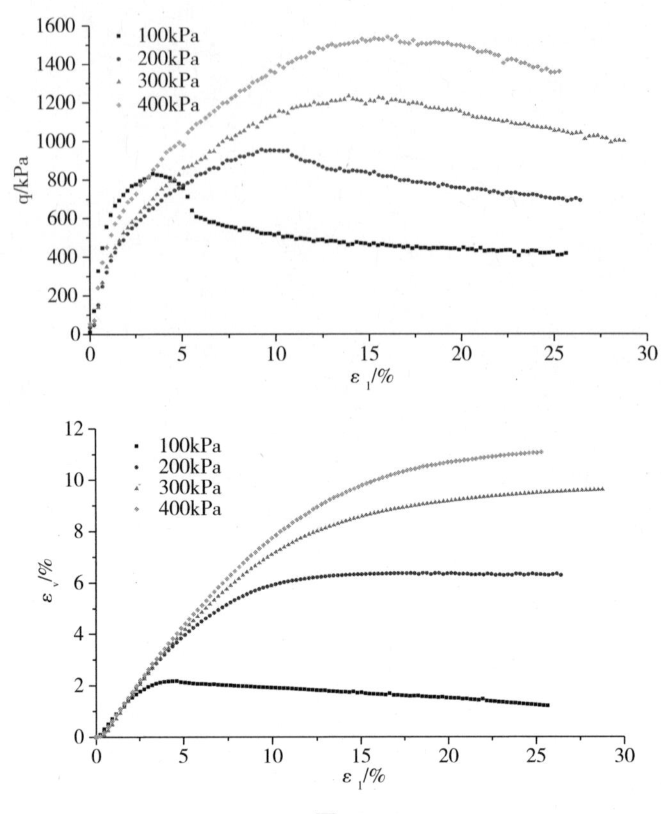

图 18

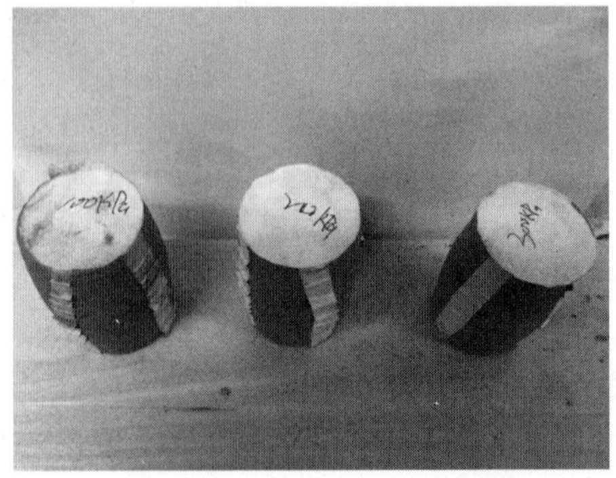

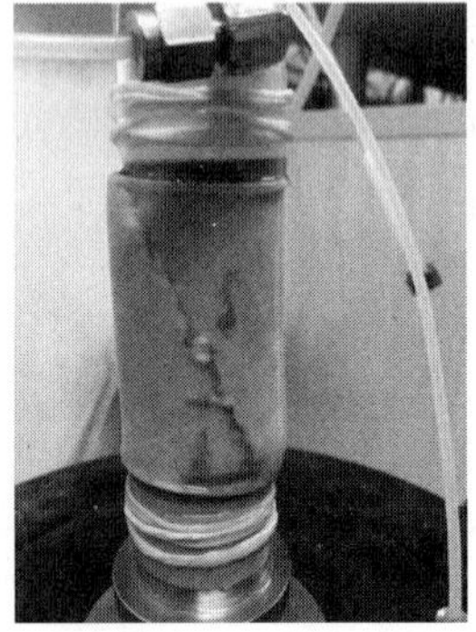

图 19

4. 创新点

本文的创新之处在于：①将结构性土／等向压缩线屈服点前视为与重塑土相同的弹性，而将屈服点后视为结构性土 NCL，并据此来确定结构性土的压缩指数；②在剑桥模型屈服函数中引入一个模型参数调整 NCL 与 CSL 间的距离，以此来反映受结构性影响的剪切体积变形规律。即用相对简单的模型，在工程精度上模拟结构性土的应力应变关系。

参考文献

[1] 沈珠江．土体结构性的数学模型——21 世纪土力学的核心问题 [J]. 岩土工程学报，1996，18（1）：95–97

[2] 李建红，张其光，孙逊，等．胶结和孔隙比对结构性土力学特性的影响 [J]. 清华大学学报（自然科学版），2008，48（9）：1431–1435

[3] Leroueil S，Vaughan P R. The general and congruent effects of structure in natural soils and weak rocks [J].Geotechnique，1991，40（2）：281–284

[4] 龚晓南，熊传祥，项可祥，等．黏土结构性对其力学性质的影响及形成原因分析 [J]. 水利学报，2000，31（10）：43–47

[5] Vaughan P R，Maccarini M，Mokhtar S M. Indexing the engineering properties of residual soil [J]. Quarterly Journal of Engineering Geology，1988，21（1）：69–84

[6] Roscoe K H，Schofield A N，Wroth C P. On The Yielding of Soils[J]. Geotechnique，1958，8（1）：22–52

[7] Roscoe K H，Burland J B. On the generalized stress–strain behavior of "wet" clay[C] Engineering [7]Plasticity，Heyman J and Leckie F A edit，Cambridge，England：Cambridge University Press，1968：535–609

[8] Anagnostopoulos A G，Kaltezziotis N，Tsiambaos G K，et al. Geotechnical properties of the Corinth Canal marl[J]. Geotechnical and Geological Engineering，1991，9（5）：1–26

[9] Balsubramaniam A S，Zueming H. Yielding of weathered Bangkok clay[J]. Soils and Foundations，1980，20（2）：1–15

[10] 蒋明镜，沈珠江，严丽雪．人工制备结构性黏土性质研究 [C]，岩土力学的理论与实践——第三届全国青年岩土力学与工程会议论文集．南京：河海大学出版社，1998

数字校园基础设施数据动态更新及信息化建设

北方工业大学：张　亮　龚　娴　王　琴　王李斌

指导教师：赵俊兰　教授

地下管线是校园基础设施的重要组成部分，是校园的“生命线”。各种管网都是信息、能源、物质的载体，其运行正常与否，直接影响到学校的教学和生活秩序。为了科学、合理地进行校园地下管网的管理，作者对学校的地下管线现状进行了全面的探测，并编绘了地下管线专题图，提供了地下管网的各种属性数据。研究结果能够满足学校后勤、基建维修及校园建设的需求，对校园地下管线实行科学化、现代化、信息化动态管理，为“数字校园”的建立和发展奠定了基础。

1. 引言

现代化校园拥有机构复杂、规模庞大的给水、排水、电力、电信、热力、燃气等地下管线系统，犹如生命线，日夜担负着校园信息传输、能量供给、给水、排水等功能，是校园规划、建设、管理的重要基础信息，是校园赖以生存和发展的基础及校园高效率、高质量运转的保证。我校地下管线密集如网，管网资料残缺不全，档案管理方式落后陈旧，严重阻碍了校园规划、建设与管理工作。为了查清校园地下管线的现状及管网在地下的相对关系及空间分布，研究探索管网探测方法和技术，科学、合理地进行校园地下管网的管理，我们对学校的地下管线现状进行全面的探测，编绘地下管线专题图、更新地下管网各种属性数据，对校园地下管线实行科学化、现代化、信息化动态管理，满足学校后勤、基建维修及校园建设的需求，为“数字校园”的建立和发展奠定基础。

2. 地下管线探测

校园地下管线按照国家地下管线探测技术规程分为六大类：①给水，代号JS；②排水，代号PS，其中：污水代号WS，雨水代号YS；③燃气，代号RQ；④热力，代号RL；⑤电力，代号DL；⑥电信，代号DX ；地形图分层按现行国家标准《1 ∶ 500 1 ∶ 1000 1 ∶ 2000地形图要素分类与代码》GB14804的要求实施，通过对地下管线的全面探查与测绘，并建立地下管线信息管理系统，准确描述地下各类管线的空间位置和属性信息，是现代化数字校园高效率、高质量运转的标志。地下管线探测包括探查和地下管线测绘两个基本内容，地下管线探查是通过现场调查和不同的探测方法探寻各种管线的埋设位置和深度，并在地面上设立测量点，即管线点；地下管线测绘是对已查明的地下管线位置即管线点的平面位置和高程进行测量，并编绘地下管线图。

2.1 地下管线探查

依据《地下管线探测技术规程》，地下管线探查方法采用明显管线点实地调查，隐藏管线点物探探查和开挖调查。地下管线探测程序如图1所示。在实际工作中采用这三种方法相结合进行。探查地下管线应遵循以下原则：①从已知到未知；不论采用何种物探方法，都应该在正式投入使用之前，在测区内已知地下管线敷设情况的地方进行方法试验，评价其方法的有效性和精度，然后推广到未知区开展探查工作；②从简单到复杂；在开展探查工作时，应受选择管线少、干扰小、条件比较简单的区域开展工作，然后逐步推进到相对复杂条件的地区；③方法有效、快捷、轻便；如果有多种方法可以选择来探查本地区的地下管线，应首先选择效果好、轻便、快捷、安全和成本低的方法；④相对复杂条件下根据复杂程度宜采用相应综合方法。在管线分布相对复杂的地区，用单一的方法技术往往不能或难于辨别管线的敷设情况，应根据相对复杂程度采用适当的综合物探方法，以提高对管线的分辨率和探测结果的可靠程度。

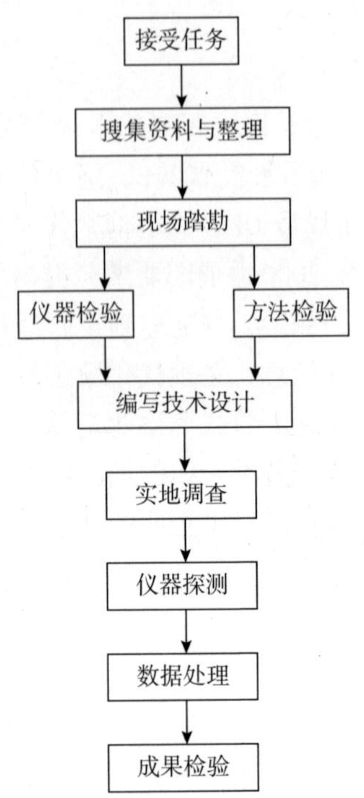

图 1　地下管线探测程序

2.1.1　明显管线点实地调查

对北方工业大学 3200 个明显管线点的管井，逐一开井实地调查，查清各种管线的敷设状况、同时查明管线类别、材质、规格、载体特征、电压（压力）值、电缆条数、管块孔数、附属设施、套管材质、电缆材质、埋设形式等，对电力电缆查明电压等级、煤气查明压力等级、排水查明流向。量测管线埋深、管道及管沟的断面尺寸，并确定物探范围。

2.1.2　隐蔽管线点的物探探查

表 1　隐蔽管线点探查精度

地下管线水平位置埋深限差		
中心埋深 Pm	限差 Pcm	cm
h ≤ 1	± 10	± 15
1 < h ≤ 2	± 15	±（5 + 011 h）
h > 2	± 20	±（5 + 011 h）

隐蔽管线点探查精度按表 1 要求执行；明显管线点重复量测埋深中误差 ±2.5cm；测量管线点的解析坐标中误差不大于 ±5cm，高程中误差不大于 ±2cm。

注：埋深限差中的 h 以 cm 为单位计算。

（1）探查方法的选择：隐蔽管线点采用物探方法进行探查，使用的主要仪器为英国雷达 RD4000PXL 地下管线探测仪，应用电磁法进行地下管线特征点（管线起止点、交叉点、分支点、转折点）及附属物点（连接线箱、变压箱、入孔井、手孔井等）搜索、定位、定深和长距离管线追踪。

RD4000PXL 电磁感应法采用被动源法和主动源法探测：被动无源探测模式：包括工频法（50Hz 法）和甚低频法。主动有源探测模式（8KHZ，33KHZ）：包括直接法、夹钳法、感应法。采用管线探测仪与开井调查相结合，在复杂管线及非金属管线分布地段采用不同类型的探测仪在野外现场进行实测对比，研究解决管线间相互产生的干扰问题，突出目标管线的异常信号。

（2）定位、定深：探测工作中，我们采用 3 种方法确定管线的水平位置和埋深。①试验：地下管线探测前，在探测区或邻近的已知管线上进行方法试验，确定该种方法技术和仪器设备的有效性、精度和有关参数。不同类型的地下管线、不同地球物理条件的地区，应分别进行方法试验，确定探测该种管线用何种方法有效，并计算出埋深改正数；②盲探：在探查区用发射机和接收机平行移动搜索并确定管线的数量、大概位置和走向；③精探：在盲探的基础上，采用有源法精确探查管线点水平位置的埋深。RD400 管线仪提供了峰值和谷值模式两种探测模式。峰值响应模式用两个水平天线接收目标管线的信号的水平分量，底天线和顶天线的信号强度为接收机的响应。峰值模式接收机在目标管线的正上方将得到最大响应。将接收机机身面对准发射机，沿弧线绕发射机行走，调节灵敏度，使读数保持在刻度范围。当出现峰值时，就应停下，在管线两侧来回移动接收机，找出峰值响应点。然后接收机就地转动，在最大值的方向停下来。再将接收机轻轻地来回移动，确定峰值响应的准确位置，在目标管线位置上做上标记。峰值法的精度和抗干扰能力远远高于谷值法，在一切定点定位工作中都应使用峰值响应。谷值响应模式用一个垂直天线接收管线信号的垂直分量。接收机在目标管线的正上方的响应为零（谷值）。谷值法定位直观快捷，但精度较差，主要用于快速追踪管线和验证峰值法定位的准确性。将接收机调到峰谷响应模式可加速追踪管线的速度，能以任意方位手持接收机，因为谷值响应不取决于管线的方向。沿管线走向时，将接收机左右移动，观察管线正上方的谷值响应和管线两侧响应的情况。使用谷值响应方式，而且接收机于电缆成直角时，液晶显示器将显示出指向管线位置的左右箭头。周期性的调回峰值响应模式，以便验证目标管线的准确位置。用峰值模式作定点定位并做好标记。然后调到谷值响应模式，记下目标管线上方的谷值响应位置，如果峰值响应标记的位置与谷值响应标记的位置一致，则可以认为定点定位是精确的。如果两者不一致，则可以认为定点定位不精确。

2.2 地下管线测量

作为校园规划、建设、管理的基础资料，地下管线探测成果采用北京 63 城市坐标系及 85 国家高程系统，建立地下管线数据库，实现地下管线信息管理系统的动态现代化管理，以保证地下管线探测成果的现势性。

地下管线测量是在校园图根导线测量和图根水准测量的基础上进行地下管线点平面位置和高程位置及相关地形测量。遵循“以计算机为核心、内外业一体化作业、配合信息管理系统同步建库”的综合模式，确保地下管线系统数据的现势性和实现动态管理。以利于校园地下空间的综合开发和合理利用。其精度应满足：地下管线与邻近建筑物、相邻管线以及规划道路中心线的间距中误差 mc 不得大于图上 ±0.5mm。

2.3 地下管线图编绘

校园地下管线图的编绘依据地下管线探测技术规程 CJJ 61–94 执行、计算机数据文件编制和成图方法采用数字化地形地籍成图系统 cass7.1。

2.3.1 成果表的编制

①依据探测外业草图和放大示意图探测记录本（包含管线点调查内容），管线点测量成果；②地下管线成果表编制内容包括：图幅号，管线线号，管线点号，点性（构筑物），管线性质、规格、材质、埋探、偏心距以及管线点的坐标、地面高程、管线高程等，直理电缆还应标明根数；③对各种窨井只标注井中心点坐标，但对井内各个方向的管线情况均应按上条要求填写清楚。如有管偏，应注明其偏心距。校园电信窨井调查表如图 2 所示；④成果表应以图幅为单位，分专业、按管线属性，依照从上至下、由左到右的顺序执行：给水、排水、煤气、电力、电信、热力、其他专业管线；⑤成果表的内容与成果图、数据库内容一致。管线点点号由管线分类代码 + 图幅代码 + 点的顺序号组成，数据库采用分层的方式存贮不同类别的管线。管线查询系统界面如图 3 所示，数据库和成果如图 4 所示。

2.3.2 地下管线图编绘

校园地下管线图，分为专业管线图、综合管线图。专业管线图及综合管线图的比例尺为 1 ∶ 500，图幅规格及分幅与 1 ∶ 500 地形图一致。编绘以 1 ∶ 500数字地形图为基础底图，采用外业测量成果与数字地形图叠加，以机助成图编绘。展绘管线点，连绘管线，加上文字、数字注记，经图廓整饰形成地下管线综合图。如图 5~ 图 6。

2.4 地下管线探测成果、成图的检查验收

管线探查质量的检验，首先对外业探查成果、观测成果、内业编绘图进行了详细地检查和验收。我们随机抽取不少于总点数 5% 的点进行重复探查，其次，对随机抽取总点数的 1% 的探测点进行开挖验证，其测量误差满足精度要求。

3. 结语

采用地下管线探测仪与开井调查相结合，全球定位系统、全站型电子速测仪进行解析法测绘和计算机辅助盛土一体化作业，同步建库的工作模式，准确探查北方工业大学校园地下管线的性质、位置、材料、附件名称、管径；提供满足要求的学校规划建设维修改造的地下管线探测成果，确保地下管线信息系统数据的现势性和实现动态管理，利于校园地下空间的综合开发和合理利用，真正满足地下管网数字化、信息化管理需求。

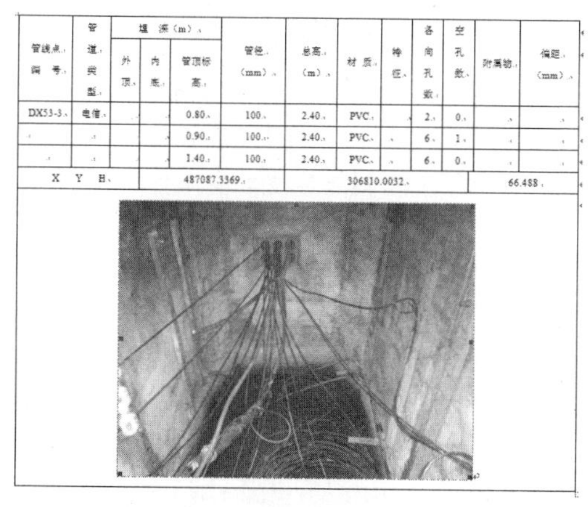

管线点编号	管道类型	埋深（m）			管径（mm）	总高（m）	材质	[illegible]径	各向孔数	空孔数	附属物	偏距（mm）
		外顶	内底	管顶标高								
DX53-3	电信			0.80	100	2.40	PVC		2	0		
				0.90	100	2.40	PVC		6	1		
				1.40	100	2.40	PVC		6	0		
X Y H			487087.3369			306810.0032					66.488	

图 2　电信管线调查表

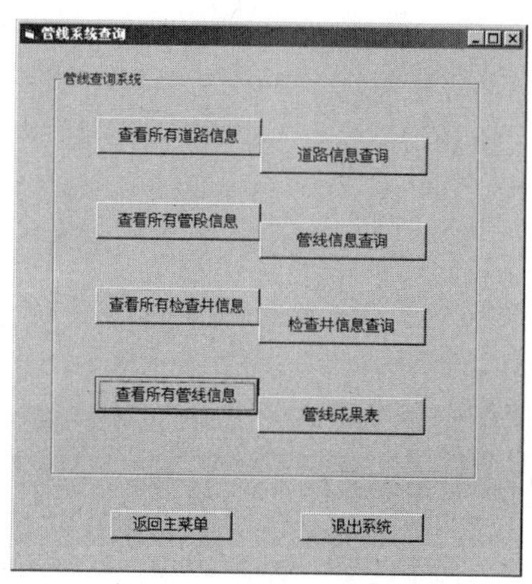

图 3　管线查询系统界面

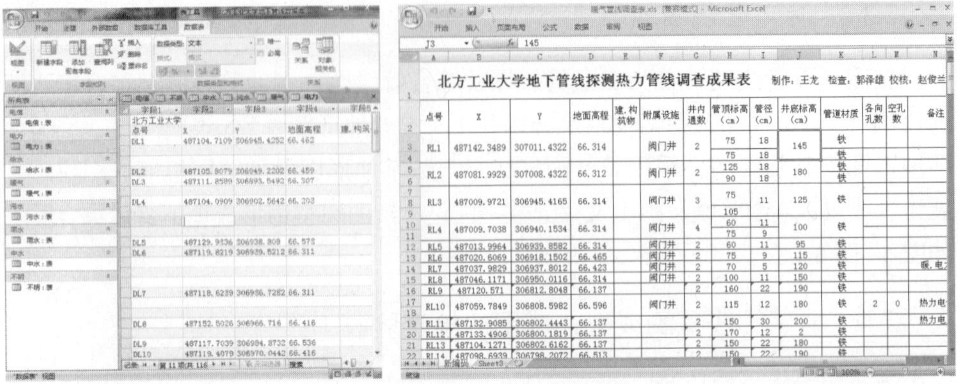

图4　数据库和成果表示例

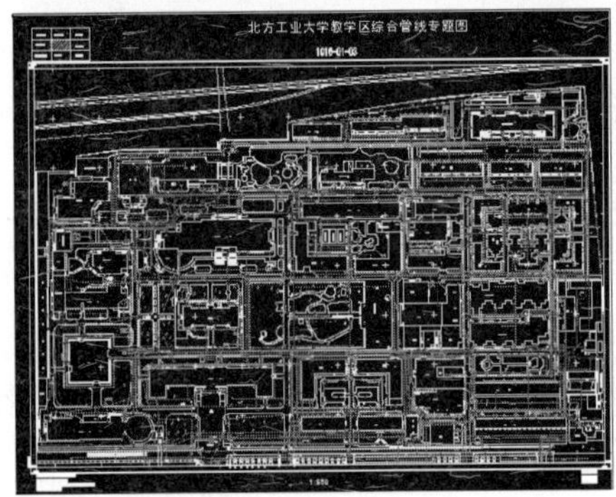

图5　校园地下管线探测综合图

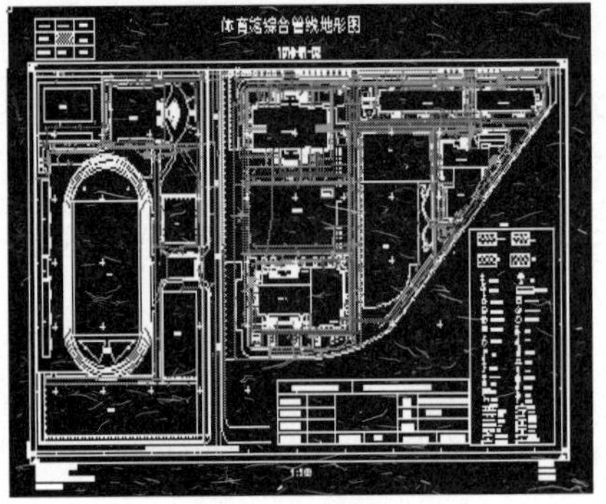

图6　校园地下管线综合图

参考文献

[1] 詹长根，唐祥云，刘丽，地籍测量 [M]. 武汉：武汉大学出版社，2005

[2] 张勤，李家权等 .GPS 测量原理 [M]. 北京：科学出版社，2005

[3] 鲍文斯（Bouwens，A.J.）. 数字测量仪器教程 [M]. 北京：中国计量出版社，1987

[4] 北京市测绘设计研究院 .CJJ73-1997. 全球定位系统校园测量技术规程 [S]. 北京：中国建筑工业出版社，1997

[5] 中国有色金属工业西安勘察院 .GB50026-1993. 工程测量规范 [S]. 北京：中国建筑工业出版社，1993

[6] 雷林源 . 城市地下管线探测与测漏 . 北京 . 冶金出版社，2005

[7] 田应中 . 地下管线探测与信息管理 [M]. 北京：测绘出版社，1997

[8] 区福邦 . 城市地下管线普查技术研究及应用 . 南京：东南大学出版社，1998

岩巷钻爆法掘进施工效果评价研究

北方工业大学：李伯清　李哲文　黎倩倩　龙建友

指导教师：张召冉　讲师

岩巷施工速度是我国煤矿生产中的作用越来越大，确立对岩巷掘进施工的综合评价体系来指导施工很有必要。在详细研究掘进施工的基础上，把岩巷掘进施工的效果分为技术效果、工艺效果、装备效果、组织管理、经济效果等方面，确立其相关影响因子体系，并利用 AHP-Fuzzy 模型对其评价。

1. 前言

岩巷施工过程通常包括：钻眼、爆破、支护、出渣、运输等几个环节，形成符合设计轮廓尺寸的巷道，进行必要支护，以控制巷道的围岩变形，保证巷道长期安全使用。岩巷快速掘进施工，是在普通掘进施工的基础上，通过采用新的爆破技术、支护技术及工艺、出渣工艺、完善的配套以及更加科学的施工管理和劳动组织，实现岩巷的高效快速施工。快掘施工有其本身的适用条件，这是因为普通炮掘在爆破效果等方面效果较差，但是对于快速掘进而言，往往对应的是较深的炮眼、很高的炮眼利用率，所以爆破后形成的空顶距就很大，如果顶板条件不好，很容易发生冒顶事故，给安全施工带来很大隐患。所以，本章所研究的问题的基本假设前提是岩巷的条件适合快速掘进施工的要求。

现阶段对煤炭建筑工程技术的评价往往只停留在对施工技术的经济方面的评价，这种评价方法是片面的，也不能准确地反映岩巷快掘技术的真实作用。要对岩巷快速掘进技术进行综合评价，就不仅仅包括经济效果评价，还应包括技术效果评价、工艺、组织管理、目标完成度等几个方面综合评价。只有这样才能使快速掘进技术的评价效果达到经济合理性、技术可行性、社会友好性的要求。而要进行快掘施工经济效果首要任务就是弄清楚岩巷掘进费用的构成，只有弄清楚费用构成之后，在掘进技术对比分析得到的差异基础上，才能弄清楚施工差异导致经济效果差异的大小。

2. 掘进施工指标体系的确立

（1）岩巷掘进的技术效果评价指标

对爆破效果而言，有关文献深孔爆破效果的评价指标，加以改进后有单循环进尺、炮眼利用率，半眼痕率、单耗、块度、爆堆形状、爆破冲击波、震动危害、飞石、炮烟中毒；支护技术方面的评价指标，在支护的快速施工的基础上，保证支护的质量，主要通过支护参数优化、支护工艺改进。所以，岩巷掘进技术的评价指标可以见图 1。

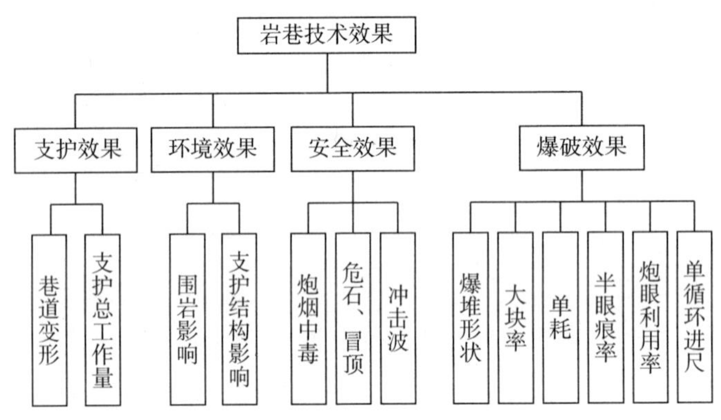

图 1　技术效果评价指标

（2）岩巷掘进的工艺评价指标

岩巷施工工艺中，掘进工艺基本以全断面爆破施工为主，所以以全断面施工为研究出发点。对于全断面爆破工艺的效果评价中，评价指标主要有爆破次数、辅助作业（联线、通风等）次数、作业时间。对于支护工艺，主要是支护时间、支护工作量。具体如图 2 所示。排矸工艺来讲，其工艺效果的评价指标，主要有排矸的顺畅性、积矸对迎头影响。

（3）岩巷掘进的装备评价指标

装备的评价指标可以分为各种装备类型的性能评价及组合性能评价。如凿岩设备：凿岩速度、可靠性；支护设备：支护速度、操作性能；排矸设备：排矸能力、故障；运输设备：运输能力、故障。如图 3 所示。

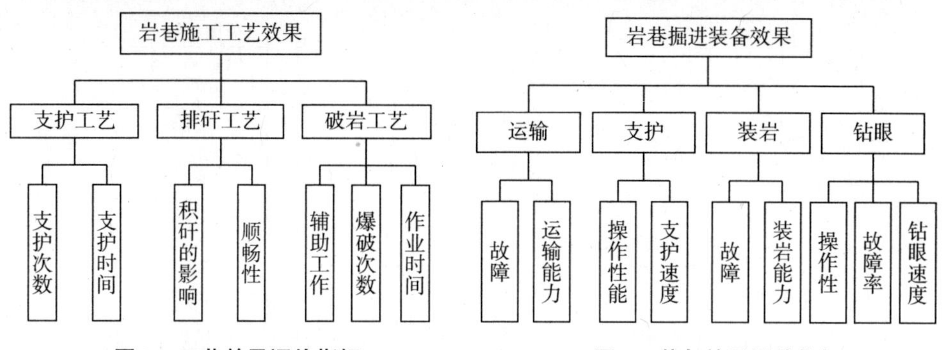

图 2　工艺效果评价指标　　**图 3　装备效果评价指标**

（4）组织管理的评价指标

“科学技术是第一生产力”，组织管理是第一生产力得以发挥作用的重要保障，组织管理的包括班组管理、管理制度等，它的效果评价方面，班组管理：施工人员的积极性、配合能力、技术熟练；管理制度：执行力、适应性、激励性。具体如下图 4 所示。

（5）岩巷掘进施工目标的评价指标

岩巷掘进的目的是在投入一定的人力、物力、财力之后，产出一定符合质量要求和使用要求的巷道。一般的情况下，质量、进度、成本、安全是煤矿安全施工的四大目标。对于质量而言，其评价的指标为优良率，后续使用成本；进度来说有月进尺、正规循环率；成本来讲：造价节约额；对安全来讲，安全事故发生率是其主要的评价指标。安全事故发生率按照百米事故发生率为评判标准，具体指标如图 5 所示。

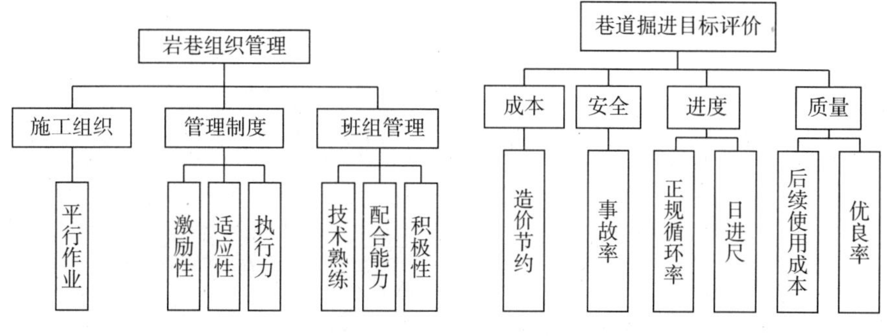

图 4　组织管理效果评价指标　　**图 5　掘进目标效果评价指标**

综上所述，根据全面性、突出重点、具有可比性、定性和定量相结合的原则，建立岩巷掘进评价指标体系，如图 6 所示。

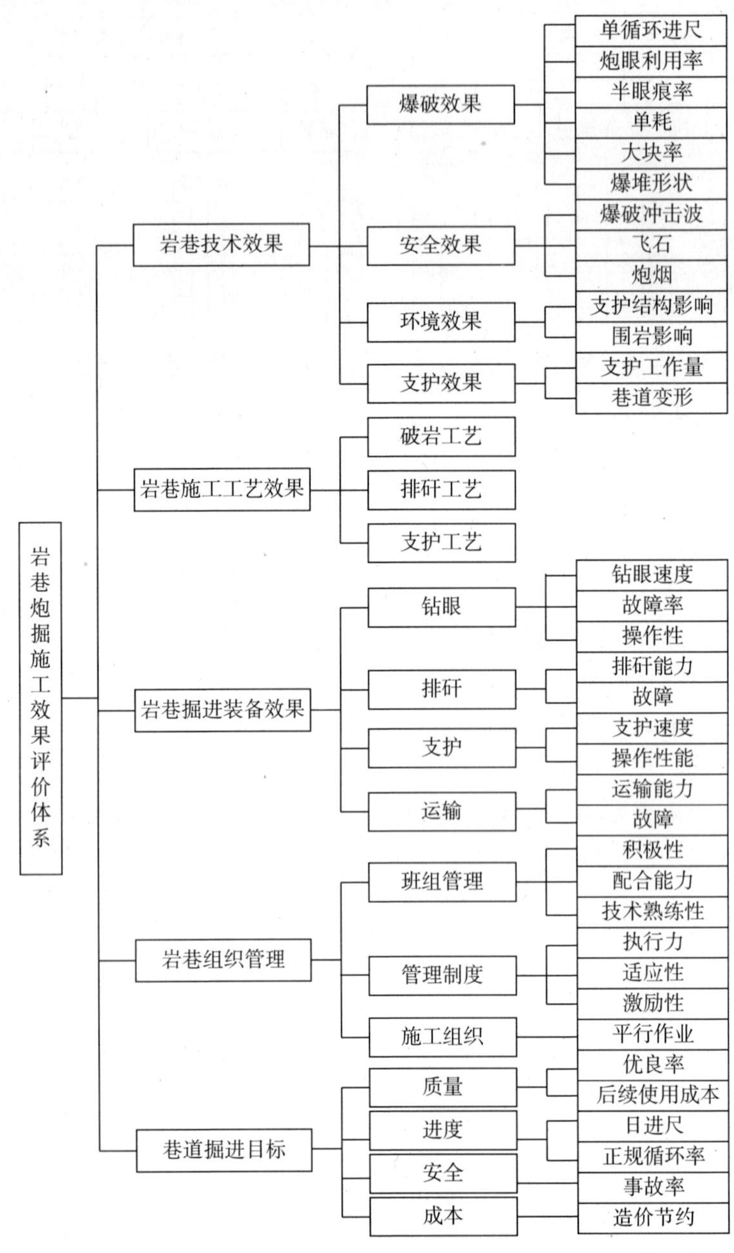

图 6　炮掘岩巷掘进效果评级指标体系

3. 基于 AHP-Fuzzy 的岩巷快掘施工综合评价模型

岩巷掘进系统是一个复杂的生产系统，影响岩巷施工效果有很多因素，各个因素之间也存在随机性和模糊性，各因素的属性又可以分为不同的类型和层次，且因素之间互不独立，呈现灰色模糊特征。采用 AHP 和 FUZZY 综合评价法相结合的方法，建立评价模型对岩巷快速掘进效果进行评价。

3.1 AHP-Fuzzy 综合评价模型建立

模糊综合评价就是应用模糊变换原理和最大隶属度原则，考虑被评价事物相关的各因素，对其所做的综合评价。其一般步骤如下：

（1）首先建立评价因素和评语集

设评价子目标集 $u=\{u_1, u_2, \cdots, u_m\}$ 为主因素层，评价集 $V=\{v_1, v_2, \cdots, v_p\}$。

（2）评价矩阵

由 u_{ij} 的单因素评价集就构造出因素 u_i 总的模糊判断矩阵 $\overline{R_i}$。

$$\overline{B}_i = \begin{bmatrix} r_{i11} & r_{i12} & \cdots & r_{i1p} \\ r_{i21} & r_{i22} & \cdots & r_{i2p} \\ \cdots & \cdots & \cdots & \cdots \\ r_{in1} & r_{in2} & \cdots & r_{inp} \end{bmatrix}$$

（3）评价指标的权重的确定

在评价因素 u_{ij} 中，各个因素在总评价中的影响程度各不同。所以，需要为评价因素集中第一个因素以不同的权值，但是权值的大小是一个模糊抉择问题。

（4）一级模糊综合评价

当确定出因素 U_i 的重要程度模糊子集 $\overline{A_i}$ 和因素 u_i 的总的模糊评价矩阵 $\overline{R_i}$ 以后，对每个因素集 $u=\{u_1, u_2, \cdots, u_{im}\}$ 中的 n 个因素作模糊综合评判。

$$\overline{B}_i=\overline{A}_i \cdot \overline{R}_i=(b_{i1}, b_{i2}, \cdots b_{ip}),\ i=1,2,\cdots,m \tag{1}$$

$$\overline{B}_i = (a_{i1}, a_{i2}, \cdots, a_{in}) \bullet \begin{bmatrix} r_{i11} & r_{i12} & \cdots & r_{i1p} \\ r_{i21} & r_{i22} & \cdots & r_{i2p} \\ \cdots & \cdots & \cdots & \cdots \\ r_{in1} & r_{in2} & \cdots & r_{inp} \end{bmatrix} \tag{2}$$

（5）二级模糊综合评价

设 $U=\{u_1, u_2, \cdots, u_m\}$ 的指标重要程度模糊子集为$\overline{A}$，且$\overline{A}=\{\overline{A}_1, \overline{A}_2, \cdots, \overline{A}_m\}$，则 U 的总的评价矩阵$\overline{R}$为：

$$\overline{R}=\begin{bmatrix}\overline{B}_1\\ \overline{B}_2\\ \cdots\\ \overline{B}_m\end{bmatrix}=\begin{bmatrix}\overline{A}_1 & \bullet & \overline{R}_1\\ \overline{A}_1 & \bullet & \overline{R}_2\\ & \cdots & \\ \overline{A}_m & \bullet & \overline{R}_m\end{bmatrix} \tag{3}$$

则得出的综合评判结果，即

$$\overline{B}=\overline{A}\cdot\overline{R}=(b_1, b_2, \cdots b_p)$$

因此，如果 $b_j=\max\{b_1, b_2, \cdots, b_p\}$

则被评价对象的模糊综合评价结果为决策评价等级 v_j。

上述构建的模型为 AHP–Fuzzy 综合评价二级模型，如果所要评价的指标集的指标多的时候，可以继续对指标进行划分，并进行更高层次的综合评价。

3.2 岩巷快掘施工评价系统指标量化

在岩巷掘进系统分析以及普掘与快掘对比分析指标的基础上，本节应用系统分析“定性和定量相结合的方法”，针对岩巷掘进系统评价的特点，对影响评价指标进行量化。因素的定量化，为岩巷快掘施工评价指标体系及系统的建立，以及利用现代数学方法对岩巷快掘项目的可行性评价奠定基础。

3.2.1 指标量化的总则

根据系统分析的方法，要使得岩巷掘进系统的评价最后能得到一个总体的定量结果，必须要制订评价标准。本文按照一般的习惯，将指标分为极好、好、较好、一般、差五个等级，相应的分值或级别一般定为 100 分或 A 级、90 分或 B 级、75 分或 C 级、60 分或 D 级、50 分或 E 级。各个指标的分值或等级如果低于 60 分或为 E 级，那么该项指标就为不通过。

对于定性因素标准的划分，其五个等级的评价内容基本相同，唯一的区别在于划分的程度不同。指标量化的过程中，作者针对岩巷炮掘施工评价的特点，参考《煤炭建设项目经济评价方法与参数》，参考 Waller（1992）、王志宏（1995）、王立杰（1992）等人关于煤炭、矿床等方面的评价的理论和方法，结合指标的评价值具有的连续分布的特点，等级划分采用划分范围和等级点的方法。

3.2.2 指标的具体量化

技术效果评价指标量化

在本章第二节已经对炮掘岩巷的普掘与快掘的指标进行了详细的对比和说明了指标的具体特征和因素之间的相关性，下面只以单循环进尺指标量化值举例。

单循环进尺的大小决定了炮掘岩巷掘进完成单个循环所能取得的施工进度，是对构成岩巷施工进度的基本单元之一。划分的等级标准：

表 1　　单循环进尺等级划分

	变化范围 /m	等级	等级点
A	>2.5	极好	2.6m
B	2.2<l ≤ 2.5	好	2.3m
C	2.0<l ≤ 2.2	较好	2.1m
D	1.8<l ≤ 2.0	一般	1.9m
E	l ≤ 1.8	差	1.8m

根据岩巷中深孔爆破的规定，爆破单循环进尺在 1.8m ~ 2.5m 的就为中深孔爆破施工。根据这个要求把岩巷单循环进尺的等级划分如表 1 所示。

3.3 炮掘岩巷快掘评价系统指标体系权重确定

建立的炮掘岩巷评价体系如图 6 所示，按照 AHP 原理其具有递阶层次结构特征。A 层为炮掘岩巷施工效果评价的总体目标层；准则层为 B，包括技术、工艺、装备、组织管理、施工目标；C 层为子准则层；D 为指标层。应确定各个层次指标的权重。确定各个层次之间的判断矩阵，并计算其相对权重和判断矩阵一致性检验结果，如表 2~ 表 9 所示。最后确定的各层各个指标的权重如图 7 所示。确定了权重之后的评价体系，该模型就能对炮掘岩巷快掘施工效果进行评价。

表 2　　总目标层因素相对重要性判断矩阵及相对权重向量

	技术	工艺	装备	组织	目标	
B–A	B1	B2	B3	B4	B5	w
B1	1	3	3	3	1/3	0.2258
B2	1/3	1	1/3	1/3	1/5	0.0545
B3	1/3	3	1	3	1/5	0.1314
B4	1/3	3	1/3	1	1/7	0.0791
B5	3	5	5	7	1	0.5092
一致性检验	λ_{max}=5.4035，CR=0.0819<0.1					

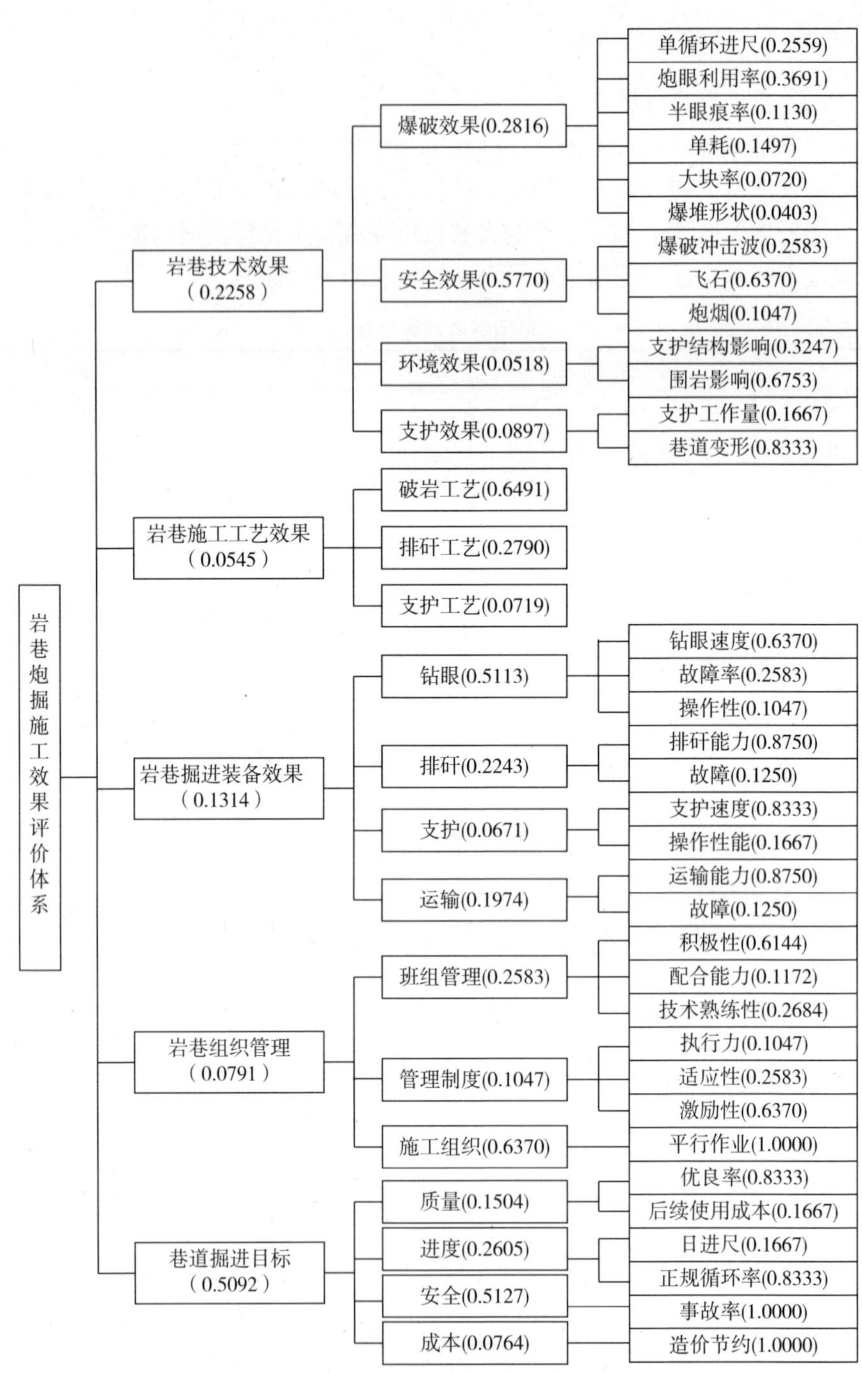

图 7　炮掘岩巷施工效果评价体系权重

表 3　　工艺因素相对重要性两两判断矩阵及相对权重向量

C-B2	C21	C22	C23	W
C21	1	3	7	0.6491
C22	1/3	1	5	0.2790
C23	1/7	1/5	1	0.0719
一致性检验	λ_{max}=3.0649，CR=0.0559<0.1			

表 4　　技术因素相对重要性两两判断矩阵及相对权重向量

$C-B_1$	C_{11}	C_{12}	C_{13}	C_{34}	w
C_{11}	1	1/3	5	5	0.2816
C_{12}	3	1	7	7	0.5770
C_{13}	1/5	1/7	1	1/3	0.0518
C_{14}	1/5	1/7	3	1	0.0897
一致性检验	λ_{max}=4.2278，CR=0.0844<0.1				

表 5　　装备因素相对重要性两两判断矩阵及相对权重向量

$C-B_3$	C_{31}	C_{32}	C_{33}	C_{34}	w
C_{31}	1	3	5	3	0.5113
C_{32}	1/3	1	5	1	0.2243
C_{33}	1/5	1/5	1	1/3	0.0671
一致性检验	λ_{max}=4.1147，CR=0.0425<0.1				

表 6　　组织管理因素相对重要性两两判断矩阵及相对权重向量

C-B4	C41	C42	C43	W
C41	1	3	1/3	0.2583
C42	1/3	1	1/5	0.1047
C43	3	5	1	0.6370
一致性检验	λ_{max}=3.0385，CR=0.0331<0.1			

表 7　　掘进目标因素相对重要性两两判断矩阵及相对权重向量

C-B5	C51	C52	C53	C54	w
C51	1	1/3	1/3	3	0.1504
C52	3	1	1/3	3	0.2605
C53	3	3	1	5	0.5127
C54	1/3	1/3	1/5	1	0.0764
一致性检验	λ_{max}=4.1975，CR=0.0731<0.1				

表 8　　爆破效果因素相对重要性两两判断矩阵及相对权重向量

D-C11	D111	D112	D113	D114	D115	D116	w
D111	1	1/3	3	3	5	5	0.2559
D112	3	1	3	5	3	7	0.3691
D113	1/3	1/3	1	1/3	3	5	0.1130
D114	1/3	1/5	3	1	3	5	0.1497
D115	1/5	1/3	1/3	1/3	1	5	0.0720
D116	1/5	1/7	1/5	1/5	1/5	1	0.0403
一致性检验	λ_{max}=6.4260，CR=0.0687<0.1						

表 9　　安全效果因素相对性两两判断矩阵及相对权重向量

D-C12	C121	C122	C123	W
C121	1	1/3	3	0.2583
C122	3	1	5	0.6370
C123	1/3	1/5	1	0.1047
一致性检验	λ_{max}=3.0385，CR=0.0332<0.1			

4. 结论

本研究在分析钻爆法掘进实行快速掘进技术的动力基础上，以层次分析理论和模糊理论为手段，建立了炮掘岩巷掘进施工效果地综合评价体系，从技术效果、装备、施工目标、社会效益等方面定量地描述了炮掘岩巷施工方案的最终效果，通过模型评价结果，可以使煤炭企业决策者更清晰地了解掘进施工带来的益处。

参考文献

[1] 张福德 . 影响爆破效果因素的灰关联分析 [D]. 武汉理工大学，2011：25-60

[2] 胡新华，杨旭升 . 基于灰色关联分析的爆破效果综合评价 [J]. 辽宁工程技术大学学报（自然科学版），2008（S1）：142-144

[3] 范孝锋，周传波，陈国平 . 爆破震动影响因素的灰关联分析 [J]. 爆破，2005（02）：100-102+105

[4] 易建坤，马海鹏，杨力 . 用灰关联分析法评价岩体天然因素对爆破效果的影响 [J]. 矿冶，2003（01）：15-17+14

[5] 张继春，钮强，徐小荷 . 用灰关联分析方法确定影响岩体爆破质量的主要因素 [J]. 爆炸与冲击，1993（03）：212-218

[6] 张震宇 . 爆破效果主要影响因素的灰色关联分析 [J]. 矿业快报，2006（01）：22-23+43

[7] http：//baike.baidu.com/view/2722427.htm

[8] 孙勇，刘允延 . 神经网络在工程估价中的应用 [J]. 北京建筑工程学院学报，2006（03）：73-76

[9] 周凤麒 . 多输出 BP 网络学习算法收敛性及输出设计 [D]. 大连理工大学，2006

[10] 程真富 . 影响岩巷掘进中深孔爆破效果的技术因素分析 [J]. 煤炭技术，2010（05）：65-67

[11] 王玉杰，黄平路，张惠聚 . 中深孔爆破飞石伤人事故树分析 [J]. 有色金属（矿山部分），2004（06）：38-40

[12] 李清，刘文江，杨仁树，等 . 深部岩巷二次锚喷耦合支护技术 [J]. 采矿与安全工程学报，2008（03）：258-262

[13] 汪旭光 . 爆破设计与施工 [M]，北京 : 冶金工业出版社，2011

[14] 赵强，张建华，李星，等 . 降低中深孔爆破大块率的技术措施 [J]. 爆破，2011（04）

办公楼室内空调热舒适性及能耗分析

北方工业大学：高　艳　肖垚彬　李珊珊　代　云　宋文博

指导教师：郁文红　副教授

在室内办公人员密集的场所，空调气流组织不佳会导致办公工位热舒适性差异较大，出现工位弃用的现象，造成办公工位面积和空调用能的浪费。合理的空调方案和室内气流组织不仅能保证室内环境的热舒适性，还能降低空调能耗。

1. 选题背景

人的一生中绝大多数时间都是在建筑室内度过的，室内环境的热舒适性对学习、工作和生活都会产生很大的影响。良好的室内热环境不仅能够改善人的心情，同时能够提高学习和工作效率。由于受到建筑设计本身的制约和工程造价等经济条件的影响，在一些新建建筑中往往存在空调设计不合理导致室内空调气流组织不合理的状况出现。另外，由于社会发展和人民生活水平的提高，大量既有建筑需要增加空调系统，而既有建筑在改造时会受到建筑本体的条件限制等原因，导致改造后的空调气流组织不合理。随着全球气候变暖和建筑数量的迅速增加，建筑物内空调的使用已非常普遍。因此空调室内气流组织的重要性日益凸显。空调室内气流组织不合理不仅会导致人员热舒适性降低，而且还会影响工作效率和身心健康，同时还会导致设备初投资和运行费用的增加。本文主要对空调室内气流组织与建筑节能进行了讨论。

2. 研究方法

（1）实验测试阶段

采用热线式风速风量计对某办公楼室内各测点的风速进行测量，热线式风速风量计常用于低风速场合的测量，精度较高。采用分体式温湿度计测量室内各测点和出风口的温度及相对湿度。采用微电脑激光粉尘仪测量各个工位处的可吸入颗粒物（10um）质量浓度。

（2）数值模拟阶段

利用 CFD（Computational Fluid Dynamic）软件模拟室内气流组织环境，分析气流组织的速度场、温度场、PMV、PPD 值和空气龄等，为室内布置提供参考。目前应用较多的 CFD 商用软件主要有 FLUENT、STAR-CD、PHONEICS 等，他们的功能全面，可用于求解工程中各种较复杂的问题，其中 FLUENT 下的 Airpak 软件是专为 HVAC 领域服务。Airpak 具有强大的可视化后处理能力，能够生成速度矢量、云图和粒子流线动画，描绘气流的实时运动情况。模拟结束后，还可提供强大的数值报告，从而对房间的气流组织、热舒适和室内空气品质进行全面综合评价。

3. 研究结果

3.1 空调室内气流组织与建筑能耗

3.1.1 室内环境热舒适性

空调建筑通常是一个密闭性建筑。如果没有合理的室内气流组织，会造成室内环境的热舒适性变差，导致人员出现感冒鼻塞、头痛、头晕、乏力、疲劳等症状，其效果可能还不如通风良好的普通建筑。国外对室内热舒适（对热环境表示满意的意识形态）的研究起步比国内早，Bedford 早在 1936 年就提出了热舒适的七级评价指标。现在运用的最多的就是丹麦 Fanger 教授提出的较客观度量热感觉的预期平均评价指标 PMV。PMV 分 7 个等级，如表 1 所示。研究表明，即使 PMV=0，还是有 5% 的人对环境表示不满意。因此 Fanger 教授又提出了预测不满意百分比指标 PPD，利用 PMV-PPD 共同来评价空调房间的热舒适性，偏离热中性环境越远，不满意百分比将越大。在人体随季节正常着装的情况下，人体感觉较舒适的范围如表 2 所示。

表 1　　PMV 7 级指标

热感觉	热	暖	微暖	适中	微凉	凉	冷
PMV 值	+3	+2	+1	0	1	2	3

表 2　　人体适宜温、湿度和风速表

环境参数	温度（℃）	湿度（%）	风速（m/s）
冬季	18~25	30~80	<0.2
夏季	23~28	30~60	<0.3
最舒适方案	19~24	40~50	<0.2

3.1.2　室内空调气流组织

气流组织的形式与空调室内的热舒适紧密相关。研究表明，影响空调房间室内气流组织的因素很多，主要有送风口位置及形式、送风参数、回风口位置、房间的几何形状以及热源的位置等。空调室内气流组织的形式主要有上送下回、上送上回、下送下回、侧送风和中送风等类型。

室内空调热舒适性较好的空调气流组织形式有宾馆客房空调侧送风方式和办公楼散流器送风方式。容易引起室内空调热舒适性不佳的空调气流组织形式有条缝型送风口、灯盘送风口、百叶送风口以及分体空调、柜式空调等。

要保证空调室内环境的热舒适性，就必须要开展室内空调气流组织的精细化分析和设计工作，以确保室内空调温度和空调送风风速的均匀性。特别对于人员密集度比较高的办公场所的空调室内气流组织分析。

表 3　　室内空调热舒适性差原因分析

	项目名称
1	空调送风口数量过少、与工位密度不匹配
2	空调送风口的位置偏离、与工位距离较远
3	空调送风口类型不当（直吹型风口）
4	室内为分体空调和柜机等集中送风的冷剂型空调机

3.1.3　空调气流组织对建筑能耗的影响

空调室内气流组织不合理不仅会影响室内环境热舒适性和人员工作效率，还会造成空调系统设备选型偏大，增加空调的运行能耗和运行成本，直接影响建筑节能。空调室内气流组织优化需要通过现场调研和结合工程实践进行全方位和多角度的综合分析，不仅要考虑满足室内环境热舒适性的需求，同时也要考虑降低空调运行能耗、实现建筑节能目标。

表 4　室内气流组织优化综合分析

	项目名称
1	围护结构的热工性能
2	工位的位置（距离空调风口和外窗等因素）
3	工位的数量和人员密度
4	空调风口的类型
5	空调风口的数量和布局
6	室内温度和风速云图分析
7	室内末端设备的容量选型
8	室内末端设备的运行节能

3.2　空调室内热舒适性分析

3.2.1　数据实测分析

本文以某办公室为例，对空调室内环境的热舒适性进行了分析。根据该办公室的实际建筑模型与室内设备分布，如图 1 所示。该房间的几何尺寸为：长 × 宽 × 高 =7.5m × 7.2m × 3.3m。室内有 8 个人，每个人在自己的半开式小隔间内各有一台台式计算机、一个小立柜 。室内还有一个大书柜、六盏日光灯和一台柜式分体空调（KFR-120LW/L：夏季空调冷量为 12000W，折合单位面积冷量为 240W/m2，空调耗电量 3850W），受房间尺寸和布局及配管长度限制，空调放置在房间内侧西北角。图 2 为办公室工位分布图及工位编号。

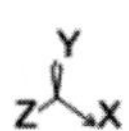

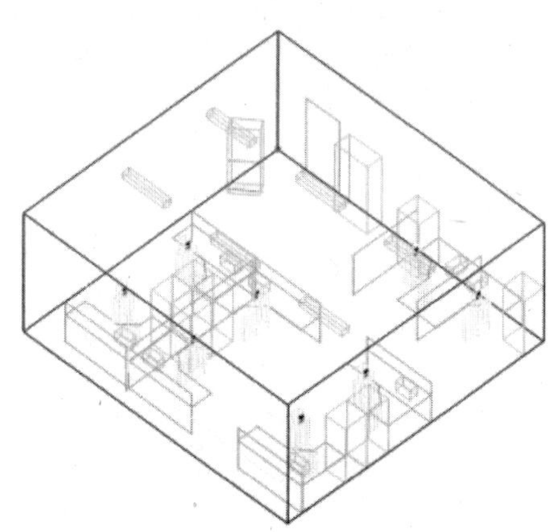

图 1　柜式分体空调办公室的三维物理模型图

经过对该办公室现场实测，测得室内柜式分体空调出风口的平均风速为4.3m/s，温度为9.3℃，相对湿度为87%。当柜式分体空调出风百叶以水平角度送风时，办公室内各工位（共8个工位）的夏季空调风速实测见表5、夏季空调温度实测见表6。人体感觉舒适的温湿度风速分布范围见表7。

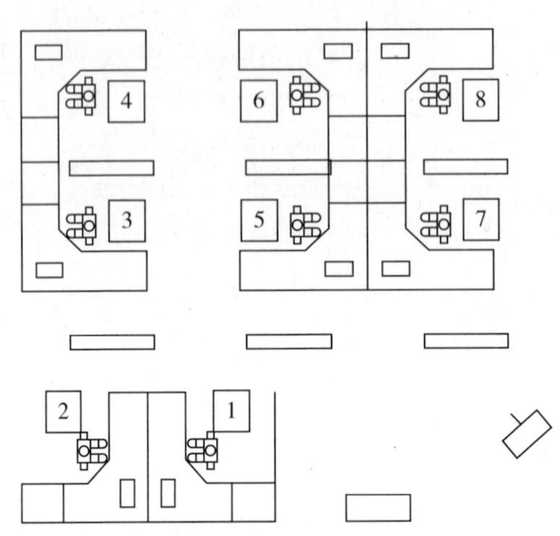

图2　办公室工位分布图及工位编号

表5　各工位距地0.1m和1.1m处夏季风速实测值结果

工位（m/s） 高度	1	2	3	4	5	6	7	8
0.1m	0.02	0．00	0.54	0.20	0.00	0.03	0.10	0.33
1.1m	0.04	0.02	0.35	0.10	0.62	0.10	0.57	0.55

表6　各工位距地0.1m和1.1m处夏季温度实测值结果

工位（m/s） 高度	1	2	3	4	5	6	7	8
0.1m	24.4	25.0	24.9	25.0	22.8	23.9	21.6	23.1
1.1m	24.3	24.8	24.8	25.0	22.9	24.0	21.3	22.9

表7　人体适宜温、湿度和风速对照表

环境参数	温度（℃）	湿度（%）	风速（m/s）
冬季	18~25	30~80	<0.2
夏季	23~28	30~60	<0.3
最舒适方案	19~24	40~50	<0.2

3.2.2 数值模拟

当柜式分体空调出风百叶以水平角度送风时，采用 Airpak 软件进行数值模拟计算，其温度分布和速度分布数值模拟结果见图 3 ~图 6。

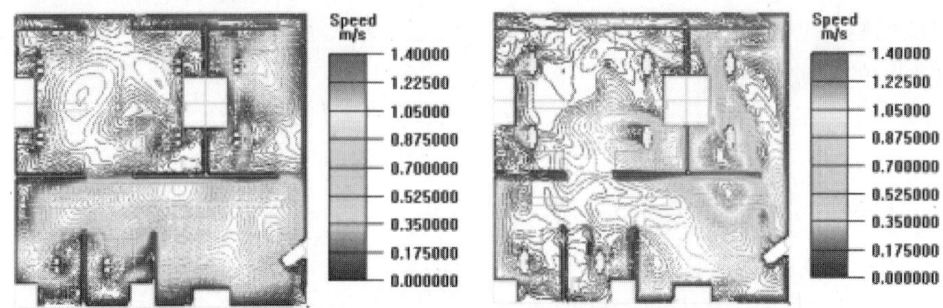

图 3　距地 0.1m 高度时室内空气速度分布　　**图 4　距地 1.1m 高度时室内空气速度分布**

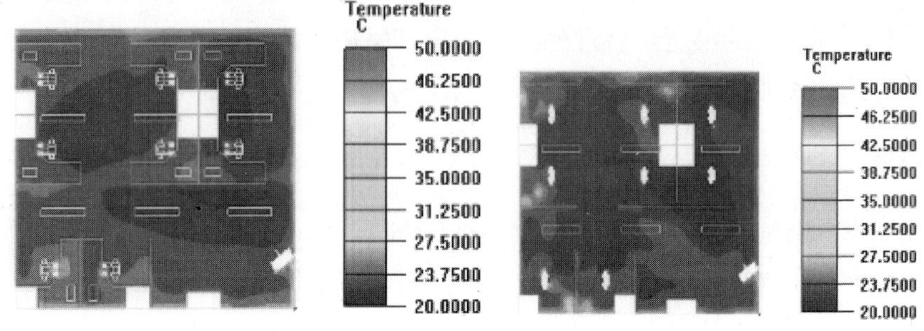

图 5　距地 0.1m 高度时室内空气温度分布　　**图 6　距地 1.1m 高度时室内空气温度分布**

根据现场实测和数值模拟计算结果，柜式分体空调出风百叶以水平角度送风时，1、2、3、4 和 6 号工位在人员工作区速度基本处于 0.25m/s 以下，在 5、7 和 8 号工位在人员脚踝（Y=0.1m）区风速不大约在 0.25m/s 左右，但 5、7 和 8 号工位在工作区风速比较大，风感强烈不舒适。5、7 和 8 号工位的空气温度较其他工位的温度偏低 2℃左右（因为空调机容量选型大，没有空调温度偏高的工位出现）。

3.2.3 结论分析

该空调房间室内共 8 个工位，有 3 个工位的夏季空调效果较差（空调风速偏大、空调温度偏低），工位空调热舒适性不良率为 37.5%。造成该房间夏季空调热舒适性较差的原因如下：①在 50 平方米左右的房间，采用一个空调送风点（分体柜式空调）送风必然造成送风量大、送风速度高和室内风速的不均匀。②虽然柜式分体空调的制冷量大、空调风量大，但是受柜式分体空调的机身高度（高度通常为1800mm）所限，出风口高度偏低，导致柜式分体空调出风直接吹向人员的可能性较大。因此，对于冷剂式空调系统——壁挂式分体空调和柜式分体空调，要在装修改造设置空调时考虑其气流组织和室内空调的热舒适性问题，否则就会出现虽然购买了能耗大的大冷量空调，工位空调热舒适性不良率却较高导致工位出现弃用的现象发生。

4. 结论

本文以某办公室为例采用现场实测和 Airpak 软件模拟计算对空调室内环境的热舒适性进行了分析。研究结果表明在室内办公人员密集的场所，空调气流组织不佳会导致办公室工位热舒适性差异较大，出现工位弃用的现象，造成办公工位面积和空调用能的浪费。合理的空调方案和室内气流组织不仅能保证室内环境的热舒适性，还能降低空调能耗。

参考文献

[1] ASHRAE ANSI/ASHRAE Standard 55-1992.Thermal environment conditions of human occupancy [S]. Atlanta：American Society of Heating，Refrigerating and Air Conditioning Engineers. Inc，1992.

[2] 黄峰，秦兴红，曲云霞等 . 不同送风方式对热舒适度的影响 [J]. 节能，2009（1）：46-49

[3] 狄育慧 . 动态条件下不同气流组织形式对人体热舒适的影响 [J]. 暖通空调，2014，44（8）：106-110

[4] 雒婉，曲云霞等 . 四种送风方式下室内热环境的数值模拟分析 [N]. 山东建筑大学学报，2012，27（5）：505-508

[5] 任春丽 . 高级宾馆客房空调设计探讨 [J]. 唐山高等专科学校学报，2001，14（5），6-69

[6] 刘飞 . 建筑热环境对人体热舒适和建筑能耗的影响 [J]. 大众科技，2010（9）58-59

博物馆文物翻译规范化研究报告

北方工业大学：徐　卫　段佳男　杨　静　林晨寅　陈思涵

指导教师：李　翔　副教授

博物馆在城市文化建设中扮演着重要角色，作为传播中国文化的重要途径之一，博物馆文物资料翻译规范化意义非凡。本次研究报告围绕博物馆文物翻译规范化研究，从研究目的、研究方法、研究内容、研究成果四方面进行阐述。

1. 研究目的

作为英语专业的学生，我们常常对身边的英文有着较高的敏感度，会关注到社会上许多英文使用不当的情况。在逛博物馆时，我们就发现，其中很多文物名称对应的英文译名并不十分恰当，而且这并非某一博物馆的单一现象。通过实地调查，我们进一步了解到，我国各地的博物馆都有此类问题，急需改进。因此，我们展开了这项研究，寻找博物馆中文物名称英译时存在的不足之处，并对此提出改进的办法，希望能借此引起有关方面的关注，也为此类问题献上一些实际的解决办法。

首先，中国有着灿烂辉煌的历史文化，源远流长，历久弥新，而博物馆是展示华夏文明的绝佳地点，博物馆中的文物更能直观有力地展现出中国上下五千年的文明发展轨迹。由于文物的英译名称主要是为外国游客准备的，所以准确得体的文物译名才能够向外国游客传播中国的文化，让世界感受到中国文化的魅力所在。文物的名称翻译不好，就无法准确传达出它的文化底蕴和精神内涵，外国游客在前来参观时看到错误的译名，几乎是无法理解的。从一方面来说，这样给外国游客带来了参观上的不便，影响了他们的游览感受；从另一方面来说，我国博大精深的中华文化也无法得到很好的传播，可能一定程度上阻碍了中华文化走向世界并被其他国家的人们所了解、所喜爱。

研究文物名称英译的规范化问题，可以让博物馆内的文本更加严谨、科学，全方面满足参观者的要求。

其次，进行这项研究也能够很大程度上提高我们的英语水平和调查钻研的能力。当我们在纠正博物馆现存的一些文物名称英译问题时，我们需要先弄清楚它们究竟错在哪里，再查阅各种资料，其中包括词典、报刊、前人的研究论文等，有时还涉及我国古代的历史知识，力图从中找出某些字词最合适的翻译。这一过程无疑加深了我们对英语的理解，也加强了我们对汉译英的掌握，而且为我们做实地调查、写研究性论文积攒了很多宝贵的经验。

2. 研究方法

2.1 问卷调查法

在科研过程中，我们采取了问卷调查来收集大家对博物馆和博物馆文物英译的关注度，问卷调查法在一定程度上有利于问卷的传播和回收。通过问卷调查，我们成功解决了以下问题：

（1）被调查者的学历；

（2）被调查者参观博物馆的频率；

（3）被调查者去图书馆时的状态；

（4）被调查者对博物馆中文物英译的关注程度；

（5）被调查者是否会通过英文介绍学习英语；

（6）被调查者对博物馆中文物英译意义的看法。

通过问卷调查法，我们节省了时间、经费和人力，且统计结果易于分析，鲜明地反映出大家对博物馆和博物馆文物英译的关注度。

2.2 实地考察法

为确保科研结果的真实性和准确性，小组成员利用假期时间对北京、天津、沈阳、西安、福建、内蒙古等地的博物馆进行实地考察，考察过程中大量拍照收集资料。回来后对所收集的资料归类，并进行了深入分析。通过这次博物馆的调查，我们不仅收集到大量的一手资料，而且为本次以及将来相关领域的科研储备了素材，此外，实地考察更是对我们认知上的一次历练。

2.3 文献研究法

在科研初期，小组成员利用寒假时间在指导教师的安排下，下载和查阅相关文献，购买相关书籍，了解文物英译基础的理论和知识。从不同的文献中学习科研方法，并对有价值的内容进行合理地引用。通过文献研究法，我们学会了论文写作，并接触了很多坦白度高且真实性强的文献，通过阅读文献，形成对博物馆文物英译研究科学的认识方法。

2.4 对比法

对比归纳法贯穿于科研过程的始终，博物馆实地考察后，小组成员对所收集的资料进行对比，分析不同资料中的相同之处和不同之处；在面对不同的文献时，对比法也是帮助我们取舍的一个有效方法；对比之下就会发现不同论文的不同切入点和不同侧重点，从而选出最值得学习的部分。

3. 研究内容

首先，我们研究了博物馆文物介绍英译规范化的重要性。在国内方面，第一，博物馆文物问题的研究会促进博物馆英译方面的改善，优化博物馆服务水平；第二，地道、合理的英译将有利于国内游客学习英语，提高翻译水平，并站在全新的角度审视自己的文化。以上两者综合起来将会反作用于我国的文化建设，增强文化软实力，为中华文化大发展大繁荣贡献力量。在国际方面，文物不仅属于本民族，还属于整个人类，推动文物英译问题研究有利于加强文化交流与传播，让外国游客深入了解中华民族历史发展的产物和人民智慧的结晶，增强中华文化影响力，加深中国和其他国家的友谊。而翻译中出现的任何一个错误，哪怕仅仅是一个字母，都会带来严重的影响。

其次，我们对翻译的准则与方法进行了研究。第一，要理解中文文本想要表达的意思，因为有时候很多文字真正想表达的并不仅仅是字面意思，更多的是它们的引申义。尤其是在翻译文物名称的时候，最重要的是翻译出它最本质的用途，再考虑其他的因素。第二，在翻译时要运用英语的思维进行表达，语言须简洁通顺。“在文物翻译中，‘信达雅’三原则要以‘达’为最重要。为了‘达’有时不得不稍微牺牲一点‘信’。于是将博物馆文物翻译的原则主张概括为‘忠实、通顺’四个字再合适不过了。

最重要的，我们对博物馆文物介绍英译失误以及其原因进行了大量的研究。我们将失误类型总结为五类：译名不统一、信息缺失、用词不当、语言冗赘以及语法错误。究其原因，从客观方面来看，这些失误的起因多数是中外文化差异，主要体现在思维模式、地域差异、宗教信仰和历史文化四个方面；从主观方面来看，我国比较缺少翻译类的人才，或者说是翻译工作者的专业水平还有待提高。

最后，我们对博物馆文物介绍英译不规范的现象的解决办法进行了研究。通过分析当前国内外政治经济形势和趋势，总结出改进办法。主要从国家、社会、和个人三个角度出发，提出了不同的解决方案，只有三位一体，才能从根本上解决问题。

4. 研究成果

在 2016 年北京市大学生科学研究与创业行动计划项目的资助和李翔老师的指导下，一年之中，经过选题议题、实地调查、多方学习、深入研究、反复修改等，本组在博物馆文物英译问题的研究上取得了一定的成果，具体如下：

在《英语广场》和《海外英语》两家杂志上各发表一篇文章：分别是《博物馆文物介绍英译规范化研究》和《博物馆文物名称英译问题与对策分析》。这两篇文章充分体现了我们在研究过程中发现的博物馆文物英译问题以及对此问题的思考与建议。为保证博物馆文物英译问题研究的有效性和广泛适用性，我们的研究内容涵盖了北京、天津、沈阳和内蒙古自治区四个地区中的各大博物馆的多个展区的文物，并参考了如《中国艺术史》等专著、文章，运用专业的英语知识对各大博物馆文物英译译文进行了比较，最终总结出当下博物馆文物英译存在的多种问题，从小到大、由表及里、全方位、深层次地分析了国内博物馆文物英译存在的问题。

我们发现，在各大博物馆中仍然存在翻译大小写不一致、翻译格式不统一的问题；普遍存在用词不当的问题，用词不当妨碍信息的准确传达，影响参观者的理解；语法错误以及音译意译的使用不当也是一个严重的问题，受母语的影响，译员译出的译文会存在中式英语等的表达，音译和意译任意使用；而且译文不能准确、全面地表达传递信息，有时太过冗杂，有时又对文化背景等缺少必要的介绍，这些问题在博物馆对外宣传中国博大精深的文化的过程中起了一定的阻碍作用。

所以，我们在前人研究的基础上，在发表的两篇文章中更加细致全面地对博物馆文物英译问题进行了阐释说明。通过大量的实例和研究资料，我们的研究论文不仅对存在的问题进行了深刻分析，也为其他研究人员、兴趣爱好者提供了很好的参考。最后，我们分析了博物馆文物英译不规范的原因及对策，呼吁国家以及社会各层对提高我国博物馆文物英译质量作贡献，以此为中国对外宣传文化助力。

大学生创业现状调查及相关法律问题研究

——以北京市石景山区为例

北方工业大学：徐汇宽　王　珊　柳　第　李依阳　朱梦甜

指导教师：陈兴华　讲师

近年来，大学生创业成为社会关注的焦点，但大学生创业仍面临着困境，相关法律制度也存在多方面的不足。我们以北京市石景山区为例，通过查阅资料、实地采访等方式了解大学生创业现状并提出相关建议，希望通过我们的课题研究推动大学生创业成功率的提高。

1. 选题背景

由于我国近年来高校扩招，每年毕业生人数迅速增加，大学生就业面临巨大挑战和困境。在此背景下，越来越多的大学毕业生开始把自主创业作为今后的发展方向，在社会上掀起了大学生自主创业的热潮。但是，自主创业是一个曲折的过程，创业的成功与否也是由很多因素决定的，如何做好大学生自主创业就成为一项值得全社会重点关注的课题。

为帮助解决大学生在创业中遇到的问题、促进我国支持大学生创业的法律规定的完善，本课题组以北京市石景山区为例，从大学生自身、高校、政府等多方面入手，深入了解大学生创业的现状、特点以及需要具备的条件，实地采访大学生创业案例总结成功和失败经验，通过问卷调查了解大学生创业的思想动态，深入高校了解校方支持大学生创业的方式，并搜集相关资料分析支持大学生创业的法律法规和政策的优劣，提出切实可行的建议，帮助国家更好地从法律上扶持大学生的创业活动，实现大学生创业对于社会和科技发展的推动作用，营造健康完善的创业环境。

2. 课题研究过程

2.1 查阅法律、法规与司法解释

在我国与大学生创业相关的法律法规主要有：《民法通则》《公司法》《劳动合同法》《中小企业促进法》《就业促进法》《创业投资企业管理暂行办法》等。限于篇幅，仅将主要条款列示如下：

（1）《民法通则》第三十五条　合伙的债务，由合伙人按照出资比例或者协议的约定，以各自的财产承担清偿责任。

合伙人对合伙的债务承担连带责任，法律另有规定的除外。偿还合伙债务超过自己应当承担数额的合伙人，有权向其他合伙人追偿。

（2）《公司法》第六条　设立公司，应当依法向公司登记机关申请设立登记。符合本法规定的设立条件的，由公司登记机关分别登记为有限责任公司或者股份有限公司；不符合本法规定的设立条件的，不得登记为有限责任公司或者股份有限公司。

法律、行政法规规定设立公司必须报经批准的，应当在公司登记前依法办理批准手续。

（3）《劳动合同法》第十九条规定，劳动合同应当具备以下条款：（一）劳动合同期限；（二）工作内容；（三）劳动保护和劳动条件；（四）劳动报酬；（五）劳动纪律；（六）劳动合同终止的条件；（七）违反劳动合同的责任。劳动合同除前款规定的必备条款外，当事人可以协商约定其他内容。

（4）《中小企业促进法》第四条　国务院负责制定中小企业政策，对全国中小企业的发展进行统筹规划。

国务院负责企业工作的部门组织实施国家中小企业政策和规划，对全国中小企业工作进行综合协调、指导和服务。

国务院有关部门根据国家中小企业政策和统筹规划，在各自职责范围内对中小企业工作进行指导和服务。

县级以上地方各级人民政府及其所属的负责企业工作的部门和其他有关部门在各自职责范围内对本行政区域内的中小企业进行指导和服务。

（5）《中小企业促进法》第十二条　国家设立中小企业发展基金。中小企业发展基金由下列资金组成：

（一）中央财政预算安排的扶持中小企业发展专项资金；（二）基金收益；（三）捐赠；（四）其他资金。

国家通过税收政策，鼓励对中小企业发展基金的捐赠。

（6）《就业促进法》第十九条　国家实行有利于促进就业的金融政策，增加中小企业的融资渠道；鼓励金融机构改进金融服务，加大对中小企业的信贷支持，并对自主创业人员在一定期限内给予小额信贷等扶持。

（7）《就业促进法》第四十四条　国家依法发展职业教育，鼓励开展职业培训，促进劳动者提高职业技能，增强就业能力和创业能力。

（8）《创业投资企业管理暂行办法》第三条　国家对创业投资企业实行备案管理。凡遵照本办法规定完成备案程序的创业投资企业，应当接受创业投资企业管理部门的监管，投资运作符合有关规定的可享受政策扶持。未遵照本办法规定完成备案程序的创业投资企业，不受创业投资企业管理部门的监管，不享受政策扶持。

（9）《创业投资企业管理暂行办法》第二十二条　国家与地方政府可以设立创业投资引导基金，通过参股和提供融资担保等方式扶持创业投资企业的设立与发展。具体管理办法另行制定。

2.2　定性资料的收集

调查小组走访了北方工业大学学生工作就业指导中心，通过访谈的形式收集定性资料。在定性调查中，调查对象为北方工业大学学生工作就业指导中心工作人员，访谈之前由调查小组设计出调查提纲，访谈时由调查小组成员对目标进行面对面的定性调查，全面了解高校创业教育课程开展情况，对创业教育课程的看法和建议，了解该校已登记的创业团队数量、创业团队的创新成果转化率、以及受到创业活动基金支持的学生比例。在选择上述调查对象时，注重覆盖面和代表性。

2.3　定量资料的收集

2.3.1　调查方法和调查对象

以北方工业大学为例，通过问卷调查对该校大学生创业各方面情况进行搜集和整理，调查该校大学生对创业的认知状况、创业的特点、创业存在的问题、创业教育现状等。

2.3.2 收集资料

定量资料的收集主要通过发放调查表的方式来进行。调查表采用在线自填方式，调查对象填好调查表后提交给专业机构，专业机构统计数据后返还给评估工作小组，由调查小组进行整理、统计、分析。

2.3.3 数据的录入与分析

调查收集到的数据通过调查表的形式建立数据库进行分析。对收集到的资料分别从对大学生创业的理解认识、对创业教育的评价及有关问题等方面进行描述性分析，即列出每项制度每个方面不同选项回答的人数和百分比，然后对每个方面进行不同人群的比较。并通过对数据的描述性分析，得出分析结论，对有关制度的科学性、合理性、实效性及其所需调整之处、修改方向提供数据支持。

3. 调查情况与分析

通过对法律和文献的收集整理、定性调查和定量调查，调查小组基本了解了北方工业大学在校生的创业现状（见附录），比较全面地了解了大学生创业劳动用工有关法律问题、大学生创业的金融、培训和教育政策以及大学生创业企业类型选择。

3.1 大学生创业劳动用工有关法律问题

3.1.1 大学生初创企业的劳动规章制度的问题

劳动规章制度，是用工单位根据国家法律法规以及其自身特点制定的，明确劳动条件、调整劳动关系、规范劳动关系当事人行为的各种规章、制度的总称。大学生初创企业在建立劳动用工关系时，就应该制定明确的、完善的劳动规章制度。我国《劳动法》第四条和《劳动合同法》第四条都有明确规定：用人单位应当制定和完善劳动规章制度。所以，制定劳动规章制度是作为用工企业应尽的一项义务。大学生初创企业建立完善的规章制度，一方面，可以保障其所雇佣的劳动者的合法权益；另一方面，可以解决用工关系纠纷问题，保障企业长远发展的利益。

一些相对成熟的用工企业在劳动规章制度上也会存在各种问题：规章制度的内容不合法、不合理；规章制度的可操作性不强；没有进行公告、公示，不具有法律效力等。对大学生初创企业而言，制定一部完善的规章制度是一项浩大的“工程”，所以会有一部分创业者放弃规章制度的制定或者仅仅是对员工做出纪律性的简单规定，这样的做法是为法律所不允许的；并且，这种做法对企业自身而言是极其危险的，一旦出现劳动用工关系的纠纷，初创企业将会遭受很大冲击。

“国有国法，家有家规”，初创企业要有自己内部的规章制度，才能更好地管理本企业内部事物，促进企业健康发展。根据原劳动部《关于新开办用人单位实行规章制度备案制度的通知》的规定，大学生初创企业应该在企业管理经营中制定与劳动者切身利益相关的劳动规章制度，积极报送备案，接受监督。根据《劳动合同法》第四条的规定，在规章制度制定过程中，应当注意以下几个问题：①规章制度内容合法、合理，不能仅仅规定劳动者的义务，更不能随意设置处罚权，对劳动者进行恣意处罚；②规章制度的制定应该经过民主程序，增强劳动者的企业认同感，调动劳动者的积极性，协调好劳资关系；③规章制度要采取有效的公开、公示方法。为了避免企业在发生劳资纠纷时，因举证不能导致规章制度无效尴尬境地，大学生初创企业应当通过有效的方式向劳动者进行公开公示，并保留相关证据。

3.1.2 劳动合同相关法律问题

创业公司在注册成立后，需要招聘员工。对于大学生初创团队而言，劳动合同的签署也涉及很多需要注意的问题。通常创业团队在实践的过程中，会遇到以下问题：

首先，要避免签署空白劳动合同。我国《劳动合同法》第十九条规定，劳动合同应当具备以下条款：（一）劳动合同期限；（二）工作内容；（三）劳动保护和劳动条件；（四）劳动报酬；（五）劳动纪律；（六）劳动合同终止的条件；（七）违反劳动合同的责任。劳动合同除前款规定的必备条款外，当事人可以协商约定其他内容。由此可知，空白劳动合同违反了《劳动合同法》第十九条的规定，根据《劳动合同法》第十八条的规定，违反法律、行政法规的劳动合同无效。由于空白劳动合同依法属于无效合同，则劳动者和用人单位之间实际没有签订劳动合同。而且创业团队应当注意仔细阅读合同条款，保留含企业盖章的劳动合同原件。

其次，在实践中创业团队内部成员之间往往需要签订劳动合同。因为公司本身是法人，公司与创业成员之间的雇佣关系需要通过合同确定下来。但由于很多现实原因或者经验不足的疏漏，企业与创业成员之间没有签署劳动合同，而创业者依然愿意为自己的团队工作。在这种情况下，创业团队中的个人应该注意保留工作相关证据，为日后维护自己的合法权益奠定基础，其中重要的证据包括：工资支付凭证、劳动者以员工身份和其他个人、机构签订过的合同文书等。

最后，创业团队中的劳动者有相对自由的“辞职权”，劳动合同期限不是约束劳动者的，劳动者在劳动合同期限届满前辞职不是违约。劳动者有自由的辞职权，应当提前三十日以书面形式通知用人单位。在劳动合同期限内，企业是不能随意解雇劳动者的，故一般而言，劳动合同期限设置越长对劳动者越有利。

3.2 大学生创业金融、培训和教育政策

3.2.1 创业金融政策

实行小额担保贷款扶持。对于创业者而言，创业初期多以中小企业的形式出现，而制约中小企业发展的瓶颈往往是“融资难”，于是国家出台相应政策称当大学生创业资金不足时，可以先申请五万元以下的小额担保贷款，货款限期两年，这笔款项由政府财政补贴利息，并由政府投资设立的小额贷款担保基金提供担保。进一步改进和完善“小额担保贷款 + 信用社区建设 + 创业培训”联动工作机制。有条件的地区还要加大对大学生创业的财政投入，并积极为这些中小企业引入风险投资基金，探索财政基金等与大学生创业赛事的对接模式，规范发展民间融资，多渠道加大创业资金投入。这一内容从根本上解决了高校毕业生创业缺乏资金的问题。

享受税收减免优惠和减免有关行政管理费用的优待。针对高校毕业生创业的有关证照办理实行免费政策，大学生在毕业后两年内自主创业从事个体经营的、符合中央和省有关收费减免政策的，均可享受管理类、登记类和证照类有关行政事业性收费的优惠政策。

3.2.2 创业培训政策

对于想要创业又缺乏相应知识和经验的高校毕业生进行创业培训，并且按照规定对职业培训进行补贴。为创业的大学生免费提供各种创业服务，如提供政策咨询、开业指导、融资服务等各地在充分发挥各类创业孵化基地作用的基础上，因地制宜地建设一批大学身创业孵化基地，并给予相关的政策支持。对基地内的大学生创业企业要提供培训和指导服务，落实扶持政策，努力提高创业成功率，延长企业存活期。与此同时，国家也鼓励中专、职业技术学校在上学期间开展创业课程，对学生进行创业培训和创业实训等。这一内容打消了高校毕业创业者对

创业的无知和恐惧，积极投身创业并努力取得好的结果。

3.2.3 创业教育政策

创新人才培养。创业大学生可享受各地各高校实施的系列“卓越计划”、科教结合协同育人行动计划等，同时享受跨学科专业开设的交叉课程、创新创业教育实验班以及探索建立的跨院系、跨学科、跨专业交叉培养创新创业人才的新机制。

开设创新创业教育课程。自主创业大学生可享受各高校挖掘和充实的各类专业课程和创新创业教育资源以及面向全体学生开发开设的研究方法、学科前沿、创业基础、就业创业指导等方面的必修课和选修课，享受各地区、各高校资源共享的慕课、视频公开课等在线开放课程和在线开放课程学习认证和学分认定制度。

3.2.4 反映的问题

政策不配套。大学生创业需要全社会各行各业的支持，特别是各级政府要担负起主要责任。目前除了教育系统、劳动保障系统、人事系统、公安系统外，其他系统比如司法、税务、投资基金等系统，都还没有相应的支持和扶持大学生创业的配套政策。大学毕业生进入市场后，如果市场准入标准太高，创业环境不改善，市场游戏竞争规则不公平，创业成果和产权得不到妥善保护，那么，大学生的创业激情很容易受到伤害。

政策执行力不强。虽然国家再三强调要大力支持和扶持大学毕业生创业，相应的政策早已颁布，但一些地方政府和有关单位以及高校并没有积极地贯彻执行。“上有政策，下有对策”，各行其是。一些主管领导甚至没有认真学习国家创业政策，更谈不上研究和制定本地大学生创业的具体政策。有的地方政府人才交流中心对未就业的大学生办理人事择业代理，每年照样要收 240 元代理费。

政策治标不治本。目前，大学生创业政策主要是在大学毕业生办理创业经营许可证过程中可以享受的一些优惠条件。但大学生创业存在两个突出的主要问题：一是缺乏创业资金，二是缺乏创业管理能力。前一个问题好解决，而后一个问题却不容易在短期内解决。

3.3 大学生创业企业类型选择

3.3.1 普通有限责任公司

有限责任公司是指根据《中华人民共和国公司登记管理条例》规定登记注

册，由五十个以下的股东出资设立，每个股东以其所认缴的出资额对公司承担有限责任，公司以其全部资产对其债务承担责任的经济组织。根据《公司法》第二十三条第一款设立有限责任公司“股东符合法定人数”，第二十四条“有限责任公司由五十个以下股东出资设立”，因此普通有限责任公司要求股东人数应为 2~50 人，目前高校十分重视培养创新型人才，导师带领学生共同课题研究、成立校创新创业基地等，培养了学生的团队意识和团队协作能力，因此团队内合作的同学很可能成为日后共同创业的合作伙伴。原公司法第二十六条第二款规定:“有限公司注册资本的最低限额为人民币 3 万元”，但 2016 年最新修订的《企业法》取消了有限公司最低注册资本 3 万元的限制，同一人公司，注册资本限制的取消，对大学生打开了创业的大门。

根据《公司法》第二十七条“股东可以用货币出资，也可以用实物、知识产权土地使用权等可以用货币估计并可以依法转让的非货币财产作价出资。”其中知识产权入股对于大学生来说也是十分有利的，对于缺乏资金的大学生可以用自己的知识成果入股。另外，根据《公司法》第三条“公司是企业法人，有独立的法人财产，享有法人财产权。公司以其全部财产对公司的债务承担责任。有限责任公司的股东以其认缴的出资额为限对公司承担责任。”因此各股东要承担的风险会缩小，对于大学生来说创业的风险较小。

3.3.2 一人有限公司

根据《公司法》第五十七条，“一人有限责任公司是指只有一个自然人股东或者一个法人股东的有限责任公司。”原《公司法》规定一人有限公司注册资本最低为10万元，一人股东没有其他伙伴分担，数额较大并且出资必须一次性缴足，这对于一个刚刚毕业的大学生来说算一笔较大的金额，但 2016 年最新《公司法》取消了对一人有限公司最低注册资本 10 万元的限制，公司注册资本的放宽对大学生创业者来说无疑是值得庆贺的，对于有创业项目没有资金的大学生来说提供了机会。一人有限责任公司本质特征同于有限公司，即股东仅以其出资额对公司债务承担责任，公司以其全部财产独立承担责任，当公司财产不足以清偿其债务时，公司的债权人不得请求公司的股东承担超出其出资的责任，公司也不得将其债务转让到其股东身上。这是有限责任公司最吸引投资人的一点，最大限度利用有限责任原则规避经营风险，实现经济效率最大。另外，一人有限公司一个人要进行决策、执行、监管、财会等多项职能，经营理念、运行机制上更加灵活、便利，比如可以省去股东会议和董事会议执行的烦琐程序。当然这对大学生的个人经营管理能力要求极高，需要大学生素质全面、经验丰富。

3.3.3 个人独资企业

《个人独资企业法》对个人独资企业的注册资本没有明确的要求，只要有固定的场所、生产经营条件和从业人员，大学生便能成立一些技术服务企业。个人独资企业经营管理灵活自由，企业主可以完全根据个人的意志确定经营策略，进行管理决策。企业资产所有权、控制权、经营权、收益权高度统一。另外，根据《企业所得税法》个人独资企业无须缴纳法人所得税，大学生创业者只需交纳个人所得税即可，因此适合资金较少、缺乏一定经营管理经验的大学生创业者。根据《个人独资企业法》第二条“投资人以其个人财产对企业债务承担无限责任”，更准确地说就是企业主对经营中所产生的债务若不能以企业财产清偿，则需以其个人所有的其他财产清偿，这可能让原本就清贫的大学生更加一无所有。

上述的个人独资企业和一人公司都是一个主体出资建立的企业，但是两者的性质是完全不同的。首先在于出资人的不同，根据《个人独资企业法》个人独资企业只能由自然人出资设立，而根据《公司法》一人公司既可以由自然人出资设立，也可以由法人出资设立，还可以由国家出资设立。第二个区别在于主体的资格不同。个人独资企业属于非法人组织，不具有法人资格，一人公司作为公司的一种，是企业法人，在公司成立时取得法人资格。第三在于责任承担不同，个人独资企业的投资人对企业的债务承担无限责任，一人公司的投资人仅以出资额为限对公司负责。综上所述，个人独资企业的无限连带清偿责任对于大学生来说是比较有风险的，所以在考虑创立个人独资企业的时候应该把无限承担责任给自已带来的一系列问题考虑在内。同样，一人公司的有限责任是大学生创业的有利条件，这对于大学生来说创业失利后要承担的责任较小，因此风险也较小。

3.3.4 合伙企业

合伙企业是指自热人、法人和其他组织按照《中华人民共和国合伙企业法》在中国境内设立的，由两个或两个以上的自然人通过订立合伙协议，共同出资经营、共负盈亏、共担风险的企业组织形式。根据《合伙企业法》第 16 条第 1 款“合伙人可以用货币、实物、知识产权、土地使用权或者其他财产权利出资，也可以用劳务出资。”其中用知识产权和劳务出资为大学生创业提供了更多的机会。根据《合伙企业法》第二条第二款“普通合伙企业由普通合伙人组成，合伙人对合伙企业债务承担无限连带责任”；第三款“有限合伙企业由普通合伙人和有限合伙人组成，普通合伙人对合伙企业债务承担无限连带责任，有限合伙人以其认缴的出资额为限对合伙企业债务承担责任。”有限责任合伙企业由一个或者几个普通合伙人和一个或几个责任有限的合伙人组成，合伙人中至少有一个人要对企业的经营活动负无限责任。因此，有限合伙和普通合伙企业都必须有人承担无限责任，使得合伙人需要对其合伙人的经营行为负责，更加重了合伙人的风险。另一方面，合伙企业的经营效率较低，企业需要经合伙人共同意志确定经营战略、进行决策，因为要协调各个合伙人的意见可能会导致企业做出策略的时间延长、程序烦琐、效率降低。而且，合伙企业比较容易设立和解散。合伙人签订了合伙协议，就宣告了合伙企业的成立，合伙人共同出资、合伙经营、共享收益、共担风险，合伙人之间是风雨同舟、荣辱与共的关系；另一方面，合伙企业具有很强的人合性，新合伙人的加入，旧合伙人的退伙、死亡、自愿清算、破产清算等均可造成原合伙企业的解散以及新合伙企业的成立。

3.4 石景山区创业现状

3.4.1 建立创业科技园

北京青年创业园石景山园成立于2009年6月9日，青创园整合了各类资源，构建了包括“创业、就业、培训、实习、交流”在内的石景山区青年创业就业综合服务平台。在创业政策上青创园与市劳动部门合作，对青创园中北京市户籍的青年创业企业提供贴息贷款政策、优惠的贷款担保额度和贷款利息。此外，青创园组建了专业管理团队，管理团队可以在创业咨询、创业注册办理、创业指导、创业融资、政府资金申请等企业创业之初的重要环节给予创业者大力的支持。

在区工商局、石景山国资公司的大力支持下，青创园创新通过网络建立虚拟社区，只要能够上网，就可以在虚拟社区取得合法的办公地址，完成企业初创的注册、咨询等工作，省去创业初期占很大部分的房租开销，大大节省了大学生创业的成本，增加了办公创业的灵活性。

3.4.2 制定支持大学生创业政策

《“创新创业石景山”起航工程》提出实施七大工程；一是创业人才集聚工程，支持大学生创业，支持高端人才创业，构建创业人才生态圈；二是创业载体拓展工程，整合区内载体，打造特色众创空间，配套完善创业公寓；三是创业金融升级工程，鼓励设立各类投资基金，推广“孵化＋创投”模式，完善创业金融服务体系；四是创业服务优化工程，推动新型创业服务机构发展，建设共享技术平台，建设创业公共服务平台；五是国际资源整合工程，拓展海外交流基地平台，建设石景山国际创业港，打造北京市国际科技合作基地；六是创业政策助推工程，强化财政资金引导，完善绿色通道机制，加强人才配套服务；七是创业文化培育工程，打造“创新创业石景山”品牌，开展特色创新创业活动，营造良好创新创业氛围。

此外还有《促进中关村科技园区石景山园产业集聚和企业发展办法》《石景山区促进现代金融产业发展暂行办法》《石景山区关于贯彻落实中关村“1+6”系列先行先试改革政策的办法》《关于鼓励海外高层次人才来我区创业和工作暂行办法》《北京市石景山区人民政府关于继续实施促进就业优惠政策的通知》等政策。

3.4.3 未来规划

随着国家对“大众创业、万众创新”的强力推进，作为一个从传统老工业区向现代化新城区转型发展的“二次创业者”，石景山区将“双创”与“全面深度转型、高端绿色发展”的战略部署紧密结合。具体做法有：

打造多样化众创空间。总结新型孵化器可复制模式，引入知名创业服务机构，推进石景山国际创业港、创业公寓等新型创新创业服务载体建设，支持创业服务机构专业化服务能力提升。

培育创新创业品牌。加强高端人才引进，支持大学生创业行动，鼓励领军企业高管“二次创业”，支持高校院所科技人才创业，吸引海外高端人才，努力促进人才与项目对接、与产业互动、与资本融合，形成开放的创业人才生态圈。

完善技术和资本高效对接机制，逐步形成科技信贷、天使投资、创业投资、科技保险、融资租赁、多层次资本市场在内的创业金融支持体系。

举办各类创新创业活动，成立石景山众创空间联盟，营造敢为人先、宽容失败的创新文化，树立崇尚创新创业的价值导向，打造“创新创业石景山”品牌，加快形成创新创业燎原之势。

3.5 国外经验的借鉴

3.5.1 创业教育的借鉴

目前，我国高校创业教育的课程设置较为单一，缺乏特色。一些高校虽然设置了相关的创业教育课程，但大多孤立于教学大纲，内容零散，数量有限，也不能和专业知识相联系，仅传授简单的创业概念。因此，我国高校应积极借鉴美国和印度高校的成功经验，一方面重视创业课程与专业教育的联系，开设与各专业相关的创业课程，使创业教育课程与教学管理体系有机融合。另一方面开设多层次的创业教育课程，教育模式更加科学。另外，也可以学习日本，开设具有高校特色和地域特色的创业课程。利用本地域产业优势，因地制宜，突出创业教育的特点。

3.5.2 创业政策的借鉴

发达国家的大学生创业不仅仅由政府提供支持，还包括高校和民间组织共同打造大学生创业的支持体系，在三者的共同作用下更好地促进了大学生创业的成功率，就像我们前面介绍的英国的王子创业基金、美国大学生创业竞赛、法国的政府创业计划等，都为大学生的创业设置了很好的创业平台。我国也需要由政府、高校和民间组织共同打造一个专门的大学生创业平台，进而发展到形成一个由政府、高校、银行、各种风险投资中介机构、民间组织共同打造得更加高效的运作平台，通过各个组织的合力促进大学生的创业活动，并通过该平台真正发挥政府的引导作用，促使更多大学生参与，接受更多的企业单位、社会团体、个人对学生的创业和科技创新的扶持，特别是要鼓励风险投资，使大学生的风险企业通过资本市场为自己的新产品、新技术寻找资金支持，同时通过风险投资或银行检验自己的创新设想，保证创新企业能够比较健康、快速地发展。通过这个平台从小的方面来看，可以促进更多的创新企业的产生，可以缓解我国当前大学生就业难的问题，从大的方面来看，对于提高我国的这过来和国际竞争力也有非常重大的意义。

4. 研究结论

通过课题研究，对完善大学生创业法律政策提出如下建议。

4.1 加强创业法律风险教育，开设创业专门课程

2010 年 5 月 14 日，教育补部向各地下发了《关于大力推进高等学校创新创业教育和大学生自主创业工作的意见》，意见中对于在大学中设立专门的创业教育课程等方面做了明确的要求。大学生创业必然面临着很多的法律问题，所以在创业课程中应着重开展相关创业法律的内容，例如对于《公司法》《合同法》《税法》《个人独资企业法》《反不正当竞争法》等法律的讲授，有助于学生在创业过程中减少风险。此外，还需要聘请专业的创业实践老师根据亲身经历，有效地指导学生进行创业实践，增加创业实践的机会。

4.2 制定完善的法律政策并坚决落实

相关政策、措施的完善是促进大学生积极创业的基础，也是保障大学生创业的必然要求。国家是政策的制定者，应该在完善政策中起积极的推动作用，使制定的每一项政策都贯彻落实，起到真正的鼓励和扶持作用。

4.2.1 对大学生创业的门槛在最大此限度内放低

在大学生申请创业之初，对其创业进行评估，如果该项目的评估结果显示，该项目的潜在社会效益较高且能带动就业，就应当减免缴纳相关的行政费用；且如果该项目是国家扶持鼓励的项目，国家还应额外给予该企业相应的补贴和优惠以促使其蓬勃发展，做到实质上的优惠和补贴；对大学生创业者申请的创业启动资金的贷款，应做到放宽条件和期限，以保证创业者排除资金方面的困难；加大对大学生创业的财政投入，利用经济学中的杠杆原理，使投入的资金能够引导项目较好的发展。

4.2.2 简化工商登记的程序

对于不了解相关登记制度的创业者来说，烦琐的程序可能是其退后的第一道坎，所以在不违反法律的情况下，使工商登记程序变得简单，会大大鼓舞创业者的信心。

4.2.3 完善税收法律制度

完善大学生创业的税收法律制度，减少创业大学生所背负的沉重的赋税，通过改变税收结构，降低税率，并对大学生创业者给予优惠的税收政策来降低创业者所面临的风险。

4.2.4 避免政府部门执法和法律服务的不足

建立一个专门针对大学生创业者的政府服务部门，以解决中小企业在创业路上遇到的法律和管理等问题，且使每一项政策坚决落到实处。

4.3 营造良好的创业环境

大学生创业本身就带着很大的风险和困难，此时需要政府积极引导、提倡大学生创业，做到积极为创业者提供有效的、一条龙式的法律服务，最大限度地帮助创业者解决疑难问题；并且对创业成功的大学生予以奖励，以鼓励更多的大学生选择创业，从而带动就业，缓解就业难的问题，促进社会主义市场经济的繁荣发展。面对我国目前创业文化还比较薄弱，创业行为比较缺乏的情况下，我们应该推动全员大创业，以形成以创业带动就业，全民参与创业，创业受人尊重，全社会为创业添砖加瓦的浓厚创业氛围和强大的社会舆论。

要提高大学生创业的比例，必须首先要制定和实施促进创业文化的措施，改变我国绝大多数人民保守的思想态度，提高全社会对创业的认同度。我们应在全社会培育积极健康的创业文化，应该给予创业者以最大的支持，给予他们肯定的正确的评价。对创业成功者要加以褒扬，广为宣传，同时也要容忍失败，从而形成一种健康的积极的创业文化，在全社会营造浓厚的鼓励创业的氛围。

参考文献

[1] 常凯 . 劳动合同立法理论难点解析 . 北京：中国劳动社会保障出版社，2008

[2] 赵万一 . 公司治理法律问题研究 . 北京：法律出版社，2004

[3] 张瑶 . 大学生创业现状与对策分析 . 北京：教育前沿，2015（04）

[4] 张可 . 大学生创业政策实施困境及其原因分析 . 北京：现代商贸工业，2013（12）

[5] 黎家瑾，王巧霞，夏典，李玖华，张凯春 . 民办高校大学生创业现状调查分析及对策研究 . 经济研究导刊，2015（08）

[6] 朱文胜，吕中国 . 大学生创业法律风险防控体系研究—以高校创业法律教育的完善为视角 . 就业指导，2013（03）

[7] 李 蔚，彭莉萍 . 论大学生创业法律制度的完善 . 当代教育理论与实践，2012（08）

[8] 胡锦涛 . 党的十七大报告，2007（10）

[9] 房国忠，刘宏妍 . 美国大学生创业教育模式及其启示 . 外国教育研究，2006（12）

[10] 李志永 . 日本大学创业教育的发展与特点 . 比较教育研究，2009（3）

[11] 陈浩凯 . 全球竞争视野下的印度创业教育 . 中青创业教育论坛，2008（4）

[12] 袁南生 . 感受印度企业文化 . 湘潮 .2005（12）

[13] 中小企业总合事业团 . 主要国に见る创业环の国际比较 [R].（東京）中小企业总合事业团，2000

[14] 肖勇，易晓春 . 谈大学生创业企业类型选择 . 武汉船舶技术学院学报，2015（3）

[15] 发改委 .2015 年新毕业大学生创业比例同比增长近一倍 . 证券时报网，2015-10-13

[16] 许晓辉 , 李龙 . 大学生自主创业的企业法律形式选择 . 高等农业教育，2009（6）

[17] 王显勇 . 企业法律形态比较研究 . 南京大学学报，2004（4）

[18] 文川．法制视野下大学生创业的障碍分析及其对策．法制与社会，2010（25）

[19] 白钦先、薛誉华各国中小企业政策性金融体系比较．北京：中国金融出版社，2001

[20] 谢维和、王洪才《从分配到择业—大学生就业状况的实证研究》，北京：教育科学出版社，2001
[21] 刘曼红. 风险投资创新与金融. 北京：中国人民大学出版社，1998
[22] 杨华初. 创业投资理论与运用. 北京：科学出版社，2003

大学生网络购物的法律保护研究报告

北方工业大学：吴　桐　马　雪　张天杨　白劲超　续　梅

指导教师：相庆梅　副教授

为了进一步了解新兴购物模式——网购的相关法律问题，我组社会实践团在学院老师的指导和帮助下进行了一次关于网购的相关法律问题的调查，希望通过此次调查发现网络购物模式中存在的问题，并试着以专业的角度提出相应的建议，以达到深入实践、学以致用的目的。综合各种因素，我们最终来到北京市石景山法院和北京市门头沟法院进行调研。本次活动主要包括访谈和问卷两种形式，访谈主要是针对村法官和有专业法律知识的老师同学进行，而问卷则是针对广大基层群众进行的，主要通过网络发放的形式进行。我们的调查群众范围广泛，不同年龄层次、职业地区均有涉及。

1. 引言

随着我国社会经济和科技的迅速发展，网络购物蓬勃兴起，成为极其受欢迎的购物方式之一，它影响着人们的生活，也悄然改变了人们的购物习惯和购物方式。网络购物，顾名思义，就是通过线上交易线下查收的方式方便人们购买商品。足不出户就可购买到心仪的商品，也因为人们的需求旺盛，近年来各大购物网站层出不穷。然而在网购给我们提供极大便利的同时也衍生出了许多法律问题，因为网购产生纠纷、损害消费者权益的情况日益增多。我们对网购纠纷的主要类型及解决途径进行探索，将以此份报告的形式体现我们的成果。

2. 活动安排

2.1 准备阶段

在实践前多次进行团队讨论会议，全体团队成员围绕实践主题，拟定实践方案、设置调查问卷、选择实践地点，并且对活动的细节进行详细沟通，划分职责范围，深入地了解实践课题并做好各项准备工作。

2.2 进行走访调查并进行深入采访

成员在调研期间以走访和采访的形式、与法官交流和向法院收集相关资料的方式了解收集法官对于网购问题的看法与数据。之后通过将实地调研的情况以及采访内容进行整合分析，提炼精华，提出并分析问题，寻找解决方案。

3. 调查对象及调研方法

3.1 调查对象简介

采访对象一：石景山区法院李法官等三位法官

采访对象二：门头沟法院韩晓飞法官、李文超法官

采访对象三：北方工业大学的相关专业的老师、学生，可以提供较专业的看法

调查对象：社会广泛的各阶层群众

3.2 调研方法简介

本次调研主要采用了实地调研、问卷调查以及深度采访三种调研方式。

4. 各国网络购物的发展概况

4.1 我国网络购物的发展状况

网络购物近年来的兴起悄然改变了人们的购物方式和购物习惯，正由于人们

对这种网购形式的普遍接受，旺盛的需求导致各大购物网站层出不穷。网络购物以自身的快捷、廉价、丰盛、时尚为优势诱惑着人们去选择，但是网络虚拟性、电子性、多变性、复杂性也使得网络购物在形成巨大优势的同时产生了大量的法律问题。

4.1.1 网络购物纠纷的主要类型

据调查，近年来网络购物产生的消费者维权纠纷呈现日益增多趋势，该类案件约占消费者维权类纠纷的30%。而我国网购纠纷的主要包括六类：

第一，购物网站涉嫌虚假宣传产生的纠纷。这类纠纷占网购纠纷总量的较大比重。据统计，有百分之六十五的消费者网购不满意的原因是实际商品与商家宣传描述不符。因为这种宣传广告具有涉及范围广、传播速度快、监管难、影响大的特点，商家往往会以此诱惑消费者牟取暴利，导致消费者收到的实物质量、样式、颜色与宣传的商品严重不符。

第二，产品出现质量问题纠纷。这种纠纷也是网络购物中出现的比较多的问题。其中包括食品安全问题，购买的食品变质，不符合国家食品安全标准，包括标签、营养成分、产地、保质期等有问题的，都属于食品安全问题。再者就是购买的实物与想象不一致的情况，由于网络购物中消费者只能凭借商家介绍、他人评论获取商品信息。所以有时消费者在收到商品或服务时可能发现商品的品牌或规格品质与自己期望的不同。

第三，因为物流的原因引起的网购纠纷。这种纠纷在实践中也非常多见。由于物流导致网购的商品延误、损毁、遗失，行业赔偿标准低，引起消费者的不满致使物流投诉增多。通过调查，有百分之四十一的消费者经历过因为物流原因而对此次网购不满。

第四，售后服务引起的纠纷。网上购物使消费者在网购商品售出后没有专门实体店进行维修退换，所以在网购商品出现问题时比较麻烦，网络商家在商品售出时往往承诺对商品质量提供保证，一年内保修，但售出后却拒绝承担三包责任，百般推诿，不予解决。也有许多网络商家由于空间和距离的限制，售后服务十分滞后甚至不提供售后服务，而消费者在购买商品时常会忽略售后的相关条款导致商品无处报修。

第五，格式条款引起的纠纷。 网上购物中存在许多格式条款。格式条款又称为标准条款，是指当事人为了重复使用而预先拟定并在订立合同时未与对方协商的条款。从格式条款的定义中我们可以得知，在网络购物中，格式条款就是网络商家针对不特定消费者，在未与其沟通的情况下事先设立的条款，在网购中其实有许多这样的条款，例如“拍下即代表同意本店条款”“一经拍下，概不退换”“本店不支持七天无理由退换”“请事先阅读本店条款，拍下即同意”这些都属于格式条款的范畴，格式条款多是卖家为了节约成本，减少卖家责任、加重消费者责任而设定的。消费者面对这些不予协商的条款，失去了本应享有的砍价、公平交易的权利，在交易中被迫处于劣势地位。同时，由于选择网购的消费者多是图快捷省时，忽视了格式条款的内容便快速拍下商品，而网络商家对格式条款的提醒义务通常尽的也不够。现如今网络商家对格式条款滥用已经引起越来越多的网购纠纷。

第六，因为微商购物引起的纠纷。微商代购属于网购类型之一，随着腾讯微信的兴起，源源不断的微商大军进入人们的视野。据调查，百分之二十五的消费者从微商处购买过商品。微商通过在朋友圈不断刷屏诱导人们购买商品。他们在微信上到处加陌生人为好友、宣传三无产品、号称各国代购，但是我们都无法确定商品的真假与效果。且微信朋友圈购物属于个人私下交易，不受《消费者权益保护法》保护，缺少第三方交易平台保障支付安全、商品质量，消费者往往面临投诉无门的情况。

4.1.2 消费者网购纠纷维权的困境

在以上消费者网购纠纷的情形中，消费者想要维权存在许多困境，主要包括：

第一，举证难。由于网购纠纷中的证据多为电子数据，存在更新快、易修改删除、保存难的特点，导致重要证据无法保存。其次，尽管保留了网购的相关证据，但如出现质量问题时也会存在举证难的情况。我国法律虽然赋予消费者七天无理由退货的权利，但大多数网络商家支持退货的要求是在不影响二次销售的情况下，而对于已经拆掉包装或使用过的商品发现存在质量问题，消费者想退换货就比较困难。

第二，无法确定适格被告。在非网络的传统商品交易中，引起纠纷的一系列行为、对象、地点、方式相对固定，消费者维权对象的选择相对明确，而由于网络的虚拟性、多环节性，可能涉及的对象包括商品实际销售者、网络交易平台、物流服务提供者等。消费者选择不同的诉讼对象，涉及的法律关系是不同的，适用的法律规定也不同，若不能做出最优化的选择，可能导致维权不利。所以消费者往往难以确定购买的产品在哪一环节出现问题。就算确定责任主体，对于网络商家的具体信息网站若未进行披露消费者也难以掌握，导致无法确定适格被告。

第三，确认法院管辖困难。我国法律规定因合同纠纷提起的诉讼，由被告住所地和合同履行地的人民法院管辖。网络购物相对传统交易而言，难以确定被告住所地和合同履行地。因为在网络购物中，由于责任主体的无法确定导致被告住所地难以明确。而合同履行地相对较好确认，就是快递签收地。问题是若原告为了方便诉讼，选择了于己有利的法院管辖地作为收货地，会出现故意规避管辖的现象。同时，电子商品的收件地也不好确认，是选择邮箱注册地还是商品收货地一直难以确认。

第四，消费者维权成本障碍。部分网购案件中，消费者购买的食品、日用品等商品本身价值较低，提起诉讼将花费大量人力和财力，且诉讼周期长，消费者往往无法确定维权对象，甚至连商家名称都不知晓，需花费大量金钱、精力确定适格的诉讼主体，诉讼成本高昂。

4.2 我国网络购物相关立法的现状与不足

4.2.1 现状

我国目前还没有针对电子商务问题专门的法律。在现行法律框架下，《合同法》第 11、16、26、33、34 条针对电子商务及网络购物的相关问题做出了规定，包括承认数据电文的合同形式、规定数据电文形式下要约与承诺的生效时间以及合同的成立等情况。其次，近年修改的《消费者权益保护法》第 25、44 条分别加入了消费者网购“后悔权”、部分规定了网购平台的责任。另外，2005 年出台的《电子签名法》肯定了数据电文和电子签章的法律效力。除上述法律之外，还有《网络交易管理办法》《互联网上网服务营业场所管理条例》等规范性文件；部分地区例如广东、上海等还出台了《电子交易条例》《数字认证管理办法》等地方性法案。

4.2.2 立法的不足分析

第一，立法不完备带来一系列问题：由于目前缺乏针对网络购物的专门法律，这个局面容易导致消费者在依据现有法律来解决纠纷时常常找不到充分的法律依据。具体而言，新修订的《消费者权益保护法》只有寥寥数语来专门维护网络购物这方面的消费者维权，《合同法》等主要法律也没有专门的、可供消费者充分利用的法律。在实践中，诸如淘宝、京东等大型网络交易平台虽有层出不穷的侵犯消费者权益的案件发生，但当消费者出现权益受损的情况时，大多数情况下还是选择借助该交易平台帮助自己维权。这种情况使得专门针对电子商务或网络购物立法具有急迫性，同时进一步加强对网络交易平台的监管与相关法律的建设也成为重要的问题。

第二，较为先进的规范性文件与地方性法规效力范围有限。近些年来，我国各部门注意到这方面的空缺，出台了较为先进的规范性文件，例如国家工商行政管理总局出台的《网络交易管理办法》便是一部较为与时俱进的法案，而广东省颁布的《电子交易条例》、上海出台的《数字认证管理办法》以及海南省颁布的《数字证书认证管理办法》等地方性法规也是可以作范本的优秀文件，但上述文件效力等级与适用范围有限，使得其无法发挥其应有的重要作用。因此在电子商务领域内，如何解决立法层级低以及多头管理和规制冲突的情况也是一个很急迫的问题。

4.3 国外网络购物相关立法的比较研究

纵观国外，很多国家对网络购物有了比较详尽的立法。下面，就从以下几点对域外相关制度进行比较分析，以期对我国的制度完善有所启示。

4.3.1 国外网络销售的市场准入方面

为避免上述情况的发生，日本在规范网络市场准入方面采取的措施卓有成效。以日本乐天网站为例，日本法律规定，需持有日本工商执照的企业主才可申请在该网站售卖商品，并且规定所售商品必须和实体店一致，这对销售方的资质提出了要求，大大增加了销售网店的可信度，保障了消费者的知情权和安全权。同时乐天方面会对卖家提供系统培训和指导，其要求商家所出售的商品品质应当符合网店页面所叙述的标准，如果实际情况与页面叙述不符或商品品质有瑕疵，则要依照相关消费者保护法承担瑕疵担保责任。严格规范商家的资质，不仅可以使得网购市场秩序化，同时提高了消费者购物时的安全感。

4.3.2 国外网络购物的退货问题

退货制度直接关涉消费者合法权益的实现。如前所述，我国对于网络购物的退货问题只有新修改的《消费者权益保护法》第25条才得以规定，赋予了消费者网购商品“7天无理由退货”的权利，而因其要保证商品完好，具体实行过程中销售者多以“包装被拆”为由拒绝退货，使得消费者维权得不到保障。那么，国外网购退货制度有什么具体的规定呢?

第一，在美国，退换货服务非常便捷。美国消费者保护法中，商家在销售瑕疵产品或销售违规的前提下，受法律规定一定要如数接受退货，并且支付兑款。但如果是消费者自己改变主意，或消费者不需要，或不喜欢的情况下退货，商家可以根据自己的情况，自行处理。很多时候，消费者甚至不需要提供理由，仅仅因为下了订单后改变主意不想要了，就可以直接将货品寄回商家。商家查验物品完好无损后，全额货款会在7~14个工作日内回到消费者的银行卡账户。对于退换货的期限，通常情况下，消费者在收到所购物品后可有两周的考虑期。如有知名时尚奢侈品购物网站规定，消费者在收到货品后两周内，可以使用网站随包裹寄来的免费退货邮寄单进行退货。还有专注鞋类销售的网店甚至规定退货期长达365天。

第二，在日本，根据《制造物责任法》中规定，对于质量有问题的商品，必须迅速退货或予以更换，所以在规定时间内，无论是质量问题还是尺码搞错等，消费者都可以在商家办理退换货。此外，如果卖方告知不实信息或存在故意隐瞒重要事项等违法行为，误导消费者，购买商品或所签的有关合同都可以退货和取消。日本消费者保护法规定，消费者可以在购物后有7天犹豫期，7天之内如果对商品不满意，可以与卖方联系办理退货，并且无须说明理由。

第三，在英国，通行的是14天无条件退换货，消费者在网络平台购买商品后，14天里可以无条件退换货。这一准则也充分保护了消费者权益，使消费者在网络购物时十分放心。如果货物到手发现与网店描述有差异或有质量问题，消费者都可以跟卖家联系，要求退货。卖家应该全款退货，甚至有的网络购物平台，仅仅是因为买家觉得货品与预想的有出入，就可以向商家提出退货需求。

4.3.3 国外政府监管和行业组织

在这方面做得比较好的是英国。根据一份英国脱欧前欧盟的B2C电商报告，英国的人均B2C网购额远远高于其他国家，英国的网购消费能力居全球之首。市场繁荣的背后是政府监管、行业自律和消费者权益保障意识较强三方面合力作用的结果。

如英国政府在1973年成立了公平贸易局，专门负责消费者权益保障和维护市场公平竞争。1974年，英国推行《消费者信用法案》，对信用卡消费（包括在线信用卡消费）行为进行规范和保障。当消费者的消费额超过100英镑（约166美元）时，一般会选择信用卡支付，因为根据该法案相关规定，大额信用卡支付将享受更加完善的消费保护，包括全额退款。此外，英国政府还专门发起成立了名为“获得在线安全”的服务性组织。这一组织主要由各个领域的网络安全专家组成，为消费者提供免费的网上支付安全咨询。他们每年定期举行会议、路演宣传等活动，普及网上支付等方面的相关知识。另外，消费者还通过这个平台反馈网购经验，通过该网站与专家进行咨询交流。

除政府监管保障之外，网购行业也有行业自律组织以及半官方的标准委员会如英国网络零售商协会负责颁发安全网购资格给合规成员企业；英国交易标准协会则对网购商店进行安全与信用认证，对合格的网店颁发信用章以便消费者甄别。对于我国来说，成立类似的服务性组织可以提供一个平台，使消费者之间互相交流经验，有利于更好地解决消费者在网购过程中遇到的问题。

5. 结论

5.1 消费者网购过程中的建议

5.1.1 消费心理更理性

大多数消费者在选择网购商品时看重价格和买家评论、销售记录，而在这几方面商家很容易作假，而且商家为了扩大市场份额，往往会故意美化商品，消费者无从客观辨别商品好坏。

所以，笔者建议广大消费者在选择购买商品时应该更多地考虑商品质量保障而非好评度。消费者应该从实际需要出发，在下单或者付款前，认真思考所购物品的实用性，避免冲动消费，从购物规律规则思考，谨慎选择，培养绿色健康的消费心理。同时，消费者还应选择有信誉度 、正规网络平台购买商品，在选择购买商品时更多地考虑商品质的量保障而非好评度，通过选择拥有所需品牌“数字证书”的商家提高可信度。

5.1.2 保留网购证据

对于网购者来说，需要很好地保存交易记录、发货单和快递单、交易商品和包装等。在网络购物过程中，应当要求商家开具发票并妥善保管发票、快递单据等，商品宣传网页也应及时截屏留存，以防商家修改或关闭宣传网站导致消费者无法获取证据，维护自身权益。

一般而言，在纠纷发生后，消费者需要证明两大问题：买卖双方存在网上交易和卖方的违约行为。证明双方交易的存在，需要双方保存相应的聊天记录、电子单据；消费者可以及时就双方聊天记录和商家最初的宣传网页等截屏，避免商家事后对商品重要信息的修改，保存重要的电子证据。对于卖方的违约行为，就商家虚假宣传涉嫌欺诈具体而言，原告需要对商品的质量、样式、包装等与约定不符或者与正品不同，且该件商品是商家邮寄的等进行证明。而发票可以作为直接的维权证据，所以消费者在购买价值较大或者重要的商品时，尽可能地索要发票，保留证据。同时，消费者可以向公证处申请其证据的保全公正，公证员对重要的聊天记录和商品信息拍照保全，此份证据则将利于法律事实的认定，维护诉讼请求。笔者认为，广大消费者应增强法律意识，提高证据观念，更好更快捷有效地申请诉求。

5.1.3 选择最有利于维权的法律关系进行诉讼

从纠纷的法律关系看，网络购物出现的纠纷多归于买卖合同纠纷，基本涉及第三方网络平台自营和第三方销售商的，还有一些是侵权类的。不过由于合同纠纷相对来说举证比较容易，仅需要证明合同关系、产品瑕疵。而侵权类纠纷则还需要因果关系损害结果等，举证起来相对困难，所以大多数人出现网购纠纷时都会选择买卖合同纠纷的案由。

其次，就消费者维权的对象而言，诉讼主体的选择确定也有一定的障碍。在消费者维权过程中，往往涉及多重责任主体，如产品的生产者、销售者、运输者。具体到网络购物中，则可能涉及商品实际销售者、网络交易平台、物流服务提供者等。所以，消费者选择不同的诉讼对象，涉及的法律关系是不同的，适用的法律规定也不同，消费者应根据维权的主观目的做出最优的选择。在买卖合同纠纷中，消费者一般而言可以选择销售者作为诉讼对象，此时，销售者承担的是违约责任。在网络购物纠纷中，消费者应仔细甄别实际销售者，并以实际销售者为维权主体。如部分商品显示为网络购物平台自营产品，则应以购物发票显示的产品经营者为维权主体，若商品显示为第三方卖家提供，则以第三方卖家为维权主体。消费者若要求网络服务提供者承担赔偿责任，需存在以下几种情形保证自己的利益：①网络交易平台提供者明知或应知销售者或服务者利用其平台侵害消费者合法权益，且未采取必要措施；②网络交易平台提供者不能提供销售者或者服务者的相关信息；③即使网络交易平台提供者能够提供销售者或服务者的相关信息，但大多数平台对消费者做出了更有利的销售者承担赔偿责任。在因产品缺陷导致消费者人身、财产损害的产品责任纠纷中，消费者可在甄别属于生产者、销售者、运输者、仓储者的过错后，选择有过错的主体作为诉讼主体。其次，在网络购物纠纷中，消费者应仔细甄别实际销售者，并以实际销售者为维权主体。

5.1.4 完善物流管理系统

对于因物流原因引起的网购纠纷，其解决办法就是完善物流管理系统，首先，可以出台实时追踪功能，加快订单处理速度，并及时在网上进行更新；其次，提高行业赔偿率，给予消费选择物流的信心，商家可以提前与消费者订立收货期限，逾期退款给消费者，这种方法督促商家尽快发货。同时，政府也应加强物流方面的政策支持，使快递赔偿有法可依。

5.2 规范网购的相关措施建议

5.2.1 制定电子商务方面的专门立法。

对于电子商务及网络购物这方面，外国诸如欧美、东亚各国有着较为先进的法律框架，本国亦有紧跟时代的规范性文件与地方性法规，以上均是十分不错的参考蓝本。我国可以效仿先进国家的立法技术结合本土实际，尽快完善相关法律制度以规范电子商务安全、保障消费者权益。目前，立法急迫需要对以下几方面加以规制。

5.2.2 网络交易平台本身的完善

网络交易平台自身可以建立实时监测机构，针对发现有违反《广告法》虚假宣传等情况应及时处理；设置专门处理消费者投诉的部门，发现销售者确有不法情况应及时做出处理，消费者提出要了解销售者详细情况时，应提供销售者真实信息，积极为消费者提供相关证据协助其解决诉讼的举证问题，或及时协调消费者与销售者之间的侵权、违约情况，帮助消费者追偿与维权。

5.2.3 针对销售者的监管

可以严格依照《行政许可法》《无照经营查处取缔办法》等相关法律，对于个人网店等借助网络交易平台进行网络交易的自然人、法人或其他组织，应通过相关部门登记注册，并且公开其营业执照、税务登记等信息，通过实名注册、严格审查以及及时更新信息，将不具备资格的销售者加以排除，以规范网络交易的安全。同时适当提高市场准入门槛，以筛选出不具备经营能力与预防风险的销售者。

5.2.4 对第三方支付的规范

我国《非金融机构支付服务管理办法》将增设了对于支付机构违规行为的处罚措施，但对于第三方支付平台停止服务等情况没有规定，仍存在很大的不足，急需要结合司法实践与现实需要进行修改。

5.2.5 网站提高入驻网站门槛。

网站提高入驻门槛，如要求卖家必须有实体店、证书、营业执照等。第三方网络销售平台应该在商家驻入时核实审查，详细披露商家信息并备案。同时制定有关的规章制度对网络商店的售后服务职能进行监管约束，确立第三方网络平台积极督查商家的售后服务情况，了解消费者反馈后及时处理。

5.2.6 快递理赔引用“举证责任倒置”

对因物流造成损失的，实践中消费者和商家都难以举证。所以，在快递理赔中，立法有必要引入“举证倒置原则”，即：一旦快递发生破损或丢失，快递公司须承担证明自身不存在故意或重大过失的“自证清白”举证义务，如不予证明或证明不了，即须承担照价赔偿责任。

5.2.7 规范微商购物市场

对于因为微商引起的纠纷，有关部门应尽快出台对微商监管的法律法规，对其准入资格和销售的产品质量严格要求，规范微商购物市场。

6. 心得体会

通过本次实践，我们重温了专业知识，也实现了对法学理论具体应用，同时对我国网购状况有了一个大致的了解。可以感受到现如今人们权利意识的增强，当遇到一些涉及切身利益的纠纷，还是会选择通过法律途径来维护自己的利益，这对我们对法学科目的学习提供了宝贵的实践经验。所谓学以致用，实践出真知，当真正去调研、真正去接触的时候，才真正了解到我国电子商务及网购服务状况是怎样的。想要电商服务发展得更好，需要多方的努力和不断地完善。

附：调查数据统计

一、被调查者涉及范围

1. 调查人数：262 人

调查区域：北京：56.7% ；陕西：15.27%；内蒙古：4.58%；贵州：2.67%

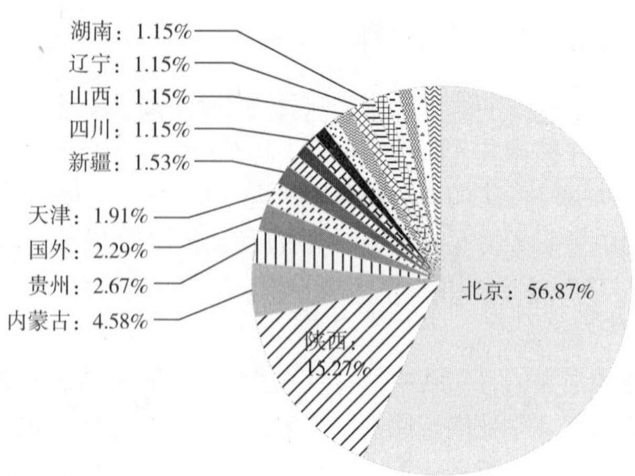

2. 您认为目前网购中，侵权事件频发的原因是什么（至少一个）[多选题]

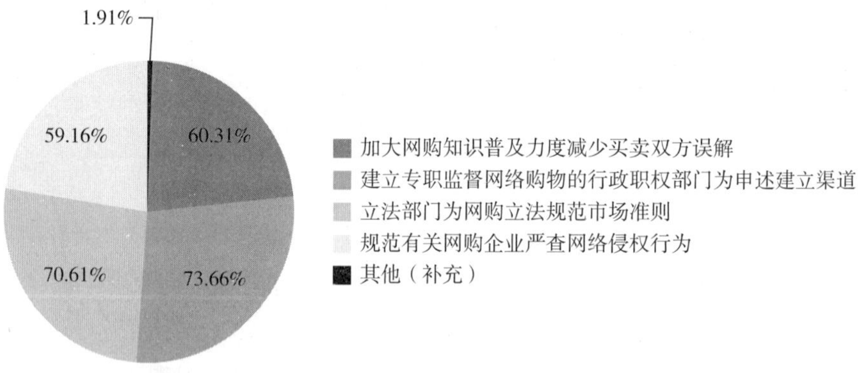

3. 您希望购物网站提供以下哪些方面更多的维权保障（至少两个）[多选题]

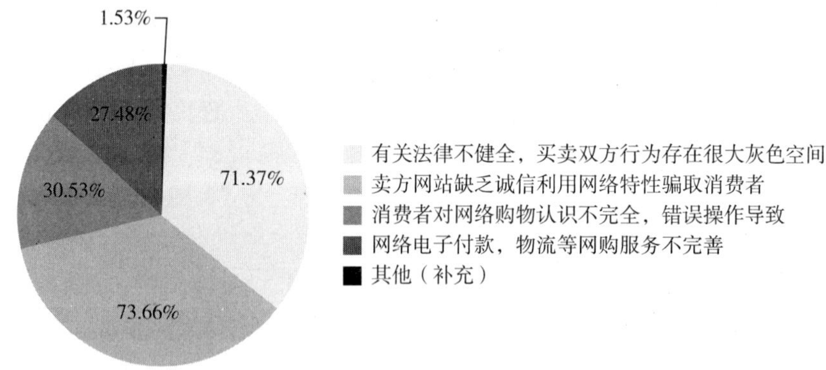

4. 你认为在未来，要如何改进才能让我们的网购更加美好？（至少一个）[多选题]

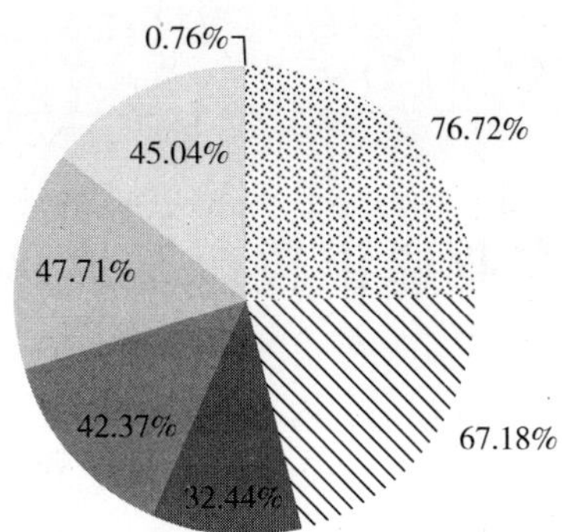

加大对卖家和供应商监督提高门槛，如要求所有卖家必须有实体店证书、有营业执照等
对所有商家和商品都提供担保出现问题由网站负责　　提供更安全方便的支持手段
加大对物流环节的监督　　购物网站严格披露商家信息
加强商品售后服务　　其他（补充）

高校英语专业通识教育发展现状调研报告

北方工业大学：王秋石　邹　燕　李　昂　宋文婧　李昊琪

指导教师：王亚非　讲师

通识教育已是世界普遍关注的一个国际化论题，在中国，各大高校也开始充分重视通识教育。在此背景下，本文旨在通过各大高校英语专业的改革发展情况考察与问卷的总结汇总，提出相关的发展措施以及改良方案，为我校英语专业的进一步改革发展提供素材。

1. 研究背景

通识教育是教育的一种，这种教育的目标是：在现代多元化的社会中，为受教育者提供通行于不同人群之间的知识和价值观。自 19 世纪初美国博德学院的帕卡德（A · Sparkard）教授第一次将通识教育与大学教育联系起来之后，有越来越多的人热衷于对它进行研究和讨论。英美等一些国家已经率先进行了通识教育的实施，我们这次的论文就是以国外的通识教育研究现状为背景，结合现阶段我国国内的情况来分析对比。

1.1　美国通识教育

在通识教育的各类研究中，美国的大学通识教育被公认是最为普遍和成功的，因而其通识教育经验备受推广。研究认为美国通识教育主要有四种实施类型，即：①分布比修型（Distributed Requirements），它是指“对学生必须修习的学科领域（一般为自然、社会、人文学科）以及在各领域内至少所要修习的课程门数（或最低学分数）做出规定的通识教育课程规划”，它是美国大学和学院实施通识教育的一种主要模式；②名著课程型（Great Books Program/Curriculum），也称“巨著课程”，是美国实施的一种通识教育，针对若干高等学校所制定的本科阶段教学计划。它最早由哥伦比亚大学教授厄斯金在第一次世界大战期间提出，圣约翰学院是目前唯一实行该计划的学校；③核心课程型（Core Curriculum），它是20世纪70年代末大量出现于美国大学的一种通识教育实践类型，《韦伯斯特新大学词典》对其解释为，“一种综合传统独立学科中的基本内容，以向所有学生提供共同知识背景为目的的课程设置”。哈佛大学、哥伦比亚大学、美国芝加哥大学等著名研究性大学和一些文理学院都有通识核心课程教育计划；④自由选修型（Free Electives），是指院校本身没有任何特别规定的通识教育计划，学生可以依据自己的兴趣自行制订适合自身的通识教育计划。

在哈佛大学文理学院2004年所公布的本科教学大纲改革的建议方案中又提到了一种学院课程以代替核心课程。这种课程分为人文学科、社会学科、生命学科、物理学科及工程四大类，并且每类只需选修两门课程即可。这种课程大力强化通识教育中对海外学习与自然科学两方面的总体要求。

美国和加拿大的通识教育主要特点是：重视通识教育，通识教育目标明确，实施方式灵活多样，不同的学校会根据自己的实际情况实施不同的课程实践类型，其要求也不尽相同。

1.2 英国通识教育

英国学者杰弗里·斯奎兹指出：“无论如何，通识教育在英国并不是时髦的话题，它往往令人迷惑不解，这可能因为‘自由’教育在这个国家是更加通用的术语，而且它的确切含义也不是很清晰。通识教育既没有维多利亚时代自由教育特有的内涵，也没有如此明显的人文学科癖好。”正是由于英国人对通识教育的独特理解，即通识教育是一种广义上的自由教育，英国大学并没有明确规定的通识教育课程，而是秉承通识教育与专业教育相融的理念，在整个教育教学过程中渗透通识教育的思想。从总体上看，英国大学通识课程设计是以专业教育的形式实现通识教育或自由教育的理想。

英国大学课程中之所以没有规定明确的通识教育内容，一种看法是：首先，人们对通识教育抱有不同的看法，对其所应包括的学科范围和种类的认识不一致；其次，人们认为建设通识教育课程需要成立计划和协调组织，而这意味着权威性的官僚监督，教授们对这种监督不感兴趣，他们担心这样做会使大学的组织和性质发生根本变化。由于意见不统一和教授们的反对，因此，英国大学没有建立起通识教育课程。还有一种观点认为，通识教育的部分内容是公民和爱国教育，英国人认为这部分内容应通过其他机构（例如家庭、社区、政党、行会和俱乐部等）而不是大学来进行，效果会更好。

仅从专门设置的通识教育课程视角来理解通识教育是不全面的，还必须从理念层面深入解读。英国大学通识课程通过正式或非正式的方法，在整个课程及其教学过程中渗透通识教育的理念，如注重联合专业的设置、注重导师辅导和学生自主学习相结合、注重学习技能、可迁移技能的培养等，这些都有利于广义通识教育的实现。英国大学通识课程教育的经验启示我们，通识课程教育实施宜用减法而非加法、加强联合专业的设置、在课程内容和教学方式上贯彻通识教育的理念。

英国大学通识课程特点：重视可迁移技能的培养。英国大学非常重视可迁移技能的培养，可迁移技能被列入很多正式的课程设计或各种活动之中。关于什么是可迁移技能，剑桥大学给出的定义是“可迁移技能是在正式的学习和生活的各种活动中（例如工作实习、课题、自愿者工作、爱好、体育等）获得的技能，这些技能能够应用于其他情境，也就是说，它们是可迁移的”。总的来说，英国各大学可迁移技能培养的主要方法有：进行学习技能的培养，开发“毕业生技能档案袋”，记录学生在可迁移技能方面的成绩；在学科内整合可迁移技能；增加与可迁移技能相关的活动；设置各种可迁移技能的选修性课程或模块等。

1.3 中国通识教育发展现状

新中国成立之后，高等教育以培养专业化人才为指导思想，为社会主义建设培养了一批急需的人才，但是随着社会和科学技术的发展，我国高等教育过分专业化的弊端暴露了，培养出来的人才知识面过窄、人文素质较差，不能够适应社会的变化。1961 年我国开始纠正高等教育过分专业化问题。

1998 年教育部印发了《关于加强大学生文化素质教育的若干意见》，明确了文化素质教育的基本内涵：大学生的基本素质包括思想道德素质、文化素质、专业素质和身体心理素质，其中文化素质是基础。

许多重点大学都在本科培养方案中，用通识教育基础的宽口径专业教育定位和规划大学本科教育，并将通识教育作为本科教育改革的重要指标。相当一批重点大学还成立了本科学院（即本科文理学院），如复旦学院（复旦大学）、匡亚明学院（南京大学）、竺可桢学院（浙江大学），从机构和制度上进一步保证了通识教育在本科教育中的基础和主导地位。

从发展的情况看来，通识教育不是给我们多少具体的知识，而是教会我们学习方法、思维方式，让我们学会怎么去自主学习、怎么进行独立思考。通识教育的任务，就是让我们通过学术的熏陶，养成科学和文明精神，从而具备理性的力量，从而使我们能够最终摆脱监护而获取独立、自由的精神走向社会。通识教育对于培养全面发展的人和创新型人才都有十分重要的作用。其目标是培养完整的人（又称全人），即具备远大眼光、通融识见、博雅精神和优美情感的人，而不仅仅是某一狭窄专业领域的专精型人才。事实证明，一个人能力的提高总是和对目标的执着追求相联系、和不懈的主观努力相联系。“人的全面发展”还有赖于人的精神道德观念的全面发展。作为高等教育重要部分的通识教育重视学生作为一个社会的“人”和国家“公民”生活的需要，力图提供一种知识结构和能力结构合理的高等教育，使我们具有一定广度的知识和技能，以促使我们在生理与心理、智力与情感、道德与意志、人格与学识等各方面得到自由、和谐和全面的发展。

2. 研究方法

2.1 实地考察

首先是对本校英语专业通识教育的考察与了解，查明本校的课程设置与课程安排，并对学生学习情况进行调查。通过考察了解到本校通识教育课程设置主要集中在公共必修课，课程量较小包括大学美育、思修等课程。

其次是对其他高校英语专业的通识教育进行考察访问，主要集中在北京部分高校以及沈阳部分高校，考察了中国传媒大学、北京交通大学、北京第二外国语学院、辽宁大学等，并进行横向比对，分析课程设置的异同，总结目前高校英语专业现状。

2.2 问卷调查

为能了解到通识教育的普及程度以及学生的接收程度，此问卷从英语专业学生的角度，进一步了解高校通识教育在英语专业大学生中的影响及作用，问卷以网络为媒介公开发布：第一部分问卷主要是通过学生了解更多高校英语专业通识教育的课程设置，第二部分主要调查学生对通识教育的了解以及对其校设置的通识教育的课程的态度，第三部旨在聆听学生的心声，了解他们对通识教育的建议以及理想的课程设置，以便进一步分析通识教育的发展之路，为高校英语专业的通识教育提供实践的可能。

2.3 资料查阅

进步需借鉴，欧美国家对通识教育的探索要比国内更早，教育系统相对更成熟，通识教育的设置也更人性化、更多元化，因此通过相关资料、书籍以及网络记录，可以更广阔地了解到欧美高校具体课程设置，并关注其语言类专业的通识教育课程，并与国内英语专业通识教育相比较，对其优质内容总结并进行借鉴、分析，为目前高校通识教育的发展提供更合理、更符合中国学生特点的教育体系。

3. 研究创新点

3.1 研究主体：英语专业

本次研究关注英语专业以及英语专业的学生。首先，英语专业学生作为外国语言习得者，对本国文化与异国文化均持有较为开放的态度和相对的了解，同时在接收异国语言文化的同时，也需要加强的本国文化的继承与坚守，能够通过个人学识传播优秀的中国文化与中华精神。英语专业的通识教育，更应该在普遍的品德教育基础上，加强对传统文化的学习。

3.2 研究方法：多元结合

本次研究将多种方法结合，不仅查阅丰富的资料，同时将资料进行汇总、对比分析，对欧美国家通识教育的课程设置、课程内容有了更为深入的了解，并将其与中国通识教育的课程设置对比，取其精华、弃其糟粕，对其优秀部分进行本土化的改造，在利用问卷、实地考察的基础上，提出更为合理的中国化课程，使得研究结果更切实际、更具实用价值。

4. 研究结果

4.1 通识教育的发展目的

通过我们的调查研究发现，进入21世纪以来，通识教育取得了飞速的发展，在各国教学领域的地位明显提高。通识教育从本质上说是一种对自由文化精神理解的教育，它所提倡的自由独立、追求卓越等精神正是大学文化创新的重要基点。通识教育承载着育人和文化功能，其首要本质就是对自由精神的追求和理想人格的培育。

而通识教育的培养模式，是一种高等教育的人才培养模式，显然，通识教育模式是与大学的教育目标同步，其目标就是利用大学来培养综合素质全面发展的人才。通过通识教育，把大学生培养成具有远大目标，同时又具备博雅精神和优美情感的大学生。这样，培养出来的人才不仅能够掌握深厚的专业知识，还能够适应国家社会的建设。同时，通识教育的培养模式，使大学生能够对一些相关的学科有个基本的认识，重要的是培养大学生独立思考、价值判断的能力，培养理性地处理问题，具备高远的人生奋斗目标的能力，还要培养具有健全人格品质、高品位的价值追求的能力，使大学生成为国家富强的主力军。

4.2 通识教育的总体影响

通识教育作为一种人才培养模式对于全面发展的人和创新型人才都有十分重要的作用。通识教育有利于多元文化整合，为大学文化创新奠定了理论和思维的基础；有利于促进大学文化均衡发展，弥补大学文化片面发展的不足；有利于国际文化交流，为大学文化交流创设了共同的语境；有利于形成人才的全面综合属性，为大学文化的又好又快发展提供能力支撑。

一个具备理想通识教育人格的学生，将不只拥有人文社会和自然科学的基本知识，更重要的是能够批判反思，了解自我存在的意义，尊重不同生命与文明存在的价值，对宇宙充满好奇，并知道如何进行探索。因此，在当代大学教育中提倡通识教育有其非常重要的时代背景及意义。

4.3 通识教育面临的问题

通识教育在实施过程中也不是一帆风顺的，在那些比较有特色的省属应用型本科院校中，办学资金和生源质量，都是他们办学发展的瓶颈，尤其是在这些院校，依然会存在传统专业教育模式的影响，因此，在实施通识教育模式的过程中，就可能会流于形式，使通识教育没能完成通识教育的目的。尤其是对于通识教育的教材建设，它是实施通识教育的基础，如果通识教育教材建设不完善，就一定阻碍通识教育顺利进行，因此，要实施通识教育，培养优秀大学生人才，就必须尽快完善通识教育课程的教材建设，认真地对于突出问题进行分析，解决通识教育过程中的基本问题。

对于英语专业的学生来说，也面临着很多挑战。学校往往要求学生在本专业方面追求卓越，但这一要求是极其片面的，完全忽略了将学生作为一个全面的人来培养，导致如今学生们的社会责任感大大降低，很少有学生愿意站在社会发展的角度上思考各种问题。因此通识教育课程的设立，不仅意味着学生除了学习本专业必备的英语知识，还要更多地去了解我们中华民族的悠久历史和伟大的精神文明，洞悉社会的发展历程，树立正确的价值观，并引导并鼓励学生积极地参与到社会生活中去。因此，在英语专业中推行通识教育已成为必然趋势。

5. 解决办法

首先，通识教育课程良好发展的基础是必须具备强大的教师班底，也就是说，教师的师资力量一定要达到要求，这样才能更好地育人育德，起到良好的带头作用。教师除了要有扎实的专业基本功之外，还应该掌握相应的教学方法，为学生提供开放、民主、自由的教育情境，师生合作完成教学。

其次，构建科学的课程体系是关键。通识教育的课程体系不是课程的随意组合，它应该体现出学科之间知识的融会贯通，形成意义明确、观点一致的核心知识体系。科学的通识教育课程体系包括三个方面：一是各门课程之间应有一定的联系，能互相补充、互为动力、互相促进；二是通识教育课程与专业教育课程之间的有机联系，有的课程设置常将专业教育和通识教育对立，认为在培养目标、课程内容和资源分配等方面均存在着强弱差距。事实上，通识教育必须尝试与专业教育的融合，通过推动专业教育来获得新的内涵，实现自身长远而稳定的发展。

此外，还可以借鉴一些成功院校的经验，并形成我们自己独特的课程分类。但是不能直接照搬其他院校的成功经验，这种盲目照搬的方法是极其不可取的，缺少了明确的教学目的，因此，我国高校在通识教育课程设置方面需要“因地制宜”，形成一套真正适合我们中国学生的课程体系，这样才能指导学生进行有针对性的学术训练，培养学生形成真正的学术修养。

参考文献

[1] 甘阳・目标与模式 [J]. 北京大学教育评论，2006（3）38-65

[2] 庞海芍，郇秀红 . 中国高校通识教育：回顾与展望 . 北京理工大学教育研究院，2016

[3] 李曼丽，杨莉，孙海涛 . 我国高校通识教育现状调查分析 . 清华大学教育研究所

后现代主义语境下微博修辞手法的陌生化分析

北方工业大学：武素羽　张晨露

指导教师：顾　斌　讲师

后现代主义环境下传媒话语方式发生了转变，尤其是微博中修辞的运用。文章通过分析一定微博的话语修辞方式，进而发现其与后现代主义的关系。本文主要从本次研究的背景、方法、语料来源等方面进行阐述，强调本次研究的必要性和前瞻性。

1. 研究背景

1.1　当今的发展状态

当前，我国关于微博的研究大致可划分为社会视角研究、传播学视角研究、商务视角研究、发展研究、应用研究等方面。从文献数量上，学术界从传播学视角研究论文最多；就研究内容而言，探讨了微博的传播形态、营销模式等内容。在微博语言的研究方面，虽然有较长时间的研究，但是主要集中于词汇研究，比如“萌”等新词新语，句法研究，例如“服了”这一句式的应用；音位的研究，主要是谐音的运用，例如 555 这种类型的谐音表达。

微博语言的研究总是慢于微博语言的发展，在许多方面还有研究不到位的地方。特别是后现代主义社会下，人们的思维更加活跃、更加自由，表达方式更加随意，微博语言的发展是突飞猛进的，几乎每时每刻都有新的特点和影响，这种影响不仅仅是对语言的影响，还有对社会生活的影响。

对于微博语言许多方面的研究仍然较为欠缺，跟不上时代的形式，所以我们的研究尽可能从最新的语言现象出发，掌握后现代语境下微博语言的最新发展态势，分析微博语言的修辞现象，并能够以此来分析人们的思维变化、文学语言的变化、对人们生活的影响，并能够进一步预测微博语言发展状况。微博研究作为一个全新的课题，有许多问题有待进一步深入探讨。

1.2　前人的研究成果

当下对微博语言修辞的研究主要集中于修辞手法的分类汇总和就某一种修辞格进行分析研究，前者例如中国传媒大学教授程爱侠教授的《微博语言中修辞手法的应用分析》，文中主要论述了在微博中各种修辞所占的比例和各种修辞的举例；后者如《浅析微博语言中的排比修辞格》，主要对排比这一种修辞进行研究。而对于微博修辞的基于后现代和语言学的研究相对较少，所以本文的研究将以后现代语境为背景，并从语言学方面进行分析。

1.3　待解决的问题

本次研究主要针对如下几个问题：第一，后现代语境对传媒的影响；第二，后现代语境下微博中传统修辞手法的新特点和出现的新修辞手法的特点；第三，后现代背景下人们的话语表达方式与人们思维模式的关系；第四，语言与生活的关系。

2. 主体部分

2.1　语料来源

为了符合本次项目的主题背景，也就是后现代主义的语境，本小组经过讨论以后将语料库选择范围缩小在了现如今受广大年轻人喜爱的社交平台，如微博、微信等。当然，这样的范围还是不够明确和规范化，我们便对这些小范围的社交平台进行了对比分析，并从以下几个角度来进行阐述。

2.1.1　平台普及度

首先，在后现代语境中，人们碎片化的交流方式已经成为主流，那么作为人们交流的媒介，自然要有相当的影响力和普及度才能够体现出数据的全面性和说服力。具体来看，微信作为一个以聊天交友为主的社交软件，因为其方便快捷易操作的优势而受到了广大年轻人的青睐，而老一辈的手机使用者也渐渐因为微信的简单方便易操作的特点而成为其中的一员。因此在普及度方面来说，微信是占据着巨大的优势的。微博，主要是针对具体用户发布其感兴趣的文字以及当下的热点消息，除此之外，人们也可以通过微博来进行社交，然而相较于微信而言，显得有些逊色。

总的来说，二者的普及程度都是比较高的，但微信的用户数量还是要高于微博的。

2.1.2 数据全面性

小组认为，数据全面性是本次项目数据选择的重中之重，而这一点在微信和微博上体现得也比较全面。我们都知道，微信主要是以社交为主的，并且数据的选择也主要是通过朋友圈的收集整理而得到的，那么这里就会存在着一个严重的问题，就是语料的过度口语化以及单一化。具体来说，微信朋友圈主要是用户借以表达某一时刻。某一场景下产生的情感，因此情绪化是在所难免的，并且基于不同用户的说话习惯以及表达情感的需要，主观性就十分突出了。而这一点恰巧也是本次搜集语料的过程中要极力避免的问题，因为只有相对客观和书面化的语料才最具有说服力。另外，不同微信用户的好友是有限的，并且范围也有局限性，其语料的多样性也就显得不足。

因此，从这一点来讲，微博基于让用户阅读和获取信息的出发点就显得客观而较为书面化，从而优于微信中的语料。

2.1.3 类别突出

这一点其实在上面也有所提及，微博根据不同用户的兴趣点有不同类别的博主和公众号，因此定位更加准确，对语料的把握也很得心应手。但微信在这方面就远不及微博的优势突出。

所以综上所述，本小组将微信和微博进行排位筛选后，决定从微博中进行语料的搜集整理。当然，微博的种类有很多，我们此次主要将范围定在了心灵鸡汤和段子类的微博公众号，因为这些类型关注者较多，并且用语也更加符合人们的日常习惯，多样化突出。

2.2 研究中心

上文中提到，本次项目主要是研究微博相关语料中的修辞手法，结合当前的社会现状，分析在新媒体的大背景下以及科技的影响中，人们日常用语的发展变化，并且也从当下青年人的心理变化的角度来分析语言的发展变化。

其中，后现代主义是一个新出现的现象，作为 20 世纪末西方最具影响力的一种文化思潮，随着经济全球化浪潮的席卷，它逐渐渗透到我国当前社会生活的方方面面，对人们的价值观念、思维方式、生产生活等都产生了一定程度的影响。从本质上来讲，它揭示了人类进入后工业化社会以来精神意识方面发生的深刻变化，以批判性、丰富性和复杂性等特点冲击着人类研究的各个领域。而它的优点，则在于它开放型的结构，自由的有时甚至是游戏的思想方式以及它对权威话语的破除和对传统的兴趣、利用和颠覆。不过这种现象并没有被学者所广泛认可，因此还具有一定的片面性。

而本次的研究成果中，微博中语料所呈现的修辞手法除了我们常见的比喻、拟人、排比等，还有一些比较少见的，如移觉、拈连、析字，尤其是析字，它在我们现在口语中的运用比较多，它是一种说写中利用汉字特有的条件，通过离合或增损字形的方法来巧妙地表情达意的修辞文本模式，而具体的例子我们在本次论文中也有所呈现。

2.3 研究方法

本系研究主要是针对一定类型的微博知名账号里的内容进行搜集整理，并且将不同类型的修辞手法进行了分类筛选。其中，有一些修辞是我们所熟知并且常用的，但也有一些语言现象比较新奇，因此针对有歧义和突出特点的我们经过讨论之后，一部分借鉴了修辞界前沿的分类，一部分仍作为保留，待之后继续分析研究。

2.4 创新与不足

2.4.1 创新点

本次项目的创新之处在于很好地结合了当前新媒体时代下炙手可热的微博，并借助这种交流平台将人们日常用语的发展与语言学紧密地结合在了一起，不仅让我们学会了生活中的语言学的奥秘以及魅力之处，同时也希望能够借这次活动吸引更多的语言学爱好者进行相关的探索，将人们印象中艰涩难懂的语言学变得形象而富有魅力。另外，经过本次研究，不仅将原本就已经被人们熟知的修辞现象进行了巩固加深，还运用当前修辞学方面的前沿说法进行了自我创新，也算是本次研究的一大亮点。

2.4.2 不足之处

当然，由于小组人数较少且能力有限，所以在语料的搜集方面还存在着局限性，再加上判断方面比较偏主观，因此出现的争议可能会比较多。

3. 总结

3.1 本次论文的必要性和前瞻性

3.1.1 必要性

作为后现代背景下网络语言的一部分，微博语言的主体风格是语言独特，充分张扬个性，每个微博的写作者都有自己的写作空间，个人可以凭借自己的爱好、兴趣，就所思所想所感所做之事发表自己的看法，抒发个人的情感，任思维驰骋。研究微博语言的修辞现象是非常有意义的。微博中的修辞运用与文学中的传统修辞相比有很大的不同，微博实现了大众文化与精英文化界限的消解，从而使话语表达更加自由多样，微博中的修辞既有传统修辞的烙印，又具有后现代社会的新特点，它在日常生活和文学创作间搭起了一座新的桥梁。所以微博语言的修辞作为一种日新月异的语言现象，对其进行研究无疑是具有创新性的。

3.1.2 前瞻性

后现代主义背景下微博语言修辞的研究有利于认识到当前微博语言修辞新特点，从而延伸到整个网络语言领域。不仅能够把握当前语言态势，而且能够预测未来一段时间的语言发展和表达方式的发展趋势。语言是思维的物质外壳，语言的新特点能反映思维的新特点。通过本次研究，也可以了解网络时代人们思维模式的变化，从而更好地预测未来人们的话语表达方式的变化。

3.2 遇到的难点和重点

3.2.1 难点

在研究过程中，我们遇到许多难点：第一，微博平台种类繁多；第二，用户来自不同的阶层、职业，所以语言风格相差较大；第三，语料繁多，后期难以整理。

3.2.2 重点

本次研究主要目的是掌握微博中具有普遍性和代表性的带有后现代特征的修辞特点，做到范围全面和范例典型、新颖。

3.2.3 解决措施

本次研究将语料的收集范围集中于新浪微博，因为新浪微博在国内比较有权威而且微博板块比较有影响力，具有一定的代表性。在用户的收集上，排除了经济类、政治类等比较客观严肃的板块，而更多集中于情感类，因为这类微博表达更加自由、更加活跃和开放，也更能反映人们的语言特点，例如全球热门搜罗，微博经典语录，美丽爱情心语等。

由于语料繁多，研究中主要运用演绎法和归纳法。首先对各种修辞都有大致的了解，然后在微博中搜集相对应的修辞，分类之后再运用归纳法选择每类修辞中比较有代表性的例子进行重点分析，保证研究全面而有针对性。

4. 收获感悟

微博语言深深刻着后现代文化的烙印。后现代主义作为一种无深度的、无中心的、无根据的、自我反思的、游戏的、模拟的、折中主义的、多元主义的艺术反映在语言中。在后现代主义下，大众文化与高雅文化的界限日益消退，微博作为大众传播的平台，是这一变化趋势的见证和缩影。通过本次研究，我们对修辞有了进一步的了解，特别是后现代主义下修辞的新特点，有利于把握语言修辞的发展动态，具有创新性。作为一种客观的社会现象和语言现象，研究微博语言能够帮助我们更好地认识网络虚拟世界以及其体现的网络文化，把握语言演化的动态，这也是语言学的重要任务之一。由于笔者水平限制，本次的研究不够深入，仅仅从文本上进行分析，没有联系到图片、视频等与文本之间的内在联系，如果有机会，我们会扩大语料范围，对此进行更加深入的分析研究。

基于模拟电路磁悬浮控制系统研究

北方工业大学：李浩进　张　雯　田泳怡　韩　俊　胡　倩

指导教师：邢志强　副教授

本文主要研究利用模拟电路实现磁悬浮控制系统，利用高频电磁场在金属表面产生的涡流来实现对含磁性物体的悬浮，实现方法采用“下推式”。论文重点研究了磁悬浮系统电路的设计方法。

1. 选题背景

法拉第电磁感应定律产生以来，世界各国的科学家们纷纷致力于电磁研究。1842 年，英国物理学家 Earnshow 就提出了磁悬浮的概念，到 1934 年，德国的赫尔曼·肯佩尔申请了磁悬浮列车专利，实现了磁悬浮技术的跨步发展，并且为后来成功制造成磁悬浮列车奠定了基础。近年来，国内外主要致力于磁悬浮轴承和磁悬浮列车的研究并且取得突破性的进展。我国在这方面的技术起步晚，但是也已经迎头赶上实现我国在此磁悬浮技术上的创新。1989 年 3 月，国防科技大学研制出中国第一台磁悬浮试验样车。1995 年，中国第一条磁悬浮列车试验线在西南交通大学建成，标志着我国已经掌握磁悬浮的相关技术。

2. 研究方法

依据现有的可行理论，初步确定以“下推式”的方法，设计月球、地球、太阳的三体环绕模型。通过查阅资料，设计原理图，运用模型模拟天体运行。

3. 磁悬浮原理介绍

磁悬浮系统包括磁铁、控制器、磁场传感器、线圈等部分，利用上下磁铁来平衡重力，当悬浮物的位置偏移时，磁场传感器测量在线圈组内的磁场变化，调节线圈中通过的电流调整悬浮物回归到稳定位置。

3.1　磁悬浮系统的组成及原理分析

磁悬浮旋转装置主要由永磁体、铁芯、线圈、磁场传感器、功率放大器和控制器等组成。其结构如图 1 所示。

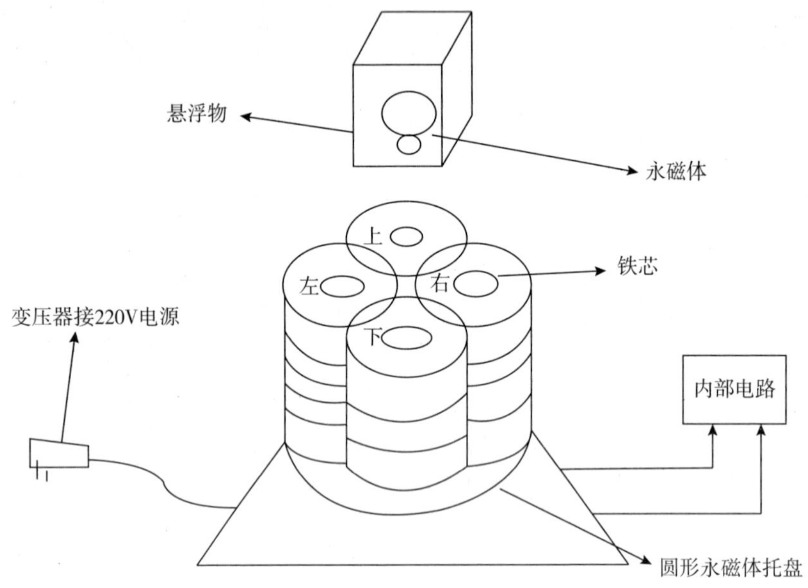

图 1　磁悬浮旋转装置

此磁悬浮装置是一个可旋转的稳定存在于空间中的悬浮装置，它由一个大型永磁体圆盘提供主要磁场，托起悬浮物。众所周知，单纯地依靠永磁体的斥力不可能使磁悬浮物稳定存在于空间中。因此悬浮物下面的四个线圈除了起到托起悬浮物的作用外，更主要的是通过霍尔传感器以及控制电路，对悬浮物调节，起到使其平衡的作用。

本装置只需 12V 外接电源便能使悬浮物稳定工作（具体视悬浮物重量再作调整），有效地解决了现有磁悬浮消耗功率大的特点，同时减少发热，更能推广到一般的商业使用方面（比如可旋转悬浮广告牌等）。

当旋转装置处于平衡位置时，电磁斥力与永磁体斥力和悬浮物的重力相平衡。

当悬浮物受到一个外界的干扰而向下或其他方向运动时，传感器检测到磁场的变化，控制电路将这一信号变换成控制信号，功率放大器又将控制信号转换成控制电流，从而相应的改变磁场的强度，悬浮物因此能返回到原来的平衡位置。

该系统采用的传感器是霍尔传感器 3503，用它可以检测磁场及其变化，可在各种与磁场有关的场合中使用。霍尔器件以霍尔效应为其工作基础。霍尔传感器具有很多优点，如结构牢固、体积小、寿命长、安装方便、功耗小、频率高、耐振动、不怕灰尘、油污、水汽及盐雾等的污染或腐蚀等。

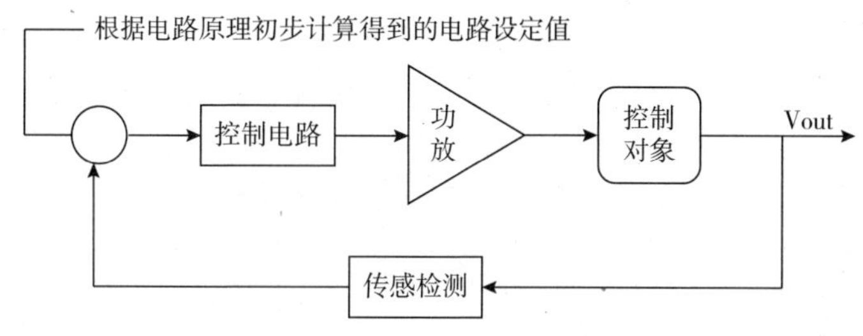

图 2　系统工作流程图

3.2　磁悬浮装置的数学模型

动力学方程：

$$M\frac{d^2X(t)}{d^2t}=Mg-F_{磁}(t)+f_{扰} \tag{1}$$

基尔霍夫电压定律：

$$L(x)\frac{d}{dt}i(t)+R\cdot i(t)+i(t)\frac{dL(X)}{dt}=U \tag{2}$$

式中：$F_{磁}(t)$——电磁吸力 f（X（t），i（t））

$f_{扰}$——系统所受的干扰力

M——地球仪的质量

$i(t)$——悬浮控制电流

X（t）——地球仪的悬浮间隙

R——电磁铁控制绕组的电阻

U——悬浮控制电压

$L(x)$——电磁铁电感

g——球体的重力加速度

从悬浮系统的数学模型可以看出，磁悬浮系统是一个多变量的不稳定非线性系统。其中，系统的电磁力 $F_{磁}(t)$ 与悬浮间隙 X（t）的关系如下图所示。

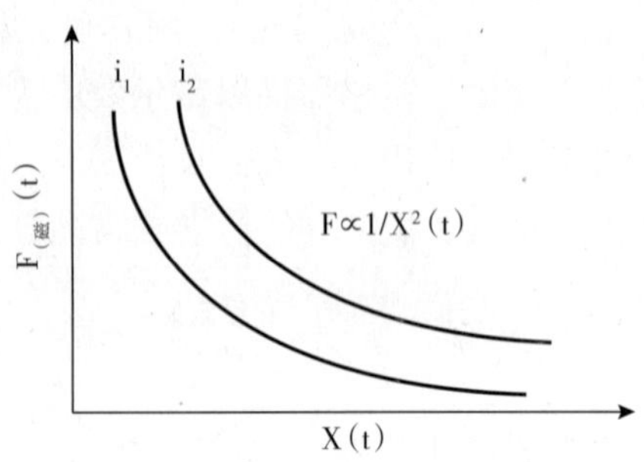

图 3　电磁力与悬浮间歇的关系

在悬浮平衡位置附近（$X_0 \pm \Delta X$，$i_0 \pm \Delta i$，$U_0 \pm \Delta U$），对系统电磁力 $F_{磁}(t)$ 和电磁铁的电感 $L(x)$ 进行泰勒展开有：

$$F_{磁}(t)=F_{磁}(X_0, i_0)+\frac{\partial F_{磁}}{\partial X}|_{X_0}\Delta X+\frac{\partial F_{磁}}{\partial i}|_{i_0}\Delta X \quad (3)$$

$$L(X)=L_0+\frac{dL}{dX}|_{X_0}\Delta X \quad (4)$$

在悬浮平衡位置有：$M_g=f(X_0, i_0)$，$U_0=R\cdot i_0$。根据上述推导，可将悬浮系统模型在稳定悬浮平衡位置（X_0，i_0，U_0）附近的小范围内线性化为：

$$M\frac{d^2\Delta X}{d^2t}=-F_{X_0}\Delta X-F_{i_0}\Delta i+f_{扰} \quad (5)$$

$$\Delta U=R\cdot\Delta i+L_0\frac{d\Delta i}{dt}+L_0\frac{L_{X_0}d\Delta X}{dt} \quad (6)$$

式中 F_{x0}——电磁力在平衡点位置对位移的偏导数 $\frac{\partial F_{磁}}{\partial X}|_{X_0}$

F_{i0}——电磁力在平衡点位置对电流的偏导数 $\frac{\partial F_{磁}}{\partial X}|_{i_0}$

L_{x0}——L 在平衡位置对位移的偏导数

注：由于本装置悬浮高度较低，并且实验环境较简单（室内），故 $f_{扰}$ 对系统的稳定性影响很小。

4. 模拟电路

4.1 总体设计

系统总体电路图如图 4 所示，左右四个部分分别对应一组电磁铁结构。

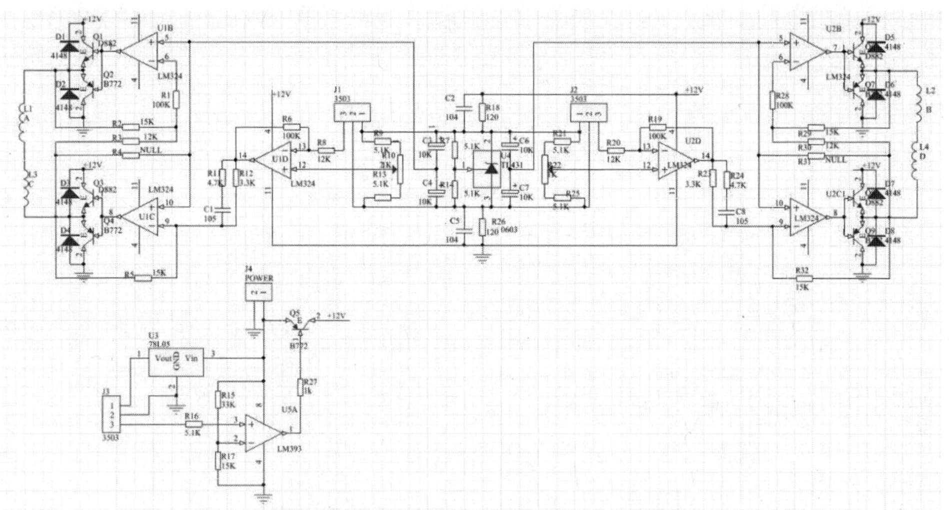

图 4 磁悬浮天体运行模型整体电路图

4.2 电源部分

用 12V 直流供电，对于磁场传感器利用 LM317 将 12V 降到 5V 给其供电。电路图如图 5 所示。

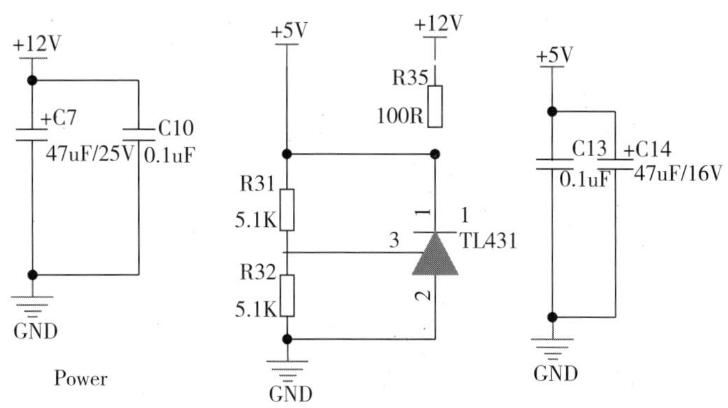

图 5 电源部分电路

4.3 测量部分

将 UGN3503 霍尔传感器分别置于线圈组内水平方向和垂直方向，用于测量线圈周围磁场的变化，并转化成电压输出到控制端。

V=kB（k 为常数，B 为磁感应强度，V 为传感器输出端电压，输出端电压与磁感应强度为正比关系），当悬浮物离传感器的距离增大时，传感器输出端电压减小，反之增大。

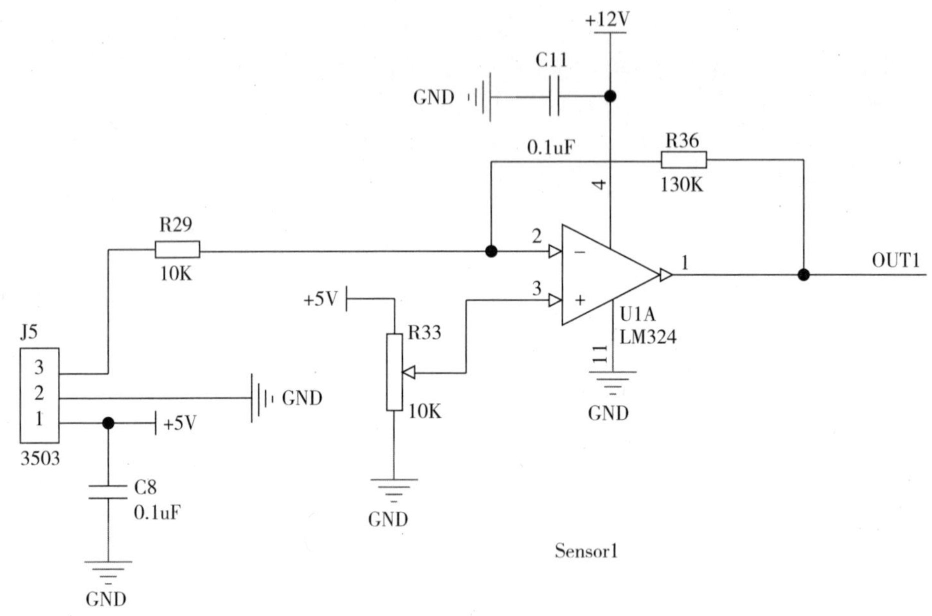

图 6 偏移测量电路

4.4 控制部分

在磁场传感器测量出线圈组内磁场发生变化时，控制部分产生补偿电流流经线圈调节悬浮物恢复到稳定状态。控制电路如图 7 所示。

通过一系列的设计发现，要想实现最初预想的目标有难度，各部分之间需要协调配合，不然很容易出现混乱，所以从开始的三体环绕降至地球、太阳的双体环绕模型，但就算如此，太阳的支撑固定以及地球的环绕过程还有很多问题需要解决。

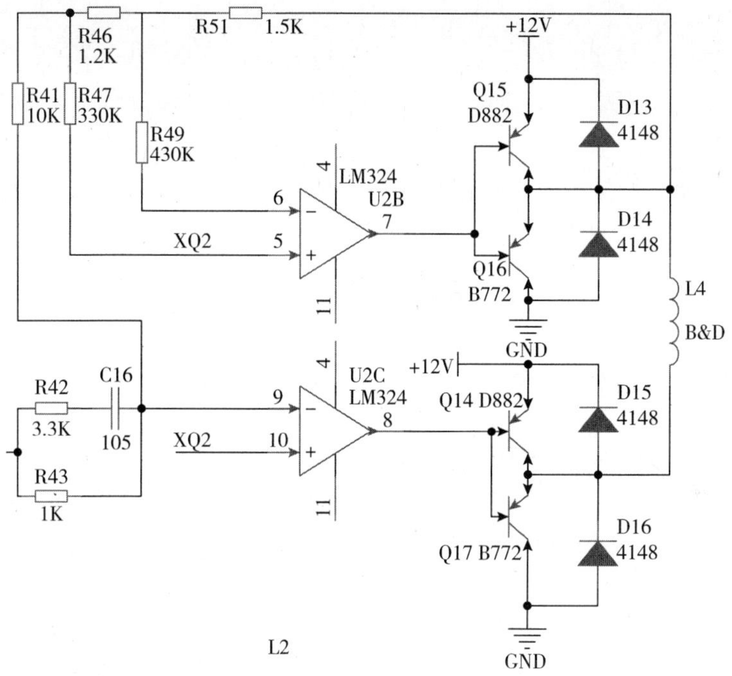

图 7　控制电路

5. 研究结果

磁悬浮控制的内部结构如图 8 所示。

图 8　磁悬浮控制内部结构图

6. 创新点

（1）将理论与实践相结合，将当今流行的磁悬浮技术与实际天体运行相结合，模拟月球、地球、太阳的运动，不仅实现磁悬浮地球仪，同时实现磁悬浮太阳；

（2）多次悬浮未成功时会导致系统温度升高，加入温控开关，当温度高于一定值时切断电源，有效地保障电路安全。

7. 磁悬浮技术的应用

近年来，磁悬浮技术的最大成就就是磁悬浮列车技术不断突破，由于其脱离地面，不存在与轨道之间的摩擦力，使得速度可以大幅提升。我国的磁悬浮列车测试速度已经可以达到 500Km/h 以上，易于实现自动化控制，保护环境，节省运营成本。

磁悬浮技术不仅可以应用于磁悬浮列车，而且在磁悬浮轴承、磁悬浮飞轮储能、航天器与电磁炮的磁悬浮发射、磁悬浮精密平台、磁悬浮冶炼等方面也有广泛应用。磁悬浮技术有着广阔的商业前景，适合商业应用。例如，磁悬浮可以用于广告牌悬浮、地球仪悬浮，科技展览、沙盘展示（空中楼阁）、悬空高档礼品等。

8. 结语

系统是电磁和永磁混合的磁悬浮系统，它综合了纯主动和纯被动磁浮系统的优点，克服了纯被动磁浮系统可控度有限的和纯主动磁悬浮系统功耗过大的缺点。磁悬浮技术由于无接触、无摩擦磨损、无须润滑和密封等优点，在许多工程领域获得了广泛的应用。随着超导技术的不断发展，相信在不久的将来磁悬浮技术将会有更广泛的应用。

磁悬浮的调试相对来说比较复杂，在一定程度上可以对其进行改进，结合嵌入式系统在图像显示界面可以实时显示各个线圈内的电流和线圈组内的磁场变化，使得调测过程能够实时检测。

参考文献

[1] 王超，梁鑫辉 . 一项有趣的磁悬浮试验 [J]. 无线电，2009（7）：97–98

[2] 陈东 . 薄片型永磁无轴承电机的设计与控制 [D]. 浙江大学硕士论文，2008

[3] 李春生，杜玉梅，夏平畴等 . 磁浮列车工程中的 Halbach 永久磁体结构的优化 [J]. 工程设计学报， 2007，14（4）

[4] 田丰，汪希平，钱婧 . 倾斜悬浮地球仪电磁铁结构设计与分析 [J]. 机械设计与制造，2011（08）

[5] 徐林 . 基于模糊 PID 的磁悬浮控制系统研究 [D]. 哈尔滨理工大学硕士学位论文，2009

[6] 穆颖，谢微博 . 磁悬浮的应用 [J]. 自动化与仪器仪表，2015（08）

[7] 卢志远，李德胜，王玮，刘喆，郭巧红 . 基于伪微分算法的混合磁悬浮地球仪 [J]. 北京工业大学学报，2007（10）

高铁运行实时记录系统设计

北方工业大学：闫强强　赵志波　马亮亮

指导教师：宁可庆　高级实验师

作为轨道交通系统，安全和高效是追求的两大目标。列车定位的安全性和精确性是保证列车安全和高效运行的前提。本文介绍了基于GPS和GPRS，单片机和嵌入式触摸一体机组成的高铁运行实时记录系统。此系统能够实现A-GPS快速辅助定位技术具备接收车载TAX箱行车数据编码的功能，触摸式一体机可以显示列车运行速度里程曲线和各种设备的工作状态，支持操作人员进行各种应用操作。

1. 选题背景

当前我国铁路运输处于高速发展时期，在支撑铁路系统运行发展的众多支撑技术中，位置服务已显示出其重要性，特别是事关安全的列车运行控制、调度指挥、安全预警等位置应用系统，对准确、实时掌握列车位置与运行状态提出了切实需求。由于列车只运行在固定轨道上，限定了列车运行的空间范畴，实际使用的列车位置是以线路固定位置为起点，沿线路方向延伸的一维距离度量。安全是铁路系统一切活动的首要前提，列车位置与其相关铁路系统安全应用具有紧密联系。以列车运行控制为例，计算所得列车前端、后端位置需增加一定的安全裕量，从而形成一维安全包络，降低定位的不确定性对位置信息应用安全的影响。列车定位特性赋予卫星导航新的应用特征，不同的列车位置应用对列车定位的需求，特别是在定位性能方面，以安全为出发前提可拓展至多个方面，包括精确性、完好性、连续性、可用性及覆盖度等。与铁路可靠性、可用性、可维护性和安全性

（reliability，availability，maintainability and safety，RAMS）需求之间的关联赋予列车定位应用特殊性。

国外对 GPS 的应用非常普遍，GPS 被广泛应用于车辆追踪、人员定位、驾驶导航、资产管理和工程勘测等民用方面，使用 GPS 对车辆定位导航最为成熟，经过多年的发展，已经在运输、物流等领域发挥了重要作用。像沃尔玛以及美国联合包裹服务公司（UPS）都依靠 GPS 对其物流运输中的车辆进行定位，调度中心可以知道车辆的位置以及距离目的地的距离和时间，通过对整个运输环节的透明监控，管理者可以对整个物流配送计划及人员劳动进行合理安排，从而能够提高整个物流系统的效率，降低经营成本。对于科学测量方面，使用双频信号以及差分定位技术，GPS 的定位精度能够提高到亚米级别，从而能够广泛应用在土地测量、工程勘测，甚至在高铁轨道精调过程中 GPS 全站仪也是必不可少的设备。

伴随 GPS 的发展应用，美国较早开展了卫星导航在铁路定位领域的研究，最早可追溯至 20 世纪 80 年代的 ARES（advanced railroad electronics system），提出采用 GPS 替代轨道应答机的定位方式。随着北斗二代系统快速发展，我国已具备自主化卫星导航系统的掌控能力，并带动卫星导航产业在多个应用领域的发展。纵观当前世界各主要卫星导航技术持有国在铁路列车卫星定位方面的应用现状，卫星导航系统资源及技术发展与铁路系统智能化、现代化的发展需求共同促进了两者的结合，未来卫星导航逐步拓展到铁路列车定位应用是不可避免的趋势。利用卫星导航系统实现列车定位功能、性能及应用拓展所需的核心理论、技术策略是决定其发展的关键因素。

2. 列车定位技术比较

目前使用的列车定位方法有基于轨道电路的列车定位、基于点式应答器的列车定位、基于里程计（ODO）的列车定位、基于雷达测速的列车定位、基于轨道电子地图（MM）的列车定位、基于轨道感应环线的列车定位、基于缝隙波导管的列车定位、基于卫星的列车定位、基于惯性导航系统（INS）的列车定位、基于无线通信系统的列车定位等。其定位性能比较见表 1。

表 1　　常用列车定位技术比较

定位技术	是否连续定位	定位精度	投资成本	维护成本	机动性能	主要优点	主要缺点
轨道电路	否	差	高	高	差	简单，成熟，安全可靠	传输信息量小，不能连续定位，机动性差，维护量大
点式应答器	否	高	高	高	差	传输信息量大，提供绝对位置信息，辅助定位性能好	只能给出点式信息，布设数量大，投资与维护成本高
计轴定位	否	差	高	高	差	简单可靠、环境适应能力强，辅助定位性能好	定位精度差，投资与维护成本高
里程计	是	较高	较高	低	好	简单，高速时测量精度更高，受环境影响小	依赖车轮转动，发生打滑、空转时，误差易累积
多普勒雷达	是	较高	低	低	好	独立，不受车轮影响，适应广泛，技术成熟	安装技术要求高，误差易累积，车体振动、地面凹凸、安装角度都会影响精度
缝隙波导管	是	高	高	高	差	测量精度很高，抗干扰性能好，信息传输量大	投资与维护成本高，波导管与电缆连接处容易发生故障，技术尚不成熟
惯性导航仪	是	高	高	低	好	可获取列车多维度运行信息民，比较稳定	累积误差大，需要其他方法辅助校正
轨道感应环线	否	差	高	高	差	简单，抗干扰性能好，定位分辨率可达6.25m	定位精度受交叉区长度影响，调整环境下适应性差
轨道电子地图	是	较高	高	低	好	数字化程度高，不爱干扰，稳定，发展前景好	投资成本高，精度依赖于对线路的细化程度，需要与其他方法结合
卫星定位	是	高	低	低	好	性能稳定，不受干扰，投资成本低	受遮挡地区无法定位，受外国控制，需要其他方法辅助
无线定位	是	低	高	高	好	既可作为通信手段，又可测定列车位置	需要大量轨旁，存在信号盲区，可靠性需要提高

从表 1 可以看出，高铁作为现代化的智能系统，有着极其苛刻的控制要求，列车速度越快，控制系统反应速度、控制精确度、稳定性、安全可靠性等要求就越高。因此准确定位是高铁控制系统必须攻克的关键技术。只有将多种技术相结合，设计稳定的控制方法和高效、可靠的智能算法，才能保证定位系统安全，可靠地工作。

本文所提到的系统主要由 GPS 解析模块、GPRS 无线通信模块、单片机、内置锂离子电池和 GPS/GPRS 天线等部分组成。系统在列车运行中对列车位置和运行状况进行记录，内部的 GPS 采用了热启动、A-GPS 等快速定位技术，能够在短时间内迅速定位，然后将定位的经纬度、时间及电量信息通过 GPRS 无线通信模块回传至监控中心，数据传送完成后，追踪器进入休眠直至下一个周期的开始。管理者可以在监控中心远端通过 GPRS 无线通信模块来对追踪器的 GPS 的唤醒和休眠机制进行控制。

3. 研究方法

本文所研究的系统采用 GPS、GPRS、单片机和嵌入式触摸一体机组成高铁运行实时记录系统。利用卫星授时，将 GPS、单片机和 ARM 平台时钟校调一致，保证不同数据采集源的时钟一致性。系统采用 A-GPS 快速辅助定位技术，支持通过网络进行星历下载，提升系统定位速度。系统具备接收车载 TAX 箱行车数据编码的功能。整个测试设备获取行车基础数据有两个途径，一种是依靠 GPS 对列车进行定位，通过距离累加计算出列车所在里程。另外一种是依靠解析 TAX 箱数据得知列车所在里程。触摸式一体机可以显示列车运行速度里程曲线和各种设备的工作状态，支持操作人员进行各种应用操作。

系统主要由 GPS 模块、GPRS 无线通信模块、单片机、内置锂离子电池和 GPS/GPRS 天线等部分组成，系统结构如图 1 所示。

3.1 CPU

STM32 系列处理器是意法半导体公司生产的一种基于 ARMv7 架构的 32 位、支持实时仿真和跟踪的微处理器。系统 CPU 都采用 STM32F103C8T6 单片机，它是一款基于 CORTEX-3 内核、高性能、低沉本、低功耗的微控制器，它的时钟频率达到 72MHz，能实现高端运算。内嵌 128Kb Flash 程序存储器，具有丰富的外设，UART、SPI 等串口，且易上手。所以本系统选择它作为核心控制器。

嵌入式处理器不能独立工作，必须给它提供电源、时钟以及复位电路，这些构成 STM32 的最小系统，如图 2 所示。

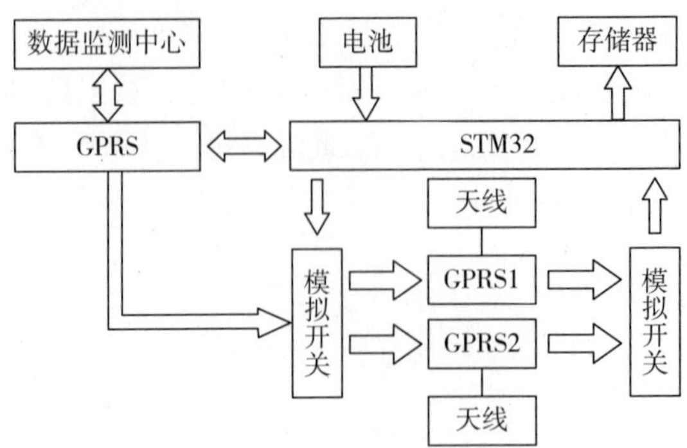

图 1　系统框图

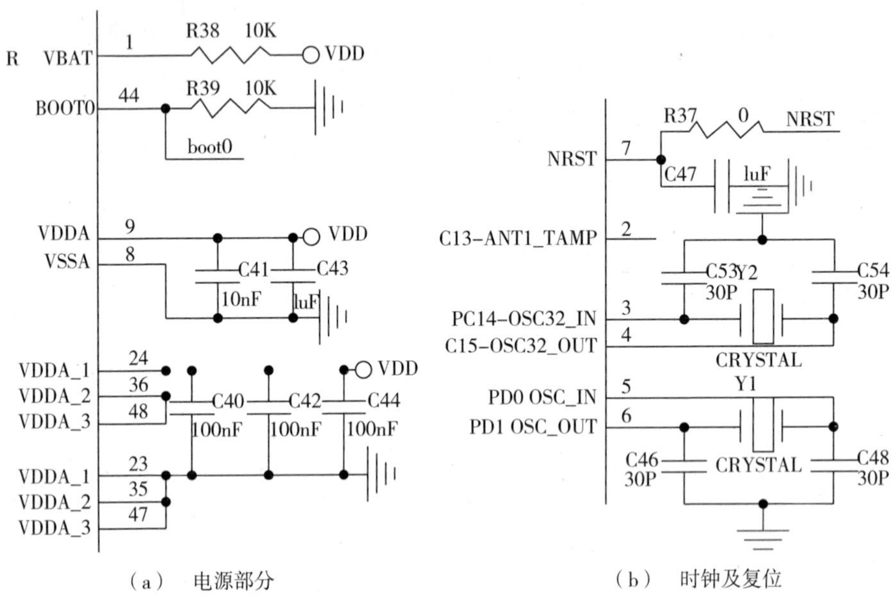

（a）　电源部分　　　　（b）　时钟及复位

图 2　CPU 部分电路

3.2　GPS 模块

本系统采用的 GPS 模块为 ATK-NE0-6M，ATK-NEO-6M-V12 是一款高性能 GPS 定位模块。该模块采用 U-BLOX NEO-6M 模组，模块自带高性能无源陶瓷天线（无须再购买昂贵的有源天线了），并自带可充电后备电池（以支持温启动或热启动，后备电池在主电源断电后，可以维持半小时左右的 GPS 接收数据保存）。模块通过串口与外部系统连接，串口波特率支持 4800、9600、38400（默认）、57600 等不同速率，兼容 5V/3.3V 单片机系统，可以非常方便地进行连接。ATK-

NEO-6M GPS 模块同外部设备的通信接口采用 UART（串口）方式，输出的 GPS 定位数据采用 NMEA-0183 协议（默认），控制协议为 UBX 协议。电路设计如图 3 所示。

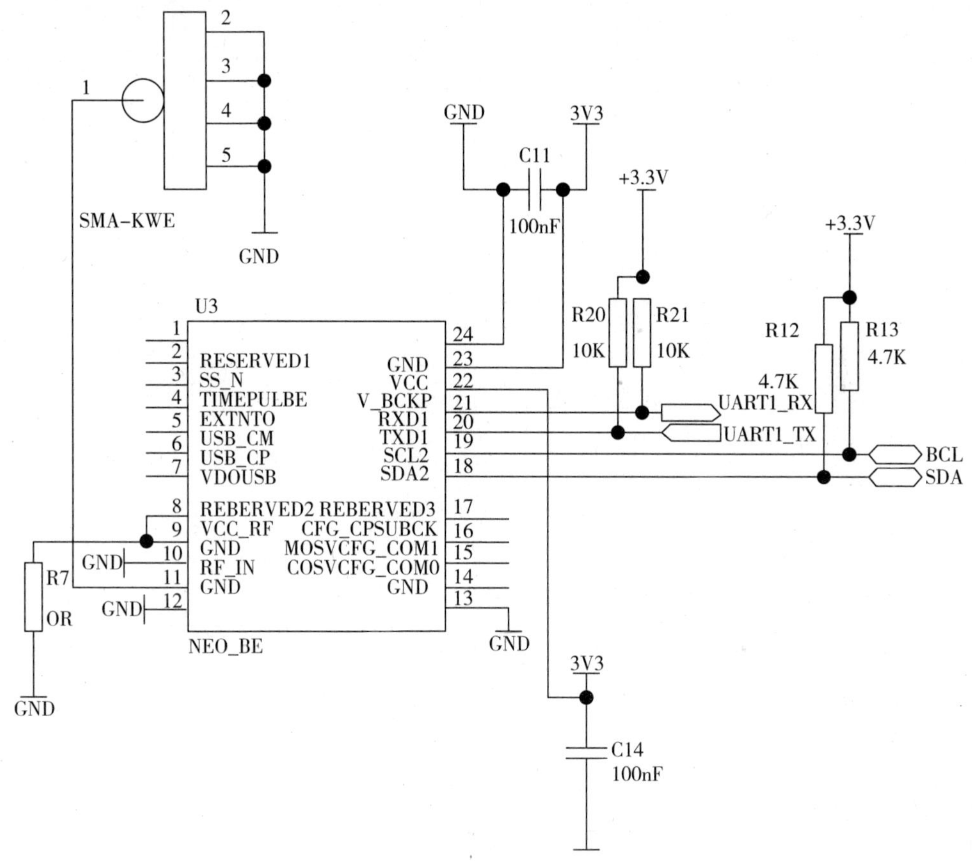

图 3　GPS 模块电路设计

3.3　GPRS 模块设计

本系统 GPRS 模块采用 LEON-G100，LEON-G100 是瑞士 u-blox 公司推出的一款 GSM/GPRS 无线通信模块。该模块为表面贴装产品，已达到汽车质量等级，应用于汽车前装远程信息服务（Telematics），如紧急呼叫（如 eCall）、车辆被盗寻回以及驾驶员无线援助服务等。此外，该产品也是汽车后装应用的理想选择，其中包括道路收费、车辆无线缴费、计次式保险以及车辆自动定位 / 车队管理等系统。该模块满足了汽车工业特定的质量要求，如工作温度范围更宽、生产件批准程序（PPAP）达到三级标准以及生产企业通过 ISO/TS 16949 认证等。GPRS 电路设计如图 4 所示。

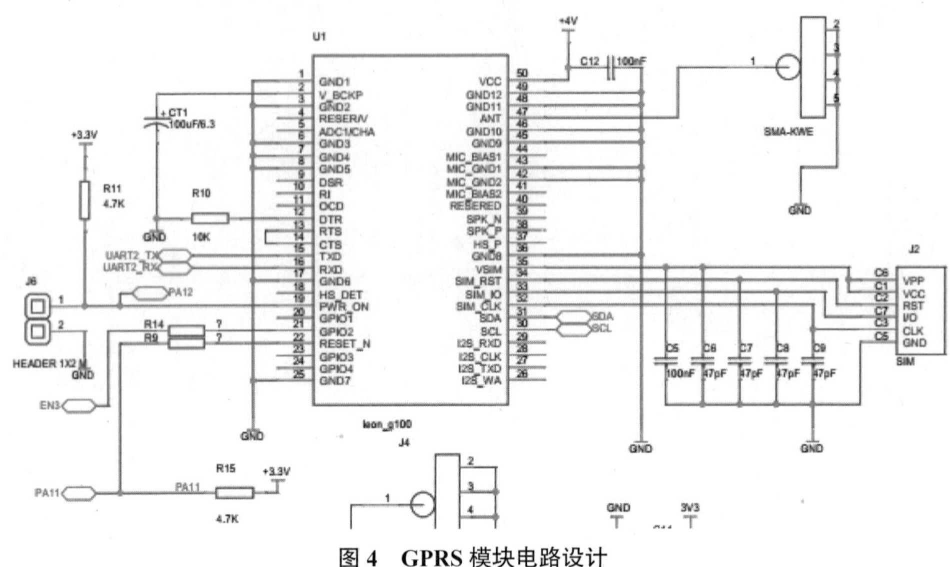

图 4　GPRS 模块电路设计

3.4　A-GPS

A-GPS（Assisted GPS：辅助全球卫星定位系统）是结合 GSM/GPRS 与传统卫星定位，利用基地台代送辅助卫星信息，以缩减 GPS 芯片获取卫星信号的延迟时间，受遮盖的室内也能借基地台信号弥补，减轻 GPS 芯片对卫星的依赖度。日本和美国都已经成熟运用 A-GPS 于 LBS 服务（Location Based Service，适地性服务）。A-GPS 解决方案的优势主要在其定位精度上，在室外等空旷地区，其精度在正常的 GPS 工作环境下，可达 10 米左右，堪称目前定位精度最高的一种定位技术。该技术的另一优点为：首次捕获 GPS 信号的时间一般仅需几秒，不像 GPS 的首次捕获时间可能要 2 ~ 3 分钟。

3.5　远程监控管理平台

远程监控管理平台用于帮助用户对野外系统进行远程调控，由数据接收 / 指令发射终端、远程监控管理软件和数据三部分组成。数据接收 / 指令发射终端通过 GPRS 或 Internet 网络技术接收从野外发送来的数据和向野外站点发射指令；远程监控管理软件负责对对野外监测系统进行远程控制和数据管理；数据中心用于海量数据的存储和保存，如图 5 所示。

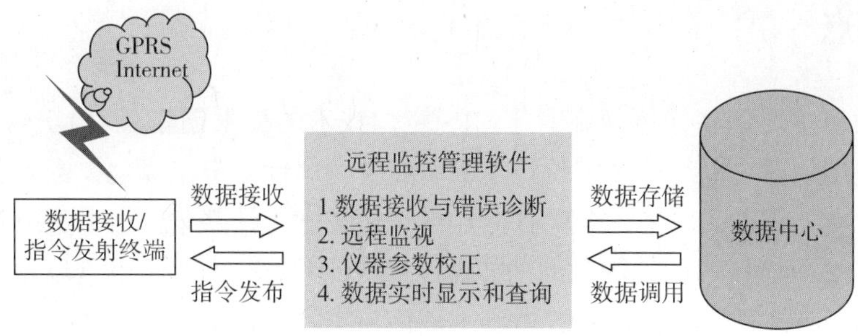

图 5 远程监控管理平台结构示意图

3.6 TAX 箱数据

该设备是无线车次号校核系统中的车站设备，该设备在 457.550MHz 频率上接收机车台发送的信息数据并解调出相应的信息数据，经调监分机传输给调监总机。

主要功能：①具有电源自动切换功能。当交流电源停电时能够将电源自动转换到预先接通的电池组上，电源单元有 DC5A 的容量，另外可提供约 1.5A 容量的电池组充电源；②采用单片机控制，电路简洁明了。FFSK 码与单片机结合，有极为方便的数据通道；③主机前面板设有显示窗口，可显示公里标上、下界以及车次号数据。主机后面板的接口设置可与其他设备连接，极为方便，测试接口与解码器测试仪连接可设置公里标上界和下界，方便快捷。DMIS 机车数据采集编码器：机车运行监控器中的机车运行数据信息，不断地在 TAX2 型机车安全信息综合检测装置（简称 TAX 箱）的总线上广播，插在箱内的 DMIS 数据采集编码器捕获到进站、出站位置信息后，即将车次号、机车号、机车速度、机车位置、车重、计长等信息数据进行纠检错编码，控制机车台转频发射，单向传给地面解码器。在进站、出站两个信号机处，机车台向车站单向连续传送 2 次。第一次是在收到车次号信息立即传送，第二次延迟 3 ~ 5 秒后（在 3 秒和 5 秒之间随机选取）传送。机车台转频发射频率为 457.550MHz。

4. 研究结果

采用 GPS、GPRS、单片机和嵌入式技术制作出触摸一体机，从而组成高铁运行实时记录系统。触摸式一体机可以显示列车运行速度里程曲线和各种设备的工作状态，支持操作人员进行各种应用操作。

5. 创新点

本项目主要创新性体现在对于 GPS 定位技术的技术创新及对 GPS 定位技术应用的应用创新。以往很多定位技术的研究要么仅针对定位优化技术，要么只是现有技术在工程中的应用，本项目将 GPS 定位技术与铁路运行记录实际相结合，不但对 GPS 导航技术的外围辅助功能做深层次的开发，而且将改进增强后的 GPS 技术应用于高速铁路运行记录，做到了理论与实际的紧密结合。其中嵌入式系统低功耗控制技术是本项目的主体部分，它采用意法半导体的低功耗嵌入式处理器，在嵌入式处理器中通过可编程语言进行了逻辑控制，当设定的休眠周期结束后，嵌入式处理器在外部晶振的激活下开始工作，并且芯片通过 IO 管脚电平控制开关电源转换模块对 GPRS 及 GPS 定位芯片进行供电，当搜星定位并且数据回传工作完成后，按照预先的逻辑设定再次进入深度休眠，由于采用了良好的休眠唤醒逻辑控制策略，系统总体功耗被降至最低。

此项目的创新性还体现在不完全依靠于 GPS 定位解析、GPRS 无线数据通信，还可通过解析 TAX 箱数据得知列车所在里程，从而实现高铁运行实时定位。

参考文献

[1] 刘江，蔡伯根，王剑 . 基于卫星导航系统的列车定位技术现状与发展 [J] 中南大学学报（自然科学版），2014，45（17）：4033-4039

[2] 朱爱红，李博，杨亮 . 高速列车定位技术与组合定位系统研究 [J] 中国铁路，2013（5）；59-63

[3] 王胜力，孙丰金 . 基于 GPS、GPRS 的车辆监控系统在烟草行业的应用 [J]. 物流技术，2007（11）：183-184

[4] 闫正龙，陈正江，黄强，等 . 基于 GIS/GPS/GPRS 技术的车辆监控系统设计与实现 [J]. 西北大学学报，2008，38（1）：127-130

[5] E Ottaviani，A Pavan，M Bottazzi，E Brunclli，F Caselli，M.Guerrero.A common Image Processing Framework For 2D Barcode Reading[M]. 1999

[6] T Aaron Gulliver，Brian Mortimer，Irwin S Pressman，Joseph Ulvr.Reed-Solomon Bar codes for Mail Processing[M]. Canadian Crown Copyright，1997

[7] E R Berlekamp. Algebraic Coding Theory [M]. New York：McGrawHill，1968

[8] W W Peterson，E J Weldon. Error-Correcting Codes，2nd ed [M]. Cambridge，MA：MIT Press，1972

环境多参数实时监测系统设计

北方工业大学：成　凯　梁竞贤　郝绍龙

指导教师：鲍嘉明　讲师

目前对于气候系统的认识主要来自于各种全球气候模拟结果。即使是最先进的模拟模式也无法对实际天气气候的变化过程进行真实描述。我们科研小组所研究的环境多参数实时监测系统实现了对各个地区 CO_2 浓度、温度、湿度的及时正确的监测，对研究预测气候变化趋势具有重要意义。

1. 选题背景

天然气候环境试验场选址往往依据于某种典型天然气候环境。完整、准确的环境参数数据是天然气候环境试验的重要依据，试验样品的投放设计、试验过程、失效分析、结果评估全过程都离不开环境参数数据支持。环境参数监测是本监测系统的重要工作内容。环境参数监测技术手段与传感器技术、电子技术、仪器技术、计算机技术紧密相关。环境参数监测方法大致分为手工模式、半自动模式、自动模式。不论手工模式，还是半自动模式，其共同点：测量数据靠目视、手抄；数据处理靠手敲入计算机。此类传统监测方法的弊病是：费工耗时，效率低，误视误抄时有发生，难于与数据信息化技术接轨。由于环境参数检测技术滞后，环境参数数据准确性、完整性受到质疑，存在测量数据误差、残缺和统计分析不到位等问题。在天然气候环境试验中，从样品投放设计、投入试验到样品失效分析、结果评估等各个环节，可供数据支持力度不够。传统的环境参数监测技术手段拖了环境试验的后腿，已经不能满足现代环境试验的要求。采用先进的全自动监测技术代替传统的技术手段势在必行。

我们科研小组所研究的环境多参数实时监测系统，是一个多参数的、全自动的、系统集成平台。它把虚拟仪器技术、微处理机技术、数字传感器技术、计算机技术融为一体，进行系统集成。在此平台上，能够实时监测多个环境参数：CO_2浓度、温度、湿度；同时以仪器仪表图形形式显示出来；存储年、月、日、时历史记录数据；历史记录数据可以电子表格形式和图形曲线方式显示和查询；数据进行平均值、最大值、最小值处理；数据以电子表格 Excel 格式导出，方便导入数据库。由于典型天然气候的选址要求，天然气候环境试验站往往建立在海岛、边远地区，节省人力资源问题凸显，建设环境参数自动监测系统更加迫切和重要。

2. 方案论证

环境多参数全自动实时监测系统所完成的功能为：数据采集—数据分析—数据表达—数据储存。按传统技术方法，一般依靠传统仪器来实现，系统组成表示为下图。

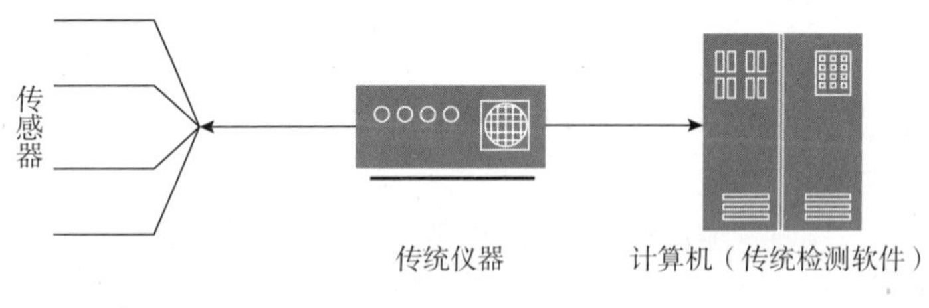

图 1

传统技术方案的弊病在于：传统仪器功能固定、独立，十几种环境参数传感器对应需要十几台仪器，成本昂贵，系统臃肿，又难以系统集成；整个系统环境参数多，传统仪器多，硬件多带来可靠性降低；监测系统在计算机上的应用软件编程复杂，开发时间长。

与传统技术方案不同，本文采用先进的 ARM 系统控制平台来替代传统仪器，实现对接收到的各节点数据的实时存储。运用 LABVIEW 开发虚拟仪器系统应用软件，不仅具有传统仪器的功能，而且增加许多传统仪器难以实现的功能。其系统组成可表示为图 2。

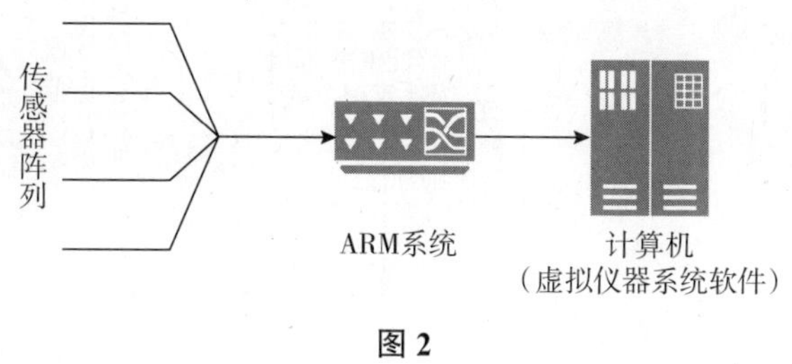

图 2

3. 硬件设计

智能控制系统是环境实时监控系统最核心的部分，它控制着其他子系统的工作状态。本系统的气路循环系统又包括动力系统和气样自动采集系统两部分；其中，动力系统是通过空气压缩机产生高压空气进而控制气室的开闭状况。气体分析系统整合了两种不同的气体分析仪而成，用于对 CO_2、CH_4、N_2O 三种土壤温室气体的通量进行测量分析。小气候同步监测系统能同步测量并记录采样点的土壤温湿度等环境因子。远程状态监测与调控系统可以通过 GPRS 或 Internet 网络接收远程控制中心的控制命令，控制本地控制中心的工作流程和子机节点数据采集中心的工作模式，实时上传本地控制中心采集到的节点数据。智能供电与能耗管理系统为整个系统的正常运转提供了电力能源的保障，在市电电压不稳甚至停电状况下确保该系统数据采集工作的连续性。远程监控管理平台能够将系统收集的数据进行统一的处理、分析、存储和管理，确保数据的一致性和科学性。系统结构图如图 3 所示。

采样系统的电路结构如图 4 所示。在检测系统中，单片机担负不同物理类型多达 11 个环境参数采样任务，汇编程序量较大。选择单片机 STM32，程序存储器多达 128K，可满足上述要求。另外，片内特有的软件狗功能，有利于实施运行程序抗干扰。STM32 是专为高性能、低成本、低功耗的嵌入式应用专门设计的 ARM Cortex-M3 内核。本系统的环境参数传感器分数字传感器和模拟传感器为两类，数字传感器有温度、湿度、雨量、风速、风向传感器，模拟传感器有气压、日照、总辐射、紫外光、可见光、红外光传感器。

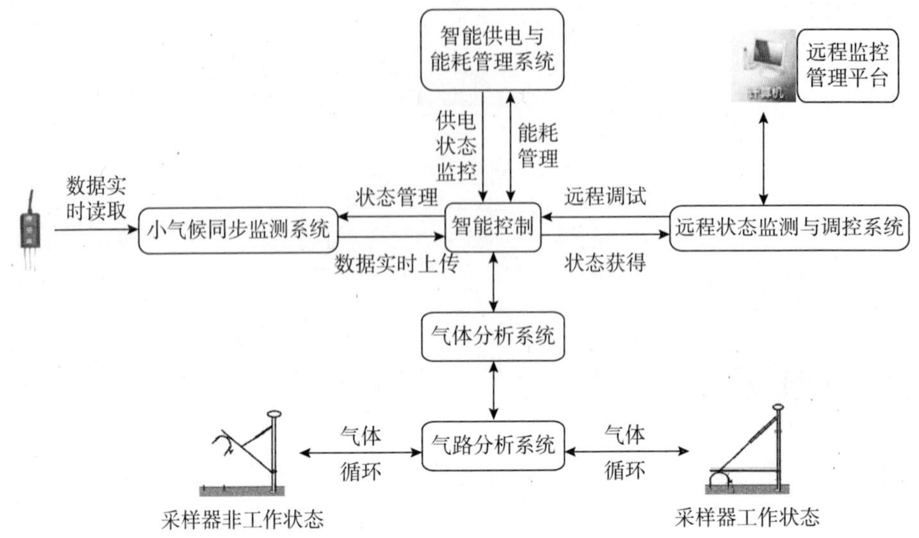

图 3　环境多参数实时监测系统示意图

单总线技术采样。在单片机测量电路中，对数字传感器应用单总线技术采样。单总线是一种新技术，只有用一条线进行数字数据传输。单总线技术的特点是线路非常简单，在单片机与传感器之间省去各种转换接口电路：尤其单总线传输距离较长，数字传感器可安装距单片机距离较长的位置，这使同一单片机测量试验站室外棚下、库房（相互距离较远）两个试验地点温度湿度的难题得到解决。

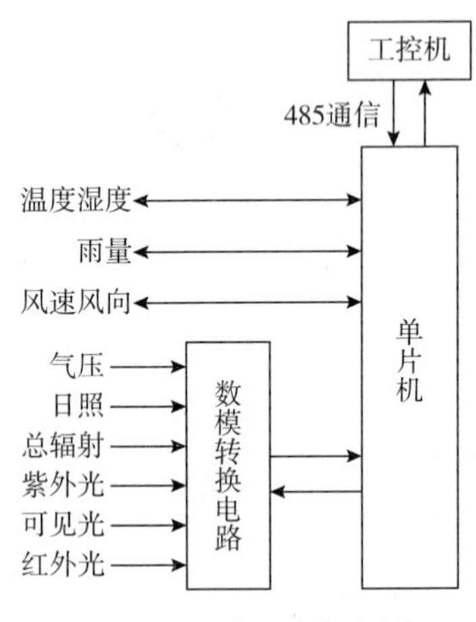

图 4　采样系统电路结构

12 位，输入八路。串口数据传送。12 位保证各个环境参数都有足够的采样精度。串口只占用一条线，大大节省单片机的有限资源。输入八路，一片 A/D 就满足整个系统全部模拟传感器的要求。解决多个环境参数传感器占用单片机资源的竞争。

放大器电路。日照、总辐射、紫外光、可见光、红外光等太阳辐射表传感器信号微弱，最大仅 20mv。要求高增益、低漂移、线性化的放大器。电路如图 5。分两级运算放大器放大实现高增益又线性化的目的。选低漂移运算放大器 7650 和 0P07。经验证明，传感器至放大器的距离小于 2m，效果最佳。因此，放大器电路不能安置于单片机的主板上，我们小组的方法是单独制作小块放大器电路板，先将其装入圆柱形小铝筒，后注入电子环氧灌封料，灌封后可以在暴露的恶劣环境中安然工作。值得提醒的是，灌封放大器的线过长，容易受干扰。一般输入线小于 3m 较为合适。而输出线可较长，可达 20m，信号依然良好。

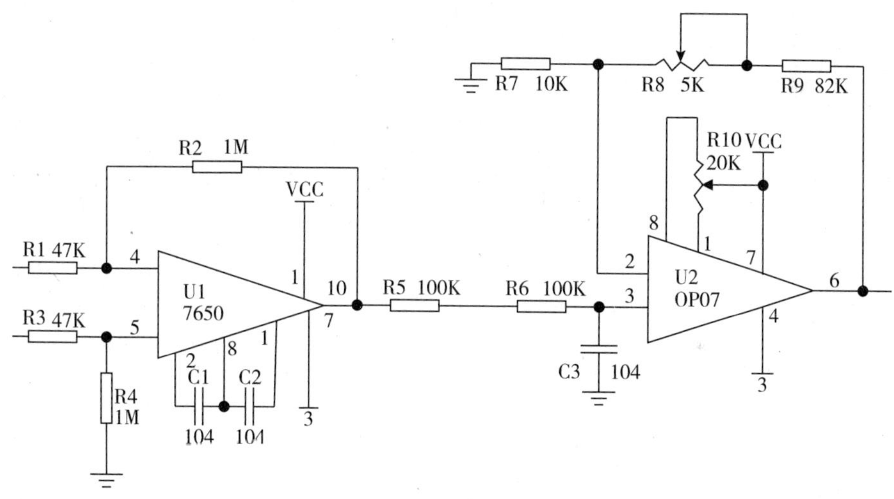

图 5 放大器原理图

485 通信。根据技术要求，本监测系统架不能靠近建筑物，因此，单片机测量电路难于与工控机同安置在控制室里，只有安置临本监测系统现场。由于本监测系统现场与控制室有一定距离，一般几十米以上，显然串口 232 通信已不能满足两者之间的数据传输要求。简单、可靠、经济的方法是 485 通信，数据传输距离可达 1000m，只用两条线，与串口 232 协议兼容。485 通信采用差分输入技术，信号浮地，抗干扰能力强，数据传输可靠性高。

4. 智能控制系统

智能控制系统主要功能是根据远程控制中心下发命令，确定系统工作模式，通过无线模块按照时间顺序控制节点进行数据采样，同时控制电磁阀切换气体通路，保证气体采样和对应节点数据采集严格同步，对各个节点上传数据原始数据进行存储，根据远程控制中心命令进行系统巡检，确定系统及子机通信工作正常，科学实现系统供电管理和休眠控制，整体实现智能检测和处理。

控制实现总体分为中央控制中心和子机节点数据采集中心两大部分，二者通过 2.4G 无线模块实现通信，如图 6 所示。控制核心采用 STM32 控制平台 CPU 内核：ARM 32 位的 Cortex-M3 CPU，最高 72MHz 工作频率，1.25DMips/MHz；512K 字节的闪存程序存储器，高达 64K 字节的 SRAM，带 4 个片选的灵活的静态存储器控制器。支持 CF 卡；2.0 ~ 3.6 伏供电和 I/O 管脚；内嵌 4 ~ 16MHz 晶体振荡器；内嵌带校准的 40kHz 的 RC 振荡器；支持睡眠、停机和待机模式。3 个 12 位模数转换器，1μs 转换时间（多达 21 个输入通道）转换范围：0~3.6V。CPU 工作温度：–40~+85℃（ST 也提供 –40~+105℃的器件）。

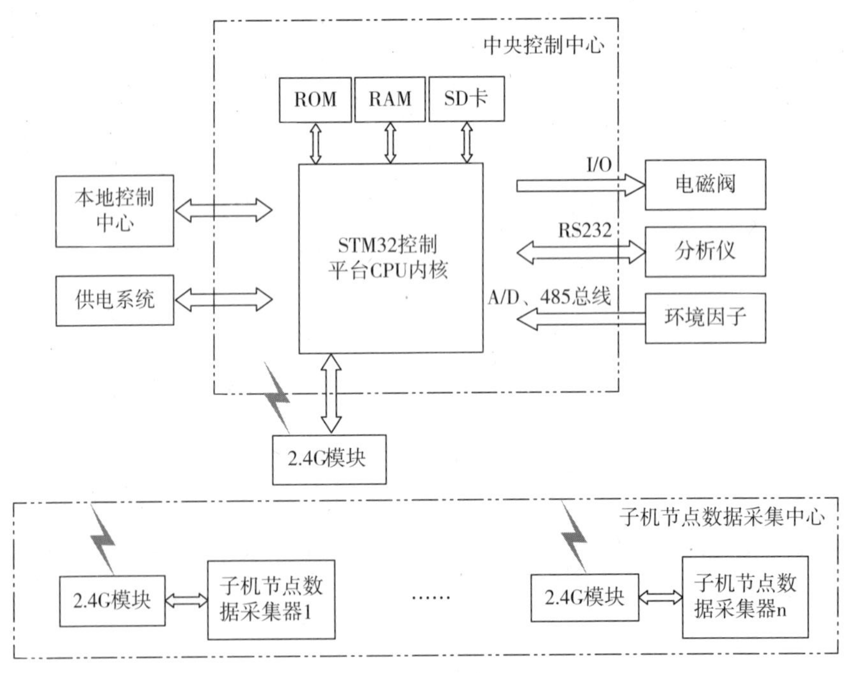

图 6　智能控制系统

系统智能控制工作实现过程：

（1）本地控制根据远程监控管理平台的指令控制整个系统开始工作，同时通过 RS232 接口接收 CO_2/CH_4 分析仪和 N_2O 分析仪数据，将原始数据进行存储。单片机控制模块通过接收远程控制指令，对照当前时间，按照时间平均分配方式通过 2.4 无线通信模块控制采集节点进行工作，同时按照时间顺序控制电磁阀。

（2）为了保证气室和子机节点数据采集中心时间上同步，系统根据承载 16/32 路子机节点数据采集中心，通过实时钟控制每路工作 225 秒，这样 16/32 路循环工作一次需要 1/2 小时，单片机稳定工作保证各个节点有序地进行数据采集。

（3）子机节点数据采集器电源供电分为两部分，保证系统休眠时模拟部分电源关断，最大限度实现系统节能。每一路子机节点数据采集中心都有自己的 ID 号，对应的节点接收到本地控制中心指令后，唤醒 CPU，开始给其他模拟电路供电，5 秒以后控制电磁阀推动气缸，通过其中一路 IO 输入电平检测气缸位置状态，高电平表示气缸运行到位，低电平表示气缸运行不到位，气室密封状态不良。15 秒开始第一次环境因子参数采集，结合气缸状态上传至本地控制中心，120 秒时进行第二次环境因子参数采集，结合气缸状态上传至本地控制中心，215 秒时进行第三次环境因子参数采集，与前 2 次数据分别进行平均计算，结合气缸状态上传至本地控制中心，同时给出脉冲信号，控制电磁阀使气缸抬起。

（4）为了保证无线通信的稳定性，通信协议均采用应答方式，即发送端通过接收端的信息回馈判断子机的工作状态，通信数据采用求和校验方式，确保接收数据正确性。

5. 项目实施过程中的收获与体会

小组开发的环境多参数实时监测系统运行稳定、可靠、数据准确，各项技术指标达到设计要求。本系统应用虚拟仪器、单总线、数字传感器、微处理机等多项先进技术，实现多参数全自动监测、数据存储与查询功能，大幅度降低硬件和软件的成本开销，缩短系统研制周期，系统性能价格比高，具有应用推广价值。环境参数自动监测系统研制成功，促进环境参数监测技术更新换代，增强天然环境试验能力，有助加快天然环境试验自动化、信息化建设步伐。

环境参数实时自动监测系统还适用于与气象相关的农业、水文、气象等部门。

环境参数实时自动监测系统，可扩展成为无人值守自动监测系统。

参考文献：

[1] 张亮．基于 ZigBee 技术的智能家居环境监测系统 [D]. 武汉科技大学，2009

[2] 马卫春．基于 GIS 的海洋生态环境监测系统的研制与应用 [D]. 山东科技大学，2006

[3] 吴炳方，袁超，朱亮．三峡工程生态与环境监测系统的特点 [J]. 长江流域资源与环境，2011（03）：339-346

[4] 李学威．基于物联网的环境监测系统研究 [D]. 河南师范大学，2012

[5] 杨晨．基于 ARM11 和 Linux 的室内环境监测系统的设计与实现 [D]. 沈阳工业大学，2013

[6] 田劲松．环境在线监测信息系统的研究与开发——以广州市污染源在线监测系统方案设计为例 [D]. 武汉理工大学，2004

[7] Roger Dzwonczyk，Jeffrey T. Fujii，Orlando Simonetti，Ricardo Nieves-Ramos，Sergio D. Bergese. Electrical Noise in the Intraoperative Magnetic Resonance Imaging Setting[J]. Anesthesia & Analgesia，2009，108（1）

[8] NA. National System of Monitoring of Environmental and Health in the Czech Republic[J]. Epidemiology，2000，11（4）

[9] Ming-Hsi Wang，Jean-Paul Achkar. Gene-environment interactions ininflammatory bowel disease pathogenesis[J]. Current Opinion in Gastroenterology，2015，31（4）

[10] A. Brandl. Statistical Considerations for Improved Signal Identification from Repeated Measurements at Low Signal-to-background Ratios[J]. Health Physics，2013，104（3）

基于 S.BUS 的多旋翼飞行器控制轨迹记录器

北方工业大学：谢　超　韦君玉　陈增辉　柏亚萌　赵叶皓

指导教师：韩宇龙　实验师

近些年，多旋翼飞行器的使用越来越普及，其控制模式一般是由人工操控遥控器进行飞行，或者按照某种既定规则及路线的自主飞行，后者的实现难度更大，特别在开发和调试阶段。为避免试飞过程中出现盲测盲试，本课题提出对飞行器的控制轨迹进行实时记录，以便为开发者提供参考，提高飞行稳定性并缩短开发周期。经验证，该装置可以提供必要的飞行信息记录，有助于加快调测进度。

1. 引言

相较于固定翼或者单旋翼飞行器，多旋翼飞行器有其独特的优势，因此近些年越来越得以普及，特别是一些飞行器爱好者更愿意自己组装和开发各种类型的多旋翼无人机。其中，包括开发一些可以实现自主控制飞行，而不是更常见的由人工用遥控器控制的飞行任务。

这里，飞行器是否可以稳定一贯地持续飞行，不再是由遥控器操控手的经验和熟练程度决定，而是由一个微控制器直接给无人机的飞控单元发控制信息，微控制器在这里起到的就是一个遥控器控制信号模拟器的作用。在自主飞行的初期开发阶段，开发人员需要准确地熟悉和了解：一个经验丰富的飞行器遥控操控手的操控动作与飞控单元接收到的控制数据之间是如何对应的，而且是一种精确无误的对应。

本文设计的记录器正是要精确地记录和显示操控动作所对应的飞行动作指令及轨迹数据，系统采用瑞萨的微控制器作为主控芯片，将其 IO 管脚与飞控

（Pixhawk）的 R.CH 接口连接，通过 S.BUS 通信总线传递舵量信息，从而实现对飞行器飞行模式的配置和飞行姿态的控制，也可以对配置和姿态控制过程进行记录和显示。这里重点介绍飞行器舵量信息的获得及主控单元和飞控之间通信协议是如何实现的。

2. 系统设计与实现

2.1 系统结构说明

根据系统设计的目的，其总的结构组成如图 1 所示：瑞萨微处理器是控制的核心部件，它一方面通过通用 IO 管脚与遥控数据接收器的 IO 相连，通过 S.BUS 通信总线接收来自遥控数据接收器的串行数据，并将其转换成数据存储芯片所要求的串行数据格式并将其保存，事后可以通过 RS-232 串行接口将存储在数据存储芯片中的数据读出并传送给 PC 机等终端进行显示和分析；另一方面，它还通过其他通用 IO 管脚与飞控单元的 IO 进行连接，也是通过 S.BUS 通信总线给飞控传送舵量等信息，飞控同时连接着四合一电调以控制四个舵机的转向和转速。

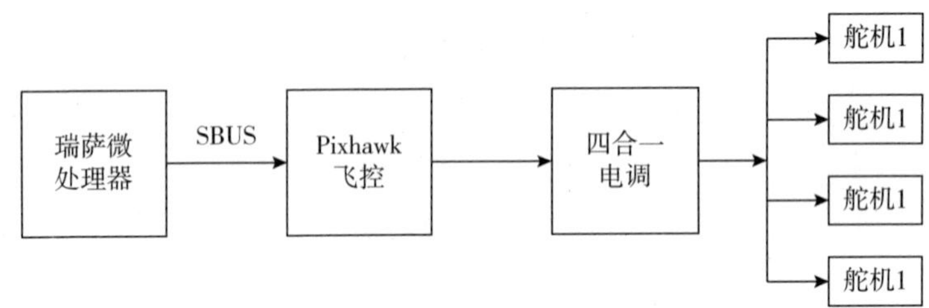

图 1　系统基本结构

正是通过微控制器的外部中断和定时器等内部资源的合理使用及分配，定时发送代表舵量信息的数据包给飞控，从而完成对飞行模式的配置和飞行姿态的控制，最终实现飞行器的解锁、加速、悬停、前进、减速、降落等基本飞行动作。

这里，微处理器有三个基本的工作模式：

（1）读取遥控数据接收器的数据并实时存储到数据存储芯片中；

（2）将数据存储芯片中的数据读出并通过 RS-232 串行接口发出；

（3）给飞控定时发送舵量数据，以控制其完成规定的飞行动作。

微处理器究竟处于哪一种工作模式，由模式跳线设置并决定。

2.2 硬件设计原则

本系统使用的微控制器为 RL78G13，由其完成对整个系统的控制。这是一款 16 位的 MCU，内置 32MHz 的振荡器，无须外接晶振，最短指令执行时间可在高速和低速之间更改，提供 8 个 16 位可配置的定时器，采用 5V 直流供电。其主要特性包括：

（1）最短指令执行时间可在高速（32MHz 高速片上振荡器时钟运行时）至超低速（32.768kHz 副系统时钟运行时）之间更改；

（2）通用寄存器：8 位 32 个寄存器（8 位 8 个寄存器 4 组）；

（3）ROM：16~512Kb，RAM：2~32Kb，数据闪存：2/4/8Kb；

（4）内置高速片上振荡器时钟；

（5）内置单电源闪存（具有禁止块擦除 / 写入功能）；

（6）支持自编程功能（具有引导交换功能 /Flash 屏蔽窗口功能）；

（7）On-chip 调试功能；

（8）内置上电复位（POR）电路和电压检测电路（LVD）；

（9）内置看门狗定时器（可在专用低速片上振荡器时钟下运行）；

（10）内置乘除法器和乘加器；

（11）内置按键中断功能；

（12）内置时钟输出 / 蜂鸣器输出控制电路；

（13）内置十进制调整（BCD）电路；

（14）定时器：

- 含 16 位定时器：8~16 通道
- 看门狗定时器：1 通道
- 实时时钟：1 通道（校正时钟输出）
- 含 12 位间隔定时器：1 通道

（15）串行接口：

- CSI：2~8 通道
- UART/UART（支持 LIN-bus）：2~4 通道
- I2C/ 简易 I2C 通信：2~8 通道

（16）不同电位接口：可以连接 1.8/2.5/3V 运行的器件；

（17）8/10 位分辨率 A/D 转换器（VDD=EVDD=1.6 至 5.5V）：6~26 通道；

（18）电源电压：VDD=1.6 至 5.5V。

该微处理器的外围电路连接方式包括（如图 2）：

（1）与遥控数据接收器和飞控可以直接进行连接，不需要电平转换，使用通用 IO 管脚与二者相连；

（2）在记录少量或者短时间的遥控接收数据时，可以使用内置的数据 Flash，反之可外扩 Flash 专用数据存储芯片，使用 SPI 通信接口进行连接；

（3）通过微处理器的 UART 通信接口外扩 MAX3232 与 DB9 与 PC 机相连；

（4）通过两个通用 IO 管脚设置两组跳线，短接时为低电平，断开时为高电平，两组跳线共 4 个状态，其中三个带表微处理器的三个工作模式，第 4 个状态保留待用。

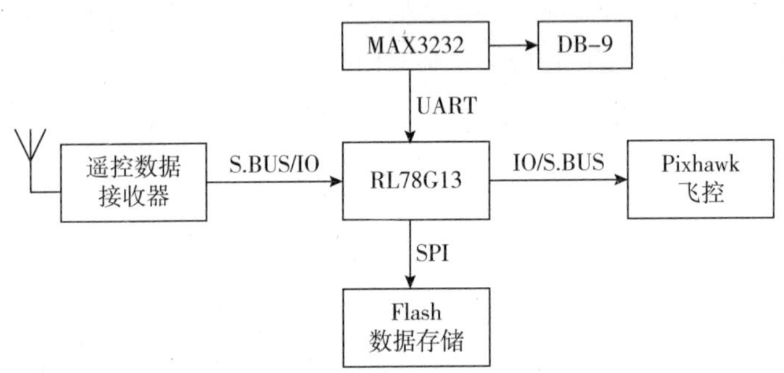

图 2　微处理器外围硬件电路结构

2.3　软件设计思路

软件设计是一个很重要的工作，是用软件编程的方式，在微处理器的通用 IO 管脚上实现 S.BUS 协议格式数据的接收（来自遥控数据接收器）和发送（送至飞控单元），因为 RL78G13 内部并不直接支持 S.BUS 协议格式的数据通信接口。

S.BUS 为 Futaba 使用的串行通信协议，实际上为串口通信。但是有几点需要注意：

（1）有大端和小端的区别；

（2）跟 TTL 串口信号相比，S.BUS 的逻辑电平是反的，需用如图 3 所示电路对电平反相，再借到串口接收的管脚就可以了。

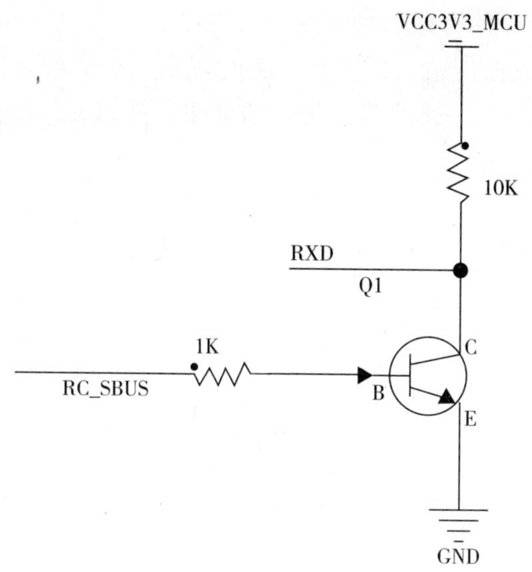

图3　S.BUS需要的外接反相电路

S.BUS协议格式是每帧25个字节，每14～7ms为一帧。其中3ms发送数据，4ms低电平间隔（7ms高速模式下）。每个字节（这里指12位）包括1个起始位、8个数据位、1个偶校验位和2个停止位，波特率为100kbps。每帧的25个字节按照如下顺序排列：

[Startbyte][Data1][Data2]....[Data22][Flags][Endbyte]

起始字节Startbyte=11110000b（0xF0），中间22个字节就是16个通道的数据了，每个通道用11bit表示，范围是0～2047。

基本而言，Data1为通道1的低8位，Data2的低3位为通道1的高3位，Data2的高5位是通道2的低5位，Data3的低6位是通道2的高6位，以此类推。理解了S.BUS协议的数据格式之后，就可以编程加以实现。

在编程实现S.BUS协议格式的数据通信时，用定时器分别定义了一个1us的中断和一个10us的中断。在1us的中断里根据舵量信息将IO管脚的电平置1或0，在10us中断里完成一帧的发送。在四旋翼飞行器中，实际只用到5个通道的舵量，其中通道5用来配置飞行模式，通道1～4用来控制飞行姿态。

如果不知道发送给飞控的舵量值应该是多少合适，可以与地面站软件结合使用。将微处理器的IO管脚与飞控的R.CH接口连接以后，让微处理器持续发送一组舵量，观察地面站软件RC校准界面上显示的舵量值。连续发送多组，记下每个通道舵量的极限值与中间值，以便根据飞行需要合理选择。

接收 S.BUS 协议格式数据的过程正好与之相反，这里不再赘述。SPI 与 UART 通信接口的数据传送，只涉及相关配置寄存器的设置，数据传输速率的选择则要可以满足每一类通信接口实际的最快数据速率、最短传输间隔的需要即可。

3. 部分测试结果

记录器中有三个通信接口的对时序有严格的要求：S.BUS、SPI 和 UART，对此都可以使用逻辑分析仪观察其工作过程是否正常，每一帧数据对应逻辑电平高低位的持续时间是否正确还需示波器进行测量。图 4 是将这些通信接口放在一起用逻辑分析仪采集得到波形，经分析，这些通信接口连接的外设之间可以进行正常的数据传送。

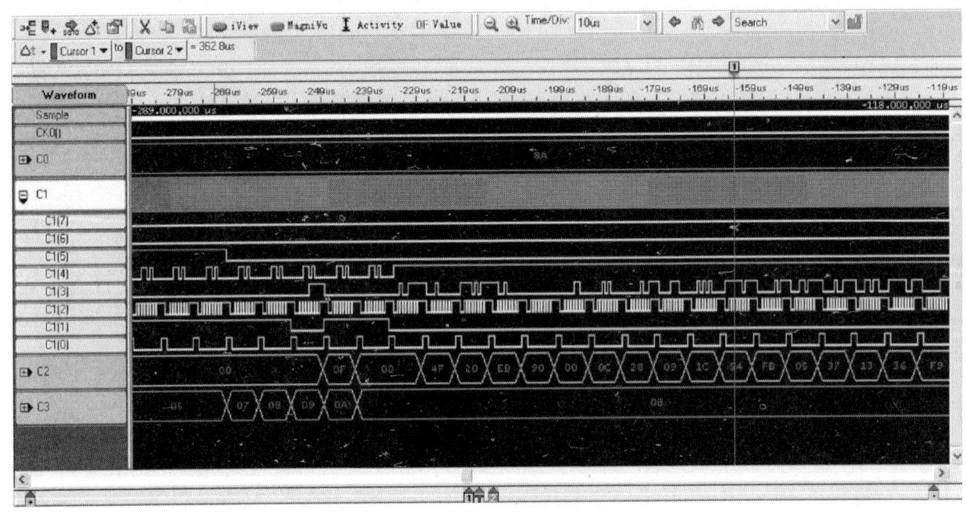

图 4　S.BUS 等协议格式的数据通信接口采集得到的波形

4. 结束语

本文设计的记录器可以接收并存储来自遥控数据接收器的飞行控制数据，并且在需要的时候可以通过 RS 232 串行接口将存储的数据发送给 PC 机等上位机，以便做后期的数据分析，为调试和校正飞行过程做参考，同时也可以发送舵量等飞行数据给飞控，控制飞行器完成基本的飞行动作。经测试，记录器能较好地工作。

但是，从飞行器自主飞行试飞过程调试的实际需求来看，还希望能将飞行过程中更多的参量信息实时回传并显示，以便帮助开发者更清晰地了解自主飞行控制过程中存在的问题和不足，这也是后续值得深入加以完善的地方。

参考文献

[1] 李奥伟，黄起，杨雪山 . 四旋翼飞行器的设计 [J]. 电子制作，2014（10）

[2] 刘兆中 . 对四轴飞行器的姿态控制器的设计与仿真 [J]. 科技资讯， 2013（06）

[3] 许震，毛丽民，刘同连，李增增，施婉 . 四轴飞行器控制系统设计 [J]. 常熟理工学院学报，2013（02）

[4] 朱知博 . 基于 NAND FLASH 的高速大容量存储系统设计 [J]. 现代电子技术，2011（08）

[5] 李琦，贺明，董利民，董健 . 基于 ARM 嵌入式系统的 SPI 驱动程序设计 [J]. 微型机与应用，2011（08）

研究成果支撑材料清单

（1）飞行器和轨迹记录器（如图 1 所示）

（a）四旋翼飞行器

（b）飞行轨迹记录器

图 1

（2）期刊论文 1 篇

论文题目：《基于 S.BUS 的多旋翼飞行器控制轨迹记录器》

作者：谢超、韩宇龙、韦君玉，陈增辉，柏亚萌，赵叶皓

期刊名称：《信息技术与信息化》

发表期刊：已录用，在2017年03月刊发表（如图2）

信息技术与信息化

稿件录用通知

韩宇龙 同志：

您撰写的《基于S.BUS的多旋翼飞行器控制轨迹记录器》一文，已通过初审，拟于《信息技术与信息化》杂志（CN37—1423/TN，ISSN1672—9528）2017年03月刊发表。

声明：1.本刊不接受被依法禁止出版、传播或有触犯国家法律法规、宣传邪教、散布谣言及伪科学内容的作品。

2.作者投稿本刊即视为同意本人在知网、万方等数据库收录。

3.本刊编辑部有权根据相关编辑规范对您的文章进行编校、修改及必要的删减，如有特殊情况请来电说明。

责任编辑：张编辑

电　话：010-57200173

《信息技术与信息化》杂志编辑部

2017年01月12日

图2

基于单片机的LED旋转屏的设计

北方工业大学：吕晟葳　梁鑫诜　张　倩

指导教师：毛　鹏　助理研究员

设计在电机高速旋转时，利用单片机控制LED的亮灭，编程实现文字、图片、时间的显示，控制器采用STC15F2K08S2单片机，供电方式为无线供电，可利用红外遥控实现显示内容的传输、字库的转换、显示等功能。显示的内容给人一种飘浮在空中的感觉，并且是360度全方位显示，可以应用于很多的场合，比如广告牌、记分牌、娱乐、交通等。

1. 引言

LED显示屏作为一种新的媒体手段，在20世纪80年代迅速发展起来，如今已被电子信息显示领域广泛应用。但传统的LED显示屏以平面显示为主，视角范围受限、体积大、搬运不便，并且价格昂贵、功耗大，这使得显示屏的广泛应用带来了限制；相对于传统的LED显示屏，近年来利用人眼的视觉暂留特点研制出的LED旋转显示屏可360度范围内观看，不但扩大了产品的可视范围，而且结构简单、体积小、价格低廉，设置方便。本设计在前人的基础上采用STC15F2K08S2芯片控制，显示模块采用24只发光二极管，显示内容得到了优化。

2. POV LED显示原理以及总体方案设计

POV（Persistence Of Vision）LED，顾名思义，基于人眼的视觉暂留特点。

视觉实际上是在人眼晶状体成像之后由感光细胞将光信号转换成神经电流，传回大脑所形成的。感光所需要的感光色素的形成需要一定的时间，光在视网膜上所产生的视觉在光停止作用之后仍会保留一段时间。当画面的更新速度在24帧每秒以上，人的眼睛就看不到闪烁，看到的就是完整的画面。所以只要保证电机能在一秒转24圈以上，显示的内容就会很清晰地显示在“空中”。

本设计总体分为四大模块，如图1所示。外接5V电源为无线供电模块和电机模块供电，无线供电模块为单片机芯片供电，电机带动单片机小板旋转；无线遥控模块用于模式切换。

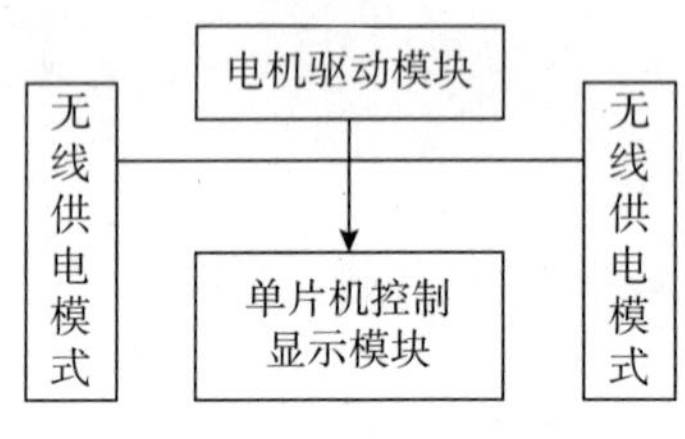

图1　总体方案框图

2.1　系统硬件电路设计

本设计包括旋转主板和底座主板。

旋转主板包括旋转主板自身和与之垂直的一个显示板，显示板一端焊有一排24个LED流水灯；由于旋转主板上的电子器件的分布并非均匀，所以重心并不在转轴上，为了避免抖动现象的发生，在旋转主板的另一端焊有铜柱，用于配重。LED旋转屏通过控制24个流水灯的亮灭来实现文本、图片内容的显示。该设计利用人眼暂留特性，通过直流电机带动旋转主板高速旋转，形成一个360度可观测的LED旋转柱面。

底座主板即无线供电模块，旋转主板和底座主板之间通过线圈进行耦合，使主板与其他硬件分离，方便自身旋转。

旋转主板与底座主板之间还焊有一对红外对管，用于每一圈显示的起点检测。

2.1.1　单片机控制显示模块

主控芯片采用STC15F2K08S2，管脚图如图2所示。STC15F2K60S2系列单片机中包含中央处理器（CPU）、程序存储器（SRAM）、定时器、I/O口、高速

A/D 转换、看门狗、UART 超高速异步串行通信口 1/ 串行通信口 2、CCP/PWM/PCA、1 组高速同步串行端口 SPI、片内高精度 R/C 时钟及高可靠复位等模块。STC15F2K60S2 系列单片机几乎包含了书籍采集和控制中所需的所有单元模块，可称得上一个片上系统。

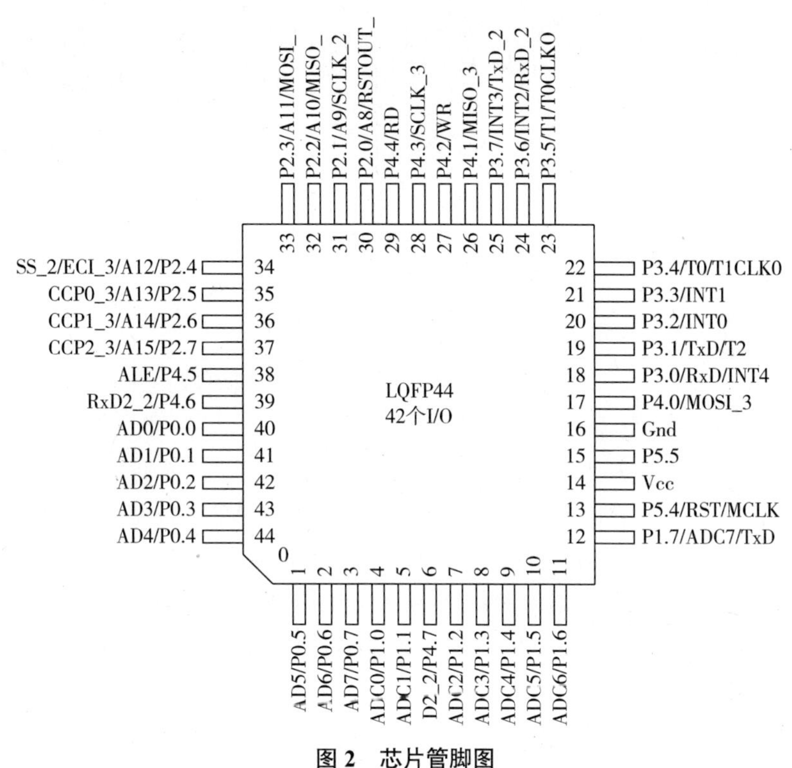

图 2　芯片管脚图

2.1.2　无线供电模块设计

本设计给高速转动的旋转主板采用的是无线输电的方法，电路图如图 3 所示。其特点为无触点、寿命长。无线输电就是将电源无线连接送给转动的 LED 板上，让 LED 显示发光。原理是将直流电压经过由 B772 芯片组成的自激振荡电路转变成交流电压，然后经过初级线圈，初级线圈与次级线圈耦合，交流电压再经过单项桥式电路整流、滤波、稳压之后转变为直流电压，为主板供电。

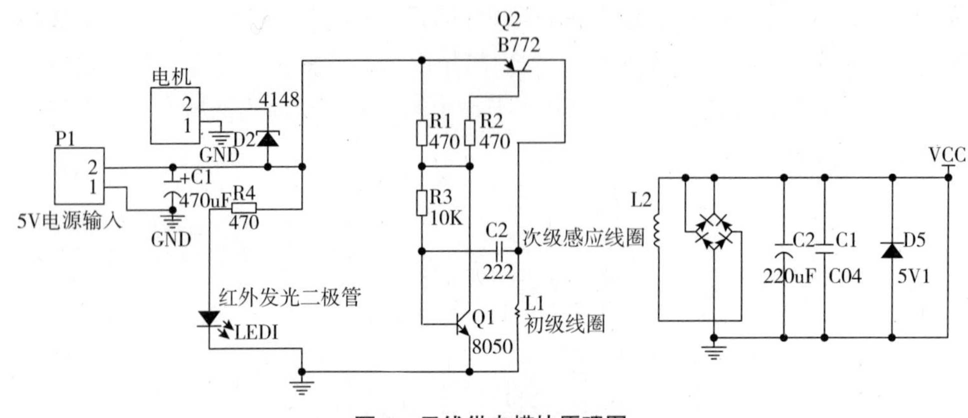

图 3　无线供电模块原理图

2.1.3　红外通信模块

由于 LED 旋转屏是在高速移动的，所以不能接线更改显示内容，只能采用遥控。红外遥控效果不错，而且可以采用市场上可以容易买到的成品无线遥控，从而省去了制作控制器带来的麻烦。故本次设计采用的红外遥为日本 NEC 公司的 uPD6121G 型号，接收端是红外一体化接收头 1838，用来捕捉空间的红外信号，占用外部中断 1 进行红外解码。这种遥控码的特征如下：

选用脉宽调制的串行码，以脉宽为 0.565ms、间隔 0.56ms、周期为 1.125ms 的组合表示二进制的“0”；以脉宽为 0.565ms、间隔 1.685ms、周期为 2.25ms 的组合表示二进制的“1”，其波形如图 4。上述“0”和“1”组成的 32 位二进制码经过 38kHz 的载频进行二次调制以提高发射效率，达到降低电源功耗的目的。然后再通过红外发射二极管产生红外线向空间发射。置于旋转主板上的 1838 红外接收头接收书籍，实现用户想要显示的内容。

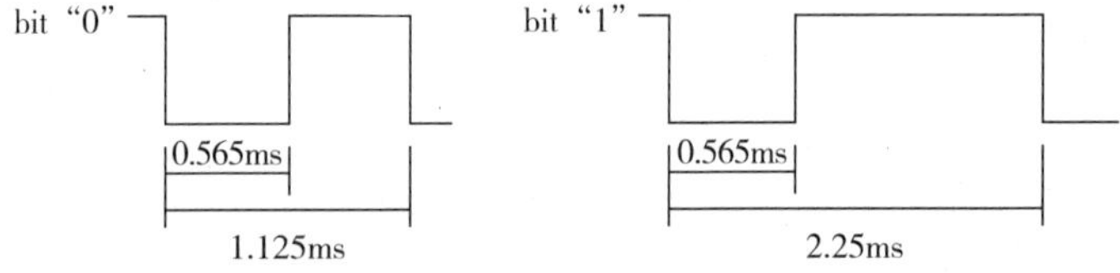

图 4　脉宽调制串行码

2.1.4　起点检测模块

旋转 LED 旋转起来形成一个圆，因此就需要一个传感器来判断起点位置。起点检测装置可以采用霍尔传感器，也可以采用红外对管；红外对管相对来说实现比较方便，节省成本，故本模块采用红外对管的形式。这个起点检测十分重要，单片机就是在红外对管对接时才开始显示的。

2.1.5 电机模块

电机主要分成直流电机、步进电机和交流电机等几种。

虽然步进电机应用广泛，但它不像直流或交流电机那样在常规状态下使用，它必须由双环型脉冲信号、功率驱动电路等组成控制系统才可使用，因此用好步进电机绝非易事。

相对而言，直流电机直接将直流电能转化为机械能，调速范围宽广，易于平滑调节；过载、启动、制动转矩大；易于控制，可靠性高；调速时的能量损耗小。考虑到 POV LED 对转速的要求不是很高，因此选择操作方便的直流电机。

2.1.6 配重调节

重心调节是很困难的一个技术环节。旋转重心直接关系到旋转屏旋转的稳定性以及安全问题。旋转的重心如若不在转轴上，在高速旋转额情况下会产生剧烈抖动，在巨大的离心力作用下，甚至会使整个系统分解，产生安全隐患。所以重心调节是必须解决好的问题。下面介绍重心调节方法：首先是看电路板的外观设置，根据物理质心计算方法，可知道圆盘要是均匀的重心就在圆盘中心。但是由于电子器件的封装、重量不同，圆盘电路板的重心分布是不均匀的，难以调节，故不采用此方法。根据杠杆原理我们知道，当支点两端的物体的质量分别与各自的力距乘积相同时，杠杆便处于平衡。由于本设计采用了长条方形的电路板结构，LED 小板在一侧，LED 显示小板的另一侧添加铜柱作为配重，便很好地解决了抖动现象。

2.2 系统软件设计

2.2.1 程序流程图

编写一套稳定可靠的程序，确保系统能够正常的运行，应具有逻辑性、规范性，并结合算法。本设计采用 C 语言编程，系统的主程序框图如图 5 所示。

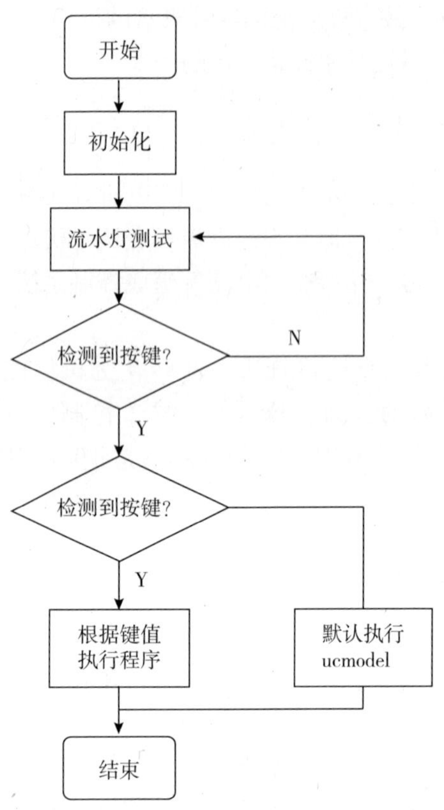

图 5　主程序流程图

2.2.2　编程软件

编程所用到的软件为 Keil uVision3，该软件适用于 MCS–51 系列单片机的开发，可以支持汇编语言和 C 语言；Keil uVision3 这一开发环境集成了项目管理器、具有完善功能的编辑器、仿真器、选项设置工具以及在线帮助环节于一身，其是目前 51 系列单片机的最佳软件开发工具。

2.2.3　取模软件

显示的图像或者文字内容是通过取模软件“PCtoLCD”软件获得的，见图 6。该软件会将文字或图片生成相应的二进制码，之后将其复制到“zimo.c”文件中；取模顺序是从低到高，即第一个点作为最低位。如 *------- 为 11111110。需要注意的地方是格式要改为 C51 格式，行前缀和行后缀也要按照图中的格式进行更改。

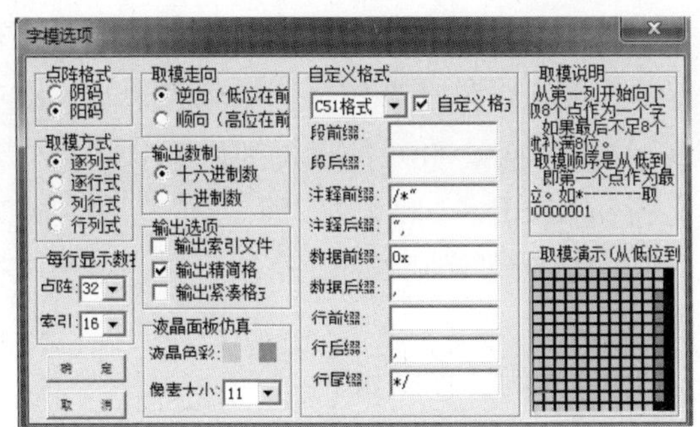

图 6　“PCtoLCD”取模软件

2.2.4　编程的主体思想

（1）静态显示

24×24 取模是一列一列取的，一列有 3 个字节，一共 24 列，所以一个 24×24 的汉字就有 72 个字节，需要占用单片机的 Code 空间 72 个字节。

一列灯 24 个，刚好对应 24×24 一个汉字的一列：3 个字节，所以把取模到的数据依次送到 P0 口、P1 口和 P2 口。

以静态显示一个字符为例，程序如下：

```
for（i=0; i<24; i++）
{
P0=zimo[i*3];
P1=zimo[i*3+1];
P2=zimo[i*3+2];
DelayUs（200）;  // 延时让 LED 亮起来
P0=0XFF;
P1=0XFF;
P2=0XFF;
}
```

（2）动态显示

若想让一组文字不断地移动，需要添加一个计数参数，旋转 LED 每旋转一周，这个计数参数就加一，起始列便会指向上一周起始列的下一列，这样不断刷新，感觉文字就在不断移动了，下面程序中的 j 就是计数参数，每转一圈 j 会加 1。

程序首先要判断是否是动态显示模式，检测到是动态显示模式后，技术参数自加 1；确定好所有要添加的字符之后（包括空格字符），要根据转换为二进制码之后的列数定义 j 的长度；另外还要定义一个数来表示一圈中能显示的字符的个数，这个数记作 uc Num Rows，经过测量得知最多可以显示 11 个字符，共 254 列，因此通过宏定义将 ucNumRows 定义为 254。

本段程序中在开头和结尾部分应当补充空格字符，避免文字立刻显示和结束时乱码的出现。

以动态显示 26 个字符为例，程序如下：

```
if（Stop_move==0）
{
j++;
}
if（j>624）// 这里有 26 个字符 所以 26×24=624
{
j=0 ；// 循环显示
}
for（i=j；i<ucNumRows+j；i++）
{
P0=zimo[i*3];
P1=zimo[i*3+1];
P2=zimo[i*3+2];
Delay10us（）；
P0=P2=P1=0XFF;
if（BIT_timeout）
{
return;
}
}
```

2.2.5 时钟芯片DS1302

时钟芯片选择 DALLAS 公司的推出的涓流充电时钟芯片，内含有一个实时时钟 / 日历和 31 字节静态 RAM，通过简单的串行接口与单片机进行通信。实时时钟 / 日历电路提供秒、分、时、日、日期、月、年的信息。本设计对 DS1302 芯片添加了后备电池，掉电后时钟芯片依然工作。流程图如图 7 所示。

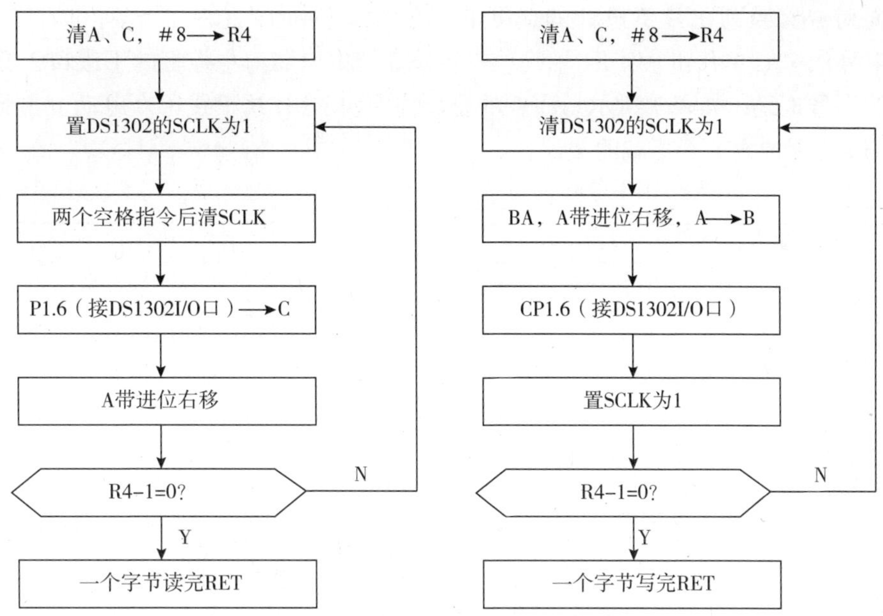

图 7　DS1302 时钟芯片流程图

2.2.6　红外遥控编程思想

本设计采用的NEC公司的遥控器的uPD6121G型号遥控器调制码如图8所示，编程时用 switch 语句调用不同的键位码，从而分别实现各个按键的功能。

图 8　红外遥控调制码

2.3　程序下载烧录

程序下载软件为 stc-isp v6.70 版本，stc-isp 是一款单片机程序下载烧录软件，是面对 STC 系列单片机设计的，可下载 STC89 系列、12C2052 系列和 12C5410 等系列的 STC 单片机，使用简便。连接 USB 转串口器与主控板的下载口，看板上的标号连线，如表 1 所示。注意的是要先留空 GND 这根线（冷启动），此步很重要，是决定能否下载的关键。

表 1　　TTL 串口与主板连接方式

USB 转串口	——	主控板下载口
5V	——	VCC
GND	——	GND（留空不接）
RXD	——	P31
TXD	——	P30

2.4　延时程序理论计算

本设计使用的 LED 芯片为 0805 单色芯片，有效发光尺寸为 1.5mm 左右。在 PCB 设计时由软件测得最大旋转半径为 70mm，可得周长约为 439mm。因此本设计将旋转体的一周分为 300 个刻度，即旋转显示的最小分辨率为 1.2°。经设计测试，此分辨率可以满足显示精度的要求。

设底盘电机转速为 40rps，则旋转一圈的时间为 25ms，每一列的时间为 83us，则可定义延时程序的时间为 83us，即可按每列的列宽作为最小精度显示。

显然，若想调整字符的宽度，可通过调节延时程序的时间来实现。

3. 结论

本设计共实现了以下几个方面的内容：

1. 实现无线供电技术给单片机供电，使旋转板与供电板分离，能够转动；

2. 通过单片机控制 LED 显示，能够静态稳定地显示数字、文字、时间，并且实现了文字和图片的动态显示；

3. 能够通过无线遥控控制显示内容的更改。

参考文献

[1] 郭天祥 . 新概念 51 单片机 C 语言教程 [M]. 北京：电子工业出版社，2009

[2] 秦莉艳 . 基于单片机的旋转 LED 显示屏 [J]，2014（9）：1–3

[3] 何立民 .MCS–51 系列单片机应用系统设计 [M]. 北京：北京航空航天大学出版社，2003

[4] 戴佳，苗龙，陈斌 .51 单片机应用系统开发典型实例 [M]. 北京：中国电力出版社，2005

[5] 靳桅，邬芝权，李骐 . 基于 51 系列单片机的 LED 显示屏开发技术 [M]. 北京：北京航空航天大学出版社，2009

[6] 徐爱钧 .STC15 增强型 8051 单片机 C 语言编程与应用 [M]. 北京：电子工业出版社，2014

基于人机交互的智能运动分析系统设计研究报告

北方工业大学：袁　枫　赵玉生　郑　新　金　宁　李文瀚

指导教师：叶　青　副教授

当前智能人机交互系统逐渐成为科技研究的一个重要方向。在这一发展潮流下，手势识别成为一种新兴的人机交互操作方式。本文对人机交互系统进行研究，提出了一套基于手部动作的人机交互算法。该算法通过摄像头捕捉图像，并对采集来的图像进行高斯滤波等前端处理，然后利用背景差分进行运动目标检测，接着利用基于 YCbCr 空间的肤色检测技术找到运动目标中的手部区域，并对手部区域进行运动分析，最后根据识别出来的手部动作进行相应的操作。实验结果表明，该算法可以较好地去除背景噪声的干扰，对操作者手势进行实时有效的识别，并对遥控小车发出指令，实现了基于手部动作的智能人机交互。该算法具有广阔的发展和应用前景，实现了更为智能方便的人机交互。

1. 引言

随着科技的发展，人机交互在各行各业都有着广泛的应用前景。而随着人机交互的发展，智能化成为人机交互系统的主要发展方向。相较于传统的人机交互方式，比如键盘输入、鼠标输入、新型的人机交互方式可以为使用者带来更大的便利，比如图像输入、语音输入。简单地说，图像输入是基于数字图像处理技术的输入方式，经过摄像头采集和计算机处理对图像和视频进行处理，屏蔽噪音，提取有用信息，进而完成相应的操作指令。图像输入的主要方式是手势识别、人脸识别、动作识别。

动作识别算法是一种分析处理包含动作特征的图像系列的方法，主要由前端噪声处理、目标检测和目标行为理解组成。对运动检测的主要方法有帧间差分法、背景差分法。帧间差分法实时性好，背景不积累，算法简单，计算量小；背景差分法不受背景干扰，算法简单易实现。

本文对基于手部动作的人机交互算法进行研究，目的是通过识别操作者的手部动作对小车进行控制。本算法采用直接调用摄像头的方法采集视频流，对操作者手部动作进行过滤、检测、识别，将运动特征点提取出来并发送相应的指令。

2. 基于手部动作的人机交互算法

本文提出的基于手部动作的人机交互算法框图如图 1 所示。在初始视频采集模块，通过摄像头采集视频，对采集来的视频流进行高斯滤波、形态学滤波等做前端处理，滤除噪声，以便对操作者手部动作进行提取和检测。在运动目标检测模块，通过背景差分得到运动目标。在肤色特征检测模块，通过肤色识别、轮廓提取等处理进一步滤除图像中的干扰信息，得到更为精准的手部区域。在手部运动分析模块，通过质心提取，运动特征点定位识别手部动作在图像中的位置，进一步确定操作者手部的运动轨迹和方向，从而翻译出操作者的真实意图，并在人机交互模块对遥控小车进行操控。

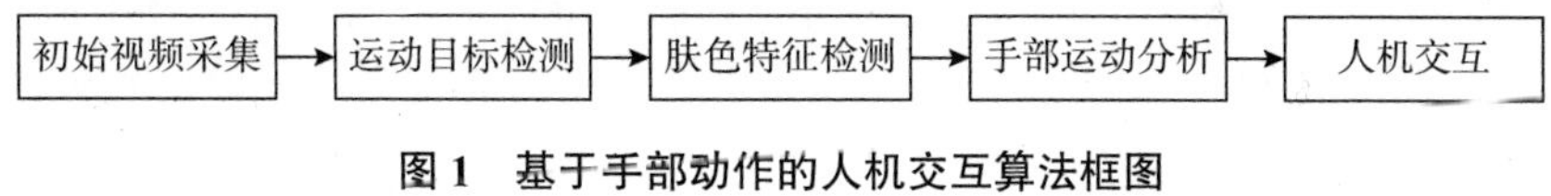

图 1　基于手部动作的人机交互算法框图

2.1　初始视频采集

2.1.1　捕捉静态背景

由于在实际操作中背景会因为操作者身处的环境不同而受到或多或少的干扰，要想从复杂的背景中提取出清晰的影像，需要考虑背景颜色、操作者与摄像头的距离、操作者是否静止等相关因素。所以为了提取出相对稳定清晰的影像，本算法自视频开始采集后采用第 26 帧的图像作为背景图像，滤除前 25 帧图像中的噪声和干扰。这样提取出来的背景相对干净，噪声干扰少。

2.1.2　确定背景图重心

为了准确地定位重心坐标，需要使用矩计算物体形状的重心、面积、主轴和其他的形状特征等。由公式（1）：

$$Mqp=\iint (xp)*(yq)*f(x, y)\,dx\,dy\ (p, q)=0.1, ..., ...\infty) \quad (1)$$

其中 x、y、i、j 是待处理区域的坐标（单帧图像中的像素点坐标）。

令 Xc、Yc 表示区域重心的坐标，则如公式（2）所示：

$$\begin{cases} Xc=M_{10}/M_{00}; \\ Yc=M_{01}/M_{00}; \end{cases} \quad (2)$$

在二值图像的情况下，M_{00} 表示区域的面积。

因为操作者体型不同，所以为了更准确地定位重心，需要设定一个重心上移量。

2.1.3 高斯滤波

高斯滤波是一种线性平滑滤波，适用于消除高斯噪声，广泛应用于图像处理的减噪过程。其主要算法就是对整幅图像每一个像素点的值都将其本身和邻域内的其他像素值进行加权平均。

2.1.4 形态学滤波

形态学的基本运算有 4 个：腐蚀、膨胀、开启、闭合。腐蚀可以收缩图像，消除物体边界点；膨胀具有扩大图像的作用，可以让图像中的裂缝得到填充；开启可以使图像变得光滑，断开狭窄的间断，消除细的突出物，具体操作是先用 B 对 A 腐蚀，再用 B 对结果膨胀；闭合也可以使图像变得光滑，消除狭窄的间断，填补轮廓的裂痕。本算法采用了开启运算。

2.2 运动目标检测

2.2.1 背景差分法

背景差分法是一种常用的运动区域检测的方法，通过将当前帧与背景帧作对比差分，检测出运动区域。背景差分法检测运动目标速度快，检测准确，易于实现。

如不考虑噪音 n（x，y，t）的影响，视频帧图像 I（x，y，t）可以看作由背景图像 b（x，y，t）和运动目标 m（x，y，t）组成：

$$I(x, y, t)=b(x, y, t)+m(x, y, t) \quad (3)$$

由式（3）可得运动目标 m（x，y，t）：

$$m(x, y, t) = I(x, y, t) - b(x, y, t) \quad (4)$$

而在实际中，由于噪音的影响，式（4）不能得到真正的运动目标，而是由运动目标区域和噪音组成的差分图像 d（x，y，t），即

$$d(x, y, t) = I(x, y, t) - b(x, y, t) + n(x, y, t) \quad (5)$$

得到运动目标需要依据某一判断原则进一步处理，最常用的方法为阈值分割的方法：

$$m(x, y, t) = \begin{cases} I(x, y, t) & d(x, y, t) \geqslant T \\ 0 & d(x, y, t) \leqslant T \end{cases} \quad (6)$$

式中 T 为一阈值，本文既采用这种阈值分割法。

2.3 肤色特征检测

2.3.1 肤色识别

在现实生活中受限于环境因素，不同时刻的光照、颜色各异的灯光、噪声的背景等很多因素都可以对肤色识别产生或大或小的干扰。为了尽可能小地减少环境因素的干扰，本算法采用 YCbCr 肤色空间。因为人眼对于亮度的变化较为敏感，且根据相关研究显示，不同人种的肤色的不同主要在于亮度分量，因此在肤色识别中一般剔除亮度分量，只关注 Cb、Cr 两个颜色分量。

YCbCr 与 RGB 的转换公如下：

$$\begin{bmatrix} Y \\ Cb \\ Cr \end{bmatrix} = \begin{pmatrix} 0.2990 & 0.5870 & 0.1440 \\ -0.1687 & -0.3313 & 0.5000 \\ 0.5000 & -0.4187 & -0.0813 \end{pmatrix} \begin{bmatrix} R \\ G \\ B \end{bmatrix} \quad (7)$$

$$\begin{bmatrix} R \\ G \\ B \end{bmatrix} = \begin{pmatrix} 1.0 & 0 & 1.371 \\ 1.0 & -0.3336 & -0.698 \\ 1.0 & 1.7320 & 0 \end{pmatrix} \begin{bmatrix} Y \\ Cb \\ Cr \end{bmatrix} + 128 \begin{bmatrix} -1.731 \\ 1.034 \\ -1.732 \end{bmatrix} \quad (8)$$

2.3.2 图像二值化

图像的二值化处理就是将图像上每一个像素的灰度置为 0 或 255，即将 256 个亮度等级的灰度图像通过适当的阈值过滤，大于阈值的置为 255，小于阈值的置为 0，从而获得仍然可以反映图像整体和局部特征的二值化图像。在本算法中，高于阈值的图像即为手部目标，低于阈值的图像即为背景。

理想方式下，为选取一个合适的阈值，记 t 为目标与背景的分割阈值，目标像素数占图像比例为 ω_1，平均灰度为 μ_1；背景像素占图像比例为 ω_1，平均灰

度为 μ_1。图像的总平均灰度为：

$$\mu=\omega_t\mu_t+\omega_t\mu_t \tag{9}$$

从最小灰度值到最大灰度值遍历 t，当 t 使得值

$$g=\omega_0(\mu_0-\mu)^2+\omega_1(\mu_1-\mu)^2 \tag{10}$$

最大时，t 即为分割的最佳阈值。

在本算法中，由于肤色检测比较特殊，并不能简单地采用理想方式找到最佳阈值。经试验设定，当 Y 分量像素值在 70~255、Cb 分量像素值在 80~128、Cr 分量像素值在 134~165 之间视为肤色区域，即该区域像素点置为 255，其他区域像素点置为 0。

2.3.3 绘制轮廓集

为了更好地识别运动目标的形状，也为了更好地定位运动目标的坐标，需要将运动目标的轮廓勾勒出来。因为输入的图像为二值图像，可以较为容易地将整幅图像中的轮廓扫描出来，并将所有轮廓的边界点坐标存储于一个特殊的矩阵中。利用这些坐标，我们可以轻易地绘制出一个包含多个轮廓的轮廓集。

2.3.4 设定轮廓最小外界矩形的面积阈值

虽然肤色识别可以过滤掉大多数背景干扰，但在实际应用中，人体的其他部位以及背景环境中的类肤色干扰因素依然会影响系统对于手势的识别。因此本算法采用设定一个轮廓最小外接矩形的面积阈值，从而在整幅图像所有轮廓中找到手臂的轮廓，即轮廓的最小外接矩形。这样可以提高算法的准确性和实用性。

2.4 手部运动分析

2.4.1 信息提取

设重心坐标为(Gx,Gy),轮廓最小外界矩形的四个顶点坐标是(Ax,Ay)、(Bx,By)、（Cx，Cy）、（Dx，Dy）

设（AVERx，AVERy）为顶点坐标平均值

$$AVERx=(Ax+Bx+Cx+Dx)/4 \tag{11}$$

$$AVERy=(Ay+By+Cy+Dy)/4 \tag{12}$$

将四个坐标点横坐标排序，设横坐标最小的顶点为（MINx，MINy），横坐标最大的顶点为（MAXx，MAXy）。

若 AVERx>Gx，则运动特征点为（MAXx，MAXy），反之特征点为（MINx，

MINy）。

2.4.2 信息分析

摄像头开始采集后，每隔48帧系统会采集一幅图像，共采集4次。经过上述处理后得到一个特征点，记为特征点1、特征点2、特征点3、特征点4。然后根据特征点坐标变化的规律进行手部运动分析。若特征点4的横坐标大于特征点3，特征点2和特征点1横坐标，则视为向右移动；若特征点4的横坐标小于特征点3，特征点2和特征点1横坐标，则视为向左移动；若特征点4的纵坐标大于特征点3，特征点2和特征点1纵坐标，则视为向上移动；若特征点4的纵坐标小于特征点3，特征点2和特征点1纵坐标，则视为向下移动。

2.5 指令发送与接收

借助Visual C++编译环境的MFC模式下的MSComm控件可以实现系统与串口的通信。MSComm是Microsoft公司提供的简化Windows下串行通信编程的ActiveX控件，为应用程序提供了通过串行接口收发数据的简便方法。MSComm控件通过串行端口传输的接收数据，为应用程序提供串行通信功能。它提供了一系列标准通信命令的使用接口，利用它可以建立与串口的连接，并可以通过串口连接到其他通信设备、发出命令、交换数据以及监视和响应串行连接中发生的事件和错误。MSComm控件可用于创建电话拨号程序、串口通信程序和功能完备的终端程序。借助无线收发模块可以实现指令的远距离传输，本算法采用的是BM100B模块。BM100B模块采用GFSK调制方式，可工作在315/433/490/868/91MHZISM频段，具有尺寸小、功率大、灵敏度高、传输距离远、通信数虑高、内部自动完成通信协议转换和数据收发控制等特点。该模块提供TTL、232或485串行数据接口，使得用户可以通过上位机软件根据自己的需求灵活配置模块的串行速率、工作信道、发射功率、通信速率等参数。

3. 实验结果

本文采用Visual C++编程软件和OpenCV对实时采集的视频进行了前端噪声处理，之后通过背景差分法得到运动目标，通过肤色检测找到具有肤色特征的目标，然后通过运动分析识别手部运动，最后与小车进行交互。图2为基于手部动作的人机交互算法实验结果示例，实验中规定当操作者手从上到下移动时，系统发出前进指令；当操作者手从下往上移动时，系统发出后退指令；当操作者手从左往右移动时，系统发出左转指令；当操作者手从右往左移动时，系统发出右转指令。如图 2（a）和（b）所示，当操作者手从左往右移动时，小车也从左往右移动；如图 2（c）和（d）所示，当操作者手从下往上移动时，小车也从下往上移动。

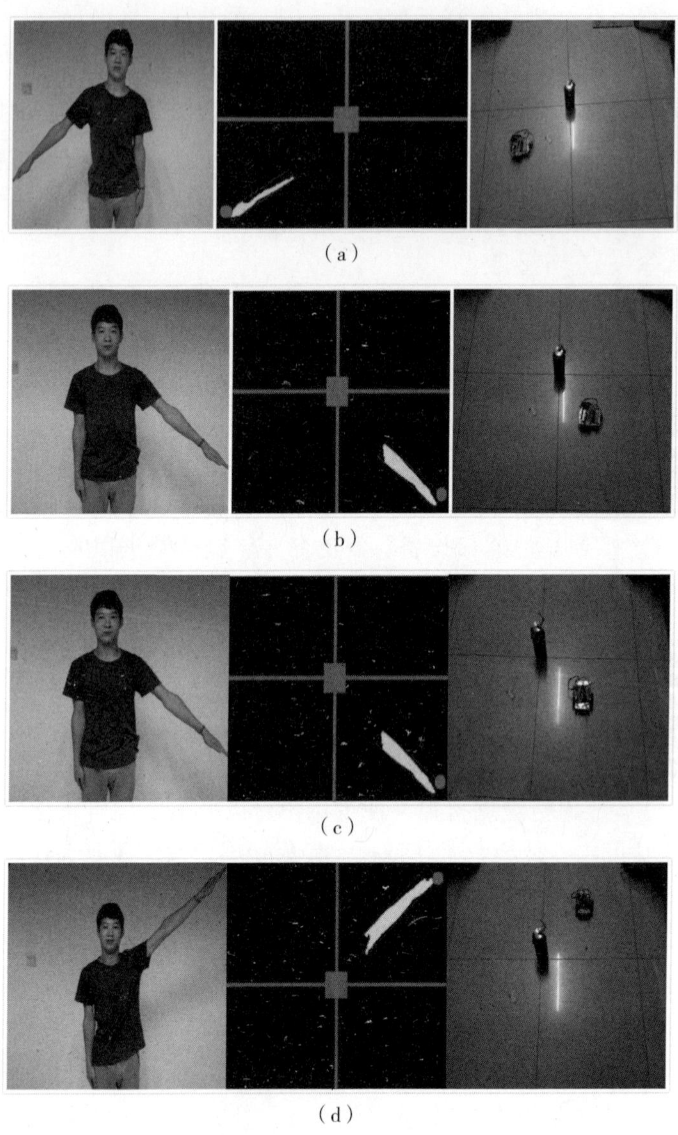

（a）

（b）

（c）

（d）

图 2　基于手部动作的人机交互算法实验结果示例

4. 结论

本文提出了一套基于手部运动的人机交互算法，该算法可以对手部运动进行提取，进而根据提取到的特征点进行运动分析，最后根据分析的结果能够通过智能控制系统进行人机交互。该方法可以用于一些适用于残障人士的特殊场合，方便他们进行操作，具有识别准确、反应速度快的特点。

参考文献

[1] 庞燕．几种常用的肤色检测颜色空间 [J]. 中国传媒大学学报（自然科学版），2013，20（06）：54–58

[2] 田巍，庄镇泉．基于 HSV 色彩空间的自适应肤色检测 [J]. 计算机工程与应用，2004(14): 81–85

[3] 王建国，林宇生，杨静宇．基于新颜色空间 YCgCr 的人脸区域初定位 [J]. 计算机科学，2007，35（05）：223–228

[4] 张毅，张姣，罗元．基于手势跟踪的智能轮椅控制系统 [J]. 重庆邮电大学学报（自然科学版），2011，23（06）：742–745

[5] 王东．基于 HSV 颜色空间的皮肤检测 [J]. 电脑与电信，2012（05）：31–33

[6] Prakhar Mohan，Shreya Srivastava，GarvitaTiwaril，et.al，Background and skin colour independent hand region extraction and static gesture recognition. 2015 Eighth International Conference onContemporary Computing（IC3），2015：144–149

[7] Hassan Yasser，Fatma Mohammed，MaramMahir，et.al，. Human skin color code recognition：A case study，2013 INTERNATIONAL CONFERENCE ON COMPUTING，ELECTRICAL AND ELECTRONIC ENGINEERING（ICCEEE），2013：74–718

[8] Junjie Zhang，RentaoGu，Qing Ye，et.al，Monocular Human Action Recognition Utilizing Silhouette Feature Extraction and Skin Color Detection，2012 13th International Conference on Parallel and Distributed Computing，Applications and Technologies，2012：745–748

基于稀疏编码的自动图像标注

北方工业大学：张志达　崔晓康　范馨予

指导教师：臧　淼

该文探讨了基于稀疏编码的图像自动标注。结合近邻及统计的思想，以Corel-5k原有人工标注为基础，在Matlab平台上对其测试图集进行自动标注，最终通过STM32进行结果显示。从结果上看，稀疏编码方法准确率相比常用方法偏低，但对于图像特征的学习明显优于其他方法。

1. 引言

图像自动标注是通过获得已经标注好的图像集，对未标注过的图像进行标注。近年来，对图像自动标注的研究增多，使准确率逐渐提高。图像自动标注使用最广泛的是基于学习方法的分类模型，例如判别式模型、生成模型等。此外，还有一种基于最近邻的分类模型。因为最近邻的标注方法简单有效，因此本文基于最近邻的标注模型基于稀疏编码的图像自动标注，以提高基于近邻的图像自动标注的性能。

本文在实现稀疏编码算法上使用的是Matlab工具，利用其强大的数学功能检验稀疏编码的效率和准确性。除此之外，本实验还将得到的结果在STM32进行显示。STM32是当今最热门的嵌入式系统之一，它具有体积小、性能强、功耗低、可靠性高以及面向行业应用等突出特征。所以实验最后选用STM32读取结果图片，以幻灯片的形式在TFT-LCD屏幕上显示出来，下方同时显标注内容，并通过按键控制实现对屏幕显示图片的控制。

2. 基于最近邻的图像自动标注基本原理

2.1 图像特征提取

最常用的图像特征是颜色特征，除此之外还有纹理特征、形状特征、空间特征等。一般特征的提取有很多方式，如颜色特征、sift 特征、freak 特征、brisk 特征等。因为颜色空间中的 HSV 特征结果便于后续的视觉分析且计算量小，本文只考虑图像颜色特征的提取。

2.2 最近邻求解

最近邻图像求解是图像自动标注最重要的部分，其核心是通过对提取的图像特征运算得到与其最相似的图像。最近邻图像求解算法很多，本文只在最常用的欧式距离和最终使用的稀疏编码之间展开讨论。

2.2.1 欧式距离算法

欧式距离算法很早就在图像边缘检测、人脸识别、数据审计等不同方向有着广泛的应用。对于相似性度量，欧式距离是一个简单实用的算法。在寻找相似的图像中，为了提高准确性，提取的图像特征不一定只有颜色特征一种。但考虑到不同特征的影响不同，这里引进一种加权的欧式距离算法：

$$d_i\sqrt{\sum_{j=1}^{n}a_j(X_{ij}-X'_{ij})\cdot 2} \tag{1}$$

式中 $X_{ij}X_{ij}$ 是第 i 幅测试图像的第 j 个图像特征矩阵，$X'_{ij}X'_{ij}$ 第 i 幅训练图像的第 j 个图像特征矩阵，a_ja_j 是第 j 种图像特征的权值。

2.2.2 稀疏编码算法

稀疏编码源自于神经网络，是近年来图像信号处理领域的一个研究热点。其最大的优势是压缩数据量，给在高维度数据的计算带来极大便利。例如两个上万维的向量空间，一个作为训练空间，一个作为测试空间。两个空间做一个简单的内积可能达上万次。但如果这两个向量空间里有 n 个和 m 个非零元素，那么只用做 min（n，m）次乘法。并且当 m、n 远大于零元素的个数时，计算量就会大大减少。但并不是 min（n，m）越小越好，对于训练空间，若 n 的值远远小于空间维度值，即数据点个数远小于特征数量，并且这时候还没有任何约束，便会出现如图 1 所示的过拟合的情况。过拟合不是没能拟合好训练数据，相反，由图 2 可见，过拟合的代价反而与零非常相近，这样则会导致训练结果没法泛化到测试样本空间中去。要是因为特征过多发生了过拟合，减少不必要的特征量便能减少过拟合。

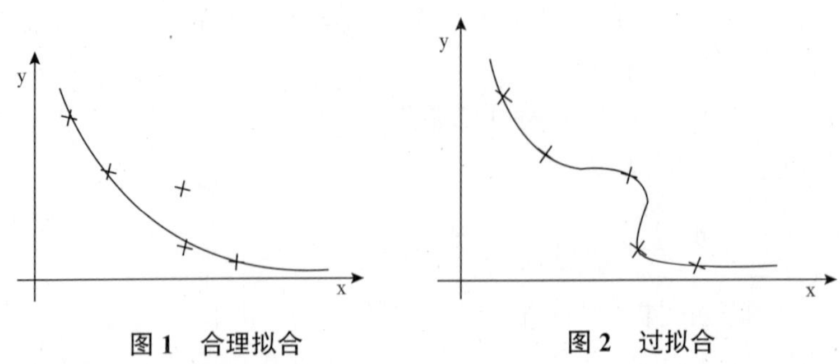

图 1　合理拟合　　**图 2　过拟合**

但很多时候，其特征不仅庞大还没有冗余，所以一般都用正则化在保留所有特征变量的情况下减少其数量级。正则化可以通过坐标下降法和范数求解等方法实现。通常使用 l_1 范数正则化。l_1 范数是从凸优化角度计算训练空间的稀疏系数，是 l_0 范数的最优凸近似，又比 l_2 更具有稀疏性。因此，本文采用 l1 正则最小二乘法求解测试目标与训练空间对应的稀疏系数。

$$\min \| A_X - y \|^2 + \lambda \sum \| X_i \| \quad (2)$$

式中 y 为测试图像特征，A 是所有训练图像特征构成的矩阵，x 为稀疏的基向量。x_i 是 x 的第 i 个元素，$\lambda \sum \| X_i \|$是正则化项，$\lambda\lambda$ 是正则化参数。正则化项能对高阶项进行收缩，通过 λ 在很好地拟合数据和保持参数值较小之间找到平衡。λ 越大拟合的结果越简洁，若 λ 过大，则拟合的结果将会趋近一条水平线，此时为欠拟合。

综上所述，欧式距离算法虽然相对简单，但其图像所有特征点同等对待，这大大减少了图像之间的关联性，同时也失去部分图像信息。而稀疏编码算法不仅能考虑图像的关联性和差异性，同时也是一种鲁棒性很强的算法。因此，本文最终使用稀疏编码方法在图像的 HSV 颜色特征上对图像进行自动标注。

3. 基于稀疏编码的自动图像标注设计

本文首先在 Matlab 平台上设计实现了基于稀疏编码的自动图像标注算法，

验证了算法的有效性。为直观展示测试图像和标注结果，本文设计并实现了基于STM32的标注结果显示模块，使得多个测试图像能够循环播放，同时显示人工标注和自动标注文本，便于对标注结果进行进一步对比和分析。

基于稀疏编码的自动图像标注设计流程图如图3。由图3可见，系统先提取所有训练图像的特征，使用相应的人工标注的关键词，然后采用相应 l_1 正则最小二乘法求解由训练图像重构每一幅测试图像的重构系数，确定每幅测试图像最近邻的k幅图片，最后统计这些图片中出现次数最多的前n个标注作为测试图片的自动标注结果。

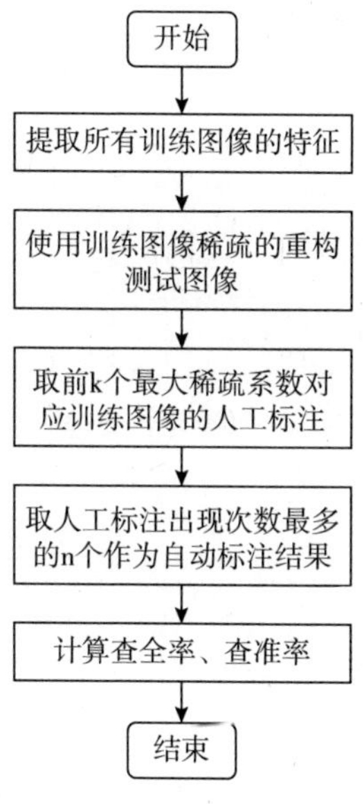

图3　程序设计流程图

本文实验使用Corel-5k数据集，Corel-5k数据集共包含大小相等的5000张图片，其中训练图像4500幅，测试图像500幅。Corel-5k分为50个大类，每一类都是100张图，且每一类都有相应主题。其中每张图片已被人工标注了1~5个单词。

程序首先对Corel-5k数据集所有图像进行HSV颜色特征的提取，将训练图像组成一个矩阵，测试图像组成另一个矩阵。求解 l_1 范数使用了梯度投影法。取出前五个稀疏系数最大的图像，再统计前五个出现次数最多的人工标注的关键词作为自动标注的结果。最后将结果和测试图像人工标注的结果比较分析，并求解查全率查准率。

4. 基于 STM32 的标注结果显示

4.1 模块硬件设计

系统显示部分硬件方框图如图 4 所示，系统包括分为数据存储端、数据处理端、数据显示端三大部分电路组成。数据存储端主要包括 SD 卡存储设备以及相应的数据传输电路等组成。数据处理端主要有 STM32 开发板的 MCU 主控模块处理完成，主要对数据进行处理，通过读取文件头信息对图片类型进行判别，然后依据不同类型文件进行相应解码流程，最终将处理后的数据送到下一端数据显示端进行显示。数据显示端接收固定模式的数据格式通过 LCD 驱动电路对数据进行输出显示。

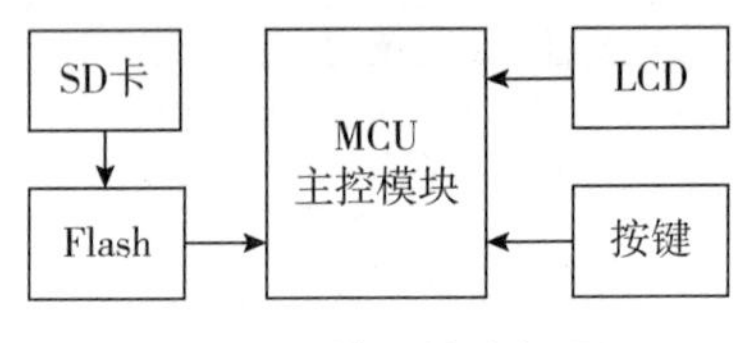

图 4　系统硬件方框图

4.2 模块软件设计

软件设计流程图如图 5 所示，由图可见，系统首先将文件信息读入，再通过文件的后缀名判断文件的类型，根据文件的类型选择不同的解码方式。最后将解码出来的图像数据及其对应的标注在屏幕对应处显示出来。

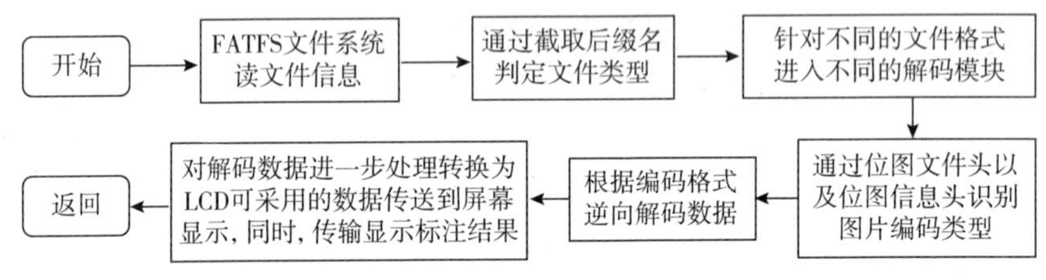

图 5　软件设计流程图

4.2.1 数据读入模块

图像和标注文本信息保存在 SD 卡中，数据读入模块需要将 SD 卡中的文件读入到内存单元中，该模块主要包含 FATFS 文件系统、MALLOC 内存分配单元和 USMART 终端操作等。

首先，需要用 MALLOC 内存分配单元的函数申请一定格式的内存空间，为 FATFS 文件系统进行文件打开以及文件读写做准备。在申请完内存空间并判定申请成功后（某一步申请不成功就释放所有已申请空间，并返回相应错误参数）进入文件打开以及读写阶段。首先通过 FATFS 文件系统的 f_opendir（ ）函数打开相应文件夹目录，然后通过返回参数判定是否打开成功：如果打开成功，则通过 f_readdir（ ）读取目录下的一个文件，并通过 while（1）循环全部查询确定文件数目。

FATFS 是一个为小型嵌入式系统设计的通用 FAT（File Allocation Table）文件系统模块。具有 Windows 兼容的 FAT 文件系统；不依赖于平台，易于移植；代码和工作区占用空间非常小；多种配置选项等优点。FATFS 的编写遵循 ANSIC，并且完全与磁盘 I/O 层分开。因此，它独立（不依赖）于硬件架构。它可以被嵌入到低成本的微控制器中，而不需要做任何修改。FAT 文件系统用“簇”作为数据单元。每一个“簇”都有一组连续的扇区组成，并且其所含的扇区数必须是 2 的整倍数。簇的最大值是 32Kb。在使用 FATFS 文件系统的时候，首先需要将其移植到开发平台，移植主要分为三步，依次是数据类型定义（在 interger.h 内部定义）、配置（在 ffconf.h）和函数编写（6 个接口函数）。有关详细的移植步骤请参见参考文献 [9] 和 [10]。

MALLOC 内存分配单元分别使用 malloc（ ）函数和 free（ ）函数，实现内存单元的分配和内存空间释放。

4.2.2 图片格式识别以及解码模块

本模块设计可以识别解码出如 bmp、jpg/jpeg、gif 等多种格式的图片，首先从格式识别来说，主要是通过代码实现文件名的读取，然后进行其后缀部分的截取，通过后缀识别得到图片文件类型，在得到图片类型后并不能直接对其进行显示，因为同一种图片格式也有不同的类型，例如 16 位颜色图、24 位颜色图、32 位颜色图、RGB（5.5.5）、RGB（5.6.5）等。进而针对不同的文件类型采用对应的解码方式进行解码，最终解析出图片数据，再以 LCD 所需的数据格式把数据传送到 LCD 硬件模块开始显示。

5. 实验结果分析

5.1 Matlab 实验结果

Corel-5K 数据集部分测试图像与部分近邻图如图 6 所示。由图 6 可以看出，在视觉颜色的分布上，稀疏编码求得的近邻图像十分相似。虽然有个别看上去有些区别，但大体上保持了一致。

图 6　图像标注结果

测试图像 a 的自动标注有“Coral”“Ocean”“Reefs”“Fish”“Sea”，人工标注有“Coral”“Fan”“Ocean”“Farms”“sea”。图像 b 的自动标注有“Field”、“Horse”“Mare”“Grass”“Tree”，人工标注有“Field”“Foals”“Mare”“horses”。从结果看来，本文自动标注的结果和人工标注结果大体一致，大部分人工标注的关键词在自动标注的结果中都有出现。此外，自动标注还添加或修改了个别关键词。

最后计算的查准率和查全率为 25.115% 和 24.519%。虽然相比欧氏距离的 29.968% 和 29.487% 偏低。这跟 $\lambda\lambda$ 取值有关，本系统中 $\lambda\lambda=1$，这个值的参数不一定对每幅图像都合适。有些图像可能迭代次数不够，有些图像可能迭代次数过多，从而影响了稀疏编码之后的标注。

从自动标注结果的整体来看，自动标注的个别词会有语义鸿沟的出现。因为计算机只能对图像低层特征进行计算，无法自下而上推知高层语义，所以语义鸿沟在结果中必然存在。可以看到，用稀疏编码计算出的近邻图像视觉上颜色的相似度很高。但是某些相似的图片中的语义和原测试图像并不一致。如测试图像 a 语义中最主要的是“珊瑚”，但其近邻的图像有一幅语义主题是“鱼”。这些标注混入近邻图像人工标注的统计中来，使测试图像的自动标注结果有误。但语义鸿沟不一定都会产生偏差。从测试图像 b 的标注结果中可以看到，其近邻的图语义主题有“熊”和“房子”。但自动标注结果在人工标注里的“田野”“马”“母马”单词基础上增添的“草坪”和“树”，对于测试图像是一种正确的学习，反而使自动标注结果更加具体丰富。所以，若是在数量更加庞大且分类标注更加细致的训练图像集，语义鸿沟会得到一定程度的抑制，自动标注的准确率可能也会得到一定程度的提高。

5.2 STM32 显示

在 STM32 上显示的“珊瑚”图像和“草场”图像结果分别如图 7 和图 8 所示。图像显示布满 LCD 屏上部分，下半部分则依次展示了自动和人工标注的结果。通过 STM32 的展示，我们能直观地获得图像、自动标注和人工标注的信息，并能从图像和标注结果之间和两种标注结果之间快速地做出分析。图像结果可循环播放，或可通过按键设置。

图 7 “珊瑚”图像显示结果

图 8 “草场”图像显示结果

6. 结语

本文用稀疏编码的方法实现了对 Corel-5K 数据集的测试集进行自动标注。但基于稀疏编码的方法的效率仍需要提高。可以通过改进优化 l_1 范数求解问题优化，例如调整 $\lambda\lambda$ 的取值；可以在系统求解稀疏系数前对每一幅测试图像计算其最合适的 $\lambda\lambda$；在文献的人脸图像识别上，有一类新颖高效的建立在 l_2 范数求解基础上的稀疏描述方法，计算复杂程度相对较低。但人脸识别算法移植到图像识别，中间也会有问题需要注意。对于标注的改进方法，参考文献[7]建立了词与词之间的语义联系，而不是把每个标注词都看作互相独立的。例如“草（grass）”和“树（tree）”语义联系比较紧密，当一幅图被标注了“草（grass）”，那么它被标注上的“树（tree）”的概率也更高。这种关联，也是改善图像标注性能手段之一。因此，寻找满足应用的快速稀疏编码和提高图像标注在语义上的准确率是下一步重点研究的方向。而对于STM32显示部分，显示的效果良好，系统的功能有待进一步研究与发展，下一步的研究方向是实现更智能化的显示，例如连接Matlab自动标注图像特征的结果数据实现跨平台显示等。

参考文献

[1] 吴伟，高光来，聂建云.一种融合语义距离的最近邻图像标注方法[J].计算机科学，2015，42（1）：297-302

[2] 刘瑞元.加权欧氏距离及其应用[J].数理统计与管理，2002，21（5）：17-19

[3] 刘建伟，崔立鹏，刘泽宇，罗雄麟.正化稀疏模型[J].计算机学报，2015，38（7）：1307-1325

[4] 臧淼，徐惠民，张永梅.基于距离约束稀疏/组稀疏编码的图像自动标注[J].四川大学学报，2016，48（5）：78-83

[5] 温超，耿国华.基于内容图像检索中的“语义鸿沟”问题[J].西北大学学报(自然科学版)，2005，35（5）：536-540

[6] 徐勇，范自柱，张大鹏.基于稀疏算法的人脸识别[M].北京：国防工业出版社，2014

[7] 鲍泓，徐光美，冯松鹤，须德.图像自动标注技术研究进展[J]，2011，38（7）：35-40

[8] M. Figueiredo，R. Nowak，S. Wright. Gradient projection for sparsereconstruction：Application to compressed sensing and other inverse problems[J]，IEEE J. Sel. Topics Signal Process，2007，1（4）：586 - 597

[9] 顾春洋，李鑫，张强.基于SD卡的FAT32文件系统的设计与实现[J].产业与科技论坛，2013（02）96-98

[10] 史胜伟，潘冀宁，孙慧洋.基于STM32的MicroSD卡Fat文件系统快速实现[J].通信世界，2016（17）81-83

气候参数远程测控装置的设计研究报告

北方工业大学：吕恒宇　刘　地　郭尧天　李天阳

指导教师：赵徐森　高级实验师

本文主要介绍一种手持式远程环境气象参数测量装置的设计方法、电路结构和测量策略，以低功耗单片机MSP430F149作为核心控制部件，包含PM2.5、温度、湿度、气压和风速测量模块，外加时钟电路、液晶显示和远程手机短信测控模块组成。特别适应于各种小区域的环境气象参数测量，可以随时随地测量环境气象参数，具有远程测控、携带方便、实用性强等特点。

1. 绪论

1.1　课题研究背景及意义

PM2.5是当前人们最关注的环境空气质量指标，而温度、湿度、气压、风速等气象参数的测量在日常生活、农业、渔业、工业、林业、航海等领域中都起着十分重要的作用，很多地区环境空气和气象参数的测量大多依靠当地空气质量和天气预报，可是，其预报地域范围较广，无法精确到小区域的参数测量。因此设计一种小型化，便携式的综合环境气象参数测量仪就显得十分必要。在测量仪精度可达到普通环境气象测量要求下，具有实时显示、低功耗、小型化、便携式、低成本的特点，适用于各种小区域的环境气象参数变化的本地和远程实时测量，为各种生产生活活动提供及时的环境和气象信息，具有一定的实用价值。

1.2 本文研究的主要内容

本文主要设计了一种手持式环境气象参数测量仪，采用低功耗单片机MSP430F194作为核心控制部件，采用模块化思路，设计了PM2.5、温度、湿度、气压和风速五个测量模块。利用各个传感器将PM2.5、温度、湿度、气压、风速转化为电信号，通过单片机处理后得到测量数据，各个数据和时钟芯片得到的时间信息一并在液晶上显示，实现主要环境气象参数的实时显示。更主要的是该方案充分发挥MSP430单片机所具有的低功耗特性和丰富的软硬件资源，将装置工作状态设计成低功耗方式，绝大部分时间都工作在低功耗状态，只有在本地查询测量结果，或定时将测量结果通过手机短信方式远程传输，或通过手机远程查询测量结果时，环境气象参数测量装置才会被唤醒，工作在测量状态，并完成相应的功能。这样便能实现便携和远程测控功能，在很多方面都实现了较大的突破与创新。

2. 硬件电路设计

2.1 总体设计方案

本设计采用模块化的方式，在单片机MSP430F149的控制下，分别完成对PM2.5、温度、湿度、气压和风速的测量。通过统一的时间模块可以使测量仪定时对环境气象参数进行测量，并通过发送手机短信的方式远程反馈结果。显示模块采用LCD液晶显示，在按下按键时便可进行唤醒测量并将结果和时间分屏显示在屏幕上。无线发送接收模块用来实现远程控制测量，手机通过拨打仪器内预设的电话号码便能将测量仪唤醒并进行测量，然后通过短信的方式接收当时的环境气象参数。电源管理模块对整个系统进行供电，其低功耗工作模式使测量仪可用电池供电的方式，使测量仪更易手持携带，并能充电使用，进而使得该环境气象参数测量仪具有更强的实用性。环境气象参数测量仪结构框图如下。

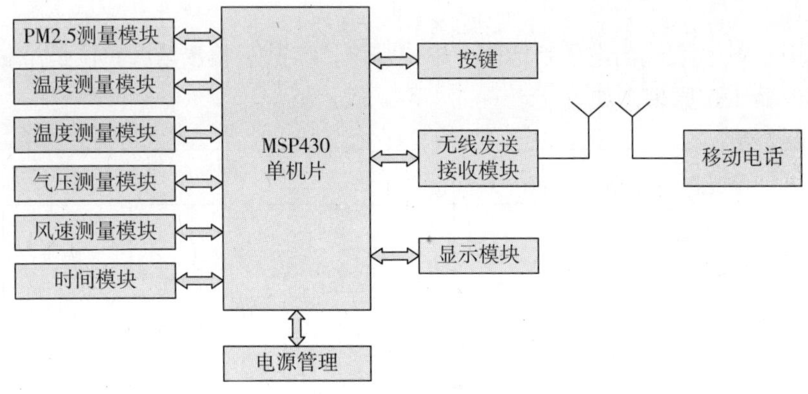

图 1　环境气象参数测量仪结构图

2.2　测量模块的设计

2.2.1　PM2.5测量模块设计

SM-PWM-01A 和 GP2Y1010AU0F 都是一种灰尘传感器，可以用来进行 PM2.5 测量。它们的工作原理类似，都是检测空气中灰尘对红外光的反射，进而判断空气中灰尘颗粒物的浓度并能够区分烟雾颗粒和灰尘。当今主流的灰尘传感器都是应用了这一原理。SM-PWM-01A 的可测粒子直径大于 1μm，最小启动时间需要 30s，体积大而且价格高，GP2Y1010AU0F 可测量 0.8μm 以上的微小粒子，通电后 1s 内便可达到稳定，并且体积小、成本低，再考虑到本设计要求的便携性、经济性，所以通过对比，PM2.5 测量选用 GP2Y1010AU0F 灰尘传感器。

GP2Y1010AU0F 灰尘传感器，其中心有让空气自由流过的洞，内部对角安放红外发射二极管和光电晶体管，它能通过检测空气中灰尘的反光来测定空气中极小颗粒物的含量，传感器输出电压与粉尘浓度成正比，通过输出电压的脉冲类型来辨别烟雾颗粒和灰尘。对于烟雾颗粒，检测范围为：

$$V_{OR}=V_{OH}-V_{OC}$$

其中，V_{OR} 代表输出电压可变范围，即可以检出的范围，V_{OH} 代表输出电压的最大值，V_{OC} 代表无尘时输出的电压，即输出电压的最小值，单位都是 V。将此换算成粉尘浓度：

$$C_{OR}=V_{OR}\div K$$

其中，C_{OR} 代表检出粉尘浓度范围，单位是 $\mu g/m^3$，K 代表检出感度，单位是 V/（$0.1\mu g/m^3$）。由此对应关系，可以得到灰尘浓度与输出电压的对应关系，例如当检测的结果是烟雾颗粒时：

$$V_o=C_o\times10\times K+V_{oC}$$

其中，V_0 代表输出电压判定值，单位是 V，C_0 代表检出浓度单位是 μg/m³。其电路工作原理图如下：

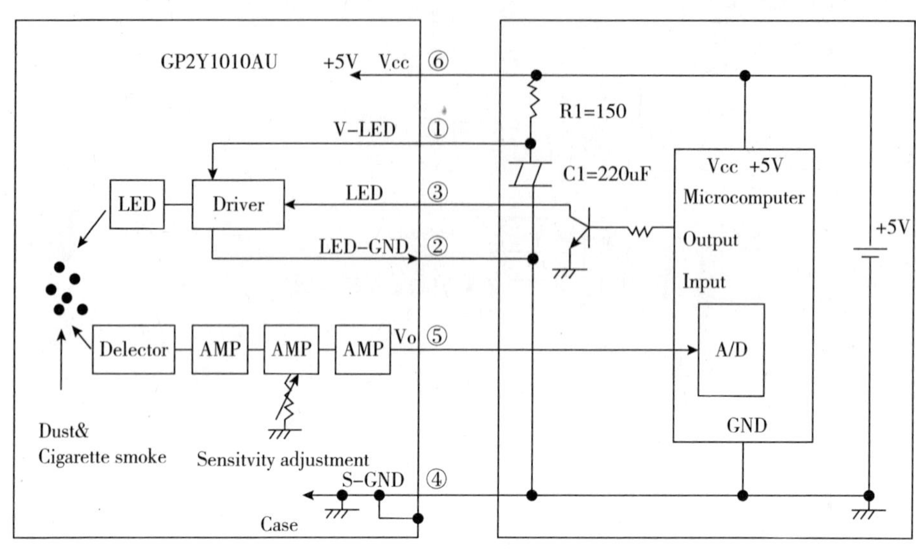

图 2　电路工作原理图

2.2.2　温度测量模块设计

方案一：由于本设计是测温电路，可以使用 PT100 热敏电阻这种模拟温度传感器，将随被测温度变化的电压或电流采样，进行 A/D 转换后就可以用单片机进行数据处理，实现温度显示。这种设计需要用到 A/D 转换电路，并且 PT100 热敏电阻的阻值随温度非线性变化会导致 A/D 采得的电压也为非线性变化，这增大了电路和程序的复杂性，测得温度的精度为 ±0.2℃，要做到高精度也比较困难。

方案二：考虑到单片机属于数字系统，容易想到数字温度传感器，可选用 DS18B20 数字温度传感器，此传感器为单总线数字温度传感器，其体积小、构成的系统结构简单，它可直接将温度转化成串行数字信号给单片机处理，即可实现温度显示。另外 DS18B20 具有 3 个引脚的小体积封装，测温范围为 -55~+125℃，测温分辨率可达 0.0625℃，其测量范围与精度都能符合设计要求。

以上两种方案相比较，第二种方案的电路、软件设计更简单，此方案设计的系统在功耗、测量精度、范围等方面都能很好地达到要求，故本设计采用方案二。

DS18B20 可以直接将温度转化成 12 位数字量，根据该数字量和测量温度分辨率可以得到当前温度值，即：

$$T=D_{12}\times F$$

其中，T 代表测得的温度单位是℃，D_{12} 代表 DS18B20 转化的 12 位数字量，F 代表温度分辨率。

其电路工作原理图如下：

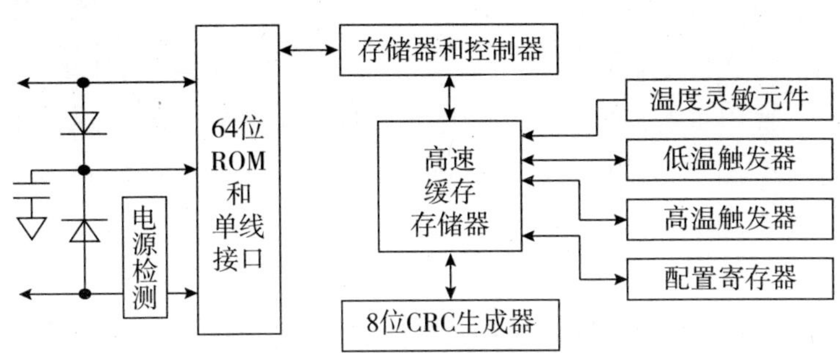

图 3　电路工作原理图

2.2.3　湿度测量模块设计

方案一：HS1101 是电容式湿度传感器，可测量的湿度范围 1%~100%RH，精度为 ±2%RH。采用 555 时基或 RC 振荡电路，将湿度传感器等效为电容值，当相对湿度变化时，HS1101 的相对电容改变，相对电容大小的改变会导致充放电时间的变化，测量时需要根据充放电频率计算出相对湿度。

方案二：DHT11 数字温湿度传感器是一款含有已校准数字信号输出的温湿度复合传感器，它应用专用的数字模块采集技术和温湿度传感技术，确保产品具有极高的可靠性和卓越的长期稳定性。传感器包括一个电阻式感湿元件和一个 NTC 测温元件，并与一个高性能 8 位单片机相连接，具有品质卓越、超快响应、抗干扰能力强、性价比极高等优点。每个 DHT11 传感器都在极为精确的湿度校验室中进行校准。校准系数以程序的形式存在 OTP 内存中，传感器内部在检测型号的处理过程中要调用这些校准系数。单线制串行接口，使系统集成变得简易快捷。超小的体积、极低的功耗，使其成为几类应用甚至最为苛刻的应用场合的最佳选择。

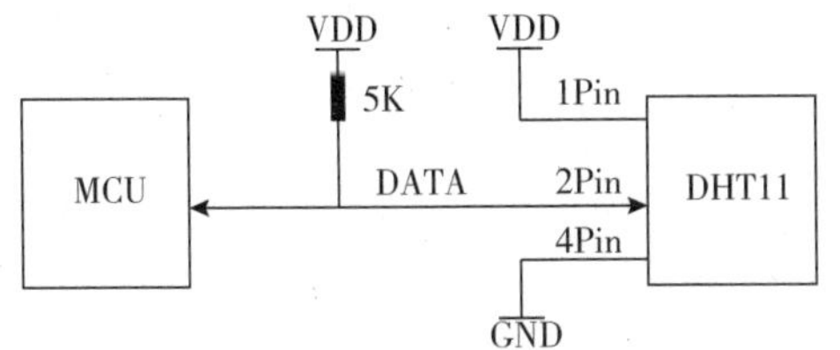

图 4　电路工作原理图

两方案综合比较，方案二性能相对较好，电路设计简单受外界影响较小，精度高而可靠，成本低廉且能满足测量需求，并且调试方便简单，所以选择方案二。

DHT11 数字温湿度传感器一次完整的数据传输为 40bit，包括 8bit 湿度整数数据 +8bit 湿度小数数据 +8bit 温度整数数据 +8bit 温度小数数据。这样经过一次传输之后便可以得到相应的湿度值。

其电路工作原理图如左所示：

2.2.4 气压测量模块设计

方案一：选用具有温度补偿能力的集成压力传感器 MPX4115，其输出与外加压力成正比，测量范围是 15~115 kPa，输出电压范围是 0.2~4.8 V。MPX4115 输出电压与大气压的关系如下：

$$V_o \approx V_s\,(P \times 0.009 - 0.095)$$

方案二：采用 BMP180 气压传感器模块，这是一款高精度、小体积、超低能耗的压力传感器，可以应用在移动设备中，它的性能卓越，绝对精度最低可以达到 0.003kPa，并且耗电极低，只有 3μA。BMP180 采用 8-pin 陶瓷无引线 LCC 超薄封装，可以通过 I2C 总线直接与各种微处理器相连。

综合以上两种方案比较，选用 BMP180，其外围电路简单，性能卓越，数字式精度高。

使用 BMP180 测量流程是读取 UT，然后进行压力测量，再读取 UP，最后将压强转换得到气压值。

其气压计算方法与步骤如下：

气压计算
$X1=(UT-AC6)*AC5/2^{15}$ $X2=MC*2^{11}/(X1+MD)$ $B5=X1+X2$ $T=(B5+8)/2^{4}$ $B6=B5-4000$ $X1=(B2*(B6*B6/2^{12})\ /2^{11}$ $X2=AC2*B6/2^{11}$ $X3=X1+X2$ $B3=(AC1*4+X3)<\ osrs+2)/4$ $X1=AC3*B6/2^{13}$ $X2=(B1*(B6*B6/2^{12})\ /2^{16}$ $X3=(X1+X2)+2)/2^{2}$ $B4=AC4*(Y3+32768)/2^{15}$ $B7=(UP-B3)*(50000>oss)$ $if(B7<0x80000000)\{p=(B7*2)/B4\}$ $else\ p=(B7/B4)*2\}$ $X1=(p/2^{8})*(p/2^{8})$ $X1=(X1*3038)/2^{16}$ $X2=(-7357*p)/2^{16}$ $p=p+(X1+X2+3791)/2^{4}$

图 5

其电路工作原理图如下：

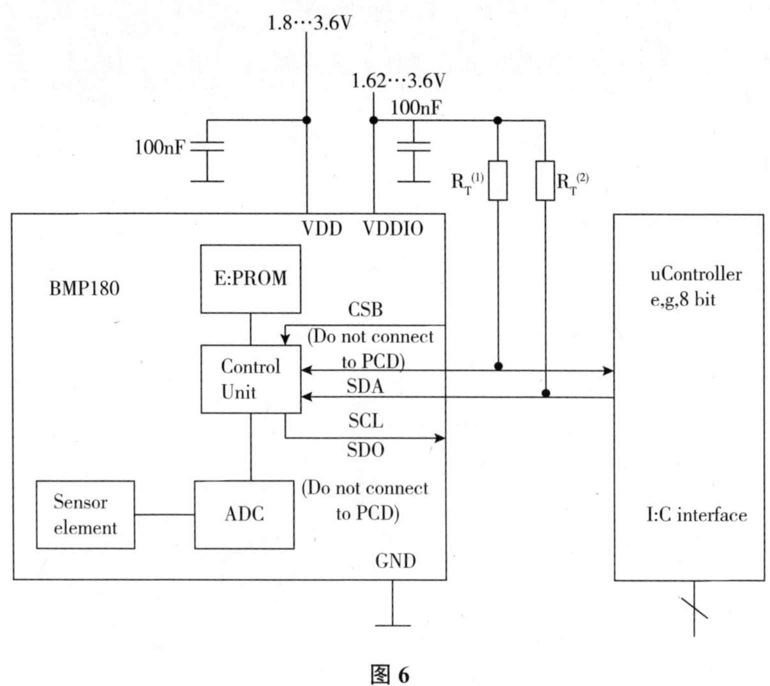

图 6

2.2.5 风速测量模块设计

方案一：使用锗热敏电阻器的风速传感器是一种可以同时测量风速和风温的风速传感器。使用锗热敏电阻器进行风速和风温的测量，可以测量 0.05~10m/s 的风速以及 0~+50℃的风温。但是风速传感器的输出电压与风速的关系不是直线性的，所以需要有线性化电路，电路结构比较复杂。

方案二：采用传统的三杯旋转架结构风速传感器。它能将风速线性地变换成旋转架的转速。为了减小启动风速，采用塑制的轻质风杯，锥形轴承支撑。测量范围 0~30 米/秒。此款风速变送器将风速由内部电路变换为电流信号。电流信号经电路变换为电压信号，经一级低通滤波器滤波后接到单片机 AD 采集引脚。单片机把采集到的电压信号经计算转换为风速。

图 7

通过比较，方案二中的三杯风速传感器的性能更好，并且电路设计简单，测量风速范围更大、准确度更高，所以选用方案二。

相应的风速计算公式为：

$$V=0.3+0.0877\times f$$

其中，V 代表风速，单位是 m/s，f 代表风杯转速，单位是 Hz。

2.3 其他模块的设计

2.3.1 MSP430电路设计

MSP430 是 TI 公司推出的一系列超低功耗微处理器。它的显著特性是具有超低功耗，有 5 个低功耗模式可供选择，唤醒时间很短，只需 6 μs，同时还拥有强大的处理力，集成度高，嵌入模块丰富（12 位 A/D、16 位定时器、FLASH 等），多用于智能仪表、智能家电、电池供电等便携式设备中。

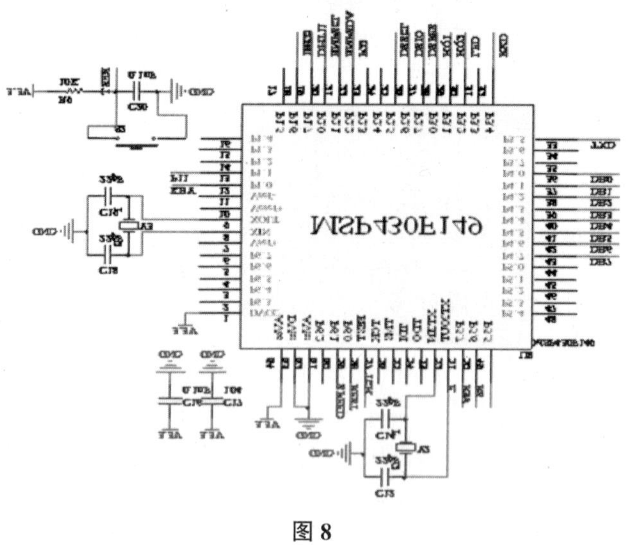

图 8

本环境气象参数测量仪采用 MSP430 系列的 MSP430F149 单片机为主控芯片，不仅满足了设计的要求，可以直接运用内部集成的 12 位 A/D 和 16 位定时器，减少外围模块，从而提高了系统稳定性；同时还可使单片机进入低功耗模式，有效地减少系统功耗，节约电能。

2.3.2 时间模块设计

DS1302 是一种高性能、低功耗、带 RAM 的具有涓细电流充电能力的实时时钟芯片。它可以对年、月、日、周、时、分、秒进行计时，具有闰年补偿功能。

DS1302 的引脚中有主电源 VCC2 和后备电源 VCC1，在主电源关闭的情况下，也能保持时钟的连续运行。DS1302 可以用于数据记录，特别是对某些具有特殊意义的数据点的记录，能实现数据与出现该数据的时间同时记录。这种记录对长时间的连续测控系统结果的分析及对异常数据出现的原因的查找具有重要意义。所以可以用于实时显示测量结果和测量时间。

使用时间模块使本设计可以实现对环境气象参数的定时测量，实现每次测量时的具体时间显示，这样能够使该环境气象参数测量仪功能更完善、更实用。

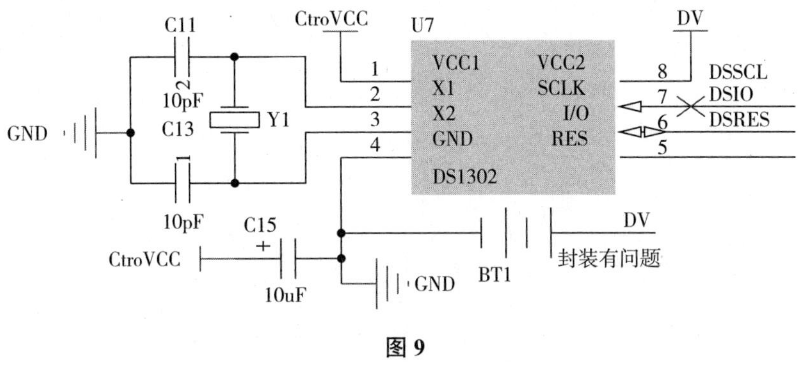

图 9

2.3.3 无线发射接收模块设计

SIM900A 是紧凑型、高可靠性的无线模块，能满足低成本、紧凑尺寸的开发要求。休眠状态功耗仅为 1.5mA，消耗极少，具有全功能 UART 接口，有天线连接器和天线焊盘，内嵌强大的 TCP/IP 协议栈，支持多 IP 连接。

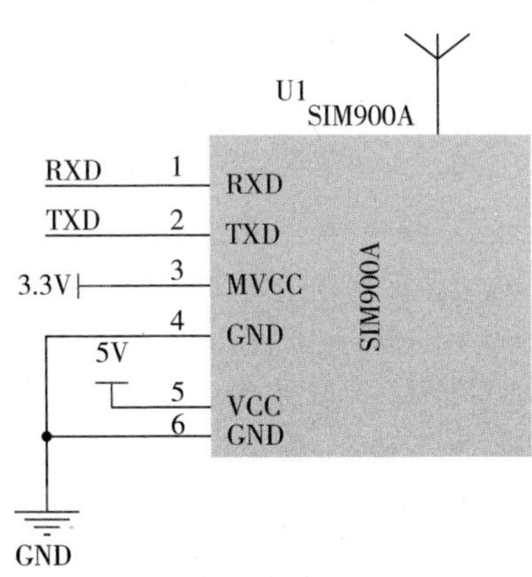

图 10

通过无线发射接收模块，能够实现该环境气象参数测量仪与手机的远程通信交互，测量仪可以定时以短信方式向手机发送当时测得的环境气象参数，手机也能通过拨打电话的方式将测量仪唤醒进行环境气象参数测量，并通过短信接收的方式获得测量结果。

2.3.4 显示模块设计

采用LCD液晶显示屏，液晶显示屏的显示功能强大，可显示大量文字、图形，显示多样，清晰可见，与普通数码管显示相比功耗较小，硬件连接简单。所以显示部分采用LCD1602液晶显示。

显示模块在本地测量环境气象参数工作方式中使用，采用分屏显示的方式，使当时的测量结果和测量时间清晰地显示在LCD屏上，并且也能将测量时参数的变化显示出来，使得该环境气象参数测量仪更具有实用性。

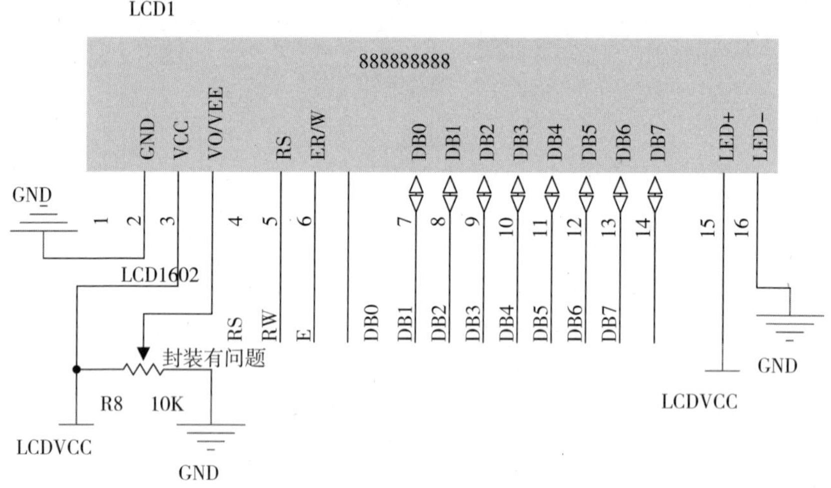

图 11

2.3.5 电源模块设计

整个系统用5V锂电池供电，由于各个模块的供电需求不同，所以采用两个电压转换模块将5V电压转化成3.3V和12V，其中3.3V用来给CPU供电，12V用来给风速传感器供电。电源模块还包含两个继电器。继电器1连接PM2.5、温度、湿度、气压和风速等所有的测量模块，在测量工作时继电器1吸合，所有测量模块接上电源。继电器2与LCD屏相连，由于LCD屏显示耗电较多，所以只有在本地测量时继电器 2 才闭合，并让 LCD 屏幕显示测量结果。这样的设计可以使所有的测量模块和显示模块仅在测量时才处于工作状态，其余时间该环境气象参数测量仪便处于低功耗状态，更加省电。

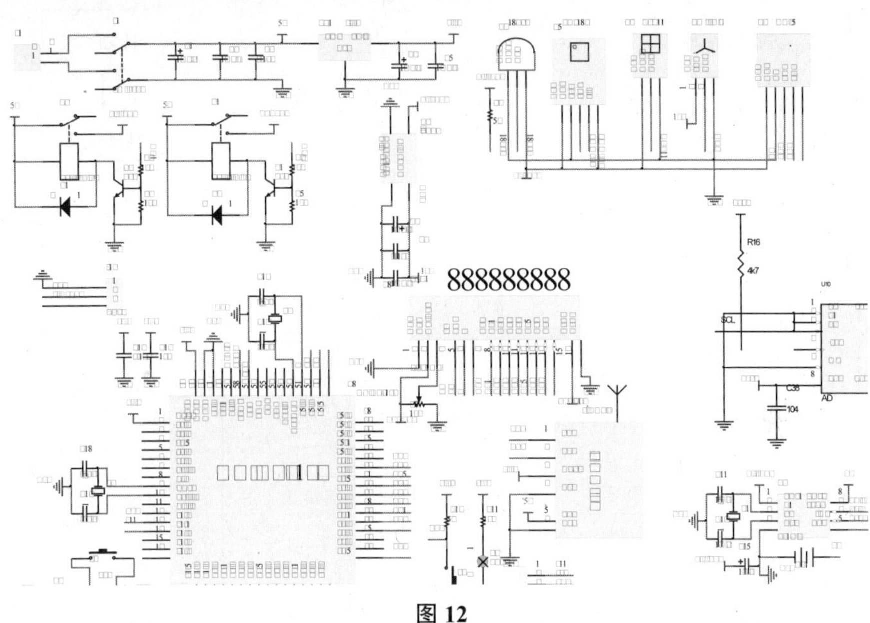

图 12

3. 软件设计

为了实现便携，系统程序按照低功耗方式设计。除了必要的设备初始化以外，其余程序（指令触发、定时器、A/D 转换）均在中断中完成。单片机绝大部分时间处于 LPM1 低功耗模式中，只有中断被触发时才被唤醒，这大大降低了系统功耗。在低功耗工作状态下，只有时钟电路、单片机、无线发射和接收模块工作于低功耗状态，其他所有的外围测量和控制电路均处于关闭状态。

该环境气象参数测量仪主要有三种工作方式：①定时测量并将结果以短信方式发送到手机；②通过按键进行本地实时测量并通过 LCD 屏幕显示；③通过手机拨打电话将测量仪唤醒并进行测量，将结果以短信方式发送到手机。三种工作方式流程图如下：

开始
初始化系统
读取时间
到预定时间?
Y
N
休眠
开启各个测量模块
PM2.5测量
温度测量
湿度测量
气压测量
风速测量
数据处理
通过短信模块发送数据
重设预定时间
关闭各测量模块
本地查询中断
退出休眠
打开显示器
打开各个测量模块
PM2.5测量
温度测量
湿度测量
气压测量
风速测量
数据处理
LCD显示
测量时间到?
N
Y
关闭显示器
关闭各测量模块
退出中断
来电查询中断
接受号码
挂断电话
预设号码?
N
Y
开启各测量模块
PM2.5测量
温度测量
湿度测量
气压测量
风速测量
数据处理
通过短信模块发送数据
关闭各测量模块
退出中断

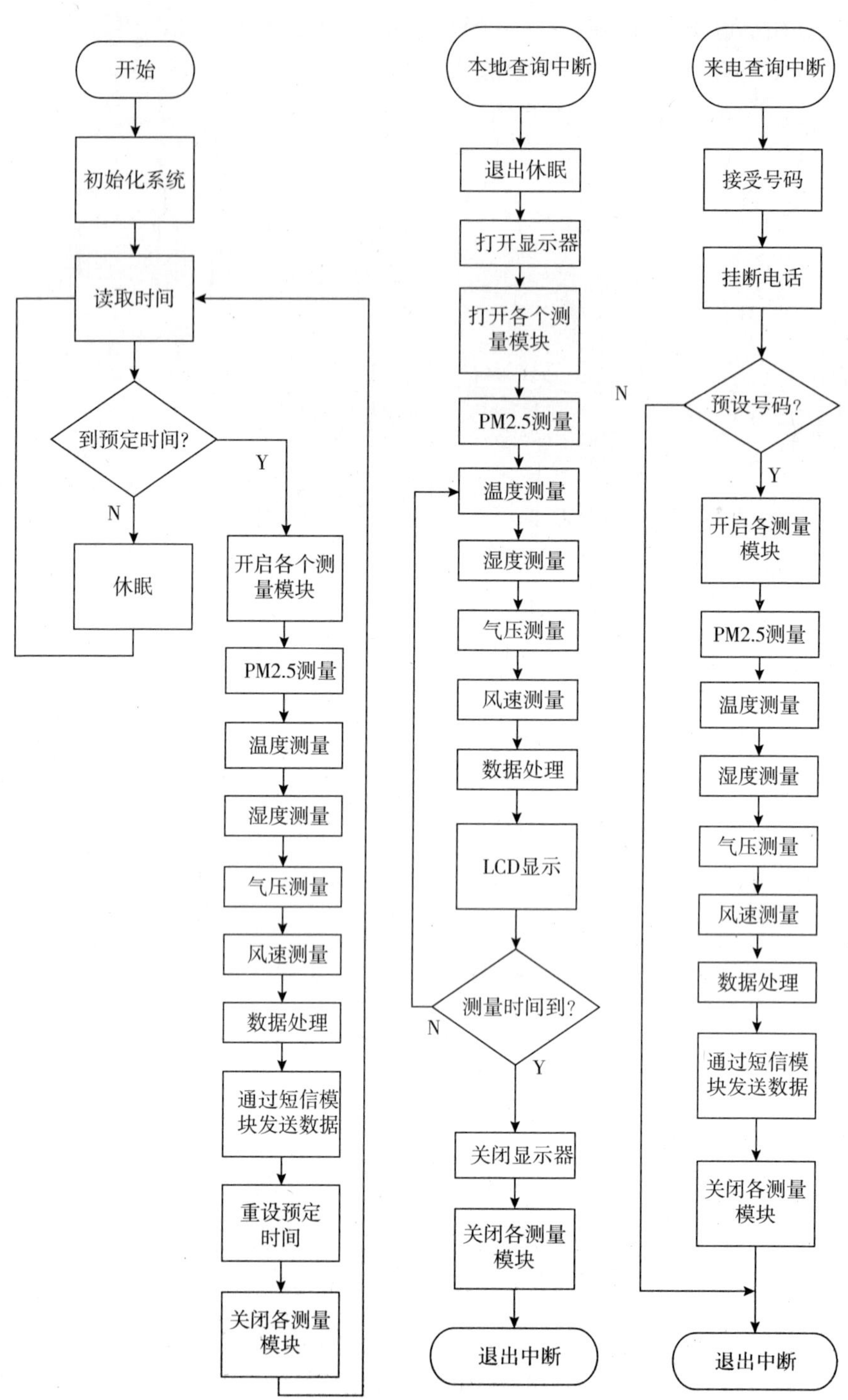

图 13

4. 实验与测试结果

4.1 实验及测试

4.2.1 远程测控实验

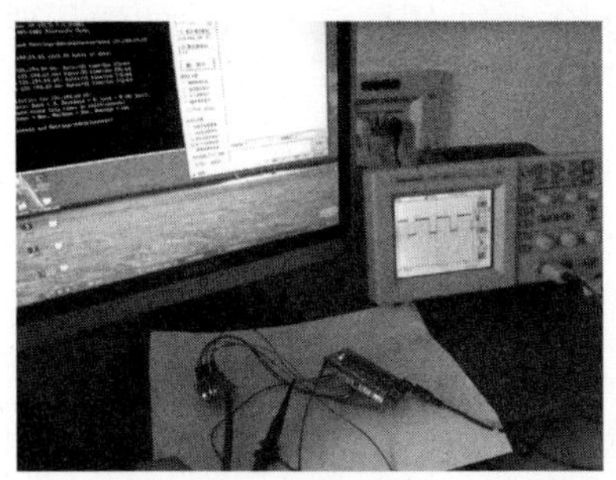

图 14

4.2.2 实验后重新设计的PCB

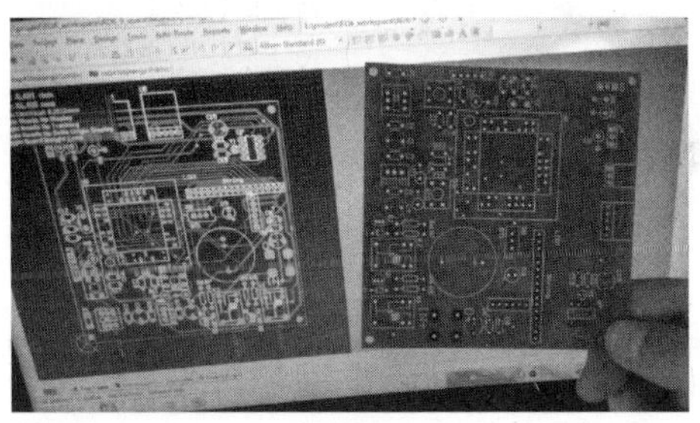

图 15

4.2.3 样机联机测试

图 16

4.2 实验测试结果

为了保证测量精度，对 5 种环境气象参数测量均进行了校正。PM2.5 测量结果是在空旷的室外环境下将测量得到的参数与天气预报发布的实时监测数据进行比对修正的，湿度和气压测量是借助学校物理实验室的测量仪器进行了标定，温度和风速是在学校绿色电源研究室完成精度校正的。经过标定、校正和修正后的测量精度基本达到了普通环境气象参数的测量要求，其中 PM2.5 范围：10~500μg/m^3，精度在 ±5% 以内；温度范围：−25~125℃，精度在 ±0.1℃以内；相对湿度范围：0~100%，精度在 ±1% 以内；气压范围：40~110kPa，精度在 ±0.1kPa；风速范围：0~30 米 / 秒，精度在 ±0.3 米 / 秒。

为了测试本环境气象测试测量仪的准确性和可靠性，分别在 2016 年 11 月 6 日 16 时 35 分和 2016 年 11 月 15 日 9 时 50 分于学校校园内进行了测量，得到的数据与中央气象台网站同一时间发布的学校属在区天气和空气质量实况进行了对比，测试结果如下表所示。

表 1

<table>
<tr><th>时间</th><th>发布单位</th><th>PM2.5/μg/m³</th><th>温度 /℃</th><th>湿度 /%</th><th>气压 /kPa</th><th>风速 /m/s</th></tr>
<tr><td rowspan="2">2016 年 11 月 6 日 16 点 35 分</td><td>中央气象台网站</td><td>207</td><td>16</td><td>75</td><td>100</td><td>1.5</td></tr>
<tr><td>本环境气象参数测量仪</td><td>192</td><td>17.1</td><td>74.2</td><td>99.3</td><td>1.2</td></tr>
<tr><td rowspan="2">2016 年 11 月 15 日 9 点 50 分</td><td>中央气象台网站</td><td>71</td><td>9</td><td>68</td><td>101</td><td>3.5</td></tr>
<tr><td>本环境气象参数测量仪</td><td>67</td><td>10.6</td><td>67</td><td>100.8</td><td>3.3</td></tr>
</table>

从对比结果可以看出，设计的环境气象参数测量仪和中央气象台网站发布的 PM2.5、温度、湿度、气压基本一致，由于天气预报范围很广，而本测量仪测量的是小区域内的环境气象参数，所以测量值存在一定误差是正常的，更可以说明在小范围区域，设计出的环境气象仪有一定的实用性。

对测量仪的功耗进行了测试实验，数据如下表所示：

表 2

无线系统关闭	5mA
无线发射信息	100−150mA
测量工作且 LCD 显示	190mA
系统休眠	18mA

测量装置绝大多数时间处于休眠状态，若选用容量为 4400mAH 的锂电池，考虑使用裕量，充电一次可使用 7 天左右。

总之，实验对比表明本课题设计的手持式环境气象参数测量仪基本满足普通气象测量要求，稳定性好，适用于小区域内的环境气象参数测量。

5. 结论

本文主要总结了以 MSP430F149 为核心部件的环境气象参数测量仪的设计，采用了一种模块化的结构将 PM2.5、温度、湿度、气压、风速等参数在单片机的控制下进行实时测量。除实现本地测量外，也可以定时将测量结果以短信方式发送给手机，还能通过手机拨打电话进行远程的唤醒控制测量，并通过短信方式将结果发送给手机。MSP430 具有低功耗特性，可以使测量仪在上述三种工作模式外都处于休眠状态，可用锂电池供电，并对电池充电，使得该环境气象参数测量仪更具便携性和实用性。

该环境气象参数测量仪实现了小区域范围内对 PM2.5、温度、湿度、气压、风速的测量，在生活和生产中都具有广泛的应用前景。比如可以用于温室大棚和仓库存储中，人们可以通过实时测量环境气象参数来对现有条件进行改变和控制。该测量仪还留有多余 I/O 接口，可以通过这些接口来控制电机、空调、加湿器等电器的开关和调节，可以大大增强测量仪的实用性，对我们的生产和生活带来便利。

参考文献

[1] 李伟，贺晓雷 . 气象仪器及测试技术 . 北京：气象出版社，2010

[2] 王志强，刘文清等 . 新型气象参数测量仪的研制 . 传感器技术，2004

[3] 孙凯，张中平等 . 基于 C8051F310 的智能便携式气压高度测量系统 . 电子器件，2005

[4] 洪利，章扬，李世宝 . MSP430 单片机原理与应用实例详解 . 北京：北京航空航天大学出版社，2010

[5] 赵天成，饶和昌 . 一种基于 MS5803 和气象数据的高度测量方法 . 电子设计工程，2011

[6] 魏小龙 . MSP430 系列单片机接口技术及系统设计实例 . 北京：北京航空航天大学出版社，2002

[7] 胡大可 . MSP430 系列单片机 C 语言程序设计与开发 . 北京：北京航空航天大学出版社，2002

[8] 王玉彩 . MSP430F1101 单片机在数据采集中的应用 . 现代电子技术，2005

附件 1：系统电路图

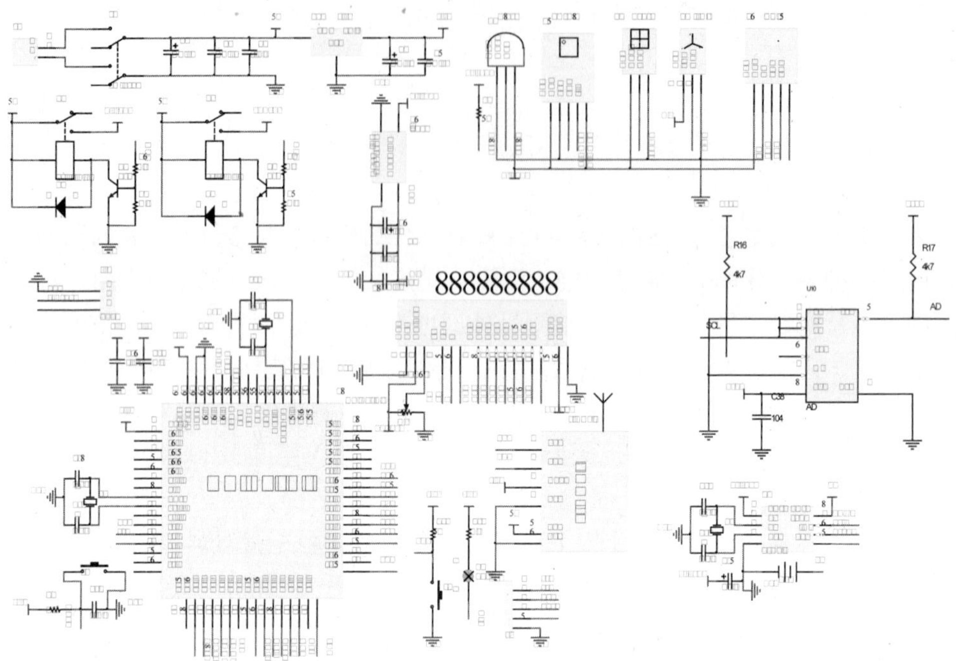

附件 2：作品样机

智能拐杖

北方工业大学：李　璐　孙　霞　常　慧　张长史　孟群升

指导教师：王玉花　高级实验师

针对市场上供老年人使用的拐杖结构功能单一、无法实现远程定位等缺点，设计了一款基于物联网控制系统的智能拐杖，结合服务器，利用 Andriod 手机 APP 实现远程定位、摔倒报警以及视频录像等功能，可远程查看使用拐杖的老人位置，接收摔倒报警信息。系统由 CC3200 物联网控制处理器、GPRS 模块、GPS 模块、姿态传感器以及摄像头等组成，实验结果表明系统性能稳定可靠，方便家属利用手机获得老年人行走轨迹、接收老人预警信息、查看存储的环境视频。

1. 绪论

1.1　课题研究背景

随着计算机网络技术、嵌入式技术的迅猛发展以及人们对物质的便捷性的要求逐渐提高，智能拐杖这一理念一被提出便得到了广泛的关注。人们希望能够拥有一个方便、智能的居住环境，因此智能开关技术得到迅猛发展。

1.2　智能拐杖研究现状

随着科学技术的进步，我国的电力电子技术和电子器件都有了很大的发展。

2. 系统方案论证

2.1 服务器端

对于服务器，考虑过两种方案：一种是借助于物联网平台，可以免费使用，成本低廉。但数据上传速度有限、数据传输保密性不高、平台稳定性欠佳。另一种是自己搭建服务器，通过尝试，可以有效克服物联网平台的缺点，实现数据高速上传、储存，缺点是只能进行局域网传输，要想实现互联网传输，必须购买域名，租用商用服务器。

通过综合分析，采用了第二种方案。第一种方案虽然简便，但是由于服务器为第三方并不提供再次开发的可能性，虽然能够满足一般要求，但是对于其他功能的二次开发基本上不可能行的通，虽然第二种方案花费较高，但是由于本次设计只采取局域网互通，而不使用互联网连接，这样不仅满足了自己搭建服务器的优势，也克服了成本较高的问题。

2.2 控制端

方案一：采用手机 APP 开发。智能机市场上以 Android、IOS 系统为主。但 IOS 系统不是开源，编写 APP 需要比较专业的人士。Android 系统为开源，且使用人数较多，开发起来也比较简单。方案二：采用网页开发。Web 网页不必在应用商店下载和安装安全性高，随时都可访问，任何平台都可访问。但是 Web 网页的用户体验比较差，不便于用户再次访问。

通过综合分析，我们采用了第二种方案。虽然 Web 网页与手机应用相比用户体验比较差，但是 Web 网页可以跨平台使用，目前市面上主流的手机系统为 IOS、Android、WP。若使用 APP 开发将会面临用户使用不同系统平台而必须开发几种 APP 的问题，而采用 Web 网页的形式不仅可以解决用户使用不同平台必须使用不同版本的 APP 问题，还降低了开发的成本。因此我们采用了第二种方案，使用 Web 开发。

2.3 受控端

方案一：STM32F103C6T6 芯片加 WiFi 模块。STM32F103C6T6 芯片属于低容量增强型，32 位基于 ARM 核心的带 32K 字节闪存的微控制器，有编程专用固件库。方案二：采用 CC3200 。CC3200 是 TI 无线连接 SimpleLink WiFi 和物联网解决方案最新推出的一款单片无线 MCU，是业内第一个具有内置 WiFi 功能的 MCU，是针对物联网应用、集成高性能 ARM Cortex-M4 的无线 MCU。客户能够使用单个集成电路开发整个应用，借助于片上 WiFi、互联网和强大的安全协议，无须 WiFi 经验即可实现快速的开发。

通过综合分析，采用了第二种方案。因为 CC3200 内置了 WiFi 模块，开发起来更加方便，使用时更加稳定。

通过以上三个方面的分析最终选择了自己搭建服务器，CC3200 作为受控端和网页开发的形式共同搭建整个智能开关系统。这种方案开发成本低，面向用户面广，系统稳定性强，便于二次开发。

3. 智能拐杖设计技术介绍

3.1 GPS 定位模块

GPS 导航系统的基本原理是测量出已知位置的卫星到用户接收机之间的距离，然后综合多颗卫星的数据就可知道接收机的具体位置。要达到这一目的，卫星的位置可以根据星载时钟所记录的时间在卫星星历中查出。而用户到卫星的距离则通过纪录卫星信号传播到用户所经历的时间，再将其乘以光速得到的真实距离。

GPRMC 数据详解：

$GPRMC，<1>，<2>，<3>，<4>，<5>，<6>，<7>，<8>，<9>，<10>，<11>，<12>×hh

<1> UTC 时间，hhmmss（时分秒）格式，与北京时间相差 8 个小时，我们在使用时要在这个时间基础上加 8 个小时。

<2> 定位状态，A 为有效定位，V 为无效定位

<3> 纬度 ddmm.mmmm（度分）格式

<4> 纬度半球 N（北半球）或 S（南半球）

<5> 经度 dddmm.mmmm（度分）格式

<6> 经度半球 E（东经）或 W（西经）

3.2 GSM/GPRS 模块

SIM900A 是紧凑型、高可靠性的无线模块，采用 SMT 封装的双频 GSM/GPRS 模块解决方案，采用功能强大的处理器 ARM9216EJ-S 内核，能满足低成本、紧

凑尺寸的开发要求。使用工业标准界面，使得具备 GSM/GPRS 900/1800MHz 功能的 SIM900A 以小尺寸和低功耗实现语音、SMS、数据和传真信息的高速传输。SIM900A 能满足 M2M 几乎所有应用要求，尤其是小巧、紧凑型的设计。内可取出 SD 卡查看拐杖内录像，为社会热点问题“扶不扶”提供视频证据。内含的 TCP/IP 协议栈，支持多 IP 连接。

3.3 姿态传感器

姿态传感器采用高精度的陀螺加速度计 MPU6050 六轴模块，通过处理器读取 MPU6050 的测量数据然后通过串口输出，免去了自己去开发 MPU6050 复杂的 I2C 协议。模块保留了 MPU6050 的 I2C 接口，以满足高级用户希望访问底层测量数据的需求。采用先进的数字滤波技术，能有效降低测量噪声，提高测量精度。模块内部集成了姿态解算器，配合动态卡尔曼滤波算法，能够在动态环境下准确输出模块的当前姿态，姿态测量精度 0.01 度，稳定性高。

加速度计算公式：

ax=（（AxH<<8）|AxL）/32768 × 16g（g 为重力加速度，可取 9.8m/s2）

ay=（（AyH<<8）|AyL）/32768 × 16g（g 为重力加速度，可取 9.8m/s2）

az=（（AzH<<8）|AzL）/32768 × 16g（g 为重力加速度，可取 9.8m/s2）

角速度计算公式：

ax=（（AxH<<8）|AxL）/32768 × 16g（g 为重力加速度，可取 9.8m/s2）

ay=（（AyH<<8）|AyL）/32768 × 16g（g 为重力加速度，可取 9.8m/s2）

az=（（AzH<<8）|AzL）/32768 × 16g（g 为重力加速度，可取 9.8m/s2）

角度计算公式：

滚转角（x 轴）Roll=（（RollH<<8）|RollL）/32768 × 180（°）

俯仰角（y 轴）Pitch=（（PitchH<<8）|PitchL）/32768 × 180（°）

偏航角（z 轴）Yaw=（（YawH<<8）|YawL）/32768 × 180（°）

3.4 CC3200 单片机

CC3200 是 TI 无线连接 SimpleLink WiFi 和物联网解决方案最新推出的一款单片无线 MCU，是业内第一个具有内置 WiFi 功能的 MCU，是针对物联网应用、集成高性能 ARM Cortex-M4 的无线 MCU。客户能够使用单个集成电路开发整个应用，借助于片上 WiFi、互联网和强大的安全协议，无须 WiFi 经验即可实现快速的开发。

3.5 摄像头部分

由于 2G 网络性能稳定可靠但数据量小，不能用来传输视频信息，所以摄像头模块采用本地储存信息的方式，通过 CC3200 控制继电器给摄像头模块供电，录制的视频信息储存在本地 SD 卡，当发生“扶不扶”现象时可以作为证据。

4. 智能拐杖设计具体实现

4.1 硬件部分设计

硬件核心是由 TI 公司新推出的具有内置 WiFi 功能的物联网微控制器 CC3200、电源模块、摄像模块、GPS 模块、GSM 模块和姿态传感器模块构成。电源为其他模块提供能量，摄像模块为“扶不扶”现象提供证据，GPS 模块接收定位信息，GSM 模块发送定位信息和报警信息，角度传感器通过检测拐杖倾斜角判断老人是否摔倒。系统结构如图 1 所示。

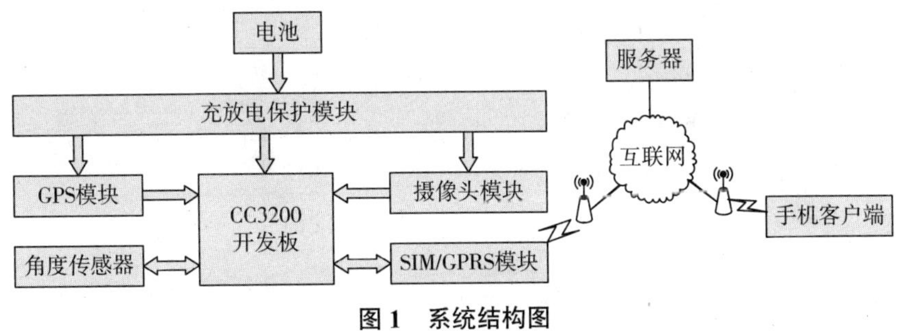

图 1 系统结构图

CC3200 是 TI 无线连接 SimpleLink WiFi 和物联网解决方案最新推出的一款单片无线 MCU，是业内第一个具有内置 WiFi 功能的 MCU，是针对物联网应用、集成高性能 ARM Cortex-M4 的无线 MCU。

系统通过 CC3200 驱动姿态传感器，数据经过处理判断，发出报警信号。GPS 信号经过 NEO 数据处理模块，以串口方式传送控制器接收到数据以后，通过 AT 指令控制 SIM 模块向服务器上传地理位置和报警信号。摄像模块长时间开机，不间断录取周围环境音视频，保存 8 小时以内的摄像资料，内存耗尽后具有自动删除旧视频并保存新视频，必要时刻取下内存卡读取录制资料。

4.2 软件部分设计

软件部分分为三个部分，分别为开发板部分、服务器部分以及 Andriod 开发，其中开发板程序开发包含对 GPS 数据接收与解析、对 SIM900 模块的网络操作以及六轴传感器的姿态判断。服务器部分主要使用 My Eclipse 下的 Web 开发、MySQL 数据库以及 Tomcat 的服务器布置。Andriod 开发使用了百度地图的 SDK，整个 APP 与百度地图移动版类似。

4.2.1 开发板部分

开发板端主要包含接收地理位置、摔倒判断以及信息上传三大功能。图 2 为软件流程图。

（1）数据上传：使用 CC3200 单片机控制 SIM900 模块采集的 GPS 数据以及摔倒报警信号，并与服务器建立 TCP 连接，将数据上传；

（2）地理位置：接收 GPS 数据，并且解析出有用数据；

（3）摔倒判断：使用 CC3200 采集六轴传感器数据，依据拐杖角度以及加速度来判断是否摔倒，并发出摔倒报警信号。

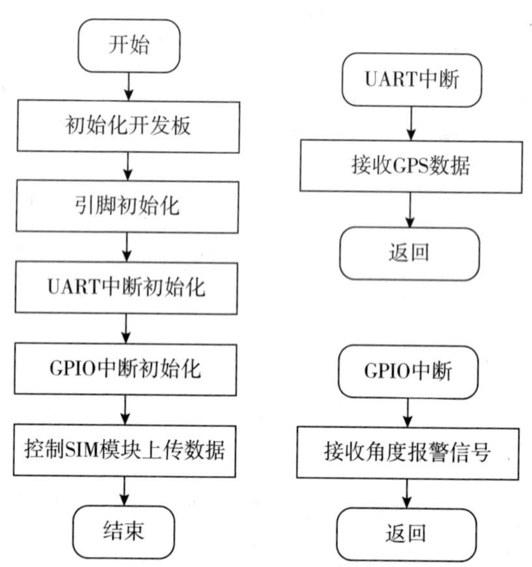

图 2 软件流程图

```
// 数据上传
void creat_tcp（ ）// 建立 TCP 链接
voidsend_gprs_data（unsignedchar *buf，unsigned int count）// 发送数据
void close_tcp（ ）；// 关闭 TCP 链接
```

```
// 接收地理位置
GPS_RMC_Parse（buf_uart2.buf，&GPS）
// 解析 GPRMC 数据
pt = GPS_DisplayOne（）；// 显示 GPS 信息
send_gprs_data（pt，1）// 发送 GPS 数据
// 摔倒判断
```

4.2.2　服务器部分

服务器端主要有两个服务端程序，一个为TCP服务，与SIM900建立TCP连接，接收上传的GPS数据以及摔倒报警信号，并将数据存放在数据库当中。另外一个为HTTP服务，主要是与Android客户端建立连接，判断用户登录信息是否合法、返回地理位置坐标以及是否摔倒等信息。

4.2.3　安卓手机APP部分

安卓APP包含登录界面、主体功能界面两部分。

登录界面用来验证用户权限。

主体定位功能采用百度地图官方API，通过HTTP协议不断从服务器获取坐标信息，经过数据处理，换算为百度地图坐标显示出来，并且界面具有随意放大缩小功能。图3为APP流程图。

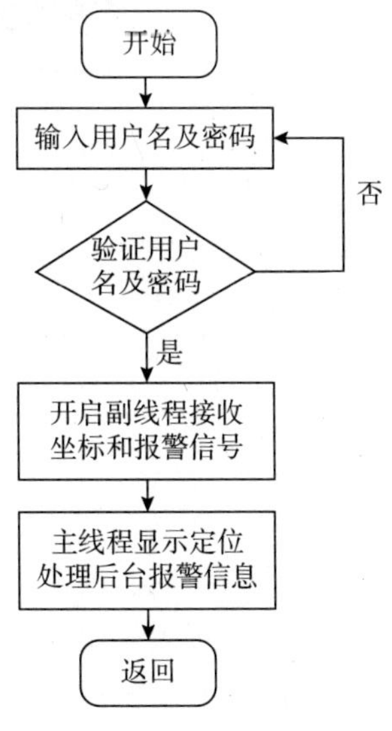

图3　APP流程图

5. 系统调试与结果

（1）网页部分显示结果，如图 4 所示。

图 4　网页显示结果

（2）手机 APP 显示结果，如图 5 所示。

图 5　APP 显示结果

（3）智能拐杖实物图如图 6 所示。

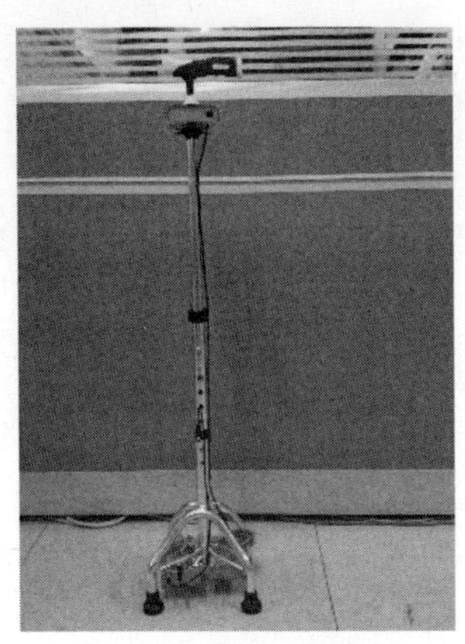

图 6　智能拐杖实物图

该智能拐杖通过 GPS 定位，家属通过手机客户端远程查看老人地理位置，再也不用担心老人走失；音视频录制，为当前社会上比较热门的“扶不扶”现象提供证据；智能摔倒报警，老人摔倒能第一时间知道，及时定位，提供帮助与关怀。

6. 实验总结

智能拐杖由一根普通拐杖、电源模块、音视频录制模块、GPS 模块、GPRS 模块和角度传感器模块构成，为老人出行提供帮助。音视频录制模块采用四个摄像机全方位监视，音视频实时保存在 SD 卡中，尽可能还原现场实况；GPS 模块接收定位信息，确定地理位置；角度传感器通过检测拐杖倾斜角判断是否发生摔倒；GPRS 模块发送定位信息和报警信息到服务器，家属可随时通过手机上安装的 APP 查看老人地理位置，接收紧急报警信息。

参考文献

[1] 刘元，吴彦文，卢佳卉，熊雅清，杨凯，刘沛泽．基于物联网的自动报警智能拐杖系统的设计 [J]. 电子测量技术，2016（09）

[2] 仲小英．基于 GPS 和 GSM 的多功能智能拐杖设计 [J]. 电脑知识与技术，2015（26）：144–146

[3] 郭书军．ARMCortex–M4+Wi–FiMCU 应用指南 [M]．北京：电子工业出版社，2015

[4] 魏庆丽，许鹏，李军，隋宇鹏，方远韬，刁庶．基于MSP430的GPS定位智能拐杖设计[J].吉林大学学报（信息科学版），2012（05）：445-449
[5] 方仁杰，朱维兵．基于GPS定位与超声波导盲拐杖的设计[J].计算机测量与控制，2011（05）：1154-1157
[6] 朱伟，万福成，杨土明．老年人拐杖的智能设计研究[J].长江大学学报（自科版），2014（22）
[7] 李娜．基于MCU的智能定位报警拐杖研究[J].电子设计工程，2012（08）：112-114
[8] 贾丹平，王岩，王阳，于博．多功能盲人智能拐杖的设计[J].电子设计工程，2016（14）
[9] 陈艳婷，李志鹏，贾丹平．盲人智能拐杖的设计[J].科技创新导报，2016（06）
[10] 景婷婷，陆小左，傅琳洁．老年人多功能智能拐杖的设计与实现[J].电子产品世界，2015（07）：40-42